노무사 합격을 위한
해커스 법아카데미
합격 시스템

해커스 법아카데미 인강

취약 부분 즉시 해결!
**1:1 질문답변
게시판**

무제한 수강 가능+
**PC 및 모바일
다운로드 수강**

합격을 만드는
**필수 학습자료
제공**

* 인강 시스템 중 무제한 수강, PC 및 모바일 다운로드 무료 혜택은 일부 종합반/패스/환급반 상품에 한함

해커스 법아카데미 학원

학습상담&스터디
교수님 직접관리

교수님
대면 첨삭·피드백

매일 꾸준한
**학습 밀착
출결/성적 관리**

* 학원 시스템은 모집 시기별로 변경 가능성 있음

해커스노무사

류순건
노동법 기본서

서문

노동법 공부, 어떻게 시작해야 할까?

노동법은 단행법률로 되어 있지 않고 여러 노동관계를 규율하는 법규를 다루게 됩니다. 그렇기 때문에 각 법률의 입법취지와 내용을 정리하는 것만으로도 상당히 벅찬감이 있습니다.

그러나 수험으로 공부하는 노동법은 방대한 양을 단기간에 최적화된 내용으로 정리하여 시험장에서 풀어내는 것이 핵심입니다. 이를 위해 노동법 강의를 하면서 수험생활에 적합한 내용으로 정리된 기본서를 출간하고자 하였습니다.

「해커스노무사 류순건 노동법 기본서」는 아래의 기준대로 서술하였습니다.

첫째, 노동법의 원리와 체계를 이해할 수 있도록 구성하였습니다.

많은 수험생들이 노동법을 공부하면서 체계적인 이해보다는 암기 위주의 학습에 익숙해져 있습니다. 암기된 지식만으로는 사례로 출제되는 문제의 주요 쟁점과 사실관계를 파악하는 것이 어렵습니다. 특히나 법학은 실정법을 해석하는 것을 전제로 하는데, 판례 위주의 암기식 학습은 충분한 논리전개를 방해할 수 있습니다. 본서에서는 노동관계를 규율하는 실정법의 해석론을 소개하고 이를 바탕으로 노동법의 원리와 체계를 이해하는 데 도움이 될 수 있도록 하였습니다.

둘째, 주요 쟁점별로 충분한 설명을 담아 효과적인 학습이 가능하도록 구성하였습니다.

수험생활에서 공부량을 늘리는 것은 오히려 학습에 방해되는 요소입니다. 본서는 출제가능한 쟁점에 대해 충분히 설명하여 공부해야 할 부분과 그렇지 않은 부분으로 차별화를 하여 효과적인 학습을 할 수 있습니다.

셋째, 최신 판례를 반영하여 최신 출제경향을 대비할 수 있도록 하였습니다.

최근 공인노무사 시험의 출제경향이 최신 판례 위주로 출제되고 있다는 것입니다. 중요한 판례의 경우 최신 판례까지 학습함으로써 출제가능성이 있는 판례의 경향을 빠짐 없이 파악할 수 있습니다.

더불어, 공인노무사 시험 전문 사이트인 해커스 법아카데미(law.Hackers.com)에서 교재 학습 중 궁금한 점을 나누고 다양한 무료 학습 자료를 함께 이용하여 학습 효과를 극대화할 수 있습니다.

부디 『해커스노무사 류순건 노동법 기본서』를 통해 노동법 시험에 대한 자신감을 가지게 되길 바라며, 공인노무사 2차 시험에서 고득점을 달성하고 합격을 향해 한걸음 더 나아가시기를 바랍니다.

류순건

목차

제1편

노동법 총론

제1장 노동법의 의의

제1절 노동법의 정의

Ⅰ. 노동법의 개념

노동법이란 자본주의사회에서 근로자와 사용자간의 종속적 노동을 규율하는 법규범의 총체를 말한다. 단행법률로 노동법이 존재하지는 않는다. 개별적 근로관계와 집단적 노사관계를 규율하는 여러 법규를 노동법이라고 한다.

Ⅱ. 노동법의 개념요소

1. 자본주의 사회의 법

노동법은 자본주의 사회의 모순을 극복하기 위해 등장하였다. 자본주의 사회는 사유재산의 보장으로 생산수단의 사유화가 인정되고 이를 통해 자유롭게 영업활동을 하는 기업과 자유의사에 의해 노동력을 제공하고 그 대가인 임금으로 생활하는 근로자가 존재하고 인간의 노동력도 노동시장에서의 자유로운 거래의 대상으로 취급되었다. 노동법은 사유재산제와 시장경제를 요소로 하므로, 이를 요소로 하지 않는 노예제 · 봉건제 또는 사회주의 사회에서 인간의 노동을 규율하는 법은 노동법이라 할 수 없다.

2. 노동관계 규율을 목적으로 하는 법

법률관계라 함은 법적으로 규율되는 생활관계를 말하며, 법적 생활관계는 곧 권리 · 의무관계를 의미한다. 법률관계 중 근로자의 근로제공과 사용자의 임금지급을 주된 내용으로 하는 노동과 관련된 생활관계를 규율하는 것을 노동관계라 하며, 노동법은 이러한 노동관계를 규율함을 목적으로 한다.

3. 인간다운 생활의 실현을 기본이념으로 하는 법

자본주의의 발전과 함께 노동관계에서 시민법원리가 관철됨으로써 자본주의사회의 모순이 나타나게 되었고 이를 시정하기 위하여 인간다운 생활의 실현을 목적으로 등장 · 발전한 법이 노동법이다.

4. 종속노동관계를 규율하는 법

노동법은 노동관계에 대한 독자적 규율로서 등장한 법체계인데 그 규율대상인 노동관계는 종속노동관계이다. 근로자의 근로제공은 사용자의 지휘·명령하에서 행하는 것이기 때문이다. 이러한 종속성으로 인해 근로자는 사용자와의 관계에서 열악한 지위에 처할 수밖에 없으나 종속성을 극복함으로써 근로자와 사용자간의 실질적 대등을 확보하고자 하는 법이 노동법이다. 종속노동의 본질에 관하여는 경제적 종속설, 인격적 종속설, 조직적 종속설, 법률적 종속설, 타인결정설 등 다양한 견해가 대립하였으나, 현재는 이러한 학설의 대립은 기본적인 관점의 차이에 불과하고 포괄적·복합적으로 파악하는 것이 일반적이다.

Ⅲ. 노동법의 생성과 발전

1. 노동관계의 형성과 시민법

근대사회가 도래한 이후 근로자와 사용자는 자유로운 계약을 통해 근로를 제공하고 이에 대한 반대급부로서 임금지급을 내용으로 하는 노동관계를 형성하였다. 초기 자본주의하에서는 노동관계가 시민법에 의하여 규율되었다. 시민법은 사적 자치를 기본이념으로 소유권 절대의 원칙, 계약자유의 원칙, 과실책임의 원칙 등 시민법의 3대 원칙을 기본원리로 추구하였다. 시민법 원리 하에서는 모든 개인은 자유와 평등을 보장받게 되었으나, 이러한 자유와 평등은 형식적인 관념에 불과하였다. 노동관계 역시 이러한 시민법의 기본원리가 적용되는 결과 당사자 간의 실질적 불평등이 초래되어 여러 가지 문제점이 발생하게 되었다.

2. 시민법적 규율의 한계

노동관계에 시민법이 적용되는 결과 근로자와 사용자 간의 실질적 불평등으로 다음과 같은 문제점이 나타나게 되었다.

첫째, 계약자유원칙을 적용함으로써 근로자와 사용자간의 경제적 실력차이로 인한 거래의 실질적 불평등으로 저임금·장시간노동 등 열악한 근로조건이 계약자유의 이름하에 행해지게 되었다. 또한 고용계약상 계약체결의 자유와 해약의 자유는 사용자를 위한 채용의 자유 및 해고의 자유가 되어 근로자는 사용자의 자의 및 경제상황에 따라 상시적인 실업의 위협을 당하게 되었다.

둘째, 과실책임주의를 적용함으로서 열악한 근로조건과 작업환경 등으로 산업재해가 발생하더라도 근로자가 보상(또는 배상)을 받는 것이 어려웠다.

셋째, 소유권 절대의 원칙을 적용함으로서 근로자는 소유권 행사의 수단 내지 도구로 전락하여 인간의 존엄성이 파괴되기에 이르렀다.

넷째, 근로자의 자구행위로서 단체를 결성하여 사용자에 대항하는 행위는 계약자유의 원칙과 소유권절대의 원칙 등 시민법상의 기본원리에 반하는 것으로 엄격하게 금지되었다.

다섯째, 기업경영은 사용자의 독자적 권한으로 근로자는 수동적인 지위에 있을 뿐이고 이로 인해 노사의 불신이 심화되고 사소한 문제로 산업평화가 위협받기도 하였다.

3. 노동법의 생성·발전

(1) 노동법의 생성

노동관계에 시민법원리를 관철함으로서 발생된 문제에 대해 근로자들은 소극적인 작업장이탈에서부터 적극적인 기계파괴에 이르기까지 다양한 집단행동으로 대항하기 시작했고, 결국 노동조합의 결성과 단체행동이라는 근로자들의 조직적 운동으로 발전하였다. 노동조합운동이 사회운동으로 발전하면서 국가는 노동문제의 심각성을 인식하는 동시에 그에 대한 근본적인 대처방안을 모색하게 되었고 그 대표적인 해결책이 노동관계에 대한 시민법적 규율을 수정하게 된 것이다. 노동법은 시민법의 기본원리를 수정하여 등장한 법영역으로, 노동법은 국가가 개입하여 형식적인 자유와 평등을 근간으로 하는 시민법의 기본원리를 수정함으로써 실질적인 자유와 평등을 도모하고자 대두된 법원리이다.

(2) 노동법의 발전

시민법의 기본원리를 처음부터 전면적으로 수정한 것은 아니며 노동법은 사회적 타협을 통해 서서히 발전하였다.

첫째, 열악한 근로조건에 대처하기 위하여 최초로 공장에 있는 여자·연소자의 근로시간을 제한하기 시작하여 공장노동에 관한 근로조건의 최저기준을 정하고 그 준수를 벌칙부과와 행정감독의 방법으로 강제하는 입법을 마련하게 되었다. 그 후 적용사업, 적용대상 근로자 및 보호의 내용을 확대하여 일반적인 노동보호입법으로 발전하였다.

둘째, 산업재해 영역에서 근로자에게 업무상 재해가 발생한 경우 사용자의 과실입증을 요하지 않고 일정액의 보상을 하도록 하는 산업재해보상제도가 생성되었으며, 이는 다시 사용자의 산업재해보상책임을 국가의 강제보험제도로 대체하는 산업재해보상보험제도로 발전하였다.

셋째, 집단적 노사관계의 영역에서는 노동3권 행사를 금지하던 입법 등을 폐지하고 그 행위의 위법성을 제거하는 입법이 성립되었다가 노동3권을 적극적으로 보호하는 법제도로 발전하였다.

넷째, 근로자의 실업과 취업의 문제에 대해 국가는 구직자에게 직업훈련 등 취업지원제도나 실업급여 등을 실시함으로써 근로자의 생활지원제도가 발전하였고, 사용자의 해고의 자유를 제한하는 입법을 취하게 되었다.

다섯째, 기업경영의 효율화를 위해 다양한 인사노무관리기법이 개발되었으며, 근로자를 경영에 참가시키는 제도도 도입되게 되었다.

Ⅰ. 노동법의 사법성과 공법성

1. 노동법의 사법적 성질

노동법이 시민법하의 사법적 원리를 극복하고자 대두된 법 분야라고 할지라도 사법체계를 완전히 부정하는 것은 아니며, 실질적인 자유와 평등을 확보하기 위하여 노동법과 시민법은 상호보완관계에 있다.

2. 노동법의 공법적 성질

노동법은 노동관계에 있어서 일정한 의무를 법률로 규정하고, 이를 위반하는 경우 벌칙을 부과하며, 행정관청의 개입을 허용함으로써 공법적 성질을 가진다.

Ⅱ. 다른 사회법과의 관계

1. 경제법과 노동법

노동법과 경제법은 사회법(공·사법의 중간영역)의 한 부분을 구성하면서 자본주의 경제의 내재적 모순을 해결하기 위해 등장하였다는 점에서 공통점이 있다. 노동법은 근로자의 근로조건에 관한 규제를 대상으로 한다는 점에서 경제현상을 규제의 대상으로 하는 경제법과는 구별된다.

2. 사회보장법과 노동법

노동법과 사회보장법은 생존권 확보를 위한 사회법의 한 부분을 구성한다는 점에서 공통점이 있다. 노동법은 근로자와 사용자의 노사관계를 규율대상으로 한다는 점에서 국민 전체의 사회복지를 규율대상으로 하는 사회보장법과는 구별된다.

제3절 노동법의 특수성과 경향

I. 사회법의 원리

노동법은 노동관계를 시민법만으로 규율하는 것이 한계가 있음을 직시하고 이를 보완하기 위하여 사회법 원리를 추구하였다. 사회법 원리의 주요 내용은 ① 배분적 정의와 실질적 평등을 중시하고, ② 공법과 사법의 교차를 인정하며, ③ 집단적 자치와 자치규범을 존중하는 것이다.

II. 노동법의 경향

1. 통일화 경향

19세기 중반 이후 노동운동의 국제적 연대 움직임으로 노동법의 통일화 경향이 촉진되었으며, 국제노동기구가 설립되고 활동함으로써 국제적인 차원에서의 법규범 설정 활동으로까지 발전하게 되었다.

2. 발전적 경향

노동법은 산업사회의 발전에 따라 발전하는 경향을 가지고 있다. 특히 복지국가이념의 전파는 근로자의 생활 향상을 목적으로 하는 노동법의 발전을 촉진하였다.

3. 노동관행의 존중

역사적으로 노동법은 근로자의 자발적인 단결활동을 법적으로 인정함으로써 생성된 법이며, 그 법적 규제도 현실적인 노사관행을 토대로 하여 이를 확인함으로써 발전하였다.

제4절 노동법의 체계

I. 개별적 근로관계법

개별적 근로관계법이란 개별적 노동관계, 즉 근로자 개인과 사용자 사이의 노동관계의 성립·전개·종료를 둘러싼 관계를 규율하는 법을 말한다. 개별적 근로관계법은 국가의 개입을 통한 근로자의 보호 내지 계약자유의 수정·제한을 지도이념으로 한다. 개별적 근로관계법으로는 근로기준법(이하 '근기법'이라고도 한다), 선원법, 최저임금법, 산업안전보건법(이하 '산안법'이라고도 한다), 남녀고용평등 및 일·가정양립지원에 관한 법률(약칭: 남녀고용평등법) 등이 있다.

Ⅱ. 집단적 노사관계법

집단적 노사관계법이란 집단적 노동관계, 즉 근로자의 노동관계상 이익을 대변하는 노동단체의 조직·운영 및 노동단체와 사용자측 사이의 단체교섭을 중심으로 전개되는 관계를 규율하는 법을 말한다. 집단적 노사관계법은 노동3권에 대한 국가로부터의 자유 내지 집단적 노사자치를 지도이념으로 한다. 집단적 노사관계법으로는 노동조합 및 노동관계조정법(약칭: 노동조합법), 공무원의 노동조합 설립 및 운영 등에 관한 법률(약칭: 공무원노조법), 교원의 노동조합 설립 및 운영 등에 관한 법률(약칭: 교원노조법) 등이 있다.

Ⅲ. 제3의 영역

노동법이 확충·발전되면서 노사협의제도, 노동위원회제도, 고용증진제도 등 개별적 근로관계법과 집단적 노동관계법의 어느 하나에 포섭되지 않는 새로운 영역이 등장하였다. 이들 제도는 기존의 개별적 근로관계와 집단적 노동관계에 비해 이질적 요소가 많다는 점에서 독자성을 인정할 수 있다.

제5절 　노동법의 법원(法源)

Ⅰ. 의의

노동법의 법원이란 노동관계에 대한 법적 분쟁에서 법해석과 적용의 기준이 되는 규범의 존재형식을 말한다.

Ⅱ. 법원의 범위

1. 문제의 소재

노동관계를 규율하는 여러 기준 중 어느 범위까지를 재판의 기준이 되는 법원으로 볼 것인지가 문제된다.

2. 학설

(1) 객관적 법만을 법원으로 보는 견해

법원은 법적 분쟁해결의 기준으로써 행위규범과 재판규범으로 작용한다는 점에서 객관적 규범성과 일반성을 그 요소로 보고, 객관적 법만을 법원으로 보는 견해이다.

(2) 주관적 법·권리도 법원으로 보는 견해

분쟁해결의 기준이 되는 규범의 존재형식으로 일반성을 요소로 하는 법만이 아니라 주관적 규범성과 특수성도 그 요소로 보고 노동관계에 관한 모든 규율근거를 노동법의 법원으로 이해하여 주관적 법·권리도 법원으로 보는 견해이다.

3. 검토

근로관계 내지 노사관계를 형성하는 규율근거는 매우 다양하다. 객관적 법만을 법원으로 보는 경우 노동관계상의 분쟁을 해결하는 데 한계를 가질 수밖에 없으므로 주관적 법·권리도 법원으로 보는 것이 타당하다.

Ⅲ. 법원의 종류

1. 성문노동법

(1) 국내법

국가가 제정한 실정법은 당연히 법원으로 인정된다. 다양한 실정법 중에서 노동관계를 직접 규율하는 노동법이 우선 적용되며, 헌법·민사법·형사법·행정법의 관련 법규들도 노동관계에 관한 기초적 또는 보충적 규정으로서 노동법의 법원이 된다.

(2) 국제법

일반적으로 승인된 국제법규와 헌법에 따라 체결·공포된 조약은 국내법과 동일한 효력을 가지므로(헌법 제6조 제1항) 이들은 노동법의 법원이 된다. 우리나라가 비준·공포한 ILO협약들이 대표적이다.[1]

2. 노사자치법규

(1) 단체협약

노사당사자 간의 자치규범인 단체협약의 법원성을 인정하는 근거에 대해 계약설과 규범설의 견해대립은 있으나, 노동조합법 제33조를 근거로 법원성을 인정할 수 있다.

(2) 취업규칙

사용자에 의해 일방적으로 작성되는 규범인 취업규칙은 근로기준법 제97조에서 규범적 효력을 부여하고 있으므로 법원성이 인정된다.

---

1) 2022.4. 기준, 190개 협약 중 32개 비준[실제로 30개 비준, 해사노동협약에 따라 제53호 관리자의 자격증명서협약과 제73호 건강검진(선원)협약 자동철회]. 구체적으로는 제81호 근로감독협약, 제122호 고용정책협약, 제142호 인력자원개발협약, 제100호 동등보수협약, 제150호 노동행정협약, 제160호 노동통계협약, 제111호 차별(고용과 직업)협약, 제138호 최저연령협약, 제144호 삼자협의(국제노동기준)협약, 제159호 직업재활과고용(장애인)협약, 제19호 균등대우(재해보상)협약, 제156호 가족부양의무근로자협약, 제182호 가혹한 형태의 아동노동협약, 제26호 최저임금결정제도협약, 제131호 최저임금결정협약, 제88호 고용서비스협약, 제135호 근로자대표협약, 제170호 화학물질협약, 제162호 석면협약, 제185호 선원신분증명협약, 제155호 산업안전보건협약, 제187호 산업안전증진체계협약, 제2호 실업협약, 제47호 주40시간협약, 제115호 방사선보호협약, 제139호 직업성암협약, 선박노동협약(특별협약), 제29호 강제노동에 관한 협약, 제87호 결사의 자유 및 단결권 보호 협약, 제98호 단결권 및 단체교섭 협약이다.

(3) 조합규약

조합규약은 조합 내부의 기관이나 조합원을 구속하는 범위 내에서 법원성을 가진다.

> **참조판례** 대법원 2002.2.22. 선고 2000다65086 판결
>
> 노동조합은 근로자들이 자신들의 이익을 옹호하기 위하여 자주적으로 결성한 임의단체로서 그 내부의 운영에 있어 조합규약 등에 의한 자치가 보장되므로 노동조합이 조합규약에 근거하여 자체적으로 만든 신분보장대책기금관리규정은 조합규약과 마찬가지로 일종의 자치적 법규범으로서 소속조합원에 대하여 법적 효력을 가진다고 할 것이다.

(4) 근로계약

근로계약은 계약체결 당사자사이의 권리의무를 정하고 있는 점에서 법원으로 볼 수 있는지 견해가 대립한다. 근로계약은 근로자와 사용자 사이의 중요한 권리의무를 규정하고 있으므로 근로관계에서 발생한 분쟁해결의 기준이 된다. 따라서 근로계약은 근로관계에 관한 직접적인 법원이 된다고 봄이 타당하다.

(5) 노동관행

1) 의의

노동관행은 성문화되지 않은 채 노사관계당사자 간의 근로조건 · 직장규율 · 시설관리 · 조합활동 등에 관하여 장기간 반복 · 계속된 처리방법을 말한다.

2) 필요성

모든 노사관계를 성문법상의 명문규정으로만 규율하기에는 곤란하므로 노동관행이 분쟁해결에 보완 · 적용되는 것이 일반적이다.

3) 인정범위

① 관습법

관습법은 노동관계에서의 관행이 일반인의 법적 확신을 얻어 규범력을 가지는 것으로서 노동관계에서 당연히 법원성이 인정된다.

② 사실인 관습

사실인 관습은 계속 · 반복되어 온 관행이 일반인의 법적 확신을 얻지 못한 것을 말한다. 사실인 관습은 법적 확신을 얻지 못한 것으로 이를 법원으로 볼 수 없음이 일반적이나, 노동법의 경우 "관습법"과 "사실인 관습"을 구별할 실익은 없다고 본다. 이때 일정한 노동관행이 법원으로 인정받기 위해서는 ㉠ 관행이 기업사회에서 일반적으로 근로관계를 규율하는 규범적 사실로서 명확히 승인되거나, ㉡ 기업의 구성원이 일반적으로 아무런 이의도 제기하지 아니한 채 기업 내에서 사실상의 제도로서 확립되어 있어야 한다.

> **참조판례** 대법원 2002.4.23. 선고 2000다50701 판결
>
> 기업의 내부에 존재하는 특정의 관행이 근로계약의 내용을 이루고 있다고 하기 위하여는 그러한 관행이 기업사회에서 일반적으로 근로관계를 규율하는 규범적인 사실로서 명확히 승인되거나 기업의 구성원에 의하여 일반적으로 아무도 이의를 제기하지 아니한 채 당연한 것으로 받아들여져서 기업 내에서 사실상의 제도로서 확립되어 있다고 할 수 있을 정도의 규범의식에 의하여 지지되고 있어야 한다.

3. 판례

(1) 문제의 소재

법원(재판기관)의 판례가 법원으로 인정될 수 있는지가 문제된다.

(2) 학설

1) 법원성긍정설

이 견해는 노동관계법령의 공백을 메우거나 적용할 법규의 의미를 명확히 하는 의미의 상급법원의 판결에 대해 법관 스스로 이에 따르는 경향과 결합하여 법관법을 형성한다는 점에서 이를 법원으로 인정한다.

2) 법원성부정설

이 견해는 우리나라가 성문법주의를 취하고 있고, 법관이 선례에 구속되지 않고 당해 사건이 아니면 상급법원의 판례에 구속되지 않으므로(법원조직법 제8조) 판례의 법원성을 인정하지 않는다.

3) 검토

확립된 판례법리가 사실상 법원으로서의 기능을 수행하는 것을 별론으로 하고, 성문법주의를 취하는 한 판례를 법원으로 인정하는 것은 타당하지 않다.

4. 사용자의 지시권

근로계약 체결시 근로자가 급부해야 할 노무가 처음부터 구체적으로 정해지는 것은 아니므로 근로자의 근로제공에 대하여 그 작업과정에서 사용자의 지시를 통하여 근로시간, 작업장 또는 구체적 근무장소 및 작업방법이 정해진다. 이러한 사용자의 지시권은 근로관계를 구체적으로 형성하는 요소라고 할 수는 있으나 법원으로 인정되지는 않는다.

5. 행정해석

법률 등의 해석에 대하여 의문이 있는 경우 행정관청에 법해석을 요청하여 이루어지는 노동부의 예규·질의회시 또는 법무부의 유권해석 등은 행정관청이 관계법령의 통일적·효율적 감독·시행을 위하여 그 소속기관 및 담당공무원에 대한 내부적 업무처리지침에 불과하여 노동관계 당사자나 법관을 구속하지 않으므로(즉, 대외적 구속력이 없으므로) 법원성이 인정되지 않는다. 대법원도 업무상 재해 인정기준에 관한 고용노동부 고시에 대해 법원성을 부인하였다.

> **참조판례 대법원 2020.12.24. 선고 2020두39297 판결**
>
> 위임근거인 산업재해보상보험법 시행령 [별표 3] '업무상 질병에 대한 구체적인 인정 기준'이 예시적 규정에 불과한 이상, 그 위임에 따른 고용노동부 고시가 대외적으로 국민과 법원을 구속하는 효력이 있는 규범이라고 볼 수는 없고, 상급행정기관이자 감독기관인 고용노동부장관이 그 지도·감독 아래 있는 근로복지공단에 대하여 행정내부적으로 업무처리지침이나 법령의 해석·적용 기준을 정해주는 '행정규칙'이라고 보아야 한다.

Ⅳ. 법원 상호간의 충돌

1. 문제의 소재

법원 상호간의 충돌이란 하나의 사실관계에 대하여 여러 규범이 적용예정되어 있는 경우 어느 규범을 우선적용할 것인지를 의미한다. 노동법의 법원은 다양한 종류가 있으므로 동일한 대상에 적용되는 법원이 서로 충돌하는 경우에 어느 규범이 우선 적용할 것인지가 문제된다.

2. 법원 상호간의 충돌해결의 일반원칙

(1) 상위법우선의 원칙

노동관계에 적용되는 여러 법원은 헌법을 최상위로 하여 법률, 명령, 단체협약, 취업규칙과 조합규약 등의 순으로 단계구조를 가지고 있다. 원칙적으로 동일사안에 대하여 법원 상호간의 충돌이 있는 경우 단계구조상 하위의 법원에 비해 상위의 법원이 우선적으로 적용된다. 이를 상위법우선의 원칙이라 한다.

(2) 특별법우선의 원칙

동일한 규율대상에 대하여 같은 계위의 법원이 복수로 존재하는 때에는 특별규정이 일반규정에 우선하여 적용된다. 예컨대, 선원법은 일반근로자 중 선원을 적용범위로 하는 특별법이므로 근기법보다 우선적으로 적용된다.

(3) 신법우선의 원칙

대등한 계위의 법원들이 같은 내용을 규율하고 있을 때에는 새 규범이 구 규범을 대체·소멸시킨다. "신법은 구법을 깬다(Lex posterior derogat legi priori)."라는 원칙이 지배하기 때문이다.

3. 유리의 원칙(유리한 조건 우선의 원칙)

(1) 의의

유리의 원칙이란 동일한 규율대상에 대하여 적용되는 여러 법원 중에서 근로자에게 가장 유리한 법원이 가장 우선적으로 적용된다는 원칙을 말한다.

노동법은 근로자보호를 그 목적으로 하기 때문에 상위의 법원이라 하더라도 하위의 법원이 근로자에게 더 유리한 내용을 규정하고 있는 한 그 효력을 가질 수 없도록 한 것이다. 현행법상 이를 확인하는 규정(근기법 제3조, 제15조, 제97조 등)이 다수 있다.

(2) 유리의 원칙의 적용범위

1) 근로기준법과 단체협약·취업규칙·근로계약의 관계

근기법에 정한 근로조건은 최저기준임을 명시하고 있다(근기법 제3조). 단체협약·취업규칙·근로계약에서 정하고 있는 근로조건이 근기법보다 유리하면 이들이 우선 적용된다.

2) 취업규칙과 근로계약간의 관계

취업규칙에 정한 기준에 미달하는 근로계약의 부분은 무효이고 무효로 된 부분은 취업규칙에 따른 다(근기법 제97조). 취업규칙보다 유리한 근로계약의 부분은 무효가 되는 것이 아니라 유리의 원칙 에 따라 근로계약이 취업규칙에 우선하여 적용된다. 대법원은 연봉계약이 체결된 후 취업규칙을 불이익하게 변경하여 임금피크제를 도입한 사안에서 유리의 원칙을 적용하여 연봉계약에 따른 연 봉을 변경된 취업규칙에 따라 삭감할 수 없다고 판시한 바 있다.

> **참조판례 대법원 2019.11.14. 선고 2018다200709 판결**
>
> 근로기준법 제97조는 "취업규칙에서 정한 기준에 미달하는 근로조건을 정한 근로계약은 그 부분에 관하여는 무 효로 한다. 이 경우 무효로 된 부분은 취업규칙에 정한 기준에 따른다."라고 정하고 있다. 위 규정은, 근로계약에 서 정한 근로조건이 취업규칙에서 정한 기준에 미달하는 경우 취업규칙에 최저기준으로서의 강행적·보충적 효력 을 부여하여 근로계약 중 취업규칙에 미달하는 부분을 무효로 하고, 이 부분을 취업규칙에서 정한 기준에 따르게 함으로써, 개별적 노사 간의 합의라는 형식을 빌려 근로자로 하여금 취업규칙이 정한 기준에 미달하는 근로조건 을 감수하도록 하는 것을 막아 종속적 지위에 있는 근로자를 보호하기 위한 규정이다. 이러한 규정 내용과 입법 취지를 고려하여 근로기준법 제97조를 반대해석하면, <u>취업규칙에서 정한 기준보다 유리한 근로조건을 정한 개별 근로계약 부분은 유효하고 취업규칙에서 정한 기준에 우선하여 적용된다.</u>

근로계약에서 구체적인 근로조건을 정하지 않은 경우에는 취업규칙이 변경되어도 유리한 근로계 약의 적용문제가 발생하지 않는다. 대법원은 근로계약 시 임금 등 근로조건에 대해 취업규칙에 따 른다고 정하였을 뿐 구체적인 근로조건을 정하지 않은 사안에서 변경된 취업규칙의 효력을 인정하 였다.

> **참조판례 대법원 2022.1.13. 선고 2020다232136 판결**
>
> 근로자에게 불리한 내용으로 변경된 취업규칙은 집단적 동의를 받았다고 하더라도 그보다 유리한 근로조건을 정 한 기존의 개별 근로계약 부분에 우선하는 효력을 갖는다고 할 수 없다. 이 경우에도 근로계약의 내용은 유효하게 존속하고, 변경된 취업규칙의 기준에 의하여 유리한 근로계약의 내용을 변경할 수 없으며, 근로자의 개별적 동의 가 없는 한 취업규칙보다 유리한 근로계약의 내용이 우선하여 적용된다. 그러나 근로기준법 제4조, 제94조 및 제 97조의 규정 내용과 입법 취지를 고려할 때, 위와 같은 법리는 근로자와 사용자가 취업규칙에서 정한 기준을 상 회하는 근로조건을 개별 근로계약에서 따로 정한 경우에 한하여 적용될 수 있는 것이고, <u>개별 근로계약에서 근로 조건에 관하여 구체적으로 정하지 않고 있는 경우에는 취업규칙 등에서 정하는 근로조건이 근로자에게 적용된다 고 보아야 한다.</u>

3) 단체협약과 유리의 원칙

① 문제의 소재

독일의 단체협약법은 단체협약에 대하여 유리의 원칙을 명문으로 규정하고 있는데, 노동조합법 은 단체협약에 대한 유리의 원칙을 규정하고 있지 않아 근로계약 또는 취업규칙이 단체협약보 다 근로자에게 유리한 경우에 유리의 원칙을 적용할 수 있는지가 문제된다.

② 학설

　㉠ 유리의 원칙 적용 긍정설

　　이 견해는 노동법상 유리의 원칙은 근로자 보호를 위한 일반원칙이므로 단체협약 역시 근로 자들을 보호하기 위하여 근로조건의 최저기준을 정한 것이라고 할 것이므로 유리의 원칙을 적용해야 한다는 입장이다.

　㉡ 유리의 원칙 적용 부정설

　　이 견해는 유리의 원칙을 명문으로 규정하지 않은 이상 유리의 원칙은 적용되지 않는다고 할 것이며, 만약 유리의 원칙을 인정하는 경우 사용자에 의한 부당노동행위의 조장우려가 있 고 노동조합의 약화를 초래할 수 있다는 점에서 단체협약에는 유리의 원칙을 적용해서는 안 된다는 입장이다.

　㉢ 절충설

　　이 견해는 산업별 노동조합에만 유리의 원칙이 적용되고, 기업별 노동조합에는 적용되지 않 는다는 입장이다.

③ 판례

대법원은 "단체협약의 개정에도 불구하고 종전의 단체협약과 동일한 내용의 취업규칙이 그대로 적용된다면 단체협약의 개정은 그 목적을 달성할 수 없으므로 개정된 단체협약에는 취업규칙상 의 유리한 조건의 적용을 배제하고 개정된 단체협약이 우선적으로 적용된다는 내용의 합의가 포함된 것이라고 봄이 당사자의 의사에 합치한다."라고 판시하여 유리의 원칙 적용부정설의 입 장이다.

📖 참조판례 대법원 2002.12.27. 선고 2002두9063 판결

단체협약의 개정에도 불구하고 종전의 단체협약과 동일한 내용의 취업규칙이 그대로 적용된다면 단체협약의 개정은 그 목적을 달성할 수 없으므로 개정된 단체협약에는 당연히 취업규칙상의 유리한 조건의 적용을 배제 하고 개정된 단체협약이 우선적으로 적용된다는 내용의 합의가 포함된 것이라고 봄이 당사자의 의사에 합치 한다고 할 것이고, 따라서 개정된 후의 단체협약에 의하여 취업규칙상의 면직기준에 관한 규정의 적용은 배제 된다고 보아야 한다.

---

④ 검토

노동조합법 제33조는 '위반하는'이라고 규정하고 있고, 유리의 원칙을 인정할 경우 사용자의 부 당노동행위의 조장 우려가 있으며, 기업별 협약이 지배적이라는 점에서 단체협약에 대하여는 유리의 원칙을 적용하지 않는 것이 타당하다.

제2장 헌법의 노동조항

제1절 근로의 권리

Ⅰ. 의의

근로의 권리란 자신의 의사와 능력에 따라 자유로이 일할 수 있는 권리와 국가에 대하여 근로의 기회를 제공하여 줄 것을 요구할 수 있는 권리를 말한다. 근로의 권리를 헌법에 최초로 규정한 것은 1919년 바이마르(Weimar)헌법이다. 우리 헌법은 건국헌법에서 근로의 권리를 보장한 이래, 현행 헌법 제32조에서도 이를 이어받아 규정하고 있다.

Ⅱ. 법적 성질

1. 자유권성과 생존권성

근로의 권리의 법적 성격에 대하여 ① 사회권이라는 견해, ② 근로의 권리 중 일할 자리에 관한 권리는 복합적 성질의 권리이지만 일할 환경에 관한 권리는 생활권적 성질의 구체적 권리라는 견해, ③ 자유권적 성격과 사회권적 성격을 아울러 가진다는 견해 등이 대립하고 있다. 생각건대, 근로의 권리의 자유권적 성격은 부수적인 것이고 그 본질은 사회적 기본권성에 있다고 보는 것이 타당하다.

2. 사회적 기본권으로서의 법적 성격

(1) 학설

1) 프로그램 권리설(입법방침규정설)

사회적 기본권은 현실적·구체적 권리가 아니라 국가가 추구해야 하는 목표 내지 지침을 선언한 것에 불과하므로 그에 관한 헌법규정만으로는 국가에 대하여 그 의무이행을 재판상 청구할 수 없으며, 그에 관한 입법의 태만을 헌법 위반이라 하여 사법적 구제를 구할 수 없다는 견해이다.

2) 추상적 권리설

사회적 기본권은 비록 추상적일지라도 법적 권리이고, 국민은 국가에 대해 입법 등의 조치를 요구할 권리를 가지며, 국회는 국가재정과 경제가 허용하는 한 필요한 입법 등의 조치를 하여야 할 의무가 있다는 견해이다.

3) 구체적 권리설

사회적 기본권은 그것을 구체화하는 입법이 존재하지 아니하는 경우에도 직접적인 효력을 가지는 구체적 권리라는 견해이다.

4) 불완전한 구체적 권리설

사회적 기본권은 자유권적 기본권처럼 직접적인 효력을 가지는 완전한 의미에서의 구체적 권리일 수는 없다 할지라도, 적어도 일부 청구권적 기본권이나 정치적 기본권과 동일한 수준의 불완전하나마 구체적인 권리로서의 성격은 가지고 있다는 견해이다.

(2) 판례

헌법재판소는 "인간다운 생활을 할 권리로부터는 인간의 존엄에 상응하는 생활에 필요한 최소한의 물질적인 생활의 유지에 필요한 급부를 요구할 수 있는 구체적인 권리가 상황에 따라서는 직접 도출될 수 있다고 할 수 있어도, 동 기본권이 직접 그 이상의 급부를 내용으로 하는 구체적인 권리를 발생게 한다고는 볼 수 없다고 할 것이다. 이러한 구체적 권리는 국가가 재정형편 등 여러 가지 상황들을 종합적으로 감안하여 법률을 통하여 구체화할 때에 비로소 인정되는 법률적 권리라고 할 것이다."라고 판시(헌법재판소 1995.7.21. 93헌가14)하여 인간다운 생활을 보장함에 필요한 최소한의 물질적인 조치에 대하여는 구체적인 권리로, 그 이상의 급부를 요구하는 것에 대하여는 추상적 권리로 보고 있다.

(3) 검토

사회적 기본권은 정신적 자유 못지않게 중요한 의미를 가진다는 점, 모든 헌법규정은 재판규범이라는 점, 사회적 빈곤층에게는 자유권적 기본권보다 사회적 기본권의 실질적 보장이 더욱 절실한 의미를 가진다는 점, 사회적 기본권의 실현은 사회의 급부능력과 국가의 재정현실에 의존하는 점 등을 고려할 때, 사회적 기본권은 불완전하나마 구체적인 권리로서의 성격을 갖는다고 보는 것이 타당하다고 할 것이다.

Ⅲ. 근로의 권리의 주체

근로의 권리는 국가내적인 권리이므로 근로의 권리의 주체는 자연인 중에서 원칙적으로 대한민국국민에 한정된다. 외국인에게 근로의 권리의 본질적 내용, 즉 국가에 대하여 근로기회의 제공을 요구할 권리는 인정되지 않는다. 그러나 개별법률이 인정하는 개별적 근로권은 주장할 수 있다. 현행 근로기준법 제6조는 국적을 이유로 근로조건에 대한 차별적 처우를 하지 못함을 규정하고 있다. 또한 헌법재판소는 헌법상 근로의 권리는 '일할 자리에 관한 권리'만이 아니라 '일할 환경에 관한 권리'도 의미하는데, '일할 환경에 관한 권리'는 인간의 존엄성에 대한 침해를 방어하기 위한 권리로서 외국인에게도 인정되며, 건강한 작업환경, 일에 대한 정당한 보수, 합리적인 근로조건의 보장 등을 요구할 수 있는 권리 등을 포함한다고 판시하였다.

Ⅳ. 근로의 권리의 내용

1. 근로기회제공청구권과 생활비지급청구권

근로의 권리의 본질적 내용에 대하여 ① 국가에 대하여 근로의 기회 그 자체의 제공을 요구할 수 있는 권리라는 근로기회제공청구권설과, ② 국가에 대해 근로기회를 요구하고 그것이 불가능한 경우에는 생활비지급을 요구할 수 있는 권리라는 생활비지급청구권설이 대립한다.

헌법재판소는 "근로의 권리는 사회적 기본권으로서, 국가에 대하여 직접 일자리(직장)를 청구하거나 일자리에 갈음하는 생계비의 지급청구권을 의미하는 것이 아니라, 고용증진을 위한 사회적·경제적 정책을 요구할 수 있는 권리에 그친다. 근로의 권리를 직접적인 일자리 청구권으로 이해하는 것은 사회주의적 통제경제를 배제하고, 사기업 주체의 경제상의 자유를 보장하는 우리 헌법의 경제질서 내지 기본권규정들과 조화될 수 없다."라고 판시(헌법재판소 2002.11.28. 2001헌바50)함으로써 근로의 권리의 본질적 내용은 근로기회제공청구권이라고 보는 입장이다.

생각건대, 자본주의 사회에서 국가는 스스로 일반근로자를 채용하거나 사기업 또는 공기업에 채용을 강제할 수 없으므로 근로의 권리는 실업상태에 있는 국민이 최대한 근로의 기회를 제공받을 수 있도록 입법·정책을 취하라고 요구할 수 있는 권리로서의 성격을 가진다는 점에서 근로기회제공청구권설이 타당하다고 본다.

2. 해고의 자유의 제한

헌법상 근로의 권리를 보장하는 것이 사용자의 해고의 자유를 제한하는 근거가 될 수 있는지에 대해 ① 근로의 권리는 국가와 국민의 관계에 관한 것이지 사용자와 근로자의 개별적 근로관계에 관한 것은 아니라는 이유로 이를 부정하는 부정설이 있으나, ② 헌법 제32조의 근로의 권리는 헌법 제33조의 근로3권에 관한 규정과 더불어 개별적 근로관계에 있어서 계약의 자유뿐만 아니라 해고의 자유까지도 제한하기 위하여 등장한 것이고, 헌법 제32조는 개별적 근로관계에도 적용되어 사용자의 해고의 자유를 제한하는 근거가 된다고 보는 것이 타당하다. 따라서 사용자가 근로자를 정당한 사유 없이 해고하는 경우에 당해 해고는 위헌·무효가 된다고 할 것이다.

3. 임금의 보장

(1) 적정임금의 보장

헌법 제32조 제1항은 국가는 적정임금의 보장에 노력할 것을 규정하고 있다. 이 규정은 1980년 제8차 개정헌법에서 신설되어 현행헌법에 이르고 있다. 적정임금이란 최저임금보다는 고액으로 근로자와 그 가족이 인간의 존엄성에 상응하는 건강하고 문화적인 생활을 영위할 수 있는 수준의 임금을 의미한다. 적정임금의 보장은 최대한 노력하라는 입법방침을 규정한 것에 불과하다.

(2) 최저임금제의 실시

헌법 제32조 제1항은 법률로써 최저임금제를 시행하도록 하고 있다. 이에 따라 근로자에 대하여 임금의 최저수준을 보장하여 근로자의 생활안정과 노동력의 질적 향상을 꾀함으로써 국민경제의 건전한 발전에 이바지하는 것을 목적으로 최저임금법을 제정하여 시행하고 있다.

(3) 동일노동에 대한 동일임금의 원칙(헌법 제32조 제4항)

헌법 제32조 제4항 후단은 고용 · 임금 및 근로조건에 있어서 부당한 차별을 금지하고 있다. 동일가치의 노동에 대하여는 동일임금이 보장되어야 한다. 특히 여성근로자를 보호하기 위하여 동일노동에 대한 동일임금의 원칙이 보장된다.

4. 국가의 고용증진의무

헌법 제32조 제1항 후문에서 "국가는 사회적 · 경제적 방법으로 근로자의 고용증진에 노력하여야 한다."라고 규정하고 있다. 국가의 고용증진의무는 최대한 노력하라는 의미의 입법방침을 규정한 것에 불과하다.

5. 근로조건의 법정주의

헌법 제32조 제3항은 인간의 존엄성을 보장하도록 근로조건의 기준을 법률로써 정하도록 규정하고 있다. 이에 따라 인간다운 생활의 실현을 위한 근로조건을 법정함으로써 근기법 등을 통해 근로자를 보호하고 있다.

6. 여자와 연소자 근로의 특별보호

헌법 제32조 제4항과 제5항은 여자와 연소자에 대한 근로는 국가의 특별보호를 규정하고 있다. 모성보호와 미래세대인 연소자를 보호함으로써 사회적 약자에 대한 특별한 배려를 인정한 것이다. 더 나아가 종래 여성이 사회적으로 남성에 비해 차별받아왔다는 역사적 과오를 시정하기 위하여 부당한 차별의 금지를 내용으로 하고 있다.

7. 국가유공자 등의 유가족에 대한 근로기회우선권 보장

헌법 제32조 제6항은 국가유공자 등에 대하여 법률이 정하는 바에 의하여 우선적인 근로의 기회를 부여하도록 규정하고 있는데, 국가유공자 등에 대하여는 국가발전의 공로 등을 보상하도록 특별히 인정한 것이다.

8. 근로의 의무

헌법 제32조 제2항은 근로의 의무를 규정하면서 민주주의 원칙에 따라 근로의 의무의 내용과 조건을 법률로 정하도록 규정하고 있다. 그러나 근로의 의무는 도의적 의무에 불과하고 이를 법적 의무로 볼 것은 아니다.

V. 근로의 권리의 효력

근로의 권리는 기본권으로써 대국가적 효력과 대사인적 효력을 갖는다. 대국가적 효력으로 국가는 국민의 근로의 권리를 침해하여서는 안 되며, 더 나아가 근로기회제공을 위한 입법·정책적 의무를 다하여야 한다. 대사인적 효력으로 사인 간에도 사회질서의 내용을 이루므로 사인이 근로의 권리를 침해하는 행위를 하는 것은 반사회적 행위에 해당하여 무효가 되며, 특히 사용자의 정당한 이유 없는 해고는 사법상 무효가 된다.

VI. 근로의 권리의 제한과 한계

근로의 권리도 헌법 제37조 제2항에 의하여 제한될 수 있다. 근로의 권리는 국가안전보장·질서유지 또는 공공복리를 위하여 필요한 경우에는 법률로서 제한될 수 있다. 다만, 근로의 권리의 본질적인 내용을 침해하여서는 안 된다.

제2절 근로3권

I. 의의

근로3권은 근로자들이 근로조건의 향상을 위하여 자주적으로 단결하고 교섭하며 단체행동을 할 수 있는 단결권, 단체교섭권, 단체행동권을 총칭한 개념이다. 헌법 제33조 제1항은 "근로자는 근로조건의 향상을 위하여 자주적인 단결권·단체교섭권 및 단체행동권을 가진다."라고 규정하고 있다. 이는 개별 근로자가 단결하여 사용자와 근로조건 향상을 위하여 집단적으로 교섭하며, 이를 실현하기 위한 단체행동을 보장하여, 사용자와 실질적인 대등성을 확보하고 노사자치주의의 실현을 보장하고자 하는 것이다.

Ⅱ. 법적 성격

1. 자유권성과 생존권성

(1) 학설

1) 자유권설

이 견해는 근로3권이 국가권력으로부터 근로자의 단결권, 단체교섭권 및 단체행동권의 행사가 부당하게 방해 내지 간섭을 받지 않아야 한다는 소극적인 자유의 일종으로 이해한다.

2) 생존권설

이 견해는 근로3권을 자본주의 사회에서 생산수단을 소유하지 못한 경제적 약자인 근로자가 인간다운 생활을 확보하기 위하여 단체행동의 장애를 제거하고 이를 보장하도록 국가적 배려와 보호를 요구할 수 있는 생존권의 일종으로 이해한다.

3) 혼합권설

이 견해는 근로3권이 근로자가 근로3권을 행사하는 것을 국가가 방해해서는 안 된다는 자유권적 측면과 이러한 권리가 사용자에 의해 침해된 경우에 국가에 대한 적극적인 개입과 보호를 요구할 수 있는 생존권적 측면을 모두 가지고 있다고 본다.

(2) 판례

1) 헌법재판소의 입장

헌법재판소는 "노동기본권은 자유권적 기본권으로서의 성격보다는 생존권 또는 사회권적 기본권으로서의 측면이 강한 것으로 그 권리의 실질적 보장을 위해서는 국가의 적극적인 개입과 뒷받침이 요구되는 기본권"이라 하여 생존권설의 입장을 취한 적도 있으나, 최근에는 "근로자는 노동조합과 같은 근로자단체의 결성을 통하여 집단으로 사용자에 대항함으로써 사용자와 대등한 세력을 이루어 근로조건의 형성에 영향을 미칠 수 있는 기회를 가지게 되므로, 이러한 의미에서 근로3권은 '사회적 보호기능을 담당하는 자유권' 또는 '사회권적 성격을 띤 자유권'으로서의 성격을 가진다."라고 판시(헌법재판소 1998.2.27. 94헌바13 등)하고 있다.

2) 대법원의 입장

대법원은 "근로3권은 사용자와 근로자간의 실질적인 대등성을 단체적 노사관계의 확립을 통하여 가능하도록 하기 위하여 시민법상의 자유주의적 법원칙을 수정하는 신시대적인 시책으로서 등장된 생존권적 기본권"이라고 판시(대법원 1990.5.15. 선고 90도357 판결)한 바 있다.

(3) 검토

근로3권은 그 성질상 자유권과 생존권의 양 측면을 가진다. 자유권적 측면에서 볼 때 근로자의 단체행동이 국가에 의한 형사책임의 면제, 생존권적 측면에서는 근로자의 단체행동권에 대한 민사책임을 면제, 나아가 사용자로부터 이 권리를 침해당하는 경우 부당노동행위로 국가로 하여금 적극적으로 개입하여 법적 구제를 요구할 수 있다. 이러한 점에서 근로3권은 자유권적 측면과 생존권적 측면을 동시에 갖는다.

2. 사회적 기본권으로서의 성질

(1) 학설

1) 프로그램(입법방침)규정설

이 견해는 헌법 제33조는 국가의 일정한 목표를 규정한 입법방침에 불과하다고 보며, 권리성을 부정한다.

2) 추상적 권리설

이 견해는 헌법 제33조의 규정을 국민의 기본권으로서 추상적 권리를 규정한 것으로 보고, 추상적 권리로서의 근로3권은 입법 등에 의해 구체적 내용을 확보하여야 한다고 본다.

3) 구체적 권리설

이 견해는 헌법 제33조의 규정을 국민의 기본권으로서 구체적 권리를 인정한 규정이라고 해석하고, 따라서 국가는 근로3권을 보장하기 위한 적극적 의무를 부담한다고 본다.

4) 불완전한 구체적 권리설

이 견해는 헌법 제33조의 규정은 국민의 기본권으로서 불완전하지만 일정한 범위 내에서 구체적 권리로서 국가는 구체적 권리로 인정되는 범위에서의 근로3권에 대해 적극적 의무를 부담한다고 본다.

(2) 검토

헌법 제33조의 근로3권은 자유권과 사회적 기본권으로서의 성격을 동시에 가지며, 이러한 혼합권으로서의 근로3권은 인간의 존엄성과 최소한의 인간다운 생활을 보장하기 위한 범위에서는 구체적인 권리라고 보아야 할 것이다.

III. 주체

1. 국민

(1) 근로자

근로3권의 주체인 근로자는 노동조합 및 노동관계법이 정의하는 "직업의 종류를 불문하고 임금 급료 기타 이에 준하는 수입에 의하여 생활하는 자"를 말한다. 근로자에는 근로기준법상의 근로자인 취업 중에 있는 자에만 국한되는 것이 아니라 실업 중에 있는 자도 포함되는 광의의 근로자를 의미한다. 대법원도 "구직 중인 여성 노동자 역시 노동조합법상의 근로자에 해당하므로"라고 판시(대법원 2004.2.27. 선고 2001두8568 판결)하여 이러한 입장을 나타내고 있다.

(2) 사용자

사용자가 근로3권의 주체가 될 수 있는지 여부가 문제될 수 있다. 노동조합법은 쟁의행위에 직장폐쇄를 포함하고 있다. 그러나 근로3권의 주체는 노동조합법상의 근로자를 의미하기 때문에 사용자는 이에 포함될 수 없다. 사용자의 대항적인 권리인 직장폐쇄는 헌법 제23조 재산권 보장 등에서 근거를 찾을 수 있다.

2. 단체

헌법상의 기본권은 국민개개인이 보유하고 행사할 수 있음이 원칙이지만, 일정한 목적을 달성하기 위해 설립된 단체의 경우라면 그 목적달성의 범위 내에서 기본권의 주체가 될 수 있다. 근로3권의 행사에 있어 노동조합 또는 근로자단체도 기본권의 주체에 해당한다.

Ⅳ. 근로3권의 내용

1. 단결권

(1) 의의

단결권은 근로자가 근로조건의 향상을 위하여 자주적으로 노동조합이나 그 밖의 단결체를 조직·가입 하거나 그 단결체를 운영할 권리를 말한다.

(2) 내용

1) 적극적 단결권

적극적 단결권이란 노동조합을 결성, 가입, 운영할 수 있는 권리로서 헌법상의 단결권은 이러한 적 극적 단결권을 지칭하는 것이라 할 것이다.

2) 소극적 단결권

① 의의

소극적 단결권이란 노동조합을 결성하지 않거나, 불가입 또는 탈퇴할 수 있는 권리를 말한다.

② 헌법 제33조 제1항에 소극적 단결권의 포함여부

㉠ 문제의 소재

근로3권에 소극적 단결권이 포함된 것인지가 문제된다. 단결권에 소극적 단결권이 포함되는 지 여부에 따라 단결강제의 인정여부가 달라지기 때문이다.

㉡ 학설

ⓐ 포함설

이 견해는 권리는 양면성을 가지므로 소극적 단결권은 적극적 단결권의 이면으로 헌법 제33조의 단결권에 소극적 단결권이 포함되었다고 본다.

ⓑ 불포함설

이 견해는 단결권이 역사적으로 근로자가 단결하는 것을 법적으로 승인하려는 것이지 단 결하지 않는 것을 승인하려는 것이 아니므로, 단결권은 적극적으로 단결할 자유를 의미 할 뿐 단결하지 않을 자유를 포함하지 않는다고 본다.

㉢ 판례

헌법재판소는 "노동조합과 각종 단체의 헌법상 차이는, 결사의 자유의 경우 단체를 결성하는 자유, 단체에 가입하는 자유뿐만 아니라 단체를 결성하지 아니할 자유, 단체에의 참가를 강 제당하지 아니할 자유, 단체를 탈퇴할 자유를 포함하는 데 반하여, 근로자의 단결권은 단결 할 자유만을 가리킬 뿐이다."라고 판시(헌법재판소 1999.11.25. 98헌마141)하여 근로3권에는 적 극적 단결권만을 내용으로 하는 것으로 보았다.

㉣ 검토

역사적으로 근로자의 근로3권은 권리의 적극적 행사를 보호할 목적으로 발전하였으며, 근로3권이 국가에 대한 입법적·정책적 의무를 부과하는 등 생존권으로서의 성격을 가진다는 점에서 불포함설이 타당하다. 그렇다고 하더라도 근로자는 인간으로서 존엄성을 가지며 국민의 일원으로서 행동의 자유를 가지므로 소극적 단결권은 일반적 행동의 자유 내지 결사의 자유로서 보호된다.

3) 조합활동권

노동조합의 목적을 달성하기 위한 행위 중 단체교섭이나 쟁의행위에 속하지 않는 행위를 조합활동이라고 한다. 헌법상 단결권에 이러한 조합활동권이 포함되어 있는지 여부가 문제된다. ① 학설은 조합활동권은 노동조합을 운영할 권리로써 단결권의 내용에 포함된다고 보는 설과 조합활동권은 노동조합의 외부적 활동으로써 쟁의권과 함께 단체행동권에 포함된다고 보는 설이 대립한다. ② 이에 대해 판례는 조합활동권이 단체행동권의 일내용이라고 판시한 경우도 있으나, 최근 조합활동으로 볼 수 있는 리본, 조끼 등의 착용행위가 단결권에 포함되는 것으로 판시한 바 있다. 생각건대, 단체행동은 주장관철을 목적으로 업무의 정상적 운영을 저해하는 쟁의행위를 전제로 한 것이고, 단결체의 결성은 곧 단결체의 원활한 운영까지도 그 범위로 볼 수 있다는 점에서 조합활동권은 단결권의 내용으로 보는 것이 타당하다.

(3) 효과와 구제

노동조합의 정당한 단결권행사에 대해 사용자는 이를 방해해서는 안 된다. 사용자가 이를 방해하는 경우 노동조합법 제81조 제4호와 제81조 제1호의 부당노동행위가 성립한다. 노동조합의 정당한 단결권의 행사는 민사·형사책임이 면제된다.

2. 단체교섭권

(1) 의의

단체교섭권이란 근로자단체가 근로조건의 향상을 위하여 자주적으로 사용자와 집단적으로 교섭할 수 있는 권리를 말한다.

(2) 내용

단체교섭권은 근로자에게 사용자와 집단적으로 교섭할 권리를 보장하며, 사용자에게 정당한 이유 없이 이를 거부할 수 없는 의무를 부여하는 것이다.

헌법 제33조 제1항은 근로자가 사용자와 대등한 지위에서 단체교섭을 통하여 자율적으로 근로조건에 관한 단체협약을 체결할 수 있도록 하기 위한 것이므로 '단체협약체결권'을 명시하고 있지 않더라도 단체교섭권에 포함되어 있다고 할 수 있다.

> **📖 참조판례 헌법재판소 1998.2.27. 94헌바13**
>
> 근로조건의 향상을 위한 근로자 및 그 단체의 본질적인 활동의 자유인 '단체교섭권'에는 단체협약체결권이 포함되어 있다고 보아야 한다.

(3) 효과와 구제

사용자는 노동조합의 단체교섭 요구에 대하여 교섭응낙의 의무와 성실교섭의무를 지며, 이를 위반한 경우에는 노동조합법 제81조 제3호의 부당노동행위로써 책임을 지게 된다. 노동조합의 정당한 단체교섭행위는 민·형사상 책임이 면제된다.

사용자가 단체교섭을 정당한 이유 없이 계속 거부하는 경우 노동조합은 단체교섭이행소송 내지 단체교섭응낙 가처분 등을 법원에 청구할 수 있으며, 사용자가 정당한 이유 없이 고의·과실로 단체교섭을 거부한 경우 노동조합은 손해배상청구도 가능하다.

3. 단체행동권

(1) 의의

단체행동권은 근로자가 파업이나 태업 등 그 주장을 관철할 목적으로 업무의 정상적인 운영을 저해하는 행위를 할 권리를 말한다. 단결체의 존립과 목적을 실력으로 관철하려는 투쟁 수단으로 단체적 투쟁에 있어 가장 본질적인 권리이면서, 최후의 강제 수단이다.

(2) 내용

단체행동권의 범위에 조합활동권이 포함되는지 여부에 대하여 견해의 대립은 있으나 단체행동권은 파업·태업 등 업무를 저해하는 행위로서 본래 민·형사상으로는 위법한 행위이지만 근로자의 인간다운 생활을 확보하기 위해서 승인·보장하는 권리라는 점에서 조합활동권은 단결권에 포함된다.

단체행동권은 무제한의 권리가 아니라 그 보장의 기본취지에 비추어 쟁의행위의 주체나 목적 및 수단·태양 등의 면에서 정당한 행위로 인정되는 경우에 한하여 보호되는 권리이다.

(3) 효과와 구제

쟁의행위는 그 권리 행사가 정당한 경우에는 민사·형사면책과 부당노동행위에 의한 불이익한 처우 금지와 이에 대한 구제를 받을 수 있는 절차가 보장되어 있다.

4. 근로3권의 상호관계

(1) 문제의 소재

(2) 학설

1) 단체교섭권중심설

단결권은 집단적 교섭, 즉 단체교섭을 위한 모체로써 단체를 조직하는 권리이며, 단체행동, 즉 쟁의행위도 보다 유리한 단체교섭이 실현되도록 인정한 권리이다. 따라서 단체교섭권을 떠난 단결권·단체행동권이라는 권리관념은 무의미한 것이며, 이 점에 있어서 단결권과 단체행동권은 단체교섭을 목적으로 보장된 수단으로서의 권리관념이라고 할 수 있다. 이 견해에 의하면 근로자는 근로조건의 결정과 밀접하게 관련되고 사용자의 처분권한이 미치는 사항에 한하여 이를 단체교섭의 대상으로 삼거나 그러한 사항의 관철을 위한 단체행동을 할 수 있다고 하여 단체교섭권·단체행동권의 보장범위가 단결권중심론보다 좁으며, 더 나아가 근로자에게 이러한 단체교섭권이 정당하게 확보되어 있기만 하다면 그것을 보장하는 권리로서의 단결권이나 단체행동권이 제한될 수 있다.

2) 단결권중심설

근로3권은 궁극적으로는 경제적·사회적 약자인 근로자들이 단결을 도모하도록 보장함으로써 그 경제적·사회적 지위를 향상시키려는 데 그 주된 목적이 있으므로 근로3권 중 단결권이 가장 중핵적인 권리로 보장되어야 하고 나머지 단체교섭권이나 단체행동권 역시 이러한 단결권의 강화에 기여할 수 있도록 보장되어야 한다고 주장이다.

3) 단체행동권중심설

근로3권은 근로자가 사용자와 개별적으로 근로조건에 관한 계약을 체결할 경우에 처하게 되는 근로자의 사회적·경제적 지위를 근로자단체의 힘을 배경으로 보완·강화함으로써 사용자와 근로자 사이의 실질적인 대등성을 확보해 주는 기능을 수행하는 기본권이다. 단체행동권이 전제되지 않은 단체결성이나 단체교섭이란 무력한 것이어서 무의미하여 단체결성이나 단체교섭만으로는 노사관계의 실질적 대등성은 확보될 수 없으므로 단체행동권이야말로 노사관계의 실질적 대등성을 확보하는 필수적인 전제이고, 따라서 근로3권 가운데 가장 중핵적인 권리는 단체행동권이라고 보아야 한다고 주장한다.

(3) 판례

대법원은 "이른바 노동3권 중 단체교섭권이 가장 중핵적 권리라고 할 수 있고 따라서 단체행동권은 필요 최소한도의 제한이 가해지더라도 노동3권의 본질적 침해가 있다 할 수 없다."라고 판시하여 단체교섭권중심설의 입장이다.

> **참조판례 대법원 1990.5.15. 선고 90도357 판결**
>
> 본래 헌법 제33조 제1항에 의하여 선명된, 이른바 노동3권은 사용자와 근로자간의 실질적인 대등성을 단체적 노사관계의 확립을 통하여 가능하도록 하기 위하여 시민법상의 자유주의적 법원칙을 수정하는 신시대적 시책으로서 등장된 생존권적 기본권들이므로 이 노동3권은 다 같이 존중, 보호되어야 하고 그 사이에 비중의 차등을 둘 수 없는 권리들임에는 틀림없지만 근로조건의 향상을 위한다는 생존권의 존재목적에 비추어볼 때 위 노동3권 가운데에서도 단체교섭권이 가장 중핵적 권리이므로, 노동자에게 단체교섭권이 정당하게 확보되어 있기만 하다면 그것을 보장하는 권리로서의 단체행동권이 제한된다 해도 필요한 최소한도내에서, 어쩔 수 없는 것으로서 사회관념상 상당한 대상조치가 마련되어 있다고 보여질 때에는 권리의 본질적인 내용을 침해하는 것으로 볼 수 없다고 할 것이다.

(4) 검토

헌법 제33조 제1항은 근로조건의 향상을 목적으로 규정하고 있다. 근로조건의 향상은 직접적으로 단체교섭을 통해 이루어진다. 헌법의 해석상 근로3권의 중핵적인 권리는 단체교섭권으로 보는 것이 타당하다.

V. 효력

1. 대국가적 효력

기본권으로써 근로3권은 국가에 근로자의 근로3권 행사에 부당한 간섭을 하지 않을 의무를 부담시키고 근로3권을 적극적으로 보장할 의무가 부여한다. 국가가 근로3권을 실효성 있게 보장하기 위하여 노동조합법에서는 근로자의 정당한 단체교섭 및 쟁의행위에 대하여 민사·형사 면책을 인정하고, 단체협약의 규범적 효력과 부당노동행위에 대한 구제제도를 마련하고 있다. 더 나아가 국가는 근로3권의 보호를 위하여 입법 및 정책설정 등을 통해 이를 적극적으로 보호하여야 한다.

2. 대사인적 효력

근로3권이 사인 상호간에도 직접 적용되는 기본권인가에 대하여 ① 근로3권의 보장은 국가와 국민과의 관계에 있어서의 문제이지 직접 개별국민과의 관계를 설정한 것은 아니므로 대사인적 효력은 인정할 수 없다는 견해와, ② 생존권으로서 근로3권은 대국가적인 권리인 동시에 사인 간의 효력을 가진다는 견해가 있다. 이 견해는 다시 사인 간에 헌법규정이 직접 적용된다는 직접효력설과 공법인 헌법이 직접 적용될 수는 없고 사법규정을 통해 간접적으로 적용된다는 간접효력설이 있다.
생각건대, 헌법의 기본권 규정은 국가법체계에 있어 최상위의 법이고, 기본권의 대사인적 효력을 인정하는 경우 근로3권은 사인 상호간에도 직접 적용된다고 보는 것이 타당하다.

VI. 근로3권의 한계 및 제한

1. 근로3권의 내재적 한계

헌법 제33조 제1항은 근로3권이 '근로조건의 향상을 위하여' 자주적으로 행사될 것을 규정하고 있다. 이는 근로3권에 내재하는 본질적인 한계라고 할 수 있다. 따라서 근로조건의 향상과 무관한 활동은 내재적 한계를 일탈한 것이다. 또한 헌법상의 기본권이라고 해서 그 행사가 무제한 허용되는 것은 아니며, 타인의 명예나 권리, 공중도덕, 사회질서 등을 침해해서는 안 된다(헌법 제21조 제4항).

2. 근로3권의 제한

(1) 근로3권 제한의 근거

국가안전보장, 질서유지 또는 공공복리를 위하여 필요한 경우에 법률로써 국민의 자유와 권리를 제한할 수 있게 하는 일반적 법률유보(헌법 제37조 제2항), 긴급재정경제처분명령과 긴급명령(헌법 제76조), 비상계엄(헌법 제77조, 계엄법 제9조)과 관련된 국가긴급권, 공무원의 근로3권과 주요방위산업체 종사자의 단체행동권은 법률로써 제한할 수 있음을 예정(헌법 제33조 제2항·제3항)하고 있다.

(2) 근로3권 제한의 한계

1) 최소제한과 본질적 내용침해 금지의 원칙

헌법 제37조 제2항은 일반적 법률유보를 규정하면서도 기본권 제한의 경우 그 본질적 내용을 침해할 수 없음을 명시하고 있다. 따라서 근로3권 제한의 경우에도 최소제한 원칙과 본질적 내용침해금지의 원칙은 관철되어야 할 것이다.

2) 근로3권 제한과 공공복리

근로3권의 제한과 관련하여 '공공복리'가 중요한 근거가 된다. 다만, 공공의 복리라는 개념이 공공의 편의로 잘못 대치되어 근로3권의 보장을 무의미하게 할 수도 있다는 점을 유의해야 한다. 따라서 '공공복리'라는 개념은 근로자를 포함한 국민 전체의 생존확보를 내용으로 하는 것이라고 엄격하게 해석해야 한다.

Ⅶ. 침해 및 구제

근로3권은 대국가적 효력과 대사인적 효력을 가지므로 근로3권은 국가에 의해서뿐만 아니라 사인에 의해서도 침해될 수 있다. 국가는 입법, 집행, 사법권을 행사함에 있어 근로3권을 침해해서는 안 되며, 국가에 의해 근로3권이 침해된 경우 헌법재판, 행정소송, 청원권의 행사 등을 통해 구제받을 수 있다.

사인에 의해 근로3권이 침해된 경우 사인간의 법률관계이므로 민사법원을 통해 구제받을 수 있다. 특히 사용자의 근로3권 침해행위에 대하여는 노동조합법에서는 부당노동행위구제제도를 마련하고 있다.

law.Hackers.com

제2편

개별적 근로관계법

제1장 총설

제1절 개별적 근로관계법의 의의

Ⅰ. 서

1. 개념

개별적 근로관계법이란 개별 근로자와 사용자 간의 관계를 규율하는 법규의 총체를 말한다. 개별적 근로관계법은 근로기준법을 중심으로 한 개별 근로자의 근로조건 보호를 규율하는 법규를 지칭한다.

2. 보호필요성

헌법 제32조 제3항에서는 "근로조건의 기준은 인간의 존엄성을 보장하도록 법률로 정한다."라고 규정하고 있다. 근로조건법정주의는 근로자와 사용자가 합의하는 근로계약의 부자유와 불평등을 실질적으로 파악하여 일정한 수준 이상의 근로조건을 보장함으로써 근로자의 인간다운 생활을 보장하고자 한다.

Ⅱ. 개별적 근로관계법의 등장과 발전

산업사회의 발전으로 근로관계는 사회의 주된 관계를 형성하게 되었다. 시민혁명 이후 형식적 평등을 전제로 한 시민법의 발전은 개별 근로자와 사용자간의 실질적 불평등을 초래하게 되었고 경제적·사회적으로 약자의 지위에 있는 근로자는 저임금·장시간 노동으로 인하여 심각한 사회문제를 야기하게 되었다. 이를 극복하기 위하여 1802년 영국의 '도제의 건강과 도덕에 관한 법률(공장법)'을 시작으로 근로조건을 보호하기 위한 법률 등이 제정되기 시작하였다. ILO의 성립과 함께 개별적 근로관계를 보호하기 위한 국제적 노력이 계속되었으며, 헌법상의 사회적 기본권으로 근로의 권리를 인정하면서 인간다운 생활을 보장하기 위한 개별적 근로관계법은 계속 발전해 가고 있다.

Ⅲ. 개별적 근로관계법의 특징

1. 인적 · 계속적 관계성

개별적 근로관계는 인격과 밀접불가분의 관계에 있는 노동력의 제공과 이용을 목적으로 하는 인적 관계를 가지며, 근로계약은 일회적이 아니라 일정기간동안 계속적으로 형성 · 유지하는 것을 그 내용으로 한다. 따라서 당사자 사이의 신뢰관계가 중시된다.

2. 조직적 노동성

사용자는 근로계약을 통해 다수의 근로자와 개별적 근로관계를 맺고 자신의 목적을 달성하기 위해 근로자들을 유기적으로 조직하여 그 노동력을 최대한으로 활용하고자 한다. 이를 위해 사용자는 근로자를 조직화하고, 조직적 노동의 준칙과 규율을 설정하게 되며, 근로조건을 통일적 · 집합적으로 처리하게 된다.

3. 계약 내용의 백지성과 탄력성

근로계약은 개별 근로자와 사용자 사이의 자율적 의사에 의한 합의를 전제로 하므로 그때그때 근로자와 사용자의 합의 또는 사용자의 지휘명령 등을 통하여 구체화될 수밖에 없는 성질을 가진다.

4. 근로자의 종속성

근로계약은 종속적 노동을 전제로 한다. 사용자는 경제적 지위 때문에 근로자에 대하여 우월적 지위를 가지게 되며 노동력의 이용에 있어서도 조직체로서 모든 통제를 하게 된다.

제2절 근로기준법상 권리 · 의무주체

Ⅰ. 근로기준법상 근로자

1. 의의

근로기준법(이하 '근기법'이라고도 한다)상 근로자라 함은 직업의 종류를 불문하고 사업 또는 사업장에서 임금을 목적으로 근로를 제공하는 자를 말한다(제2조 제1항 제1호). 근기법이 근로자 개념을 정의하는 규정을 둔 취지는 근기법의 보호대상을 확정하기 위한 것이다.

2. 근로기준법상 근로자성 판단기준

(1) 직업의 종류는 관계없음

근로자는 직업의 종류를 묻지 않는다. 직업이란 일정한 경제적 이익을 목적으로 행하는 사회적 활동을 말한다. 근로자성을 판단하는데 어떠한 직업을 가지는지는 문제되지 않는다. 또한 근로의 내용이 정신·육체노동인지, 상용·일용·임시직인지 등 고용형태를 불문한다. 한편, 체류자격을 가진 외국인은 물론 불법체류외국인도 내국인과 마찬가지로 근기법상의 근로자에 해당한다.

> **참조판례 대법원 1995.9.15. 94누12067 판결**
>
> [1] 구 출입국관리법(1992.12.8. 법률 제4522호로 전문 개정되기 전의 것) 제15조 제1항에서 외국인이 대한민국에서 체류하여 행할 수 있는 활동이나 대한민국에 체류할 수 있는 신분 또는 지위에 관한 체류자격과 그 체류기간에 관하여 규율하면서 아울러 같은 조 제2항에서 외국인 고용제한을 규정하고 있는바, 그 입법취지가 단순히 외국인의 불법체류만을 단속할 목적으로 한 것이라고는 할 수 없고, 위 규정들은 취업자격 없는 외국인의 유입으로 인한 국내 고용시장의 불안정을 해소하고 노동인력의 효율적 관리, 국내 근로자의 근로조건의 유지 등의 목적을 효율적으로 달성하기 위하여 외국인의 취업자격에 관하여 규율하면서 취업자격 없는 외국인의 고용을 금지시키기 위한 입법목적도 아울러 갖고 있고, 이는 취업자격 없는 외국인의 고용이라는 사실적 행위 자체를 금지하고자 하는 것뿐이지 나아가 취업자격 없는 외국인이 사실상 제공한 근로에 따른 권리나 이미 형성된 근로관계에 있어서의 근로자로서의 신분에 따른 노동 관계법상의 제반 권리 등의 법률효과까지 금지하려는 규정으로는 보기 어렵다.
>
> [2] 취업자격 없는 외국인이 구 출입국관리법상의 고용제한 규정을 위반하여 근로계약을 체결하였다 하더라도 그것만으로 그 근로계약이 당연히 무효라고는 할 수 없고, 취업자격은 외국인이 대한민국 내에서 법률적으로 취업활동을 가능케 하는 것이므로 이미 형성된 근로관계가 아닌 한 취업자격 없는 외국인과의 근로관계는 정지되고, 당사자는 언제든지 그와 같은 취업자격이 없음을 이유로 근로계약을 해지할 수 있다.
>
> [3] 외국인이 취업자격이 아닌 산업연수 체류자격으로 입국하여 구 산업재해보상보험법(1994.12.22. 법률 제4826호로 전문 개정되기 전의 것)의 적용대상이 되는 사업장인 회사와 고용계약을 체결하고 근로를 제공하다가 작업 도중 부상을 입었을 경우, 비록 그 외국인이 구 출입국관리법상의 취업자격을 갖고 있지 않았다 하더라도 그 고용계약이 당연히 무효라고 할 수 없고, 위 부상 당시 그 외국인은 사용 종속관계에서 근로를 제공하고 임금을 받아 온 자로서 근로기준법 소정의 근로자였다 할 것이므로 구 산업재해보상보험법상의 요양급여를 받을 수 있는 대상에 해당한다.

(2) 임금을 목적으로 할 것

근로자는 임금을 목적으로 근로를 제공하는 사람이다. 임금이란 사용자가 근로의 대가로 근로자에게 지급하는 일체의 금품으로써 근기법 제2조 제1항 제5호에서 정의하는 것을 말한다. 임금을 목적으로 한다는 것은 주업으로 해야 하는 것은 아니며 부업으로 근로를 제공하고 그 대가인 임금을 지급받는 경우도 포함된다.

(3) 사업 또는 사업장에서 근로를 제공할 것

1) 사업 또는 사업장

① 개념

사업이란 일정한 유기적 조직아래 계속·반복의 의사로 행해지는 사회적으로 의미 있는 활동을 말하며, 사업장이란 사업이 행해지는 장소적 구획을 뜻한다.

② 인정범위

　　㉠ 계속성

사업에 해당하기 위하여는 업으로서 계속적으로 행해져야 한다. 개인이 자신의 집을 수리할 목적으로 수리공을 고용하는 것처럼 1회적 · 일시적인 경우에는 사업에 해당하지 않는다. 그러나 1회적 · 일시적인 경우라도 업으로서 계속 · 반복의 의사가 있는 경우에는 사업에 해당한다.

> **📖 참조판례 대법원 1994.10.25. 선고 94다21979 판결**
>
> 근로기준법의 적용대상사업인지의 여부는 상시 5인 이상의 근로자를 사용하는지에 달려 있으므로 상시 5인 이상의 근로자를 사용하는 사업이라면 그 사업이 1회적이거나, 그 사업기간이 일시적이라 하여 근로기준법의 적용대상이 아니라 할 수 없다.

　　㉡ 영리성

사업은 영리를 목적으로 하느냐 여부는 묻지 않는다. 영리를 목적으로 재화와 용역을 생산하여 판매하는 기업은 당연히 사업에 해당한다. 비영리 또는 공익목적의 활동을 하는 개인이나 단체 역시 사업에 해당한다. 국가 또는 지방자치단체가 행하는 사업, 국영기업체와 공익사업체, 정부투자기관 그리고 사회사업단체나 종교단체 또는 정당의 사무국 등이 행하는 계속적인 활동도 사업에 해당한다. 다만, 목사, 신부, 승려 등이 순수하게 종교업무만을 행하는 경우에는 근로관계가 아니므로 근기법이 적용되지 않는다.

> **📖 참조판례 대법원 1992.2.14. 선고 91누8098 판결**
>
> 근로기준법의 적용범위를 규정한 근로기준법 제10조 소정의 사업 또는 사업장이나 근로자를 정의한 같은 법 제14조 소정의 직업은 그 종류를 한정하고 있지 아니하므로 종교사업도 위 각 조문의 사업이나 사업장 또는 직업에 해당된다.

> **📖 참조판례 대법원 2022.6.30. 선고 2022도742 판결의 원심판결(2020노1052) 참조**
>
> 甲 교회에는 별도로 취업규칙이나 인사규정이 존재하지 않으나, 상급단체의 인사관리 규정에 따라 피고인이 전도사를 비롯한 甲 교회 교역자들의 채용 및 면직에 관하여 최종적인 권한을 행사한 점, B는 피고인으로부터 직간접적으로 업무에 관한 구체적인 지시 · 감독을 받았으므로, B의 업무 내용에 예배, 심방 등 종교활동이 일부 포함되어 있더라도 오로지 본인의 신앙이나 종교적 신념에 따라 자율적으로 영위한 것이라고 보기 어려운 점, B는 채용된 이후 甲 교회로부터 매월 고정적으로 사례금 명목의 돈을 지급받았고, 위와 같은 고정급에 대하여 甲 교회에서 근로소득세 원천징수를 한 점, B는 甲 교회에서 재직하는 동안 국민연금보험과 건강보험에 甲 교회를 사업장으로 하는 '직장가입자'로 가입되어 있었던 점 등 제반 사정을 종합하면, B는 근로기준법상 근로자에 해당한다.

　　㉢ 적법성

허가를 받지 못하였거나 법률상 금지된 사업을 행하였다고 하더라고 관련법에 의한 제재를 받는 것은 별론으로 하고 사업의 적법여부는 근기법의 적용에 영향을 미치지 않는다. 무허가 사업, 법률상 금지된 사업 등과 같이 정책적 · 행정적 목적으로 일정한 규제를 받는 사업은 사업주가 관련법에 의해 제재를 받지만 근기법 적용대상 사업이다. 그러나 마약제조 · 판매, 통화위조 등과 같이 형사상 범죄에 해당하는 경우에는 공익에 해를 끼치는 것이므로 보호대상이 될 수 없으므로 이러한 경우에는 사업에 해당하지 않는다고 할 것이다.

2) 근로를 제공

근로란 정신근로와 육체근로를 말하며(근기법 제2조 제1항 제3호), 종속노동을 의미하므로 사업 또는 사업장에 현실적으로 고용되어 종속관계에서 근로를 제공하는 자여야 근로자에 해당한다. 그러므로 실업자는 현실적인 종속관계에 있지 않으므로 근로자에 해당하지 않는다. 사업 또는 사업장에 고용되어 있는 이상 휴직·휴업 등의 사유로 일시적으로 근로제공이 중단되었다고 하더라도 근로자성이 부인되는 것은 아니다.

(4) 사용종속관계

1) 개념

명문의 규정은 없으나 근로자는 사용자의 지휘·감독을 받아 근로를 제공하여야 한다는 사용종속관계를 전제로 한다. 사용종속관계란 사용자의 지휘·감독아래 종속적 노동을 제공하는 관계를 의미한다. 사용종속관계는 일방당사자가 자신의 노동력을 타방당사자의 처분에 맡기고 그 소득을 취업관계에 의존한다는 경제적 종속과 일방당사자가 노동력을 제공하는 방법이 타방당사자의 경영조직 내에서 그 지배를 받는다는 인적 종속을 포함하는 개념이다.

2) 계약의 형식

사용종속관계를 판단함에 있어서 고용·위임·도급 등 계약의 형식은 묻지 않는다. 대법원 역시 근기법상의 근로자에 해당하는지 여부는 계약의 형식이 고용계약인지 도급계약인지보다 그 실질에 있어 근로자가 사업 또는 사업장에 임금을 목적으로 종속적인 관계에서 사용자에게 근로를 제공하였는지 여부에 따라 판단하고 있다.

3) 사용종속관계의 판단요소

대법원은 오래전부터 근기법상 근로자성을 판단함에 있어 다음과 같은 사용종속관계의 판단요소를 제시하였다.

첫째, 업무수행의 내용과 방법에 있어서 ① 사용자가 업무의 내용을 결정하고 업무수행 과정에서 상당한 지휘·감독을 하는지[2], ② 취업규칙이나 복무규정 등이 적용되는지, ③ 사용자가 근무시간·장소를 지정하고 노무제공자가 이에 구속받는지를 그 판단요소로 하고 있다.

둘째, 노무제공자의 독립사업자성을 판단함에 있어서 ① 노무제공자가 스스로 비품·원자재·작업도구 등을 소유하거나, ② 제3자를 고용하여 업무를 대행케 하는 등 독립하여 자신의 계산으로 사업을 영위할 수 있는지, ③ 노무 제공을 통한 이윤의 창출과 손실의 초래 등 위험을 스스로 안고 있는지, ④ 근로 제공 관계의 계속성과 사용자에 대한 전속성의 유무와 그 정도 등을 기준으로 제시하고 있다.

셋째, 보수의 성격과 내용에 있어서 ① 보수의 성격이 근로 자체의 대상적 성격인지, ② 기본급이나 고정급이 정하여졌는지, ③ 근로소득세의 원천징수 여부 등 보수에 관한 사항을 제시하고 있다.

마지막 기타사항으로, ① 사회보장제도에 관한 법령에서 근로자로서 지위를 인정받는지, ② 당사자의 경제적·사회적 여러 조건을 제시하고 있다.

---

2) 과거에는 '구체적·개별적인 지휘·감독을 하는지' 여부로 판단하였으나, 대법원 2006.12.7. 선고 2004다29736 판결에서부터 '상당한 지휘·감독을 하는지'로 그 기준을 완화하였다.

4) 판단요소의 적용

위 3)의 대법원의 판단요소를 적용함에 있어서 개개의 요소를 절대적 기준으로 삼는 것이 아니라 판단요소를 종합적으로 고려하여야 한다고 하면서, ① 기본급이나 고정급이 정하여졌는지, ② 근로소득세를 원천징수하였는지, ③ 사회보장제도에 관하여 근로자로 인정받는지 등의 사정은 사용자가 경제적으로 우월한 지위를 이용하여 임의로 정할 여지가 크기 때문에, 그러한 점들이 인정되지 않는다는 것만으로 근로자성을 쉽게 부정하여서는 안 된다고 한다.

> **참조판례 대법원 2006.12.7. 선고 2004다29736 판결**
>
> 근로기준법상의 근로자에 해당하는지 여부는 계약의 형식이 고용계약인지 도급계약인지보다 그 실질에 있어 근로자가 사업 또는 사업장에 임금을 목적으로 종속적인 관계에서 사용자에게 근로를 제공하였는지 여부에 따라 판단하여야 하고, 여기에서 종속적인 관계가 있는지 여부는 업무 내용을 사용자가 정하고 취업규칙 또는 복무(인사)규정 등의 적용을 받으며 업무 수행 과정에서 사용자가 상당한 지휘·감독을 하는지, 사용자가 근무시간과 근무장소를 지정하고 근로자가 이에 구속을 받는지, 노무제공자가 스스로 비품·원자재나 작업도구 등을 소유하거나 제3자를 고용하여 업무를 대행케 하는 등 독립하여 자신의 계산으로 사업을 영위할 수 있는지, 노무 제공을 통한 이윤의 창출과 손실의 초래 등 위험을 스스로 안고 있는지, 보수의 성격이 근로 자체의 대상적 성격인지, 기본급이나 고정급이 정하여졌는지 및 근로소득세의 원천징수 여부 등 보수에 관한 사항, 근로 제공 관계의 계속성과 사용자에 대한 전속성의 유무와 그 정도, 사회보장제도에 관한 법령에서 근로자로서 지위를 인정받는지 등의 경제적·사회적 여러 조건을 종합하여 판단하여야 한다. 다만, 기본급이나 고정급이 정하여졌는지, 근로소득세를 원천징수하였는지, 사회보장제도에 관하여 근로자로 인정받는지 등의 사정은 사용자가 경제적으로 우월한 지위를 이용하여 임의로 정할 여지가 크기 때문에, 그러한 점들이 인정되지 않는다는 것만으로 근로자성을 쉽게 부정하여서는 안 된다.

3. 특수고용관계에 있는 자

(1) 실업자의 근로자성

근기법상 근로자는 사업 또는 사업장에 현실적으로 근로를 제공하고 있는 고용된 자를 의미하는 것이므로 현실적인 사용종속관계가 없는 실업자는 근기법상 근로자에 해당하지 않는다.

(2) 고객봉사자의 근로자성

하역노무자 등 일정한 시설에서 불특정·다수의 이용객을 상대로 물건을 운반하고 운반에 대한 대가를 지급받는 근로자의 경우 특정한 사용자와 근로자 사이에 사용종속관계를 인정하기 곤란하므로 근기법상 근로자라고 할 수는 없을 것이다. 대법원 역시 하역노무자에 대하여 사용종속관계를 인정할 수 없어 근로자성을 부정하고 있다.

> **참조판례 대법원 1987.2.10. 선고 86다카1949 판결**
>
> 전북항운노동조합김제분회에 소속된 근로자들이 철도나 항만의 하역노무작업을 함에 있어서 특정회사에만 종속되지 아니한 채 노무제공에 따른 작업비만 받아 왔고, 다른 회사들과도 동일 내지는 유사한 하역계약을 맺고 그들에게도 마찬가지로 동일한 노무를 필요에 따라 계속적으로 공급하여 왔을 뿐 위 근로자들과 위 회사와의 사이에 사용종속적인 근로계약이 체결되었다거나 부종적으로라도 임금이나 근로시간 등 근로조건을 따로 마련했다거나 위 회사에게 독자적이고 구체적인 지휘감독권을 주었다고 볼 자료가 없다면, 결국 위 분회소속의 근로자와 위 회사 사이의 하역계약을 근로기준법상의 근로계약이라고 볼 수 없다.

(3) 도급성 노무자의 근로자성

특정사업주와 도급 또는 이와 비슷한 특수 형태의 계약을 맺고 노무를 제공하는 도급성 노무자의 경우 사용종속관계가 인정될 수 있는지 여부가 문제된다.

판례는 특정 신문사의 광고판매원이나 신문판매원, 안마시술업소에서 일하는 맹인안마사, 방송사에 전속되어 일하는 교향악단원, 방송사의 드라마제작국에서 노무를 제공하고 기본일당과 시간외수당을 보수로 받는 외부제작요원, 미용학원에서 수강인원에 따라 보수를 달리 받는 강사, 의류제조업체의 작업현장에서 일하면서 사업자등록을 하고 작업량에 따라 보수를 받는 의류봉제원, 신용정보회사에 전속되어 채권추심 업무를 수행하고 실적에 따라 보수를 받는 채권추심원에 대하여는 근기법상 근로자로 인정한다.

이에 반해 보험회사에 전속되어 판매실적에 따라 보수를 받는 보험모집인, 유흥업소의 고객에게 서비스를 제공하는 접대부, 특정 회사의 학습지를 이용하여 방과 후 학생을 방문·지도하는 교사, 골프장 내장객의 경기를 보조하는 캐디, 레미콘 회사에 전속되어 운송 단가에 따라 보수를 받는 레미콘 운송차주 겸 운전기사, 자기 소유의 트럭을 운수회사에 지입하고 화물을 운송하는 화물차 운송차주 겸 운전기사, 홍익회의 판매대에서 물품을 팔고 성과에 따라 보수를 받는 영업원, 간병인 협회 소속 간병인에 대하여는 근기법상의 근로자가 아니라고 하였다.

(4) 가내근로자

타인으로부터 도구나 원료 등을 제공받고 그 작업지침에 따라 가내에서 작업을 하고 그 대가로 보수를 받는 가내근로자의 경우 도급성 노무자보다 종속관계가 인정되기 어렵다는 점에서 근기법상 근로자로 보기는 어려울 것이다.

4. 근로자 개념의 상대성

(1) 개념

한편으로는 사용자의 지위에 있는 자가 일정한 상급자의 지휘감독을 받는 지위도 가지는 경우 근로자의 지위도 아울러 가지는 것을 근로자 개념의 상대성 또는 이중성이라고 한다.

(2) 인정필요성

근기법은 종속노동으로부터 개별근로자의 근로조건 보호를 목적으로 하고 있다. 근기법상 사용자의 범위에는 사업주는 물론이고 사업경영담당자와 근로자에 관한 사항에 관하여 사업주를 위하여 행위하는 자까지 포함하고 있어 한편으로는 자신의 상급자로부터는 지휘·감독을 받으면서, 다른 한편으로는 하급자를 지휘·감독하는 자를 사용자로 규정하고 있다. 이러한 지위를 가지는 자를 사용자에 해당한다는 이유만으로 근로조건 보호의 범위에서 제외한다면 근기법의 입법취지가 반감될 수 있으므로 개별적 근로조건 보호라는 목적의 달성을 위하여 근로자 개념의 상대성을 인정할 필요가 있다.

(3) 인정범위

근로자 개념의 상대성은 협의의 사용자인 사업주에 대하여는 적용될 수 없으나, 일정한 상급자를 전제로 하는 사업주를 위하여 행위하는 자에 대하여는 담당하는 업무의 내용, 지휘감독관계 등을 고려하여 근로자의 지위를 인정할 수 있다. 또한 형식적인 직책이나 직함만으로 사용자인지 여부를 결정하는 것은 아니고 실질적인 권한과 책임을 고려하여야 한다. 형식적으로 사업경영담당자라 할지라도 실질적인 권한과 책임이 사업경영담당자로써의 권한과 책임을 가지지 않는 경우라면 근기법상 근로자로 보아야 한다.

(4) 개별적 노동보호법령의 적용범위

사용자의 지위에 있는 자라고 할지라도 또 다른 사용자로부터 지휘감독을 받아 업무를 처리하는 범위에서는 근기법상의 근로자라고 할 것이고, 개별적 노동보호법령이 상대적으로 불평등한 지위에 있는 개별 근로자의 보호를 목적으로 한다는 점에서 재해보상, 임금, 퇴직금, 해고 등에 대하여는 당해 보호의 필요성이 인정되므로 개별적 노동보호법령은 당연히 적용된다.

> **참조판례 대법원 1992.12.22. 선고 92다28228 판결**
>
> 회사의 업무집행권을 가진 이사 등 임원은 그가 회사의 주주가 아니라 하더라도 회사로부터 일정한 사무처리의 위임을 받고 있는 것이므로 특별한 사정이 없는 한 사용자의 지휘감독 아래 일정한 근로를 제공하고 소정의 임금을 받는 고용관계에 있는 것이 아니어서 근로기준법상의 근로자라고 할 수 없다.

> **참조판례 대법원 1992.5.12. 선고 91누11490 판결**
>
> 근로기준법의 적용을 받는 근로자란 사용자로부터 근로의 대가를 받고 사용자에게 근로를 제공하는 자를 말하는 것이므로, 회사의 이사가 회사로부터 위임받은 사무를 처리하는 이외에 일정한 노무를 담당하고 그 대가로 일정한 보수를 지급받아 왔다면 근로기준법상의 근로자라고 볼 수 있다.

Ⅱ. 근로기준법상의 사용자

1. 개념

근기법상 사용자라 함은 사업주·사업경영담당자 기타 근로자에 관한 사항에 대하여 사업주를 위하여 행위하는 자를 말한다(근기법 제1조 제1항 제2호). 근기법이 사용자의 정의규정을 둔 것은 근로조건의 이행을 확보함으로써 근로자를 보호하기 위한 입법으로 법규정에 대한 이행의무자와 책임의 주체로서의 사용자의 범위를 명확히 할 필요가 있기 때문이다.

2. 사용자의 범위

(1) 협의의 사용자

협의의 사용자란 사업주를 의미하며, 경영의 주체로서 자기 이름으로 사업을 하는 자를 말한다. 개인기업의 경우에는 경영주 개인을 의미하고 법인기업인 경우에는 법인 그 자체를 말한다. 비영리단체일지라도 근로자를 직접 고용하고 지휘명령한다면 해당 단체 자체가 사업주가 된다.

(2) 광의의 사용자

광의의 사용자는 사업경영담당자와 근로자에 관한 사항에 대하여 사업주를 위하여 행위하는 자를 말한다. 사업경영담당자와 사업주를 위하여 행위하는 자를 사용자로 보는 이유는 이들도 근기법 소정 사항에 대하여 실질적인 권한을 가진 현실적인 행위자이기 때문에 법준수의 책임을 넓히고자 한 것이다.

1) 사업경영담당자

사업경영담당자란 사업주로부터 사업경영의 일부 또는 전부에 대하여 포괄적인 위임을 받고 권한을 행사하거나 책임을 부담하는 자를 말한다. 주식회사의 대표이사, 상법에 의한 지배인 등이 이에 해당한다.

2) 사업주를 위하여 행위하는 자

사업주를 위하여 행위하는 자란 인사·급여·노무관리 등의 근로조건의 결정 또는 근로제공에 관하여 지휘명령을 할 수 있는 일정한 책임이나 권한을 사업주로부터 부여받은 자를 말한다. 사업주를 위하여 행위하는 자에 해당하는지 여부는 부장, 과장 등과 같은 형식적 지위·명칭에 구애됨이 없이 실질적인 책임과 권한에 따라 판단한다.

> **참조판례** 대법원 1989.11.14. 선고 88누6924 판결
>
> "근로자에 대한 사항에 대하여 사업주를 위하여 행동하는 자"에 해당하는지의 여부는 그가 근로자에 관한 어떤 사항에 대하여 사업주로부터 일정한 권한과 책임을 부여받고 있었는지의 여부에 따라 결정되는 것이라 할 것이다.

3. 사용자 개념의 확장

(1) 의의 및 필요성

근로계약은 전속계약으로 계약의 주체와 권리의무의 주체가 일치해야 하는 것이 원칙이다. 그러나 산업사회의 발달로 근로관계에 제3자가 개입하는 고용형태가 증가하고 있다. 이러한 경우에 근기법을 적용함에 있어 근로계약의 상대방을 사용자로 볼 것인지, 아니면 근로관계에 개입하는 제3자를 사용자로 볼 것인지가 문제된다. 즉, 근로계약의 당사자 이외의 제3자를 사용자의 지위에 있는 자로 볼 것인지의 문제가 사용자 개념의 확장이다.

(2) 묵시적 근로계약관계론

원사용자와 제3자가 도급이나 위임계약을 체결하고 원사용자 소속의 근로자를 제3자의 사업장에서 근로를 제공하게 하는 경우, 수급인이나 수임인이 사업주로서의 실체가 없고 도급인이나 위임인이 근로조건에 관한 실질적 권한을 가지는 것으로 평가되는 경우 원사용자 소속의 근로자와 도급인 또는 위임인 사이에 묵시적 근로계약관계가 성립된 것으로 보는 법리가 판례를 중심으로 형성되었다.
대법원은 "원고용주에게 고용되어 제3자의 사업장에서 제3자의 업무에 종사하는 자를 제3자의 근로자라고 할 수 있으려면, 원고용주는 사업주로서의 독자성이 없거나 독립성을 결하여 제3자의 노무대행기관과 동일시할 수 있는 등 그 존재가 형식적, 명목적인 것에 지나지 아니하고, 사실상 당해 피고용인은 제3자와 종속적인 관계에 있으며, 실질적으로 임금을 지급하는 자도 제3자이고, 또 근로제공의 상대방도 제3자이어서 당해 피고용인과 제3자 간에 묵시적 근로계약관계가 성립되어 있다고 평가될 수 있어야 한다."라고 판시하였다.

(3) 구체적 사례

1) 모자기업

두 기업이 주식소유나 임원의 구성 등에서 모회사와 자회사의 관계에 있는 경우, 대법원은 자회사에 고용된 근로자에 대하여 모회사를 근로계약상의 사용자로 인정할 수 있으려면 형식상으로는 자회사가 근로자를 고용하였으나 실질적으로는 모회사가 근로자를 사용하기 위하여 자회사의 법인격을 이용한 것에 불과하다고 볼 만한 사정이 있어야 한다고 하였다.

> **참조판례** 대법원 2003.9.23. 선고 2003두3420 판결
>
> 인사이트코리아는 참가인의 자회사로서 형식상으로는 독립된 법인으로 운영되어 왔으나 실질적으로는 참가인 회사의 한 부서와 같이 사실상 경영에 관한 결정권을 참가인이 행사하여 왔고, 참가인이 물류센터에서 근로할 인원이 필요한 때에는 채용광고 등의 방법으로 대상자를 모집한 뒤 그 면접과정에서부터 참가인의 물류센터 소장과 관리과장 등이 인사이트코리아의 이사와 함께 참석한 가운데 실시하였으며, 원고들을 비롯한 인사이트코리아가 보낸 근로자들에 대하여 참가인의 정식 직원과 구별하지 않고 업무지시, 직무교육실시, 표창, 휴가사용 승인 등 제반 인사관리를 참가인이 직접 시행하고, 조직이나 안전환경점검팀 구성표 등의 편성과 경조회의 운영에 있어서 아무런 차이를 두지 아니하였으며, 그 근로자들의 업무수행능력을 참가인이 직접 평가하고 임금인상 수준도 참가인의 정식 직원들에 대한 임금인상과 연동하여 결정하였음을 알 수 있는바, 이러한 사정을 종합하여 보면 참가인은 '위장도급'의 형식으로 근로자를 사용하기 위하여 인사이트코리아라는 법인격을 이용한 것에 불과하고, 실질적으로는 참가인이 원고들을 비롯한 근로자들을 직접 채용한 것과 마찬가지로서 참가인과 원고들 사이에 근로계약관계가 존재한다고 보아야 할 것이다.

2) 제공 · 사용기업의 관계

근로자와 근로계약을 체결한 제공기업이 사용기업과 도급계약 또는 인력공급계약 등을 체결하고 제공기업 소속의 근로자가 사용기업의 업무에 종사하게 하는 경우, 대법원은 제공기업 소속의 근로자에 대하여 사용기업을 근로계약상의 사용자로 볼 수 있으려면 제공기업은 사업주로서의 독자성이 없거나 독립성을 결하여 사용기업의 노무대행기관과 동일시할 수 있는 등 그 존재가 형식적, 명목적인 것에 지나지 아니하고, 사실상 제공기업의 근로자는 사용기업과 종속적인 관계에 있으며, 실질적으로 임금을 지급하는 자도 사용기업이고, 또 근로제공의 상대방도 사용기업이어서 제공기업의 근로자와 사용기업 간에 묵시적 근로계약관계가 성립되어 있다고 평가될 수 있어야 한다고 하였다.

> **참조판례** 대법원 2008.7.10. 선고 2005다75088 판결
>
> 원고용주에게 고용되어 제3자의 사업장에서 제3자의 업무에 종사하는 자를 제3자의 근로자라고 할 수 있으려면, 원고용주는 사업주로서의 독자성이 없거나 독립성을 결하여 제3자의 노무대행기관과 동일시 할 수 있는 등 그 존재가 형식적, 명목적인 것에 지나지 아니하고, 사실상 당해 피고용인은 제3자와 종속적인 관계에 있으며, 실질적으로 임금을 지급하는 자도 제3자이고, 또 근로제공의 상대방도 제3자이어서 당해 피고용인과 제3자 간에 묵시적 근로계약관계가 성립되어 있다고 평가될 수 있어야 한다.

4. 사용자 개념의 상대성

근로자 개념의 상대성을 참조한다.

제3절 노동관계의 기본원리

Ⅰ. 서

전근대적 노사관계에서 근로자는 인간의 존엄성이 보장되지 못하였다. 전근대적 노사관계의 폐단을 없애고 인간의 존엄성을 보장하기 위하여 헌법 제32조 제3항은 근로조건법정주의를 규정하고 있고, 이를 실현하기 위해 근기법이 제정되었다. 근기법이 총칙에서 기본원리를 규정한 것은 근로자의 인간의 존엄성이 침해되는 것을 방지하고 사용자와 실질적인 대등관계를 형성하도록 함으로써 인간다운 생활을 보장을 선언한 것이다.

Ⅱ. 근대적 노사관계의 확립

1. 근로조건대등결정의 원칙

(1) 의의

근로조건은 근로자와 사용자가 동등한 지위에서 자유의사에 의하여 결정하여야 한다(근기법 제4조). 근로조건대등결정의 원칙은 근로자와 사용자가 형식적으로나 실질적으로 대등한 입장에서 자유의사에 따라 근로조건을 결정하여야 함을 선언한 것이다.

(2) 내용

1) 단체협약, 취업규칙 및 근로계약의 준수

근로조건대등결정의 원칙에 따라 체결된 단체협약, 취업규칙 및 근로계약에 대하여 근로자와 사용자는 이를 준수하여야 하며 각자가 성실하게 이행할 의무가 있다(근기법 제5조). 이 규정은 근로조건을 단체협약, 취업규칙 또는 근로계약의 어느 방식으로 결정하였든 상관없이 성실하게 이행하라는 점을 밝힌 것이다.

2) 최저근로조건보장의 원칙

근기법은 헌법에 따라 근로조건의 기준을 정함으로써 근로자의 기본적 생활을 보장, 향상시키며 균형 있는 국민경제의 발전을 도모함을 목적으로 한다. 또한 근기법에서 정하는 근로조건은 최저기준이므로 근로관계당사자는 이 기준을 이유로 근로조건을 저하시킬 수 없다(근기법 제3조). 다만, 각 기업체 내 또는 경제사정의 변화를 이유로 한 노사협의에 의한 저하까지 배제하는 것은 아니다.

(3) 위반의 효과

위 조항의 효력에 대하여는 ① 전근대적 노사관계를 불식시키고 근대적 노사관계를 확립하여 인간의 존엄성을 확보하고자 하는 것으로 법적 효력을 가진다고 보는 견해도 있으나, ② 해당 규정의 위반에 대하여 별도의 벌칙규정이 없다는 점에서 선언적 의미의 규정이고 훈시규정이라고 볼 것이다.

2. 균등처우의 보장

(1) 의의

근기법 제6조는 사용자가 근로자에 대하여 남녀의 성(性)을 이유로 차별적 대우를 하지 못하고, 국적·신앙 또는 사회적 신분을 이유로 근로조건에 대한 차별적 처우를 하지 못하도록 규정하여 균등처우원칙을 보장하고 있다. 균등처우원칙은 헌법 제11조의 평등이념을 구체적으로 실현하고자 규정된 것으로, 근대적 노사관계 확립과 인간의 존엄성 보장을 목적으로 한다.

(2) 내용

1) 차별적 처우의 금지

① 차별의 개념

차별이란 사용자가 근로조건과 관련하여 합리적인 이유 없이 특정 근로자를 다른 근로자에 비하여 달리 조치하거나 또는 불리하게 대우하는 것을 말한다.

② 차별의 판단방법

차별적 처우의 금지에서 금지하는 차별은 합리적인 이유가 없는 차별을 금지할 뿐이다. 다르게 취급하는 것에 합리적인 이유가 있는 경우에는 차별이라 할 수 없다. 대법원은 합리적인 이유가 없는 경우란 해당 근로자가 제공하는 근로의 내용을 종합적으로 고려하여 달리 처우할 필요성이 인정되지 않거나 달리 처우하는 경우에도 그 방법·정도 등에 적정하지 않은 경우를 의미하고, 합리적인 이유가 있는지 여부는 개별 사안에서 문제가 된 불리한 처우의 내용과 사용자가 불리한 처우의 사유로 삼은 사정을 기준으로 근로자의 고용형태, 업무의 내용과 범위·권한·책임, 임금 그 밖의 근로조건 등의 결정요소 등을 종합적으로 고려하여 판단하여야 한다고 판시하였다.

> **📖 참조판례** 대법원 2021.2.4. 선고 2019다230134 판결
>
> 단체협약이나 취업규칙에서 근로관계에서의 차별적 처우를 금지하고 있는 경우 '차별적 처우'란 사용자가 근로자를 임금 그 밖의 근로조건 등에서 합리적인 이유 없이 불리하게 처우하는 것을 가리킨다. '합리적인 이유가 없는 경우'란 근로자가 제공하는 근로의 내용을 종합적으로 고려하여 달리 처우할 필요성이 인정되지 않거나 달리 처우하는 경우에도 그 방법·정도 등이 적정하지 않은 경우를 말한다. 합리적인 이유가 있는지 여부는 개별 사안에서 문제가 된 불리한 처우의 내용과 사용자가 불리한 처우의 사유로 삼은 사정을 기준으로 근로자의 고용형태, 업무의 내용과 범위·권한·책임, 임금 그 밖의 근로조건 등의 결정요소 등을 종합적으로 고려하여 판단하여야 한다.

또한 근기법에서 금지하는 차별적 처우에 해당하기 위해서는 우선 그 전제로서 차별을 받았다고 주장하는 사람과 그가 비교대상자로 지목하는 사람이 본질적으로 동일한 비교집단에 속해 있어야 한다.

2) 차별금지의 영역

① 근로조건

근기법은 근로조건에 대한 차별을 금지하고 있다. 근로조건이란 근로자가 사업 또는 사업장에서 근로를 제공하는 것과 관련된 제조건을 말한다. 임금, 근로시간, 휴게, 휴일, 휴가 등은 물론 취업의 장소와 업무의 내용, 복리후생 등도 포함된다.

② 채용

㉠ 문제점

근로조건은 근로자와 사용자가 근로계약을 체결함으로써 비로소 구체화된다. 근로계약의 체결전단계인 채용단계가 차별금지의 영역에 속하는지가 문제된다.

㉡ 학설

ⓐ 채용은 근로조건 자체는 아니지만 근기법 제6조의 차별금지영역은 예시에 불과하므로 채용 역시 차별금지영역에 포함된다고 보는 견해,

ⓑ 근기법 제6조는 남녀의 성차별을 다른 차별금지사유와 구분하여 규정하고 있고, 헌법 제32조 제4항이 여성에 대한 부당한 차별을 금지하고 있는 취지에 비추어 채용 시 성별에 의한 차별은 근기법 제6조 위반으로 보아야 한다는 견해,

ⓒ 근기법 제6조는 근로조건에 대한 차별적 처우를 하지 못하도록 규정하고 있으므로 근로계약 체결 전단계인 채용은 근로조건에 포함되지 않는다는 견해가 대립한다.

㉢ 판례

대법원은 채용단계는 근로조건에 해당하지 않으므로 채용시 차별은 근기법의 균등처우금지 규정이 적용되지 않는다는 입장이다.

㉣ 검토

근기법은 근로계약이 체결된 후의 근로조건 보호를 목적으로 하는 것이므로 채용단계에서는 근기법이 적용되지 않는다. 또한 근기법 제6조를 위반한 경우에는 벌칙이 적용되므로 죄형법정주의 원칙상 채용은 포함되지 않는다고 봄이 타당하다.

3) 차별금지의 사유

① 남녀의 성을 이유로 한 차별의 금지

헌법 제32조 제4항은 여자의 근로는 특별한 보호를 받으며, 고용·임금 및 근로조건에 있어서 부당한 차별을 받지 아니한다고 규정하고 있고, 근기법은 제6조에서 남녀의 성을 이유로 한 차별을 금지하고 있다. 사용자가 여성근로자를 남성근로자보다 불리하게 대우해 온 불합리한 관행을 시정하기 위하여 인정된 제도이다.

임금, 근로시간 등 근로조건에 대한 차별대우가 금지된다. 원칙적으로 동일가치노동에 대한 동일임금의 원칙이 적용된다. 또한 결혼퇴직제·출산퇴직제, 정년에 있어서 차별을 두는 것이 합리적인 이유가 없는 경우에는 차별대우에 해당한다.

> **참조판례** 대법원 1988.12.27. 선고 85다카657 판결
>
> 근로기준법 제5조에서 말하는 남녀 간의 차별적인 대우란 합리적인 이유 없이 남성 또는 여성이라는 이유만으로 부당하게 차별대우하는 것을 의미한다고 할 것이므로 교환직렬직종의 정년을 43세로 정하고 있는 한국전기통신공사의 취업규칙인 인사규정 제36조 제1항 단서의 규정내용이 합리적인 이유 없이 여성근로자들로 하여금 조기퇴직하도록 부당하게 낮은 정년을 정한 것이라면 이는 위 근로기준법 소정의 남녀차별금지규정에 해당되어 무효라고 보아야 한다.

② 국적

국적이란 국민으로서의 신분 또는 국민으로서의 자격을 뜻한다. 내국인과 외국인을 차별대우하는 것은 금지된다. 이중국적자 또는 무국적자에 대한 차별적 처우뿐만 아니라 내국인이라도 원시국적을 이유로 차별적 처우를 하는 것 역시 본조의 위반이 된다. 불법체류외국인이 국내에서 근로계약을 체결하고 근로를 제공하는 한 근기법의 균등처우 대상이 되므로 근기법 등 노동관계법령에 의한 보호를 받는다.

> **참조판례** 대법원 1997.8.26. 선고 97다18875 판결
>
> 근로기준법 제14조에 근로자라 함은 직업의 종류를 불문하고 사업 또는 사업장에 임금을 목적으로 근로를 제공하는 자를 말한다고 규정하고 있고, 또 같은 법 제5조에 의하면 사용자는 근로자에 대하여 국적을 이유로 근로조건에 대한 차별적 대우를 하지 못한다고 규정하고 있으므로 특별한 사정이 없는 한 외국인 근로자에 대하여도 근로기준법이 적용된다 할 것이다.

③ 신앙

신앙은 종교적 신념을 의미하며, 또한 근기법상의 차별대우금지가 근로자의 근로능력 평가와 관계없는 모든 차별대우를 금지하는 것이므로 정치적 신념도 포함된다 할 것이다.

특정한 종교적 활동 또는 정치적 목적 등의 수행과 관련되어 영위되는 사업체인 경향사업체의 경우 종교적 활동 또는 정치적 목적 등이 근로의 주된 내용을 이루고 있을 때에는 해고 등의 차별대우를 하더라도 근기법 위반에 해당되지 아니한다.

④ 사회적 신분

　㉠ 사회적 신분의 범위

　　사회적 신분이란 사회에서 장기간 차지하는 지위로서 일정한 사회적 평가를 수반하는 것 또는 자기의 의사로 회피할 수 없는 사회적 분류를 말한다. 사회적 신분의 범위에 대하여 ⓐ 생래적(선천적) 신분만 의미한다는 견해도 있으나, ⓑ 후천적 신분도 포함된다고 볼 것이다. 후천적 신분설에 의하더라도 임시근로자, 파트타이머 등은 근로계약 내용상의 차이로서 인정되는 차별대우이며, 노동조합의 선출직 간부라는 일시적 지위도 사회적 신분에 해당되지 않는다. 이러한 신분을 이유로 한 차별적 처우도 금지된다.

　㉡ 고용형태와 사회적 신분

　　ⓐ 문제점

　　　사회적 신분은 후천적 신분을 포함하는데, 무기계약직과 같은 고용형태가 사회적 신분에 포함되는지가 문제된다.

　　ⓑ 학설

　　　ⅰ) 고용형태가 사회적 신분이 될 수 없다는 견해

　　　　이 견해는 고용형태가 근로자의 인격적 표지와 관련이 없고, 사회적 신분 앞의 차별 사유로 나오는 '성·국적·신앙'의 특징은 변경하기 매우 힘들다는 점이므로 사회적 신분 역시 근로자가 마음대로 또는 노력만으로 변경하기 어려워야 하는데, 무기계약직은 자발적 의사로 선택한 고용 형태로서 개인의 노력으로 도저히 변경할 수 없을 정도의 사유가 아니라는 점에서 고용형태를 사회적 신분으로 볼 수 없다고 한다.

　　　ⅱ) 고용형태가 사회적 신분이 될 수 있다는 견해

　　　　이 견해는 고용형태도 일시적이 아니라 장기간 점하는 지위에 해당하며, 사회적 보호 필요성의 점에서 고용형태는 근기법 제6조의 사회적 신분에 포함되는 것으로 해석해야 한다고 본다.

　　ⓒ 판례

　　　대법원은 2023년 전원합의체판결로 "근로기준법 제6조에서 말하는 사회적 신분이 반드시 선천적으로 고정되어 있는 사회적 지위에 국한된다거나 그 지위에 변동가능성이 없을 것까지 요구되는 것은 아니지만, 개별 근로계약에 따른 고용상 지위는 공무원과의 관계에서 근로기준법 제6조가 정한 차별적 처우 사유인 '사회적 신분'에 해당한다고 볼 수 없고, 공무원은 그 근로자와의 관계에서 동일한 근로자 집단에 속한다고 보기 어려워 비교 대상 집단이 될 수도 없다."라고 판시하여 사회적 신분에 포함되지 않는다는 입장이다.

대법원 2023.9.21. 선고 2016다255941 전원합의체 판결

공무원의 경우 헌법이 정한 직업공무원 제도에 따라 국가 또는 지방자치단체와 공법상 신분관계를 형성하고 각종 법률상 의무를 부담하는 점, 공무원의 근무조건은 법령의 규율에 따라 정해지고 단체협약을 통해 근로조건 개선을 도모할 수 있는 대상이 아닌 점, 전보인사에 따른 공무원 보직 및 업무의 변경가능성과 보수체계 등의 사정을 고려하면, 공무원이 아닌 사람들로서 국가 산하 국토교통부 소속 지방국토관리청장과 기간의 정함이 없는 근로계약을 체결하고 지방국토관리청 산하 국토관리사무소에서 도로의 유지·보수 업무를 하는 도로보수원 또는 과적차량 단속 등의 업무를 하는 과적단속원으로 근무하는 사람들(이하 도로보수원과 과적단속원을 통틀어 '국도관리원'이라 한다)의 무기계약직 근로자로서의 고용상 지위는 공무원에 대한 관계에서 근로기준법 제6조에서 정한 사회적 신분에 해당한다고 볼 수 없고, 공무원을 본질적으로 동일한 비교집단으로 삼을 수 없다.

ⓓ 검토

사회적 신분은 헌법상 평등의 원칙을 노동관계에도 적용하기 위해 마련된 규정이다. 사회적 신분은 일정한 인격적 표지를 수반하는 것으로 보아야 하고, 고용형태는 근로자의 의사로 언제든 이탈할 수 있다는 점에서 사회적 신분에 포함되지 않는다고 보는 것이 타당하다.

⑤ 기타

근기법에서 금지하고 있는 차별적 대우는 성별, 국적, 신앙 또는 사회적 신분을 이유로 하는 것인데 이에 대해 ㉠ 단순 예시규정으로 보는 견해와, ㉡ 제한 열거 규정으로 보는 견해의 대립이 있으나, 근로기준법의 차별사유는 헌법상의 이념을 실현하기 위한 구체적인 규정으로 예시적인 규정으로 볼 것이다.

(3) 위반의 효과

1) 벌칙의 부과

사용자가 근기법 제6조를 위반한 경우 500만 원 이하의 벌금형에 처해진다(근기법 제114조).

2) 사법상 효력

근기법 제6조는 헌법상의 평등이념을 노동관계에서도 실현하고자 하는 규정이므로 사회질서의 일 내용이라 할 것이므로 이를 위반한 행위의 사법상 효력은 무효이다.

Ⅲ. 전근대적 노사관계의 불식

1. 강제근로의 금지

(1) 의의

근기법 제7조는 사용자가 폭행, 협박, 감금 기타 정신상 또는 신체상의 자유를 부당하게 구속하는 수단으로써 근로자의 자유의사에 반하는 근로를 강요하지 못하도록 규정하여 강제근로를 금지하고 있다. 이는 헌법상 강제노역금지의 원칙을 근로관계에서 구체적으로 실현하고, 근대적 노사관계 확립과 인간의 존엄성을 실현하기 위한 규정이다.

(2) 강제근로의 수단

1) 폭행 · 협박 · 감금

폭행 · 협박 · 감금의 개념에 대해 ① 형법상의 폭행 · 협박 · 감금과 일치하는 개념으로 보는 견해 (협의설)와, ② 형법의 구성요건보다 신축적으로 해석해야 된다는 견해(광의설)의 대립이 있다. 생각건대, 근기법상의 강제근로금지는 근대적인 노사관계의 확립을 목적으로 하는 것이고, 폭행 · 협박 · 감금은 강제수단의 예시에 지나지 않는다는 점에서 형법상의 범죄구성요건보다는 신축성 있게 해석하는 것이 타당하다.

2) 기타 정신상 · 신체상의 자유를 구속하는 수단

① 의의

폭행 · 협박 · 감금 등의 수단 외에 이에 준하는 정신적 또는 신체적 구속에 의한 근로로서 사회통념상 부당한 방법으로 근로자에게 노동을 강제하는 일체의 경우를 말한다.

② 구체적인 예

정신상 또는 신체상의 자유를 부당하게 구속하는 수단의 구체적인 예로서 ㉠ 위약금예정 · 전차금상쇄 · 강제저금, ㉡ 사용자가 정당한 사유 없이 근로자의 신분증(예 주민등록증이나 여권 등) 또는 귀중품을 보관하는 것, ㉢ 근로계약과 다른 업무를 강요하는 것, ㉣ 기숙사 강제수용 등이 있다.

(3) 자유의사에 반하는 근로의 강제

근로자의 자유의사에 반하는 근로의 강제란 사용자가 부당한 수단을 이용하여 근로자의 의사를 억압함으로써 근로자의 자유로운 판단에 따르지 않는 근로를 하게 하는 것을 의미한다.

(4) 근로기준법 제7조 위반의 성립시기

동조위반이 성립하기 위해서는 강제노동이 실제로 행해져야 하는가의 문제에서 학설이 대립하고 있다. ① 필요설은 동조위반이 성립하기 우해서는 강제노동이 실제로 행해져야 한다는 견해이다. 이에 반해 ② 불요설은 실제로 근로가 행해지지 않더라도 강제근로를 강요하면 동조위반이라는 견해이다. 생각건대, 근로의 강요 그 자체가 근로자의 인격에 대한 중대한 침해이며, 실제로 강제근로가 행해진 것이냐의 여부는 문제가 되는 않는다고 본다.

(5) 위반의 효과

1) 벌칙

사용자가 근로자에게 강제근로를 행할 시 5년 이하의 징역 또는 3천만 원 이하의 벌금형에 처한다(근기법 제107조). 부당한 구속수단이 강제노동의 수단으로 이용될 때 동조위반이 성립하며, 단순히 폭행은 있었으나 그것이 강제노동의 수단으로 한 것이 아니면 근기법 제8조에 위반될 뿐이며 동조위반이 아니다.

2) 사법상 효과

강제근로가 행해졌다고 하더라도 사용자는 근로자에게 임금을 지급할 의무를 부담한다. 또한 사용자는 근로자의 인격권 침해 등을 이유로 손해배상책임을 진다.

2. 폭행의 금지

(1) 의의

근기법 제8조는 사용자가 사고발생 기타 어떠한 이유로도 근로자에게 폭행, 구타행위를 하지 못하도록 규정하여 폭행을 금지하고 있다. 이는 전근대적인 신분구속관계에서 오는 폐단을 제거하고, 헌법에 규정된 신체의 자유를 확보하여 인간의 존엄성을 보장하는 데 그 취지가 있다.

(2) 폭행금지의 내용

1) 폭행의 원인

① 사고의 발생

사고발생이란 근로자가 사업장에서 근로를 제공하는 과정에서 사고를 야기한 것을 말하며, 근로자의 고의·과실여부를 불문한다.

② 기타 어떠한 이유

기타 어떠한 이유란 폭행·구타행위의 원인이 되는 일체의 사유를 말한다. 따라서 기업질서의 유지에 지장을 초래하는 등 근로관계에서 사고발생 이외의 모든 사유를 말하는 것이라 볼 수 있다.

2) 폭행·구타 행위의 금지

근기법 제8조에서 금지하고 있는 행위는 폭행이나 구타행위이다. 형법상의 폭행과 같은 의미로 파악하는 것이 타당하다. 폭행은 반드시 신체상 가해의 결과를 야기하는 완력행사일 것을 요하지 않으며 육체적 고통을 수반하여야 하는 것도 아니므로 신체수색, 폭언을 수차례 반복하는 것도 폭행에 해당한다.

(3) 관련문제

1) 제7조의 폭행과 제8조의 폭행과의 차이

근기법 제7조의 폭행 등은 근로자에게 강제근로를 시키기 위한 수단인데 비하여, 동법 제8조는 근로자에 대한 "폭행이나 구타행위" 자체를 금지하려는 데 그 취지가 있다.

2) 형법과의 관계

사용자가 근로자에게 폭행을 한 경우에도 근로관계와 상관없이 사적인 문제로 행한 폭행은 일반형사문제가 되어 형법이 적용되나, 근로관계에서 발생한 폭행은 근기법 제8조 위반이 된다. 한편, 형법상의 폭행죄는 피해자가 원하는 경우에 한하여 처벌되는 반의사불벌죄에 해당하나, 동조 위반의 죄는 피해자가 원하지 아니하더라도 처벌되는 일반범죄이다.

(4) 위반의 효과

근기법 제8조를 위반하여 근로자에게 폭행을 가한 경우에는 5년 이하의 징역 또는 3천만 원 이하의 벌금형에 처해진다(근기법 제107조). 또한 사용자는 근로자에게 불법행위에 따른 손해배상책임을 진다.

3. 중간착취의 배제

(1) 의의

근기법 제9조는 누구든지 법률에 의하지 아니하고는 영리로 타인의 취업에 개입하거나 중간인으로서 이익을 취득하지 못하도록 규정하여 중간착취를 금지하고 있다. 이는 취업에 개입하거나 중간인으로서 이익을 취득함으로써 노동시장을 어지럽히고 선량한 근로자의 취업을 방해하는 것을 금지하기 위하여 마련된 규정이다.

(2) 중간착취의 성립요건

1) 중간착취의 주체

근기법 제9조는 "누구든지"라고 규정하고 있으므로 중간착취의 주체에는 제한이 없다. 개인은 물론, 단체도 포함되며, 국적도 문제되지 않는다.

2) 중간착취의 대상

중간착취의 대상이 되는 자는 구직 또는 구인활동을 하는 자이다. 구직자는 성질상 자연인에 한하며 내국인 또는 외국인인가를 불문한다. 구인자는 반드시 자연인일 필요는 없으며, 외국인도 포함된다.

3) 타인의 취업에 개입하거나 또는 중간인으로서의 행위

타인의 취업에 개입하거나 또는 중간인으로서의 행위는 근로관계의 성립에 영향을 미치는 관여행위뿐만 아니라 근로관계의 존속에 대한 관여도 포함된다.

> **📖 참조판례 대법원 2008.9.25. 선고 2006도7660 판결**
>
> 구 근로기준법 제8조는 "누구든지 법률에 의하지 아니하고는 영리로 타인의 취업에 개입하거나 중간인으로서 이익을 취득하지 못한다."라고 규정하고 있는바, 여기서 '영리로 타인의 취업에 개입'한다고 함은 제3자가 영리로 타인의 취업을 소개 또는 알선하는 등 근로관계의 성립 또는 갱신에 영향을 주는 행위를 말한다. 그리고, 제3자가 타인의 취업에 직접·간접으로 관여하여 근로자를 착취하는 행위를 방지하고자 하는 위 규정의 입법취지와, 위 조항에 의하여 원칙적으로 금지되고 있는 타인의 취업에 개입하는 행위 중 허용되는 행위의 유형과 절차에 관하여 상세히 정하고 있는 직업안정법 등의 관련 법률 조항들을 종합적으로 고려해 볼 때, 위 조항의 '영리로 타인의 취업에 개입'하는 행위, 즉 제3자가 영리로 타인의 취업을 소개 또는 알선하는 등 근로관계의 성립 또는 갱신에 영향을 주는 행위에는 취업을 원하는 사람에게 취업을 알선해 주기로 하면서 그 대가로 금품을 수령하는 정도의 행위도 포함된다고 볼 것이고, 반드시 근로관계 성립 또는 갱신에 직접적인 영향을 미칠 정도로 구체적인 소개 또는 알선행위에까지 나아가야만 한다고 볼 것은 아니다.

4) 영리의 목적

근기법 제9조는 중개행위를 반복함으로써 영업으로 이를 행하는 것을 금지하려는 데 목적이 있으므로 영리를 목적으로 하는 한 주업 또는 부업을 따지지 아니한다. 이에 대하여 ① 우연적이고 1회적인 것은 이 법 위반으로 볼 수 없다는 견해, ② 단 1회의 행위라도 반복·계속의 의사로 한 것이면 법 위반이 된다는 견해, ③ 단 1회의 행위라도 영리를 목적으로 한 것이면 법 위반이 되고, 반드시 반복·계속의 의사는 필요하지 않다는 견해가 대립한다.

생각건대, 당해 규정의 해석상 업으로 할 것을 요하는 것은 아니므로 단 1회의 행위라도 영리를 목적으로 한 것이면 법 위반이 되고, 반드시 반복·계속의 의사는 필요하지 않다고 볼 것이다.

5) 이익의 취득

이익이라 함은 그 명칭이나 유형 또는 무형의 것을 불문한다. 근로자·사용자는 물론 제3자로부터 이익을 얻는 경우에도 중간인으로서 이익의 취득에 해당한다.

6) 법률에 의하지 않는 행위

중간착취의 배제는 법률에 의하지 않는 행위에 한해 법위반이 되는 것이므로 법률에 의한 경우에는 예외적으로 허용된다. 직업안정법에 규정된 직업소개사업, 근로자모집사업, 근로자공급사업의 경우에는 중간착취에 해당되지 않으며, 근로자파견사업은 "파견근로자보호 등에 관한 법률"에 의한 사업이므로 중간착취에 해당되지 않는다.

(3) 위반의 효과

영리로 다른 사람의 취업에 개입하거나 중간인으로서 이익을 취득한 자는 5년 이하의 징역 또는 3천만 원 이하의 벌금에 처해진다(근기법 제107조).

4. 공민권행사의 보장

(1) 의의

근기법 제10조는 근로자가 근로시간 중에 선거권 기타 공민권행사 또는 공의 직무를 집행하기 위하여 필요한 시간을 청구하는 경우 사용자는 이를 거부하지 못하도록 규정하고 있다. 이는 근로자의 정치적인 기본권을 보장함은 물론 근로시간 중이라도 공민권행사 등을 원활히 행사할 수 있도록 하기 위함이다.

(2) 공민권행사 보장의 대상

1) 공민권

공민권이란 선거권, 피선거권, 국민투표권 등 헌법 기타 법령에서 국민에게 보장된 공민으로서의 권리를 말한다. 선거에 입후보하여 자신의 당선을 목적으로 하는 선거운동은 공민권행사에 포함되나, 다른 입후보자를 위한 선거운동은 포함되지 않는다. 또한 사법상의 채권·채무에 관한 소송은 공민권의 행사라고 볼 수 없으나, 선거소송·당선소송 등은 공민권의 행사에 해당한다.

2) 공의 직무

공의 직무란 법령에 근거를 두고 있는 공적인 직무를 말한다. 이에는 국회의원, 노동위원회 위원으로서의 업무수행 등이 있다. 노동조합활동은 노동조합자체의 이익을 위한 행위로서 공의 직무에 해당되지 않으며, 부당노동행위 구제신청을 한 당사자가 노동위원회에 출석하는 시간에 대하여는 견해 대립이 있으나, 공권이 아닌 사권의 성격이 강한 것으로 보아 공의 직무로 볼 수 없다 할 것이다.

(3) 공민권행사 보장의 내용

1) 필요한 시간의 보장

필요한 시간의 범위는 공민권행사 또는 공의 직무의 성질에 따라 판단되며, 사전·사후 준비정리 시간을 포함한 충분한 시간을 의미한다.

2) 거부의 금지

동 규정의 위반은 사용자의 거부만으로 족하며, 거부의 결과 당해 근로자가 그 권리를 행사했는지 여부는 문제되지 않는다.

3) 시각의 변경

사용자는 공민권행사 또는 공의 직무집행에 지장이 없는 한 청구한 시각을 근로시간 중의 다른 시각으로 변경하는 것은 허용된다.

(4) 관련문제

1) 공민권행사와 임금

공민권행사기간 동안의 임금은 법령·단체협약 등의 특별한 규정이 없는 한 무급으로 해도 위법이 아니다. 다만, 관련 법령에서 휴무 또는 휴업으로 하지 않도록 되어 있는 공직선거에서의 선거인명부 열람 및 투표, 예비군 및 민방위대원의 동원·교육·훈련으로 근로하지 못한 시간에 대하여는 유급으로 하여야 한다.[3]

2) 공민권행사와 평균임금의 산정

공민권행사기간은 원칙적으로 평균임금 산정기간에서 공제된다. 그러나 그 기간에 임금을 지급받은 경우에는 그러하지 아니하다.

3) 연차유급휴가의 산정

공민권행사의 기간은 연차휴가 산정 시 근로한 것으로 본다.

4) 공민권행사와 해고

근로자가 공민권을 행사하는 기간에는 이를 이유로 해고하지 못함이 원칙이다. 그러나 정상적인 근로관계의 유지가 불가능한 때에는 해고사유가 될 수 있다.

5) 공직취임과 해고

공의 직무의 집행이 장기간에 걸치는 경우에 해고할 수 있는가의 문제가 있다. 이에 대해 학설은 ① 공직 수행과 병행 가능한 직무로의 전환이나 휴직 등 근로관계의 유지를 위한 조치를 기대할 수 없는 경우에 한하여 해고가 가능하다고 보는 긍정설과, ② 공의 직무 집행이 장기간에 걸치는 경우에도 해고하는 것은 근로자의 참정권 행사를 저해하는 것으로 근기법 제9조의 취지에 반한다고 보는 부정설이 대립한다.

---

[3] 공직선거법 제6조(선거권행사의 보장) ③ 공무원·학생 또는 다른 사람에게 고용된 자가 선거인명부를 열람하거나 투표하기 위하여 필요한 시간은 보장되어야 하며, 이를 휴무 또는 휴업으로 보지 아니한다.

예비군법 제10조(직장 보장) 다른 사람을 사용하는 자는 그가 고용한 사람이 예비군대원으로 동원되거나 훈련을 받을 때에는 그 기간을 휴무로 처리하거나 그 동원이나 훈련을 이유로 불리한 처우를 하여서는 아니 된다.

민방위기본법 제27조(직장 보장) 타인을 고용하는 자는 고용하는 자가 민방위 대원으로 동원되거나 교육 또는 훈련을 받은 때에는 그 기간을 휴무로 하거나 이를 이유로 불이익이 되는 처우를 하여서는 아니 된다.

공직수행에 따른 업무의 저해가 초래되더라도 공직수행과 병행가능한 직무로의 전환이나 휴직 등 근로관계의 유지를 위한 조치를 기대할 수 없는 경우에 한하여 해고가 가능하다고 보는 것이 타당하다.

(5) 위반의 효과

1) 동조위반의 성립범위

사용자가 거부하는 것만으로 동조위반이 된다. 취업규칙의 불허용 규정만으로는 동조위반이 되지 않으며, 이를 이유로 거부하는 경우에 동조위반이 된다.

2) 벌칙

동조에 위반하는 경우에는 2년 이하의 징역 또는 1,000만 원 이하의 벌금형에 처하게 된다(근기법 제110조).

제4절 근로기준법의 적용범위

I. 서

1. 의의

근기법의 적용범위란 실정법으로써 근기법이 적용되는 한계를 말한다. 근기법은 제11조와 제12조는 근기법의 적용범위를 규정하고 있다.

2. 입법취지

근기법은 근로자의 근로조건보호를 목적으로 사용자에게는 준수의무를 부여하고, 이를 위반한 사용자에게는 벌칙을 부과하고 있다. 근기법 제11조와 제12조는 법의 적용범위를 명확히 함으로써 적용사업장의 근로자보호와 사용자의 법 준수를 담보하려는 규정이다.

II. 사업(장) 규모에 따른 적용범위

1. 전면적용

(1) 기준

상시 5인 이상의 근로자를 사용하는 사업 또는 사업장에 대하여 근기법의 모든 규정이 전면 적용된다(근기법 제11조 제1항 본문).

(2) 전면적용 요건

1) 상시 사용하는 근로자가 5인 이상일 것

① 상시

상시란 상태적(평균적)이라고 하는 뜻으로 사회통념에 의해 객관적으로 판단되어야 한다. 근로자수가 때때로 5명 미만이 되는 경우가 있어도 상태적(평균적)으로 보아 5명 이상이 되는 경우에는 근기법 적용대상이 된다.

> **🔖 참조판례 대법원 2000.3.14. 선고 99도1243 판결**
>
> 근로기준법의 적용 범위를 정한 같은 법 제10조 제1항 소정의 '상시 5인 이상의 근로자를 사용하는 사업 또는 사업장'이라 함은 '상시 근무하는 근로자의 수가 5인 이상인 사업 또는 사업장'이 아니라 '사용하는 근로자의 수가 상시 5인 이상인 사업 또는 사업장'을 뜻하는 것이고, 이 경우 상시라 함은 상태(상태)라고 하는 의미로서 근로자의 수가 때때로 5인 미만이 되는 경우가 있어도 사회통념에 의하여 객관적으로 판단하여 상태적으로 5인 이상이 되는 경우에는 이에 해당하며, 여기의 근로자에는 당해 사업장에 계속 근무하는 근로자뿐만 아니라 그때그때의 필요에 의하여 사용하는 일용근로자를 포함한다.

② 사용하는 근로자

여기서 근로자란 근기법 제2조 제1항 제1호의 근로자를 의미한다. 정규직이냐, 임시직이냐, 일용직이냐 등은 묻지 않으며 사용종속관계에서 근로를 제공하는 자이면 모두 포함된다. 상시 5명 이상의 근로자를 사용하는 사업장이란 상시 근무하는 근로자의 수가 5명인 사업장이 아니라 사용하는 근로자의 수가 상시 5명 이상인 사업 또는 사업장을 뜻한다. 또한 상시 5명 이상의 근로자를 사용하는 사업이라면 그 사업이 1회적이거나 그 사업기간이 일시적인 경우, 계절적이거나 일정기일의 사업이라 하더라도 근기법의 적용대상이 된다.

③ 상시근로자수의 산정방법

㉠ 산정기간

산정기간은 해당 사업 또는 사업장에 법 적용사유 발생일 전 1개월을 기준으로 한다. 사업이 성립한 날부터 1개월 미만인 경우에는 그 사업이 성립한 날 이후의 기간으로 한다. 다만, 근기법 제60조부터 제62조까지의 규정(제60조 제2항에 따른 연차유급휴가에 관한 부분은 제외한다)의 적용 여부를 판단하는 경우에 해당 사업 또는 사업장에 대하여 월 단위로 근로자수를 산정한 결과 법 적용 사유 발생일 전 1년 동안을 산정기간으로 한다(근기법 시행령 제7조의2 제1항·제3항).

㉡ 산정방법

산정방법은 산정기간 동안 사용한 근로자의 연인원을 같은 기간 중의 가동일수로 나누어 산정한다. 다만, 산정기간에 속하는 일별로 근로자 수를 파악하였을 때 법 적용 기준에 미달한 일수가 2분의 1 미만인 경우에는 산정방법에 따른 상시근로자수가 5인 미만이라 하더라도 법적용사업장으로 보며, 산정기간에 속하는 일별로 근로자 수를 파악하였을 때 법 적용 기준에 미달한 일수가 2분의 1 이상인 경우에는 산정방법에 따른 상시근로자수가 5인 이상이라 하더라도 법적용사업장으로 보지 않는다(근기법 시행령 제7조의2 제1항·제2항).

연인원을 산정할 경우 해당 사업 또는 사업장에서 사용하는 통상 근로자, 기간제 및 단시간 근로자 보호 등에 관한 법률 제2조 제1호에 따른 기간제근로자, 법 제2조 제8호에 따른 단시간근로자 등 고용형태를 불문하고 하나의 사업 또는 사업장에서 근로하는 모든 근로자를 포함하되, 파견근로자보호 등에 관한 법률 제2조 제5호에 따른 파견근로자는 제외한다. 해당 사업 또는 사업장에 동거하는 친족과 함께 연인원산정에 포함되는 근로자가 1명이라도 있으면 동거하는 친족인 근로자역시 사용한 근로자의 연인원에 포함된다(근기법 시행령 제7조의2 제4항).

2) 사업 또는 사업장

① 개념

p.38 1)에서 설명한 내용을 참조한다.

② 인정범위

p.38 1)에서 설명한 내용을 참조한다.

③ 하나의 사업에 여러 개의 사업장이 있는 경우 근로기준법의 적용단위

하나의 사업에 여러 개의 사업장이 있는 경우 원칙적으로 하나의 법인은 하나의 사업(장)으로, 법인이 다를 경우에는 별개의 사업(장)으로 보는 견해와, 법인이 동일하다고 하더라도 장소적으로 분리되어 있으면 별개의 사업으로 보는 견해가 대립하나, 원칙적으로 여러 사업장이 같은 장소에 있으면 1개의 사업으로 보아 산정하고, 다른 장소에 있으면 사업장별로 산정하는 것이 타당하다. 다만, 같은 장소에 있더라도 업종, 인사·노무 관리체계, 노동조합 조직범위, 단체협약 적용범위 등에 관하여 독립성이 있는 사업장은 분리하여 산정하고, 장소적으로 분산되어 있다고 하더라도 현저히 소규모로서 독립성이 없는 것은 직근 상위기구와 통합하여 산정한다.

2. 적용제외

(1) 동거의 친족만을 사용하는 경우

1) 의의 및 취지

동거하는 친족만을 사용하는 사업 또는 사업장에는 근기법을 적용하지 않는다(근기법 제11조 제1항 단서). 동거의 친족만을 사용하는 경우에는 종속적 근로관계를 인정할 수 없으며 친족 상호간에 누가 사용자고 근로자인지를 형식적으로 구별하기 곤란하다. 또한 동거의 친족만을 사용하는 관계에까지 국가가 개입하여 근로조건을 강행적으로 정한다는 것은 동양적인 윤리관에 비추어 온당하지 않기 때문에 근기법의 적용범위에서 제외하고 있다.

2) 친족의 범위

친족이라 함은 민법 제777조의 8촌 이내의 혈족, 4촌 이내의 인척, 배우자를 말하며 그 요건은 민법에서 정하는 바에 의한다.

3) 동거의 의의

동거라 함은 세대를 같이 하고 일상생활을 공동으로 하고 있는 경우를 말한다. 세대를 같이 하고 일상생활을 공동으로 한다는 것은 생계를 같이 한다는 뜻이다. 동일 가옥 내에 거주하더라도 생계를 달리하는 경우에는 동거에 해당하지 아니한다.

4) 동거의 친족 외에 근로자가 있는 경우

동거의 친족 이외의 근로자가 1명이라도 있으면 동거의 친족만을 사용하는 사업 또는 사업장이 아니므로 동거의 친족을 상시근로자수에 포함하여 5인 이상인지를 판단해야 한다. 또한 친족인 근로자가 세대를 같이하고 상시 동거하면서 생활을 공동으로 한다고 인정되지 않는다면 근기법의 적용 제외사업이라고 볼 수 없다.

(2) 가사사용인의 경우

1) 의의 및 취지

가사사용인에 대하여는 근기법이 적용되지 않는다(근기법 제11조 제1항 단서). 가사사용인이란 일반 가정의 가정부, 파출부, 가정교사, 유모 등 가사에 종사하는 자를 의미한다. 주로 개인의 사생활과 관련되어 있고 근로시간이나 임금에 관한 규제를 통하여 국가적 감독행정이 미치기 어렵기 때문에 근기법의 적용에서 제외하고 있다.

2) 가사사용인의 판단기준

가사사용인인지의 여부는 가정의 사생활에 관한 것인가의 여부를 기준으로 하며 근로의 장소, 종류 등을 그 실제에 따라 구체적으로 판단해야 할 것이다. 가사와 다른 업무를 겸하는 경우에는 본래의 업무가 어느 쪽에 속하느냐에 따라 판단해야 하며 가사에 종사하는 한 그 명칭이나 계약당사자가 누구인가는 문제되지 않는다. 예컨대, 회사에서 고용한 사람이라 하더라도 회사 대표이사의 가정에서 가사노동에 종사하는 한 근기법의 적용이 배제되는 가사사용인이라고 보아야 한다. 그러나 집단주택의 유지, 관리를 작업의 내용으로 하는 근로자(예 관리인, 경비원 등)는 가사사용인이라고 할 수 없다.

3. 부분적용

(1) 기준

상시 4명 이하의 근로자를 사용하는 사업 또는 사업장에는 대통령령으로 정하는 바에 따라 근기법의 일부 규정을 적용할 수 있다(근기법 제11조 제2항).

(2) 근로기준법 제11조 제2항의 합헌성

근기법 제11조 제2항은 영세사업장의 경영사정을 고려한 것이다. 4명 이하 사업장에 대해 근기법의 적용을 달리하는데 대해 헌법상 평등권의 보장에 반한다는 의견이 있으나, 헌법재판소는 근로감독의 한계, 영세사업장의 현실, 확대적용을 위한 지속적 노력을 이유로 헌법에 위반되지 않는다고 판시하였다.

[1] '상시 사용 근로자수 5인'이라는 기준을 분수령으로 하여 근로기준법의 전면적용 여부를 달리한 것은, 근로기준법의 확대적용을 위한 지속적인 노력을 기울이는 과정에서, 한편으로 영세사업장의 열악한 현실을 고려하고, 다른 한편으로 국가의 근로감독능력의 한계를 아울러 고려하면서 근로기준법의 법규범성을 실질적으로 관철하기 위한 입법정책적 결정으로서 거기에는 나름대로의 합리적 이유가 있다고 할 것이므로 평등원칙에 위배된다고 할 수 없다.

[2] 헌법 제32조 제3항은 "근로조건의 기준은 인간의 존엄성을 보장하도록 법률로 정한다."라고 규정하고 있는바, 인간의 존엄에 상응하는 근로조건의 기준이 무엇인지를 구체적으로 정하는 것은 일차적으로 입법자의 형성의 자유에 속한다고 할 것이고, '상시 사용 근로자수 5인'이라는 기준에 따라 근로기준법의 전면적용 여부를 달리한 것에는 합리적 이유가 있다고 인정되고, 그 기준이 인간의 존엄성을 전혀 보장할 수 없을 정도라고 볼 수 없으므로 위 헌법조항에 위반된다고 할 수 없다.

(3) 상시 4명 이하의 사업장에 적용되는 근로기준법 규정

4인 이하의 사업장에 적용되는 규정으로는 평등대우, 근로조건의 명시, 위약금예정금지, 임금의 지급방법, 휴게시간, 주휴일, 산전후휴가 등, 재해보상, 해고금지기간, 해고예고, 금품청산, 특별지연이자 등의 규정 등이다.

▼ [별표 1] 상시 4명 이하의 근로자를 사용하는 사업 또는 사업장에 적용하는 법 규정(제7조 관련)

제1장 총칙	제1조부터 제13조까지의 규정
제2장 근로계약	제15조, 제17조, 제18조, 제19조 제1항, 제20조부터 제22조까지의 규정, 제23조 제2항, 제26조, 제35조부터 제42조까지의 규정
제3장 임금	제43조부터 제45조까지의 규정, 제47조부터 제49조까지의 규정
제4장 근로시간과 휴식	제54조, 제55조, 제63조
제5장 여성과 소년	제64조, 제65조 제1항·제3항(임산부와 18세 미만인 자로 한정한다), 제66조부터 제69조까지의 규정, 제70조 제2항·제3항, 제71조, 제72조, 제74조
제6장 안전과 보건	제76조
제8장 재해보상	제78조부터 제92조까지의 규정
제11장 근로감독관 등	제101조부터 제106조까지의 규정
제12장 벌칙	제107조부터 제116조까지의 규정(제1장부터 제6장까지, 제8장, 제11장의 규정 중 상시 4명 이하 근로자를 사용하는 사업 또는 사업장에 적용되는 규정을 위반한 경우로 한정한다)

Ⅲ. 국가 및 지방자치단체

근로기준법령은 국가, 특별시·광역시·도, 시·군·구, 읍·면·동, 그 밖에 이에 준하는 것에 대하여도 적용된다(근기법 제12조). 국가 및 지방자치단체에 대하여는 상시근로자수를 묻지 않고 근로기준법령이 전면 적용된다. 다만, 공무원인 근로자의 경우에는 국가공무원법 내지 지방공무원법 등 특별법이 우선 적용되므로 공무원관계법의 적용을 받지 않는 근로자에게만 근기법이 전면 적용된다.

Ⅳ. 장소적 적용범위

1. 원칙

근기법은 장소적으로 속지주의를 원칙으로 한다. 따라서 사업은 국내에서 운영될 것을 요한다.

2. 외국관련사업

근기법은 국내법으로서 국내에서만 적용되며 통치권이 미치지 못하는 국외의 사업에 대해서는 적용되지 않는 것이 원칙이다. 국내기업이 해외에서 행하는 사업에 대해 근기법을 적용할 것인지는 국제사법에 정하고 있다. 국제사법 제45조는 당사자가 명시적·묵시적으로 선택한 한 법에 따르도록 하면서, 국제사법 제48조는 근로계약에서 당사자가 준거법을 선택하더라도 근로자가 일상적으로 노무를 제공하는 국가의 강행규정에 따른 근로자 보호를 박탈하지 못하도록 규정하고 있고, 당사자가 준거법을 선택하지 않은 경우에는 근로자가 일상적으로 노무를 제공하는 국가의 법을 적용하도록 규정하고 있다.

여기서 '일상적으로 노무를 제공하는 국가'는 전체 근로계약기간 중 해외 근무기간, 근무장소 및 국내복귀 예정 여부, 근로계약 체결 장소, 근로시간 등 노무지휘 및 임금 지급의 주체, 노무 제공의 실질적인 수령자, 법 적용에 관한 근로자의 기대·인식 정도 등을 종합적으로 고려하여 판단한다.

3. 국내의 외국인 사업과 외국인 근로자

국내의 외국인 사업도 법령 또는 조약상 특별한 규정이 없는 한 속지주의 원칙에 따라 근기법이 적용되는 사업이다. 따라서 외국법인이 국내에서 고용한 한국인은 당연히 근기법이 적용되며 외국인도 우리나라의 근기법이 적용된다. 또한 국내 기업에 고용된 외국인도 근기법의 적용대상이 된다.

Ⅴ. 특별법에 의한 적용제외

1. 선원

해상노동의 특수성을 고려하여 선원의 직무, 근로조건, 직업안정, 직업훈련 등에 대해서는 선원법이 적용된다. 그러나 일부 소규모의 선박은 선원법 적용대상에서 제외되며 근기법 적용대상이 될 수 있다.[4] 선원법의 적용대상은 대한민국 선박, 대한민국 국적을 취득할 것을 조건으로 용선한 외국선박과 국내항 사이만을 항행하는 외국선박에 승무하는 선원과 그 선박의 소유주이다.

---

4) ① 총톤수 5톤 미만의 선박, ② 호수·강 또는 항내만을 항행하는 선박, ③ 총톤수 20톤 미만인 어선으로서 국토해양부령이 정하는 선박, ④ 선박법 제1조의2 제1항 제3호의 규정에 의한 부선. 다만, 해운법 제24조 제1항이나 제2항의 규정에 따라 해상화물운송사업을 영위하기 위하여 등록한 부선을 제외한다. 또한 선박회사 근로자라 하더라도 선박에 승무하지 않는 육상근로자처럼 선원법이 적용되지 않는 자는 근로기준법의 적용대상이다.

2. 공무원

공무원인 근로자에 대하여는 공무원관계법령에서 근로조건 등을 별도로 규정하고 있으므로 해당 법령이 우선 적용되고 근기법이 적용되지 않는다.

3. 사립학교 교원

사립학교 교원의 근무관계는 본질적으로 사법상의 고용계약이므로 사립학교 사무직원의 보수, 복무 등 근로조건에 관한 사항 중 사립학교교원연금법에서 정하고 있는 퇴직 시의 급여 등을 제외한 사항은 근기법의 적용을 받는다.

사립학교법은 교원의 자격, 임면, 복무, 신분보장 및 징계 등에 대해 특별히 규정하고 있으므로 이러한 한도 내에서 근기법의 적용이 배제된다. 다만, 사립학교법 및 사립학교교직원연금법이 적용되지 않는 고용원 등의 직원, 임시교원, 조교에게는 근기법을 전면 적용한다. 또한 5인 이상의 사업장인지 여부는 교원의 수와 직원의 수를 합하여 계산한다.

4. 청원경찰

청원경찰에 대한 근로조건의 기준에 대하여는 청원경찰법령이 우선적으로 적용되고 청원경찰법령에 규정되지 아니한 근로시간과 휴일, 연차휴가 등에 대하여는 근기법이 적용된다.

제5절 근로기준법의 실효성 확보

Ⅰ. 서

근기법은 근로조건의 최저기준을 정함으로써 근로자의 기본적 생활을 보장·향상시키는 것을 목적으로 하고 있다. 근기법의 목적달성을 위해서는 그 실효성 확보가 무엇보다 중요하다. 근기법은 실효성 확보를 위하여 민사·형사 및 행정의 세 가지 측면에서 규율하고 있다.

Ⅱ. 근로기준법 위반의 근로계약(민사)

1. 의의

근기법 제15조는 근기법이 정한 기준에 미달하는 근로조건을 정한 근로계약을 그 부분에 한하여 무효로 하고, 그 무효로 된 부분은 근기법이 정한 기준에 따르도록 규정하고 있다. 근로계약의 내용을 무효로 만드는 효력을 강행적 효력, 근기법이 정한 기준에 따르도록 하는 효력을 보충적 효력이라 한다.

2. 입법취지

근기법은 강행적 효력을 통해 사인 상호간에 자유로운 의사로 체결되는 근로계약의 최저기준을 설정하고, 보충적 효력을 통해 인간다운 생활의 실현을 위한 최저기준 이상의 근로조건이 적용되도록 함으로써 근로자의 기본적 근로조건을 보호하고자 한다.

3. 내용

(1) 강행적 효력

근기법에 미달하는 근로조건을 정한 근로계약은 그 부분에 한하여 무효이다(근기법 제15조 제1항). 계약은 당사자 간의 채권관계를 형성하는 것으로 사적자치의 영역에 속하지만 근로자와 사용자 사이의 실질적 불평등으로 인간의 존엄성이 무시되는 계약의 내용이 체결되는 것은 허용될 수 없다. 또한 인간다운 생활의 실현에 미치지 못하는 근로조건은 헌법적 가치질서에 반하는 것으로 허용될 수 없다. 근기법은 인간다운 생활의 실현을 확보하기 위한 기본적 근로조건을 법률로 정하고 이를 최저기준으로 설정한 것이므로 최저기준에 미달하는 근로조건을 근로자와 사용자가 근로계약의 내용으로 합의하더라도 그 합의는 무효이다. 그런데 근로계약의 일부분이 최저근로조건에 미달하였음을 이유로 근로계약 자체가 무효가 된다면 사회·경제적 약자의 지위에 있는 근로자에게 오히려 불리한 결과를 낳게된다. 따라서 근기법은 일부무효법리의 예외로 최저근로조건에 미달하는 해당 부분만을 무효로 한정하고 근로계약 자체의 효력에는 영향이 없도록 하였다.

(2) 보충적 효력

무효가 된 부분은 근기법에서 정한 기준에 따른다(근기법 제15조 제2항). 이 효력에 따라 근기법에서 정한 근로조건이 직접 근로계약의 내용이 되므로 근로자는 근기법에 미달하는 근로계약을 체결하였을지라도 그 계약과 관계없이 근기법에서 정한 기준의 이행을 요구할 수 있다. 또한 근로자는 근기법상의 권리를 원칙적으로 포기할 수 없다.

Ⅲ. 근로감독관제도(행정)

1. 근로감독관제도

근기법은 근로조건의 기준을 확보하기 위하여 고용노동부와 그 소속기관에 근로감독관을 둔다고 규정(근기법 제101조 제1항)하여 행정적 측면에서의 실효성 확보에 기하고 있다.

2. 근로감독관의 권한

(1) 행정적 권한

1) 현장조사권

현장조사란 노동법령 위반 여부를 조사할 행정상의 목적으로 사업장에 들어가 검사하는 것을 말한다. 현장조사시 형사소송법상의 수색영장은 필요치 않으나 신분증명서와 고용노동부장관의 현장조사지령서를 제시하여야 한다(근기법 제102조 제1항·제3항).

2) 서류의 제출요구 및 심문권

근로감독관은 노동법령 위반여부를 조사할 목적 범위 내에서 관계자료의 제출요구와 심문권을 갖는다(근기법 제102조 제1항). 여기서 심문이란 노동법령 위반여부에 대하여 질문하고 진술을 구하는 행정처분의 일종이다.

3) 검진권

의사인 근로감독관 또는 근로감독관으로부터 위촉받은 의사는 취업을 금지시켜야 할 질병에 걸렸다고 의심되는 근로자에 대하여 검진을 행할 수 있다(근기법 제102조 제2항).

(2) 사법적 권한

근로감독관은 노동관계법령 위반의 죄에 관하여 사법경찰관리의 직무를 행할 자와 그 직무범위에 관한 법률에서 정하는 바에 따라 사법경찰관의 직무를 수행한다(근기법 제102조 제5항). 따라서 노동관계법령을 위반한 행위에 대한 수사는 검사와 특별사법경찰관인 근로감독관이 전담하여 수행한다. 다만, 근로감독관의 직무에 관한 범죄의 수사는 일반사법경찰관이 권한을 행사한다(근기법 제105조).

3. 근로감독관의 의무

근로감독관은 직무상 알게 된 비밀을 엄수하여야 한다(근기법 제103조). 이러한 비밀엄수는 근로감독관으로서 재직하는 기간은 물론 퇴직한 경우에도 준수되어야 한다.

IV. 벌칙적용(형사)

1. 의의

근기법은 그 실효성 확보를 위한 수단으로 그 위반자에 대한 벌칙 규정을 두고 있다. 근기법을 위반한 자에 대하여 벌칙을 적용함으로써 그의 책임을 추궁하고 동시에 위협적인 일반 예방의 효과를 통해 근기법의 위반을 사전에 예방하고자 하는 데 그 취지가 있다. 이런 점에서 근기법은 형사법적인 성격을 가진다.

2. 주요내용

근기법 제12장 제107조에서 제116조까지 10개 조항에서는 위반행위와 처벌에 관한 벌칙의 종류를 정하고 있다.

3. 책임의 주체

벌칙의 적용을 받는 주체는 근기법 제2조 제1항 제2호의 사용자이다. 즉, "사업주 또는 사업경영담당자 기타 근로자에 관한 사항에 대하여 사업주를 위하여 행위하는 자" 모두를 말한다. 다만, 구체적인 의무위반은 사용자의 실질적인 권한에 따라 적용하게 되는데 그 사업에서 손익을 부담하는 사업주에 국한되며, 실질적으로 임금지급의무를 부담하지 않는 사업경영담당자가 처벌을 받지는 않는다.

4. 양벌규정

근기법에서 벌칙은 실질적으로 그 의무를 위반한 행위자가 책임을 진다. 그러나 근기법 제115조에서는 행위자 이외에 사업주에 대한 양벌규정을 두고 있다. 즉, ① 그 위반행위를 한 자가 당해 사업장의 근로자에 관한 사항에 대하여 사업주를 위하여 행위한 대리인·사용인·기타 종업원의 경우, 사업주가 그 위반방지에 필요한 조치를 하지 않은 때에는 각 조문에 따른 벌금형이 과해진다. ② 사업주가 위반의 계획을 알고 그 방지에 필요한 조치를 하지 아니한 경우, 위반행위를 하고 그 시정에 필요한 조치를 하지 아니한 경우, 또 위반을 교사한 경우에는 사업주도 행위자로 처벌된다.

V. 근로자의 권리의식을 통한 실효성 확보

1. 감독기관에 대한 신고

사업 또는 사업장에서 근기법 등을 위반한 사실이 있는 경우에는 근로자는 그 사실을 고용노동부장관 또는 근로감독관에게 통고할 수 있다. 이때 사용자는 통고를 이유로 근로자에 대하여 해고 기타 불리한 처우를 하지 못한다(근기법 제104조).

2. 법령요지 등의 게시 및 근로조건의 명시

사용자가 법령요지 등의 게시 의무 위반시 근로자는 적극적으로 게시요구를 할 수 있고, 명시된 근로조건이 사실과 다를 경우 근로자는 손해배상청구, 근로계약해지, 귀향여비의 청구를 할 수 있다.

제2장 노동관계의 성립(근로계약)

제1절　서

Ⅰ. 의의

근로계약이란 근로자가 사용자에게 근로를 제공하고 사용자는 이에 대하여 임금을 지급하는 것을 목적으로 체결된 계약을 말한다(근로기준법 제2조 제1항 제4호). 근로자와 사용자는 근로계약에서 구체적이고 직접적인 권리의무의 내용을 결정하게 된다. 그러므로 근로계약은 노동관계 규율의 기초로써 중요한 지위를 갖는다.

Ⅱ. 근로계약과 고용계약

1. 문제점

근대시민사회에서는 근로자와 사용자 사이의 법률행위를 고용계약으로 규율하였다. 그러나 자본주의 사회의 모순을 극복하고자 노동관계법령으로 근로계약을 규율하게 되었다. 그렇다면 고용계약과 근로계약의 관계를 어떻게 볼 것인지가 문제된다.

2. 학설

(1) 구별부정설

근로계약과 고용계약을 동일하게 보는 견해로 민법상의 고용계약에는 사용종속성이 포함되어 있고, 사용종속관계는 계약의 본질적 요소가 아니라는 점에서 양 계약은 실질적인 차이가 없다고 한다.

(2) 구별긍정설

근로계약은 민법의 고용 기타 노무공급계약과는 다른 이념에 기하여 법적 규제가 행해지고 있을 뿐만 아니라 노동의 종속성을 본질적 특징으로 하는 점에 있어서 근로계약을 민법의 고용계약과는 다른 노동법상의 독립된 개념으로 파악하는 견해이다.

3. 검토

민법상의 고용계약은 당사자의 일방이 노무의 제공을 약정하고 상대방이 이에 대하여 보수의 지급을 약정함으로서 성립하는 쌍무계약으로서 당사자의 자유로운 의사에 의하여 체결되는 평등한 인격자간의 권리·의무관계의 성격을 갖는데 반하여, 근기법상 근로계약도 민법상 고용계약과 같이 근로의 제공과 임금의 지급이라는 점에서 쌍무계약에 기초를 두고 있으나 근로자와 사용자간의 사용종속관계를 전제하고 있다는 점에서 종속적 노동을 보호하기 위해 등장한 것이라는 점에서 근로계약은 고용계약과는 구별되는 독립된 계약으로 보는 것이 타당하다.

Ⅲ. 근로계약의 법적 성질

1. 문제점

근로계약의 체결로 근로자는 근로제공의무를, 사용자는 임금지급의무를 부담하게 된다. 그렇다면 근로계약이 민법상의 고용계약처럼 채권관계를 규율하는 것을 목적으로 하는지, 아니면 신분관계를 규율하는 것을 목적으로 하는지가 문제된다.

2. 학설

(1) 채권계약설

이 견해는 근로계약을 근로자와 사용자간의 근로제공 및 임금지급에 관한 쌍무·유상의 채권계약으로 보며 계속적 채권관계로 파악한다.

(2) 신분계약설

이 견해는 근로계약이 종업원 지위의 취득이라는 신분계약적 측면과 근로조건의 결정이라는 채권계약적 측면을 동시에 보유하고 있으며 양자는 상호 보완적인 관계로 본다. 이 견해에 의하면 근로관계는 ① 채권·채무관계뿐만 아니라 ② 근로자는 기업이라는 조직에 편입되어 양 당사자는 인적으로 결합된 하나의 신분관계를 설정하게 된다.

3. 판례

대법원은 "사용자는 특별한 사정이 없는 한 근로자와 사이에 근로계약의 체결을 통하여 자신의 업무지휘권·업무명령권의 행사와 조화를 이루는 범위 내에서 근로자가 근로제공을 통하여 참다운 인격의 발전을 도모함으로써 자신의 인격을 실현시킬 수 있도록 배려하여야 할 신의칙상의 의무를 부담한다."라고 판시하여 신분계약설을 취한 것으로 보인다.

4. 검토

근로계약을 단순히 채권·채무계약으로 파악하는 것은 비현실적이라 할 수 있으며, 근로관계의 본질이 근로자와 사용자간의 채권·채무관계를 규율함은 물론 나아가 하나의 신분관계를 형성하고 있다는 점에서 신분계약설이 타당하다고 본다.

Ⅳ. 근로계약과 근로관계

1. 문제점

근로관계란 근로자가 사용자에게 근로를 제공하고 사용자는 이에 대하여 임금을 지급함을 목적으로 체결된 계약에 의하여 성립하는 법률관계를 말한다. 즉, 근로관계가 성립함으로써 당사자는 권리를 갖게 되고 의무를 부담하게 된다. 그렇다면 근로관계의 성립시기를 언제로 볼 것인지가 문제된다.

2. 학설

(1) 계약설

이 견해는 근로관계의 성립시기를 유효한 근로계약의 체결시로 본다.

(2) 편입설

이 견해는 근로계약의 체결뿐만 아니라 근로자의 작업개시 또는 경영체 내로의 편입이라는 사실적 요소만으로도 근로관계가 성립하는 것으로 본다.

3. 판례

대법원은 "사용자와 근로자관계가 성립하기 위하여는 양자 간에 명시적 또는 묵시적으로 체결된 계약이 있거나 기타 법적 근거가 있어야 한다."라고 판시함으로써 계약설의 입장을 취하고 있다.

4. 검토

편입설은 근로관계를 법적 개념 이외에도 사실적 개념을 그 요소로서 파악하고 있으나, 근로관계는 법적 개념으로 보아야 할 것이므로 계약설이 타당하다.

제2절 근로계약의 체결

Ⅰ. 근로계약체결의 당사자

1. 일반당사자

근로계약 체결의 당사자는 근로를 제공하고자 하는 자와 근로를 제공받고 이에 대한 대가로 임금을 지급하고자 하는 사용자이다. 근로계약 체결 주체로서의 사용자는 사업주만을 의미한다. 그러나 사업주로부터 근로계약 체결의 권한을 위임받은 자는 사업주를 대리 또는 대표하여 근로계약 체결의 주체가 될 수 있다.

2. 미성년자의 근로계약 체결

(1) 대리금지

친권자나 후견인은 미성년자의 근로계약을 대리할 수 없다(근기법 제67조 제1항). 미성년자의 근로계약 대리를 허용할 경우 강제근로의 위험이 있고, 본인의 의사를 존중하기 위해 대리를 금지하고 있다.

(2) 범위

근기법은 친권자나 후견인에 의한 법정대리를 명시적으로 금지하고 있으나, 강제근로의 위험 등은 임의대리의 경우에도 발생할 수 있다. 미성년자의 근로계약은 법정대리뿐만 아니라 임의대리도 금지되는 것으로 보아야 한다.

(3) 동의요부

1) 문제점

미성년자의 근로계약 체결 시 대리는 금지되나, 민법 제5조에 따라 미성년자가 근로계약을 체결하고자 하는 경우 법정대리인의 동의를 얻어야 하는지가 문제된다.

2) 학설

① 법정대리인의 동의는 필요하지 않다고 보는 견해

이 견해는 미성년자가 법정대리인의 동의를 받지 않고 체결한 계약은 본인 또는 법정대리인이 이를 취소할 수 있을 뿐 당연히 무효가 되는 것은 아니며, 미성년자와의 근로계약이 적법·유효하기 위하여 법정대리인의 동의를 요하는 것은 아니라고 본다.

② 법정대리인의 동의가 필요하다고 보는 견해

이 견해는 미성년자의 근로계약체결은 법률행위의 일종이므로 민법 제5조에 따라 법정대리인의 동의를 얻어 미성년자가 직접 체결하여야 한다고 본다.

3) 검토

근기법에 별도의 규정이 없으면 민법이 적용되는 것이고, 민법에서는 동의를 얻지 않은 미성년자의 법률행위는 취소할 수 있도록 규정하고 있고, 취소 역시 무효의 일종이라는 점에서 유효한 법률행위로 인정되려면 민법 제5조에 따라 법정대리인의 동의를 얻어야 하는 것으로 해석하는 것이 타당하다.

(4) 근로계약의 해지권

친권자·후견인 또는 고용노동부장관은 근로계약이 미성년자에게 불리하다고 인정하는 경우에는 향후 이를 해지할 수 있다(근기법 제67조 제2항). 불리한 근로계약을 체결한 경우 미성년자를 보호하기 위하여 마련된 규정이다.

근로계약의 해지권은 친권자, 후견인뿐만 아니라 고용노동부장관에게도 부여하고 있다. 불리하다는 인정은 해지권자의 주관적 판단으로 족하다.

(5) 위반의 효과

1) 벌칙부과

미성년자의 근로계약을 대리하여 체결한 경우에는 500만 원 이하의 벌금에 처해진다(근기법 제114조).

2) 사법상 효과

근기법 제67조는 강제근로의 금지와 미성년자 보호를 목적으로 마련된 규정이므로 이를 위반하여 체결된 근로계약은 사법상 무효이다.

3. 최저취업연령의 제한

(1) 의의

15세 미만인 자(초·중등교육법에 따른 중학교에 재학 중인 18세 미만인 자를 포함한다)는 근로자로 사용하지 못한다(근기법 제64조 제1항). 연소근로자의 의무교육기회를 보장하기 위한 규정이다.

(2) 내용

1) 연령상 제한

헌법 제31조 제1항은 국민의 교육을 받을 권리를 규정하고 있고, 근기법은 의무교육을 보장하기 위하여 취업연령을 제한한 것이다. 제한 연령은 15세이며, 초·중등교육법에 따른 중학교에 재학 중인 18세 미만인 자를 포함한다.

2) 취직인허증

① 의의

고용노동부장관이 대통령령으로 정하는 기준에 따라 발급한 취직인허증을 지닌 자는 근로자로 사용할 수 있다(근기법 제64조 제1항 단서). 취업제한연령에 속하는 자라도 생계를 위하여 어쩔 수 없이 취업활동을 해야 하는 경우가 있으므로 이러한 경우를 고려하여 예외적으로 취직인허증을 발급받도록 한 것이다.

② 대상

취직인허증을 받을 수 있는 자는 13세 이상 15세 미만인 자이다. 다만, 예술공연 참가를 위한 경우에는 13세 미만인 자도 취직인허증을 받을 수 있다(근기법 시행령 제35조 제1항).

③ 신청방법

취직인허증을 받으려는 자는 학교장(의무교육 대상자와 재학 중인 자로 한정한다) 및 친권자 또는 후견인의 서명을 받아 사용자가 될 자와 연명으로 고용노동부장관에게 신청하여야 한다(근기법 시행령 제35조 제2항·제3항).

④ 교부 및 재교부

고용노동부장관은 취직을 인허할 경우에는 고용노동부령으로 정하는 취직인허증에 직종을 지정하여 신청한 근로자와 사용자가 될 자에게 내주어야 한다. 다만, 연소자의 취업이 제한되는 도덕상 또는 보건상 유해·위험한 사업(근기법 제65조 제1항)에 대하여는 취직인허증을 발급할 수 없다(근기법 제64조 제3항, 동법 시행령 제36조 제1항, 제37조). 사용자 또는 15세 미만인 자는 취직인허증이 못쓰게 되거나 이를 잃어버린 경우에는 고용노동부령으로 정하는 바에 따라 지체 없이 재교부 신청을 하여야 한다(근기법 시행령 제39조).

⑤ 비치

15세 미만인 자를 사용하는 사용자가 취직인허증을 갖추어 둔 경우에는 근기법 제66조에 따른 가족관계기록사항에 관한 증명서와 친권자나 후견인의 동의서를 갖추어 둔 것으로 본다(근기법 시행령 제36조 제2항).

⑥ 인허의 취소

고용노동부장관은 거짓이나 그 밖의 부정한 방법으로 제1항 단서의 취직인허증을 발급받은 자에게는 그 인허를 취소하여야 한다(근기법 제64조 제3항).

(3) 위반의 효과

최저취업연령을 위반한 자에 대하여는 2년 이하의 징역 또는 1천만 원 이하의 벌금에 처해진다(근기법 제110조). 최저취업연령제도는 국민의 교육을 받을 권리를 보장하기 위한 제도이므로 이를 위반한 경우 사법상 무효가 된다. 다만, 이미 제공한 근로에 대하여 사용자는 임금지급의무 등을 부담한다.

Ⅱ. 근로계약의 형식

근로계약은 반드시 서면으로 체결되어야 하는 것은 아니며 구두계약이나 관행·관습에 의하여 성립된다. 즉, 실질적으로 사용종속관계하에서 근로를 제공하기로 하고 이에 따라 임금을 지급하기로 하는 약정이 있으면 족하다.

> 📖 **참조판례** 대법원 2006.12.7. 선고 2006도300 판결
>
> 근로기준법상의 근로자에 해당하는지 여부는 계약의 형식과는 관계없이 실질에 있어서 근로자가 임금을 목적으로 종속적인 관계에서 사용자에게 근로를 제공하였는지 여부에 따라 판단하여야 하고, 이를 판단함에 있어서는 업무의 내용이 사용자에 의하여 정하여지고 취업규칙·복무규정·인사규정 등의 적용을 받으며 업무 수행 과정에 있어서도 사용자로부터 구체적이고 직접적인 지휘·감독을 받는지 여부, 사용자에 의하여 근무시간과 근무장소가 지정되고 이에 구속을 받는지 여부, 비품·원자재·작업도구 등의 소유관계, 보수가 근로 자체의 대상적(대상적) 성격을 가지고 있는지 여부와 기본급이나 고정급이 정하여져 있는지 여부 및 근로소득세의 원천징수 여부 등 보수에 관한 사항, 근로제공관계의 계속성과 사용자에의 전속성의 유무와 정도, 사회보장제도에 관한 법령 등 다른 법령에 의하여 근로자로서의 지위를 인정하여야 하는지 여부, 양 당사자의 경제·사회적 조건 등을 종합적으로 고려하여 판단하여야 한다. 어떤 근로자에 대하여 누가 근로기준법 제32조, 제36조 소정의 의무를 부담하는 사용자인가를 판단함에 있어서도 계약의 형식이나 관련 법규의 내용에 관계없이 실질적인 근로관계를 기준으로 하여야 하고, 이 때에도 위와 같은 여러 요소들을 종합적으로 고려하여야 한다.

Ⅲ. 근로조건의 명시의무

1. 의의

근기법 제17조는 사용자가 근로계약을 체결할 때에 근로자에게 일정한 근로조건을 명시하여야 하며, 특히 중요근로조건은 서면으로 명시하고 명시된 임금, 소정근로시간, 제55조에 따른 휴일, 제60조에 따른 연차유급휴가, 그 밖에 대통령령으로 정하는 근로조건 등을 명시하여야 한다(근기법 제17조 제1항). 근로계약 체결시에 근로조건을 명시하도록 한 것은 근로조건이 확정되지 않은 상태에서 불리한 취업을 강요당할 위험성을 예방하고, 명시된 근로조건이 사실과 다른 경우 근로자를 보호하고자 함이다.

2. 단순명시

(1) 명시사항

사용자가 명시하여야 할 사항은 임금, 소정근로시간, 휴일 및 연차유급휴가, 그 밖에 대통령령으로 정하는 근로조건이다.

명시하여야 할 임금은 실제 지급할 임금뿐만 아니라 임금의 구성항목·계산방법 및 지불방법에 관한 사항까지 포함되어야 한다.

소정근로시간이란 근기법 제50조, 제69조 본문 또는 산업안전보건법 제46조에 따른 근로시간의 범위에서 근로자와 사용자 사이에 정한 근로시간을 말한다(근기법 제2조 제1항 제8호).

그 밖에 대통령령으로 정하는 근로조건은 ① 취업의 장소와 종사하여야 할 업무에 관한 사항, ② 법 제93조 제1호부터 제13호까지의 규정에서 정한 사항(취업규칙의 필요적 기재사항), ③ 사업장의 부속 기숙사에 근로자를 기숙하게 하는 경우에는 기숙사 규칙에서 정한 사항이다(근기법 시행령 제8조). 취업규칙의 기재사항을 명시하여야 하므로 사실상 모든 근로조건이나 복지가 명시사항이다.

(2) 명시시기

사용자의 근로조건 명시의 시기는 근로계약체결시이며, 명시하여야 할 근로조건이 변경되는 경우에도 변경된 근로조건에 대하여 사용자는 명시하여야 한다(근기법 제17조 제1항).

(3) 명시방법

근기법 제17조 제1항에 정한 근로조건의 명시방법은 구두이든 문서에 의하든 무방하다. 여기서 명시란 보통의 근로자라면 사용자가 제시한 내용을 그대로 기억할 수 있는 상태에 두는 것을 말한다.

3. 서면명시 · 교부

(1) 명시사항

사용자는 임금의 구성항목 · 계산방법 · 지급방법, 소정근로시간, 유급주휴일 및 연차휴가에 관한 사항을 명시한 서면을 근로자에게 교부하여야 한다(근기법 제17조 제2항). 이들 근로조건은 가장 기본적인 근로조건으로 당사자의 관심이 높은 사항이므로 후일의 분쟁방지를 위하여 서면명시 · 교부의무를 부여한 것이다.

(2) 명시방법

서면명시는 종이서면과 전자문서에 의한 명시를 포함한다. 서면명시가 반드시 근로계약서를 작성하여야 하는 것은 아니다. 명시할 사항을 기재한 서면을 교부하는 것으로 족하다.
전자문서란 정보처리시스템에 의하여 전자적 형태로 작성 · 변환되거나 송신 · 수신 또는 저장된 정보를 말한다(전자문서 및 전자거래 기본법 제2조 제1호). 전자문서가 서면으로 인정되기 위해서는 전자문서의 내용을 열람할 수 있어야 하고, 전자문서가 작성 · 변환되거나 송신 · 수신 또는 저장된 때의 형태 또는 그와 같이 재현될 수 있는 형태로 보존되어 있어야 한다(전자문서 및 전자거래 기본법 제4조의2).

(3) 교부방법

사용자는 종이서면을 근로자에게 직접 교부하거나 회사가 증명하는 문서를 근로자에게 제공하는 것으로 교부의무를 이행할 수 있다. 전자문서는 작성자 또는 그 대리인이 해당 전자문서를 송신할 수 있는 정보처리시스템에 입력한 후 해당 전자문서를 수신할 수 있는 정보처리시스템으로 전송한 때 송신된 것으로 본다(전자문서 및 전자거래 기본법 제6조 제1항).

4. 명시의무위반의 효과

(1) 벌칙부과

사용자가 명시할 사항을 명시하지 않거나 서면명시 · 교부의무를 이행하지 않으면 500만 원 이하의 벌금에 처해진다(근기법 제114조).

(2) 사법상의 효과

근기법 제17조는 단속규정에 불과하므로 명시의무를 위반하였다고 하여 근로계약이 사법상 무효가 되는 것은 아니다. 또한 명시된 근로조건이 사실과 다른 경우 명시된 근로조건이 근로계약의 내용이 된다. 명시여부 및 명시된 근로조건에 대한 입증책임은 사용자가 부담한다.

(3) 명시된 근로조건이 사실과 다른 경우의 근로자 구제

1) 손해배상청구권

① 법적 근거

명시된 근로조건이 사실과 다른 경우 근로자는 근로조건의 위반을 이유로 손해배상을 노동위원회에 청구할 수 있다(근기법 제19조 제1항·제2항).

② 범위

손해배상은 사법상 분쟁이므로 민사법원에 청구하여야 할 것이나, 소송을 통한 분쟁해결은 비교적 장시간이 소요되며 비용부담도 만만치 않을 것을 고려하여 예외적으로 노동위원회에 손해배상을 청구할 수 있도록 한 것이다. 그러나 근로계약체결시에 명시된 근로조건 위반 이외의 사유로 노동위원회에 손해배상을 청구하는 것은 허용될 수 없다.

> **📖 참조판례 대법원 1989.2.28. 선고 87누496 판결**
>
> 근로자가 노동위원회에 근로기준법 제23조 소정의 손해배상청구를 하려면 사용자가 근로계약체결시 근로자에 대하여 명시한 근로조건(임금, 근로시간 기타의 근로조건)을 위반하여 근로자에게 손해를 입힌 사실을 전제로 하여야 하고, 사용자가 근로기준법의 다른 규정사항이나 노동조합법상의 확정된 구제명령에 위반하여 근로자에게 손해를 입히더라도 같은 조 소정의 손해배상청구를 할 수는 없다.

③ 소멸시효

근기법 제19조의 손해배상청구권은 근로계약상의 채무불이행으로 인한 손해배상청구권을 확인하는 의미를 가지는 것이고 계약상 채무불이행으로 인한 손해배상채권은 원래의 채권과 그 동일성을 유지하면서 그 내용만 변경된 것이다. 따라서 손해배상청구권의 소멸시효 기간은 위와 같은 법 규정의 취지와 규정 내용 등에 비추어 근로조건의 내용 여부를 묻지 않고 같은 법 제41조에 정한 임금채권에 준하여 3년이라고 보아야 한다.

> **📖 참조판례 대법원 1997.10.10. 선고 97누5732 판결**
>
> [1] 구 근로기준법(1996.12.31. 법률 제5245호로 개정되기 전의 것) 제23조 제1항이 규정하는 손해배상청구권은 근로계약상의 채무불이행으로 인한 손해배상청구권을 확인하는 의미를 가지는 것이고 계약상 채무불이행으로 인한 손해배상채권은 원래의 채권과 그 동일성을 유지하면서 그 내용만 변경된 것이다.
>
> [2] 구 근로기준법(1996.12.31. 법률 제5245호로 개정되기 전의 것) 제22조, 제23조의 규정 취지는 근로계약 체결시에 사용자가 명시한 근로조건이 근로계약 체결 후에 사실과 다른 것을 알게 되었음에도 근로계약관계의 구속에서 벗어나기 어려운 근로자의 입장을 고려하여 취업 초기에 근로자가 원하지 않는 근로를 강제당하는 폐단을 방지하고 근로자를 신속히 구제하려는 데에 있는 것이라 할 것이므로 같은 법 제23조에 정한 계약의 즉시해제권은 취업 후 상당한 기간이 지나면 행사할 수 없다고 해석되며, 같은 손해배상청구권의 소멸시효 기간은 위와 같은 법 규정의 취지와 규정 내용 등에 비추어 근로조건의 내용 여부를 묻지 않고 같은 법 제41조에 정한 <u>임금채권에 준하여 3년</u>이라고 보아야 한다.

2) 근로계약의 즉시해지권

① 법적 근거

명시된 근로조건이 사실과 다른 경우에 근로자는 근로계약을 즉시해제 할 수 있다(근기법 제19조 제1항). 근기법이 즉시해제가 가능하도록 한 것은 근로계약이 인신구속을 갖는다는 점을 감안한 것이다.

② 행사시기

해제권은 명시된 근로조건이 사실과 다를 경우에 "즉시" 행사하도록 규정하고 있으므로 근로자가 명시된 근로조건이 사실과 다름을 알면서도 상당기간이 경과한 때에는 이를 행사할 수 없다.

> **참조판례 대법원 1997.10.10. 선고 97누5732 판결**
>
> 구 근로기준법(1996.12.31. 법률 제5245호로 개정되기 전의 것) 제22조, 제23조의 규정 취지는 근로계약 체결시에 사용자가 명시한 근로조건이 근로계약 체결 후에 사실과 다른 것을 알게 되었음에도 근로계약관계의 구속에서 벗어나기 어려운 근로자의 입장을 고려하여 취업 초기에 근로자가 원하지 않는 근로를 강제당하는 폐단을 방지하고 근로자를 신속히 구제하려는 데에 있는 것이라 할 것이므로 같은 법 제23조에 정한 계약의 즉시해제권은 <u>취업 후 상당한 기간이 지나면 행사할 수 없다</u>고 해석되며, 같은 손해배상청구권의 소멸시효 기간은 위와 같은 법 규정의 취지와 규정 내용 등에 비추어 근로조건의 내용 여부를 묻지 않고 같은 법 제41조에 정한 임금채권에 준하여 3년이라고 보아야 한다.

3) 귀향여비의 청구

명시된 근로조건이 사실과 달라 근로자가 근로계약을 해지한 경우, 사용자는 취업을 목적으로 거주를 변경하는 근로자에게 귀향여비를 지급하여야 한다(근기법 제19조 제2항).

제3절 근로계약의 내용과 근로자 보호

I. 서

근로기준법은 계약자유의 원칙을 수정하여 강제근로의 위험이 있는 위약예정과 전차금 상계, 강제저축을 금지하고 있다.

II. 위약예정의 금지

1. 의의

사용자는 근로계약 불이행에 대한 위약금 또는 손해배상액을 예정하는 계약을 체결하지 못한다(근기법 제20조). 위약금예정으로 인해 근로자가 부당하게 불리한 근로를 강제당할 것을 방지하고, 근로자의 자유로운 직장선택을 보호하기 위함이다.

2. 내용

(1) 위약금을 약정하는 계약

위약금이란 계약기간 중의 퇴직의 방지를 목적으로 근로자가 근로의 의무를 이행하지 않는 경우에 손해발생의 유무와는 상관없이 일정 금액을 지급하기로 하는 약정으로서 일종의 위약벌의 성격을 가지는 것을 말한다.

(2) 손해배상액을 예정하는 계약

손해배상액의 예정이라 함은 계약불이행의 경우에 배상해야 할 손해액을 실손해의 발생과는 관계없이 미리 정하는 것을 말한다. 근로계약의 체결시에 "채무불이행으로 인하여 사용자가 손해를 입은 경우에는 실제로 발생한 손해액의 배상을 청구할 수 있다."라고 하는 실손해 배상 약정은 동조에 저촉되지 않는다. 채무불이행으로 인한 손해배상액의 예정 이외에 근로자의 불법행위로 인한 손해배상액의 예정도 동조의 금지대상이 되는지가 문제된다. 근로자의 강제노동을 방지하려는 동조의 취지상 긍정적으로 해석함이 타당하다.

(3) 위약예정 또는 손해배상액예정이 금지되는 범위

1) 제3자에 대한 위약예정

사용자가 위약금예정 등으로 책임을 지울 수 없는 자의 범위에는 근로자 본인뿐만 아니라, 친권자, 신원보증인 등 제3자도 포함된다.

2) 신원보증계약과 위약예정

신원보증계약은 근로자의 불법행위 또는 채무불이행으로 인하여 현실적으로 발생한 손해에 대한 담보를 전제로 하는 계약이므로 동조 위반이 아니다. 그러나 신원보증계약이라도 보증인에 대하여 위약금이나 손해배상액을 예정하는 형식을 취할 경우에는 동조 위반이다.

3) 사용자에 대한 위약예정

동조는 근로자 보호규정이므로 근로자가 사용자의 채무불이행으로 인한 위약금 예정을 하는 것까지 금지하는 것은 아니다.

(4) 구체적인 예

1) 의무재직기간 이상을 근무하지 아니한 경우 임금을 반환하기로 하는 약정

교육훈련의 기회를 부여하고 의무재직기간 동안 재직하지 아니하면 교육훈련기간 동안 지급된 임금을 반환하기로 하는 약정은 위약금 또는 손해배상액 예정에 해당한다.

> **참조판례** 대법원 1996.12.6. 선고 95다24944 · 24951 판결
>
> 사용자가 근로계약의 불이행에 대하여 위약금 또는 손해배상을 예정하는 계약을 체결하는 것은 강행규정인 근로기준법 제24조에 위반되어 무효라 할 것인바, 기업체에서 비용을 부담 지출하여 직원에 대하여 위탁교육훈련을 시키면서 일정 임금을 지급하고 이를 이수한 직원이 교육 수료일자부터 일정한 의무재직기간 이상 근무하지 아니할 때에는 기업체가 지급한 임금이나 해당 교육비용의 전부 또는 일부를 상환하도록 하되 의무재직기간 동안 근무하는 경우에는 이를 면제하기로 약정한 경우, 교육비용의 전부 또는 일부를 근로자로 하여금 상환하도록 한 부분은 근로기준법 제24조에서 금지된 위약금 또는 손해배상을 예정하는 계약이 아니므로 유효하지만, 임금 반환을 약정한 부분은 기업체가 근로자에게 근로의 대상으로 지급한 임금을 채무불이행을 이유로 반환하기로 하는 약정으로서 실질적으로는 위약금 또는 손해배상을 예정하는 계약이므로 근로기준법 제24조에 위반되어 무효이다.

2) 약정한 의무재직기간 전에 퇴직시 손해배상금의 특정

사용자와 근로자가 일정 기간 동안 근무하기로 하고 이를 위반할 경우 소정의 금원을 근로자가 사용자에게 지급하기로 약정한 경우, 그 약정이 약정한 근무기간 이전에 퇴직하면 손해발생유무와 상관없이 소정의 금원을 사용자가에 지급하기로 하는 것이라면 위약금 또는 손해배상액 예정에 해당하여 무효이다.

> **📖 참조판례** 대법원 2008.10.23. 선고 2006다37274 판결
>
> 근로자가 일정 기간 동안 근무하기로 하면서 이를 위반할 경우 소정 금원을 사용자에게 지급하기로 약정하는 경우, 그 약정의 취지가 약정한 근무기간 이전에 퇴직하면 그로 인하여 사용자에게 어떤 손해가 어느 정도 발생하였는지 묻지 않고 바로 소정 금액을 사용자에게 지급하기로 하는 것이라면 이는 명백히 구 근로기준법(2007.4.11. 법률 제8372호로 전문 개정되기 전의 것) 제27조에 반하는 것이어서 효력을 인정할 수 없다. 또, 그 약정이 미리 정한 근무기간 이전에 퇴직하였다는 이유로 마땅히 근로자에게 지급되어야 할 임금을 반환하기로 하는 취지일 때에도, 결과적으로 위 조항의 입법 목적에 반하는 것이어서 역시 그 효력을 인정할 수 없다.

3) 의무복무기간의 불이행시 소요경비의 반환약정

① 문제점

일정한 의무복무기간을 근무하지 않으면 장학금, 해외연수비용, 파견비용을 반환해야 한다는 약정이 위약금에 해당하는지가 문제된다.

② 학설

㉠ 소비대차약정으로 보는 견해

이 견해는 교육비용은 원칙적으로 근로자가 부담할 비용이므로 사용자가 이를 부담하는 것은 일종의 소비대차약정이므로 교육비용의 반환 약정은 위약금에 해당하지 않는다고 한다.

㉡ 이분설

이 견해는 근로자가 자신의 이익과 희망을 고려하여 연수 등을 희망한 경우에는 사용자가 교육비용을 대여한 것으로 볼 수 있으나 우수인력의 확보라는 기업의 필요와 이익을 위하여 연수 등을 행한 경우에는 전적으로 사용자가 비용을 부담하여야 하는 경우에 해당하므로 교육비용의 반환을 약정하는 것은 위약금약정에 해당한다고 본다.

③ 판례

대법원은 종래 교육비용을 상환하기로 하는 약정은 대여금 약정이지 위약금 약정이 아니라고 판시하였으나 최근 그 비용지출이 사용자의 업무상 필요와 이익을 위하여 근로자가 전적으로 또는 공동으로 부담할 비용을 사용자가 대신 지출하는 성질도 함께 가지고 있고, 의무재직기간 및 상환비용이 합리적이고 타당한 범위 내에 있는 경우에는 퇴직의 자유를 부당하게 제한하지 않으므로 유효라고 판시한 바 있다.

📖 **참조판례** 대법원 1996.12.6. 선고 95다24944·24951 판결

사용자가 근로계약의 불이행에 대하여 위약금 또는 손해배상을 예정하는 계약을 체결하는 것은 강행규정인 근로기준법 제24조에 위반되어 무효라 할 것인바, 기업체에서 비용을 부담 지출하여 직원에 대하여 위탁교육 훈련을 시키면서 일정 임금을 지급하고 이를 이수한 직원이 교육 수료일자부터 일정한 의무재직기간 이상 근무하지 아니할 때에는 기업체가 지급한 임금이나 해당 교육비용의 전부 또는 일부를 상환하도록 하되 의무재직기간 동안 근무하는 경우에는 이를 면제하기로 약정한 경우, 교육비용의 전부 또는 일부를 근로자로 하여금 상환하도록 한 부분은 근로기준법 제24조에서 금지된 위약금 또는 손해배상을 예정하는 계약이 아니므로 유효하지만, 임금 반환을 약정한 부분은 기업체가 근로자에게 근로의 대상으로 지급한 임금을 채무불이행을 이유로 반환하기로 하는 약정으로서 실질적으로는 위약금 또는 손해배상을 예정하는 계약이므로 근로기준법 제24조에 위반되어 무효이다.

📖 **참조판례** 대법원 2008.10.23. 선고 2006다37274 판결

근로자가 일정 기간 동안 근무하기로 하면서 이를 위반할 경우 소정 금원을 사용자에게 지급하기로 약정하는 경우, 그 약정의 취지가 약정한 근무 기간 이전에 퇴직하면 그로 인하여 사용자에게 어떤 손해가 어느 정도 발생하였는지 묻지 않고 바로 소정 금액을 사용자에게 지급하기로 하는 것이라면 이는 명백히 구 근로기준법 제27조에 반하는 것이어서 효력을 인정할 수 없다. 또, 그 약정이 미리 정한 근무 기간 이전에 퇴직하였다는 이유로 마땅히 근로자에게 지급되어야 할 임금을 반환하기로 하는 취지일 때에도, 결과적으로 위 조항의 입법 목적에 반하는 것이어서 역시 그 효력을 인정할 수 없다. 다만, 그 약정이 사용자가 근로자의 교육 훈련 또는 연수를 위한 비용을 우선 지출하고 근로자는 실제 지출된 비용의 전부 또는 일부를 상환하는 의무를 부담하기로 하되 장차 일정 기간 동안 근무하는 경우에는 그 상환 의무를 면제해 주기로 하는 취지인 경우에는, 그러한 약정의 필요성이 인정된다. 이때 주로 사용자의 업무상 필요와 이익을 위하여 원래 사용자가 부담하여야 할 성질의 비용을 지출한 것에 불과한 정도가 아니라 근로자의 자발적 희망과 이익까지 고려하여 근로자가 전적으로 또는 공동으로 부담하여야 할 비용을 사용자가 대신 지출한 것으로 평가되며, 약정 근무 기간 및 상환해야 할 비용이 합리적이고 타당한 범위 내에서 정해져있는 등 위와 같은 약정으로 인하여 근로자의 의사에 반하는 계속 근로를 부당하게 강제하는 것으로 평가되지 않는다면, 그러한 약정까지 구 근로기준법 제27조에 반하는 것은 아니다.

④ 검토

위약금 약정을 금지하는 것은 근로자의 강제근로를 금지하고자 하는 취지에서 근기법이 규정한 것이므로 교육·연수시 해당 비용을 반환하기로 하는 약정은 근로자의 퇴직의 자유를 부당하게 제한하는지 여부를 기준으로 판단한다는 것이 타당하다고 본다.

4) 해외연수의 실질이 출장인 경우 소요경비의 반환약정

해외연수의 주된 실질이 교육훈련이 아니라 출장업무를 수행한 경우에 의무재직기간을 근무하지 않았음을 이유로 하는 경비반환약정은 무효이다.

📖 **참조판례** 대법원 2003.10.23. 선고 2003다7388 판결

직원의 해외연수여행의 주된 실질이 교육훈련이 아니라 출장업무를 수행한 것에 불과하여 이러한 해외 출장업무에 대하여 지급한 금품은 출장이라고 하는 특수한 근로의 대상으로서 일종의 임금에 해당하거나 또는 업무수행에 있어서의 필요불가결하게 지출할 것이 예정되어 있는 경비를 보전해 준 것에 불과하여 재직기간 의무근무 위반을 이유로 이를 반환하기로 하는 약정 또한 마찬가지로 무효라고 보아야 할 것이다.

5) 의무근로기간 이전에 퇴직시 기지급된 일정 금품의 반환약정

사용자가 근로자에게 의무근로기간의 대가로 일정한 금품을 지급하면서 의무근로기간을 위반한 경우에 그 전부 또는 일부를 반환하기로 약정한 경우 의무근로기간의 설정 양상, 반환 대상인 금전의 법적 성격 및 규모·액수, 반환 약정을 체결한 목적이나 경위 등을 종합할 때 반환약정이 근로자의 퇴직의 자유를 제한하거나 그 의사에 반하는 근로의 계속을 부당하게 강요하는 것이라면 위약금 또는 손해배상액의 예정에 해당한다.

> **📖 참조판례 대법원 2022.3.11. 선고 2017다202272 판결**
>
> 근로기준법 제20조는 "사용자는 근로계약 불이행에 대한 위약금 또는 손해배상액을 예정하는 계약을 체결하지 못한다."라고 규정하고 있다. 근로자가 근로계약을 불이행한 경우 반대급부인 임금을 지급받지 못한 것에서 더 나아가 위약금이나 손해배상금을 지급하여야 한다면 근로자로서는 비록 불리한 근로계약을 체결하였다 하더라도 근로계약의 구속에서 쉽사리 벗어날 수 없을 것이므로, 위와 같은 위약금이나 손해배상액 예정의 약정을 금지함으로써 근로자가 퇴직의 자유를 제한받아 부당하게 근로의 계속을 강요당하는 것을 방지하고, 근로자의 직장선택의 자유를 보장하며 불리한 근로계약을 해지할 수 있도록 보호하려는 데에 위 규정의 취지가 있다. 사용자가 근로자에게 일정한 금전을 지급하면서 의무근로기간을 설정하고 이를 지키지 못하면 그 전부 또는 일부를 반환받기로 약정한 경우, 의무근로기간의 설정 양상, 반환 대상인 금전의 법적 성격 및 규모·액수, 반환 약정을 체결한 목적이나 경위 등을 종합할 때 그러한 반환 약정이 해당 금전을 지급받은 근로자의 퇴직의 자유를 제한하거나 그 의사에 반하는 근로의 계속을 부당하게 강요하는 것이라고 볼 수 없다면, 이는 근로기준법 제20조가 금지하는 약정이라고 보기 어렵다.

6) 사이닝보너스

우수한 인재를 채용하기 위해 일회성으로 지급되는 사이닝보너스는 이직보상·근로계약체결대가인지 아니면 이직금지·전속근무의 대가 및 임금선급의 성격을 가지는지는 해당 계약이 체결된 동기 및 경위, 당사자가 계약에 의하여 달성하려고 하는 목적과 진정한 의사, 계약서에 특정 기간 동안의 전속근무를 조건으로 사이닝보너스를 지급한다거나 그 기간의 중간에 퇴직하거나 이직할 경우 이를 반환한다는 등의 문언이 기재되어 있는지 및 거래의 관행 등을 종합적으로 고려하여 판단한다. 전자라면 근로계약이 체결된 이상 약정근무기간이 준수되지 않아도 근로자의 책임이 발생하지 않는다.

> **📖 참조판례 대법원 2015.6.11. 선고 2012다55518 판결**
>
> 기업이 경력 있는 전문 인력을 채용하기 위한 방법으로 근로계약 등을 체결하면서 일회성의 인센티브 명목으로 지급하는 이른바 사이닝보너스가 이직에 따른 보상이나 근로계약 등의 체결에 대한 대가로서의 성격만 가지는지, 더 나아가 의무근로기간 동안의 이직금지 내지 전속근무 약속에 대한 대가 및 임금 선급으로서의 성격도 함께 가지는지는 해당 계약이 체결된 동기 및 경위, 당사자가 계약에 의하여 달성하려고 하는 목적과 진정한 의사, 계약서에 특정 기간 동안의 전속근무를 조건으로 사이닝보너스를 지급한다거나 그 기간의 중간에 퇴직하거나 이직할 경우 이를 반환한다는 등의 문언이 기재되어 있는지 및 거래의 관행 등을 종합적으로 고려하여 판단하여야 할 것이다. 만약 해당 사이닝보너스가 이직에 따른 보상이나 근로계약 등의 체결에 대한 대가로서의 성격에 그칠 뿐이라면 계약 당사자 사이에 근로계약 등이 실제로 체결된 이상 근로자 등이 약정근무기간을 준수하지 아니하였더라도 사이닝보너스가 예정하는 대가적 관계에 있는 반대급부는 이행된 것으로 볼 수 있을 것이다.

7) 무사고승무수당

근로계약서에 무사고승무수당 200,000원을 매월 고정적으로 지급하기로 정하였으면서 근무 중 교통사고가 발생한 경우 손해발생여부 및 손해액과 관계없이 무사고승무수당을 공제하는 것은 위약금 또는 손해배상액 예정에 해당한다.

> **참조판례 대법원 2019.6.13. 선고 2018도17135 판결**
>
> 피고인과 김○○ 사이에 작성된 근로계약서에는 무사고승무수당 200,000원을 매월 고정적으로 지급하는 것으로 기재되어 있고 달리 김○○의 실제 근무성적에 따라 그 지급 여부와 지급액이 달라지는 것은 아니므로, 위 무사고승무수당도 근로기준법에서 정하는 '임금'에 해당한다고 봄이 상당하다. 그런데 근무 중 교통사고가 발생한 경우 실제 손해 발생 여부 및 손해의 액수에 관계없이 3개월 동안 매월 무사고승무수당 200,000원을 임금에서 공제하기로 하는 약정은 근로기준법 제20조가 금지하는 근로계약 불이행에 대한 위약금 또는 손해배상액의 예정에 해당할 뿐만 아니라 근로기준법 제43조가 정하는 임금의 전액 지급 원칙에도 반하므로 무효이다(의정부지방법원 2018.10.15. 선고 2018노676 판결).

3. 위반의 효과

(1) 위반의 성립시기

동 규정의 위반행위는 위약금 또는 손해배상액을 실제로 징수한 경우에 성립하는 것이 아니라 계약을 체결한 때에 위반이 성립한다.

(2) 위약약정의 효력

위약예정의 계약을 체결하는 경우 500만 원 이하의 벌금에 처해지며(근기법 제114조), 위약금계약 또는 손해배상액을 예정하는 계약은 그 부분에 한하여 사법상 무효가 된다.

4. 관련문제

(1) 강제근로금지와의 관계

근기법은 강제근로금지를 기본원칙으로 명시하고 있는바, 위약예정의 금지도 위약금을 이유로 근로자를 강제근로시키는 것을 방지하기 위한 것이므로 강제근로금지에 해당한다.

(2) 임금전액지불원칙과의 관계

근기법은 임금지불에 있어서 전액지불원칙을 명시하고 있는바, 위약예정금지도 임금 지불 시에 위약금 공제를 방지함으로써 임금을 전액 지불하게 하여 근로자의 생활을 보호하기 위한 것이라고 할 수 있다.

Ⅲ. 전차금상계의 금지

1. 의의

사용자는 전차금 기타 근로할 것을 조건으로 하는 전대채권과 임금을 상계하지 못한다(근기법 제21조). 전차금이나 전대채권으로 인해 근로자가 부당하게 불리한 근로를 강제당할 것을 방지하기 위함이다.

2. 전차금상계금지의 내용

(1) 전차금과 전대채권

전차금이란 취업 후 임금에서 변제할 것을 예정하여 근로계약 체결시에 사용자가 근로자 또는 친권자에게 빌려주는 금전을 말하며, 전대채권이란 전차금 이외에 근로할 것을 조건으로 근로자 또는 친권자에게 지급하는 금전으로서 전차금과 동일한 내용을 가지는 것이다.

(2) 전차금상계금지의 범위 및 한계

상계란 채권자와 채무자가 같은 종류의 채권인 경우에 채권·채무의 대등액만큼을 소멸시키는 일방적 의사표시를 말한다. 근기법이 금지하고 있는 상계대상은 전차금 등의 대여 자체가 아니라, 전차금 기타 근로할 것을 조건으로 하는 전대채권과 임금과의 상계이다. 사용자가 근로자에게 임금과의 상계를 전제로 하지 아니하고 전차금을 대여하는 것은 허용된다. 예컨대, 가불·학자금대여 및 주택구입자금의 대부 등은 전차금상계금지의 원칙에 위배되지 아니한다.

(3) 상계계약

근기법이 금지하는 것은 단독행위인 상계를 금지할 뿐 근로자와 사용자가 합의하에 상계하는 것을 금지하는 것은 아니다. 다만, 전차금 상계 금지가 근로자에 대한 강제근로를 방지하기 위한 취지의 규정이라는 점에 비추어 근로자의 자발적인 의사에 의하여 상계를 하는 경우에도 금전대부기간, 금액, 이자의 고리 여부 등을 종합적으로 판단하여 근로자의 강제근로 또는 신분구속을 강요당하는 수단이 될 수 있다면 상계계약은 무효이고, 전차금 상계금지의 위반에 해당한다.

3. 위반의 효과

(1) 위반의 성립시기

동조는 전차금 또는 전대채권 계약을 금지하는 것이 아니라 상계를 금지하고 있으며, 상계는 단독의 의사표시만으로 성립하기 때문에 동조 위반의 성립시기는 사용자가 상계의 의사표시를 한 때 성립한다.

(2) 벌칙부과 및 사법상 효력

전차금상계금지 조항을 위반하면 500만 원 이하의 벌금형에 처해지며(근기법 제114조), 동조 위반의 상계의 의사표시는 사법상 무효이다. 따라서 사용자는 여전히 임금지급의무를 진다.

4. 관련문제

(1) 강제근로금지와의 관계

근기법은 강제근로금지를 기본원칙으로 명시하고 있는바, 전차금상계금지도 전차금을 이유로 근로자를 강제근로시키는 것을 방지하기 위한 것이므로 강제근로금지에 해당한다.

(2) 임금전액지불원칙과의 관계

근기법은 임금지불에 있어서 전액지불원칙을 명시하고 있는바, 전차금상계금지도 임금 지불 시에 전차금 공제를 방지함으로써 임금을 전액 지불하게 하여 근로자의 생활을 보호하기 위한 것이라고 할 수 있다.

Ⅳ. 강제저금의 금지

1. 의의

사용자는 근로계약에 부수하여 강제저축 또는 저축금의 관리를 규정하는 계약을 체결하지 못한다(근로기준법 제22조). 강제저금으로 인해 근로자가 부당하게 불리한 근로를 강제당할 것을 방지하고, 저축금이 경영자금으로 이용되다가 경영난으로 반환이 어렵게 되는 것을 막기 위함이다.

2. 강제저금금지의 내용

(1) 근로계약에 부수

근기법은 근로계약에 부수하는 강제저축 등을 금지하고 있다. '근로계약에 부수하여'라 함은 근로계약의 체결 또는 존속요건으로서 근로계약에 명문 또는 묵시적으로 강제저축을 강요하는 것을 말한다.

(2) 강제저축의 금지

사용자 자신이 근로자와 계약하는 것은 물론 사용자가 지정하는 제3자, 즉 은행·우체국 등에 저축하도록 강요하는 것도 포함된다.

(3) 저축금관리의 금지

사용자가 직접 근로자의 예금을 받아 스스로 관리하는 "사내예금"은 물론, 근로자 명의로 예금하고 사용자가 통장이나 인감을 보관하는 것도 금지된다.

3. 강제저금금지의 예외

(1) 근로자의 위탁

근기법상 금지되는 것은 강제저금이기 때문에 근로자의 자유의사에 의한 위탁이 있는 경우까지 금지하는 것은 아니다.

(2) 저축금의 관리

사용자가 근로자의 위탁으로 저축을 관리하는 경우라도 저축의 종류·기간 및 금융기관을 근로자가 결정하고 근로자 본인의 이름으로 저축하여야 한다.

(3) 보관 및 반환방법의 명시

사용자는 근로자가 저축증서 등 관련 자료의 열람 또는 반환을 요구할 때에는 즉시 이에 따라야 한다.

4. 위반의 효과

사용자가 근기법 제22조 제1항을 위반하여 강제저축 또는 저축금의 관리를 한 경우에는 2년 이하의 징역 또는 1천만 원 이하의 벌금에 처해지며(근기법 제110조), 근기법 제22조 제2항 저축금 관리의 예외규정을 위반한 경우에는 500만 원 이하의 벌금에 처해진다(근기법 제114조). 본조를 위반한 강제저축 등을 정한 계약은 사법상 무효이다.

5. 관련문제

(1) 강제근로금지와의 관계

근기법은 강제근로금지를 기본원칙으로 명시하고 있는바, 강제저금의 금지도 저축금을 이유로 근로자를 강제 근로시키는 것을 방지하기 위한 것이므로 강제근로금지에 해당한다.

(2) 임금전액지불원칙과의 관계

근기법은 임금지불에 있어서 전액지불원칙을 명시하고 있는바, 강제저금금지도 임금 지불 시에 저축금 공제를 방지함으로써 임금을 전액 지불하게 하여 근로자의 생활을 보호하기 위한 것이라고 할 수 있다.

제4절   비전형적 근로계약

Ⅰ. 서

비전형 근로계약의 체결방식이 최근 증가하고 있다. 이러한 비전형 근로계약의 체결에 대하여 사용자측에서는 유능한 근로자를 확보할 수 있으나, 근로자측에서는 본 계약이 성립하기 전까지 다른 사업장에 취업할 기회를 잃게 되거나 사용자가 불합리한 사유로 근로계약을 체결하지 않을시 불이익을 입을 수 있다. 여기서 비전형 근로관계를 보호할 필요성이 제기된다.

Ⅱ. 채용내정

1. 의의

채용내정이란 본채용 훨씬 전에 채용할 자를 미리 결정해 두는 것을 말한다. 기업이 우수한 근로자를 미리 확보하고, 다른 한편 일단 시험이나 전형에 합격된 자가 그 기업에 기여할 수 있을 것인가를 일정한 기간을 두어 신중히 검토하려는 데서 채용내정제도가 이용되고 있다.

2. 채용내정의 법적 성질

(1) 문제점

채용내정의 경우 근로계약이 성립된 것으로 볼 수 있는지, 즉 근로관계의 성립으로 근로기준법상의 보호를 받을 수 있는지가 문제된다.

(2) 학설

1) 근로계약예약설

근로계약예약설에 의하면 채용내정은 노사당사자가 근로계약의 체결을 약속한 예약이라는 것이다. 사용자는 객관적으로 합리적이라고 판단되는 사정이 발생한 경우에 한하여 예약을 해제할 수 있다고 한다.

2) 근로계약체결과정설

근로계약체결과정설에 의하면 채용내정은 근로계약체결과정상의 한 절차라는 것이다. 즉, 채용내정은 채용공고에서 근로계약체결까지의 일련의 절차 중에서 나머지 절차가 충족되는 경우에 한하여 근로계약이 체결된다고 한다.

3) 근로계약성립설

회사의 모집공고를 사용자에 의한 청약의 유인으로, 응모자의 응모를 근로자의 청약으로, 채용내정을 사용자의 승낙으로 간주함으로써 근로계약이 성립된 것으로 보는 견해로서 우리나라의 다수설이다. 근로계약성립설은 다시 졸업하는 것 등을 정지조건으로 하여 근로계약이 성립되었다고 보는 정지조건부계약설, 졸업하지 못한 것 등을 해제조건으로 하여 근로계약이 성립되었다고 보는 해제조건부계약설, 근로계약효력발생 또는 근로개시에 관해 해약권이 유보된 근로계약의 성립으로 보는 해약권유보부계약설이 대립한다.

(3) 판례

대법원은 채용내정통지를 함으로써 근로계약관계가 유효하게 성립되었다고 보며, 채용내정시부터 정식발령일까지 사이에는 사용자에게 근로계약의 해약권이 유보되었다는 해약권유보부 근로계약성립설을 취하고 있다.

> 📖 **참조판례** 대법원 2000.11.28. 선고 2000다51476 판결
>
> 신규채용된 자들의 채용내정시부터 정식발령일까지 사이에는 사용자에게 근로계약의 해약권이 유보되어 있다.

(4) 검토

채용내정의 과정은 근로계약의 청약과 승낙의 의사표시를 내용으로 하고 당사자의 의사 역시 근로계약의 성립을 전제로 하므로 채용내정의 통지를 승낙의 의사표시로 보아 근로계약관계가 성립된 것으로 보아야 한다. 또한 채용을 내정한다는 의미는 일정한 사유가 발생하면 근로계약을 소멸시킬 수 있는 해약권을 유보한다는 것이므로 해약권유보부계약설이 타당하다.

3. 채용내정과 근로관계

(1) 근로계약의 성립시기

응모자의 응시를 청약으로, 채용내정통지를 승낙으로 해석함으로써 근로계약은 채용내정통지를 발송한 때에 성립한다.

(2) 근로기준법의 적용 여부

채용내정을 근로계약예약설과 근로계약과정설로 보는 입장에서는 근기법의 적용을 부인한다. 그러나 근로계약성립설에 따르면 채용내정이라는 의사표시로 근로계약은 체결된 것으로서 근기법이 적용된다. 다만, 일반 근로계약과는 달리 근로제공을 전제로 하는 규정들은 적용되지 않으나, 균등대우·계약기간·근로조건의 명시·위약예정의 금지·해고의 제한 등 근로제공을 전제로 하지 아니하는 규정들은 적용된다고 본다.

(3) 채용내정 취소시점까지의 임금청구

채용내정을 한 후 사용자가 정당한 이유 없이 취업예정일 이후에 노무수령을 거부하는 경우에는, 사용자는 반대급부의무를 면할 수 없게 되어 임금전액을 지급해야 한다.

(4) 해고예고의 문제

근기법 제26조가 계속 근로한 기간이 3개월 미만인 경우를 해고예고의 적용제외로 규정하고 있는 점에 비추어 채용내정자에게는 해고예고제도가 적용되지 않는다.

4. 채용내정의 취소

(1) 채용내정 취소사유의 정당성

채용내정의 취소는 근로계약의 해지로서 근기법 제23조의 해고에 해당된다. 사용자는 근기법 제23조의 "정당한 이유" 없이는 채용내정자를 해고하여서는 아니 된다. 다만, 확정적인 근로계약기간과는 달리 구체적인 노무의 제공이 없었으므로 본 채용을 거부할 수 있는 사유는 통상의 해고사유 보다는 넓게 해석된다.

(2) 경영상 이유에 의한 채용내정의 취소

대법원에 따르면 경영악화로 인한 정리해고의 경우, 채용내정자에 대한 해지권 행사는 객관적으로 합리성이 인정된다고 한다.

> 📖 **참조판례** 대법원 2000.11.28. 선고 2000다51476 판결
>
> 피고가 1997.11월경 원고들에게 최종합격통보를 해 줌으로써 원고들과 피고 사이에 근로계약관계가 유효하게 성립되어 늦어도 1998.4.6. 이후에는 원고들이 피고회사의 근로자가 되었다고 할 것이므로 그 후 피고가 원고들에게 한 신규채용의 취소통보는 실질적으로 해고에 해당한다고 하고, 이어서 그 해고가 정당하다는 피고의 주장을 정리해고의 정당성에 관한 주장으로 본 다음, 피고의 위 정리해고는 판시와 같은 여러 인정사실에 비추어, ① 긴박한 경영상의 필요에 의하여, ② 해고 회피를 위한 사용자의 노력이 병행되면서, ③ 객관적·합리적 기준에 의하여 해고대상자를 선정하여, ④ 근로자 측과의 성실한 협의를 거쳐서 행하여진 것이고, 한편 피고회사의 취업규칙에 비추어 신규채용된 자들의 채용내정시부터 정식발령일까지 사이에는 사용자에게 근로계약의 해약권이 유보되어 있다고 할 것이어서 원고들에 대하여는 근로기준법 제31조 제3항이 적용되지 않는다고 보아야 한다고 하여, 결국 피고의 원고들에 대한 정리해고가 정당하다.

(3) 채용내정 취소의 법적 구제수단

채용내정의 취소가 정당한 해지권의 행사가 아닌 경우 당연히 무효인 해고에 해당한다. 채용내정자는 노동위원회에 구제신청을 할 수 있으며, 사용자의 정당한 이유 없는 근로수령거부시 취업할 수 없었던 기간에 대한 임금 전액을 청구할 수 있다

한편, 판례는 사용자가 채용내정을 통지한 후 정당한 사유 없이 내정을 취소한 때에는 불법행위가 성립하여 사용자는 근로자가 직원으로 채용되기를 기대하고 다른 취직의 기회를 포기함으로써 입은 손해배상책임을 부담해야 한다고 판시한 바 있다.

> **参照判例 참조판례 대법원 1993.9.10. 선고 92다42897 판결**
>
> 학교법인이 원고를 사무직원 채용시험의 최종합격자로 결정하고 그 통지와 아울러 "1989.5.10. 자로 발령하겠으니 제반 구비서류를 5.8.까지 제출하여 달라."는 통지를 하여 원고로 하여금 위 통지에 따라 제반 구비서류를 제출하게 한 후, 원고의 발령을 지체하고 여러 번 발령을 미루었으며, 그 때문에 원고는 위 학교법인이 1990.5.28. 원고를 직원으로 채용할 수 없다고 통지할 때까지 임용만 기다리면서 다른 일에 종사하지 못한 경우 이러한 결과가 발생한 원인이 위 학교법인이 자신이 경영하는 대학의 재정 형편, 적정한 직원의 수, 1990년도 입학정원의 증감 여부 등 여러 사정을 참작하여 채용할 직원의 수를 헤아리고 그에 따라 적정한 수의 합격자 발표와 직원채용통지를 하여야 하는데도 이를 게을리 하였기 때문이라면 위 학교법인은 불법행위자로서 원고가 위 최종합격자 통지와 계속된 발령 약속을 신뢰하여 직원으로 채용되기를 기대하면서 다른 취직의 기회를 포기함으로써 입은 손해를 배상할 책임이 있다.

Ⅲ. 시용기간

1. 의의

시용이라 함은 근로계약을 체결하고 입사한 근로자를 그대로 정규사원으로 임명하지 아니하고 시용기간 동안 근로자의 직업적성과 업무능력 등을 판단한 후 최종적으로 근로관계의 계속여부를 결정하고자 하는 제도이다. 근로자에게도 향후 본인이 담당하게 될 업무가 자신에게 적합한지 여부를 검토하는 기회를 부여하는 등 근로자를 위해서 설정되는 경우도 있다. 시용기간은 근로계약의 체결에 있어 당사자가 약정한 경우에만 인정된다.

이 제도는 ① 근로자의 기초적 교육 및 연수의 실시, ② 자질 및 적성의 평가에 따른 적재적소 배치, ③ 종업원으로서의 적격성 판단 등을 위해 널리 활용되고 있다. 근로자의 현실적 근로제공이 있다는 점에서 채용내정과 구별되고, 이미 근로계약을 체결한 뒤 교육이나 연수를 하는 견습기간과 구별된다.

2. 시용의 법적 성질

(1) 문제점

시용은 근로자의 적격성을 판단하여 정식채용여부를 결정하는 단계인데, 이러한 경우 근로계약의 성립으로 볼 수 있는지가 문제된다.

(2) 학설

1) 정지조건부 근로계약설

정식 근로자로서 적격하다는 평가를 근로계약의 효력발생조건으로 하여 정식채용된다는 견해이다.

2) 해제조건부 근로계약설

정식 근로자로서 적절하지 못하다는 평가를 근로계약의 해제조건으로 하여 정식채용된다는 견해이다.

3) 해지권유보근로계약설

사용자는 정식근로자로서 적절하지 못하다는 평가를 이유로 근로관계를 해지할 수 있는 권리를 유보한다는 견해이다.

(3) 판례

대법원은 시용기간 중의 근로자를 해고하거나 본계약체결을 거부하는 것이 사용자의 유보된 해약원 행사라고 판시하여 해약권유보근로계약설의 입장을 취하고 있다.

> **참조판례 대법원 2006.2.24. 선고 2002다62432 판결**
>
> 시용(試用)기간 중에 있는 근로자를 해고하거나 시용기간 만료시 본계약(本契約)의 체결을 거부하는 것은 사용자에게 유보된 해약권의 행사로서, 당해 근로자의 업무능력, 자질, 인품, 성실성 등 업무적격성을 관찰·판단하려는 시용제도의 취지·목적에 비추어 볼 때 보통의 해고보다는 넓게 인정되나, 이 경우에도 객관적으로 합리적인 이유가 존재하여 사회통념상 상당하다고 인정되어야 할 것이다.

(4) 검토

시용은 채용내정과는 달리 실제로 근로를 제공하고 그에 대한 임금을 지급받고 있으므로 근로계약이 성립된 것으로 보아야 한다. 다만, 업무적격성 유무에 따라 해고사유를 정한 것으로 보아 해약권이 유보된 근로계약으로 봄이 타당하다.

3. 시용과 근로관계

(1) 시용의 적용대상 업무

시용의 적용대상업무는 근로자가 업무수행에 필요한 객관적인 능력과 자질을 갖추고 있는지의 여부를 판단할 수 있는 업무에 한하여 인정될 수 있을 것이다.

(2) 시용의 명시

시용제도는 단체협약이나 취업규칙 등에 설정되어야 하고, 계약체결시 근로계약서에 시용근로자임이 명시되어야 한다. 판례는 근로계약에서 그 기간이 시용기간임을 명시하지 않은 경우 정식직원으로 채용된 것으로 본다.

> **참조판례 대법원 1999.11.12. 선고 99다30473 판결**
>
> 취업규칙에 신규 채용하는 근로자에 대한 시용기간의 적용을 선택적 사항으로 규정하고 있는 경우에는 그 근로자에 대하여 시용기간을 적용할 것인가의 여부를 근로계약에 명시하여야 하고, 만약 근로계약에 시용기간이 적용된다고 명시하지 아니한 경우에는 시용 근로자가 아닌 정식 사원으로 채용되었다고 보아야 한다.

(3) 시용의 기간

시용기간에 관해 아무런 규정이 없으나 시용계약으로 근로자의 신분을 오랫동안 불확실한 상태로 두는 것은 선량한 풍속 기타 사회질서에 위반된다. 사회통념상 적격성의 판단에 필요한 기간을 초과한 시용계약은 무효로 볼 수 있다.

시용기간의 연장은 원칙적으로 허용되지 않는다. 그러나 연장기간 중에 근로자의 근무태도가 개선될 것을 기대하고, 정식근로자로 고용할 것을 배려함으로써 시용근로자에게 불리하지 않고, 근로자가 동의하거나 근로자에게 통보된 경우에는 예외적으로 허용될 수 있다.

시용기간이 종료되었음에도 불구하고 사용자가 부적격사유를 제시하지 않은 상태에서 근로자가 사실상 취업을 계속하면 해약권은 소멸하고 정식근로자로 채용된 것으로 본다.

(4) 시용근로자의 임금

시용근로자는 수습사용자의 범주에 포함되므로 수습사용 중인 기간과 그 기간 중에 지불된 임금은 평균임금 산정기준이 되는 기간과 임금의 총액에서 각각 공제하며, 시용근로자로서 근로기간이 3월 이내인 자에 대하여는 최저임금이 지급되지 아니하여도 무방하다.

(5) 본채용의 거부

시용에 있어서 본채용의 거부는 근기법 제23조의 해고에 해당되지만, 시용근로자에 대한 본채용 거부의 정당한 사유는 통상의 해고 사유보다는 넓게 인정된다. 다만, 이 경우에도 객관적이고 합리적인 이유가 존재하여 사회통념상 상당하다고 인정되어야 한다.

> **참조판례** 대법원 2001.2.23. 선고 99두10889 판결
>
> 시용(試用)기간 중에 있는 근로자를 해고하거나 시용기간 만료시 본계약(本契約)의 체결을 거부하는 것은 사용자에게 유보된 해약권의 행사로서, 당해 근로자의 업무능력, 자질, 인품, 성실성 등 업무적격성을 관찰·판단하려는 시용제도의 취지·목적에 비추어 볼 때 보통의 해고보다는 넓게 인정되나, 이 경우에도 객관적으로 합리적인 이유가 존재하여 사회통념상 상당하다고 인정되어야 할 것이다.

(6) 시용근로자에 대한 해고예고

근기법 제26조가 적용되어 3개월 이상을 근로한 경우에는 해고예고를 하여야 한다.

(7) 해고의 서면통지

본채용 거절통지는 해고의 통지이므로 근기법 제27조에 따라 본채용 거절의 사유와 일자를 명시한 서면으로 통지하여야 한다. 이를 위반한 경우 본채용 거절통지의 효력은 무효이다.

> **참조판례** 대법원 2015.11.27. 선고 2015두48136 판결
>
> 근로기준법 규정의 내용과 취지, 시용기간 만료 시 본 근로계약 체결 거부의 정당성 요건 등을 종합하면, 시용근로관계에서 사용자가 본 근로계약 체결을 거부하는 경우에는 근로자에게 거부사유를 파악하여 대처할 수 있도록 구체적·실질적인 거부사유를 서면으로 통지하여야 한다.

(8) 본채용 후의 효과

시용기간 후 사용자가 근로자를 정규근로자로 채용하여 정규근로관계가 성립하게 되면 기존의 시용기간은 정규근로관계의 존속기간으로 산입된다.

제5절 근로계약상의 권리와 의무

I. 주된 권리와 의무

1. 의의

근로관계의 성립으로 근로자는 사용자에게 근로를 제공하여야 하고, 사용자는 근로자에게 임금을 지급하여야 할 주된 권리와 의무를 부담하게 된다.

2. 근로자의 근로제공의무

(1) 의의

근로자는 근로계약에 따라 사용자에게 근로를 제공할 의무를 부담한다. 근로제공의무는 근로자가 노동력을 사용자의 처분에 맡기고 사용자의 구체적인 지휘명령에 따른 근로를 제공할 의무를 말한다. 근로제공의무는 단순히 기계적으로 근로를 제공할 의무에 그치지 않고 성실하게 근로할 의무를 포함한다.

(2) 근로제공의 내용·장소·수행방법

근로제공의 내용·장소·수행방법 등은 근로계약의 취지와 당사자 사이의 약정에 따른다. 일반적으로 근로계약을 체결할 때 근로제공의 내용·장소·수행방법 등에 대하여는 요강만을 정하고 구체적인 근로제공의 내용·장소·수행방법 등은 사용자의 지휘명령에 따르기로 약정하게 된다. 그러므로 근로제공의무는 사용자의 지휘명령권의 행사로 구체적으로 확정·실현된다.

근로제공은 반드시 노동력을 목적에 따라 실현할 것을 요하는 것은 아니고, 노동력을 사용자가 처분할 수 있는 상태에 두는 것으로 족하다.

(3) 근로시간의 결정

근로시간은 당사자의 합의에 의하되, 근로기준법상의 법정근로시간을 위배하지 아니하는 범위 안에서 단체협약, 취업규칙, 근로계약에서 근로시간을 정할 수 있다.

(4) 근로제공의무 위반의 효과

근로자가 그 책임 있는 사유로 근로제공의무를 이행하지 않으면 민법상 채무불이행에 해당하여 사용자는 근로자에게 그 이행을 구하거나, 손해배상을 청구하거나, 계약을 해지할 수 있다. 그러나 근로제공은 근로자의 인격과 불가분의 관계에서 이루어지므로 그 의무의 불이행에 대하여는 직접강제이든 간접강제이든 강제이행은 허용되지 않는다.

3. 사용자의 임금지급의무

(1) 의의

사용자는 근로자의 근로제공의무에 대한 반대급부로서 임금지급의무를 부담하며, 임금지급의무의 내용은 관계법령, 단체협약, 취업규칙, 경영관행 및 사회통념에 의해 결정된다.

(2) 근로자의 귀책사유에 의한 근로제공의무의 불이행

임금은 제공된 근로에 대한 반대급부로서의 성격을 가지므로 무노동무임금원칙에 따라 근로자의 귀책사유로 근로제공의무를 이행하지 않은 경우에는 그에 상응하는 임금은 발생하지 않는다. 예컨대 결근, 지각, 조퇴의 경우 그에 비례하는 일급 또는 시간급에 해당하는 임금은 발생하지 않는다.

(3) 사용자의 귀책사유에 의한 근로제공 불이행

사용자가 근로제공의 수령을 거부하거나 부당해고 등 사용자의 고의 또는 과실로 인하여 근로자가 근로제공을 하지 못한 경우에는 민법 제538조 제1항에 따라 사용자는 임금 전액을 지급할 의무를 부담한다. 사용자의 세력범위 내에서 발생한 사정으로 인하여 근로자가 근로를 제공하지 못한 경우에는 근기법 제46조에 따라 평균임금 70% 이상의 휴업수당을 지급하여야 한다.

(4) 감급, 감봉

정당한 사유가 있는 경우 사용자는 징계, 제재의 수단으로 감급 또는 감봉의 조치를 취할 수 있으나, 이 경우 그 감급액은 1회의 액이 평균임금의 2분의 1을, 총액이 1임금지급기에 있어서의 임금총액의 10분의 1을 초과하지 못한다(근기법 제95조).

II. 부수적 권리와 의무

1. 의의

근로계약의 체결로 사용자와 근로자는 계속적 채권관계에서 발생하는 부수적 의무를 부담한다. 부수적 의무는 당사자 사이의 특별한 약정이 없더라도 근로관계의 주된 의무에 수반하여 신의칙상 인정되는 의무이다.[5]

2. 근로자의 충실의무[6]

(1) 의의

근로자는 사용자의 이익을 보호하고 침해해서는 안 될 신의칙상 의무를 부담하며, 이를 충실의무라 한다.

---

5) 근로자의 충실의무는 근로자의 사용자에 대한 무제한적 인적구속을 초래하므로 인정할 수 없다는 부정설도 있다.

6) 부수적 의무의 명칭에 대하여 성실의무, 부수의무, 충실의무 등 다양한 명칭으로 사용되고 있으나, 본서에서는 '충실의무'라 칭하기로 한다.

(2) 내용

1) 사고대처의무

근로자는 사용자가 제공한 기계·원료·설비 등에 하자나 결함이 발견된 때에는 즉시 사용자에게 고지하여 적절한 조치를 취할 수 있도록 하여야 하며, 또한 사정이 급박하여 고지할 시간적 여유가 없는 경우에는 직접 적절한 조치를 취해야 한다. 이를 사고대처의무라 한다. 사고대처의무는 사용자의 이익을 보호하고 사고 등으로 업무상 재해가 발생하는 것을 방지하기 위해 신의칙상 인정되는 의무이다.

근로자가 사고대처의무를 위반한 경우에는 채무불이행책임을 진다. 또한 기업질서를 문란하게 한 것으로 평가되는 경우에는 징계책임의 대상이 될 수 있다.

2) 영업비밀유지의무

① 의의

근로자는 근로제공과 관련하여 지득한 사업이나 경영상의 비밀, 즉 영업비밀을 제3자에게 누설하지 하여서는 아니되며 이를 영업비밀유지의무라고 한다. 영업비밀이란 공공연히 알려져 있지 아니하고 독립된 경제적 가치를 가지는 것으로서, 합리적인 노력에 의하여 비밀로 유지된 생산방법, 판매방법, 그 밖에 영업활동에 유용한 기술상 또는 경영상의 정보를 말한다(부정경쟁방지 및 영업비밀보호에 관한 법률 제2조 제2호).

② 영업비밀의 요건

영업비밀은 비공지성, 경제성, 비밀유지노력 등을 요건으로 한다.

ㄱ 비공지성은 공연히 알려져 있지 않음을 의미한다. 공연히 알려져 있지 아니하다고 함은 그 정보가 간행물 등의 매체에 실리는 등 불특정 다수인에게 알려져 있지 않기 때문에 보유자를 통하지 아니하고는 그 정보를 통상 입수할 수 없는 것을 말한다.

ㄴ 경제성은 독립된 경제적 가치를 가지는 것을 의미한다. 비밀유지가 됨으로써 사용자가 이에 대한 정당한 경제적 이익을 가지고 있어야 한다.

ㄷ 비밀유지노력은 제3자에게 누설되지 않도록 상당한 노력을 다하는 것을 의미한다. 예컨대 시정장치를 하거나 정보 암호화 등의 방법으로 허가받지 않은 자의 접근을 차단하는 조치를 취하여야 한다.

대법원 역시 "피고용인이 퇴사 후에 고용기간 중에 습득한 기술상 또는 경영상의 정보 등을 사용하여 영업을 하였다고 하더라도 피고용인이 고용되지 않았더라면 그와 같은 정보를 습득할 수 없었다는 사정만으로 곧바로 위 정보가 영업비밀에 해당한다고 볼 수는 없고, 그러한 정보가 동종 업계 등에 널리 알려져 있지 않고, 독립된 경제적 가치를 가지며, 상당한 노력에 의하여 비밀로 유지되고 있는 경우에만 영업비밀에 해당한다고 보아야 한다."라고 판시하여 비공지성, 경제성, 비밀유지노력을 영업비밀의 판단기준으로 제시하고 있다.

> **참조판례** 대법원 2008.7.10. 선고 2006도8278 판결
>
> 부정경쟁방지 및 영업비밀보호에 관한 법률 제2조 제2호의 영업비밀이라 함은 공공연히 알려져 있지 않고 독립된 경제적 가치를 가지는 것으로서, 상당한 노력에 의하여 비밀로 유지된 생산방법·판매방법 기타 영업활동에 유용한 기술상 또는 경영상의 정보를 말한다. 여기서 공공연히 알려져 있지 않다고 함은 그 정보가 동종 업계에 종사하는 자 등 이를 가지고 경제적 이익을 얻을 가능성이 있는 자들 사이에 알려져 있지 않은 것을 뜻하고, 독립된 경제적 가치를 가진다 함은 정보의 보유자가 그 정보의 사용을 통하여 상대방 경쟁자에 대하여 경쟁상의 이익을 얻을 수 있거나 그 정보의 취득이나 개발을 위하여 상당한 비용이나 노력이 든 경우를 뜻한다. 따라서 피고용인이 퇴사 후에 고용기간 중에 습득한 기술상 또는 경영상의 정보 등을 사용하여 영업을 하였다고 하더라도 피고용인이 고용되지 않았더라면 그와 같은 정보를 습득할 수 없었다는 사정만으로 곧바로 위 정보가 영업비밀에 해당한다고 볼 수는 없고, 그러한 정보가 동종 업계 등에 널리 알려져 있지 않고, 독립된 경제적 가치를 가지며, 상당한 노력에 의하여 비밀로 유지되고 있는 경우에만 영업비밀에 해당한다고 보아야 한다.

③ 영업비밀의 보호

㉠ 재직 중

근로자가 재직 중에는 신의칙상 사용자의 이익을 침해하지 않아야 하므로 별도의 의사표시가 없더라도 당연히 영업비밀유지의무를 부담한다. 대법원도 "'계약관계 등에 의하여 영업비밀을 비밀로서 유지할 의무'라 함은 계약관계 존속 중은 물론 종료 후라도 또한 반드시 명시적으로 계약에 의하여 비밀유지의무를 부담하기로 약정한 경우뿐만 아니라 인적 신뢰관계의 특성 등에 비추어 신의칙상 또는 묵시적으로 그러한 의무를 부담하기로 약정하였다고 보아야 할 경우를 포함한다."라고 판시하였다.

> **참조판례** 대법원 1996.12.23. 선고 96다16605 판결
>
> 부정경쟁방지법 제2조 제3호 라목에서 말하는 '계약관계 등에 의하여 영업비밀을 비밀로서 유지할 의무'라 함은 계약관계 존속 중은 물론 종료 후라도 또한 반드시 명시적으로 계약에 의하여 비밀유지의무를 부담하기로 약정한 경우뿐만 아니라 인적 신뢰관계의 특성 등에 비추어 신의칙상 또는 묵시적으로 그러한 의무를 부담하기로 약정하였다고 보아야 할 경우를 포함한다.

㉡ 퇴직 후

ⓐ 영업비밀유지의무의 근거

근로자는 퇴직 후에도 신의칙상 일정한 기간 동안 영업비밀을 유지할 의무를 부담한다. 대법원도 "'계약관계 등에 의하여 영업비밀을 비밀로서 유지할 의무'라 함은 계약관계 존속 중은 물론 종료 후라도 또한 반드시 명시적으로 계약에 의하여 비밀유지의무를 부담하기로 약정한 경우뿐만 아니라 인적 신뢰관계의 특성 등에 비추어 신의칙상 또는 묵시적으로 그러한 의무를 부담하기로 약정하였다고 보아야 할 경우를 포함한다."라고 판시하여 신의칙상 퇴직 후에도 영업비밀유지의무를 부담한다고 본다.

ⓑ 영업비밀유지의무의 존속기간

퇴직 후의 영업비밀유지의무는 무제한 인정되는 것은 아니며, 공정하고 자유로운 경쟁의
보장 및 인적 신뢰관계의 보호 등의 목적을 달성함에 필요한 시간적 범위 내로 제한된다.
영업비밀유지의무의 시간적 범위는 영업비밀인 기술정보의 내용과 난이도, 영업비밀 보
유자의 기술정보 취득에 소요된 기간과 비용, 영업비밀의 유지에 기울인 노력과 방법, 퇴
사한 근로자들이나 다른 공정한 경쟁자가 독자적인 개발이나 역설계와 같은 합법적인 방
법에 의하여 그 기술정보를 취득하는 데 필요한 시간, 퇴사한 근로자와 사용자의 관계에
서 그에 종속하여 근무하였던 기간, 담당 업무나 직책, 영업비밀에의 접근 정도, 영업비밀
보호에 관한 내규나 약정, 퇴사한 근로자의 생계 활동 및 직업선택의 자유와 영업활동의
자유, 지적재산권의 일종으로서 존속기간이 정해져 있는 특허권 등의 보호기간과의 비교,
기타 당사자의 인적·물적 시설 등을 고려하여 합리적인 범위 내로 제한된다.

대법원 역시 "영업비밀 침해행위의 금지는 공정하고 자유로운 경쟁의 보장 및 인적 신뢰
관계의 보호 등의 목적을 달성함에 필요한 시간적 범위 내로 제한되어야 하고, 그 범위를
정함에 있어서는 영업비밀인 기술정보의 내용과 난이도, 영업비밀 보유자의 기술정보 취
득에 소요된 기간과 비용, 영업비밀의 유지에 기울인 노력과 방법, 침해자들이나 다른 공
정한 경쟁자가 독자적인 개발이나 역설계와 같은 합법적인 방법에 의하여 그 기술정보를
취득하는 데 필요한 시간, 침해자가 종업원(퇴직한 경우 포함)인 경우에는 사용자와의 관
계에서 그에 종속하여 근무하였던 기간, 담당 업무나 직책, 영업비밀에의 접근 정도, 영업
비밀보호에 관한 내규나 약정, 종업원이었던 자의 생계 활동 및 직업선택의 자유와 영업
활동의 자유, 지적재산권의 일종으로서 존속기간이 정해져 있는 특허권 등의 보호기간과
의 비교, 기타 변론에 나타난 당사자의 인적·물적 시설 등을 고려하여 합리적으로 결정
하여야 한다."라고 판시하였다.

> **[참조판례]** 대법원 1998.2.13. 선고 97다24528 판결
>
> 영업비밀 침해행위를 금지시키는 것은 침해행위자가 침해행위에 의하여 공정한 경쟁자보다 유리한 출
> 발 내지 시간절약이라는 우월한 위치에서 부당하게 이익을 취하지 못하도록 하고, 영업비밀 보유자로
> 하여금 그러한 침해가 없었더라면 원래 있었을 위치로 되돌아갈 수 있게 하는 데에 그 목적이 있으므
> 로 영업비밀 침해행위의 금지는 공정하고 자유로운 경쟁의 보장 및 인적 신뢰관계의 보호 등의 목적
> 을 달성함에 필요한 시간적 범위 내로 제한되어야 하고, 그 범위를 정함에 있어서는 영업비밀인 기술
> 정보의 내용과 난이도, 영업비밀 보유자의 기술정보 취득에 소요된 기간과 비용, 영업비밀의 유지에
> 기울인 노력과 방법, 침해자들이나 다른 공정한 경쟁자가 독자적인 개발이나 역설계와 같은 합법적인
> 방법에 의하여 그 기술정보를 취득하는 데 필요한 시간, 침해자가 종업원(퇴직한 경우 포함)인 경우에
> 는 사용자와의 관계에서 그에 종속하여 근무하였던 기간, 담당 업무나 직책, 영업비밀에의 접근 정도,
> 영업비밀보호에 관한 내규나 약정, 종업원이었던 자의 생계 활동 및 직업선택의 자유와 영업활동의
> 자유, 지적재산권의 일종으로서 존속기간이 정해져 있는 특허권 등의 보호기간과의 비교, 기타 변론에
> 나타난 당사자의 인적·물적 시설 등을 고려하여 합리적으로 결정하여야 한다.

영업비밀이 보호되는 시간적 범위는 당사자 사이에 영업비밀이 비밀로서 존속하는 기간
을 의미하므로 그 기간의 경과로 영업비밀유지의무는 당연히 소멸한다.

④ 의무위반의 효과

근로자가 영업비밀유지의무를 위반한 경우에는 채무불이행책임을 진다. 또한 부정경쟁방지 및 영업비밀보호에 관한 법률에 따라 손해배상책임 및 형사책임이 발생할 수 있으며, 근로자가 전직한 회사에서 영업비밀과 관련된 업무에 종사하는 것을 금지하지 않고서는 회사의 영업비밀을 보호할 수 없다고 인정되는 경우에는 구체적인 전직금지약정이 없다고 하더라도 부정경쟁방지 및 영업비밀보호에 관한 법률 제10조 제1항에 의한 침해행위의 금지 또는 예방 및 이를 위하여 필요한 조치 중의 한 가지로서 그 근로자로 하여금 전직한 회사에서 영업비밀과 관련된 업무에 종사하는 것을 금지하도록 하는 조치를 취할 수 있다.

> **참조판례 대법원 2003.7.16. 자 2002마4380 결정**
>
> 근로자가 전직한 회사에서 영업비밀과 관련된 업무에 종사하는 것을 금지하지 않고서는 회사의 영업비밀을 보호할 수 없다고 인정되는 경우에는 구체적인 전직금지약정이 없다고 하더라도 부정경쟁방지 및 영업비밀보호에 관한 법률 제10조 제1항에 의한 침해행위의 금지 또는 예방 및 이를 위하여 필요한 조치 중의 한 가지로서 그 근로자로 하여금 전직한 회사에서 영업비밀과 관련된 업무에 종사하는 것을 금지하도록 하는 조치를 취할 수 있다.

근로자가 비밀유지의무를 위반하여 기업질서를 문란하게 한 경우에는 징계책임의 대상이 될 수 있다.

3) 경업금지의무

① 개념

근로자는 사용자의 이익에 현저히 반하여 경쟁사업체에 취직하거나 경쟁사업체를 경영하지 않을 신의칙상 의무를 부담하는데, 이를 경업금지의무라 한다.

② 경업금지의무의 부담기간

㉠ 재직 중

당사자 간 약정이 없는 경우라도 사용자의 영업활동을 보조하는 직무를 수행하는 근로자는 신의칙상에 의거하여 당연히 경업금지의무를 부담한다.

㉡ 퇴직 후 경업금지약정

ⓐ 개념

사용자와 근로자가 퇴직 후에도 사용자의 영업과 동종 또는 유사업종에 종사하거나 스스로 경영하지 않을 것은 약정한 것이 경업금지약정이다.

ⓑ 경업금지약정의 유효성

ⅰ) 근거

경업금지약정은 헌법상 기본권인 근로자의 직업선택의 자유와 근로권 등을 과도하게 제한하거나 자유로운 경쟁을 지나치게 제한하는 경우에는 민법 제103조에 정한 선량한 풍속 기타 사회질서에 반하는 법률행위로서 무효가 된다. 대법원도 "경업금지약정이 헌법상 보장된 근로자의 직업선택의 자유와 근로권 등을 과도하게 제한하거나 자유로운 경쟁을 지나치게 제한하는 경우에는 민법 제103조에 정한 선량한 풍속 기타 사회질서에 반하는 법률행위로서 무효"라고 판시하였다.

ii) 유효성의 판단요소

경업금지약정의 유효성은 보호할 가치 있는 사용자의 이익, 근로자의 퇴직 전 지위, 경업 제한의 기간·지역 및 대상 직종, 근로자에 대한 대가의 제공 유무, 근로자의 퇴직 경위, 공공의 이익 및 기타 사정 등을 종합적으로 고려하여 판단한다. 대법원도 "경업금지약정의 유효성에 관한 판단은 보호할 가치 있는 사용자의 이익, 근로자의 퇴직 전 지위, 경업 제한의 기간·지역 및 대상 직종, 근로자에 대한 대가의 제공 유무, 근로자의 퇴직 경위, 공공의 이익 및 기타 사정 등을 종합적으로 고려하여야 한다."라고 판시하였다.

보호할 가치 있는 사용자의 이익에는 부정경쟁방지 및 영업비밀보호에 관한 법률 제2조 제2호에 정한 '영업비밀'뿐만 아니라 그 정도에 이르지 아니하였더라도 당해 사용자만이 가지고 있는 지식 또는 정보로서 근로자와 이를 제3자에게 누설하지 않기로 약정한 것이거나 고객관계나 영업상의 신용의 유지도 포함된다.

📖 **참조판례** 대법원 2010.3.11. 선고 2009다82244 판결

사용자와 근로자 사이에 경업금지약정이 존재한다고 하더라도, 그와 같은 약정이 헌법상 보장된 근로자의 직업선택의 자유와 근로권 등을 과도하게 제한하거나 자유로운 경쟁을 지나치게 제한하는 경우에는 민법 제103조에 정한 선량한 풍속 기타 사회질서에 반하는 법률행위로서 무효라고 보아야 하며, 이와 같은 경업금지약정의 유효성에 관한 판단은 보호할 가치 있는 사용자의 이익, 근로자의 퇴직 전 지위, 경업 제한의 기간·지역 및 대상 직종, 근로자에 대한 대가의 제공 유무, 근로자의 퇴직 경위, 공공의 이익 및 기타 사정 등을 종합적으로 고려하여야 하고, 여기에서 말하는 '보호할 가치 있는 사용자의 이익'이라 함은 부정경쟁방지 및 영업비밀보호에 관한 법률 제2조 제2호에 정한 '영업비밀'뿐만 아니라 그 정도에 이르지 아니하였더라도 당해 사용자만이 가지고 있는 지식 또는 정보로서 근로자와 이를 제3자에게 누설하지 않기로 약정한 것이거나 고객관계나 영업상의 신용의 유지도 이에 해당한다.

③ 의무위반의 효과

근로자가 경업금지의무를 위반한 경우에는 채무불이행책임을 진다. 또한 기업질서를 문란하게 한 경우에는 징계책임의 대상이 될 수 있다. 부정경쟁방지 및 영업비밀보호에 관한 법률에 따라 사용자의 영업비밀 보호를 위하여 예방적 조치를 취할 수 있도록 규정하고 있고, 사용자가 영업비밀을 보호하기 위하여 근로자의 경업금지가처분을 신청할 수 있다.

4) 직무전념의무

근로자는 사용자의 지휘감독아래 근로를 제공하면서 그 직무에 전념할 의무를 부담한다. 따라서 사용자의 동의 또는 허락이 없는 한 다른 직장에 취업하거나 자기 사업을 행하는 것은 허용되지 않는다. 이는 정력분산으로 사용자의 직무에 손해를 발생시킬 위험이 있어 인정되는 신의칙상의 의무라 할 것이다.

근로자가 직무전념의무를 위반한 경우에는 채무불이행책임을 진다. 또한 기업질서를 문란하게 한 경우에는 징계책임의 대상이 될 수 있다.

3. 사용자의 배려의무

(1) 안전배려의무

1) 의의

사용자는 자신의 지배 하에 있는 근로자의 생명, 신체, 건강, 성에 대하여 적절한 보호 조치를 강구할 의무를 부담하며, 그 구체적 내용은 당사자의 약정, 취업규칙 등에 의해 결정되며 이러한 규정이 없다면 거래통념상 타당한 범위 내에서 인정되어야 한다. 대법원도 사용자가 산업재해의 위험으로부터 근로자의 생명 및 건강 등을 안전하게 보호할 주의의무를 부담한다고 판시하였다.

> 📖 **참조판례** 대법원 1989.8.8. 선고 88다카33190 판결
>
> 근로자로 하여금 인체에 유해한 강렬한 소음이 발생하는 착암기 등을 사용하여 밀폐된 굴진막장에서 작업하게 하는 사업주로서는 근로자의 생명 및 건강 등을 업무상 질병 등 산업재해의 위험으로부터 안전하게 보호하여야 할 주의의무를 부담하는 바, 소음성난청은 업무상 질병의 하나로 법정되어 있고 실제로도 그 발병율이 높았던 점에 비추어 굴진광부들이 청력손실의 인신장해를 입을 위험의 개연성이 상당히 높았다면 사업주로서는 이러한 위험발생의 예견가능성이 있었고, 산업안전보건법령 소정의 조치를 취함으로써 그 위험의 회피가능성도 있었다 할 것이므로 그와 같은 산업재해예방을 위하여 필요한 주의의무를 다하지 못한 사용자는 근로자의 질환에 대하여 근로기준법이나 산업재해보상보험법 등에 의하여 보상을 받을 수 있음은 별론으로 하고 사업주로서의 불법행위 법상의 책임을 면할 수 없다.

2) 위반의 효과

사용자가 안전배려의무를 위반한 경우에는 채무불이행책임을 지며, 근로자는 손해배상청구와 사용자에게 적절한 조치를 강구할 것을 요구하거나 안전배려 위반행위의 중지를 요구할 수 있다.

(2) 취업기회부여의무

사용자는 정당한 이유가 없는 한 근로자에게 취업시킬 의무를 부담하며, 이를 위반하면 민법상의 채권자지체에 해당이 되어 그 기간의 임금전액을 지불하여야 함은 물론, 근로자가 임금을 받고 있는 경우라 하더라도 인격권의 침해가 된다. 이에 따라 사용자는 근로자를 부당해고하여서는 아니 된다. 이러한 의무를 위반한 경우 사용자는 채무불이행책임을 진다.

4. 근로자의 취업청구권

(1) 의의

취업청구권이란 근로제공의무가 있는 근로자가 근로제공의사와 능력을 가지고 있음에도 사용자가 구체적인 업무를 부여하지 않는 경우에 근로자가 사용자에게 업무수행을 위한 보직을 부여해 줄 것을 청구할 수 있는 권리를 말한다.

(2) 인정여부

1) 문제점

근로자가 근로를 제공하려 하였으나 사용자가 취업을 거부한 경우 수령지체가 되어 사용자는 근로자에게 임금을 지급해야 한다. 그런데 취업을 거부당한 근로자가 사용자에게 채무불이행에 따른 손해배상을 청구할 수 있는가 또는 근로자가 취업방해금지 가처분을 신청한 경우에 그 피보전권리로서 취업청구권이 인정될 수 있는지가 문제된다.

2) 학설

① 긍정설

이 견해는 근로제공이 임금획득을 위한 수단적 활동으로 그치지 않고 그 자체가 목적인 활동 또는 근로자의 인격실현행위로서 법률상 두텁게 보호받아야 하므로 근로자는 취업청구권을 갖는다고 한다. 이 견해에 따르면 사용자가 정당한 이유 없이 취업을 거부하는 것은 채무불이행에 해당한다. 그러나 이 견해에 의하더라도 ㉠ 당사자 사이에 특약이 있는 경우, ㉡ 경영상 불가피한 조업의 정지나 단축 등의 경우, ㉢ 경영질서의 유지를 위하여 필요한 경우, ㉣ 해고 예고 기간 등의 경우에는 예외적으로 취업청구권이 부정된다.

② 부정설

이 견해는 근로자의 근로제공의무는 의무일 뿐 권리는 아니므로 사용자는 임금을 지급하기만 하면 그 근로자의 노동력을 사용할 것인가 여부는 사용자의 자유이고 근로수령의무 자체를 가지는 것은 아니므로 취업청구권을 인정할 수 없다는 입장이다. 그러나 이 견해도 당사자 사이에 특약이 있는 경우 또는 특수한 기능자의 경우에는 예외적으로 취업청구권을 인정한다.

③ 제한긍정설

이 견해는 일반적으로 취업청구권을 인정할 수는 없고, ㉠ 특별히 명확한 법적 근거가 있는 경우, ㉡ 당사자 사이의 특약이 있는 것으로 인정되는 경우, ㉢ 특수한 기능자의 경우에 한해 제한적으로 취업청구권이 인정될 수 있다는 입장이다.

3) 판례

대법원은 "사용자는 근로자가 근로제공을 통하여 참다운 인격의 발전을 도모함으로써 자신의 인격을 실현시킬 수 있도록 배려할 의무를 부담하며, 이를 위반할 시 근로자의 정신적 고통에 대하여 배상할 의무가 있다."라고 판시하여 취업청구권에 대해 긍정설을 취하며 이에 대한 손해배상책임을 인정하였다.

> **📖 참조판례 대법원 1996.4.23. 선고 95다6823 판결**
>
> 사용자는 특별한 사정이 없는 한 근로자와 사이에 근로계약의 체결을 통하여 자신의 업무지휘권·업무명령권의 행사와 조화를 이루는 범위 내에서 근로자가 근로제공을 통하여 참다운 인격의 발전을 도모함으로써 자신의 인격을 실현시킬 수 있도록 배려하여야 할 신의칙상의 의무를 부담한다. 따라서 사용자가 근로자의 의사에 반하여 정당한 이유 없이 근로자의 근로제공을 계속적으로 거부하는 것은 이와 같은 근로자의 인격적 법익을 침해하는 것이 되어 사용자는 이로 인하여 근로자가 입게 되는 정신적 고통에 대하여 배상할 의무가 있다.

4) 검토

근로계약은 단순히 채권·채무관계를 형성하는 것이 아니라 신분계약으로서의 성질을 가지므로 사용자는 근로자의 인격실현을 배려할 의무를 부담한다. 따라서 근로자는 취업청구권을 가진다고 봄이 타당하다.

(3) 취업청구권의 내용

근로자가 취업청구권을 가지는 한 사용자는 근로자의 인격실현을 위해 조력하여야 한다. 따라서 근로자를 한직 또는 취업의 가치가 떨어지는 작업장으로 배치전환 하는 등 사용자의 인사처분이 무효라고 판단되는 경우, 또는 부당한 해고나 휴직명령, 출근정지명령 등의 처분을 받은 근로자는 취업을 요구할 수 있고 사용자가 이를 거부하는 것은 민법 제538조 제1항에 의한 수령지체에 해당하므로 임금전액을 청구할 수 있다. 또한 근로자는 취업청구권을 피보전권리로 하는 가처분의 신청 등 민사소송을 제기할 수 있으며, 채무불이행에 따른 손해배상을 청구할 수 있다. 한편 대법원은 "사용자가 근로자의 의사에 반하여 정당한 이유 없이 근로자의 근로제공을 계속적으로 거부하는 것은 근로자의 인격적 법익을 침해하는 것이 되어 사용자는 이로 인하여 근로자가 입게 되는 정신적 고통에 대하여 배상할 의무가 있다."라고 판시하여 불법행위에 따른 손해배상책임을 인정한 바 있다.

제3장 임금

제1절 임금의 의의

Ⅰ. 임금의 정의

근로기준법 제2조 제1항 제5호는 임금을 '사용자가 근로의 대가로 근로자에게 임금, 봉급, 그 밖에 어떠한 명칭으로든지 지급하는 일체의 금품'이라고 정의하고 있다. 임금은 근로자의 생계를 유지하기 위한 불가결한 수단으로, 임금은 근기법의 가장 중요한 보호대상이다.

Ⅱ. 임금의 본질

1. 문제점

사용자는 근로의 대가로 임금을 지급하여야 하는데, 사용자가 지급하는 임금의 본질이 근로의 대가에 한정되는 것인지가 문제된다.

2. 학설

(1) 임금이원론

이 견해는 임금이 근로의 대가로서의 반대급부의 성질과 종업원의 지위를 갖는다는 점에서 사용자가 종업원의 생계를 보장하기 위하여 지급하는 생활보장적 임금으로서의 성질을 가지는 것으로 본다.

(2) 임금일원론

1) 근로관계대가설

이 견해는 임금이 근로계약을 매개로 맺어지는 근로관계의 대가로 지급되는 금품이라고 보는 견해이다. 이 견해에 의하면 근로계약이 성립하여 근로관계를 유지함에 따라 사용자가 받게 되는 모든 금품은 근로의 질이나 양과 관련이 있는지를 따지지 않고 모두 임금에 해당한다.

2) 근로대가설

이 견해는 임금이 근로제공에 대한 반대급부의 성질을 가지며, 사용자가 근로자에게 지급하는 금품 중 근로의 질이나 양과 관련이 있는 경우에 한해서만 임금에 해당한다고 본다.

3. 판례

대법원은 한때 임금이 교환적 부분과 생활보장적 부분의 2부분으로 구성되어 있다고 판시한 바 있으나, 전원합의체 판결로 생활보장적 임금의 성질을 부정하였으며, '근로의 대가'임을 명시하고 있다.

> **참조판례 대법원 1995.12.21. 선고 94다26721 전원합의체 판결**
>
> 모든 임금은 근로의 대가로서 '근로자가 사용자의 지휘를 받으며 근로를 제공하는 것에 대한 보수'를 의미하므로 현실의 근로 제공을 전제로 하지 않고 단순히 근로자로서의 지위에 기하여 발생한다는 이른바 생활보장적 임금이란 있을 수 없고, 또한 우리 현행법상 임금을 사실상 근로를 제공한 데 대하여 지급받는 교환적 부분과 근로자로서의 지위에 기하여 받는 생활보장적 부분으로 2분할 아무런 법적 근거도 없다. 뿐만 아니라 임금의 지급 실태를 보더라도 임금은 기본적으로 근로자가 생활하는 데 필요한 생계비와 기업의 지불능력과의 상관관계에 따라 형성되는데 임금을 지불항목이나 성질에 따라 사실상 근로를 제공한 데 대하여 지급받는 교환적 부분과 현실의 근로 제공과는 무관하게 단순히 근로자로서의 지위에 기하여 받는 생활보장적 부분으로 나누고(이른바 임금2분설) 이에 따라 법적 취급을 달리하는 것이 반드시 타당하다고 할 수도 없고, 실제로 현실의 임금 항목 모두를 교환적 부분과 생활보장적 부분으로 준별하는 것은 경우에 따라 불가능할 수 있으며, 임금2분설에서 전형적으로 생활보장적 임금이라고 설명하는 가족수당, 주택수당 등도 그 지급 내용을 보면 그것이 근로시간에 직접 또는 비례적으로 대응하지 않는다는 의미에서 근로 제공과의 밀접도가 약하기는 하지만 실질적으로는 근로자가 사용자가 의도하는 근로를 제공한 것에 대하여 그 대가로서 지급되는 것이지 단순히 근로자로서의 지위를 보유하고 있다는 점에 근거하여 지급한다고 할 수 없으며, 이러한 수당 등을 지급하게 된 것이 현실의 근로 제공과는 무관하게 단순히 근로자의 생활이나 지위를 보장하기 위한 것이라고 할 수도 없으므로, 이러한 수당 등을 현실적인 근로 제공의 대가가 아닌 것으로 보는 것은 임금의 지급 현실을 외면한 단순한 의제에 불과하다.

4. 검토

현행 근기법 제2조 제1항 제5호는 임금이 근로의 대가임을 명시하고 있으므로 근로대가설이 타당하다.

Ⅲ. 근로기준법상 임금의 요건

1. 사용자가 근로자에게 지급하는 것

근기법상 임금은 사용자가 근로자에게 지급하는 것이어야 한다. 임금은 사용자가 근로의 대가로서 근로자에게 지급하는 것이어야 하므로 사용자 이외의 제3자가 지급하는 것은 근기법상 임금으로 보기는 어렵다. 고객이 종업원에게 주는 사례비(팁)은 이 점에서 임금이 아니지만, 사용자가 고객으로부터 봉사료를 받아 당일근무자에게 분배하는 경우에는 사용자가 지급하는 임금에 해당한다. 사회보험제도에 의하여 사용자가 부담하는 보험료 및 근로자가 받는 보험급여는 임금이 아니다. 그러나 근로자 부담의 보험료나 근로소득세 등은 사용자가 원천징수를 한 것에 불과하므로 임금에 포함된다. 택시회사 소속 운전기사의 사납금 초과부분은 외형상 제3자가 지급해도 실질적으로 사용자가 지급하는 효과를 가지므로 임금에 해당한다.

> **참조판례 대법원 1993.12.24. 선고 91다36192 판결**
>
> 운송회사가 그 소속 운전사들에게 매월 실제 근로일수에 따른 일정액을 지급하는 이외에 그 근로형태의 특수성과 계산의 편의 등을 고려하여 하루의 운송수입금 중 회사에 납입하는 일정액의 사납금을 공제한 잔액을 그 운전사 개인의 수입으로 하여 자유로운 처분에 맡겨 왔다면 위와 같은 운전사 개인의 수입으로 되는 부분 또한 그 성격으로 보아 근로의 대가인 임금에 해당한다.

2. 근로의 대가

(1) 근로의 대가의 의미

근기법상 임금은 근로의 대가로 지급되는 금품이다. 즉, 근로제공에 대한 반대급부로서의 성격을 가지는 것이다. 사용자가 지급하는 금품은 그 명목·목적이 매우 다양하여 근로의 대가인지 여부가 명확하지 않은 경우도 있어 이에 대한 기준이 필요하다. 근기법은 '근로란 정신노동과 육체노동을 말한다'고 규정(근기법 제2조 제1항 제3호)하고 있을 뿐 근로의 대가에 대해 따로 규정하지 않고 있다.

(2) 근로대가성의 판단요소

근로대가성이 인정되려면 사용자가 근로의 대가로 근로자에게 지급하는 일체의 금품으로서, 근로자에게 계속적·정기적으로 지급되고 그 지급에 관하여 단체협약, 취업규칙, 급여규정, 근로계약, 노동관행 등에 의하여 사용자에게 지급의무가 지워져 있어야 한다.

> **📖 참조판례 대법원 2013.12.18. 선고 2012다94643 전원합의체 판결**
>
> 근로기준법 소정의 임금이란 사용자가 근로의 대가로 근로자에게 지급하는 일체의 금품으로서, 근로자에게 계속적·정기적으로 지급되고 그 지급에 관하여 단체협약, 취업규칙, 급여규정, 근로계약, 노동관행 등에 의하여 사용자에게 지급의무가 지워져 있다면 그 명목 여하를 불문하고 임금에 해당된다.

(3) 구체적인 예

1) 실비변상적 급여

업무수행에 소요되는 실제비용을 보상하는 성격을 가진 것은 임금이 아니다. 출장비, 정보비, 교제비, 해외근무수당, 작업용품대, 작업용품제고 등이 이에 해당한다. 그러나 대학교수의 연구수당·학생지도비, 종합병원 과장급 의사의 의학연구비 등 일정범위의 종업원에게 정기적·계속적으로 일정액을 지급하는 경우에는 임금에 해당한다.

> **📖 참조판례 대법원 1990.11.9. 선고 90다카4683 판결**
>
> [1] 근로기준법 제18조에 의하면 임금이라 함은 사용자가 "근로의 대상"으로 근로자에게 임금·봉급 기타 여하한 명칭으로든지 지급하는 일체의 금품을 말하는 것이므로, 근로자가 특수한 근무조건이나 환경에서 직무를 수행하게 됨으로 말미암아 추가로 소요되는 비용을 변상하기 위하여 지급되는 이른바 실비변상적 급여는 "근로의 대상"으로 지급되는 것이라고 볼 수 없기 때문에 임금에 포함될 수 없는 것이다.
>
> [2] 임금의 의의나 평균임금제도의 근본취지에 비추어 볼 때, 국외 주재직원으로 근무하는 동안 지급받은 급여 가운데 동등한 직급호봉의 국내직원에게 지급되는 급여를 초과하는 부분은 근로의 대상으로 지급받는 것이 아니라 실비변상적인 것이거나 해외근무라는 특수한 근무조건에 따라 국외 주재직원으로 근무하는 동안 임시로 지급받은 임금이라고 보아야 할 것이므로, 회사의 취업규칙에 국외주재직원에 대한 퇴직금의 액수를 산출함에 있어서 그 부분의 급여를 평균임금 산정의 기초가 되는 임금의 총액에 산입하지 아니하도록 규정되어 있다고 하여 그 취업규칙이 무효라고 할 수 없다.

> **📖 참조판례 대법원 1994.9.13. 선고 94다21580 판결**
>
> 대한적십자사 학술연구및연구비지급운영규칙에 규정된 지급기준과는 달리 의학연구비가 실적에 따른 실비변상조로 지급되어 온 것이 아니고 병원의 과장급 의사 전원에게 매년 정기적 계속적으로 지급되어 왔다면 의학연구비는 계속적 정기적으로 지급되는 급여의 일부로서 소극적 손해액산정의 기초로 삼을 수 있고 그 실제적인 지급기준이 내부규칙에 어긋난다 하여 이를 바로 위법하거나 부당한 수입으로 볼 수 없다.

2) 의례적 · 호의적 금품

사용자가 의례적 · 호의적으로 지급하는 것은 임금이 아니다. 예컨대, 결혼축의금 · 조위금 · 상병위로금 등이다. 은혜적 금품이라도 사용자가 지급기준과 지급비율을 정하여 지급하는 것이 관행화되어 있다면 임금으로 인정될 수 있다.

> **참조판례** 대법원 2013.12.18. 선고 2012다94643 판결
>
> 근로기준법 소정의 임금이란 사용자가 근로의 대가로 근로자에게 지급하는 일체의 금품으로서, 근로자에게 계속적 · 정기적으로 지급되고 그 지급에 관하여 단체협약, 취업규칙, 급여규정, 근로계약, 노동관행 등에 의하여 사용자에게 지급의무가 지워져 있다면 그 명목 여하를 불문하고 임금에 해당된다. 따라서 근로자들에게 정기적 · 일률적으로 지급되는 선물비, 생일자지원금, 개인연금지원금, 단체보험료는 임금에 해당된다.

3) 복리후생적 급여

복리후생적 급여 내지 생활보조적 급여는 근로의 대가와는 구별되는 것으로서 임금이 아니다. 따라서 주택자금 대여, 사택 · 통근차 · 목욕시설 등 이용의 대가는 임금이 아니다. 가족수당, 월동비, 김장수당, 통근수당, 사택수당, 식사비, 학비보조금, 의료비보조금 등이 임금에 포함되는지 문제되나, 일정한 요건을 갖춘 종업원에게 일률적으로 계속 · 정기적으로 지급된다면 임금에 포함된다고 할 것이다.

> **참조판례** 대법원 1995.7.11. 선고 93다26168 전원합의체 판결
>
> 가족수당은 회사에게 그 지급의무가 있는 것이고 일정한 요건에 해당하는 근로자에게 일률적으로 지급되어 왔다면, 이는 임의적, 은혜적인 급여가 아니라 근로에 대한 대가의 성질을 가지는 것으로서 임금에 해당한다.

> **참조판례** 대법원 1992.4.10. 선고 91다37522 판결
>
> 출퇴근교통비 지급의 근거가 급여규정에 반드시 명시되어 있는 것은 아니라 할지라도 정기적, 제도적으로 지급되어 왔고, 사무총장을 제외한 사무국의 전직원에게 그 직급에 따라 일률적으로 지급되어 온 것일 뿐 아니라 특히 사무국직원 중 출퇴근교통비가 지급되지 아니한 사무총장에게는 그 대신에 출퇴근차량이 제공되었다면 위 출퇴근교통비는 여비, 출장비 등과 같은 실비변상적인 성격의 금원이 아니라 근로기준법 제18조에서 말하는 근로의 대상인 임금의 성질을 갖는 금원이다.

> **참조판례** 대법원 2002.5.31. 선고 2000다18127 판결
>
> 차량유지비의 경우 그것이 차량 보유를 조건으로 지급되었거나 직원들 개인 소유의 차량을 업무용으로 사용하는 데 필요한 비용을 보조하기 위해 지급된 것이라면 실비변상적인 것으로서 근로의 대상으로 지급된 것으로 볼 수 없으나 전 직원에 대하여 또는 일정한 직급을 기준으로 일률적으로 지급되었다면 근로의 대상으로 지급된 것으로 볼 수 있다.

4) 상여금

상여금은 취업규칙 등에 지급조건 · 금액 · 시기가 규정되어 있거나 관행상 전체 종업원에게 일정 금액을 지급한 경우에는 임금으로 인정되지만, 그 지급이 사용자의 재량에 맡겨지거나 경영의 성과에 따라 일시적 · 불확정적으로 지급하는 경우에는 임금으로 인정되지 않는다.

대법원 2006.5.26. 선고 2003다54322·54339 판결

상여금이 계속적·정기적으로 지급되고 그 지급액이 확정되어 있다면 이는 근로의 대가로 지급되는 임금의 성질을 가지나, 그 지급사유의 발생이 불확정이고 일시적으로 지급되는 것은 임금이라고 볼 수 없으며, 또한 그 상여금이 퇴직금 산정의 기초가 되는 평균임금에 산입될 수 있는지의 여부는 특별한 사정이 없는 한 퇴직 당시를 기준으로 판단하여야 한다.

5) 현물급여

현물로 지급되더라도 근로의 대가로 지급하여 온 금품이라면 임금에 포함된다.

대법원 2020.4.29. 선고 2016다7647 판결

사용자가 근로의 대상으로 근로자에게 지급한 금품이 비록 현물로 지급되었다 하더라도 근로의 대가로 지급하여 온 금품이라면 평균임금의 산정에 포함되는 임금으로 보아야 한다.

3. 명칭불문

근기법상의 임금은 반드시 임금이라는 명칭으로 지급되어야 하는 것은 아니므로 그 명칭은 문제되지 않는다.

제2절 법정기준임금

Ⅰ. 평균임금

1. 의의

평균임금이란 이를 산정하여야 할 사유가 발생한 날 이전의 3월간에 그 근로자에 대하여 지급된 임금총액을 그 기간의 총일수로 나눈 금액이다(근로기준법 제2조 제1항 제6호). 평균임금은 근로자의 정상적인 생활을 보장하기 위하여 지급되는 통상적인 생활 임금의 기준액을 말한다. 근로자의 임금은 실제 근로를 제공하는 근로시간이나 실적에 따라 상당한 차이가 있으므로 산정하는 시기가 어느 때인가에 따라 생길 수 있는 우연적인 불균형을 피하여 통상적인 근로를 할 수 없을 때에도 가능한 한 실제로 받았던 통상적인 생활임금에 따른 근로자의 생활을 보장하려는 데 이 제도의 취지가 있다.

2. 평균임금의 산정사유

평균임금을 산정하여야 할 사유는 연차유급휴가수당, 휴업수당, 재해보상금, 퇴직금, 감급액 등의 산출이다.

3. 평균임금의 산정방법

(1) 산술적 산정

평균임금은 이를 산정하여야 할 사유가 발생한 날 이전의 3월간에 그 근로자에 대하여 지급된 임금총 액을 그 기간의 총일수로 나누어 산정한다.

(2) 3월간의 임금총액

1) 임금총액

임금총액에는 근기법상의 임금이 모두 포함된다. 3개월간 지급된 임금은 물론 임금채권으로 이미 확보된 임금도 포함된다.

> **참조판례** 대법원 2023.4.13. 선고 2022두64518 판결
>
> 평균임금에 산입되는 임금의 총액에는, 근로자가 현실적으로 지급받은 금액뿐 아니라 평균임금을 산정하여야 할 사유가 발생한 때를 기준으로 사용자가 지급 의무를 부담하는 금액도 포함된다.

다만, 임시로 지불된 임금·수당과 통화 외의 것으로 지급된 임금은 고용노동부장관이 정하는 것 외에 산입되지 않는다(근기법 시행령 제2조 제2항).

2) 상여금

상여금이 임금에 해당하는 경우 사유발생일 전 3개월 동안에 지급되는지와 관계없이 사유발생일 전 12개월 중에 지급받은 전액을 12개월로 나누어 3개월분을 평균임금의 계산에 포함시킨다.

> **참조판례** 대법원 1989.4.11. 선고 87다카2901 판결
>
> 상여금을 임금의 일종으로 보는 이상 근로기준법 제19조의 사유가 발생한 날 이전 3개월분의 상여금을 미리 임 금의 총액에 포함시킨 다음 그 총액을 그 기간의 총수로 나누는 것이 합리적인 계산방식이라 할 것이다.

3) 연차유급휴가미사용수당

연차유급휴가미사용수당은 연차휴가권의 기초가 된 개근 또는 9할 이상 근로한 1년간의 일부가 퇴 직한 날 이전 3개월간 내에 포함되는 경우에 그 포함된 부분에 해당하는 연차휴가수당만이 평균임 금 산정의 기준이 되는 임금 총액에 산입된다.

> **참조판례** 대법원 2011.10.13. 선고 2009다86246 판결
>
> 퇴직금 산정의 기준이 되는 평균임금은 퇴직하는 근로자에 대하여 퇴직한 날 이전 3개월간에 그 근로의 대상으로 지급된 임금의 총액을 그 기간의 총일수로 나눈 금액을 말하고, 퇴직하는 해의 전 해에 개근하거나 9할 이상 출 근함으로써 구 근로기준법(2003.9.15. 법률 제6974호로 개정되기 전의 것) 제59조에 의하여 연차유급휴가를 받 을 수 있었는데도 이를 사용하지 아니하여 그 기간에 대한 연차휴가수당 청구권이 발생하였다고 하더라도 연차휴 가수당은 퇴직하는 해의 전 해 1년간의 근로에 대한 대가이지 퇴직하는 그 해의 근로에 대한 대가가 아니므로, 연차휴가권의 기초가 된 개근 또는 9할 이상 근로한 1년간의 일부가 퇴직한 날 이전 3개월간 내에 포함되는 경 우에 그 포함된 부분에 해당하는 연차휴가수당만이 평균임금 산정의 기준이 되는 임금 총액에 산입된다.

(3) 3월간의 총일수

1) 총일수

3월간의 총일수는 지급사유가 발생한 날 이전 3월간의 역월상 총일수를 의미한다. 취업 후 3개월 미만인 경우에는 그 기간만을 대상으로 평균임금을 산정한다.

2) 제외되는 기간

① 법적 근거

평균임금이 지나치게 저하되는 것을 방지하기 위하여 일정한 사유가 있는 경우에는 평균임금산정기준이 되는 기간과 임금의 총액에서 각각 뺀다. 근기법 시행령 제2조 제1항은 ㉠ 수습을 시작한 날부터 3개월 이내의 기간, ㉡ 사용자의 귀책사유로 휴업한 기간, ㉢ 출산전후휴가 및 유산·사산휴가기간, ㉣ 업무상 부상 또는 질병으로 요양하기 위하여 휴업한 기간, ㉤ 육아휴직기간, ㉥ 노동조합법에 따른 쟁의행위기간, ㉦ 병역법, 예비군법 또는 민방위기본법에 따른 의무를 이행하기 위하여 휴직하거나 근로하지 못한 기간 중 임금을 지급받지 않은 기간, ㉧ 업무 외 부상이나 질병, 그 밖의 사유로 사용자의 승인을 받아 휴업한 기간을 제외기간으로 규정하고 있다. 근로자가 수습기간이 끝나기 전에 평균임금 산정사유가 발생한 경우 수습사원으로서 받은 임금을 기준으로 평균임금을 산정한다.

> **참조판례** 대법원 2014.9.4. 선고 2013두1232 판결
>
> "수습기간과 그 기간 중에 지급된 임금은 평균임금 산정기준이 되는 기간과 임금의 총액에서 공제한다."라는 내용의 근로기준법 시행령 제2조 제1항 제1호는, 그 기간을 제외하지 않으면 평균임금이 부당하게 낮아짐으로써 결국 통상의 생활임금을 사실대로 반영함을 기본원리로 하는 평균임금 제도에 반하는 결과를 피하고자 하는 데 입법취지가 있으므로, 그 적용범위는 평균임금 산정사유 발생일을 기준으로 그 전 3개월 동안 정상적으로 급여를 받은 기간뿐만 아니라 수습기간이 함께 포함되어 있는 경우에 한한다고 봄이 상당하다. 따라서 근로자가 수습을 받기로 하고 채용되어 근무하다가 수습기간이 끝나기 전에 평균임금 산정사유가 발생한 경우에는 위 시행령과 무관하게 평균임금 산정사유 발생 당시의 임금, 즉 수습사원으로서 받는 임금을 기준으로 평균임금을 산정하는 것이 평균임금 제도의 취지 등에 비추어 타당하다.

② 징계기간

징계기간이 3월간의 총일수에 포함되는지 여부에 대해 ㉠ 근기법 시행령 제2조 소정의 기간에 해당하지 않으므로 3개월 간의 총일수에 포함된다는 견해와, ㉡ 징계는 사업주의 결정에 따른 결과이고, 남용우려가 있으므로 평균임금 산정기간에서 제외되어야 한다는 견해가 대립한다. 판례는 개인적인 사유로 구속기소되어 직위해제된 기간과 대기발령기간에 대하여 ㉠의 견해를 취하고 있다.

> **참조판례** 대법원 1994.4.12. 선고 92다20309 판결
>
> 개인적인 범죄로 구속기소되어 직위해제되었던 기간은 근로기준법시행령 제2조 소정의 어느 기간에도 해당하지 않으므로 그 기간의 일수와 그 기간 중에 지급받은 임금액은 근로기준법 제19조 제1항 본문에 따른 평균임금 산정기초에서 제외될 수 없고, 만일 그 기간과 임금을 포함시킴으로 인하여 평균임금 액수가 낮아져 평균임금이 통상임금을 하회하게 되는 경우에는 같은 법 제19조 제2항에 따라 통상임금을 평균임금으로 하여 퇴직금을 계산하여야 한다.

> **참조판례** 대법원 2003.7.25. 선고 2001다12669 판결
>
> [1] 구 근로기준법(1997.3.13. 법률 제5309호로 제정되기 전의 것) 제19조 제1항 본문에 따른 평균임금 산정의 예외를 규정한 구 근로기준법시행령(1997.3.27. 대통령령 제15320호로 제정되기 전의 것) 제2조 제1항은 제한적인 열거규정으로 볼 것인데, 근로자가 정년으로 퇴직하기 전에 대기발령을 받았다가 퇴직한 경우의 대기발령 기간은 위 구 근로기준법 시행령 제2조 제1항 소정의 어느 기간에도 해당하지 않으므로, 위 규정을 적용하여 그 기간의 일수와 그 기간 중에 지급받은 임금액을 평균임금 산정의 기초에서 제외할 수 없다.
>
> [2] 대기발령 기간과 그 기간 중의 임금을 포함시킴으로써 평균임금이 통상의 경우보다 현저하게 적거나 많을 경우에는 특수하고 우연한 사정에 의하여 통상의 방법으로 평균임금을 산정할 수 없는 경우로 보아 구 근로기준법시행령(1997.3.27. 대통령령 제15320호로 제정되기 전의 것) 제5조를 적용하여 노동부장관이 정하는 바에 따라 평균임금을 산정하여야 할 것인데, 아직까지 그 기준이나 방법 등을 정한 바가 없으므로, 평균임금의 기본원리와 퇴직금 제도의 취지에 비추어 근로자의 통상의 생활임금을 사실대로 반영하는 방법으로 그 평균임금을 산정하여야 하나, 그 평균임금이 통상의 경우보다 현저하게 적거나 많다고 볼 수 없는 경우에는 원칙에 따라 대기발령 기간을 포함한 퇴직 전 3개월간 지급된 임금을 기준으로 평균임금을 산정하여야 한다.

4. 평균임금 산정의 특칙

(1) 일용근로자의 평균임금

일용근로자는 근로일과 임금이 불명확하여 통상근로자의 평균임금산정방식을 적용하는 것이 곤란하다. 근기법 시행령 제3조는 일용근로자의 평균임금을 고용노동부장관이 사업이나 직업에 따라 정하는 금액으로 하도록 규정하고 있다.

(2) 특별한 경우

1) 법적 근거

근기법 시행령 제4조는 법령에 따라 평균임금을 산정할 수 없는 경우에 고용노동부장관이 정하는 바에 따르도록 규정하고 있다. 평균임금을 산정할 없는 경우란 평균임금의 산정이 기술상 불가능한 경우뿐만 아니라 근기법의 관계 규정에 의하여 그 평균임금을 산정하는 것이 현저하게 부적당한 경우도 포함된다.

> **참조판례** 대법원 1999.11.12. 선고 98다49357 판결
>
> 구 근로기준법 시행령(1997.3.27. 대통령령 제15320호로 제정되기 전의 것) 제5조는 근로기준법과 그 시행령의 규정에 의하여 평균임금을 산정할 수 없는 경우에는 노동부장관이 정하는 바에 의한다고 규정하고 있는바, 여기서 평균임금을 산정할 수 없다는 것에는 문자 그대로 그 산정이 기술상 불가능한 경우에만 한정할 것이 아니라 근로기준법의 관계 규정에 의하여 그 평균임금을 산정하는 것이 현저하게 부적당한 경우까지도 포함하는 것이라고 보아야 한다.

2) 제외기간이 3개월 이상인 경우

평균임금의 계산에서 제외되는 기간이 3개월 이상인 경우 제외되는 기간의 최초일을 평균임금의 산정사유가 발생한 날로 보아 평균임금을 산정한다.

3) 산정사유가 첫근무일인 경우

근로를 제공한 첫 날에 평균임금 산정사유가 발생한 경우에는 그 근로자에게 지급하기로 한 임금의 1일 평균액으로 평균임금을 추산한다.

4) 근로자 2명 이상의 공동작업

근로자 2명 이상을 1개조로 하여 임금을 일괄하여 지급하는 경우 개별 근로자에 대한 배분방법을 미리 정하지 않았다면 근로자의 경력, 생산실적, 실근로일수, 기술·기능, 책임, 배분에 관한 관행 등을 감안하여 근로자 1명당 임금액을 추정하여 그 금액으로 평균임금을 추산한다.

5) 임금총액의 일부 또는 전부가 명확하지 아니한 경우

평균임금산정기간 중에 지급된 임금의 일부를 확인할 수 없는 기간이 포함된 경우에는 잔여기간에 지급된 임금총액을 잔여기간의 총일수로 나눈 금액을 평균임금으로 보며, 이러한 방법으로 평균임금을 산정할 수 없으면 지방고용노동관서장이 여러 사항을 감안하여 결정한 금액을 해당 근로자의 평균임금으로 본다.

6) 특수하고 우연한 사정

대법원은 "근로자가 퇴직을 즈음한 일정 기간 특수하고 우연한 사정으로 인하여 임금액 변동이 있었고, 평균임금의 산정방식에 따른 평균임금이 근로자의 전체 근로기간, 임금액이 변동된 일정 기간의 장단, 임금액 변동의 정도 등을 비롯한 제반 사정을 종합적으로 평가해 볼 때 통상의 경우보다 현저하게 적거나 많게 산정된 것으로 인정되는 경우라면 근로자의 통상적인 생활임금을 사실대로 반영할 수 있는 합리적이고 타당한 다른 방법으로 평균임금을 따로 산정하여야 한다."라고 판시하였다. 이는 평균임금의 취지를 고려한 것이다.

> 📖 **참조판례** **대법원 2020.6.25. 선고 2018다292418 판결**
>
> 근로기준법 및 근로기준법 시행령 등이 정한 원칙에 따라 평균임금을 산정하였다고 하더라도, 근로자의 퇴직을 즈음한 일정 기간 특수하고 우연한 사정으로 인하여 임금액 변동이 있었고, 그 때문에 위와 같이 산정된 평균임금이 근로자의 전체 근로기간, 임금액이 변동된 일정 기간의 장단, 임금액 변동의 정도 등을 비롯한 제반 사정을 종합적으로 평가해 볼 때 통상의 경우보다 현저하게 적거나 많게 산정된 것으로 인정되는 예외적인 경우라면, 이를 기초로 퇴직금을 산출하는 것은 근로자의 통상적인 생활임금을 기준으로 퇴직금을 산출하고자 하는 근로기준법의 정신에 비추어 허용될 수 없는 것이므로, 근로자의 통상적인 생활임금을 사실대로 반영할 수 있는 합리적이고 타당한 다른 방법으로 평균임금을 따로 산정하여야 한다. 그러나 근로자의 평균임금이 위와 같이 통상의 경우보다 현저하게 적거나 많다고 볼 예외적인 정도까지 이르지 않은 경우에는 근로기준법 등이 정한 원칙에 따라 평균임금을 산정하여야 한다.

근로자가 퇴직 전 의도적으로 평균임금을 높이기 위한 행위를 한 기간은 그 기간을 제외한 그 직전 3개월간의 임금을 기준으로 한다. 근로자의 평균임금이 현저히 적은 경우에도 마찬가지이다.

> 📖 **참조판례** **대법원 1998.1.20. 선고 97다18936 판결**
>
> 퇴직금제도는 근로자의 통상의 생활을 종전과 같이 보장하기 위한 것이므로, 퇴직금 지급 사유가 발생하였을 때 그 지급하여야 할 금액의 산출 기초가 되는 '그 사유가 발생한 날 이전 3개월간에 그 근로자에 대하여 지급된 임금'이 특별한 사유로 인하여 통상의 경우보다 현저하게 많을 경우에도 이를 그대로 평균임금 산정의 기초로 삼는다면 이는 근로자의 통상의 생활을 종전과 같이 보장하려는 제도의 근본 취지에 어긋난다고 하지 않을 수 없고, 이러한 경우 평균임금은 근로자가 의도적으로 현저하게 평균임금을 높이기 위한 행위를 한 기간을 제외한 그 직전 3개월간의 임금을 기준으로 산정하여야 한다.

노동조합 전임자의 퇴직금을 산정함에 있어서는 노동조합 전임자로서 실제로 지급받아 온 급여를 기준으로 할 수는 없고, 근로자의 통상의 생활을 종전과 같이 보장하려는 퇴직금 제도의 취지에 비추어 볼 때, 그들과 동일 직급 및 호봉의 근로자들의 평균임금을 기준으로 하여 퇴직금을 산정한다.

5. 평균임금의 조정과 보장

(1) 평균임금의 조정

재해보상기간이 장기간으로 되는 경우 평균임금이 실제 보상받는 시점의 현실과 부합하지 아니할 수 있으므로 이를 해결하기 위하여 동일한 사업장의 동종근로자의 통상 임금변동률 등을 기준으로 평균임금을 조정할 수 있다.

(2) 평균임금의 최저보장

평균임금이 통상임금보다 저액일 경우에는 그 통상임금을 평균임금으로 한다(근기법 제2조 제2항).

Ⅱ. 통상임금

1. 의의

통상임금이란 근로자에게 정기적, 일률적으로 소정근로 또는 총근로에 대하여 지급하기로 정하는 시간급 금액, 일급금액, 주급금액, 월급금액 또는 도급금액을 말한다(근기법 시행령 제6조). 통상임금은 통상의 근로일이나 근로시간에 대해 통상적으로 지급되는 임금으로서, 근로의 양과 질에 따라 미리 정하여진 근로의 대가로서 실제 근로일수나 수령액에 구애됨이 없이 정기적·일률적으로 임금산정기간에 지급하기로 정하여진 고정적인 임금을 뜻한다.

2. 통상임금의 산정사유

통상임금은 해고예고수당, 연장·야간 및 휴일근로수당, 연차유급휴가수당 등 각종 수당산정의 기초가 되는 임금이다.

3. 통상임금의 판단기준

(1) 소정근로 또는 총근로의 대가

통상임금으로 인정되기 위해서는 소정근로 또는 총근로의 대가로 지급되는 임금이어야 한다. 소정근로의 대가란 근로자가 소정근로시간에 통상적으로 제공하기로 정한 근로에 관하여 사용자와 근로자가 지급하기로 약정한 금품을 말한다. 총근로의 대가는 도급성 근로자를 전제로 한 것이다.

소정근로시간을 초과하여 근로를 제공하고 지급받는 임금인 연장근로수당이나 휴일근로수당 등은 소정근로의 대가에 포함되지 않는다. 소정근로의 대가 외에 가산하여 지급되는 금품인 야간근로수당도 소정근로의 대가에 포함되지 않는다.

> **참조판례 대법원 2013.12.18. 선고 2012다89399 전원합의체 판결**
>
> 어떠한 임금이 통상임금에 속하는지 여부는 그 임금이 소정근로의 대가로 근로자에게 지급되는 금품으로서 정기적·일률적·고정적으로 지급되는 것인지를 기준으로 객관적인 성질에 따라 판단하여야 하고, 임금의 명칭이나 지급주기의 장단 등 형식적 기준에 의해 정할 것이 아니다. 여기서 소정근로의 대가라 함은 근로자가 소정근로시간을 초과하여 근로를 제공하거나 근로계약에서 제공하기로 정한 근로 외의 근로를 특별히 제공함으로써 사용자로부터 추가로 지급받는 임금이나 소정근로시간의 근로와는 관련 없이 지급받는 임금은 소정근로의 대가라 할 수 없으므로 통상임금에 속하지 아니한다. 위와 같이 소정근로의 대가가 무엇인지는 근로자와 사용자가 소정근로시간에 통상적으로 제공하기로 정한 근로자의 근로의 가치를 어떻게 평가하고 그에 대하여 얼마의 금품을 지급하기로 정하였는지를 기준으로 전체적으로 판단하여야 하고, 그 금품이 소정근로시간에 근무한 직후나 그로부터 가까운 시일 내에 지급되지 아니하였다고 하여 그러한 사정만으로 소정근로의 대가가 아니라고 할 수는 없다.

(2) 정기성

통상임금으로 인정되기 위해서는 정기적으로 지급되는 임금이어야 한다. 일부견해는 정기성과 관련하여 근기법 제43조 제2항에 비추어 매월 1회 이상 정기적으로 지급되는 경우에 정기성을 갖춘 것이라고 해석하고 있으나, 임금이 일정한 간격을 두고 계속적으로 지급되는 경우에는 정기성을 갖춘 것으로 보아야 할 것이다. 대법원 역시 "어떤 임금이 통상임금에 속하기 위해서 정기성을 갖추어야 한다는 것은 임금이 일정한 간격을 두고 계속적으로 지급되어야 함을 의미한다."라고 하면서, "통상임금에 속하기 위한 성질을 갖춘 임금이 1개월을 넘는 기간마다 정기적으로 지급되는 경우, 이는 노사 간의 합의 등에 따라 근로자가 소정근로시간에 통상적으로 제공하는 근로의 대가가 1개월을 넘는 기간마다 분할지급되고 있는 것일 뿐, 그러한 사정 때문에 갑자기 그 임금이 소정근로의 대가로서 성질을 상실하거나 정기성을 상실하게 되는 것이 아님은 분명하다."라고 판시하였다.

> **참조판례 대법원 2013.12.18. 선고 2012다89399 전원합의체 판결**
>
> 어떤 임금이 통상임금에 속하기 위해서 정기성을 갖추어야 한다는 것은 임금이 일정한 간격을 두고 계속적으로 지급되어야 함을 의미한다. 통상임금에 속하기 위한 성질을 갖춘 임금이 1개월을 넘는 기간마다 정기적으로 지급되는 경우, 이는 노사 간의 합의 등에 따라 근로자가 소정근로시간에 통상적으로 제공하는 근로의 대가가 1개월을 넘는 기간마다 분할지급되고 있는 것일 뿐, 그러한 사정 때문에 갑자기 그 임금이 소정근로의 대가로서 성질을 상실하거나 정기성을 상실하게 되는 것이 아님은 분명하다. 따라서 정기상여금과 같이 일정한 주기로 지급되는 임금의 경우 단지 그 지급주기가 1개월을 넘는다는 사정만으로 그 임금이 통상임금에서 제외된다고 할 수는 없다.

(3) 일률성

통상임금으로 인정되기 위해서는 전체 근로자 또는 일정한 조건 또는 기준에 달한 모든 근로자에게 일률적으로 지급되어야 한다. 일정한 조건이란 고정적이고 평균적인 임금을 산출하려는 통상임금의 개념에 비추어 볼 때 고정적인 조건이어야 하며, 통상임금이 소정근로의 가치를 평가한 개념이라는 점을 고려할 때, 작업 내용이나 기술, 경력 등과 같이 소정근로의 가치 평가와 관련된 조건이라야 한다.

> **📖 참조판례** 대법원 2013.12.18. 선고 2012다89399 전원합의체 판결
>
> 어떤 임금이 통상임금에 속하기 위해서는 그것이 일률적으로 지급되는 성질을 갖추어야 한다. '일률적'으로 지급되는 것에는 '모든 근로자'에게 지급되는 것뿐만 아니라 '일정한 조건 또는 기준에 달한 모든 근로자'에게 지급되는 것도 포함된다. 여기서 '일정한 조건'이란 고정적이고 평균적인 임금을 산출하려는 통상임금의 개념에 비추어 볼 때 고정적인 조건이어야 한다. 일정 범위의 모든 근로자에게 지급된 임금이 일률성을 갖추고 있는지 판단하는 잣대인 '일정한 조건 또는 기준'은 통상임금이 소정근로의 가치를 평가한 개념이라는 점을 고려할 때, 작업 내용이나 기술, 경력 등과 같이 소정근로의 가치 평가와 관련된 조건이라야 한다.

(4) 고정성

통상임금으로 인정되기 위해서는 지급되는 임금이 고정적이어야 한다. 고정성이라 함은 근로자가 제공한 근로에 대하여 업적, 성과 기타의 추가적인 조건과 관계없이 당연히 지급될 것이 확정되어 있는 성질을 말한다. 고정적인 임금은 임금의 명칭 여하를 불문하고 임의의 날에 소정근로시간을 근무한 근로자가 그 다음 날 퇴직한다 하더라도 그 하루의 근로에 대한 대가로 당연하고도 확정적으로 지급받게 되는 최소한의 임금이다.

> **📖 참조판례** 대법원 2013.12.18. 선고 2012다89399 전원합의체 판결
>
> 어떤 임금이 통상임금에 속하기 위해서는 그것이 고정적으로 지급되어야 한다. '고정성'이라 함은 '근로자가 제공한 근로에 대하여 업적, 성과 기타의 추가적인 조건과 관계없이 당연히 지급될 것이 확정되어 있는 성질'을 말하고, '고정적인 임금'은 '임금의 명칭 여하를 불문하고 임의의 날에 소정근로시간을 근무한 근로자가 그 다음 날 퇴직한다 하더라도 그 하루의 근로에 대한 대가로 당연하고도 확정적으로 지급받게 되는 최소한의 임금'이라고 정의할 수 있다. 고정성을 갖춘 임금은 근로자가 임의의 날에 소정근로를 제공하면 추가적인 조건의 충족 여부와 관계없이 당연히 지급될 것이 예정된 임금이므로, 지급 여부나 지급액이 사전에 확정된 것이라 할 수 있다. 이와 달리 근로자가 소정근로를 제공하더라도 추가적인 조건을 충족하여야 지급되는 임금이나 조건 충족 여부에 따라 지급액이 변동되는 임금 부분은 고정성을 갖춘 것이라고 할 수 없다.

(5) 구체적인 예

1) 근속기간에 연동하는 임금

어떠한 임금이 일정 근속기간 이상을 재직할 것을 지급조건으로 하거나, 또는 일정 근속기간을 기준으로 하여 임금의 계산방법을 달리하거나 근속기간별로 지급액을 달리하는 경우와 같이 지급 여부나 지급액이 근속기간에 연동하는 임금 유형이 있다. 근속기간은 근로자의 숙련도와 밀접한 관계가 있으므로 소정근로의 가치 평가와 관련이 있는 '일정한 조건 또는 기준'으로 볼 수 있고, 일정한 근속기간 이상을 재직한 모든 근로자에게 그에 대응하는 임금을 지급한다는 점에서 일률성을 갖추고 있다고 할 수 있다. 또한 근속기간은 근로자가 임의의 날에 연장·야간·휴일 근로를 제공하는 시점에서는 그 성취 여부가 불확실한 조건이 아니라 그 근속기간이 얼마인지가 확정되어 있는

기왕의 사실이므로, 일정 근속기간에 이른 근로자는 임의의 날에 근로를 제공하면 다른 추가적인 조건의 성취 여부와 관계없이 근속기간에 연동하는 임금을 확정적으로 지급받을 수 있어 고정성이 인정된다. 따라서 임금의 지급 여부나 지급액이 근속기간에 연동한다는 사정은 그 임금이 통상임금에 속한다고 보는 데 장애가 되지 않는다.

> **참조판례 대법원 2016.2.18. 선고 2012다62899 판결**
>
> 근로자의 임금이 근속기간에 연동하여 지급여부나 지급액이 결정되는 경우, 근속기간은 근로자의 숙련도와 밀접한 관계가 있으므로 소정근로의 가치 평가와 관련이 있는 '일정한 조건 또는 기준'으로 볼 수 있고, 일정한 근속기간 이상을 재직한 모든 근로자에게 그에 대응하는 임금을 지급한다는 점에서 일률성을 갖추고 있다고 할 수 있다. 또한 근속기간은 근로자가 임의의 날에 연장·야간·휴일 근로를 제공하는 시점에서는 그 성취 여부가 불확실한 조건이 아니라 그 근속기간이 얼마인지가 확정되어 있는 기왕의 사실이므로, 일정 근속기간에 이른 근로자는 임의의 날에 근로를 제공하면 다른 추가적인 조건의 성취 여부와 관계없이 근속기간에 연동하는 임금을 확정적으로 지급받을 수 있어 고정성이 인정된다. 따라서 임금의 지급 여부나 지급액이 근속기간에 연동한다는 사정은 그 임금이 통상임금에 속한다고 보는 데 장애가 되지 않는다.
> 근속연수가 5년 이상인 근로자에게 매월 정기적으로 지급된 장기근속수당이 통상임금에 해당한다.

2) 근무일수에 연동하는 임금

매 근무일마다 일정액의 임금을 지급하기로 정함으로써 근무일수에 따라 일할계산하여 임금이 지급되는 경우에는 실제 근무일수에 따라 그 지급액이 달라지기는 하지만, 근로자가 임의의 날에 소정근로를 제공하기만 하면 그에 대하여 일정액을 지급받을 것이 확정되어 있으므로, 이러한 임금은 고정적 임금에 해당한다.

그러나 일정 근무일수를 충족하여야만 지급되는 임금은 소정근로를 제공하는 외에 일정 근무일수의 충족이라는 추가적인 조건을 성취하여야 비로소 지급되는 것이고, 이러한 조건의 성취 여부는 임의의 날에 연장·야간·휴일 근로를 제공하는 시점에서 확정할 수 없는 불확실한 조건이므로 고정성을 갖춘 것이라 할 수 없다.

> **참조판례 대법원 2019.5.16. 선고 2016다212166 판결**
>
> 정기상여금은 급여규정상 근로자들이 기준 근로기간의 15일 이상 근로한 경우에만 지급하도록 되어 있고, 실제로도 15일 이상 근로한 자에게만 정기상여금을 지급하고, 위 요건을 갖추지 못한 근로자에게는 해당 월에 해당하는 정기상여금을 지급하지 않은 경우 통상임금에서 요구하는 "고정성"이 없으므로, 이를 통상임금에 해당한다고 볼 수 없다.

한편 일정 근무일수를 기준으로 계산방법 또는 지급액이 달라지는 경우에도 소정근로를 제공하면 적어도 일정액 이상의 임금이 지급될 것이 확정되어 있다면 그와 같이 최소한도로 확정되어 있는 범위에서는 고정성을 인정할 수 있다. 예를 들어, 근무일수가 15일 이상이면 특정 명목의 급여를 전액 지급하고, 15일 미만이면 근무일수에 따라 그 급여를 일할계산하여 지급하는 경우, 소정근로를 제공하기만 하면 최소한 일할계산되는 금액의 지급은 확정적이므로, 그 한도에서 고정성이 인정된다. 다른 한편, 근무일수를 기준으로 계산방법을 달리 정하지 않고, 단순히 근무일수에 따라 일할계산하여 지급하는 경우도 앞서 본 매 근무일마다 지급하는 경우와 실질적인 차이가 없어 고정성을 인정할 수 있다.

> 📖 **참조판례** 대법원 2020.8.20. 선고 2019다14110·14127·14134·14141 판결
>
> [1] 원심은 판시 증거에 의하여 인정되는 다음의 사실 등을 종합하여, 상여금이 소정근로의 대가로서 정기적·일률적·고정적으로 지급된 통상임금이라고 판단하였다.
>
> 　　1) 단체협약 등에 따르면, 상여금은 2개월 이상 근속한 근로자에 대하여 매년 2·4·6·8·10·12월 말에 각 100%씩, 설날·추석·하기휴가 시 각 50%씩 합계 연 750% 지급된다.
>
> 　　2) 일급제 근로자와 월급제 근로자에 대한 연 750%의 상여금은 '약정 통상임금(= 기본급 + 통상수당) + 30시간분의 연장근로수당(또는 특근수당)' 등을 기준으로 산정하여 지급된다.
>
> 　　3) 상여금은 실제 근무일에 비례하여 지급되고, 지급일 이전에 결근·휴직·퇴직한 근로자에 대해서는 근무일만큼 일할계산하여 지급된다.
>
> 　　4) 단체협약 등에서 상여금이 연장·야간근로 등 소정근로시간을 초과하는 근로를 제공하는지 여부에 따라 지급 여부나 액수가 달라지는 것으로 정하고 있지 않고, 실제로 피고는 연장·야간근로를 하지 않는 근로자에 대해서도 상여금을 전액 지급하였다. 근로자의 연장·야간근로에 대해서는 상여금과 별도로 연장·야간근로수당이나 특근수당이 지급되었다.
>
> 　　5) 한편 일급제 근로자는 월급제 근로자와 달리 15일 이상 만근한 경우에만 '통상수당'과 '기타수당'을 지급받을 수 있으나, 상여금은 임금규정상 통상수당 및 기타수당과 지급 근거와 기준을 달리한다. 월급제 근로자는 물론, 일급제 근로자에 대하여도 15일 만근 여부와 관계없이 앞서 본 상여금 산정기준에 따른 상여금 전액이 근무일만큼 일할계산하여 지급되었다.
>
> [2] 원심판결 이유를 앞에서 본 법리와 기록에 비추어 살펴보면, 위와 같은 원심의 판단에 상고이유 주장과 같이 근로기준법상 통상임금에 관한 법리를 오해하거나 논리와 경험의 법칙을 위반하여 자유심증주의의 한계를 벗어난 잘못이 없다.

3) 특정 시점에 재직 중인 근로자에게만 지급하는 임금

① 원칙

근로자가 소정근로를 했는지 여부와는 관계없이 지급일 기타 특정 시점에 재직 중인 근로자에게만 지급하기로 정해져 있는 임금은 그 특정 시점에 재직 중일 것이 임금을 지급받을 수 있는 자격요건이 된다. 그러한 임금은 기왕에 근로를 제공했던 사람이라도 특정 시점에 재직하지 않는 사람에게는 지급하지 아니하는 반면, 그 특정 시점에 재직하는 사람에게는 기왕의 근로 제공 내용을 묻지 아니하고 모두 이를 지급하는 것이 일반적이다. 그와 같은 조건으로 지급되는 임금이라면, 그 임금은 이른바 '소정근로'에 대한 대가의 성질을 가지는 것이라고 보기 어려울 뿐 아니라 근로자가 임의의 날에 근로를 제공하더라도 그 특정 시점이 도래하기 전에 퇴직하면 당해 임금을 전혀 지급받지 못하여 근로자가 임의의 날에 연장·야간·휴일 근로를 제공하는 시점에서 그 지급조건이 성취될지 여부는 불확실하므로, 고정성도 결여한 것으로 보아야 한다.

> 📖 **참조판례** 대법원 2018.7.12. 선고 2013다60807 판결
>
> 근로자가 소정근로를 했는지 여부와는 관계없이 지급일 기타 특정 시점에 재직 중인 근로자에게만 지급하기로 정해져 있는 임금은 특정 시점에 재직 중일 것이 임금을 지급받을 수 있는 자격요건이 된다. 그러한 임금은 기왕에 근로를 제공했던 사람이라도 특정 시점에 재직하지 않는 사람에게는 지급하지 아니하는 반면, 특정 시점에 재직하는 사람에게는 기왕의 근로 제공 내용을 묻지 아니하고 모두 이를 지급하는 것이 일반적이다. 그와 같은 조건으로 지급되는 임금이라면, 그 임금은 이른바 '소정근로'에 대한 대가의 성질을 가지는 것이라고 보기 어려울 뿐 아니라 근로자가 임의의 날에 근로를 제공하더라도 특정 시점이 도래하기 전에 퇴직하면 당해 임금을 전혀 지급받지 못하여 근로자가 임의의 날에 연장·야간·휴일 근로를 제공하는 시점에서 지급조건이 성취될지 여부는 불확실하므로, 고정성도 결여한 것으로 보아야 한다.

그러나 근로자가 특정 시점 전에 퇴직하더라도 그 근무일수에 비례한 만큼의 임금이 지급되는 경우에는 앞서 본 매 근무일마다 지급되는 임금과 실질적인 차이가 없으므로, 근무일수에 비례하여 지급되는 한도에서는 고정성이 부정되지 않는다.

> **참조판례 대법원 2021.12.16. 선고 2016다7975 판결**
>
> 甲 주식회사의 급여세칙에서 설날과 추석에 각각 50%의 명절상여를 지급하되, 퇴직자에 대한 상여금은 적용대상 기간 동안 근무분에 대해서 일할 계산하여 지급한다고 정하고 있으나, 甲 회사가 퇴직한 근로자에게는 명절상여를 지급하지 않았는데, 명절상여가 통상임금에 해당하는지 문제된 사안에서, 갑 회사의 사업장에서 근로자 개인 또는 노동조합이 지급일 그 밖의 특정 시점 이전에 퇴사함으로써 명절상여를 받지 못한 근로자에게도 근무일수에 상응하는 명절상여를 지급할 것을 요구하거나 이의를 제기하지 않았다는 사정만으로 급여세칙 등 취업규칙이 정한 명절상여의 퇴직자 일할 지급 규정이 효력을 상실하였다거나 다른 내용으로 변경되었다고 단정할 수 없고, 甲 회사가 퇴직한 근로자에게 명절상여를 지급하지 않는다는 사정을 공지하거나 근로자가 이러한 사정을 분명하게 인식하고 있었다고 볼 자료도 없으며, 甲 회사의 사업장에서 퇴직자에게 명절상여를 지급하지 않는 관행이 있었다고 하더라도 그와 같은 일시적 관행이 있었다는 사정만으로 그것이 개별 근로자의 근로계약 내용이 되거나 근로관계를 규율하는 규범으로 확립되어 있었다고 보기 어려우므로, 명절상여를 소정근로 여부와 상관없이 특정 시점에 재직 중인 근로자에게만 지급하는 임금이라고 볼 수 없는데도, 명절상여가 통상임금에 해당하지 않는다고 본 원심판결에 법리오해의 잘못이 있다.

② 정기상여금

　ㄱ 문제점

　　일정한 주기로 계속적·정기적으로 지급되는 상여금이 특정 시점에 재직 중인 자에게만 지급하기로 한 경우 통상임금에 포함되는 것으로 보아야 하는지가 문제된다.

　ㄴ 학설

　　ⓐ 통상임금에서 제외된다는 견해

　　　이 견해는 재직 중일 것을 지급조건으로 정하는 것은 유효하며, 재직 중인 자에게만 지급하기로 한 경우 지급일 현재 재직 중이라는 우연적 사실을 전제로 하므로 통상임금에 해당하지 않는다고 한다.

　　ⓑ 통상임금에 포함된다는 견해

　　　이 견해는 정기상여금이 근로의 대가로 지급되는 임금이며, 임금전액지급의 원칙에 비추어 재직 중인 자에게만 지급하기로 하는 조건은 근로기준법의 강행성에 비추어 무효이고 따라서 정기상여금을 재직 중인 자에게만 지급하기로 한 경우라도 통상임금에 포함된다고 한다.

　ㄷ 판례

　　대법원은 정기상여금을 특정 시점에 재직 중인 근로자에게만 지급하기로 한 경우 그와 같은 조건으로 지급되는 임금이라면 소정근로에 대한 대가의 성질을 가지는 것이라고 보기 어렵다고 보아 통상임금에서 제외하는 입장이다.

　ㄹ 검토

　　사용자가 지급하는 금품에 지급일 재직요건과 근무일에 비례하여 일할 지급하지 않는다는 조건을 붙인다고 하여 해당 합의가 무효라고 볼 수는 없으므로 통상임금에서 제외되는 것으로 보는 것이 타당하다.

③ 특정 시점이 되기 전에 퇴직한 근로자에게 특정 임금 항목을 지급하지 않는 관행이 있는 경우

특정 시점이 되기 전에 퇴직한 근로자에게 특정 임금 항목을 지급하지 않는 관행이 있더라도, 단체협약이나 취업규칙 등이 그러한 관행과 다른 내용을 명시적으로 정하고 있으면 그러한 관행을 이유로 해당 임금 항목의 통상임금성을 배척해서는 안 된다. 대법원 역시 이러한 경우 해당 임금 항목의 통상임금성을 배척함에는 신중해야 한다고 판시하였다.

> **참조판례 대법원 2021.12.16. 선고 2016다7975 판결**
>
> [1] 특정 임금 항목이 근로자가 소정근로를 했는지 여부와 상관없이 특정 시점에 재직 중인 근로자에게만 지급하는 임금인지를 판단할 때에는, 그에 관한 근로계약이나 단체협약 또는 취업규칙 등 규정의 내용, 사업장 내 임금 지급 실태나 관행, 노사의 인식 등을 종합적으로 고려해서 판단해야 한다. 그리고 특정 시점이 되기 전에 퇴직한 근로자에게 특정 임금 항목을 지급하지 않는 관행이 있더라도, 단체협약이나 취업규칙 등이 그러한 관행과 다른 내용을 명시적으로 정하고 있으면 그러한 관행을 이유로 해당 임금 항목의 통상임금성을 배척함에는 특히 신중해야 한다.
> [2] 갑 주식회사의 급여세칙에서 설날과 추석에 각각 50%의 명절상여를 지급하되, 퇴직자에 대한 상여금은 적용대상 기간 동안 근무분에 대해서 일할 계산하여 지급한다고 정하고 있으나, 갑 회사가 퇴직한 근로자에게는 명절상여를 지급하지 않았는데, 명절상여가 통상임금에 해당하는지 문제된 사안에서, 갑 회사의 사업장에서 근로자 개인 또는 노동조합이 지급일 그 밖의 특정 시점 이전에 퇴사함으로써 명절상여를 받지 못한 근로자에게도 근무일수에 상응하는 명절상여를 지급할 것을 요구하거나 이의를 제기하지 않았다는 사정만으로 급여세칙 등 취업규칙이 정한 명절상여의 퇴직자 일할 지급 규정이 효력을 상실하였다거나 다른 내용으로 변경되었다고 단정할 수 없고, 갑 회사가 퇴직한 근로자에게 명절상여를 지급하지 않는다는 사정을 공지하거나 근로자가 이러한 사정을 분명하게 인식하고 있었다고 볼 자료도 없으며, 갑 회사의 사업장에서 퇴직자에게 명절상여를 지급하지 않는 관행이 있었다고 하더라도 그와 같은 일시적 관행이 있었다는 사정만으로 그것이 개별 근로자의 근로계약 내용이 되거나 근로관계를 규율하는 규범으로 확립되어 있었다고 보기 어려우므로, 명절상여를 소정근로 여부와 상관없이 특정 시점에 재직 중인 근로자에게만 지급하는 임금이라고 볼 수 없는데도, 명절상여가 통상임금에 해당하지 않는다고 본 원심판결에 법리오해의 잘못이 있다고 한 사례이다.

4) 특수한 기술, 경력 등을 조건으로 하는 임금

특수한 기술의 보유나 특정한 경력의 구비 등이 임금 지급의 조건으로 부가되어 있는 경우, 근로자가 임의의 날에 연장·야간·휴일 근로를 제공하는 시점에서 특수한 기술의 보유나 특정한 경력의 구비 여부는 그 성취 여부가 불확실한 조건이 아니라 기왕에 확정된 사실이므로, 그와 같은 지급조건은 고정성 인정에 장애가 되지 않는다.

5) 근무실적에 연동하는 임금

지급 대상기간에 이루어진 근로자의 근무실적을 평가하여 이를 토대로 지급 여부나 지급액이 정해지는 임금은 고정성이 부정된다.

> **참조판례 대법원 2020.6.11. 선고 2018다249308 판결**
>
> [1] 지급 대상기간에 이루어진 근로자의 근무실적을 평가하여 이를 토대로 지급 여부나 지급액이 정해지는 임금은 지급 대상기간에 대한 임금으로서는 일반적으로 고정성이 부정된다고 볼 수 있다.
> [2] 갑 주식회사가 회사 경영실적평가 결과와 전년도 내부경영실적평가 결과에 따라 '전년도 연봉월액 × (내부평가급지급률 + 경영평가성과급지급률 − 차등재원 + 차등지급률)'의 산식으로 계산한 성과연봉을 근로자인 乙 등에게 지급하였는데, 乙 등이 내부평가급이 포함된 성과연봉 전액을 통상임금에 포함하여 재산정한 연장근로수당 등의 지급을 구한 사안에서, 乙 등이 지급받은 내부평가급을 포함한 성과연봉은 전년도에 대한 임금을 지급시기만 당해 연도로 정한 것으로 이는 전년도에 대한 임금으로서 고정성을 인정할 수 없다고 한 사례.

그러나 근무실적에 관하여 최하 등급을 받더라도 일정액을 지급하는 경우와 같이 최소한도의 지급이 확정되어 있다면, 그 최소한도의 임금은 고정적 임금에 해당한다.

근로자의 전년도 근무실적에 따라 당해 연도에 특정 임금의 지급 여부나 지급액을 정하는 경우, 당해 연도에는 그 임금의 지급 여부나 지급액이 확정적이므로 당해 연도에 있어 그 임금은 고정적인 임금에 해당하는 것으로 보아야 한다. 그러나 보통 전년도에 지급할 것을 그 지급 시기만 늦춘 것에 불과하다고 볼 만한 특별한 사정이 있는 경우에는 고정성을 인정할 수 없다. 다만, 이러한 경우에도 근무실적에 관하여 최하 등급을 받더라도 일정액을 최소한도로 보장하여 지급하기로 한 경우에는 그 한도 내에서 고정적인 임금으로 볼 수 있다.

4. 통상임금의 산정

통상임금은 시간급으로 산정함이 원칙이며, 일급·주급·월급일 경우에는 그 금액을 각각의 산정기준 시간으로 나눈 금액으로 한다. 통상임금을 일급금액으로 산정할 때에는 시간급금액에 1일의 소정근로시간수를 곱하여 계산한다.

5. 통상임금에서 제외하기로 하는 합의의 효력과 추가임금청구

(1) 성질상 통상임금에 포함되는 임금을 노사 간에 제외하기로 하는 합의의 효력

통상임금에 포함되는 성질의 임금은 단체협약 등으로 노사가 통상임금에서 제외하기로 하는 합의를 하였더라도 근기법 제3조 및 제15조에 비추어 이러한 합의는 강행법규에 반하는 것으로서 무효이다.

(2) 추가임금의 청구

대법원은 "노사합의의 내용이 근로기준법의 강행규정을 위반한다고 하여 노사합의의 무효 주장에 대하여 예외 없이 신의칙의 적용이 배제되는 것은 아니다. 신의칙을 적용하기 위한 일반적인 요건을 갖춤은 물론 근로기준법의 강행규정성에도 불구하고 신의칙을 우선하여 적용하는 것을 수긍할 만한 특별한 사정이 있는 예외적인 경우에 한하여 노사합의의 무효를 주장하는 것은 신의칙에 위배되어 허용될 수 없다."라고 하여 추가적인 법정수당의 지급을 구함으로써 사용자에게 예측하지 못한 새로운 재정적 부담을 지워 중대한 경영상의 어려움을 초래하거나 기업의 존립을 위태롭게 하는 경우 근로자 측의 추가 법정수당 청구는 신의칙에 위배되는 것으로 보았다. 최근에는 법정수당의 추가지급을 배척한다면 경영위험을 근로자에게 전가시키는 결과가 초래되므로 엄격하게 해석해야 한다고 판시하였다.

> 📖 **참조판례** 대법원 2013.12.18. 선고 2012다89399 전원합의체 판결
>
> [1] 단체협약 등 노사합의의 내용이 근로기준법의 강행규정을 위반하여 무효인 경우에, 무효를 주장하는 것이 신의칙에 위배되는 권리의 행사라는 이유로 이를 배척한다면 강행규정으로 정한 입법 취지를 몰각시키는 결과가 될 것이므로, 그러한 주장이 신의칙에 위배된다고 볼 수 없음이 원칙이다. 그러나 노사합의의 내용이 근로기준법의 강행규정을 위반한다고 하여 노사합의의 무효 주장에 대하여 예외 없이 신의칙의 적용이 배제되는 것은 아니다. 신의칙을 적용하기 위한 일반적인 요건을 갖춤은 물론 근로기준법의 강행규정성에도 불구하고 신의칙을 우선하여 적용하는 것을 수긍할 만한 특별한 사정이 있는 예외적인 경우에 한하여 노사합의의 무효를 주장하는 것은 신의칙에 위배되어 허용될 수 없다.

[2] 노사합의에서 정기상여금은 그 자체로 통상임금에 해당하지 아니한다고 오인한 나머지 정기상여금을 통상임금 산정 기준에서 제외하기로 합의하고 이를 전제로 임금수준을 정한 경우, 근로자 측이 앞서 본 임금협상의 방법과 경위, 실질적인 목표와 결과 등은 도외시한 채 임금협상 당시 전혀 생각하지 못한 사유를 들어 정기상여금을 통상임금에 가산하고 이를 토대로 추가적인 법정수당의 지급을 구함으로써, 노사가 합의한 임금수준을 훨씬 초과하는 예상외의 이익을 추구하고 그로 말미암아 사용자에게 예측하지 못한 새로운 재정적 부담을 지워 중대한 경영상의 어려움을 초래하거나 기업의 존립을 위태롭게 한다면, 이는 종국적으로 근로자 측에까지 피해가 미치게 되어 노사 어느 쪽에도 도움이 되지 않는 결과를 가져오므로 정의와 형평 관념에 비추어 신의에 현저히 반하고 도저히 용인될 수 없음이 분명하다. 그러므로 이와 같은 경우 근로자 측의 추가 법정수당 청구는 신의칙에 위배되어 받아들일 수 없다.

[참조판례] 대법원 2021.12.16. 선고 2016다10544 판결

근로관계를 규율하는 강행규정보다 신의칙을 우선하여 적용할 것인지를 판단할 때에는 근로조건의 최저기준을 정하여 근로자의 기본적 생활을 보장·향상시키고자 하는 근로기준법 등의 입법 취지를 충분히 고려할 필요가 있다. 기업을 경영하는 주체는 사용자이고 기업의 경영상황은 기업 내·외부의 여러 경제적·사회적 사정에 따라 수시로 변할 수 있다. 통상임금 재산정에 따른 근로자의 추가 법정수당 청구를 중대한 경영상의 어려움을 초래하거나 기업 존립을 위태롭게 한다는 이유로 배척한다면, 기업 경영에 따른 위험을 사실상 근로자에게 전가하는 결과가 초래될 수 있다. 따라서 근로자의 추가 법정수당 청구가 사용자에게 중대한 경영상의 어려움을 초래하거나 기업의 존립을 위태롭게 하여 신의칙에 위배되는지는 신중하고 엄격하게 판단해야 한다.
통상임금 재산정에 따른 근로자의 추가 법정수당 청구가 기업에 중대한 경영상의 어려움을 초래하거나 기업 존립을 위태롭게 하는지는 추가 법정수당의 규모, 추가 법정수당 지급으로 인한 실질임금 인상률, 통상임금 상승률, 기업의 당기순이익과 그 변동 추이, 동원 가능한 자금의 규모, 인건비 총액, 매출액, 기업의 계속성·수익성, 기업이 속한 산업계의 전체적인 동향 등 기업운영을 둘러싼 여러 사정을 종합적으로 고려해서 판단해야 한다. 기업이 일시적으로 경영상의 어려움에 처하더라도 사용자가 합리적이고 객관적으로 경영 예측을 하였다면 그러한 경영상태의 악화를 충분히 예견할 수 있었고 향후 경영상의 어려움을 극복할 가능성이 있는 경우에는 신의칙을 들어 근로자의 추가 법정수당 청구를 쉽게 배척해서는 안 된다.

제3절 임금의 지급

Ⅰ. 임금지급의 원칙

1. 서

임금은 근로자의 생존 및 생계유지의 유일한 수단이기 때문에 근로자에게 신속·정확·용이하게 지급되어질 필요가 있다. 이에 근로기준법 제43조에서는 임금의 지급방법에 있어서 통화불·직접불·전액불·매월 1회 이상 정기불의 원칙을 명시하고 있다.

2. 통화지급의 원칙

(1) 의의

임금은 통화로 지급되어야 한다(근기법 제43조 제1항). 통화지급의 원칙은 현물급여를 막기 위한 것으로서 현물을 통화로 바꾸는 불편함 그 가격의 불안정으로 인한 생활상의 불이익 또는 생산품의 사실상 강매행위 등으로부터 근로자를 보호하기 위한 취지이다.

(2) 내용

1) 원칙

통화란 국내법에 의해 강제통용력 있는 화폐로서, 한국은행이 발행한 지폐와 주화를 말한다. 국내법에 의한 화폐여야 하므로 외국통화는 포함되지 않는다. 임금을 통화가 아닌 현물로 지급하는 것은 당연히 허용되지 않는다. 또한 임금을 주식·수표·어음으로 지급하는 것은 가격의 불안정성과 환가의 어려움, 지급 거절 가능성 등에 비추어 허용될 수 없다. 자기앞수표는 현금 대용으로 널리 통용된다는 점에서 통화지급에 반하지 않는다.

사용자가 임금 지급에 갈음하여 제3자에게 가지는 채권을 근로자에게 양도하는 것은 통화불 원칙에 비추어 무효이다. 다만, 당사자 쌍방이 위와 같은 무효를 알았더라면 임금의 지급에 갈음하는 것이 아니라 지급을 위하여 채권을 양도하는 것을 의욕하였으리라고 인정될 때에는 무효행위 전환의 법리(민법 제138조)에 따라 그 채권양도 약정은 '임금의 지급을 위하여 한 것'으로서 효력을 가질 수 있다.

> 📖 **참조판례 대법원 2012.3.29. 선고 2011다101308 판결**
>
> 임금은 법령 또는 단체협약에 특별한 규정이 있는 경우를 제외하고는 통화로 직접 근로자에게 전액을 지급하여야 한다(근로기준법 제43조 제1항). 따라서 사용자가 근로자의 임금 지급에 갈음하여 사용자가 제3자에 대하여 가지는 채권을 근로자에게 양도하기로 하는 약정은 전부 무효임이 원칙이다. 다만, 당사자 쌍방이 위와 같은 무효를 알았더라면 임금의 지급에 갈음하는 것이 아니라 지급을 위하여 채권을 양도하는 것을 의욕하였으리라고 인정될 때에는 무효행위 전환의 법리(민법 제138조)에 따라 그 채권양도 약정은 '임금의 지급을 위하여 한 것'으로서 효력을 가질 수 있다.

2) 예외

법령 또는 단체협약에 별도의 규정이 있는 경우에는 통화 이외의 것으로 지급될 수 있다(근기법 제43조 제1항 단서). 법령 또는 단체협약으로 정하는 경우에는 상여금 등의 임금을 현물, 주식, 상품교환권 등으로 지급할 수 있다.

3. 직접불의 원칙

(1) 의의

사용자는 임금을 근로자에게 직접 지급해야 한다(근기법 제43조 제1항). 이는 제3자의 대리수령으로 인한 중간착취나 임금채권을 양수하여 폭리를 취하는 것을 배제하고 임금이 확실하게 근로자 본인의 수중에 들어가게 하여 그의 자유로운 처분에 맡김으로써 근로자의 생활을 보호하기 위한 취지이다.

(2) 내용

1) 원칙

임금은 근로자에게 직접 지급하여야 하므로 근로자의 대리인에게 지급하는 것은 직접불 원칙의 위반에 해당한다. 그러나 근로자의 사자(使者)에게 지급하는 것은 허용된다. 또한 근로자가 자신의 명의로 된 은행계좌에 급여이체방식으로 지급하는 것 역시 허용된다.

임금을 근로자의 친권자 또는 법정대리인에게 지급하는 것은 물론 임의대리인에게 지급하는 것은 허용될 수 없다. 근로자가 임금채권을 제3자에게 양도한 경우에 사용자는 직접불 원칙상 양수인에게 임금 지급을 하는 것은 허용되지 않는다.

> 📖 **참조판례** 대법원 1988.12.13. 선고 87다카2803 전원합의체 판결
>
> 근로기준법 제36조 제1항에서 임금직접지급의 원칙을 규정하는 한편 동법 제109조에서 그에 위반하는 자는 처벌을 하도록 하는 규정을 두어 그 이행을 강제하고 있는 취지가 임금이 확실하게 근로자 본인의 수중에 들어가게 하여 그의 자유로운 처분에 맡기고 나아가 근로자의 생활을 보호하고자 하는데 있는 점에 비추어 보면 근로자가 그 임금채권을 양도한 경우라 할지라도 그 임금의 지급에 관하여는 같은 원칙이 적용되어 사용자는 직접 근로자에게 임금을 지급하지 아니하면 안되는 것이고 그 결과 비록 양수인이라고 할지라도 스스로 사용자에 대하여 임금의 지급을 청구할 수는 없다.

2) 예외

직접불 원칙에 대한 근기법상의 예외는 규정이 없다. 그러나 민사집행법 제246조는 일정한 범위에서 근로자의 임금 등 채권의 압류를 허용하고 있으므로 사용자가 압류된 임금 등 채권에 대하여 제3자에게 지급하는 것은 직접지급의 원칙에 반하지 않는다. 선원에 대해서는 선원이 청구하거나 법령이나 단체협약에 특별한 규정이 있는 경우에는 임금의 전부 또는 일부를 그가 지정하는 가족이나 그 밖의 사람에게 통화로 지급하거나 금융회사 등에 예금하는 등의 방법으로 지급하여야 한다(선원법 제52조 제3항). 또한 조합비 사전공제제도에 따라 임금의 일부를 사용자가 공제하여 노동조합에 지급하는 것 역시 직접불 원칙에 위반되는 것은 아니다.

4. 전액불의 원칙

(1) 의의

사용자는 임금전액을 지급하여야 한다(근기법 제43조 제1항). 전액지급의 원칙은 임금의 전액이 지급되지 않음으로서 근로자의 생활상의 곤란으로부터 근로자를 보호하기 위한 것이며, 또한 사용자가 임금의 일부를 유보함으로서 근로자의 퇴직의 자유를 부당하게 구속할 위험으로부터 근로자를 보호하기 위한 것이다.

(2) 내용

1) 원칙

임금을 공제하는 것은 허용되지 않는다. 공제란 임금의 일부를 사용자가 유보하고 지급하지 않는 것을 말한다. 공제금지에는 상계의 금지도 포함된다. 따라서 대출금이나 불법행위 또는 채무불이행을 이유로 한 손해배상채권 등과 같 사용자가 근로자에게 가지는 채권을 자동채권으로 하고 임금채권을 수동채권으로 하는 상계는 전액지급의 원칙에 위반된다. 이와 반대로 근로자가 자신의 임금채권은 자동채권으로 하고 사용자가 가지는 채권을 수동채권으로 하는 상계는 허용된다.

2) 예외

① 법령 또는 단체협약에 의한 예외

법령 또는 단체협약에 특별한 규정이 있는 경우에는 임금의 일부를 공제하고 지급할 수 있다 (근기법 제43조 제1항). 소득세와 주민세, 사회보험료 등은 관련법령에 의하여 원천징수의무를 부담하는 사용자가 이를 공제할 수 있다. 또한 단체협약으로 조합비 사전 공제제도를 시행하고 있는 경우 협약에 따라 조합비에 상응하는 임금을 공제하는 것은 전액불 원칙 위반에 해당하지 않는다.

② 상계합의

사용자가 근로자의 동의를 얻어 근로자의 임금채권에 대하여 상계하는 경우에 그 동의가 근로자의 자유로운 의사에 터잡아 이루어진 것이라고 인정할 만한 합리적인 이유가 객관적으로 존재하는 때에는 전액지급 원칙의 위반으로 볼 수는 없다. 다만, 임금 전액지급의 원칙의 취지에 비추어 볼 때 그 동의가 근로자의 자유로운 의사에 기한 것이라는 판단은 엄격하고 신중하게 이루어져야 한다.

> 📖 참조판례 **대법원 2001.10.23. 선고 2001다25184 판결**
>
> 근로기준법 제42조 제1항 본문에서 "임금은 통화로 직접 근로자에게 그 전액을 지급하여야 한다."라고 규정하여 이른바 임금 전액지급의 원칙을 선언한 취지는 사용자가 일방적으로 임금을 공제하는 것을 금지하여 근로자에게 임금 전액을 확실하게 지급 받게 함으로써 근로자의 경제생활을 위협하는 일이 없도록 그 보호를 도모하려는 데 있으므로, 사용자가 근로자에 대하여 가지는 채권을 가지고 일방적으로 근로자의 임금채권을 상계하는 것은 금지된다고 할 것이지만, 사용자가 근로자의 동의를 얻어 근로자의 임금채권에 대하여 상계하는 경우에 그 동의가 근로자의 자유로운 의사에 터잡아 이루어진 것이라고 인정할 만한 합리적인 이유가 객관적으로 존재하는 때에는 근로기준법 제42조 제1항 본문에 위반하지 아니한다고 보아야 할 것이고, 다만 임금 전액지급의 원칙의 취지에 비추어 볼 때 그 동의가 근로자의 자유로운 의사에 기한 것이라는 판단은 엄격하고 신중하게 이루어져야 한다.

③ 조정적 상계

계산상 또는 기술상의 착오로 임금을 과지급한 경우에는 초과 지급한 시기와 상계권 행사의 시기가 임금의 정산, 조정의 실질을 잃지 않을 만큼 근접하여 있고 나아가 사용자가 상계의 금액과 방법을 미리 예고하는 등으로 근로자의 경제생활의 안정을 해할 염려가 없는 때에는, 사용자는 위 초과 지급한 임금의 반환청구권을 자동채권으로 하여 근로자의 임금채권이나 퇴직금채권과 상계할 수 있다. 대법원도 "계산의 착오 등으로 임금을 초과 지급한 경우에, 근로자가 퇴직후 그 재직 중 받지 못한 임금이나 퇴직금을 청구하거나, 근로자가 비록 재직 중에 임금을 청구하더라도 위 초과 지급한 시기와 상계권 행사의 시기가 임금의 정산, 조정의 실질을 잃을 만큼 근접하여 있고 나아가 사용자가 상계의 금액과 방법을 미리 예고하는 등으로 근로자의 경제생활의 안정을 해할 염려가 없는 때에는, 사용자는 위 초과 지급한 임금의 반환청구권을 자동채권으로 하여 근로자의 임금채권이나 퇴직금채권과 상계할 수 있다."라고 하면서 다만, 퇴직금에 대해서는 민사집행법상 압류금지채권의 취지상 퇴직금채권의 2분의 1을 초과하는 부분에 해당하는 금액에 관하여만 조정적 상계를 허용하여야 한다는 입장이다.

> **참조판례 대법원 2010.5.20. 선고 2007다90760 전원합의체 판결**
>
> 구 근로기준법(2005.1.27. 법률 제7379호로 개정되기 전의 것) 제42조 제1항 본문에 의하면 임금은 통화로 직접 근로자에게 그 전액을 지급하여야 하므로 사용자가 근로자에 대하여 가지는 채권으로써 근로자의 임금채권과 상계를 하지 못하는 것이 원칙이고, 이는 경제적·사회적 종속관계에 있는 근로자를 보호하기 위한 것인바, 근로자가 받을 퇴직금도 임금의 성질을 가지므로 역시 마찬가지이다. 다만, 계산의 착오 등으로 임금을 초과 지급한 경우에, 근로자가 퇴직 후 그 재직 중 받지 못한 임금이나 퇴직금을 청구하거나, 근로자가 비록 재직 중에 임금을 청구하더라도 위 초과 지급한 시기와 상계권 행사의 시기가 임금의 정산, 조정의 실질을 잃지 않을 만큼 근접하여 있고 나아가 사용자가 상계의 금액과 방법을 미리 예고하는 등으로 근로자의 경제생활의 안정을 해할 염려가 없는 때에는, 사용자는 위 초과 지급한 임금의 반환청구권을 자동채권으로 하여 근로자의 임금채권이나 퇴직금채권과 상계할 수 있다. 그리고 이러한 법리는 사용자가 근로자에게 이미 퇴직금 명목의 금원을 지급하였으나 그것이 퇴직금 지급으로서의 효력이 없어 사용자가 같은 금원 상당의 부당이득반환채권을 갖게 된 경우에 이를 자동채권으로 하여 근로자의 퇴직금채권과 상계하는 때에도 적용된다. 한편 민사집행법 제246조 제1항 제5호는 근로자인 채무자의 생활보장이라는 공익적, 사회 정책적 이유에서 '퇴직금 그 밖에 이와 비슷한 성질을 가진 급여채권의 2분의 1에 해당하는 금액'을 압류금지채권으로 규정하고 있고, 민법 제497조는 압류금지채권의 채무자는 상계로 채권자에게 대항하지 못한다고 규정하고 있으므로, 사용자가 근로자에게 퇴직금 명목으로 지급한 금원 상당의 부당이득반환채권을 자동채권으로 하여 근로자의 퇴직금채권을 상계하는 것은 퇴직금채권의 2분의 1을 초과하는 부분에 해당하는 금액에 관하여만 허용된다고 봄이 상당하다.

5. 정기지급의 원칙

(1) 의의

임금은 매월 1회 이상 일정한 기일을 정하여 지급되어야 한다(근기법 제43조 제2항). 이는 임금이 지나치게 장기간에 걸쳐서 지급되는 데에서 오는 생활상의 위험을 막고, 근로자의 계획적이고 안정적인 생활을 영위할 수 있도록 하기 위한 규정이다.

(2) 내용

1) 원칙

임금의 지급일은 최소한 매월 1회 이상이어야 한다. 따라서 연봉제 근로계약의 경우에도 연봉을 일정비율로 나누어 최소한 월별로 지급되어야 한다. 임금지급기일은 특정되어야 하고 주기적으로 도래하는 것이어야 한다. 지급기일에 임금을 지급하지 않았다면 그 이후에 지급하였더라도 본조 위반의 책임을 면할 수 없다.

2) 예외

매월 1회 이상 일정기일 지급의 원칙은 임시로 지급하는 임금, 수당 기타 이에 준하는 것 또는 대통령령으로 정하는 임금에 대해서는 예외가 인정된다. 대통령령으로 정하는 임금이란 1개월을 초과하는 기간의 출근 성적에 따라 지급하는 정근수당, 1개월을 초과하는 일정 기간을 계속하여 근무한 경우에 지급되는 근속수당, 1개월을 초과하는 기간에 걸친 사유에 따라 산정되는 장려금, 능률수당 또는 상여금, 그 밖에 부정기적으로 지급되는 모든 수당을 말한다(근기법 시행령 제23조).

6. 위반의 효과

사용자가 근기법 제43조를 위반한 경우에는 3년 이하의 징역 또는 2천만 원 이하의 벌금에 처해진다(근기법 제109조).

단순히 사용자가 경영부진 또는 불황 등으로 자금압박을 받아 임금을 지급할 수 없었다는 사정만으로는 임금체불 책임을 면할 수 없다. 다만, 사용자가 임금지급을 위하여 최선의 노력을 다하였으나 체불을 방지하기가 사회통념상 기대하기 힘든 경우, 사용자의 임금부지급에 고의가 없거나 비난할 수 없는 경우에는 책임이 조각된다.

> **참조판례** 대법원 1988.5.10. 선고 87도2098 판결
>
> 근로기준법 제109조, 제36조 제2항에서 규정하는 일정기일 임금지급의 원칙은 사용자로 하여금 매월 일정하게 정해진 기일에 근로의 대가를 근로자에게 어김 없이 지급하도록 강제함으로써 근로자의 생활안정을 도모하고자 하는 데에 그 입법취지가 있으므로 사용자가 임금지급을 위하여 최선의 노력을 다하였으나 경영부진으로 인한 자금사정의 악화 등으로 도저히 임금지급기일을 지킬 수 없었던 불가피한 사정이 인정되는 경우에는 위와 같은 임금체불의 죄책을 물을 수 없다.

Ⅱ. 도급근로자의 임금액의 보호

1. 의의

사용자는 도급 기타 이에 준하는 제도로 사용하는 근로자에 대하여는 근로시간에 따라 일정액의 임금을 보장하여야 한다(근기법 제47조). 이는 사용자의 책임하에 처리되어야 할 사정으로 임금의 지급이 지나치게 지연됨으로써 오는 생활상의 위협으로부터 근로자를 보호하기 위한 것이다.

2. 적용대상

적용대상은 "도급 기타 이에 준하는 제도"로 사용하는 근로자이다. "도급"은 근기법의 적용을 받는 도급에 한정되며, 민법상의 도급은 적용대상이 아니다. "기타 이에 준하는 제도"는 성과급제 및 능률제 등을 말한다.

3. 임금액의 수준

근기법은 도급근로자의 임금수준을 보장해야 한다고 규정하고 있을 뿐 구체적인 보장액의 수준에 관하여는 아무런 규정도 아니두고 있으므로 해석에 의존할 수밖에 없다. 도급근로자 등의 보장임금액이 근로계약·취업규칙 또는 단체협약 등에 규정되어 있는 경우 이에 따른다. 근로계약·취업규칙 또는 단체협약 등에 아무런 규정이 없는 경우 도급근로자에게 보장되는 임금액은 ① 일반근로자에게 보장되는 임금수준이라는 견해와, ② 최저임금수준 이상이라는 견해, ③ 근기법 제45조에서 규정하고 있는 휴업수당에 상당하는 평균임금의 70% 이상의 임금수준이라는 견해 등이 있다. 대체로 휴업수당에 상당하는 임금수준을 보장하여야 한다는 견해가 일반적이다.

Ⅲ. 도급사업에 있어서 임금채권의 보호

1. 도급사업에 대한 임금 지급

(1) 의의

한 차례 이상의 도급에 따라 행하여지는 경우에 하수급인(下受給人)(도급이 한 차례에 걸쳐 행해진 경우에는 수급인을 말한다)이 직상(直上) 수급인(도급이 한 차례에 걸쳐 행하여진 경우에는 도급인을 말한다)의 귀책사유로 근로자에게 임금을 지급하지 못한 경우에는 그 직상 수급인은 그 하수급인과 연대하여 책임을 진다(근기법 제44조). 이는 우리나라 도급사업의 종속성과 영세성을 감안하여 하수급인이 근로자에게 임금을 지급하지 못하는 위험성을 방지하고자 규정한 것이다.

(2) 요건

1) 사업이 여러 차례의 도급에 따라 행해졌을 것

근기법 제44조가 적용되기 위하여는 사업이 여러 차례 도급으로 행해져야 한다. 여기서 여러 차례의 도급을 2회 이상의 도급으로 해석하는 견해도 있으나, 1회의 도급이라도 수급인 소속의 근로자에 대한 보호 필요성은 같다고 할 것이므로 한 차례의 도급인 경우에도 포함되는 것으로 보는 것이 타당하다.

2) 하수급인이 직상수급인의 귀책사유로 근로자에게 임금을 지급하지 못하였을 것

직상수급인이란 여러 차례의 도급인 경우에 하수급인의 바로 위의 수급인을 말한다. 도급이 1차에 국한되는 경우라도 당해 도급인이 직상수급인에 해당된다고 본다. 하수급인이 근로자에게 임금을 지급하지 못한 것은 직상수급인의 귀책사유로 인한 것이어야 한다. 직상수급인의 귀책사유에 대해 근기법 시행령 제24조는 ① 정당한 사유 없이 도급계약에서 정한 도급 금액 지급일에 도급 금액을 지급하지 아니한 경우, ② 정당한 사유 없이 도급계약에서 정한 원자재 공급을 늦게 하거나 공급을 하지 아니한 경우, ③ 정당한 사유 없이 도급계약의 조건을 이행하지 아니하여 하수급인이 도급사업을 정상적으로 수행하지 못 한 경우의 세 가지로 정하고 있다.

(3) 효과

1) 직상수급인의 책임

① 연대책임

직상수급인과 하수급인은 근로자의 임금에 대하여 연대채무를 진다. 따라서 근로자는 하수급인과 그 직상수급인에 대하여 동시에 또는 순차적으로 임금의 전부 또는 일부를 청구할 수 있다. 이 경우 직상수급인은 하수급인에게 먼저 임금을 청구할 것을 항변할 수 없다.

직상수급인이 임금채무를 변제함으로써 하수급인의 임금채무도 면책된 때에는 직상수급인은 하수급인에 대하여 지급한 임금상당액에 대한 구상채권을 획득하게 될 뿐이며, 그 부분만큼 대금채무가 소멸하는 것은 아니다.

② 입증책임

직상수급인이 연대책임을 면하기 위해서는 자신이 "정당한 사유"가 있었음을 입증해야 한다.

2) 책임의 확대

근기법 제44조 제1항 단서는 직상 수급인의 귀책사유가 그 상위 수급인의 귀책사유에 의하여 발생한 경우에는 그 상위 수급인도 연대하여 책임을 지도록 규정하고 있다. 직상수급인의 귀책사유가 상위수급인의 귀책사유에 기인한 경우 직상수급인에게만 책임을 묻도록 하는 것은 형평에 반하고 효과적인 임금채권확보를 위하여 신설된 규정이다.

3) 위반의 효과

동조를 위반한 경우에는 3년 이하의 징역 또는 2천만 원 이하의 벌금에 처해진다(근기법 제109조).

2. 건설업에서의 임금지급 연대책임

(1) 의의

건설업에서 사업이 2차례 이상 공사도급이 이루어진 경우에 건설업자가 아닌 하수급인이 그가 사용한 근로자에게 임금을 지급하지 못 한 경우에는 해당 건설공사에서 발생한 임금에 대하여 그 직상 수급인은 하수급인과 연대하여 하수급인이 사용한 근로자의 임금을 지급할 책임을 진다(근기법 제44조의2). 건설공사에서 건설업자가 아닌 자에게 공사도급이 이루어진 경우 자력이 없는 하수급인의 임금체불을 방지하기 위하여 마련된 규정이다. 이 규정을 배제하거나 잠탈하는 약정은 무효이다.

(2) 내용

1) 건설업

건설업이란 건설공사를 하는 업을 말한다. 근기법 제44조의2가 적용되기 위하여는 건설업에 해당하여야 한다.

2) 2차례 이상의 공사도급이 이루어졌을 것

"도급"이란 원도급, 하도급, 위탁 등 명칭에 관계없이 건설공사를 완성할 것을 약정하고, 상대방이 그 공사의 결과에 대하여 대가를 지급할 것을 약정하는 계약을 말한다. 이러한 도급이 최소 2차례 이상 행해져야 한다.

3) 건설업자가 아닌 하수급인이 그가 사용한 근로자에게 임금을 지급하지 못하였을 것

"건설업자"란 건설산업기본법 또는 다른 법률에 따라 등록 등을 하고 건설업을 하는 자를 말한다. 근기법 제44조의2가 적용되기 위하여는 건설업자가 아닌 하수급인이 그가 사용한 근로자에게 임금을 지급하지 못한 경우이어야 한다. 임금을 지급하지 못한 사유는 묻지 않는다.

(3) 효과

1) 직상수급인의 책임

① 책임의 주체

임금을 지급하지 못한 하수급인의 직상수급인이 건설업자가 아닌 때에는 그 상위 수급인 중에서 최하위의 건설업자를 직상수급인으로 본다(근기법 제44조의2 제2항). 즉, 직상수급인이란 건설업자인 직상수급인만으로 한정된다.

② 책임의 내용

직상수급인과 하수급인은 근로자의 임금에 대하여 연대채무를 진다. 따라서 근로자는 하수급인과 그 직상수급인에 대하여 동시에 또는 순차적으로 임금의 전부 또는 일부를 청구할 수 있다. 이 경우 직상수급인은 하수급인에게 먼저 임금을 청구할 것을 항변할 수 없다.

직상수급인이 임금채무를 변제함으로써 하수급인의 임금채무도 면책된 때에는 직상수급인은 하수급인에 대하여 지급한 임금상당액에 대한 구상채권을 획득하게 될 뿐이며, 그 부분만큼 공사대금채무가 소멸하는 것은 아니다.

2) 위반의 효과

동조를 위반한 경우 3년 이하의 징역 또는 2천만 원 이하의 벌금에 처해진다(근기법 제109조).

3. 건설업의 공사도급에 있어서의 임금에 관한 특례

(1) 의의

공사도급이 이루어진 경우로서 일정한 사유에 해당하는 때에는 직상 수급인은 하수급인에게 지급하여야 하는 하도급 대금 채무의 부담 범위에서 그 하수급인이 사용한 근로자가 청구하면 하수급인이 지급하여야 하는 해당 건설공사에서 발생한 임금에 해당하는 금액을 근로자에게 직접 지급하여야 한다(근기법 제44조의3). 근로자의 임금채권 보호를 위하여 민법상 채권자 대위권 행사의 요건을 완화한 것이다.

(2) 내용

하수급인의 근로자가 청구하는 경우 직접 지급하여야 하는 사유는 ① 직상수급인이 하수급인을 대신하여 하수급인이 사용한 근로자에게 지급하여야 하는 임금을 직접 지급할 수 있다는 뜻과 그 지급방법 및 절차에 관하여 직상수급인과 하수급인이 합의한 경우, ② 민사집행법 제56조 제3호에 따른 확정된 지급명령, 하수급인의 근로자에게 하수급인에 대하여 임금채권이 있음을 증명하는 같은 법 제56조 제4호에 따른 집행증서, 소액사건심판법 제5조의7에 따라 확정된 이행권고결정, 그 밖에 이에 준하는 집행권원이 있는 경우, ③ 하수급인이 그가 사용한 근로자에 대하여 지급하여야 할 임금채무가 있음을 직상수급인에게 알려주고, 직상수급인이 파산 등의 사유로 하수급인이 임금을 지급할 수 없는 명백한 사유가 있다고 인정하는 경우이다.

건설산업기본법 제2조 제10호에 따른 발주자의 수급인(이하 "원수급인"이라 한다)으로부터 공사도급이 2차례 이상 이루어진 경우로서 하수급인(도급받은 하수급인으로부터 재하도급 받은 하수급인을 포함한다. 이하 이 항에서 같다)이 사용한 근로자에게 그 하수급인에 대한 제1항 제2호에 따른 집행권원이 있는 경우에는 근로자는 하수급인이 지급하여야 하는 임금(해당 건설공사에서 발생한 임금으로 한정한다)에 해당하는 금액을 원수급인에게 직접 지급할 것을 요구할 수 있다. 원수급인은 근로자가 자신에 대하여 민법 제404조에 따른 채권자대위권을 행사할 수 있는 금액의 범위에서 이에 따라야 한다(근기법 제44조의3 제2항).

직상 수급인 또는 원수급인이 제1항 및 제2항에 따라 하수급인이 사용한 근로자에게 임금에 해당하는 금액을 지급한 경우에는 하수급인에 대한 하도급 대금 채무는 그 범위에서 소멸한 것으로 본다(근기법 제44조의3 제3항).

Ⅳ. 비상시지불

1. 의의

근기법 제45조에서는 "사용자는 근로자가 출산, 질병, 재해 기타 비상한 경우의 비용에 충당하기 위하여 청구하는 경우에는 지급기일 전이라도 기왕의 근로에 대한 임금을 지급하여야 한다."라고 규정하고 있다. 동 규정은 근기법 제36조의 금품청산과 동법 제43조의 임금지급방법에 대한 예외규정이라고 할 수 있다. 동 규정은 근로자에게 긴박한 사정이 있는 경우에 사용자의 임금선불로 충당하여 근로자의 생존권을 보호하려는 데 그 취지가 있다.

2. 요건

(1) 비상한 경우

근로자가 출산·질병·재해 기타 비상한 경우의 비용에 충당하기 위한 경우에 비상시지불이 인정된다. 질병은 업무상 및 업무외 질병을 모두 포함하며, 재해는 화재·홍수·천재지변 및 사변 등을 의미한다.

또한 "비상한 경우"란 근로자 또는 그의 수입에 의하여 생계를 유지하는 자가 ① 출산·질병·재해를 입은 경우, ② 혼인·사망한 경우, ③ 부득이한 사유로 인하여 1주일 이상 귀향하게 되는 경우 등이 이에 포함된다.

(2) 근로자의 청구

비상시지불은 근로자의 청구가 있어야 한다.

3. 효과

(1) 비상시지불의 대상

비상시지불을 청구할 수 있는 자는 근로자이나, 그 지불의 대상은 근로자 또는 그의 수입에 의하여 생계를 유지하는 자이다. 그의 수입에 의하여 생계를 유지하는 자란 근로자가 부양의무를 지고 있는 친족에 한정되는 것이 아니라, 동거인이라도 무방하다. 예컨대, 친족에 해당하지 아니하는 경우에도 근로자가 부양의무를 지고 있다면 그러한 자의 비상한 사유에 대해 비상시지급이 인정된다. 그러나 친족에 해당하는 경우에도 독립하여 생계를 유지하고 있는 자는 비상시지급이 인정되지 아니한다.

(2) 지급하여야 할 임금액

사용자가 지급하여야 할 임금액은 "기왕의 근로에 대한 임금"에 한정된다. 기왕의 근로에 대한 임금이라 함은 이미 급부된 근로에 대한 임금을 말하는 것이므로 장래의 근로에 대한 대가는 이에 포함되지 않는다. 즉, 단체협약 및 취업규칙 등에 별도로 정하여 있지 아니하는 한 사용자는 이미 제공된 근로에 대한 대가만 지급하는 것이 원칙이다.

(3) 지급시기

근로자의 비상시지불청구가 있으면 사용자는 임금의 지급기일 전이라도 이를 지급해야 하는 바, 지급시기에 관하여 명문의 규정이 없으나, 청구가 있으면 지체 없이 이를 지급해야 한다.

4. 위반의 효과

본 규정을 위반하는 사용자에 대하여는 1천만 원 이하의 벌금에 처해진다(근기법 제113조).

Ⅴ. 휴업수당

1. 의의

사용자의 귀책사유로 인하여 휴업하는 경우에는 사용자는 휴업기간 중 당해 근로자에 대하여 평균임금의 100분의 70 이상의 수당을 지급하여야 한다. 다만, 평균임금의 100분의 70에 상당하는 금액이 통상임금을 초과하는 경우에는 통상임금을 휴업수당으로 지급할 수 있다(근기법 제46조 제1항). 민법의 규정들은 사용자의 귀책사유를 전제로 할 뿐 아니라 지급강제 수단이 마련되어 있지 않으므로 소송법상 절차에 의하지 않으면 안 된다. 따라서 근기법에서는 근로자의 귀책사유가 아닌 사유로 인하여 근로자가 일을 할 수 없게 된 경우 임금상실이라는 위험으로부터 근로자를 보호하기 위하여 민법의 원리와는 다른 휴업지급제도를 두게 된 것이다.

2. 법적 성질

휴업수당은 과거의 근로에 대한 대가가 아니므로 임금으로 볼 수 없다는 견해도 있으나, 근기법 제46조가 임금의 장에 규정되어 있고, 근로자의 생활보호를 위한 것이라는 점에서 임금에 해당한다.

3. 요건

(1) 사용자의 귀책사유가 있을 것

휴업수당은 '사용자의 귀책사유'로 인한 휴업의 경우에 그 지급대상이 되는데 이 경우 사용자의 귀책사유의 범위가 문제된다.

귀책사유의 범위에 대해서 ① 휴업의 원인이 사업의 외부에서 일어났을지라도 사용자가 일상적으로 필요하다고 인정되는 예방조치를 다했지만, 이를 방지할 수 없었던 경우에만 불가항력이라고 보는 견해(불가항력설)가 있으나, ② 사용자의 세력범위 내에서 발생한 경영장애를 사용자의 귀책사유로 보고, 경영 외적인 요인은 불가항력이 인정되어야 한다는 세력권설이 대립한다. 휴업수당제도는 사용자의 책임을 확장하는 의미를 가지며 형평의 관점에서 인정된 제도라는 점에 비추어 세력권설이 타당하다. 예컨대, 공장의 소실, 기계의 파손, 작업량의 감소, 원자재의 부족 등은 사용자의 귀책사유에 해당된다.

(2) 휴업할 것

휴업이란 근로자에게 노무제공의 능력과 의사가 있음에도 불구하고 사용자측의 사정으로 그 이행이 거부된 경우를 말한다. ① 휴업은 반드시 1일 단위로 볼 것이 아니고 1일의 근로시간 중 일부만 휴업을 한 경우에도 적용된다. ② 휴업은 사업의 전부 또는 일부의 정지만이 아니고 특정한 근로자에 대해 개별적으로 근로제공을 거부하는 경우에도 휴업에 해당한다.

따라서 사용자의 부당한 해고나 대기조치, 출근정지처분 또는 직장폐쇄로 인하여 근로자의 취로가 거부된 경우도 이에 해당된다. 또, 특정근로자에 대한 취업거부 및 취업불능도 이에 포함된다.

근로기준법 제46조 제1항에서 정하는 '휴업'에는 개개의 근로자가 근로계약에 따라 근로를 제공할 의사가 있는데도 그 의사에 반하여 취업이 거부되거나 불가능하게 된 경우도 포함되므로, 이는 '휴직'을 포함하는 광의의 개념인데, 근로기준법 제23조 제1항에서 정하는 '휴직'은 어떤 근로자를 그 직무에 종사하게 하는 것이 불가능하거나 적당하지 아니한 사유가 발생한 때에 그 근로자의 지위를 그대로 두면서 일정한 기간 그 직무에 종사하는 것을 금지시키는 사용자의 처분을 말하는 것이고, '대기발령'은 근로자가 현재의 직위 또는 직무를 장래에 계속 담당하게 되면 업무상 장애 등이 예상되는 경우에 이를 예방하기 위하여 일시적으로 당해 근로자에게 직위를 부여하지 아니함으로써 직무에 종사하지 못하도록 하는 잠정적인 조치를 의미하므로, 대기발령은 근로기준법 제23조 제1항에서 정한 '휴직'에 해당한다고 볼 수 있다. 따라서 사용자가 자신의 귀책사유에 해당하는 경영상의 필요에 따라 개별 근로자들에 대하여 대기발령을 하였다면 이는 근로기준법 제46조 제1항에서 정한 휴업을 실시한 경우에 해당하므로 사용자는 그 근로자들에게 휴업수당을 지급할 의무가 있다.

4. 효과

(1) 휴업수당의 지급액

휴업수당은 평균임금의 70% 이상이다. 다만, 평균임금의 70%가 통상임금을 초과하는 경우에는 통상임금을 휴업수당으로 지급할 수 있다(근기법 제46조 제1항).

(2) 휴업수당의 감액

1) 법적 근거

사용자의 귀책사유가 있다 하더라도 부득이한 사유로 사업계속이 불가능하여 노동위원회의 승인을 얻은 경우에는 평균임금의 70%에 미달하는 휴업수당을 지급할 수 있다(근기법 제46조 제2항).

2) 요건

① 부득이한 사유

부득이한 사유란 천재지변·전쟁 등과 같은 불가항력적인 사유 외에도 사회통념상에 비추어 피할 수 없는 사고 등이 이에 포함된다고 할 수 있다. 예컨대, 수도 및 전력공급의 중단 등이 이에 해당된다. 이에 대한 증명책임은 지급책임을 면하려는 사용자에게 있다.

② 노동위원회의 승인

객관적으로 부득이한 사유로 사업계속이 불가능하더라고 노동위원회의 승인을 받지 못하면 휴업수당을 지급하여야 하며, 불가항력 기타 부득이한 사유에 대한 입증책임은 책임면제를 주장하는 사용자가 부담한다.

3) 감액의 정도

평균임금의 70%에 미달하는 휴업수당을 지급할 수 있는 바, "미달"의 개념에 대하여 견해의 대립은 있으나, 평균임금 70%보다 "감면"하는 것은 물론 완전한 "면제"도 허용된다.

사용자가 부득이한 사유로 사업계속이 불가능하여 노동위원회의 승인을 얻어 휴업을 하게 되는 경우에 휴업수당의 일부뿐만 아니라 전액을 지급하지 않는 것도 포함된다.

5. 관련문제

(1) 부분파업의 경우

1) 파업참가 근로자

파업에 참가한 근로자에게는 당연히 휴업수당이 지급되지 아니한다.

2) 파업불참 근로자

근로희망자의 노무제공만으로도 조업이 가능한데도 이를 거부할 경우, 사용자는 수령지체책임을 면할 수 없다.

근로희망자만으로 조업이 불가능한 경우 ① 부분파업을 사용자의 세력범위 내에 있는 노동력공급 부족현상으로 보아 사용자에게 휴업수당 지급의무가 있다고 보는 견해가 있으나, ② 투쟁평등의 원칙 및 근로자연대의 관점에서 휴업수당을 지급할 의무는 없다고 본다. 대법원은 휴업지불의 예외사유인 부득이한 사유로 사업계속이 불가능한 경우에 해당한다고 판시하였다.

> **참조판례** 대법원 2000.11.24. 선고 99두4280 판결
>
> 노동조합 및 조합원들의 파업행위가 사용자측과 단체교섭을 통해 개선될 수 없는 사항을 목적으로 하여 쟁의행위로서의 정당성을 갖추지 않았고, 회사가 수차례 여러 방법으로 불법파업의 중지 및 정상조업을 설득했으나 파업의 실행을 막지 못했으며, 그 후 부분 조업이 이루어졌으나 높은 불량률로 사실상 정상적인 조업이라 하기 어려웠다. 또 본격적인 전체파업이 예정돼 있었으며 자동차 생산에는 일련의 공정에 의해 이루어지는 특수성이 있고, 울산공장 파업으로 울산공장에서 부품을 공급받는 아산공장도 정상조업이 불가능했다면 이는 휴업지불 예외사유인 '부득이한 사유로 사업계속이 불가능한 경우'에 해당한다고 볼 것이다.

(2) 직장폐쇄의 경우

1) 직장폐쇄가 정당한 경우

직장폐쇄가 정당한 경우 사용자는 임금지급의무나 휴업수당지급의무를 부담하지 않는다.

2) 직장폐쇄가 위법한 경우

직장폐쇄가 위법한 경우에 사용자는 휴업수당을 지급하여야 한다는 견해가 있으나, 이는 근기법 제45조의 "휴업"에 해당되지 아니하므로 사용자는 근로계약상의 채무불이행에 따라 임금전액을 지급해야 할 것이다.

(3) 민법상의 임금지급청구와 휴업수당

사용자의 고의·과실에 기해서 휴업하게 된 경우 근기법상의 휴업수당청구권과 민법상의 임금전액에 대한 청구권이 동시에 발생되므로, 이 두 청구권은 경합관계에 선다. 한편, ① 민법의 "채무자의 책임 있는 사유"에 해당하지 않더라도 근기법상의 휴업수당을 지급 받을 수 있는 경우가 있으며, ② 민법에 의한 청구는 많은 시간이 소요되는 데 반하여 근기법은 사용자에 대하여 벌칙으로써 휴업수당을 강제함으로써 근로자를 보호하고자 하는데 의의가 있다.

(4) 중간수입의 문제

휴업기간 중에 근로자가 다른 기업에 취업하여 임금 등의 중간수입을 수령한 경우, 근기법 제45조에 의한 휴업수당은 강행규정에 의한 기준금액이므로 최소한 휴업수당에 해당하는 금액은 지급하고 이를 초과하는 금액에서 중간수입을 공제할 수 있을 것이다.

> **참조판례** 대법원 1996.4.23. 선고 94다446 판결
>
> 사용자의 귀책사유로 인하여 해고된 근로자가 해고기간 중에 다른 직장에 종사하여 얻은 이익(이른바 중간수입)은 민법 제538조 제2항에서 말하는 채무를 면함으로써 얻은 이익에 해당하므로, 사용자는 해고기간 중의 임금을 지급함에 있어 그 이익 금액을 임금액에서 공제할 수 있고, 이러한 법리는 근로자가 쌍무계약인 근로계약에 기한 근로제공의무가 채권자인 사용자의 책임 있는 사유로 인하여 이행될 수 없었다고 하면서 근로관계의 존속을 전제로 한 임금의 청구를 하는 경우뿐만 아니라, 사용자의 부당해고가 불법행위에 해당함을 원인으로 한 손해배상청구를 하는 경우에도 그 손해의 범위를 산정함에 있어서는 손해배상의 일반이론에 따라 손해의 원인이 된 사실과 상당인과관계에 있는 이득을 모두 공제하여야 하므로 그대로 적용된다. 부당하게 면직처분된 공무원이 임금 또는 손해배상을 청구하는 사안에서, 그 공무원이 면직기간 중 다른 직장에서 수입을 얻은 경우, 공무원이 지급받을 수 있었던 보수 중 근로기준법 제38조 소정의 휴업수당의 한도에서는 이를 이익공제의 대상으로 삼을 수 없고, 그 휴업수당을 초과하는 금액에서 중간수입을 공제하여야 한다.

제4절 임금채권의 보호

Ⅰ. 임금채권우선변제제도

1. 의의

임금채권우선변제란 사용자가 변제해야 할 다른 채권에 우선하여 근로자의 임금채권을 먼저 변제하여야 한다는 것을 말한다. 근로기준법 제38조는 임금, 재해보상금, 그 밖에 근로관계로 인한 채권이 사용자의 총재산에 대하여 질권·저당권 또는 동산·채권 등의 담보에 관한 법률에 따른 담보권에 따라 담보된 채권 외에는 조세·공과금 및 다른 채권에 우선하여 변제되어야 함을 규정하고 있다. 임금채권우선변제제도는 사용자가 도산이나 파산한 경우 사용자의 총재산으로부터 근로자의 임금채권을 우선 변제토록 함으로써 근로자의 생존권을 보장하고자 하는 제도이다.

2. 우선변제가 인정되는 채권

우선변제가 인정되는 채권은 임금·퇴직급여·재해보상금 기타 근로관계로 인한 모든 채권이다. 우선변제권은 합리적 이유 없이 적용을 제한할 수 없다. 그 대상이 되는 질권 또는 저당권 등은 사용자의 지위를 취득하기 전인지 후인지를 따지지 않는다.

근로기준법 제38조 제2항은 근로자의 최저생활을 보장하고자 하는 공익적 요청에서 일반 담보물권의 효력을 일부 제한하고 최종 3개월분의 임금과 재해보상금에 해당하는 채권의 우선변제권을 규정한 것이므로, 합리적 이유나 근거 없이 적용대상을 축소하거나 제한하는 것은 허용되지 않는다. 그런데 근로기준법 제38조 제2항은 최종 3개월분의 임금 채권이 같은 조 제1항에도 불구하고 사용자의 총재산에 대하여 질권 또는 저당권에 따라 담보된 채권에 우선하여 변제되어야 한다고 규정하고 있을 뿐, 사용자가 사용자 지위를 취득하기 전에 설정한 질권 또는 저당권에 따라 담보된 채권에는 우선하여 변제받을 수 없는 것으로 규정하고 있지 않으므로, 최종 3개월분의 임금 채권은 사용자의 총재산에 대하여 사용자가 사용자 지위를 취득하기 전에 설정한 질권 또는 저당권에 따라 담보된 채권에도 우선하여 변제되어야 한다.

3. 사용자의 총재산

임금채권은 "사용자의 총재산"에 우선하여 변제된다. 여기서 사용자란 근기법 제2조 제1항 제2호에 의한 사용자 중에서 사업주만이 해당되므로 개인회사인 경우에는 개인사업주, 법인인 경우에는 법인 그 자체를 말한다. 따라서 법인의 대표이사 개인재산은 "사용자의 총재산"에 포함되지 않는다. 한편, 사용자의 제3자에 대한 채권은 사용자의 총재산에 포함된다.

근로기준법 제30조의2 제2항의 규정은 근로자의 최저생활을 보장하고자 하는 공익적 요청에서 예외적으로 일반 담보물권의 효력을 일부 제한하고 임금채권의 우선변제권을 규정한 것으로서, 그 입법취지에 비추어 보면 여기서 임금 우선변제권의 적용 대상이 되는 '사용자의 총재산'이라 함은 근로계약의 당사자로서 임금채무를 1차적으로 부담하는 사업주인 사용자의 총재산을 의미하고, 따라서 사용자가 법인인 경우에는 법인 자체의 재산만을 가리키며 법인의 대표자 등 사업경영 담당자의 개인 재산은 이에 포함되지 않는다고 봄이 상당하다.

4. 최우선변제의 임금채권

(1) 법적 근거

근기법 제38조 제2항은 최우선변제 임금채권으로 최종 3월분의 임금과 재해보상금을, 근로자퇴직급여보장법 제12조 제2항은 최종 3년간의 퇴직금을 최우선변제채권으로 규정하고 있다.

(2) 최종 3월분의 임금

최종 3월분의 임금의 범위는 사용자로부터 지급받지 못한 최종 3개월분의 임금을 말하며, 3월의 산정은 근로계약관계 종료 시점으로부터 소급하여 3개월을 의미한다.

구 근로기준법(2007.4.11. 법률 제8372호로 전문 개정되기 전의 것) 제37조 제2항 제1호에 의하여 우선변제의 특권의 보호를 받는 임금채권의 범위는, 임금채권에 대한 근로자의 배당요구 당시 근로자와 사용자의 근로계약관계가 이미 종료하였다면 그 종료시부터 소급하여 3개월 사이에 지급사유가 발생한 임금 중 미지급분을 말한다.

(3) 최종 3년간의 퇴직금

종전의 근기법은 "퇴직금 전액"을 최우선변제의 대상으로 보았으나, 이는 담보물권제도의 본질적 내용을 침해할 소지가 있다는 헌법불합치결정(헌법재판소 1997.8.21. 94헌바19 등)에 따라 현행법은 "최종 3년간"으로 그 기간을 한정하였다.

(4) 재해보상금

재해보상금은 근기법상 재해보상금을 의미하며, 최우선변제 대상으로서 재해보상금은 제한이 없으므로 재해보상금 전액이 해당된다.

5. 임금채권 우선변제위반의 효과

(1) 벌칙의 적용

근기법 제38조에서 정한 임금채권의 우선변제 규정에 위반한 자에 대해서는 근기법에서 정한 다른 규정과는 달리 별도의 벌칙규정이 없다. 따라서 사용자가 이 규정에 위반하여 근로자에게 임금을 지급하지 않은 때에는 임금미지급을 이유로 근로관계 종료시에는 근기법 제36조 위반에 따라, 근로관계 존속 중에는 제43조 위반에 따라 각각 3년 이하의 징역 또는 2천만 원 이하의 벌금이 과해진다.

(2) 사법상 효력

임금채권의 우선변제규정에 위반하여 다른 채권을 먼저 변제한 경우 그 변제에 대한 사법상의 효력이 문제된다. 근기법 제38조에서 정한 규정에 위반하여 다른 채권을 변제하였을 때는 민법상 채권자 취소권행사의 요건에 해당하는 경우, 그 채권변제는 무효이고 근로자들은 사용자가 변제한 금액을 환수할 수 있고 후순위 채권자에 대해 부당이득반환청구를 할 수 있다. 또 사용자가 파산한 경우에는 근로자는 파산법상의 부인권을 행사하여 임금채권을 우선변제 받을 수 있다.

제4장 근로시간과 휴식

제1절 근로시간의 보호

Ⅰ. 근로시간의 개념

1. 문제점

근로기준법은 근로시간의 개념에 관하여 명문의 규정을 두고 있지 않아 근로시간을 어떻게 정의할 것인지가 문제된다.

2. 학설

(1) 지휘감독설

이 견해는 근로시간이란 근로자가 사용자의 지휘·감독 하에 근로계약상의 근로를 제공하는 시간을 의미하는 것으로 본다.

(2) 업무성보충설

이 견해는 근로시간이란 사용자의 작업상의 지휘감독 아래 있는 시간 또는 사용자의 명시 또는 묵시의 지시에 따라 그 업무에 종사하는 시간이라고 정의한다.

3. 판례

대법원은 "근로시간이란 근로자가 사용자의 지휘감독 아래 근로계약상의 근로를 제공하는 시간, 즉 실근로시간을 말한다고 할 것이다."라고 판시하여 지휘·감독설의 입장이다.

> **참조판례 대법원 1992.10.9. 선고 91다14406 판결**
>
> 근로기준법 제42조 제1항에서 근로시간은 휴게시간을 제하고 1일에 8시간, 1주일에 44시간을 초과할 수 없다고 규정하고, 그 부칙 제3조 제1항에서 제42조 제1항의 규정에 의한 주당 근로시간 44시간은 300인 미만의 사업 또는 사업장 중 노동부장관이 지정하는 업종에 대하여는 1991.9.30.까지, 그 이외의 사업 또는 사업장에 대하여는 1990.9.30.까지 46시간으로 한다고 규정하고 있는바, 여기서 말하는 근로시간이란 근로자가 사용자의 지휘감독 아래 근로계약상의 근로를 제공하는 시간, 즉 실근로시간을 말한다고 할 것이다.

4. 검토

근로자의 근로제공의무는 사용자의 지휘·감독을 받을 수 있는 상태에 두기만 하면 족하다는 점에서 지휘·감독설의 입장이 타당하다.

Ⅱ. 근로시간 보호의 취지

근기법 등 노동관계법령은 최장근로시간을 제한하고 있는데, 이는 근로자의 신체적·정신적 피로를 회복하게 하고 여가를 확보함으로써 인간다운 생활을 보장하기 위함이다.

Ⅲ. 입법체계

근기법에서는 일반근로자와 연소근로자, 여성근로자로 나누어 보호하고 있으며, 산업안전보건법에서는 유해위험작업 종사 근로자에 대해 특별히 보호하고 있다.

Ⅳ. 법정근로시간

1. 성인근로자의 법정근로시간

(1) 법정근로시간의 제한

근기법 제50조는 1주간의 근로시간은 휴게시간을 제하고 40시간을, 1일의 근로시간은 휴게시간을 제하고 8시간을 초과할 수 없도록 규정하고 있다.

(2) 제한내용

1일 법정근로시간을 8시간으로 하는 제도는 ILO 제1호 협약이 채택한 1일 8시간, 1주 48시간의 기준을 따른 것이며, 1주 법정근로시간을 40시간으로 하는 제도는 ILO 제47호 협약이 채택한 새로운 국제기준을 따른 것이다.

1주란 휴일을 포함한 7일을 말한다(근기법 제2조 제2항 제7호). 1일이란 오전 0시부터 오후 12시까지의 달력상의 하루를 말한다. 다만, 달력상 2일에 걸쳐 연속근무가 이루어진 경우에는 그것은 하나의 근무로서 연속근무 전체가 시업시각이 속하는 날의 근로로 취급된다.

2. 연소근로자의 근로시간

15세 이상 18세 미만인 자의 근로시간은 1일에 7시간, 1주에 35시간을 초과하지 못한다(근기법 제69조). 연소근로자의 경우 육체적·정신적으로 아직 성숙하지 못하였으므로 성인근로자에 비하여 1일의 근로시간을 제한하고 있다.

3. 산업안전보건법상 근로시간

잠함, 잠수작업 등 고기압하에서 행하는 작업에 종사하는 근로자에 대하여는 1일 6시간, 1주 34시간을 초과하여 근로하게 하여서는 아니 된다(산안법 제46조).

Ⅴ. 연장근로의 제한

1. 연장근로의 개념

연장근로란 근기법 등에서 정한 법정근로시간을 초과하는 근로를 말한다. 연장근로에는 합의연장근로, 인가연장근로, 특별한 사업에 대한 연장근로 등이 있다.

2. 근로시간 규제의 취지

근기법에서는 연장근로시간의 상한을 정하고 있는데, 이는 근로자의 신체적 · 정신적 피로를 회복하고 사회적 · 문화적 생활을 확보함으로써 인간다운 생활을 보장하기 위함이다.

3. 합의연장근로

(1) 의의

합의연장근로란 근로자와 사용자의 합의에 의하여 기준근로시간을 연장한 근로를 말한다. 근기법 제53조 제1항은 "당사자 사이에 합의하면 1주간에 12시간을 한도로 1주 40시간, 1일 8시간의 법정근로시간을 초과하여 근로하게 할 수 있다."라고 규정하고 있다.

(2) 합의연장근로의 유효요건

1) 합의의 당사자

합의의 당사자를 누구로 볼 것인지 견해가 대립한다. ① 합의의 당사자란 사용자와 대등한 교섭력을 가진 노동조합 또는 근로자대표를 말한다는 견해(집단적 합의설)가 있으나, ② 법문언의 해석상 사용자와 근로자 개인이 합의의 당사자라고 보아야 할 것이다(개별적 합의설). 판례 역시 합의의 당사자는 원칙적으로 근로자 개인이라고 한다. 다만, 개별근로자의 합의권을 제한 · 박탈하지 않는 범위에서 단체협약이나 근로자대표에 의한 합의도 가능하다고 본다.

> 📖 **참조판례 대법원 1993.12.21. 선고 93누5796 판결**
>
> 근로기준법 제42조 제1항은 8시간근로제에 따른 기준근로시간을 규정하면서 아울러 8시간근로제에 대한 예외의 하나로 당사자의 합의에 의한 연장근로를 허용하고 있는바, 여기서 당사자 간의 합의라 함은 원칙적으로 사용자와 근로자와의 개별적 합의를 의미하고, 개별근로자의 연장근로에 관한 합의권을 박탈하거나 제한하지 아니하는 범위에서는 단체협약에 의한 합의도 가능하다.

2) 합의의 방식

합의의 방식에 대해 당사자의 합의는 원칙적으로 서면으로 작성하여야 한다고 보는 견해도 있으나, 합의의 방식에 관해 명문의 규정이 없으므로 서면으로 하든 구두로 하든 무방하다.

3) 구체적 합의여부

당사자 사이의 합의는 연장근로를 할 때마다 구체적으로 하여야 하는가에 대하여, 연장근로의 일수·시간수, 대상업무의 범위, 합의의 유효기간 등을 사용자의 결정에 맡긴다고 포괄적으로 합의할 수도 있고 근로계약 등으로 미리 이를 약정할 수도 있다.

> **📖 참조판례** 대법원 1995.2.10. 선고 94다19228 판결
>
> 근로기준법 제42조 제1항의 규정은 8시간근로제에 따른 기준근로시간을 정하면서 아울러 그 예외의 하나로 당사자 간의 합의에 의한 연장근로(시간외근로)를 허용하고 있는바, 여기서 당사자 간의 합의라 함은 원칙적으로 사용자와 근로자와의 개별적 합의를 의미한다 할 것이고, 이와 같은 개별 근로자와의 연장근로에 관한 합의는 연장근로를 할 때마다 그때그때 할 필요는 없고 근로계약 등으로 미리 이를 약정하는 것도 가능하다.

(3) 연장근로의 허용범위

당사자 사이의 합의에 따른 연장근로는 1주 12시간 한도로 허용된다. 따라서 당사자 사이의 합의가 있더라도 1주간의 총근로시간은 법정근로시간 40시간에 연장근로 12시간을 합한 52시간을 초과할 수 없다. 그러나 1일에 대한 연장근로시간에는 제한이 없으므로 12시간 이내의 연장근로시간을 특정근로시간에 집중시키더라도 무방하다.

> **📖 참조판례** 대법원 1997.7.25. 선고 96다29892 판결
>
> 구 근로기준법(1996.12.31. 법률 제5245호로 개정되기 전의 것) 제42조 제1항, 제55조 그리고 제57조의 규정에 비추어 볼 때, 18세 이상의 남자근로자의 경우에는 1주일에 12시간을 초과하지 않는다면 특별한 사정이 없는 한 1일 연장근로시간의 제한은 없다.

(4) 법내연장근로

연장근로란 법정근로시간을 초과한 근로를 의미하므로, 소정근로시간이 법정근로시간 미만인 경우에는 당사자의 합의로 법정근로시간까지 근로시간을 연장할 수 있으며, 특별한 정함이 없는 한 가산임금 지급의무는 없다.

> **📖 참조판례** 대법원 1991.6.28. 선고 90다카14758 판결
>
> 근로기준법 제42조, 제43조, 제55조 소정의 기준근로시간 범위 내에서 사용자와 근로자 사이의 약정 근로시간을 초과하는 근로(소위 법내 초과근로)는 근로기준법 제46조 소정의 시간외 근로에 해당하지 않는다.

(5) 여성·연소근로자의 연장근로제한

1) 여성의 연장근로제한

사용자는 임신 중의 여성근로자에게 시간외근로를 시켜서는 안 되며(근기법 제74조 제4항), 산후 1년이 지나지 않은 여성에게는 단체협약이 있는 경우라도 1일에 2시간, 1주에 6시간, 1년에 150시간을 초과하는 시간외근로를 시키지 못한다(근기법 제71조).

2) 연소근로자의 연장근로제한

연소자의 경우 당사자 사이에 합의하면 1일에 1시간, 1주에 5시간을 한도로 그 법정근로시간을 초과하여 연장근로를 하게 할 수 있다(근기법 제69조 단서).

(6) 법정근로시간의 유연화제도에 있어서의 연장근로

1) 탄력적 근로시간제도와 연장근로

근기법상 1주간 52시간은 절대적인 근로시간의 제한이므로 이를 초과하는 연장근로를 허용될 수 없으므로 탄력적 근로시간제를 시행하여 특정주에 52시간이 되는 경우에는 연장근로가 허용되지 않는다고 해석하는 견해도 있으나, 제53조 제2항이 제51조의 근로시간 또는 제52조의 근로시간을 연장할 수 있다고 명시하고 있고 제50조의 근로시간을 연장할 수 있다고 규정한 것이 아니므로 1주 52시간을 절대적 상한으로 해석할 수는 없고 따라서 이 경우에도 당연히 1주간에 12시간을 한도로 연장근로가 가능하다고 할 것이다.

2) 선택적 근로시간제도와 연장근로

선택적 근로시간제도시에도 1주간 52시간은 절대적 상한이라고 해석하는 견해도 있으나, 이를 절대적 상한으로 해석할 수 없다는 점에서 당사자 사이의 합의로 정산기간을 평균하여 1주간에 12시간을 초과하지 않는 범위 내에서 연장근로가 가능하다고 할 것이다.

4. 특별한 사정에 의한 연장근로(인가연장근로)

(1) 의의

사용자는 특별한 사정이 있는 경우 노동부장관의 인가와 근로자의 동의를 얻어 ① 기준근로시간의 연장 및 ② 탄력적·선택적 근로시간의 연장에 대하여 근로시간을 추가로 연장할 수 있다(근기법 제53조 제3항 본문). 이는 사업장에 자연재해, 재난 등의 발생으로 긴급한 복구 등이 필요한 경우에 연장근로시간의 제한으로 말미암아 사업장의 정상화가 늦어져 피해를 보는 것을 최소화하기 위해 인정된 규정이다.

(2) 요건

1) 특별한 사정의 존재

특별한 사정이란 자연재해, 재난관리법상 재난 또는 이에 준하는 사고가 발생하여 이의 수습을 위하여 연장근로가 불가피한 경우를 말한다. 재난이란 화재·붕괴·폭발, 교통사고, 화생방사고, 환경오염사고 등 국민의 생명과 재산에 피해를 줄 수 있는 사고를 말하고, 이에 준하는 사고에는 사업의 운영을 불가능하게 하는 돌발적인 기계의 고장, 보일러의 파열, 그 밖에 인명이나 공익의 침해를 가져올 위험한 사태 등이 포함된다. 따라서 단순한 업무량의 증가나 통상적인 기계수리 등은 이에 해당되지 않는다.

2) 고용노동부장관의 인가와 근로자의 동의

인가연장근로는 고용노동부장관의 인가와 근로자의 동의를 얻어야 한다. 다만, 사태가 급박하여 고용노동부장관의 인가를 받을 시간이 없는 경우에는 사후에 지체 없이 승인을 받아야 한다(근기법 제53조 제3항 단서).

(3) 효과

특별한 사정이 있어 고용노동부장관의 인가와 근로자의 동의를 받은 경우에는 1주 12시간의 한도를 초과하여 근로하게 할 수 있다. 인가연장근로는 자연재해 등 특별한 사정에 대처하여 긴급한 구조·수습이 필요한 한도에서만 인정되며, 이를 넘어 피해 복구를 위한 작업이나 사고에 따른 생산손실을 보충하는 작업을 하는 데까지 허용되는 것은 아니다.

(4) 대휴명령

고용노동부장관은 이미 시행된 근로시간의 연장이 부적당하다고 인정할 경우에는 그에 상당하는 휴게 또는 휴일을 줄 것을 명할 수 있다(근기법 제53조 제4항).

(5) 연소근로자 및 임산부의 적용여부

연소자 및 임산부에 대하여 동조의 연장근로시간이 적용되는가에 대하여 견해의 대립은 있으나, 동 제도는 엄격한 요건하에서 인정되는 잠정적인 조치이므로 산후 1년 미만인 자와 연소근로자에게도 적용된다고 본다. 다만, 임신 중의 여성근로자는 적용되지 않는다.

5. 위반의 효과

사용자가 ① 연장근로시간의 제한을 초과시킨 경우, ② 인가연장근로에서 본인의 동의나 고용노동부장관의 인가를 얻지 않고 연장근로를 시킨 경우, ③ 인가연장근로에서 사후승인을 지체 없이 받지 않은 경우, ④ 대휴명령을 어긴 경우 2년 이하의 징역 또는 1천만 원 이하의 벌금에 처해진다(근기법 제110조).

제2절 근로시간의 계산

Ⅰ. 서

근로시간은 임금산정의 중요한 기준이 되는 것으로 그 계산방법에 대하여 근로기준법은 특별한 규정을 두고 있지 않다. 따라서 어느 범위까지 근로시간을 볼 것인가가 문제된다. 특히 최근 산업구조의 변화에 따라 근무형태가 다양화되면서 기존의 근기법상의 통상적인 방법으로는 적절한 근로시간의 산정이 곤란한 경우가 발생하고 하고 있는 바, 이에 사업장외근로 및 재량근로에 대한 인정근로시간제도를 도입하였다.

Ⅱ. 근로시간계산의 원칙

1. 근로시간의 개념

근기법에 근로시간에 관한 정의 규정을 두지 않아 문제되는데, 이에 대해 ① 근로시간의 개념에 대하여 근로시간이라 함은 근로자가 사용자의 지휘·감독하에 근로계약상의 근로를 제공하는 시간을 의미하는 것으로 해석하는 견해(지휘·감독설)와, ② 근로시간이란 사용자의 작업상의 지휘감독 아래 있는 시간 또는 사용자의 명시 또는 묵시의 지시에 따라 그 업무에 종사하는 시간이라고 정의하는 견해(업무성보충설)가 대립한다. 근로자의 근로제공의무는 사용자의 지휘·감독을 받을 수 있는 상태에 두기만 하면 족하다는 점에서 지휘·감독설의 입장이 타당하다고 본다.

> **📖 참조판례 대법원 1992.10.9. 선고 91다14406 판결**
>
> 근로시간이란 근로자가 사용자의 지휘감독 아래 근로계약상의 근로를 제공하는 시간, 즉 실근로시간을 말한다고 할 것이다.

2. 근로시간의 판단

근로시간에 해당하는지 여부는 특정업종이나 업무종류에 따라 일률적으로 판단할 것은 아니며 사용자의 지시, 업무의 수행·참여의무, 수행·참가거부에 대한 불이익, 시간·장소제한정도 등 구체적 사실관계를 종합적으로 따져 판단한다.

> **📖 참조판례 대법원 2018.7.12. 선고 2013다60807 판결**
>
> 근로시간이란 근로자가 사용자의 지휘·감독을 받으면서 근로계약에 따른 근로를 제공하는 시간을 말하고, 휴게시간이란 근로시간 도중에 사용자의 지휘·감독으로부터 해방되어 근로자가 자유로이 이용할 수 있는 시간을 말한다. 따라서 근로자가 작업시간 도중에 실제로 작업에 종사하지 않은 휴식시간이나 대기시간이라 하더라도 근로자에게 자유로운 이용이 보장된 것이 아니라 실질적으로 사용자의 지휘·감독을 받고 있는 시간이라면 근로시간에 포함된다고 보아야 한다. 근로계약에서 정한 휴식시간이나 대기시간이 근로시간에 속하는지 휴게시간에 속하는지는 특정 업종이나 업무의 종류에 따라 일률적으로 판단할 것이 아니다. 이는 근로계약의 내용이나 해당 사업장에 적용되는 취업규칙과 단체협약의 규정, 근로자가 제공하는 업무의 내용과 해당 사업장에서의 구체적 업무 방식, 휴게 중인 근로자에 대한 사용자의 간섭이나 감독 여부, 자유롭게 이용할 수 있는 휴게 장소의 구비 여부, 그 밖에 근로자의 실질적 휴식을 방해하거나 사용자의 지휘·감독을 인정할 만한 사정이 있는지와 그 정도 등 여러 사정을 종합하여 개별 사안에 따라 구체적으로 판단하여야 한다.

3. 업무활동시간

근로자가 시업시각에서 종업시각 사이의 시간 중 휴게시간을 제외한 시간, 즉 소정근로시간 내에서 활동한 시간은 근로시간이 되고, 반대로 소정근로시간 외에 활동한 시간은 근로시간에 포함되지 않는 것이 원칙이다.

4. 업무 외의 활동 시간

(1) 원칙

근로자가 업무에 종사한 시간 이외에 본래의 업무가 아니더라도 사용자의 지휘명령하에 있었다고 보여지는 시간이라면 근로시간에 해당한다. 특히 그러한 활동이 근로자의 의무로 되어 있었는지 그리고 당해 활동의 업무와의 관련성 정도 등이 중요한 판단기준이 된다.

(2) 시업시각 전의 활동

시업시각 전의 활동은 원칙적으로 근로시간에 포함되지 않는다. 그러나 이러한 활동이 사용자의 지휘·감독하에서 행해지는 활동으로 인정되는 경우에는 당연히 근로시간에 포함된다. 따라서 작업지시의 수령, 작업조의 편성, 작업의 인수, 기계·기구의 점검·정리 등은 원칙적으로 업무에 종사한 것이므로 근로시간에 산입된다. 또한 조회·회의·체조 등도 사용자의 지휘감독 아래서 의무적으로 한 경우에는 근로시간에 포함된다. 그러나 출근카드의 입력, 작업복착용, 안전화·안전모의 착용 등은 업무에 종사하기 위한 준비에 불과하므로 그 자체가 의무화되어 있고, 조심스러운 작업을 요하는 경우를 제외하고는 근로시간에 포함되지 않는다.

(3) 종업시각 이후의 활동

종업시간 이후의 활동도 사용자의 지휘·감독하에 행해지는 활동은 근로시간에 포함된다. 따라서 기계·기구의 점검·청소·정리, 작업의 인계 등 차후의 작업에 필요한 마무리작업은 업무활동의 최종부분으로서 근로시간에 포함된다고 할 것이나, 목욕, 작업복 탈의 등은 특별한 사정이 없는 한 근로시간에 포함되지 않는다고 할 것이다.

(4) 입·출갱시간

종래 입·출갱소요시간은 근로시간에 포함되지 않는다고 보았다. 1990년 법이 개정되기 전 입·출갱시간을 근로시간에서 제외한다고 규정하고 있기 때문이다. 그러나 1990년 법이 개정되면서 종래 6시간의 근로시간을 8시간으로 하고 위 규정도 삭제되었다는 점에서 입·출갱시간은 근로시간에 포함된다고 할 것이다.

판례는 입·출갱시간은 근로시간에 포함되는 것이 원칙이나, 단체협약으로 입·출갱시간을 근로시간에서 제외하기로 하는 합의는 유효하다고 판시한 바 있다.

> **참조판례 대법원 1994.12.23. 선고 93다53276 판결**
>
> 일반적으로 석탄채굴과 같은 지하작업에 있어서 입갱 및 출갱에 요하는 시간은 근로시간에 포함된다고 보는 것이 원칙이나, 근로기준법(1990.1.13. 법률 제4220호로 삭제되기 전의 것) 제43조가 지하작업의 1일 근로시간을 일반근로의 1일 근로시간 8시간보다 2시간을 단축하여 6시간으로 규정한 것은 지하작업 자체의 유해위험성과 더불어 각 지하작업장마다 입갱 및 출갱 소요시간이 상이할 수밖에 없는 점을 감안한 것이라고 해석되므로, 같은법 시행령(1990.7.14. 대통령령 제13053호로 삭제되기 전의 것) 제27조 제2항이 지하작업에 있어서 입갱과 출갱에 요하는 시간을 근로시간에서 제외한다고 규정한 것은 위와 같은 모법 규정의 취지에 따른 것으로서 위 각 규정하에서는 입갱 및 출갱에 요하는 시간은 지하작업의 근로시간에서 제외되는 것으로 볼 수밖에 없다 할 것이고, 위 규정이 삭제된 현행 근로기준법이 시행된 이후에도 원고들이 소속되어 있는 함태광산노동조합과 피고 사이에 체결된 단체협약 제11조가 갱내근로자의 근로시간을 1일 정미 6시간으로 규정하고 있는 것은 위 구 근로기준법시행령 제27조 제2항의 규정취지에 따라 입갱 및 출갱에 요하는 시간을 근로시간에서 제외하는 것을 그 전제로 한 것으로 보여진다(대법원 1992.2.25. 선고 91다18125 판결 ; 대법원 1992.3.10. 선고 91다11391 판결 ; 대법원 1993.10.12. 선고 93다28737 판결 참조).

(5) 사업장 밖에서 하는 연수 · 교육이나 회사행사참가시간

근로시간 외에 사업장 밖에서 하는 연수 · 교육이나 회사행사에 참가하는 것도 그 참가가 의무적이고 회사의 업무로서의 성격이 강하면 근로시간에 포함된다.

5. 대기시간

(1) 개념

대기시간이란 사용자의 지휘감독아래 현실적인 근로를 제공하고 있지 않으나 작업을 위하여 대기하는 시간을 말한다.

(2) 휴게시간과의 구별

휴게시간이란 근로시간 도중에 사용자의 지휘 · 감독으로부터 벗어나 근로자가 자유로이 이용할 수 있는 시간을 말한다. 근로자가 작업시간 도중에 실제로 작업에 종사하지 않은 대기시간이나 휴식 · 수면시간이라 하더라도 근로자에게 자유로운 이용이 보장된 것이 아니라 실질적으로 사용자의 지휘 · 감독을 받고 있는 시간이라면 근로시간에 포함된다고 보아야 한다. 대법원 역시 "근로자가 작업시간 도중에 현실로 작업에 종사하지 않은 대기시간이나 휴식 · 수면시간 등이라 하더라도 그것이 휴게시간으로서 근로자에게 자유로운 이용이 보장된 것이 아니고, 실질적으로 사용자의 지휘 · 감독 아래 놓여 있는 시간이라면 근로시간에 포함된다."라고 판시하면서, 근로계약에서 정한 휴식시간이나 수면시간이 근로시간에 속하는지 휴게시간에 속하는지에 대해서는 "근로계약의 내용이나 해당 사업장에 적용되는 취업규칙과 단체협약의 규정, 근로자가 제공하는 업무의 내용과 해당 사업장에서의 구체적 업무 방식, 휴게 중인 근로자에 대한 사용자의 간섭이나 감독 여부, 자유롭게 이용할 수 있는 휴게 장소의 구비 여부, 그 밖에 근로자의 실질적 휴식을 방해하거나 사용자의 지휘 · 감독을 인정할 만한 사정이 있는지와 그 정도 등 여러 사정을 종합하여 개별 사안에 따라 구체적으로 판단하여야 한다."라고 판시하였다.

> **📖 참조판례** 대법원 2017.12.5. 선고 2014다74254 판결
>
> 근로시간이란 근로자가 사용자의 지휘 · 감독을 받으면서 근로계약에 따른 근로를 제공하는 시간을 말하고, 휴게시간이란 근로시간 도중에 사용자의 지휘 · 감독으로부터 해방되어 근로자가 자유로이 이용할 수 있는 시간을 말한다. 따라서 근로자가 작업시간 도중에 실제로 작업에 종사하지 않은 대기시간이나 휴식 · 수면시간이라 하더라도 근로자에게 자유로운 이용이 보장된 것이 아니라 실질적으로 사용자의 지휘 · 감독을 받고 있는 시간이라면 근로시간에 포함된다고 보아야 한다. 근로계약에서 정한 휴식시간이나 수면시간이 근로시간에 속하는지 휴게시간에 속하는지는 특정 업종이나 업무의 종류에 따라 일률적으로 판단할 것이 아니다. 이는 근로계약의 내용이나 해당 사업장에 적용되는 취업규칙과 단체협약의 규정, 근로자가 제공하는 업무의 내용과 해당 사업장에서의 구체적 업무 방식, 휴게 중인 근로자에 대한 사용자의 간섭이나 감독 여부, 자유롭게 이용할 수 있는 휴게 장소의 구비 여부, 그 밖에 근로자의 실질적 휴식을 방해하거나 사용자의 지휘 · 감독을 인정할 만한 사정이 있는지와 그 정도 등 여러 사정을 종합하여 개별 사안에 따라 구체적으로 판단하여야 한다.

(3) 근로시간에 포함

작업을 위하여 근로자가 사용자의 지휘·감독 아래에 있는 대기시간 등은 근로시간으로 본다(근기법 제50조 제3항). 버스 운전기사가 승차시간 사이에 배차를 기다리는 시간, 우편물 운송차량의 운전기사가 격일제로 근무하는 도중에 수면이나 식사 등을 하는 시간, 작업 도중에 정전·기계고장·원료공급 중단 등에 따른 대기시간, 식당·호텔 등의 접객원이 근무장소에서 고객을 기다리는 시간 등은 근로시간에 포함된다.

> **참조판례 대법원 1992.4.14. 선고 91다20548 판결**
>
> 근로기준법상의 휴게시간이란 근로자가 근로시간의 도중에 사용자의 지휘명령으로부터 완전히 해방되고 또한 자유로운 이용이 보장된 시간을 의미하므로, 만일 위 대기시간이 위와 같은 휴게시간에 해당한다면 원고의 위 운행시간은 기준근로시간을 초과하지 않으나, 그렇지 않고 위 대기시간이 근로시간에 해당한다면 기준근로시간을 초과한 것이 되고 이러한 기준근로시간을 초과하는 운행시간의 배차지시는 법령에 위반한 것으로서 정당한 작업지시라고 볼 수 없을 것이다.

> **참조판례 대법원 1993.5.27. 선고 92다24509 판결**
>
> 근로기준법상의 근로시간이라 함은 근로자가 사용자의 지휘, 감독 아래 근로계약상의 근로를 제공하는 시간을 말하는바, 근로자가 작업시간의 중도에 현실로 작업에 종사하지 않은 대기시간이나 휴식, 수면시간 등이라 하더라도 그것이 휴게시간으로서 근로자에게 자유로운 이용이 보장된 것이 아니고 실질적으로 사용자의 지휘, 감독하에 놓여 있는 시간이라면 이를 당연히 근로시간에 포함시켜야 할 것이다.

6. 일·숙직시간

일·숙직근무는 당해 근로의 제공의 정도가 평상시의 근로보다는 감시·단속적 근로의 성격이 강하다는 점에서 근로시간에 포함된다고 보기는 어렵다. 그러나 당해 일·숙직근무가 그 근무의 방법·내용·질이 통상근무와 마찬가지라고 인정될 때에는 근로시간에 포함된다.

> **참조판례 대법원 1990.12.26. 선고 90다카13465 판결**
>
> 대학병원의 약사의 숙·일직근무의 내용이 통상의 근로에 해당한다고 인정하기 위하여는 숙·일직시의 근무가 통상의 근무시간의 구속으로부터 완전히 벗어난 것인가, 또는 통상의 근무의 태양이 그대로 계속되는 것인가의 여부, 숙·일직근무 중 입원환자 또는 응급환자에 대한 투약을 위한 조제 등의 본래의 업무에 종사하게 되는 빈도 내지 시간의 장단, 숙직근무 시 충분한 수면시간이 보장되는지의 여부 등을 충분히 심리하여 숙·일직근무의 태양이 그 내용과 질에 있어서 통상근무의 태양과 마찬가지라고 인정될 때에 한하여 숙·일직근무를 통상의 근로로 보아 이에 대하여 통상임금 및 근로기준법 제46조 소정의 가산임금을 지급하도록 하여야 하고, 숙·일직근무가 전체적으로 보아 근로의 밀도가 낮은 대기성의 단속적 업무에 해당할 경우에는 숙·일직근무 중 실제로 조제 등의 업무에 종사한 시간에 한하여 위 법 소정의 가산임금을 지급하도록 하여야 할 것이다.

7. 지각·조퇴 등의 시간

근로자가 지각·조퇴 등으로 실제로 근로를 제공하지 않은 시간은 근로시간에 포함되지 않는다.

III. 사업장 외 근로에 대한 인정근로시간제(외근간주시간제)

1. 의의

외근간주시간제도란 근로자가 출장 기타의 사유로 근로시간의 전부 또는 일부를 사업장 밖에서 근로하여 근로시간을 산정하기 어려운 경우에 일정한 근로시간을 근로한 것으로 인정하는 근로시간제도를 말한다 (근기법 제58조 제1항·제2항).

2. 적용요건

(1) 업무가 사업장 외에서의 근로일 것

사업장 외에서의 근로로서 취재기자·외근영업사원 등과 같은 통상적인 사업장 외 근로뿐만 아니라 출장 등과 같은 임시적인 사업장 외 근로도 포함된다.

(2) 근로시간의 산정이 어려울 것

사업장 외 근로라 하더라도 근로시간을 산정할 수 있는 경우에는 산정된 근로시간 대로 근로한 것으로 본다.

3. 효과

(1) 소정근로시간의 인정

근로자가 출장 기타의 사유로 근로시간의 전부 또는 일부를 사업장 밖에서 근로하여 근로시간을 산정하기 어려운 때에는 소정근로시간을 근로한 것으로 본다(근기법 제58조 제1항 본문).

(2) 통상필요근로시간의 인정

당해 업무수행을 위하여 통상적으로 소정근로시간을 초과하여 근로할 필요가 있는 경우에는 그 업무수행에 통상 필요한 시간을 근로한 것으로 본다(근기법 제58조 제1항 단서). 그 업무수행에 통상 필요한 시간은 그 업무수행에 그 근로자가 사용한 시간이 아니라 평균인이 통상의 상태에서 객관적으로 필요로 하는 시간을 말한다.

(3) 서면합의근로시간의 인정

당해 업무의 수행에 통상 필요한 시간을 근로한 것으로 보는 경우에도 당해 업무에 관하여 근로자대표와 서면합의가 있는 때에는 그 합의된 근로시간을 업무수행에 통상 필요한 시간으로 본다(근기법 제58조 제2항).

(4) 연장근로

외근간주시간제는 외근근로자의 근로시간을 산정하기 어려운 때에 일정한 시간을 근로시간을 간주하는 것에 불과하므로, 그 간주된 시간이 법정근로시간을 초과한 경우에는 당연히 연장근로수당을 지급해야 한다.

Ⅳ. 재량근로에 대한 인정근로시간제(재량근로간주시간제)

1. 의의

재량근로에 대한 인정근로시간제란 업무의 성질에 비추어 업무수행방법을 근로자의 재량에 위임할 필요가 있는 업무에 대해서 사용자가 근로자대표와 서면합의로 정한 시간을 근로한 것으로 인정하는 제도를 말한다(근기법 제58조 제3항).

2. 선택적 근로시간제도와의 비교

재량적 근로시간제도는 주로 전문직 근로자에게만 인정되며 근로자가 근로시간의 양을 자율적으로 결정할 수 있으나, 선택적 근로시간제도는 그 대상이 주부 등 비전문적 근로자에게도 인정되며 출·퇴근시간 등의 근로시간 배분과 관련된 제도이다.

3. 적용요건

(1) 업무의 성질에 비추어 업무수행방법을 근로자의 재량에 위임할 필요가 있는 업무일 것

이러한 업무에는 연구개발, 정보처리시스템의 설계 또는 분석업무, 기사취재 등 고도의 전문적·창의적 업무 등이 해당된다.

(2) 사용자는 근로자대표와 근로시간에 대하여 서면합의 할 것

당해 서면합의에는 ① 대상업무, ② 사용자가 업무의 수행수단 및 시간배분 등에 관하여 근로자에게 구체적인 지시를 하지 아니한다는 내용, ③ 근로시간의 산정은 당해 서면합의로 정하는 바에 따른다는 내용을 명시하여야 한다.

4. 효과

(1) 서면합의된 근로시간의 인정

법소정의 업무에서 노사 간 서면합의를 한 경우에는 그 합의로 정한 시간을 근로한 것으로 본다.

(2) 근기법상 근로시간규정의 적용

재량근로시간제는 근로시간의 계산에 대한 특칙에 지나지 않으므로 휴게·연장근로·휴일근로·야간근로 등의 규정은 당연히 적용된다.

Ⅰ. 탄력적 근로시간제

1. 의의

탄력적 근로시간제란 일정한 단위기간을 평균하여 주 평균 근로시간이 기준근로시간을 초과하지 않으면 특정일 또는 특정주에 기준근로시간을 초과하더라도 근로시간 위반이 아니며, 초과한 시간에 대해 연장근로로 보지 않는 제도를 말한다. 동 제도는 업무량의 증감에 탄력적으로 대처하고 사업장의 근로시간 운영 실태에 부합하기 위해 마련된 제도이다.

2. 2주간 이내의 탄력적 근로시간제

(1) 의의

사용자는 취업규칙 및 취업규칙에 준하는 것에서 정하는 바에 따라 2주 이내의 일정한 단위기간을 평균하여 1주간에 근로시간이 40시간을 초과하지 않는 범위에서 특정한 주에 40시간을, 특정한 날에 8시간을 초과하여 근로하게 할 수 있다(근로기준법 제51조 제1항 본문).

(2) 요건

1) 취업규칙 등의 정함이 있을 것

사용자가 2주 이내 탄력적 근로시간제를 시행하려면 취업규칙에서 관련사항을 미리 정해야 한다. 상시 10인 이상의 근로자를 사용하는 사업 또는 사업장의 경우 취업규칙으로 정해야 하고, 그 밖의 사업 또는 사업장의 경우 취업규칙에 준하는 것으로 정하여도 무방하다. 근로자대표와의 서면합의나 단체협약을 취업규칙에 준하는 것으로 볼 수 있다.

> **📖 참조판례 대법원 2023.4.27. 선고 2020도16431 판결**
>
> 구 근로기준법(2017.11.28. 법률 제15108호로 개정되기 전의 것, 이하 같다) 제51조 제1항은 사용자는 취업규칙(취업규칙에 준하는 것을 포함한다)에서 정하는 바에 따라 2주 이내의 일정한 기간을 단위기간으로 하는 탄력적 근로시간제를 시행할 수 있다고 정하고 있다. 이러한 탄력적 근로시간제는 구 근로기준법 제50조 제1항과 제2항에서 정한 1주간 및 1일의 기준근로시간을 초과하여 소정근로시간을 정할 수 있도록 한 것으로서 법률에 규정된 일정한 요건과 범위 내에서만 예외적으로 허용된 것이므로 법률에서 정한 방식, 즉 취업규칙에 의하여만 도입이 가능할 뿐 근로계약이나 근로자의 개별적 동의를 통하여 도입할 수 없다. 근로계약이나 근로자의 개별적 동의로 탄력적 근로시간제를 도입할 수 있다고 한다면 취업규칙의 불리한 변경에 대해 근로자 과반수로 조직된 노동조합(그러한 노동조합이 없는 경우에는 근로자 과반수)의 동의를 받도록 한 근로기준법 제94조 제1항 단서의 취지가 무색해지는 결과가 초래되기 때문이다.

2) 2주 이내의 단위기간

취업규칙에서는 2주 이내의 일정한 기간을 단위기간으로 정해야 한다. 또한, 취업규칙에서 단위기간의 근로일과 근로일별 근로시간을 구체적으로 정해야 한다.

3) 단위기간을 평균하여 1주간의 근로시간이 40시간을 초과하지 않을 것

단위기간의 근로일과 그 근로일별 근로시간을 정할 때에는 단위기간을 평균하여 1주간의 근로시간이 40시간을 초과하지 않아야 한다. 이 범위에서는 특정한 주에 40시간을 초과하거나 특정일에 8시간을 초과할 수 있다. 그러나 특정주의 근로시간은 48시간을 초과할 수 없다.

(3) 효과

사용자는 1주간의 근로시간을 48시간 범위 내에서 근로를 시킬 수 있으며 이 경우 연장근로 가산수당의 문제는 발생하지 않는다. 다만, 야간 또는 휴일근로에 대해서는 할증임금이 지급되어야 할 것이다.

(4) 취업규칙의 불이익 변경 여부

규칙적인 근로형태를 취하던 사업장에서 탄력적 근로시간제도를 도입하는 경우 취업규칙의 변경이 있게 되는데 이 경우 이를 불이익변경으로 볼 것인가가 문제된다.

이에 대해 ① 탄력적 근로시간제가 시행됨으로써 종래 1주 40시간 또는 1일 8시간을 초과하는 근로에 대하여 지급받을 수 있던 연장가산수당을 지급받을 수 없게 되므로 불이익 변경이라고 보는 견해, ② 탄력적 근로시간제의 시행은 근로자의 생활을 불규칙하게 하는 것으로 생활상의 불이익이 발생하는 불이익 변경이라고 보는 견해가 있으나, ③ 탄력적 근로시간제를 시행하는 경우 임금보전방안을 강구하도록 하고 있으며, 근로자의 생활규칙을 불안하게 만드는 정도가 심하지 않고 근로자는 특정일 또는 특정주에 근로의 구속에서 해당되는 이익도 수반되는 점에서 불이익에 해당하지 않는다고 보는 견해가 타당하다.

3. 3개월 이내의 탄력적 근로시간제

(1) 의의

사용자는 근로자대표와의 서면합의에 따라 소정의 사항을 정하면 3개월 이내의 단위기간을 평균하여 1주간의 근로시간이 40시간을 초과하지 않는 범위에서 특정한 주에 40시간을, 특정한 날에 8시간을 초과하여 근로하게 할 수 있다(근기법 제51조 제2항).

(2) 요건

1) 근로자대표와 서면합의

사용자가 3개월 이내 탄력적 근로시간제를 시행하려면 소정의 사항을 근로자대표와의 서면합의에 따라 미리 정해야 한다.

근로자대표란 근로자의 과반수로 조직된 노동조합이 있는 경우에는 그 노동조합, 이러한 노동조합이 없는 경우에는 근로자의 과반수를 대표하는 자를 말한다.

서면합의에서 체결해야 할 사항은 ① 대상근로자의 범위, ② 단위기간, ③ 단위기간내 근로일 및 근로일별 근로시간, ④ 서면합의의 유효기간이다. 단위기간은 3개월 이내로 정하여 명시하여야 하며, 근로일 및 근로일별 근로시간을 명확히 정해야 한다.

2) 단위기간을 평균하여 1주간의 근로시간이 40시간을 초과하지 않을 것

단위기간의 근로시간을 평균하여 1주의 평균근로시간이 40시간을 초과하지 아니하고, 어느 주라도 1주의 최장근로시간이 52시간을, 1일의 근로시간이 12시간을 초과하지 않아야 한다.

(3) 효과

사용자는 1주간의 근로시간을 52시간의 범위 내에서, 1일의 근로시간을 12시간의 범위 내에서 초과하여 근로시킬 수 있으며, 이 경우 시간외수당의 문제는 발생하지 아니한다.

4. 6개월 이내의 탄력적 근로시간제

(1) 의의

사용자는 근로자대표와의 서면합의에 따라 3개월을 초과하고 6개월 이내의 단위기간을 평균하여 1주간의 근로시간이 법정근로시간을 초과하지 아니하는 범위에서 특정한 주에 40시간을, 특정한 날에 8시간을 초과하여 근로하게 할 수 있다(근기법 제51조의2 제1항).

(2) 요건

1) 근로자대표와 서면합의

사용자가 3개월 초과 6개월 이내 탄력적 근로시간제를 시행하려면 소정의 사항을 근로자대표와의 서면합의에 따라 미리 정해야 한다.

근로자대표란 근로자의 과반수로 조직된 노동조합이 있는 경우에는 그 노동조합, 이러한 노동조합이 없는 경우에는 근로자의 과반수를 대표하는 자를 말한다.

서면합의에서 체결해야 할 사항은 ① 대상근로자의 범위, ② 단위기간, ③ 단위기간의 주별 근로시간, ④ 서면합의의 유효기간이다. 단위기간은 3개월을 초과하고 6개월 이내의 일정한 기간으로 정해야 한다. 사용자는 각 주의 근로일이 시작되기 2주 전까지 근로자에게 해당주의 근로일별 근로시간을 통보하여야 한다(근기법 제51조의2 제3항).

사용자가 근로자대표와의 서면합의 당시에는 예측하지 못한 천재지변, 기계 고장, 업무량 급증 등 불가피한 사유가 발생한 때에는 서면합의의 단위기간 내에서 평균하여 1주간의 근로시간이 유지되는 범위에서 근로자대표와의 협의를 거쳐 단위기간의 주별 근로시간을 변경할 수 있다. 이 경우 해당 근로자에게 변경된 근로일이 개시되기 전에 변경된 근로일별 근로시간을 통보하여야 한다(근로기준법 제51조의2 제4항).

2) 단위기간을 평균하여 1주간의 근로시간이 40시간을 초과하지 않을 것

단위기간의 근로시간을 평균하여 1주의 평균근로시간이 40시간을 초과하지 아니하고, 어느 주라도 1주의 최장근로시간이 52시간을, 1일의 근로시간이 12시간을 초과하지 않아야 한다.

(3) 효과

1) 가산수당의 미발생

사용자는 1주간의 근로시간을 52시간의 범위 내에서, 1일의 근로시간을 12시간의 범위 내에서 초과하여 근로시킬 수 있으며, 이 경우 시간외수당의 문제는 발생하지 아니한다.

2) 연속휴식제도

사용자는 3개월 초과 6개월 이내의 탄력적 근로시간제도를 시행하는 경우 근로일 종료 후 다음 근로일 개시 전까지 근로자에게 연속하여 11시간 이상의 휴식 시간을 주어야 한다(근기법 제51조의2 제2항 본문). 다만, 천재지변 등 대통령령으로 정하는 불가피한 경우에 연속휴식시간에 대해 근로자대표와의 서면합의가 있으면 서면합의에 따른다(근기법 제51조의2 제2항 단서). 서면합의에 따른다 함은 연속휴식시간을 준수하지 않음을 포함한다.

5. 관련문제

(1) 탄력적 근로시간에서의 합의연장근로 문제

탄력적 근로시간제를 도입한 경우 견해의 대립은 있으나, 특정주 52시간에 대하여 다시 12시간의 연장근로가 가능하다 할 것이다.

(2) 적용제외 근로자

탄력적 근로시간제는 18세 미만의 연소근로자와 임신 중인 여성근로자에게 적용할 수 없다.

(3) 임금보전방안의 강구

1) 의의 및 취지

탄력적 근로시간제를 채택하는 경우 기존의 임금수준이 저하되지 아니하도록 임금보전방안을 강구해야 한다. 이는 가산임금이 줄어든 만큼 다른 방법으로 보전하여 임금수준을 유지하기 위한 취지이다.

2) 임금보전방안의 방법

2주 이내의 탄력적 근로시간제도와 3개월 이내의 탄력적 근로시간제도의 경우 임금보전방안의 방법에 대해서는 근기법에 아무런 정함이 없으므로 대체로 기본급 또는 수당의 조정 등 근로자가 수용할 수 있는 합리적인 방법이면 족하다.

3개월 초과 6개월 이내의 탄력적 근로시간제도의 경우 사용자는 기존의 임금 수준이 낮아지지 아니하도록 임금항목을 조정 또는 신설하거나 가산임금 지급 등의 임금보전방안을 마련하여 고용노동부장관에게 신고하여야 한다. 다만, 근로자대표와의 서면합의로 임금보전방안을 마련한 경우에는 그렇지 않다(근기법 제51조의2 제5항).

3) 위반의 효과

근기법은 사용자가 이를 위반할 시 아무런 벌칙규정을 두고 있지 않으며, 다만 고용노동부장관은 필요한 경우 사용자에게 임금보전방안의 내용을 제출토록 명하거나 이를 직접 확인할 수 있다고 규정하고 있을 뿐이다.

(4) 근로기간이 단위기간보다 짧은 경우의 임금정산

근로자가 근로한 기간이 탄력적 근로시간제도의 단위기간보다 짧은 경우에는 그 단위기간 중에 해당 근로자가 근로한 기간을 평균하여 1주 40시간을 초과하여 근로한 시간 전부에 대하여 법정가산임금이 지급되어야 한다(근기법 제51조의3).

(5) 야간 · 휴일근로의 적용

법정기준근로시간 이내일지라도 야간 · 휴일근로의 경우에는 가산임금을 지급하여야 한다.

Ⅱ. 선택적 근로시간제

1. 의의

선택적 근로시간제란 당사자가 일정한 정산기간 동안의 총근로시간을 결정한 다음, 근로자가 근로시간의 시작과 종료를 일정한 시간대에서 자유로이 선택하도록 하는 근무시간제도를 말한다(근기법 제52조). 동 제도는 근로자가 자율적으로 근로시간의 시업 및 종업시각을 정함으로써 업무능률을 향상시키고 출퇴근 상의 편의를 도모하고자 하는 제도이다.

2. 재량적 근로시간제와의 비교

재량적 근로시간제도는 주로 전문직 근로자에게만 인정되며 근로자가 근로시간의 양을 자율적으로 결정할 수 있으나, 선택적 근로시간제도는 그 대상이 주부 등 비전문적 근로자에게도 인정되며 출 · 퇴근시간 등의 근로시간 배분과 관련된 제도이다.

3. 요건

(1) 취업규칙 등에 정함이 있을 것

사용자가 선택적 근로시간제를 시행하려면 우선 취업규칙 등에서 업무의 시작 및 종료 시각을 근로자의 결정에 맡긴다는 취지를 정해야 한다. 그러므로 사용자가 필요에 따라 시업 · 종업시각을 근로자에게 명령할 수 있도록 하거나 시업 · 종업시각의 결정에 관하여 사용자의 허가를 받게 하는 것은 선택적 근로시간제로서 허용되지 않는다.

(2) 근로자대표와 서면합의가 있을 것

1) 근로자 대표

근로자대표란 근로자의 과반수로 조직된 노동조합이 있는 경우에는 그 노동조합, 이러한 노동조합이 없는 경우에는 근로자의 과반수를 대표하는 자를 말한다.

2) 서면합의의 내용

① 대상근로자의 범위

연소근로자를 제외하고는 자유로이 그 범위를 정할 수 있다.

② 정산기간

일반업무의 정산기간은 1개월을 이내의 기간이며, 신상품 또는 신기술의 연구개발 업무의 정산 기간은 3개월 이내의 기간이다.

③ 정산기간의 총근로시간

총근로시간은 근로자의 총근로의무시간으로서 법정기준근로시간을 초과할 수 없다. 따라서 총근로시간은 정산기간을 평균하여 1주간의 근로시간이 40시간을 초과하지 않아야 한다.

④ 의무근로시간대

근로자가 의무적으로 출근하여 근로하여야 할 시간대를 정한 경우에는 그 시간대를 명시하여야 한다.

⑤ 선택 근로시간대

근로자가 자유로이 결정할 수 있는 시간대로서 근로자대표와의 서면합의에서 이를 명시하여야 한다.

⑥ 표준근로시간

사용자와 근로자대표가 합의하여 정한 1일의 근로시간을 말한다.

(3) 정산기간을 평균하여 1주의 평균근로시간이 40시간을 초과하지 않을 것

정산기간을 평균하여 1주간의 근로시간이 40시간을 초과하지 않아야 한다.

4. 효력

(1) 연장가산수당의 미적용

사용자가 선택적 근로시간제를 시행하는 경우 1주간 또는 1일의 근로시간이 법정근로시간을 초과하더라도 벌칙의 제재와 연장근로수당의 지급문제는 발생하지 않는다. 다만, 동 제도하에서도 휴일근로·야간근로가 행해지는 경우에는 가산임금이 지급되어야 한다.

(2) 근로시간의 과부족 문제

총근로시간은 당해 정산기간의 소정근로시간을 의미하는 것이므로 당해 정산기간 동안 근로자가 행한 실근로시간이 그에 부족한 경우에는 그 부족분은 결근시간으로 계산되고, 초과하는 경우는 소정근로시간 외의 근로로서 계산된다. 이때 총근로시간이 당해 정산기간의 법정근로시간을 초과하는 경우에는 가산임금이 지급되어야 한다.

(3) 3개월 이내 정산단위와 연속휴식제도

신상품 또는 신기술의 연구개발 업무를 대상으로 하여 정산기간이 3개월 이내인 선택적 근로시간제를 적용하는 경우 사용자는 근로일 종료 후 다음 근로일 시작 전까지 근로자에게 연속하여 11시간 이상의 휴식시간을 주어야 한다. 다만, 천재지변 등 대통령령으로 정하는 불가피한 경우에는 근로자대표와의 서면합의가 있으면 그에 따른다(근기법 제52조 제2항). 서면합의에 따른다 함은 연속휴식제도를 적용하지 않을 수 있음을 의미한다.

(4) 적용제외 근로자

선택적 근로시간제는 18세 미만의 연소근로자에게 적용할 수 없다.

(5) 연장근로

선택적 근로시간제를 시행하는 경우에도 당사자 사이의 합의에 의하여 연장근로가 가능하며, 다만 정산기간을 평균하여 1주간에 12시간을 초과하지 않아야 한다.

Ⅲ. 근로시간 및 휴게의 특례

1. 의의

근기법 제59조 제1항은 운송업과 보건업을 대상으로 사용자가 근로자대표와 서면합의를 한 경우 연장근로 제한시간인 1주 12시간을 초과하여 연장근로하게 하거나 휴게시간을 변경할 수 있도록 규정하고 있다. 이 규정은 근로시간의 법적제한을 그대로 적용하면 공중생활에 불편과 지장을 가져오거나 사업목적의 달성이 어려워질 수 있음을 고려한 것이다.

2. 요건

(1) 대상사업

통계청장이 고시하는 산업에 관한 표준의 중분류 또는 소분류 중 노선여객자동차운송사업을 제외한 육상운송 및 파이프라인 운송업, 수상운송업, 항공운송업, 기타 운송관련 서비스업, 보건업이다.

(2) 사용자는 근로자대표와 서면합의가 있을 것

1) 근로자대표

근로자대표란 근로자의 과반수로 조직된 노동조합이 있는 경우에는 그 노동조합, 이러한 노동조합이 없는 경우에는 근로자의 과반수를 대표하는 자를 말한다.

2) 서면합의 내용

서면합의에서 체결해야 할 사항에 관해서는 아무런 규정이 없으나, 동조의 업종별 변형근로시간제도도 기본적으로 탄력적 근로시간제와 유사한 제도이므로 이를 유추해 볼 때, ① 대상근로자의 범위, ② 연장되는 근로일 및 근로일별 근로시간, ③ 서면합의의 유효기간 등이 포함되어야 한다.

3. 효과

(1) 연장근로의 한도 적용배제

근로시간특례적용근로자에 대해서는 연장근로제한시간인 1주 12시간을 초과하여 연장근로를 시킬 수 있다. 업종별 변형근로시간제는 연장근로에 대한 가산임금을 지급하여야 한다.

(2) 연속휴식제도

사용자는 근로일 종료 후 다음 근로일 개시 전까지 근로자에게 연속하여 11시간 이상의 휴식시간을 주어야 한다(근기법 제59조 제2항).

(3) 휴게시간의 특례

근로자시간특례적용근로자에 대해서는 휴게시간을 변경할 수 있다. 휴게시간을 변경할 수 있다는 것은 근로시간이 4시간인 경우에는 30분 이상, 8시간인 경우에는 1시간 이상의 휴게시간을 변경할 수 있다는 것을 의미한다. 휴게시간을 전혀 주지 않는다거나 또는 휴게시간을 단축해서는 안 된다.

4. 적용배제

(1) 탄력적·선택적 근로시간제의 적용배제

업종별 변형근로시간제는 합의연장근로를 초과한 경우에만 적용되는 규정이므로 탄력적·선택적 근로시간제에는 적용될 수 없다.

(2) 연소근로자 및 임산부의 적용배제

업종별 변형근로시간제는 합의연장근로에 대한 특례규정이므로 연소자, 임산부, 유해·위험작업 종사자에게는 적용되지 않는다.

(3) 휴일과 휴가의 경우

주휴일이나 연차유급휴가 등은 특례대상이 아니므로 당연히 부여하여야 한다.

Ⅳ. 근로시간·휴게·휴일의 적용제외

1. 의의

근기법은 모든 사업과 근로자에게 적용되는 것이 원칙이나 사업의 성질 또는 업무의 특수성으로 인하여 근로시간에 대한 규정들을 모든 사업장에 일률적으로 적용하는 것이 적절하지 않는 경우가 있다. 이에 근기법 제63조에서는 일정한 사업과 근로자에 대하여 근기법 제4장과 제5장에서 정하는 근로시간·휴게·휴일에 관한 규정을 적용하지 않는다고 규정하고 있다.

2. 적용요건

(1) 적용이 제외되는 사업과 근로자

1) 농림수산업 종사자

토지경작 등의 농림수산업 종사자에 대하여 근로시간·휴게·휴일에 관한 규정이 적용되지 않는다.

2) 감시 또는 단속적으로 근로에 종사하는 자 중 고용노동부장관의 승인을 받은 사람

① 감시 또는 단속적 근로에 종사하는 근로자

감시 또는 단속적으로 근로에 종사하는 근로자는 다른 업무에 비하여 근로의 밀도가 낮고 신체적 피로나 정신적인 긴장이 적기 때문에 근로시간 등의 규정을 적용 제외하더라도 근로자보호의 취지에 역행하지 않는다고 본다.

감시적 근로란 감시업무를 주업무로 하며 상태적으로 정신적·육체적 피로가 적은 업무를 의미한다. 예컨대, 수위업무·물품감시 등이 이에 속한다. 그러나 이와 같은 업무에서도 고도의 정신적 긴장이 요구되는 업무나 산업안전보건법에서 정한 유해위험작업에 종사하는 자는 제외된다. 단속적 근로란 근로가 간헐적·단속적으로 이루어져 휴게시간 또는 대기시간이 많은 업무를 의미한다. 예컨대, 평소의 업무는 한가하지만 기계고장수리 등 돌발적인 사고의 발생에 대비하여 대기하는 업무 등이 이에 속한다.

② 고용노동부장관의 승인

감시 또는 단속적 근로와 다른 일반적인 근로를 객관적으로 구별한다는 것은 대단히 어렵기 때문에 적용제외의 요건으로 고용노동부장관의 승인을 받도록 하고 있다. 이때 고용노동부장관에게 승인신청을 하는 경우 별도의 노동조합 또는 근로자의 동의를 요하지 않는다.

3) 관리·감독업무 또는 기밀을 취급하는 업무

관리·감독업무란 기업 내의 형식적인 직책과는 관계없이 근로조건의 결정 기타 노무관리에 있어서 사용자와 일체적 지위에 있으면서 출·퇴근 등에 있어서 엄격한 제한을 받지 않는 업무를 말한다. 이러한 업무의 판단기준으로는 출·퇴근시간의 제한 여부, 노무관리상의 지휘권한 유무 등을 기준으로 한다.

기밀을 취급하는 업무란 비서와 같이 그 직무가 경영자의 지위에 있는 자의 활동과 불가분하게 이루어짐으로써 출·퇴근 등에 있어서 엄격한 제한을 받지 않는 업무를 말한다.

3. 효과

(1) 근로시간·휴게·휴일에 관한 규정의 적용배제

근기법 제63조의 적용을 받는 사업과 근로자에 대하여는 근로시간·휴게·휴일에 관한 규정이 적용되지 않는다. 따라서 연장·휴일근로에 대한 가산임금, 연소근로자의 근로시간, 산후 1년 미만자의 시간외근로도 그 적용에서 제외된다.

(2) 적용되는 규정

야간근로에 대한 적용을 배제하지 않고 있으므로 이에 대한 가산임금 지급 부분과 임산부·연소근로자에 대한 야간근로의 금지에 관한 규정은 적용된다. 휴가제도는 근로시간·휴게·휴일제도와 그 취지가 다르므로 근기법 제63조의 사업과 근로자에 대하여 적용된다고 해석된다.

Ⅰ. 의의

휴게시간이란 근로자가 근로시간 도중에 사용자의 지휘·명령으로부터 벗어나 자유로이 이용할 수 있는 시간을 말한다. 이러한 휴게시간을 보장하기 위하여 근로기준법 제54조에서는 근로시간이 4시간인 경우에는 30분 이상, 8시간인 경우에는 1시간 이상의 휴게시간을 근로시간 도중에 주도록 규정하고 있다.

Ⅱ. 입법취지

휴게시간제도는 근로자의 피로회복과 직장에서 최소한도의 사회적·문화적 생활을 확보하고, 작업능률 향상 및 업무상 재해를 방지하기 위하여 마련된 제도이다.

Ⅲ. 휴게시간의 길이와 부여방법

1. 휴게시간의 길이

사용자는 근로시간이 4시간인 경우에는 30분 이상, 8시간인 경우에는 1시간 이상의 휴게시간을 주어야 한다.

2. 휴게시간의 부여방법

(1) 도중부여의 원칙

휴게시간은 근로시간의 도중에 부여하여야 한다. 따라서 휴게시간을 시업 전 또는 종업 후에 주는 것은 허용되지 않는다.

(2) 일제부여의 원칙

휴게시간은 원칙적으로 일시에 주는 것이 원칙이나 사회통념상 합리성이 인정된다면 나누어 줄 수도 있을 것이다.

Ⅳ. 자유이용의 원칙

1. 의의

휴게시간은 사용자의 지휘·감독에서 벗어난 시간이므로 근로자는 휴게시간을 자유로이 이용할 수 있다.

2. 한계

휴게시간은 근로자가 자유로이 이용할 수 있는 시간이지만 시업에서 종업까지의 "구속시간" 중의 시간이므로 사용자로부터 일정한 제한을 받는다.

3. 휴게시간 중의 조합활동 · 정치활동

휴게시간 중의 조합활동 · 정치활동은 다른 근로자의 휴게를 방해하거나 직장질서를 문란하게 하지 않는 한 이를 위법으로 볼 수 없다.

V. 적용제외

1. 휴게시간의 특례

근로시간 및 휴게시간의 특례규정인 근기법 제59조에 의하여 본조 휴게시간은 변경될 수 있다.

2. 근로기준법 제63조의 적용의 제외

근기법 제63조의 적용을 받는 사업과 근로자에 대하여는 휴게에 관한 규정이 적용되지 않는다.

VI. 관련문제

1. 대기시간과 휴게시간

대기시간은 근로시간에 포함되지만 휴게시간은 근로시간에서 제외된다.

2. 브레이크 타임제

브레이크 타임제란 근무시간 중 작업량이 현저히 적거나 없는 시간을 이용하여 법이 정한 휴게시간 이상의 장시간을 휴식케 하는 제도이다. 근기법은 휴게시간의 최저기준만을 정하고 있으므로 이를 위법으로 볼 수는 없다.

3. 육아시간과의 관계

생후 1년 미만의 유아를 가진 여성근로자는 이 규정의 휴게시간 이외에 1일 2회 각 30분 이상의 육아시간 (유급수유시간)을 청구할 수 있다.

4. 둘 이상의 사업장에 걸친 경우

근로시간통산의 원칙에 따라 나중에 사용하는 사업장에서 소정의 휴게시간을 줄 책임이 있다.

Ⅰ. 서

1. 휴일의 의의

휴일은 근로자가 사용자의 지휘·명령으로부터 완전히 벗어나 근로를 제공하지 아니하는 날을 말한다.

2. 휴일제도의 입법취지

근로기준법상의 휴일제도는 근로자의 심신보호 및 여가의 활용을 통한 인간으로서의 사회적·문화적 생활의 향유를 위한 취지에서 규정된 것이다.

3. 휴일과 휴가의 구별 및 관계

휴일과 휴가는 모두 근로자가 사용자의 지휘·명령으로부터 완전히 벗어나는 날이라는 점에서 공통된다. 그러나 휴일은 처음부터 근로의 의무가 없는 날로서 소정근로일에서 제외되는 데 반하여, 휴가는 본래 근로의무가 있는 날이나 근로자의 청구 또는 특별한 법정사유의 충족에 따라 근로의무가 면제된다는 점에 차이가 있다.

4. 휴일의 유형

휴일은 일반적으로 ① 법정휴일과, ② 약정휴일로 나눌 수 있다. 법정휴일은 주휴일, 근로자의 날 등 법률규정에 의하여 반드시 의무적으로 부여하여야 하는 휴일을 말하며, 약정휴일은 회사창립일 등 부여여부·부여조건 및 부여일수에 대하여 단체협약 및 취업규칙 등을 통하여 당사자가 임의로 결정하는 휴일을 말한다.

법정휴일 유급을 부여하여야 하나, 약정휴일은 유·무급 여부를 노·사가 단체협약 및 취업규칙 등에 의하여 임의로 정할 사항이다.

Ⅱ. 주휴일

1. 의의

사용자가 1주일에 소정근로일을 개근한 경우 1일의 휴일을 부여하도록 한 제도를 주휴일 제도라 한다. 근기법 제55조는 사용자는 근로자에 대하여 1주일에 평균 1회 이상의 유급휴일을 부여하여야 한다고 규정하고 있다. 근기법은 주휴제 원칙을 규정하면서 외국과 달리 이를 유급으로 규정하고 있다.

2. 요건

사용자는 1주간의 소정근로일수를 개근한 자에게 1주일에 평균 1회 이상의 유급휴일을 주어야 한다. 개근이란 소정근로일에 출근한 것을 의미한다.

3. 휴일부여 방법

"1회의 휴일"은 24시간의 역일을 의미하지만, 교대제작업의 경우 계속 24시간의 휴식을 주면 된다. 또한 휴일은 반드시 일요일일 필요는 없다.

4. 유급

주휴일은 유급휴일이다. 유급수당은 통상임금을 기준으로 한다.

Ⅲ. 법정유급공휴일

1. 의의

공휴일은 대통령령인 관공서의 공휴일에 관한 규정에 규정된 날을 의미한다. 근기법 제55조 제2항은 사용자가 대통령령으로 정하는 휴일을 유급으로 보장하도록 규정하고 있다. 대통령령으로 정하는 휴일은 관공서의 공휴일에 관한 규정에 따른 공휴일 중 일요일을 제외한 날과 대체공휴일을 말한다.

2. 적용대상

법정유급공휴일은 고용형태 또는 근로형태와 관계없이 상시근로자가 5인 이상인 사업(장)에 적용된다. 다만, 초단시간근로자에 대해서는 적용되지 않는다.

3. 유급휴일

법정유급공휴일은 유급휴일이며 유급수당은 통상임금을 기준으로 한다.

4. 휴일대체제도

(1) 개념

휴일대체제도라 함은 특정한 휴일을 근로일로 하고 대신 통상의 근로일을 휴일로 대체하는 제도를 말한다.

(2) 대체대상 휴일

근기법 제55조 제2항 단서는 법정유급공휴일에 한하여 휴일대체제도를 명시하고 있으나, 주휴일과 약정휴일도 휴일대체가 가능하다고 해석한다.

(3) 요건

휴일대체제도는 근로자대표와의 서면합의를 요건으로 한다. 휴일대체대제는 집단적으로 휴일을 대체하는 것이므로 근로자 대표와의 서면합의가 있으면 근로자의 개별적 동의는 필요하지 않다.

(4) 효과

휴일대체합의를 한 경우 특정의 공휴일은 근로일이 되며 그날 근로를 하지 않은 경우 결근으로 처리될 수 있다. 대체된 휴일에 근로하면 휴일근로에 해당한다.

IV. 적용제외

근기법 제63조의 적용을 받는 사업과 근로자에 대하여는 휴일에 관한 규정이 적용되지 않는다.

V. 위반의 효과

사용자가 1주간의 소정근로일수를 개근한 자에게 주휴일을 주지 않거나, 법정유급공휴일을 부여하지 않으면 2년 이하의 징역 또는 1천만 원 이하의 벌금에 처해진다(근기법 제110조).

제6절 가산임금

I. 의의

가산임금이란 근로자의 기준근로시간을 초과한 근로에 대하여 통상임금에 일정금액을 가산하여 지급하는 임금을 말한다. 근로기준법 제56조는 연장, 야간, 휴일근로에 대하여 일정한 가산율을 곱한 임금을 지급할 것을 규정하고 있다. 이는 근로자의 건강과 문화생활을 확보하기 위하여 사용자로 하여금 시간외근로를 제한하도록 경제적 압력을 주기 위한 것이다.

II. 가산임금의 지급사유

1. 연장근로

연장근로란 법정근로시간을 초과하는 근로를 말한다. 소정근로시간을 초과하지만 법정근로시간의 범위 내인 법내초과근로의 경우에는 근기법상 가산임금지급사유에 해당하지 않는다. 근기법은 연장근로에 대하여 일정한 제한 규정을 두고 있는데 이를 위반한 위법한 연장근로의 경우에도 가산수당을 지급하여야 한다.

2. 야간근로

야간근로란 오후 10시부터 오전 6시까지의 근로를 말한다. 야간근로를 가산수당의 지급사유로 규정하고 있는 것은 주간근로보다 정신적·육체적 피로가 가중된다는 점을 고려한 것이다. 근기법은 연소자와 여성 근로자의 야간근로를 제한하고 있는 바, 이를 위반한 위법한 야간근로에 대하여도 사용자는 가산수당을 지급하여야 한다.

3. 휴일근로

가산수당의 지급사유가 되는 휴일근로에는 근기법이 규정한 법정휴일뿐만 아니라 약정휴일에 근로를 제공한 경우에도 마찬가지로 가산수당을 지급하여야 한다.

> **참조판례** 대법원 1991.5.14. 선고 90다14089 판결
>
> 근로기준법 제46조에 따라 휴일근로수당으로 통상임금의 100분의 50 이상을 가산하여 지급하여야 하는 휴일근로는, 동조가 제45조의 규정에 의한 휴일근로라고 규정하지 아니하고 휴일근로라고만 규정하고 있는 점, 연장시간근로 및 야간근로와 함께 휴일근로를 규정하고 있는 점 등의 취지로 미루어 볼 때, 단순히 근로기준법 제45조 소정의 주휴일제도의 원칙을 유지하기 위한 것만이 아니라, 주휴일이 아닌 법정공휴일이라도 사용자의 필요에 따라 부득이 근로를 하게 된 경우에는 근로자가 근로할 의무가 있는 날에 근로를 한 경우보다는 더 큰 대가가 지급되어야 보상된다는 점을 고려한 것이라고 해석되므로, 동법 제45조 소정의 주휴일근로뿐만 아니라 단체협약이나 취업규칙에 의하여 휴일로 정하여진 법정공휴일 등의 근로도 가리키는 것이라고 보는 것이 상당하다.

Ⅲ. 가산임금의 산정

1. 지급액

사용자는 연장근로에 대하여 통상임금의 100분의 50 이상을 가산한 임금을 근로자에게 지급하여야 한다(근기법 제56조 제1항). 사용자는 8시간 이내의 휴일근로에 대하여는 통상임금의 100분의 50 이상을, 8시간을 초과한 휴일근로에 대하여는 통상임금의 100분의 100 이상을 가산하여 근로자에게 지급하여야 한다(근기법 제56조 제2항). 사용자는 야간근로에 대하여 통상임금의 100분의 50 이상을 가산하여 근로자에게 지급하여야 한다(근기법 제56조 제3항).

2. 가산사유의 중복

(1) 연장근로와 야간근로의 중복

연장근로와 야간근로가 중복되는 경우 각각 가산하여 지급하여야 한다. 즉, 근로제공에 대한 임금 100%에 연장가산 50%와 야간가산 50%를 합한 200%를 지급하여야 한다.

(2) 휴일근로와 야간근로의 중복

휴일근로와 야간근로가 중복되는 경우 각각 가산하여 지급하여야 한다. 즉, 근로제공에 대한 임금 100%에 휴일가산 50%와 야간가산 50%를 합한 200%를 지급하여야 한다.

(3) 연장근로와 휴일근로의 중복

종래 연장근로와 휴일근로가 중복되는 경우에도 중복가산하여 지급하여야 하는지에 대해 견해의 대립
이 있었으며, 대법원은 2018년 6월 21일 전원합의체 판결로 "구 근로기준법상 휴일근로시간은 1주간
기준근로시간 및 1주간 연장근로시간에 포함되지 않는다고 보아야 하므로, 당연한 논리적 귀결로 휴일
근로에 따른 가산임금과 연장근로에 따른 가산임금은 중복하여 지급될 수 없다."라고 판시(대법원
2018.6.21. 선고 2011다112391 판결)하였다. 그러나 2018년 3월 20일 근기법을 개정하여 연장근로와 휴일
근로에 대해 각각 가산율을 규정함으로써 더 이상 연장근로와 휴일근로의 중복가산은 허용되지 않는
것으로 입법적으로 해결하였다.

3. 휴가일근로인 경우

연차휴가, 생리휴가, 산전후휴가 등의 휴가일근로는 가산임금지급제도의 적용취지나 목적이 상이하므로
가산임금의 적용대상이 될 수 없을 것이다.

> **참조판례** 대법원 1991.7.26. 선고 90다카11636 판결
>
> 근로기준법 제46조가 정하는 할증임금지급제도와 동법 제47조, 제48조 소정의 연, 월차휴가제도는 그 취지가 상이한 제
> 도이고, 각 법조문도 휴일과 휴가를 구별하여 규정하고 있는 점에 비추어, 동법 제46조 소정의 "휴일"에는 동법 제47조,
> 제48조 소정의 연, 월차휴가는 포함되지 않는다고 봄이 상당하고, 또한 동법 제48조 제2항에는 휴가총일수가 20일을 초
> 과하는 경우에는 그 초과일수에 대하여 통상임금을 지급하고 유급휴가를 주지 아니할 수 있도록 되어 있어, 20일 이하인
> 휴가일수에 대하여 보상을 지급해야 할 경우에도 통상임금을 추가로 지급하면 된다고 보는 것이 균형상 타당하므로, 연,
> 월차휴가근로수당에 대하여는 동법 제46조 소정의 가산임금(수당)이 포함될 수 없다.

IV. 포괄임금제

1. 의의

포괄임금제란 일정한 연장·야간·휴일근로가 예정된 근무형태에서 기본임금을 미리 정하지 않은 채 가산
임금을 합하여 일정한 금액을 포괄임금으로 지급하는 것을 말한다.

2. 포괄임금제의 인정여부

(1) 문제점

근기법상 근로조건의 명시 및 가산임금 지급 규정 등에 비추어 근로계약을 체결할 때 미리 기본임금
을 정하고 이를 기초로 근로시간에 비례하여 연장·야간·휴일근로에 대한 가산임금을 지급하도록 하
는 것이 원칙이다. 포괄임금제는 근로시간에 상관없이 미리 일정액의 가산임금을 지급하는 임금지급
방식으로 근기법상 임금산정에 반하는 것은 아닌지가 문제된다.

(2) 학설

1) 엄격해석론

이 견해는 근기법의 강행성에 비추어 임금은 근로시간에 비례하여 산정하여야 하므로 포괄임금제는 근로시간 산정이 곤란한 경우에 한하여 예외적으로 인정되는 것으로서 엄격하게 해석하여 제한적으로 적용되어야 한다고 본다.

2) 확대해석론

이 견해는 포괄임금제는 근로계약 당사자가 자유로이 약정할 수 있는 임금약정의 한 형태이므로 근로시간 산정이 곤란한 경우뿐만 아니라 계산의 편의 등을 위한 포괄임금제도 허용된다고 본다.

(3) 판례

대법원은 "근로시간, 근로형태와 업무의 성질 등을 참작하여 계산의 편의와 직원의 근무의욕을 고취하는 뜻에서 기본임금을 미리 산정하지 아니한 채 제 수당을 합한 금액을 월급여액이나 일당임금으로 정하거나 매월 일정액을 제 수당으로 지급하는 내용의 이른바 포괄임금제에 의한 임금지급계약을 체결한 경우에 그것이 근로자에게 불이익이 없고 제반 사정에 비추어 정당하다고 인정될 때에는 그 계약은 유효하다."라고 판시하여 확대해석론을 취한 경우도 있고, "감시·단속적 근로 등과 같이 근로시간의 산정이 어려운 경우가 아니라면 달리 근로기준법상의 근로시간에 관한 규정을 그대로 적용할 수 없다고 볼 만한 특별한 사정이 없는 한 근로기준법상의 근로시간에 따른 임금지급의 원칙이 적용되어야 할 것"이라고 판시하여 엄격해석론을 취한 경우도 있다.

> **참조판례 대법원 2010.5.13. 선고 2008다6052 판결**
>
> 원칙적인 임금지급방법은 근로시간 수의 산정을 전제로 한 것인데, 예외적으로 감시단속적 근로 등과 같이 근로시간, 근로형태와 업무의 성질을 고려할 때 근로시간의 산정이 어려운 것으로 인정되는 경우가 있을 수 있고, 이러한 경우에는 사용자와 근로자 사이에 기본임금을 미리 산정하지 아니한 채 법정수당까지 포함된 금액을 월급여액이나 일당임금으로 정하거나 기본임금을 미리 산정하면서도 법정 제 수당을 구분하지 아니한 채 일정액을 법정 제 수당으로 정하여 이를 근로시간 수에 상관없이 지급하기로 약정하는 내용의 이른바 포괄임금제에 의한 임금 지급계약을 체결하더라도 그것이 달리 근로자에게 불이익이 없고 여러 사정에 비추어 정당하다고 인정될 때에는 유효하다 할 것이다.

> **참조판례 대법원 2006.4.28. 선고 2004다66995·67004 판결**
>
> 사용자는 근로계약을 체결함에 있어서 근로자에 대하여 기본임금을 결정하고 이를 기초로 제 수당을 가산하여 지급함이 원칙이라 할 것이나 근로시간, 근로형태와 업무의 성질 등을 참작하여 계산의 편의와 직원의 근무의욕을 고취하는 뜻에서 기본임금을 미리 산정하지 아니한 채 제 수당을 합한 금액을 월급여액이나 일당임금으로 정하거나 매월 일정액을 제 수당으로 지급하는 내용의 이른바 포괄임금제에 의한 임금지급계약을 체결한 경우에 그것이 근로자에게 불이익이 없고 제반 사정에 비추어 정당하다고 인정될 때에는 이를 무효라고 할 수 없다.

(4) 검토

근로시간의 산정과 임금의 지급에 대한 근기법의 규정은 강행규정이므로 근로시간을 산정하기 곤란한 경우에 한해 포괄임금제를 허용하는 것이 타당하다.

3. 포괄임금약정의 성립

포괄임금약정이 성립하였는지 여부는 근로시간, 근로형태·업무성질, 임금산정단위, 단체협약·취업규칙 내용, 동종사업장 실태 등 여러 사정을 전체적·종합적으로 고려하여 구체적으로 판단한다.

> **참조판례** 대법원 2022.2.10. 선고 2018다298904 판결
>
> 포괄임금제에 관한 약정이 성립하였는지는 근로시간, 근로형태와 업무의 성질, 임금산정의 단위, 단체협약과 취업규칙의 내용, 동종사업장의 실태 등 여러 사정을 전체적·종합적으로 고려해서 구체적으로 판단해야 한다.

4. 허용요건

(1) 대상업무

포괄임금제는 근로시간, 근로형태와 업무의 성질상 실근로시간의 산출이 어렵고, 근기법상 기준근로시간을 초과하는 연장근로·야간근로·휴일근로가 당연히 예상되는 업무를 대상으로 하여야 한다.

(2) 근로자의 동의

포괄임금제가 허용되기 위해서는 근로자의 동의가 있어야 한다. 근로자의 동의는 명시적인 경우뿐만 아니라 묵시적 동의로도 족하다. 묵시적 동의가 인정되기 위해서는 근로시간, 정하여진 임금의 형태나 수준 등 제반 사정에 비추어 사용자와 근로자 사이에 정액의 월급여액이나 일당임금 외에 추가로 어떠한 수당도 지급하지 않기로 하거나 특정한 수당을 지급하지 않기로 하는 합의가 있었다고 객관적으로 인정되는 경우이어야 한다. 대법원 역시 "단체협약이나 취업규칙 및 근로계약서에 포괄임금이라는 취지를 명시하지 않았음에도 묵시적 합의에 의한 포괄임금약정이 성립하였다고 인정하기 위해서는, 근로형태의 특수성으로 인하여 실제 근로시간을 정확하게 산정하는 것이 곤란하거나 일정한 연장·야간·휴일근로가 예상되는 경우 등 실질적인 필요성이 인정될 뿐 아니라, 근로시간, 정하여진 임금의 형태나 수준 등 제반 사정에 비추어 사용자와 근로자 사이에 정액의 월급여액이나 일당임금 외에 추가로 어떠한 수당도 지급하지 않기로 하거나 특정한 수당을 지급하지 않기로 하는 합의가 있었다고 객관적으로 인정되는 경우이어야 한다."라고 판시하였다.

> **참조판례** 대법원 2012.3.29. 선고 2010다91046 판결
>
> 포괄임금제에 관한 약정이 성립하였는지는 근로시간, 근로형태와 업무의 성질, 임금 산정의 단위, 단체협약과 취업규칙의 내용, 동종 사업장의 실태 등 여러 사정을 전체적·종합적으로 고려하여 구체적으로 판단하여야 하고, 비록 개별 사안에서 근로형태나 업무의 성격상 연장·야간·휴일근로가 당연히 예상된다고 하더라도 기본급과는 별도로 연장·야간·휴일근로수당 등을 세부항목으로 명백히 나누어 지급하도록 단체협약이나 취업규칙, 급여규정 등에 정하고 있는 경우는 포괄임금제에 해당하지 아니하며, 단체협약 등에 일정 근로시간을 초과한 연장근로시간에 대한 합의가 있다거나 기본급에 수당을 포함한 금액을 기준으로 임금인상률을 정하였다는 사정 등을 들어 바로 위와 같은 포괄임금제에 관한 합의가 있다고 섣불리 단정할 수는 없다.

(3) 근로자에게 불이익이 없을 것

포괄임금제가 허용되기 위해서는 근로자에게 불이익이 없어야 한다. 대법원 역시 "포괄임금제에 의한 임금 지급계약을 체결하더라도 그것이 달리 근로자에게 불이익이 없고 여러 사정에 비추어 정당하다고 인정될 때에는 유효하다."라고 판시하였다.

> **참조판례** 대법원 2010.5.13. 선고 2008다6052 판결
>
> 원칙적인 임금지급방법은 근로시간 수의 산정을 전제로 한 것인데, 예외적으로 감시단속적 근로 등과 같이 근로시간, 근로형태와 업무의 성질을 고려할 때 근로시간의 산정이 어려운 것으로 인정되는 경우가 있을 수 있고, 이러한 경우에는 사용자와 근로자 사이에 기본임금을 미리 산정하지 아니한 채 법정수당까지 포함된 금액을 월급여액이나 일당임금으로 정하거나 기본임금을 미리 산정하면서도 법정 제 수당을 구분하지 아니한 채 일정액을 법정 제 수당으로 정하여 이를 근로시간 수에 상관없이 지급하기로 약정하는 내용의 이른바 포괄임금제에 의한 임금 지급계약을 체결하더라도 그것이 달리 근로자에게 불이익이 없고 여러 사정에 비추어 정당하다고 인정될 때에는 유효하다 할 것이다.

5. 효과

포괄임금제가 허용요건을 모두 갖춘 경우 포괄임금으로 지급받은 제수당에는 각종 수당이 모두 포함되었다고 볼 것이므로 추가임금의 청구는 허용되지 않는 것이 원칙이다. 그러나 여러 사정에 비추어 포괄임금제에 의한 임금지급계약이 근로자에게 불이익하다고 인정되는 경우에는 근기법의 강행성과 보충성에 비추어 사용자는 추가임금을 지급하여야 한다.

6. 근로시간산정이 가능한 경우

(1) 포괄임금약정의 허용여부

근로시간 산정이 가능한 경우에는 포괄임금약정을 하였더라도 이러한 임금지급계약은 무효이며, 사용자는 근로자가 실제로 근무한 근로시간에 따라 시간외근로·야간근로·휴일근로 등이 있으면 그에 상응하는 시간외근로수당·야간근로수당·휴일근로수당 등의 법정수당을 산정하여 지급하여야 한다. 대법원은 "근로시간의 산정이 어려운 경우가 아니라면 달리 근로기준법의 근로시간에 관한 규정을 그대로 적용할 수 없다고 볼 만한 특별한 사정이 없는 한 근로기준법상의 근로시간에 따른 임금지급의 원칙이 적용되어야 할 것"이라고 판시한 바 있다.

> **참조판례** 대법원 2020.6.25. 선고 2015다8803 판결
>
> 근로시간의 산정이 어려운 경우가 아니라면 근로기준법상의 근로시간에 관한 규정을 그대로 적용할 수 없다고 볼 만한 특별한 사정이 없는 한 근로기준법상의 근로시간에 따른 임금 지급의 원칙이 적용되어야 하므로, 이러한 경우에 앞서 본 포괄임금제 방식의 임금 지급계약을 체결한 때에는 그것이 근로기준법이 정한 근로시간에 관한 규제를 위반하는지를 따져, 포괄임금에 포함된 법정수당이 근로기준법이 정한 기준에 따라 산정된 법정수당에 미달한다면 그에 해당하는 포괄임금제에 의한 임금 지급계약 부분은 근로자에게 불이익하여 무효라 할 것이고, 사용자는 근로기준법의 강행성과 보충성 원칙에 의하여 근로자에게 그 미달되는 법정수당을 지급할 의무가 있다.

(2) 추가임금의 청구가부

포괄임금에 포함된 정액의 법정수당이 근기법이 정한 기준에 따라 산정된 법정수당에 미달하는 때에는 그에 해당하는 포괄임금제에 의한 임금 지급계약 부분은 근로자에게 불이익하여 무효라 할 것이고, 사용자는 근기법의 강행성과 보충성 원칙에 의해 근로자에게 그 미달되는 법정수당을 지급할 의무가 있다. 대법원은 "근로시간의 산정이 어려운 등의 사정이 없음에도 포괄임금제 방식으로 약정된 경우 그 포괄임금에 포함된 정액의 법정수당이 근로기준법이 정한 기준에 따라 산정된 법정수당에 미달하는 때에는 그에 해당하는 포괄임금제에 의한 임금 지급계약 부분은 근로자에게 불이익하여 무효라 할 것이고, 사용자는 근로기준법의 강행성과 보충성 원칙에 의해 근로자에게 그 미달되는 법정수당을 지급할 의무가 있다."라고 판시하였다.

> 📖 **참조판례** 대법원 2010.5.13. 선고 2008다6052 판결
>
> 구 근로기준법(2007.4.11. 법률 제8372호로 전부 개정되기 전의 것) 제22조(현행법 제15조)에서는 근로기준법에 정한 기준에 미치지 못하는 근로조건을 정한 근로계약은 그 부분에 한하여 무효로 하면서(근로기준법의 강행성) 그 무효로 된 부분은 근로기준법이 정한 기준에 의하도록 정하고 있으므로(근로기준법의 보충성), 근로시간의 산정이 어려운 등의 사정이 없음에도 포괄임금제 방식으로 약정된 경우 그 포괄임금에 포함된 정액의 법정수당이 근로기준법이 정한 기준에 따라 산정된 법정수당에 미달하는 때에는 그에 해당하는 포괄임금제에 의한 임금 지급계약 부분은 근로자에게 불이익하여 무효라 할 것이고, 사용자는 근로기준법의 강행성과 보충성 원칙에 의해 근로자에게 그 미달되는 법정수당을 지급할 의무가 있다.

V. 선택적 보상휴가제

사용자는 근로자대표와의 서면합의에 따라 연장·야간·휴일근로에 대하여 지급되는 임금에 갈음하여 휴가를 부여할 수 있다. 동 제도는 근로자와 사용자의 임금과 휴가에 대한 선택의 폭을 확대하기 위하여 마련된 제도이다.

VI. 위반의 효과

근기법 제56조는 강행규정이므로 비록 노사간의 합의에 의해 가산임금을 지급하지 않기로 정하였더라도 그 합의는 무효이고, 가산임금을 지급하지 않은 사용자는 3년 이하의 징역 또는 2천만 원 이하의 벌금에 처해진다(근기법 제109조).

제7절 연차유급휴가

I. 연차유급휴가의 의의

휴가란 처음부터 근로제공의무가 없는 휴일과는 달리 본래 근로일인데도 불구하고 근로제공의무가 면제되는 날을 말한다. 이러한 휴가제도는 근로자의 피로회복과 여가를 통한 사회적·문화적 생활을 보장하기 위하여 마련된 제도이다.

연차유급휴가란 일정한 기간 계속근로한 근로자에게 유급으로 근로의무가 면제되는 휴가를 부여하도록 하는 제도로써, 근로기준법은 사용자는 1년 동안 80% 이상 출근한 근로자에게는 15일의 유급휴가를 주어야 하고 계속근로기간이 1년 미만인 근로자와 1년 동안 80% 미만 출근한 근로자에게는 1월 개근시 1일의 유급휴가를 주어야 하며, 3년 이상 계속하여 근로한 자에게는 15일의 기본휴가일수에 최초 1년을 초과하는 계속근로연수 매 2년에 대하여 1일을 가산하여 연차유급휴가를 부여하도록 규정하고 있다(근기법 제60조 제1항·제2항·제4항).

II. 연차유급휴가의 취지

연차휴가는 비교적 장기간에 걸쳐 근로의무를 면제해 줌으로써 근로자로 하여금 신체적 또는 정신적 건강을 회복하도록 하는 동시에 근로자의 사회적, 문화적 생활을 충분히 보장해 주려는 데 그 기본적인 취지가 있다.

III. 연차휴가권의 법적 성질

1. 청구권설

청구권설에 의하면 연차유급휴가권은 사용자에 대하여 연차유급휴가를 부여할 것을 청구하는 청구권이며, 이 경우 연차유급휴가가 유효하게 성립하기 위하여는 사용자의 승인을 필요로 한다고 한다. 다만, 사용자는 "사업운영에 심대한 지장이 있는 경우"를 제외하고는 이를 의무적으로 승인하여야 한다는 구속을 받고 있다고 한다.

2. 형성권설

형성권설에 의하면 연차유급휴가권은 사용자의 급부행위를 청구하는 청구권을 의미하는 것이 아니라 연차유급휴가의 시기와 종기를 근로자가 일방적으로 결정할 수 있는 권리를 말한다고 한다. 즉, 연차유급휴가는 근로자의 일방적인 의사표시에 의하여 성립하고, 사용자의 승인은 연차유급휴가의 성립요건과는 관계가 없다고 하며, 사용자의 시기변경권은 연차유급휴가의 효력발생을 소극적으로 저지하는 것에 불과하다고 한다.

3. 시기지정권설

시기지정권설에 의하면 근로자가 제60조 제1항 또는 제2항의 법적 요건을 갖추게 되면 동시에 연차유급휴가권이 발생한다고 한다. 다시 말하면, 연차유급휴가권은 청구권설과 같이 청구와 승인에 의하여 발생하는 권리도 아니고, 근기법에 의하여 당연히 인정되는 근로자의 권리라고 한다. 그러므로 근로자의 연차유급휴가의 청구는 연차유급휴가시기의 지정을 의미한다고 한다.

4. 종류채권설

종류채권설에 의하면 근로자의 연차유급휴가권은 일종의 종류채권이며, 제60조 제5항의 청구는 이 종류채권을 특정하기 위한 지정 내지 의사표시라고 한다.

5. 이분설

이분설은 연차유급휴가권과 시기지정권을 구분하는 설이다. 즉, 근로자의 연차유급휴가의 권리는 제60조 제1항과 제2항의 요건을 갖추게 되면 법률상 당연히 발생하는 권리이며, 근로자의 청구에 의하여 권리가 발생하는 것은 아니라고 한다. 그리고 제60조 제5항의 연차유급휴가의 청구는 이미 발생한 연차유급휴가권에 대하여 구체적인 시기를 특정하기 위한 시기지정구권을 정한 것이라 한다.

Ⅳ. 휴가청구권의 발생요건

1. 산정기간

1년 이상 계속 근로한 근로자의 연차휴가 산정기간은 1년이고, 1년 미만 계속 근로한 근로자와 80% 미만 출근한 근로자의 연차휴가 산정기간은 1개월이다. 여기서 1년 또는 1개월은 과거의 1년 또는 1개월을 의미하고, 처음 1년 또는 1개월의 산정기간은 당해 근로자가 입사한 날부터 기산함이 원칙이다. 그러나 다수의 근로자 개인의 채용일은 각기 다른 것이 일반적이므로 동일한 사업장 내에서 기산일의 통일을 기하기 위하여, 모든 근로자에게 획일적으로 적용되는 기산일을 정하여도 무방하다.

2. 출근율

(1) 개념

계속근로연수가 1년 이상인 근로자의 경우 80% 이상을, 계속근로연수가 1년 미만인 근로자의 경우 1개월을 개근한 경우에 연차유급휴가청구권이 발생한다(근기법 제60조 제1항·제2항). 출근율은 소정근로일수에 대한 출근일수의 비율이다. 소정근로일은 취업규칙 등 당사자의 합의로 근로를 제공하기로 한 날을 의미하므로, 유급주휴일, 근로자의 날, 취업규칙 등에서 정한 휴일을 제외한 날을 말한다.

(2) 출근간주

일정한 경우 현실적으로 출근하지 않더라도 근로자를 불리하게 대우해서는 안 된다는 점에서 출근한 것으로 보아야 할 경우가 있다. 근기법 제60조 제6항은 업무상 부상·질병으로 휴업한 기간과 임신 중의 여성이 출산전후휴가 또는 유사산휴가를 사용한 기간, 육아휴직기간은 연차유급휴가의 출근율 산정에 관하여는 출근한 것으로 간주하는 규정을 두고 있다.

명문의 규정은 없지만 출산전후휴가처럼 법률상 근로자의 권리로 규정되어 있는 연차휴가·생리휴가 기간, 관계법령상 휴무일로 하지 않도록 되어 있는 공민권행사·예비군 훈련·민방위 훈련 등의 기간은 출근한 것으로 보아야 한다.

(3) 쟁의행위 참가기간의 출근율 산정

1) 문제의 소재

쟁의행위에 참가한 기간의 경우 실제 근로를 제공하지 않았다는 점에서 출근율 산정에서 어떻게 처리할 것인지에 관해 견해가 대립한다.

2) 학설

① 소정근로일제외설

이 견해는 사용자의 귀책사유로 휴업한 기간과 쟁의행위에 참가한 기간은 근로자에게 근로제공 의무가 없다고 할 것이고, 해당 기간이 출근율에 부정적인 영향을 주지 않아야 한다는 점에서 처음부터 문제의 가간을 소정근로일 자체에서 제외해야 한다고 본다.

② 비례삭감설

이 견해는 휴가의 부여는 출근한 경우와 형평을 갖추어야 한다는 점에서 문제의 기간을 소정근로일수에서 제외하되, 휴가일수는 연간 총소정근로일수에 대한 나머지 소정근로일수 비율을 곱하여 산정해야 한다고 본다.

③ 출근간주설

이 견해는 사용자의 귀책사유로 휴업한 기간과 쟁의행위에 참가한 기간은 근로자에게 불이익하게 작용해서는 안 된다는 점에서 문제의 기간은 소정근로일수에 포함하고 출근한 것으로 인정되어야 한다고 본다.

3) 판례

대법원은 "근로자가 1년간 8할 이상 출근하였는지는 1년간의 총 역일에서 법령, 단체협약, 취업규칙 등에 의하여 근로의무가 없는 날로 정하여진 날을 제외한 나머지 일수, 즉 연간 근로의무가 있는 일수(이하 '연간 소정근로일수'라고 한다)를 기준으로 그중 근로자가 현실적으로 근로를 제공한 날이 얼마인지를 비율적으로 따져 판단하여야 한다."라고 하면서, 정당한 쟁의행위 기간과 육아휴직 기간은 현실적 근로제공이 없었다는 점을 고려하여 "연간 소정근로일수에서 쟁의행위 등 기간이 차지하는 일수를 제외한 나머지 일수를 기준으로 근로자의 출근율을 산정하여 연차유급휴가 취득 요건의 충족 여부를 판단하되, 그 요건이 충족된 경우에는 본래 평상적인 근로관계에서 8할의 출근율을 충족할 경우 산출되었을 연차유급휴가일수에 대하여 '연간 소정근로일수에서 쟁의행위 등 기간이 차지하는 일수를 제외한 나머지 일수'를 '연간 소정근로일수'로 나눈 비율을 곱하여 산출된 연차유급휴가일수를 근로자에게 부여함이 합리적이다."라고 판시하여 비례삭감설의 입장이다.

📖 **참조판례** 대법원 2013.12.26. 선고 2011다4629 판결

근로자가 정당한 쟁의행위를 하거나 '남녀고용평등과 일·가정 양립 지원에 관한 법률'(이하 '남녀고용평등법'이라한다)에 의한 육아휴직(이하 양자를 가리켜 '쟁의행위 등'이라 한다)을 하여 현실적으로 근로를 제공하지 아니한경우, 쟁의행위 등은 헌법이나 법률에 의하여 보장된 근로자의 정당한 권리행사이고 그 권리행사에 의하여 쟁의행위 등 기간 동안 근로관계가 정지됨으로써 근로자는 근로의무가 없으며, 쟁의행위 등을 이유로 근로자를 부당하거나 불리하게 처우하는 것이 법률상 금지되어 있으므로(노동조합 및 노동관계조정법 제3조, 제4조, 제81조 제5호, 남녀고용평등법 제19조 제3항), 근로자가 본래 연간 소정근로일수에 포함되었던 쟁의행위 등 기간 동안 근로를 제공하지 아니하였다 하더라도 이를 두고 근로자가 결근한 것으로 볼 수는 없다. 그런데 다른 한편 그 기간동안 근로자가 현실적으로 근로를 제공한 바가 없고, 근로기준법, 노동조합 및 노동관계조정법, 남녀고용평등법등 관련 법령에서 그 기간 동안 근로자가 '출근한 것으로 본다'는 규정을 두고 있지도 아니하므로, 이를 두고 근로자가 출근한 것으로 의제할 수도 없다. 따라서 이러한 경우에는 헌법과 관련 법률에 따라 쟁의행위 등 근로자의정당한 권리행사를 보장하고, 아울러 근로자에게 정신적·육체적 휴양의 기회를 제공하고 문화적 생활의 향상을기하려는 연차유급휴가 제도의 취지를 살리는 한편, 연차유급휴가가 1년간의 근로에 대한 대가로서의 성질을 갖고 있고 현실적인 근로의 제공이 없었던 쟁의행위 등 기간에는 원칙적으로 근로에 대한 대가를 부여할 의무가 없는 점 등을 종합적으로 고려할 때, 연간 소정근로일수에서 쟁의행위 등 기간이 차지하는 일수를 제외한 나머지일수를 기준으로 근로자의 출근율을 산정하여 연차유급휴가 취득 요건의 충족 여부를 판단하되, 그 요건이 충족된 경우에는 본래 평상적인 근로관계에서 8할의 출근율을 충족할 경우 산출되었을 연차유급휴가일수에 대하여'연간 소정근로일수에서 쟁의행위 등 기간이 차지하는 일수를 제외한 나머지 일수'를 '연간 소정근로일수'로 나눈비율을 곱하여 산출된 연차유급휴가일수를 근로자에게 부여함이 합리적이다.

4) 검토

소정근로일제외설은 문제의 기간이 산정기간 전체에 걸친 경우에는 출근율 산정이 불가능하여 이를 어떻게 처리해야 할지 알 수 없으며, 비례삭감설은 출근율 산정불가능의 문제도 지니고 있고, 해당기간의 길이에 따라 휴가일수를 비례적으로 삭감할 수 있는 법률상 근거가 없다는 점에서 출근간주설이 타당하다. 다만, 쟁의행위에 참가한 경우는 정당한 쟁의행위에 참가한 경우로 한정해야할 것이다. 노동조합법 제81조의 규정취지상 정당한 단체행동에 참가한 경우에 한해 불이익취급이금지되고 있다는 점에서도 그러하다.

(4) 직장폐쇄기간의 출근율 산정

정당한 직장폐쇄는 근로자의 근로수령을 정당하게 거부할 수 있으므로 소정근로일에서 제외된다. 그러나 노동조합의 쟁의행위가 위법한 경우라면 근로자가 위법한 쟁의행위에 참가한 기간은 근로자의귀책사유로 근로를 제공하지 않은 기간이므로 연간 소정근로일수에 포함시키되 결근한 것으로 취급한다. 이와 달리 사용자의 위법한 직장폐쇄로 인하여 근로자가 출근하지 못한 기간을 근로자에 대하여불리하게 고려할 수는 없으므로 원칙적으로 그 기간은 연간 소정근로일수 및 출근일수에 모두 산입되는 것으로 보는 것이 타당하다. 다만, 위법한 직장폐쇄 중 근로자가 쟁의행위에 참가하였거나 쟁의행위 중 위법한 직장폐쇄가 이루어진 경우에 만일 위법한 직장폐쇄가 없었어도 해당 근로자가 쟁의행위에 참가하여 근로를 제공하지 않았을 것이 명백하다면, 이러한 쟁의행위가 적법한지 여부를 살펴 적법한 경우에는 그 기간을 연간 소정근로일수에서 제외하고, 위법한 경우에는 연간 소정근로일수에 포함시키되 결근한 것으로 처리하여야 한다. 이처럼 위법한 직장폐쇄가 없었다고 하더라도 쟁의행위에 참가하여 근로를 제공하지 않았을 것임이 명백한지는 쟁의행위에 이른 경위 및 원인, 직장폐쇄 사유와의관계, 해당 근로자의 쟁의행위에서의 지위 및 역할, 실제 이루어진 쟁의행위에 참가한 근로자의 수 등제반 사정을 참작하여 신중하게 판단하여야 하고, 그 증명책임은 사용자에게 있다.

참조판례 대법원 2019.2.14. 선고 2015다66052 판결

사용자의 적법한 직장폐쇄로 인하여 근로자가 출근하지 못한 기간은 원칙적으로 연차휴가일수 산정을 위한 연간 소정 근로일수에서 제외되어야 한다. 다만, 노동조합의 쟁의행위에 대한 방어수단으로서 사용자의 적법한 직장폐쇄가 이루 어진 경우, 이러한 적법한 직장폐쇄 중 근로자가 위법한 쟁의행위에 참가한 기간은 근로자의 귀책으로 근로를 제공하 지 않은 기간에 해당하므로, 연간 소정근로일수에 포함시키되 결근한 것으로 처리하여야 한다.

이와 달리 사용자의 위법한 직장폐쇄로 인하여 근로자가 출근하지 못한 기간을 근로자에 대하여 불리하게 고려할 수 는 없으므로 원칙적으로 그 기간은 연간 소정근로일수 및 출근일수에 모두 산입되는 것으로 보는 것이 타당하다. 다 만, 위법한 직장폐쇄 중 근로자가 쟁의행위에 참가하였거나 쟁의행위 중 위법한 직장폐쇄가 이루어진 경우에 만일 위 법한 직장폐쇄가 없었어도 해당 근로자가 쟁의행위에 참가하여 근로를 제공하지 않았을 것이 명백하다면, 이러한 쟁 의행위가 적법한지 여부를 살펴 적법한 경우에는 그 기간을 연간 소정근로일수에서 제외하고, 위법한 경우에는 연간 소정근로일수에 포함시키되 결근한 것으로 처리하여야 한다. 이처럼 위법한 직장폐쇄가 없었다고 하더라도 쟁의행위 에 참가하여 근로를 제공하지 않았을 것임이 명백한지는 쟁의행위에 이른 경위 및 원인, 직장폐쇄 사유와의 관계, 해 당 근로자의 쟁의행위에서의 지위 및 역할, 실제 이루어진 쟁의행위에 참가한 근로자의 수 등 제반 사정을 참작하여 신중하게 판단하여야 하고, 그 증명책임은 사용자에게 있다.

(5) 노조전임기간

노조전임기간은 근로제공의무가 면제되므로 연차휴가일수 산정을 위한 연간 소정근로일수에서 제외 된다.

참조판례 대법원 2019.2.14. 선고 2015다66052 판결

한편 노동조합의 전임자(이하 '노동조합전임자'라고 한다)는 사용자와의 사이에 기본적 노사관계는 유지되고 근로자 로서의 신분도 그대로 가지는 것이지만 근로제공의무가 면제되고 사용자의 임금지급의무도 면제된다는 점에서 휴직 상태에 있는 근로자와 유사하다. 이러한 노동조합전임자 제도가 단체협약 또는 사용자의 동의에 근거한 것으로 근로 자의 단결권 유지·강화를 위해 필요할 뿐만 아니라 사용자의 노무관리업무를 대행하는 성격 역시 일부 가지는 점 등 을 고려하면, 노동조합전임기간 동안 현실적으로 근로를 제공하지 않았다고 하더라도 결근한 것으로 볼 수 없고, 다 른 한편 노동조합 및 노동관계조정법 등 관련 법령에서 출근한 것으로 간주한다는 규정 역시 두고 있지 않으므로 출 근한 것으로 의제할 수도 없다. 결국, 근로제공의무가 면제되는 노동조합전임기간은 연차휴가일수 산정을 위한 연간 소정근로일수에서 제외함이 타당하다. 다만, 노동조합전임기간이 연차휴가 취득 기준이 되는 연간 총근로일 전부를 차지하고 있는 경우라면, 단체협약 등에서 달리 정하지 않는 한 이러한 노동조합전임기간에 대하여는 연차휴가에 관 한 권리가 발생하지 않는다.

그리고 위와 같이 연간 소정근로일수에서 노동조합전임기간 등이 차지하는 일수를 제외한 후 나머지 일수(이하 '실질 소정근로일수'라고 한다)만을 기준으로 근로자의 출근율을 산정하여 연차휴가 취득 요건의 충족 여부를 판단하게 되 는 경우, 연차휴가 제도의 취지, 연차휴가가 가지는 1년간의 근로에 대한 대가로서의 성질, 연간 소정근로일수에서 제 외하지 않고 결근으로 처리할 때 인정되는 연차휴가일수와의 불균형 등을 고려하면, 해당 근로자의 출근일수가 연간 소정근로일수의 8할을 밑도는 경우에 한하여, 본래 평상적인 근로관계에서 8할의 출근율을 충족할 경우 산출되었을 연차휴가일수에 대하여 실질 소정근로일수를 연간 소정근로일수로 나눈 비율을 곱하여 산출된 연차휴가일수를 근로 자에게 부여함이 합리적이다.

이러한 법리는 단체협약에서 정한 연월차휴가와 관련하여 연월차휴가 취득을 위한 출근율과 실질 소정근로일수를 기 준으로 한 연차휴가일수를 산정할 때에도 다른 정함이 없는 한 마찬가지로 적용된다.

(6) 사용자의 귀책사유로 휴업한 기간

근로자는 근로제공의사가 있음에도 사용자의 귀책사유로 휴업하여 출근하지 못한 경우 당연히 출근한 것으로 보아야 한다.

> **참조판례 대법원 2014.3.13. 선고 2011다95519 판결**
>
> 근로자가 부당해고로 인하여 지급받지 못한 임금이 연차휴가수당인 경우에도 해당 근로자의 연간 소정근로일수와 출근일수를 고려하여 근로기준법 제60조 제1항의 요건을 충족하면 연차유급휴가가 부여되는 것을 전제로 연차휴가수당을 지급하여야 하고, 이를 산정하기 위한 연간 소정근로일수와 출근일수를 계산할 때 사용자의 부당해고로 인하여 근로자가 출근하지 못한 기간을 근로자에 대하여 불리하게 고려할 수는 없으므로 그 기간은 연간 소정근로일수 및 출근일수에 모두 산입되는 것으로 보는 것이 타당하며, 설령 부당해고기간이 연간 총근로일수 전부를 차지하고 있는 경우에도 달리 볼 수는 없다.

(7) 근로자의 정직 또는 직위해제기간

정직이나 직위해제 등의 징계를 받은 근로자는 징계기간 중 근로자의 신분을 보유하면서도 근로의무가 면제되어 현실적인 근로를 제공하지 않으므로 해당기간은 출근일수에 포함되지 않는다.

> **참조판례 대법원 2008.10.9. 선고 2008다41666 판결**
>
> 구 근로기준법(2003.9.15. 법률 6974호로 개정되기 전의 것) 제59조는 "사용자는 1년간 개근한 근로자에 대하여는 10일, 9할 이상 출근한 자에 대하여는 8일의 유급휴가를 주어야 한다."라고 규정하면서 '개근'이나 '9할 이상 출근한 자'에 관하여 아무런 정의 규정을 두고 있지 않은바, 위 규정에 의한 연차유급휴가는 근로자에게 일정기간 근로의무를 면제함으로써 정신적·육체적 휴양의 기회를 제공하고 문화적 생활의 향상을 기하려는 데 그 의의가 있다. 그런데 정직이나 직위해제 등의 징계를 받은 근로자는 징계기간 중 근로자의 신분을 보유하면서도 근로의무가 면제되므로, 사용자는 취업규칙에서 근로자의 정직 또는 직위해제 기간을 소정 근로일수에 포함시키되 그 기간 중 근로의무가 면제되었다는 점을 참작하여 연차유급휴가 부여에 필요한 출근일수에는 포함하지 않는 것으로 규정할 수 있고, 이러한 취업규칙의 규정이 구 근로기준법 제59조에 반하여 근로자에게 불리한 것이라고 보기는 어렵다.

V. 휴가일수

1. 계속근로연수가 1년 이상인 근로자

1년 이상 계속 근로한 근로자가 1년 동안 80% 이상 출근한 경우에 부여되는 휴가일수는 15일이다(근기법 제60조 제1항). 80% 이상 출근한 경우이면 일률적으로 15일이 부여된다.

2. 계속근로연수가 1년 미만이거나 80% 미만 출근한 근로자

1년 미만으로 계속 근로한 근로자나 80% 미만 출근한 근로자는 1개월 개근한 경우 1일의 연차유급휴가를 부여받게 된다(근기법 제60조 제2항). 1년 미만으로 계속 근로한 근로자나 80% 미만 출근한 근로자가 1년간 만근한 경우에는 월단위 휴가 11일에 연차휴가 15일을 합한 26일의 휴가를 사용할 수 있게 된다.

3. 가산휴가제도

(1) 의의

3년 이상 계속 근로한 근로자에게는 15일의 기본휴가일수에 최초 1년을 초과하는 계속근로연수 매2년에 대하여 1일을 가산하여 휴가를 부여하여야 한다(근기법 제60조 제4항). 이는 장기간 계속 근로하는 근로자에 대해 공로보상적 차원에서 연차유급휴가 일수를 가산하도록 하고 있는 것이다.

(2) 적용대상

근로자가 가산휴가를 부여받기 위해서는 3년 이상 계속 근로하여야 하며, 또한 휴가산정 대상기간 중에 80% 이상 출근하여야 한다. 가산휴가는 80% 이상 출근한 근로자에게만 부여되며, 80% 미만 출근자의 경우에는 가산의 전제가 되는 휴가 자체가 발생하지 아니하는 것이므로 가산휴가도 발생하지 아니한다.

(3) 가산휴가의 최고한도

가산일수를 포함한 총 휴가일수는 25일을 한도로 한다(근기법 제60조 제4항). 종래 계속근로연수의 증가로 인한 가산휴가의 한도를 정하지 않고 있다는 점에서 휴가일수의 증가 등으로 사용자의 경제적 보상범위가 넓어진다는 비판이 있어 합리적으로 총휴가일수를 제한한 것이다.

VI. 휴가시기

1. 근로자의 시기지정권

(1) 의의

연차휴가는 원칙적으로 근로자가 청구한 시기에 주어야 하며, 근로자는 연차휴가권을 구체화하기 위하여 시기지정권을 가진다. 시기지정권은 휴가청구권을 구체화하는 형성권의 일종이다.

(2) 시기지정권의 행사방법

시기의 지정은 휴가의 시기를 구체적으로 확정하려는 것이므로 근로자가 원하는 휴가의 시작일과 종료일을 명확히 하는 방식으로 해야 하며, 시작일과 종료일이 불명확한 방식은 시기의 지정이 아니라 시기지정에 관하여 사용자의 의향을 타진하는 것에 불과하다고 볼 것이다.

> **참조판례 대법원 1997.3.25. 선고 96다4930 판결**
>
> 연·월차휴가권이 근로기준법상의 성립요건을 충족하는 경우에 당연히 발생하는 것이라고 하여도 이와 같이 발생한 휴가권을 구체화하려면 근로자가 자신에게 맡겨진 시기지정권을 행사하여 어떤 휴가를 언제부터 언제까지 사용할 것인지에 관하여 특정하여야 할 것이고 근로자가 이와 같은 특정을 하지 아니한 채 시기지정을 하더라도 이는 적법한 시기지정이라고 할 수 없어 그 효력이 발생할 수 없다.

(3) 시기지정의 시기

시기지정의 시기에 대하여는 특별한 제한이 없다. 사용자는 근로자의 시기지정에 대하여 사용자가 시기를 변경할 수도 있으므로 시기의 지정은 근로자가 원하는 휴가 시작일 이전의 합리적인 시간 전에 해야 한다.

연차휴가를 행하기 전에 사용자의 승인을 얻도록 하고 있는 것은 근로자의 시기지정권을 박탈하는 것이 아니라 사용자의 시기변경권의 적절한 행사를 위한 것이므로 이는 유효하다.

> **참조판례 대법원 1992.6.23. 선고 92다7542 판결**
>
> 취업규칙에 휴가를 받고자 하는 자는 사전에 소속장에게 신청하여 대표이사의 승인을 득하여야 한다고 규정하고 있는 경우 이는 근로기준법 제48조 제3항이 규정하는 근로자의 휴가시기지정권을 박탈하기 위한 것이 아니라 단지 사용자에게 유보된 휴가시기 변경권의 적절한 행사를 위한 규정이라고 해석되므로 위 규정을 위 근로기준법 규정에 위반되는 무효의 규정이라고 할 수 없고, 더구나 불특정다수인을 상대로 정기여객운송사업을 경영하는 운수회사의경우 정기적이고 계속적인 여객운송계획이 확정되어 있고 정해진 시각에 예정된 차량운행이 순조롭게 이루어져야 하며, 만일 그 운행에 차질이 생길 때에는 운송사업 운영에 막대한 지장을 초래하게 되는 것이므로, 운행차량 운전사로 하여금 미리 유급휴가신청을 하여 대표이사의 승인을 받아 휴가를 실시하도록 한 것은 사용자의 휴가시기변경권을 적절하게 행사하기 위한 필요한 조치라고 할 것이다.

(4) 결근일의 휴가 대체 가능여부

근로자가 결근 후 사후에 결근일을 연차휴가일로 대체하려 할 경우에 근로자는 이러한 권리를 당연히 가진다고 볼 수 없으나 사용자의 동의가 있는 한 허용된다고 본다.

2. 사용자의 시기변경권

(1) 의의

근로자가 청구한 시기에 휴가를 주는 것이 사업운영에 막대한 지장이 있는 경우에는 그 시기를 변경할 수 있다. 이러한 시기변경권은 근로자의 시기지정권의 효과를 소극적으로 저지하는 항변권적인 성질을 가지므로 사용자는 시기를 변경하여 이를 특정할 수 없다고 할 것이다.

(2) 사업운영의 막대한 지장

사업운영의 막대한 지장이란 사회통념에 따라 객관적으로 판단하되, 근로자가 받게 되는 불이익이 최소한에 그치도록 합리적인 기간 내에서 시기변경권을 행사하여야 할 것이다.

(3) 시기변경권을 무시한 경우

사용자가 시기변경권을 행사하였음에도 불구하고 근로자가 일방적으로 연차휴가를 사용한 경우에는 그 근로자에 대하여 무단결근처리를 할 수 있다.

Ⅶ. 연차유급휴가와 임금

1. 연차유급휴가수당

연차유급휴가수당은 근로자가 휴가를 사용할 경우 그 기간에 대하여 유급으로 당연히 지급되는 임금을 말한다. 이때 연차유급휴가수당은 취업규칙 등에서 정하는 통상임금 또는 평균임금을 지급하여야 하고, 그지급시기는 휴가를 주기 전 또는 준 직후의 임금지불일에 지급하여야 한다.

2. 연차유급휴가미사용수당청구권

연차유급휴가미사용수당청구권은 근로자가 휴가를 사용하지 아니하고 근로를 제공한 경우 미사용 휴가일수에 해당하는 연차유급휴가미사용수당을 사용자에 대하여 청구할 수 있는 권리로서 연차유급휴가청구권이 소멸된 시점에 발생한다.

> **📖 참조판례 대법원 2005.5.27. 선고 2003다48549 판결**
>
> 유급(연차휴가수당)으로 연차휴가를 사용할 권리는 근로자가 1년간 소정의 근로를 마친 대가로 확정적으로 취득하는 것이므로, 근로자가 일단 연차유급휴가권을 취득한 후에 연차유급휴가를 사용하기 전에 퇴직 등의 사유로 근로관계가 종료된 경우, 근로관계의 존속을 전제로 하는 연차휴가를 사용할 권리는 소멸한다 할지라도 근로관계의 존속을 전제로 하지 않는 연차휴가수당을 청구할 권리는 그대로 잔존하는 것이어서, 근로자는 근로관계 종료시까지 사용하지 못한 연차휴가일수 전부에 상응하는 연차휴가수당을 사용자에게 청구할 수 있는 것이다.

3. 가산임금의 지급 여부

휴가일근로는 가산임금지급제도의 적용취지나 목적이 상이하므로 가산임금의 적용대상이 될 수 없을 것이다.

Ⅷ. 휴가의 사용

1. 자유이용의 원칙

근로자가 연차유급휴가를 어떻게 사용할 것인가는 오직 근로자의 자유이다.

2. 다른 사업장에서의 유상근로

연차휴가 중 다른 사업장에서 유상근로하는 것은 단체협약이나 취업규칙에서 금지하는 것을 제외하고는 원칙적으로 근로자의 자유이다.

3. 일제휴가투쟁

집단적인 연차휴가의 사용은 집단적인 근로제공의 거부로서 쟁의행위에 해당되며, 쟁의행위의 요건을 갖추는 경우에만 그 정당성이 인정된다.

4. 분할사용 가능여부

연차유급휴가의 분할사용여부는 원칙적으로 근로자가 자유로이 결정할 문제이나, 이는 사용자의 시기변경권에 의하여 제한을 받는다고 해석된다.

IX. 휴가청구권의 소멸 및 휴가의 사용촉진

1. 휴가청구권의 소멸시효

(1) 근로자의 귀책사유

근로자의 귀책사유로 인하여 1년간 연차유급휴가를 행사하지 아니한 경우 연차유급휴가청구권은 소멸한다. 근로자의 귀책사유라 함은 근로자가 연차유급휴가를 청구하지 아니한 경우를 말한다. 연차유급휴가청구권이 소멸한 경우 휴가를 사용하지 않고 근로제공을 한 사실이 확정되므로 근로자는 연차유급휴가기간 근로제공에 대한 대가인 연차유급휴가미사용수당을 청구할 수 있다. 연차유급휴가미사용수당은 근로제공의 대가인 임금에 해당하므로 3년의 소멸시효가 적용된다.

(2) 사용자의 귀책사유

사용자의 귀책사유로 근로자가 휴가를 사용하지 못한 경우에는 1년 이후에도 휴가를 청구할 수 있다. 이때 사용자의 귀책사유란 사용자가 시기변경권을 행사한 것을 말한다.

2. 휴가의 사용촉진

(1) 의의

휴가사용촉진제도란 사용자의 적극적인 휴가사용권유에도 불구하고 근로자가 휴가를 사용하지 않는 경우 사용자의 금전보상의무가 면제되는 제도를 말한다. 우리나라의 연차휴가제도가 본래의 취지보다는 금전보전의 수단으로 이용되고 있는 실태를 개선하여 휴가 사용률을 제고할 필요가 있었다. 따라서 사용자의 적극적인 사용권유에도 불구하고 근로자가 휴가를 사용하지 않는 경우 사용자의 금전보상의무를 면제함으로서 근로자의 휴가사용을 간접적으로 강제하고자 도입하였다. 다만, 사용자의 악용방지를 위해 근기법 제61조는 일정한 요건을 규정하고 있다.

(2) 휴가사용촉진의 조치

1) 계속 근로기간이 1년 이상인 근로자

① 미사용휴가의 통보 및 시기지정의 서면촉구

사용자는 휴가청구권의 사용기간이 끝나기 6개월 전을 기준으로 10일 이내에 근로자별로 사용하지 아니한 휴가 일수를 알려주고, 근로자가 그 사용 시기를 정하여 사용자에게 통보하도록 서면으로 촉구하여야 한다.

② 사용자의 시기지정

사용자의 서면촉구를 받은 근로자가 촉구를 받은 때부터 10일 이내에 사용하지 아니한 휴가의 전부 또는 일부의 사용 시기를 정하여 사용자에게 통보하지 아니하면 휴가청구권의 사용기간이 끝나기 2개월 전까지 사용자가 사용하지 아니한 휴가의 사용 시기를 정하여 근로자에게 서면으로 통보하여야 한다.

2) 계속 근로기간이 1년 미만인 근로자

① 미사용휴가의 통보 및 시기지정의 서면촉구

최초 1년의 근로기간이 끝나기 3개월 전을 기준으로 10일 이내에 사용자가 근로자별로 사용하지 아니한 휴가 일수를 알려주고, 근로자가 그 사용 시기를 정하여 사용자에게 통보하도록 서면으로 촉구하여야 한다. 다만, 사용자가 서면 촉구한 후 발생한 휴가에 대해서는 최초 1년의 근로기간이 끝나기 1개월 전을 기준으로 5일 이내에 촉구하여야 한다.

② 사용자의 시기지정

사용자의 서면촉구에도 불구하고 근로자가 촉구를 받은 때부터 10일 이내에 사용하지 아니한 휴가의 전부 또는 일부의 사용 시기를 정하여 사용자에게 통보하지 아니하면 최초 1년의 근로기간이 끝나기 1개월 전까지 사용자가 사용하지 아니한 휴가의 사용 시기를 정하여 근로자에게 서면으로 통보하여야 한다. 다만, 서면 촉구한 후에 발생한 휴가에 대해서는 최초 1년의 근로기간이 끝나기 10일 전까지 서면으로 통보하여야 한다.

(3) 휴가사용촉진의 효과

1) 연차유급휴가의 소멸

사용자의 적극적인 휴가사용권유에도 불구하고 근로자가 휴가를 사용하지 않는 경우 휴가는 소멸된다.

2) 금전보상의무 면제

사용자의 적극적인 휴가사용권유에도 불구하고 근로자가 휴가를 사용하지 않는 경우 사용자의 금전보상의무가 면제된다.

3) 사용자의 귀책사유 불인정

사용자의 귀책사유로 근로자가 연차휴가를 사용하지 못한 경우에는 1년 이후에도 동 휴가를 청구할 수 있다. 다만, 사용자의 휴가사용촉구에도 불구하고 근로자가 휴가를 사용하지 아니한 경우에는 이를 사용자의 귀책사유로 보지 않는다.

X. 유급휴가의 대체

1. 의의

유급휴가의 대체란 사용자가 근로자대표와 서면합의에 의하여 연차유급휴가일에 갈음하여 특정근로일에 근로자를 휴무시킬 수 있는 제도를 말한다. 근기법 제62조는 일정한 요건하에 유급휴가의 대체를 허용하고 있다. 유급휴가대체제도는 연차유급휴가가 임금보전방안의 하나로 전락함으로써 피로회복 및 사회적·문화적 생활을 위한 여가의 확보라는 휴가제도의 본래의 취지를 살리고, 또한 노동력의 수요·공급을 조절하여 효율적인 노동력의 활용을 촉진하기 위해 마련된 제도이다.

2. 시행요건

(1) 근로자대표와의 서면합의

동 제도를 시행하기 위해서는 근로자대표와의 서면합의가 있어야 한다. 여기서 근로자대표란 근로자의 과반수로 조직된 노동조합이 있는 경우에는 그 노동조합, 이러한 노동조합이 없는 경우에는 근로자의 과반수를 대표하는 자를 말한다.

(2) 서면합의의 내용

명문의 규정은 없으나, 이 제도의 취지상 특정근로일을 휴가일로 대체하는 이유, 그 시기와 부서, 인원 등에 관한 사항과 그 합의의 유효기간 등을 기재한 서면으로 합의하는 것이 바람직하다.

(3) 관련문제

1) 개별근로자의 반대

유급휴가의 대체는 집단적 성질을 가지는 것이므로 원칙적으로 개별근로자가 반대한다 하더라도 그 근로자에게 유급휴가의 대체가 적용된다.

2) 개별근로자의 시기지정권과의 경합문제

개별근로자는 연차휴가를 시기지정하여 행사할 수 있는 바, 유급휴가의 대체와 경합하는 문제가 발생한다. 유급휴가대체제도는 근로자의 시기지정권을 근로자대표와 합의에 의하여 부인하여 사업의 합리적인 노동력을 활용하기 위한 것이다. 따라서 개별근로자의 시기지정권은 일정한 제한을 받는다고 보는 것이 타당하다.

제5장 안전과 보건, 재해보상

제1절 안전과 보건

I. 산업안전보건법상 사업주와 근로자의 주요의무

1. 산재예방의 필요성

산업사회의 발전은 위험한 기계 및 유해한 화학물질 사용의 증가를 수반하였고 산업재해를 증가시켜 왔다. 따라서 재해를 당한 후의 치료 및 보상보다 산업재해의 예방이 더욱 중요하다고 할 것이다.

2. 관련규정

(1) 헌법

헌법은 재해의 예방과 국민건강증진을 국가의 의무로 규정(헌법 제34조 제6항)하고 있으며, 이에 따라 산업안전보건법(이하 '산안법'이라 한다)은 재해예방에 관한 구체적인 규정을 마련하고 있다.

(2) 산안법상 유해·위험예방조치

산안법은 산업재해를 미연에 방지하기 위하여 유해·위험예방조치에 관한 사업주 및 근로자의 의무를 규정하고 있다(산안법 제4장).

3. 사업주의 의무

(1) 사업주의 기본의무

사업주는 산안법에서 정하는 산업재해예방기준을 준수하며, 안전·보건에 관한 정보의 제공과 근로조건의 개선을 통하여 근로자의 건강장해를 예방하고, 근로자의 생명보전과 안전 및 보건을 유지·증진하도록 하여야 하며, 국가에서 시행하는 산업재해예방시책에 따라야 한다(산안법 제5조 제1항).

(2) 안전·보건상 주지 및 교육의무

1) 법령요지의 게시의무

사업주는 이 법과 이 법에 의한 명령의 요지 및 안전보건관리규정을 각 사업장의 근로자가 쉽게 볼 수 있는 장소에 게시하거나 갖추어 두어 근로자에게 널리 알려야 한다(산안법 제34조).

2) 안전보건관리규정의 작성 · 주지의무

사업주는 안전 · 보건의 유지를 위해 안전보건관리규정을 작성하여 게시 · 비치하고 근로자에게 주지시켜야 한다(산안법 제25조).

3) 안전보건표지의 설치 · 부착

사업주는 유해하거나 위험한 장소 · 시설 · 물질에 대한 경고, 비상시에 대처하기 위한 지시 · 안내 또는 그 밖에 근로자의 안전 및 보건 의식을 고취하기 위한 사항 등을 그림, 기호 및 글자 등으로 나타낸 표지를 근로자가 쉽게 알아 볼 수 있도록 설치하거나 붙여야 한다(산안법 제37조).

4) 안전 · 보건교육의무

사업주는 당해 사업장의 근로자에 대하여 정기적으로 안전보건교육을 실시하여야 한다(산안법 제29조).

(3) 안전상 필요한 조치

사업주는 사업을 행함에 있어서 발생하는 기계적 · 화학적 위험과 에너지에 의한 위험에 대한 예방조치, 불량한 작업방법 및 위험발생이 예상되는 장소에 대한 위험방지조치를 해야 한다(산안법 제38조).

(4) 보건상 필요한 조치

사업주는 사업을 행함에 있어서 화학물질 · 유해 에너지 · 작업환경요인 · 작업환경 적정기준 미달 등에 의한 건강장해를 예방하기 위하여 필요한 조치를 취하여야 한다(산안법 제39조).

(5) 중대재해 · 위험시 작업중지

사업주는 산업재해가 발생할 급박한 위험이 있을 때에는 즉시 작업을 중지시키고 근로자를 작업장소에서 대피시키는 등 안전 및 보건에 관하여 필요한 조치를 하여야 한다(산안법 제51조).

(6) 도급인의 안전 · 보건조치

1) 안전보건총괄책임자

도급인은 관계수급인 근로자가 도급인의 사업장에서 작업을 하는 경우에는 그 사업장의 안전보건관리책임자를 도급인의 근로자와 관계수급인 근로자의 산업재해를 예방하기 위한 업무를 총괄하여 관리하는 안전보건총괄책임자로 지정하여야 한다(산안법 제62조).

2) 안전 · 보건조치의무

도급인은 관계수급인 근로자가 도급인의 사업장에서 작업을 하는 경우에 자신의 근로자와 관계수급인 근로자의 산업재해를 예방하기 위하여 안전 및 보건 시설의 설치 등 필요한 안전조치 및 보건조치를 하여야 한다. 다만, 보호구 착용의 지시 등 관계수급인 근로자의 작업행동에 관한 직접적인 조치는 제외한다(산안법 제63조).

3) 유해 · 위험작업의 도급금지

사업주는 근로자의 안전 및 보건에 유해하거나 위험한 도금작업, 수은, 납 또는 카드뮴을 제련, 주입, 가공 및 가열하는 작업, 허가대상물질(산안법 제118조 제1항)을 제조하거나 사용하는 작업을 도급하여 자신의 사업장에서 수급인의 근로자가 그 작업을 하도록 해서는 안 된다(산안법 제58조).

4) 산업재해예방조치

도급인은 관계수급인 근로자가 도급인의 사업장에서 작업을 하는 경우 도급인과 수급인을 구성원으로 하는 안전 및 보건에 관한 협의체의 구성 및 운영, 작업장 순회점검, 안전보건교육을 위한 장소 및 자료의 제공 등 지원, 안전보건교육의 실시 확인 등 산업재해 예방조치를 하여야 한다(산안법 제64조).

(7) 유해 · 위험기계 등에 대한 조치 및 유해 · 위험물질에 대한 조치

사업주는 유해하거나 위험한 기계 등에 대한 방호조치를 하여야 하며, 근로자의 건장장해를 일으키는 화학물질 및 물리적 인자 등의 유해성 · 위험성 분류기준을 마련하여야 한다(산안법 제6장, 제7장).

(8) 보고 및 서류보존의무

사업주는 산업재해나 중대재해의 발생에 대하여 보고해야 하며, 관리책임자 등의 선임관련 서류, 작업환경측정서류, 건강진단서류 등을 3년간 보존해야 한다(산안법 제164조).

4. 근로자의 의무

(1) 근로자의 기본의무

근로자는 이 법과 이 법에 의한 명령에서 정하는 산업재해예방을 위한 기준을 지켜야 하며, 사업주 기타 근로감독과, 공단 등 관계인이 실시하는 산업재해의 방지에 관한 조치에 따라야 한다(산안법 제6조).

(2) 준수의무

근로자는 사업주의 안전 · 보건조치 중 고용노동부령이 정하는 조치사항을 지켜야 한다(산안법 제40조).

(3) 작업중지

근로자는 산업재해발생의 급박한 위험이 있는 경우에 작업을 중지하고 대피할 수 있으며, 작업을 중지하고 대피한 근로자는 지체 없이 그 사실을 관리감독자 또는 그 밖에 부서의 장에게 보고하여야 한다(산안법 제52조).

Ⅱ. 안전보건관리체제

1. 개요

산안법은 기업이 스스로 안전보건관리체제를 확립하도록 의무화하고 있다. 안전보건관리체제는 사업주, 이사회, 안전보건관리책임자, 안전 · 보건관리자, 관리감독자 · 산업보건의가 지휘 · 명령 · 지도 · 조언을 통해 연계되는 형태로 이루어진다.

2. 기획 · 결정

(1) 이사회

주식회사 중 소정의 회사의 대표이사는 대통령령에 따라 매년 회사의 안전 및 보건에 관한 계획을 수립하여 이사회에 보고하고 승인을 받아 성실하게 이행해야 한다.

(2) 산업안전보건위원회

소정의 대상사업의 사업주는 중요한 안전보건사항을 심의 · 의결키 위해 동수의 근로자위원과 사용자위원으로 구성되는 산업안전보건위원회를 설치 · 운영하여야 한다. 사업주와 근로자는 산업안전보건위원회가 심의 · 의결한 사항을 성실하게 이행해야 한다.

산업안전보건위원회는 대통령령에 따라 회의를 개최하고 그 결과를 회의록으로 작성하여 보존해야 하며, 산안법령, 단체협약, 취업규칙, 안전보건관리규정에 반하는 내용으로 심의 · 의결해서는 안 된다. 사업주는 위원에게 직무수행과 관련한 사유로 불리한 처우를 해서는 안 된다.

3. 관리 · 운영

(1) 안전보건관리책임자

사업주는 적용대상사업의 종류 · 규모 등을 정한 대통령령에 따라 사업을 실질적으로 총괄하는 사람을 안전보건관리책임자로 배치하여 안전보건업무를 총괄하여 관리토록 하고, 안전관리자와 보건관리자를 지휘 · 감독케 해야 한다.

(2) 관리감독자

사업주는 사업장의 생산과 관련되는 업무와 그 소속 직원을 직접 지휘 · 감독하는 직위에 있는 관리감독자에게 산업안전보건업무로서 대통령령으로 정하는 업무를 수행하도록 하여야 한다. 관리감독자가 있는 경우에는 건설진흥법에 따른 안전관리책임자 및 안전관리담당자를 각각 둔 것으로 본다.

4. 지도 · 조언

(1) 안전관리자 및 보건관리자

사업주는 안전관리자를 두어 안전에 관한 기술적 사항에 대해 그리고 보건관리자를 두어 보건에 관한 기술적 사항에 관해 사업주 또는 관리책임자를 보좌하고 관리감독자에 대해 지도 · 조언업무를 수행케 해야 한다.

(2) 안전보건관리담당자

사업주는 사업장에 안전보건에 관하여 사업주를 보좌하고 기술적 사항에 관해 관리감독자에게 지도 · 조언하는 업무를 수행하는 안전보건관리담당자를 두어야 하고 안전관리자 또는 보건관리자가 있거나 이를 두어야 하는 경우에는 그렇지 않다.

(3) 고용노동부장관의 교체명령 등

고용노동부장관은 산업재해예방을 위하여 필요한 경우로서 소정의 사유에 해당하면 사업주에게 안전관리자 · 보건관리자 또는 안전보건관리담당자를 늘리거나 교체할 것을 명할 수 있다.

(4) 위탁수행

대통령령으로 정하는 사업의 종류 및 사업장의 상시근로자수에 해당하는 사업장의 사업주는 안전관리전문기관에게 안전관리자의 업무를, 보건관리전문기관에게 보건관리자의 업무를 각각 위탁할 수 있다. 안전보건관리담당자 설치 대상사업장의 해당업무에 대해서도 위탁할 수 있다.

(5) 지도조언 조치의무

사업주, 안전보건관리책임자 및 관리감독자는 안전관리자, 보건관리자, 안전보건관리담당자 그리고 안전관리전문기관·보건관리전문기관이 안전보건관리책임자의 관리업무 중 안전보건에 관한 기술적 사항에 관하여 지도·조언하는 경우에는 이에 상응하는 적절한 조치를 하여야 한다.

5. 건강관리·산재예방

(1) 산업보건의

사업주는 근로자의 건강관리나 그 밖에 보건관리자의 업무를 지도하기 위하여 사업장에 산업보건의를 두어야 한다.

(2) 명예산업안전감독관

고용노동부장관은 산업재해 예방활동에 대한 참여와 지원을 촉진하기 위하여 근로자, 근로자단체, 사업주단체 및 산업재해 예방 관련 전문단체에 소속된 사람 중에서 명예산업안전감독관을 위촉할 수 있다.

III. 근로자의 보건관리

1. 개요

국가는 재해를 예방하고 그 위험으로부터 국민을 보호하기 위한 노력(헌법 제34조 제6항)을 하여야 하고 산안법에서는 재해예방에 관한 구체적인 규정을 마련하고 있다. 산업화의 급속한 진전과 더불어 고도로 기계화되고 있는 산업은 필연적으로 산업재해의 가능성을 증대시킴으로써 근로자의 안전과 보건에 대한 법적 보호의 필요성이 증대되었다. 산안법은 근로자의 건강보호와 재해예방을 위하여 근로자의 보건관리에 대해 구체적으로 규정하였다.

2. 작업환경의 측정

(1) 작업환경측정의 실시

사업주는 유해인자로부터 근로자의 건강을 보호하고 쾌적한 작업환경을 조성하기 위하여 인체에 해로운 작업을 하는 작업장으로서 고용노동부령으로 정하는 작업장에 대하여 고용노동부령으로 정하는 자격을 가진 자로 하여금 작업환경측정을 하도록 하여야 한다. 도급인의 사업장에서 관계수급인 또는 관계수급인의 근로자가 작업을 하는 경우에는 도급인이 고용노동부령으로 정하는 자격을 가진 자로 하여금 작업환경측정을 하도록 하여야 한다.

(2) 근로자대표 참석권

사업주는 작업환경측정시 근로자대표의 요구가 있으면 근로자대표를 참석시켜야 한다.

(3) 작업환경측정에 따른 사용자의 의무

1) 보고의무

사업주는 작업환경측정 결과를 기록하여 보존하고 고용노동부령으로 정하는 바에 따라 고용노동부장관에게 보고하여야 한다.

2) 결과통지 및 조치의무

사업주는 작업환경측정의 결과를 당해 근로자에게 알려야 하며, 그 결과에 따라 근로자의 건강을 보호하기 위하여 해당 시설·설비의 설치·개선 또는 건강진단의 실시 등의 조치를 하여야 한다. 또한, 사업주는 산업안전보건위원회 또는 근로자대표가 요구하면 작업환경측정 결과에 대한 설명회 등을 개최하여야 한다.

3. 휴게시설의 설치

사업주는 근로자가 신체적 피로와 정신적 스트레스를 해소할 수 있도록 휴식시간에 이용할 수 있는 휴게시설을 갖추어야 한다.

4. 건강진단

(1) 건강검진의 실시

사업주는 근로자에 대하여 산업안전보건법령이 정하는 바에 따라 건강진단을 하여야 한다.

(2) 건강진단의 종류

1) 일반건강진단

상시 사용하는 근로자에 대하여 정기적으로 실시하는 건강진단으로, 사무직 종사자는 2년에 1회 이상, 기타 근로자에 대하여는 1년에 1회 이상 실시하여야 한다.

2) 특수건강진단

소음, 분진작업, 고압실내작업 등에서 종사하는 근로자에 대하여 당해 업무와 관련되는 유해인자에 대하여 사업주가 추가로 실시하는 건강진단을 말한다.

3) 임시건강진단

연, 4알킬연, 유해용제 등에 의한 중독의 우려가 있거나 당해 물질의 취급과 관련된 질병에 걸린 근로자가 많이 발생한 경우, 그 근로자 및 당해 물질을 취급하는 다른 근로자에 대하여 종독여부, 질병의 이환여부 등을 발견하기 위한 건강진단이다.

4) 배치전 건강진단

특수건강진단대상업무에 종사할 근로자에 대하여 배치예정업무에 대한 적합성 평가를 위하여 사업주가 실시하는 건강진단을 말한다.

5) 수시건강진단

특수건강진단대상업무로 인하여 해당 유해인자에 의한 직업성 천식, 기타 건강장해를 의심하게 하는 증상을 보이거나 의학적 소견이 있는 근로자에 대하여 사업주가 실시하는 건강진단을 말한다.

(3) 근로자대표의 참석권

사업주가 건강진단을 실시하는 경우 근로자대표가 요구하면 근로자대표를 참석시켜야 한다.

(4) 근로자의 수진의무

근로자는 사업주가 실시하는 건강진단을 받아야 한다. 다만, 근로자가 원하는 경우 다른 건강진단기관으로부터 이에 상응하는 건강진단을 받아 그 결과를 증명하는 서류를 사업주에게 제출할 수 있다.

(5) 건강진단결과의 사후조치

사업주는 건강진단결과 근로자의 건강을 유지하기 위하여 필요하다고 인정할 때에는 작업장소의 변경, 작업의 전환, 근로시간의 단축, 야간근로의 제한, 작업환경 측정 또는 시설·설비의 설치·개선 등 적절한 조치를 하여야 한다.

5. 역학조사

고용노동부장관은 직업성질환의 진단 및 발생원인의 규명 또는 직업성질환의 예방을 위하여 필요하다고 인정할 때에는 근로자의 질환과 작업장의 유해요인의 상관관계에 관한 역학조사를 실시할 수 있다.

6. 건강관리카드

고용노동부장관은 고용노동부령으로 정하는 건강장해가 발생할 우려가 있는 업무에 종사하였거나 종사하고 있는 사람 중 고용노동부령으로 정하는 요건을 갖춘 사람의 직업병 조기발견 및 지속적인 건강관리를 위하여 건강관리카드를 발급하여야 한다. 건강관리카드를 발급받은 사람은 그 건강관리카드를 타인에게 양도하거나 대여해서는 안 된다.

7. 근로금지 및 취업금지

(1) 질병자의 근로금지 및 취업제한

1) 취업제한

전염병, 정신병 또는 고용노동부령이 정하는 질병에 이환된 자에 대하여는 의사의 진단에 따라 근로를 금지하거나 제한해야 한다.

2) 원상복귀

사업주는 근로를 금지 또는 제한받은 근로자가 건강을 회복한 때에는 지체 없이 취업하게 하여야 한다.

(2) 유해 · 위험작업의 근로시간 제한

1) 기준근로시간의 제한과 연장근로금지

사업주는 잠함, 잠수작업 등 고기압하에서 행하는 작업에 종사하는 근로자에 대하여 1일 6시간, 1주 34시간을 초과하여 근로하게 하여서는 아니 된다.

2) 작업과 휴식의 적정한 배분

사업주는 유해 · 위험작업에 대하여는 작업과 휴식의 적정한 배분 등 근로시간과 관련된 근로조건의 개선에 노력해야 한다.

(3) 자격 등에 의한 취업제한

사업주는 유해하거나 위험한 작업으로서 상당한 지식이나 숙련도가 요구되는 고용노동부령으로 정하는 작업의 경우 그 작업에 필요한 자격 · 면허 · 경험 또는 기능을 가진 근로자가 아닌 사람에게 그 작업을 하게 해서는 아니 된다.

제2절   재해보상

Ⅰ. 업무상 재해의 인정기준

1. 업무상 재해의 의의

업무상재해란 업무상의 사유에 따른 근로자의 부상 · 질병 · 장해 또는 사망을 말한다. 재해보상제도는 업무상 재해에 대하여 신속하고 간이하게 근로자를 보호하기 위함이다.

2. 업무상재해의 일반적 판단기준

(1) 업무수행성과 업무기인성

1) 업무수행성

① 의의

업무수행이란 근로자가 사용자의 지휘, 명령하에서 업무를 행하는 것을 말한다.

② 내용

근로자가 사업주의 지휘, 명령하에서 업무를 수행하는 것은 물론, 업무를 수행하고 있지 않더라도 아직 사업주가 지휘 · 명령할 여지가 있고 그러한 범위 내에서 업무수행성이 인정된다.

판례는 반드시 근로자가 현실적으로 업무를 수행하는 동안만 업무수행성을 인정할 수 있는 것이 아니라, 사업장에서 업무시간 중 또는 그 전후의 휴식시간 등에도 업무수행성을 인정할 수 있다는 입장이다.

2) 업무기인성

① 의의
업무기인성이란 재해가 업무에 기인하여 발생한 것을 말한다.

② 인과관계의 범위
업무와 재해 간의 인과관계가 있어야 한다. 인과관계의 범위에 대해 종래 ⊙ 업무와 재해 간의 사실적 인과관계가 있으면 족하다는 조건설과, ⓒ 여러 원인 중 가장 유력한 원인을 기준으로 하는 최유력조건설, ⓒ 업무와 재해 간의 상당인과관계가 필요하다는 상당인과관계설 등의 대립이 있었으나, 산재법 제37조 제1항 단서는 업무와 재해 사이에 상당인과관계가 있을 것을 요하고 있다.

③ 상당인과관계의 판단방법
인과관계는 반드시 의학적 · 자연과학적으로 명백히 증명되어야 하는 것은 아니며 규범적 관점에서 판단한다. 대법원도 "업무와 재해 사이의 상당인과관계는 반드시 의학적 · 자연과학적으로 명백히 입증되어야 하는 것은 아니고, 제반 사정을 고려할 때 업무와 재해 사이에 상당인과관계가 있다고 추단되는 경우에도 그 입증이 있다고 할 것"이라고 판단하였다. 더 나아가 대법원은 재해발생원인에 관한 직접적인 증거가 없는 경우라도 간접적인 사실관계 등에 의거하여 경험법칙상 가장 합리적인 설명이 가능한 추론에 의하여 업무기인성을 추정할 수 있는 경우에는 업무상 재해로 인정할 수 있다고 본다.

> **참조판례** 대법원 2003.5.30. 선고 2002두13055 판결
>
> 산업재해보상보험법 제4조 제1호 소정의 업무상 재해를 인정하기 위한 업무와 재해 사이의 상당인과관계는 반드시 의학적 · 자연과학적으로 명백히 입증되어야 하는 것은 아니고, 제반 사정을 고려할 때 업무와 재해 사이에 상당인과관계가 있다고 추단되는 경우에도 그 입증이 있다고 할 것이므로, 재해발생원인에 관한 직접적인 증거가 없는 경우라도 간접적인 사실관계 등에 의거하여 경험법칙상 가장 합리적인 설명이 가능한 추론에 의하여 업무기인성을 추정할 수 있는 경우에는 업무상 재해라고 보아야 할 것이다.

④ 상당인과관계의 판단기준
상당인과관계는 근로자의 취업당시에 건강상태, 작업장에 발병물질이 있는지와 근무기간, 다른 근로자에 대한 이환여부 등을 종합적으로 고려하여 판단한다.

> **참조판례** 대법원 1993.10.12. 선고 93누9408 판결
>
> 근로자의 취업 당시의 건강상태, 작업장에 발병원인물질이 있었는지 여부, 발병원인물질이 있는 작업장에서의 근무기간, 같은 작업장에서 근무한 다른 근로자의 동종 질병에의 이환여부 등 제반 사정을 고려할 때 업무와 질병 또는 그에 따른 사망과의 사이에 상당인과관계가 있다고 추단되는 경우에도 입증이 있다고 보아야 한다.

⑤ 기초질병이나 기존질병이 있는 경우
평소에 정상적인 근로가 가능한 기초질병이나 기존질병이 업무과중 등으로 자연적 진행속도 이상으로 급격하게 악화되고 그 입증이 있는 경우에도 업무상 재해로 인정될 수 있으며, 인과관계는 평균인이 아니라 해당 근로자의 신체조건을 기준으로 판단한다.

산업재해보상보험법 제4조 제1호 소정의 업무상 재해라고 함은 근로자의 업무수행 중 그 업무에 기인하여 발생한 질병을 의미하는 것이므로 업무와 사망의 원인이 된 질병 사이에 인과관계가 있어야 하지만, 질병의 주된 발생 원인이 업무수행과 직접적인 관계가 없더라도 적어도 업무상의 과로나 스트레스가 질병의 주된 발생 원인에 겹쳐서 질병을 유발 또는 악화시켰다면 그 사이에 인과관계가 있다고 보아야 할 것이고, 그 인과관계는 반드시 의학적·자연과학적으로 명백히 입증하여야 하는 것은 아니고 제반 사정을 고려할 때 업무와 질병 사이에 상당인과관계가 있다고 추단되는 경우에도 그 입증이 있다고 보아야 하며, 또한 평소에 정상적인 근무가 가능한 기초질병이나 기존질병이 직무의 과중 등이 원인이 되어 자연적인 진행 속도 이상으로 급격하게 악화된 때에도 그 입증이 있는 경우에 포함되는 것이며, 업무와 사망과의 인과관계의 유무는 <u>보통평균인이 아니라 당해 근로자의 건강과 신체조건을 기준으로 판단하여야 한다.</u>

⑥ 여러 사업장을 옮겨 다니며 근무한 경우

여러 사업장을 옮겨 다니며 근무한 근로자가 작업중에 질병에 걸린 경우 그 사업장이 모두 산재법적용대상이라면 해당 질병이 업무상 재해인지 판단할 때 복수의 사용자 아래서 경험한 모든 업무를 포함시켜 판단자료로 삼는다.

여러 개의 건설공사 사업장을 옮겨 다니며 근무한 근로자가 작업 중 질병에 걸린 경우 그 건설공사 사업장이 모두 산업재해보상보험법의 적용 대상이라면 당해 질병이 업무상 재해에 해당하는지 여부를 판단할 때에 그 근로자가 복수의 사용자 아래서 경험한 모든 업무를 포함시켜 판단의 자료로 삼아야 한다.

3) 업무수행성과 업무기인성의 관계

업무상 재해로 인정되려면 업무수행성과 업무기인성이 모두 충족되어야 하는가에 대하여 견해가 대립하고 있다. 업무수행성필요설은 업무기인성뿐만 아니라 업무수행성도 충족되어야 한다는 입장이고, 업무수행성 불요설로 업무기인성만 충족되면 업무상 재해에 대한 인과관계가 존재한다고 보는 입장이다. 업무상 재해가 성립하기 위해서는 업무수행성과 업무기인성을 모두 충족하여야 하는 것이 원칙이지만, 직업병이나 과로사, 퇴사 후 치료과정에서 질병이 악화된 경우 등에 업무수행성을 요구하는 경우 재해보상의 취지가 반감될 수 있다. 이러한 범위에서 예외적으로 업무기인성만으로 업무상 재해유무를 판단하는 것이 타당하다.

3. 업무상 재해의 구체적 인정기준

(1) 업무상사고

1) 작업시간 중의 재해

근로자가 사업장 내에서 작업시간 중의 작업·용변 등 생리적 필요행위, 작업준비 또는 마무리 행위 등 작업에 수반되는 필요적 부수행위 등을 하고 있을 때 발생한 재해는 업무상 재해로 본다.

2) 작업시간 외의 재해

작업시간외라도 작업시간에 통상적으로 하는 행위나 시설물의 결함 등으로 인한 사고도 업무상 재해로 인정된다.

3) 출퇴근 중의 재해

사업주가 제공한 교통수단이나 그에 준하는 교통수단을 이용하는 등 사업주의 지배관리하에서 출퇴근하는 중 발생한 사고와 그 밖에 통상적인 경로와 방법으로 출퇴근하는 중 발생한 사고는 업무상 재해로 인정된다.

4) 출장 중의 재해

근로자가 사업주의 출장지시를 받아 사업장 밖에서 업무를 수행하고 있을 때 발생한 재해는 원칙적으로 업무상 재해로 본다. 다만, 정상적인 경로를 벗어나거나 근로자의 사적 행위나 자해행위가 원인이 된 것이거나, 사업주의 지시를 위반한 경우에는 업무상 재해로 인정되지 않는다.

5) 행사 중의 재해

회사에서 주최하는 각종 행사에 참석하여 재해가 발생한 경우에는 당해 행사의 성격 · 참여강제여부 · 사업주의 구체적인 지시 등을 고려하여 판단한다.

6) 타인에 의한 재해

타인의 폭행에 의한 재해의 경우 당해 재해가 업무와 명백한 관련이 있는 경우, 또는 타인의 가해행위와 업무상의 사실이 시간적 · 장소적으로 상당인과관계가 있는 경우에는 재해로 본다.

(2) 업무상 질병

1) 업무상 질병에 직접 이환된 경우

근로자의 질병에의 이환이 일정한 요건에 해당하는 경우로서 그 질병이 근기법 시행령 규정에 의한 업무상 질병의 범위에 속하는 경우에는 업무상 요인에 의하여 이환된 질병이 아니라는 명백한 반증이 없는 한 이를 업무상 질병으로 본다.

2) 업무상 부상으로 인하여 질병에 이환된 경우

업무상 부상으로 인하여 질병에 이환된 근로자의 상태가 일정한 요건에 해당되는 경우에는 이를 업무상 질병으로 본다.

3) 과로사

과로사의 발생원인은 과중한 업무 내지 스트레스 등을 들 수 있는데, 판례에서는 최근 과로사를 업무상 재해로 넓게 인정하고 있다. 또한 진폐증후유증에 의한 자살이나 잦은 출장 등 과중한 업무부여로 근로자가 사망한 경우에도 업무상 재해로 인정하고 있다.

4. 근로자의 중대한 과실 · 고의의 부존재

(1) 근로기준법상의 중대한 과실의 부존재

근로자가 중대한 과실로 인하여 업무상 부상 또는 질병에 걸린 경우, 사용자가 그 과실에 대하여 노동위원회의 인정을 받은 경우에는 휴업보상 또는 장해보상을 아니할 수 있다.

(2) 산업재해보상보험법상의 고의의 부존재

근로자가 고의, 자해행위나 범죄행위 또는 그것이 원인이 되어 발생한 사상인 경우에는 업무상 사고로 보지 아니한다. 다만, 그 부상·질병·장해 또는 사망이 정상적인 인식능력 등이 뚜렷하게 낮아진 상태에서 한 행위로 발생한 경우로서 업무상의 사유로 발생한 정신질환으로 치료를 받았거나 받고 있는 사람이 정신적 이상 상태에서 자해행위를 한 경우, 업무상의 재해로 요양 중인 사람이 그 업무상의 재해로 인한 정신적 이상 상태에서 자해행위를 한 경우, 그 밖에 업무상의 사유로 인한 정신적 이상 상태에서 자해행위를 하였다는 상당인과관계가 인정되는 경우에는 업무상 재해로 본다.

Ⅱ. 재해보상의 종류와 내용

1. 요양급여·요양보상

(1) 의의

요양보상 또는 요양급여라 함은 근로자가 업무상 부상 또는 질병에 걸린 경우에 이의 치료·회복을 위한 요양을 행하거나 필요한 요양비를 부담하는 것을 말한다.

(2) 요양보상 및 요양급여의 범위

요양보상 및 요양급여의 범위는 근기법 및 산업재해보상보험(이하 '산재법'이라고도 한다)이 공통되게 ① 진찰(및 검사), ② 약제 또는 진료재요와 의지 그 밖의 보조기의 지급, ③ 처치·수술 그 밖의 치료, ④ 입원, ⑤ 간병, ⑥ 이송의 여섯가지를 규정하고 있다. 다만, 산재법에서는 위의 여섯가지 이외에도 '재활치료' 및 '노동부령이 정하는 사항'을 추가하고 있다.

(3) 요양보상 및 요양급여의 내용 및 방법

1) 근로기준법상의 요양보상

근기법상의 요양보상으로서 사용자는 필요한 요양을 행하거나 또는 필요한 요양비를 부담하여야 한다. 사용자는 양자 중 하나를 선택할 수 있다. 요양보상은 매월 1회 이상이어야 한다.

2) 산업재해보상보험법상의 요양급여

산재법상의 요양급여는 원칙적으로 산재보험 의료기관에서 요양을 하게 한다. 다만, 부득이한 경우에는 예외적으로 요양비를 지급할 수 있다. 그리고 부상 또는 질병이 3일 이내의 요양으로 치유될 수 있는 때에는 요양급여를 지급하지 아니한다.

요양급여를 받은 자가 치유 후 요양의 대상이 되었던 업무상의 부상 또는 질병이 재발하거나 치유 당시보다 상태가 악화되어 이를 치유하기 위한 적극적인 치료가 필요하다는 의학적 소견이 있는 경우에는 다시 제40조에 따른 요양급여(재요양)를 받을 수 있다.

(4) 요양보상 및 요양급여의 특례

1) 근로기준법상의 일시보상

요양보상을 받는 근로자가 요양을 시작한 지 2년이 지나도 부상 또는 질병이 완치되지 아니하는 경우에는 사용자는 평균임금의 1,340일분의 일시보상을 하여 그 후의 근기법에 따른 모든 보상책임을 면할 수 있다.

2) 산업재해보상보험법상의 상병보상연금

산재법에 있어서는 요양급여를 받는 근로자가 요양을 시작한지 2년이 지난 날 이후에 그 부상이나 질병이 치유되지 아니한 상태에 있으며, 그 부상이나 질병에 따른 폐질의 정도가 산재법 시행령 제65조에 따른 '별표 8'의 폐질등급기준(제1급 내지 제3급)에 해당하는 경우에는 휴업급여 대신에 상병보상연금을 그 근로자에게 지급하도록 규정하고 있다.

3) 산업재해보상보험법상의 간병급여

간병급여는 요양급여를 받은 자가 치유 후 의학적으로 상시 또는 수시로 간병이 필요하여 실제로 간병을 받는 자에게 지급한다.

2. 휴업보상 및 휴업급여

(1) 의의

휴업보상 또는 휴업급여라 함은 근로자가 요양으로 인하여 취업할 수 없는 경우에 임금대신 지급되는 보상을 말한다.

(2) 휴업보상·휴업급여의 내용 및 방법

1) 근로기준법상의 휴업보상

요양중에 있는 근로자에게 사용자는 그 근로자의 요양중 평균임금의 100분의 60의 휴업보상을 하여야 한다. 휴업보상을 받을 기간에 그 보상을 받을 자가 임금의 일부를 지급받은 경우에는 사용자는 평균임금에서 그 지급받은 금액을 뺀 금액의 100분의 60의 휴업보상을 하여야 한다. 다만, 근로자의 중대한 과실이 있고, 노동위원회의 인정을 받으면 휴업보상을 지급하지 아니한다. 휴업보상은 매월 1회 이상 하여야 한다.

2) 산업재해보상보험법상의 휴업급여

① 휴업급여

휴업급여는 업무상 사유로 부상을 당하거나 질병에 걸린 근로자에게 요양으로 취업하지 못한 기간에 대하여 지급하되, 1일당 지급액은 평균임금의 100분의 70에 상당하는 금액으로 한다. 다만, 취업하지 못한 기간이 3일 이내이면 이를 지급하지 아니한다. 따라서 취업하지 못한 기간이 3일이내인 때에는 휴업급여를 지급하지 아니하므로 이 경우에는 근기법에 의한 휴업보상을 지급받아야 한다.

② 부분휴업급여

산재근로자가 요양과 취업을 병행하는 경우에는 취업한 날 또는 시간에 해당하는 근로자의 평균임금에서 취업한 날 또는 시간에 받은 실제 임금과의 차액이 100분의 90에 상당하는 금액을 부분휴업급여로 지급한다.

3. 장해보상 및 장해급여

(1) 의의

장해보상 또는 장해급여라 함은 근로자가 업무상 부상 또는 질병에 걸리고 완치된 후에도 신체상의 장해가 있는 경우 이에 대한 보상을 지급하는 것을 말한다.

(2) 장해보상 및 장해급여의 내용 및 방법

1) 근로기준법상의 장해보상

근로자가 업무상 부상 또는 질병에 걸리고, 완치된 후 신체에 장해가 있으면 사용자는 그 장해 정도에 따라 평균임금에 별표에서 정한 일수를 곱한 금액의 장해보상(제1급: 1,340일분 내지 제14급: 50일분)을 하여야 한다. 이미 신체에 장해가 있는 자가 부상 또는 질병으로 인하여 같은 부위에 장해가 더 심해진 경우에 그 장해에 대한 장해보상 금액은 장해 정도가 더 심해진 장해등급에 해당하는 장해보상의 일수에서 기존의 장해등급에 해당하는 장해보상의 일수를 뺀 일수에 보상청구사유 발생 당시의 평균임금을 곱하여 산정한 금액으로 한다.

2) 산업재해보상보험법상의 장해급여

① 장해급여

산재법에서는 '수급권자의 선택'에 의하여 장해보상일시급(제1급: 1,474일분 내지 제14급 55일분) 또는 장해보상연금 중 우하는 보상을 지급받을 수 있다. 다만, 대통령령으로 정하는 노동력을 완전히 상실한 장해등급의 근로자에게는 장해보상연금을 지급하고, 장해급여 청구사유 발생 당시 대한민국 국민이 아닌 자로서 외국에서 거주하고 잇는 근로자에게는 장해보상일시급을 지급한다.

② 장해특별급여

보험가입자의 고의 또는 과실로 업무상 재해가 발생한 경우 수급권자가 '민법'에 따른 손해배상청구에 갈음하여 장해특별급여를 청구하면 장해급여외에 장해특별급여를 보험금에서 지급할 수 있다. 다만, 근로자와 보험가입자 사이에 장해특별급여에 관하여 합의가 이루어진 경우에 한한다.

(3) 장해급여의 재판정

종전에서 요양 종결 당시 결정된 장해등급은 장해종류에 따라 호전되거나 악화되는 등 변경될 가능성이 있음에도 재판정제도가 없어 한번 판정되면 같은 장해등급이 계속 유지되는 문제가 있었다. 개정법은 장해보상연금 수급권자 중 관절의 기능장해, 신경계통의 장해 등 장해 상태가 호전되거나 악화될 가능성이 있는 경우에는 근로복지공단의 직원이나 그 수급권자의 신청에 따라 1회에 한하여 재판정할 수 있도록 하고, 재판정 결과 장해등급이 변경되면 그 변경된 장해등급에 따라 장해급여를 지급하도록 하였다.

4. 유족보상 및 유족급여

(1) 의의

유족보상 또는 유족급여라 함은 근로자가 업무상 사고 또는 질병으로 인하여 사망한 경우에 근로자의 유족에게 지급되는 보상을 말한다. 유족보상 도는 유족급여는 업무상 사고로 인하여 즉사한 경우뿐 아니라 업무상 부상·질병으로 인하여 사망한 경우도 포함한다. 부상·질병이 치유된 후 다시 악화되어 사망한 경우도 유족보상 대상이 된다.

(2) 유족보상 및 유족급여의 내용

1) 근로기준법상의 유족보상

근로자가 업무상 사망한 경우에는 사용자는 근로자가 사망한 후 지체 없이 그 유족에게 평균임금 1,000일분을 유족보상으로 지급하여야 한다.

2) 산업재해보상보험법상의 유족급여

① 유족급여

유족급여는 유족보상연금이나 유족보상일시금으로 하되, 유족보상연금은 1년분 평균임금의 100분의 47에 상당하는 금액에 유족보상연금 수급권자 및 근로자가 사망할 당시 생계를 같이 하던 유족보상연금 수급자격자 1명당 1년분 평균임금의 100분의 5에 상당하는 금액의 합산액을 가산한 금액으로 하며, 유족보상일시금은 근로자가 사망할 당시 유족보상연금을 받을 수 있는 자격이 있는 자가 없는 경우에 지급하되, 유족보상일시금은 평균임금의 1,300일분이다.

② 유족특별급여

보험가입자의 고의 또는 과실로 업무상 재해가 발생하여 근로자가 사망한 경우에는 수급권자가 '민법'에 따른 손해배상청구에 갈음하여 유족특별급여를 청구한 때에는 유족급여 외에 유족특별급여를 지급할 수 있다. 유족특별급여에 관하여는 장해특별급여에 관한 규정이 준용된다.

5. 장의비

(1) 근로기준법상의 장의비

근로자가 업무상 사망한 경우 사용자는 근로자가 사망한 후 지체 없이 평균임금의 90일분의 장의비를 지급하여야 한다.

(2) 산업재해보상보험법상의 장의비

장의비는 근로자가 업무상 사유로 사망한 경우에 지급하되, 평균임금의 120일분에 상당하는 금액을 그 장제를 지낸 유족에게 지급한다. 다만, 장제를 지낼 유족이 없거나 그 밖에 부득이한 사유로 유족이 아닌 자가 장제를 지낸 경우에는 평균임금의 120일분에 상당하는 금액의 범위에서 실제 드는 비용을 그 장제를 지낸 자에게 지급한다.

6. 직업재활급여

(1) 의의

산재법은 요양이 끝난 후 장해급여를 지급받은 자에게 재취업에 필요한 직업훈련을 실시하거나 직업훈련수당을 지급하고, 원 직장에 복귀한 장해급여자를 고용하거나 직장적응훈련비 또는 재활운동비를 지원하도록 규정하고 있다.

(2) 직업재활급여의 종류

직업재활급여의 종류로는 ① 장해급여자 중 훈련대상자에 대하여 실시하는 직업훈련에 드는 비용 및 직업훈련수당, ② 업무상의 재해가 발생할 당시의 사업장에 복귀한 장해급여자에 대하여 사업주가 고용을 유지하거나 직장적응훈련 또는 재활운동을 실시하는 경우에 각각 지급하는 직장복귀지원금, 직장적응훈련비 및 재활운동비 등이 있다.

Ⅲ. 재해보상의 실시

1. 재해보상의 절차

(1) 근로기준법상 재해보상의 절차

사용자는 업무상 재해에 대하여 소정의 보상을 할 의무가 있으므로 재해보상이 요건이 갖추어지면 보상을 받을 자의 청구가 없더라도 보상을 해야 할 것이다. 다만, 재해보상을 받을 권리는 3년 동안 행사하지 않으면 시효로 소멸하므로 재해보상을 받으려는 자는 재해보상을 받을 권리가 발생한 날부터 3년 이내에 사용자에게 청구해야 한다.

요양보상 및 휴업보상은 매월 1회 이상 하여야 하고, 장해보상은 근로자의 부상 또는 질병이 완치된 후 지체 없이 해야한다. 한편, 휴업보상과 장해보상 및 일시보상은 사용자가 지급 능력이 있는 것을 증명하고 보상을 받는 자의 동의를 받으면 1년에 걸쳐 분할 보상을 할 수 있다. 사용자는 재해보상에 관한 중요한 서류를 재해보상이 끝나거나 재해보상청구권이 시효로 소멸되기 전에 폐기해서는 안 된다.

(2) 산업재해보상보험법상의 보험급여 지급절차

1) 신청

산재법에 따른 보험급여는 수급권자의 청구에 따라 지급한다. 따라서 보험급여를 받으려는 자는 공단에 그 지급을 청구해야 한다.

2) 소멸시효

보험급여를 받을 권리는 3년간 행사하지 않으면 시효로 소멸한다. 다만, 장해급여, 유족급여, 장례비, 진폐보항연금 및 진폐유족연금을 받을 권리는 5년간 행사하지 아니하면 시효의 완성으로 소멸한다.

소멸시효는 보험급여의 청구로 중단된다. 이 경우 업무상 재해여부의 판단에 필요한 최초의 청구인 경우에는 그 청구로 인한 시효중단의 효력은 다른 보험급여에도 미친다. 청구에 따른 시효중단은 그 효력이 보험급여결정에 대한 불복절차인 심사청구 등에 의한 시효중단효력과 별도로 인정되며, 공단의 결정이 있는 때에 중단사유가 종료되면 새로이 3년의 시효기간이 진행된다.

산업재해보상보험법(이하 '산재보험법'이라 한다) 제111조는 "제103조 및 제106조에 따른 심사 청구 및 재심사 청구의 제기는 시효의 중단에 관하여 민법 제168조에 따른 재판상의 청구로 본다."라고 정하고 있다. 그리고 민법 제170조는 제1항에서 "재판상의 청구는 소송의 각하, 기각 또는 취하의 경우에는 시효중단의 효력이 없다."라고 정하고, 제2항에서 "전항의 경우에 6월 내에 재판상의 청구, 파산절차참가, 압류 또는 가압류, 가처분을 한 때에는 시효는 최초의 재판상의 청구로 인하여 중단된 것으로 본다."라고 정하고 있다. 그러나 산재보험법이 보험급여 청구에 대하여는 재판상의 청구로 본다는 규정을 두고 있지 않은 점, 보험급여 청구에 따라 발생한 시효중단의 효력이 보험급여 결정에 대한 임의적 불복절차인 심사 청구 등에 따라 소멸한다고 볼 근거가 없는 점을 고려하면, 산재보험법상 고유한 시효중단 사유인 보험급여 청구에 따른 시효중단의 효력은 심사 청구나 재심사 청구에 따른 시효중단의 효력과는 별개로 존속한다고 보아야 한다. 따라서 심사 청구 등이 기각된 다음 6개월 안에 다시 재판상의 청구가 없어 심사 청구 등에 따른 시효중단의 효력이 인정되지 않는다고 하더라도, 보험급여 청구에 따른 시효중단의 효력은 이와 별도로 인정될 수 있다.

3) 의무

보험급여를 청구한 자는 공단의 보험급여 지급 결정을 받으려면 스스로 관련사항을 보고 또는 신고하고, 공단의 검사나 진찰요구 등에 응해야 한다. 한편, 사업주는 관련사항에 대한 공단의 보고 요구 등에 응해야 하고, 보험급여를 받을 자가 사고로 보험급여의 청구 등의 절차를 따르기 곤란하면 이를 도와야 한다. 또한 사업주는 보험급여를 받을 자가 보험급여를 받는 데에 필요한 증명을 요구하는 경우, 부득이한 사유가 없는 이상 그 증명을 해야 한다.

4) 결정

공단은 보험급여의 신청에 대하여 업무상 재해로 인정되는지 여부, 어떤 종류의 보험급여를 어떤 내용으로 지급할 것인지 등을 결정하게 된다. 이 경우 업무상 질병의 인정 여부는 업무상질병 판정위원회가 심의·결정한다.

5) 지급

공단은 보험급여 신청에 대하여 보험급여를 지급하기로 결정하면 그 날부터 14일 이내에 지급해야 한다. 보험급여의 수급권자가 사망한 경우에 그 수급권자에게 지급해야 할 보험급여로서 아직 지급되지 않은 보험급여가 있으면, 그 유족의 청구에 따라 그 보험급여를 지급한다.

2. 재해보상에 대한 이의절차

(1) 의의

재해보상제도란 근로자가 근로중에 업무상 부상 또는 질병에 걸리거나 또는 사망한 경우에 그 해당 근로자 또는 유족을 보호하기 위하여 마련된 제도로써, 산업재해보상에 대하여 이의가 있는 경우에는 근기법 및 산재법에 의하여 구제신청을 할 수 있다. 이외에도 민사소송을 제기할 수 있음은 물론이다.

(2) 근로기준법상의 구제절차

1) 고용노동부장관의 심사와 중재

① 절차

업무상의 부상·질병 또는 사망의 인정, 요양의 방법, 보상금액의 결정 기타 보상실시에 관하여 이의가 있는 자는 고용노동부장관에게 심사 또는 사건의 중재를 청구할 수 있으며, 이 경우 1월 이내에 심사 또는 중재를 하여야 한다.

② 직권에 의한 중재

고용노동부장관은 필요에 의하여 직권으로써 심사 또는 사건의 중재를 할 수 있다.

③ 법적 성격

고용노동부장관의 심사와 중재는 권고적 성질을 가지며 법적 구속력이 없다. 또한 행정처분이 아니기 때문에 이에 불복하여 행정소송을 제기할 수 없다. 그러나 시효의 중단에 관하여는 이를 재판상의 청구로 보아 시효의 중단사유가 된다.

2) 노동위원회의 심사와 중재

① 절차

고용노동부장관이 1월 이내에 심사 또는 중재를 하지 아니하거나 고용노동부장관의 심사 또는 중재의 결과에 불복이 있는 자는 노동위원회의 심사 또는 중재를 청구할 수 있다.

이러한 청구가 있는 경우에 노동위원회는 1월 이내에 심사 또는 중재를 하여야 한다.

② 법적 성격

노동위원회의 심사 및 중재 역시 고용노동부장관의 심사 및 중재와 마찬가지로 설득·권고적인 성격에 불과하며 법적구속력이 없다. 따라서 이 결정 또한 행정소송의 대상이 되지 않는다. 또한 소멸시효에 대해 법에 명문의 규정은 없으나, 노동위원회에의 심사 또는 중재의 청구도 소멸시효의 중단사유가 된다.

(3) 산업재해보상보험법상의 구제절차

1) 근로복지공단의 심사

① 절차

보험급여에 관한 결정에 불복이 있는 자는 근로복지공단에 심사청구를 할 수 있다.

② 청구 기간

심사청구는 보험급여에 관한 결정이 있음을 안 날부터 90일 이내에 당해 보험급여에 관한 결정을 행한 근로복지공단의 소속 기관을 거쳐 근로복지공단에 제기하여야 한다.

③ 처리 기한

근로복지공단은 심사청구서를 받은 날로부터 50일 이내에 심사청구에 대한 결정을 하되 부득이한 경우에는 1차에 한하여 10일을 넘지 않는 범위에서 연장할 수 있다.

④ 법적 성격

심사청구는 재판상의 청구로 보아 시효의 중단사유가 된다. 심사결정의 법적 성격은 재심사를 행정심판의 재결로 보고 있음을 고려하여 볼 때에 행정처분에 해당한다.

2) 산업재해보상보험 심사위원회의 재심사

① 절차

근로복지공단의 심사결정에 불복하는 자는 산업재해보상보험 심사위원회에 재심사청구를 할수 있다.

② 청구 기간

재심사청구는 근로복직공단의 결정이 있음을 안 날로부터 90일 이내에 당해 보험급여에 관한결정을 행한 근로복지공단의 소속 기관을 거쳐 근로복지공단에 제기하여야 한다.

③ 법적 성격

재심사의 청구는 재판상의 청구로 보아 시효의 중단사유가 된다. 재심사청구에 대한 재결은 이를 행정심판의 재결로 보아 이에 불복하는 자는 행정소송을 제기할 수 있다.

(4) 구제제도 상호관계와 민사상 구제제도

1) 구제제도 상호관계

산재법의 적용을 받는 근로자가 보험급여에 이의가 있는 경우 산재법에 의한 심사를 청구하지 아니하고 근기법에 따라 재해보상의 심사·중재를 청구할 수 없다.

2) 민사상 구제제도

근기법상 재해보상에 대하여 행정기관에 대한 이의신청과 산재법상 심사·재심사청구·행정소송의 제기이외에 별도로 민사소송을 제기할 수 있다. 산재법에 의한 장해특별급여 또는 유족특별급여는 민법상의 손해배상책임에 갈음하는 것이므로 이러한 재해보상을 받은 경우 민법상의 손해배상을 청구할 수 없다.

Ⅳ. 수급권의 보호

1. 수급권의 의의

수급권이라 함은 산재법에서 정하는 일체의 보험급여를 받을 권리를 말한다. 보험급여는 요양급여, 휴업급여, 장해급여, 간병급여, 유족급여, 상병보상연금, 장의비의 규정에 의한 보험급여를 받을 권리를 말한다. 보험급여는 업무상 재해에 의한 손실전보로서 행해진 보상으로 피재근로자의 생활보장과 건강회복 또는 그 유족들의 생활보호를 위하여 강력한 보호가 요청된다.

2. 수급권의 불가변성

근로자의 보험급여를 받을 권리는 그 퇴직으로 인하여 소멸하지 않는다. 이는 퇴직을 인하여 보험급여를 받을 권리 그 자체가 소멸되거나 권리의 내용이 축소되거나 또는 변경되지 않음을 의미한다. 대법원 역시 "산재보상보험법의 적용사업에 있어서 재직 시의 업무에 기인한 질병이 퇴직 후에 나타난 상병에 대하여도 수급권은 발생하는 것이므로 보험급여를 청구할 수 있는 권리가 인정된다."라고 판시하였다.

3. 수급권의 양도금지, 압류금지

(1) 수급권의 양도금지

1) 의의

수급권의 양도란 보험급여를 받을 자가 그 권리를 계약에 의하여 이전하는 것으로, 보험급여청구권은 양도할 수 없다.

2) 취지

수급권의 양도금지는 보험급여가 수급권자의 생활안정을 그 목적으로 하고 있으므로 수급권을 양도하거나 담보로 하였을 경우에 수급권자의 생활이 곤란하게 됨을 사전에 방지하려는 데 그 취지가 있다.

3) 양도, 담보금지

양도금지의 취지상 질권의 목적물로 설정할 수도 없으며 권리포기 기타 위임형식에 의한 권리의 담보 등이 일체의 법률행위가 금지된다.

4) 효과

수급권의 양도금지 조항에도 불구하고 실제적으로 이를 양도한 때에는 양수자는 보험급여를 받을 수 없을 뿐 아니라 그 양도계약 자체가 무효가 된다.

(2) 압류의 금지

1) 의의

압류금지란 채무자의 일정한 재산을 강제집행의 목적물로서 압류하는 것을 법률상 또는 재판상 금지하는 것으로, 보험급여청구권은 압류할 수 없다.

2) 취지

보험급여의 전액을 피재근로자 또는 유족으로 하여금 확실하게 수령하게 하는 것이 그 목적이다.

3) 효과

보험급여청구권은 민사상의 강제집행, 세무상의 체납처분에 의하여 압류할 수 없으므로 이 권리에 대한 압류는 무효이며 상계도 할 수 없다.

4. 조세 기타 공과금의 면제 및 미지급의 보험급여

(1) 조세 기타 공과금의 면제

1) 의의

보험급여로서 지급된 금품에 대하여는 조세 기타 국가 또는 지방자치단체의 공과금을 부과하지 아니한다.

2) 취지

이는 보험급여가 피재근로자와 그 유족의 생활보호를 목적으로 하고 있기 때문이다.

(2) 미지급의 보험급여

1) 의의

미지급의 보험급여란 보험급여의 수급권자가 보험급여를 지급받기 전에 사망한 경우 수급권자에게 지급할 보험급여를 말한다.

2) 취지

미지급의 보험급여의 지급에 관하여는 그 한도 내에서 민법상의 상속에 관한 규정을 배제하고 유족의 생활안정을 도모하고자 하는 것이 동법의 취지이다.

3) 내용

산재법상 보험급여의 수급권자가 사망한 경우에 그 수급권자에게 지급하여야 할 보험급여로서 아직 지급되지 아니한 보험급여가 있는 때에는 당해 수급권자의 유족의 지급 청구에 의하여 그 보험급여를 지급한다. 그 수급권자가 사망 전에 보험급여를 청구하지 아니한 때에는 유족의 청구에 의하여 그 보험급여를 지급한다.

5. 수급권의 대위

(1) 의의

수급권의 보호를 위하여 양도 또는 압류할 수 없도록 하였으나 사업주와 수급권자의 편의상 사업주가 보험급여에 상당하는 금품을 수급권자에게 미리 지급한 사실이 명백한 경우 보험급여 수급권을 대위할 수 있도록 하였다.

(2) 대위할 수 있는 보험급여

사업주에게 수령위임이 가능한 보험급여는 요양비, 휴업급여, 장해보상일시금, 유족보상일시금, 상병보상연금 등이다. 연금지급이 가능한 장해, 유족급여에 상당하는 금품을 지급한 경우 각각 장해, 유족보상일시금에 상당하는 금품을 지급한 것으로 본다.

(3) 대위의 절차

보험가입자는 그 사실을 증명하는 서류를 공단에 제출하고, 공단은 당해보험급여 수급권자가 당해 보험급여에 상당하는 금품을 수령하였는지 여부를 확인한다.

V. 제3자에 대한 구상권

1. 의의

제3자의 행위에 의하여 업무상 재해를 당한 산재근로자의 경우 제3자의 불법행위에 대한 손해배상청구권과 업무상 재해에 대한 보험급여청구권을 동시에 선택적으로 갖게 된다.

이러한 경우 보험관장자가 수급권자를 보호하기 위하여 우선 보험급여를 지급하고, 근로자가 제3자에 대하여 가지는 손해배상청구권을 대위하는 것을 산재법상 구상권이라 한다.

2. 취지

구상권제도의 취지는 ① 보험급여의 수급자가 동일한 손해에 관하여 보험급여와 손해배상의 쌍방에 의하여 중복하여 전보받는 것은 타당하지 않다는 것과, ② 산재근로자가 산재보상보험에 가입한 사업주 소속의 근로자라는 우연한 사정 때문에 불법행위를 한 제3자의 책임 있는 행위에 대하여 제3자의 책임면탈를 방지하고 나아가 보험재정의 확보를 도모하고자 하는 데 있다.

3. 구상권 행사의 요건

(1) 제3자의 행위에 의하여 재해가 발생할 것

제3자라 함은 보험관장자, 보험가입자 및 당해사업체의 소속 근로자 이외의 자를 말한다.

(2) 보험급여를 하였을 것

보험관장자가 산재근로자에게 보험급여를 이미 행했어야 한다. 보험급여를 수급권자가 신청하였으나 보험급여를 지급하지 아니한 상태라면 구상권을 행사할 수 없다.

(3) 산재근로자의 제3자에 대한 손해배상청구권의 존재

손해배상청구권의 대위는 보험급여를 수령한 자의 제3자에 대한 손해배상청구권이 존재하고 있음을 전제로 하는 것이므로, 산재근로자가 제3자의 손해배상청구권을 면제하였다면 구상권을 행사할 수 없다.

(4) 제3자의 행위에 의한 재해의 신고

제3자의 행위에 의한 재해가 발생한 때에는 수급권자 및 보험가입자는 지체 없이 이를 근로복지공단에 신고하여야 한다.

4. 구상권 행사의 범위

(1) 동일한 사유

보험관장자가 수급권자의 제3자에 대한 민사상 손해배상청구권을 대위할 수 있는 범위는 보험급여가 지급된 사유와 동일한 사유의 범위에 국한한다.

(2) 구상할 수 있는 금액

구상권을 행사할수 있는 금액은 제3자의 행위로 인하여 지급한 보험급여액과 구상에 소요된 법적비용에 국한한다.

(3) 제3자로부터 배상받은 자에 대한 보험급여의 조정

1) 의의

수급권자가 제3자로부터 동일한 사유로 인하여 보험급여에 상당하는 손해배상을 받은 경우에는 공단은 그 배상액을 법률에 따라 환산한 금액의 한도 안에서 보험급여를 지급하지 아니한다.

2) 취지

제3자에 의한 재해에 대하여 보험급여를 먼저 지급하는 경우에는 구상권을 행사하고, 손해배상을 먼저 받은 경우에는 보험급여를 지급하지 않게 함으로써 보험운영의 합리성을 유지하는 것이다.

(4) 구상권의 소멸시효

제3자의 불법행위가 있는 날로부터 10년, 이를 안 날로부터 3년 이내에 청구하지 않으면 청구권은 소멸한다.

5. 구상권행사의 제외

(1) 의의

보험가입자인 2 이상의 사업주가 같은 장소에서 하나의 사업을 분할하여 각각 행하다가 그 중 사업주를 달리하는 근로자의 행위로 재해가 발생한 경우에는 구상권을 행사하지 아니한다.

(2) 구상권 행사의 예외조건

① 양 당사자가 모두 산재보험 가입자이어야 하고, ② 동일 위험권 내 발생한 재해라야 하며, ③ 하나의 사업을 분할하여 행하는 관계에 있어야 한다.
따라서 이 세 조건을 전부 충족시에는 구상권을 행사하지 아니하며, 이 중 어느 요건 하나라도 결여시에는 구상권을 행사할 수 있다.

제1절　인사이동

I. 의의

인사이동은 배치전환, 전적, 전출 등 다양한 형태의 근로관계의 변경을 포함하는 개념으로서 이를 일률적으로 정의하기는 용이하지 아니하다. 그러나 인사이동의 개념은 대체로 기업 내에서 또는 기업 간의 근로자의 근무내용·근무장소 및 근로관계당사자의 변경 등을 가져오는 근로관계의 변동이라고 정의할 수 있다.

II. 인사권의 법적 근거

1. 문제의 소재

사용자는 근로자에 대한 인사권을 가지는데, 사용자가 일방적으로 인사권을 행사할 수 있는 근거가 무엇인지 문제된다.

2. 학설

(1) 포괄적 합의설

근로자는 사용자와의 근로계약체결을 통하여 자신의 노동력을 사용자의 지휘·감독권한에 속하게 하는 포괄적 합의를 하게 되며, 사용자는 이러한 합의에 근거하여 인사권을 행사하게 된다고 보는 견해이다.

(2) 경영권설

사용자는 자신의 경영권을 바탕으로 하여 인사권을 행사할 수 있다고 한다. 즉, 근로자는 근로계약체결에 의하여 경영체계에 편입됨으로써 사용자의 인사권 행사에 따른 노무지휘를 받게 된다는 것이다.

(3) 계약설

근로자와 사용자는 근로계약에 의하여 근로조건에 합의하게 되며, 이 경우 인사권의 행사 역시 하나의 근로조건으로서 근로계약의 합의사항에 포함되므로, 이러한 계약에 근거하여 사용자는 인사권을 행사할 수 있다고 한다. 따라서 사용자의 인사권은 근로계약상 합의된 범위 내에서만 유효하다고 한다.

3. 판례

판례는 원칙적으로 인사권은 사용자의 권한에 속하며 업무상 필요한 범위 내에서 상당한 재량을 가진다고 판시하였다.

> **참조판례 대법원 1995.10.13. 선고 94다52928 판결**
>
> 근로자에 대한 전보나 전직은 원칙적으로 인사권자인 사용자의 권한에 속하므로 업무상 필요한 범위 내에서는 사용자는 상당한 재량을 가지며, 그것이 근로기준법에 위반되거나 권리남용에 해당되는 등의 특별한 사정이 없는 한 유효하고, 전보 처분 등이 권리남용에 해당하는지 여부는 전보처분 등의 업무상의 필요성과 전보 등에 따른 근로자의 생활상의 불이익을 비교·교량하여 결정되어야 하고, 업무상의 필요에 의한 전보 등에 따른 생활상의 불이익이 근로자가 통상 감수하여야 할 정도를 현저하게 벗어난 것이 아니라면, 이는 정당한 인사권의 범위 내에 속하는 것으로서 권리남용에 해당하지 않는다.

4. 검토

사용자의 인사권의 행사는 근로계약의 체결을 통해 부여되는 것으로 보아야 한다는 점에서 포괄적 합의설의 입장이 타당하다.

Ⅲ. 인사권의 제한

사용자의 인사권행사는 근로기준법 제23조 제1항에 규정된 "정당한 사유"가 있는 경우에 한하여 인정된다. "정당한 사유"에 관하여는 단체협약 및 취업규칙 등에 구체적으로 정하여지는 것이 일반적이나, ① 인사권 행사의 업무상 필요성과 근로자의 생활상 불이익의 비교형량 및 ② 근로자와의 사전협의 등 인사권행사에 신의칙상 요구되는 절차를 거쳐야 할 것이다.

Ⅳ. 기업 내 인사이동(배치전환)

1. 의의

배치전환이라 함은 근로자의 직무내용 또는 근무장소가 상당히 장기간에 걸쳐 변경되는 것을 말한다. 보통 배치전환은 같은 사업장에서 근무부서가 변경되는 것을 말하는데, 특히 사업장을 달리하는 근무장소의 변경을 전근이라고 하며, 직무내용의 변경과 개념상 구별한다.
배치전환은 적재적소에 노동력을 배치하여 근로의욕과 경영능률을 증진시키고, 부서간의 인사교류를 통해서 업무운영의 원활화를 기하기 위해 기업사회에 넓게 채용되어 왔다. 그러나 기업의 확장이나 경영의 합리화조치와 관련하여 추진되는 기업합병, 신사업부서의 설립, 사무자동화 등은 필연적으로 기업 내 노동력의 유동을 촉진시켰다. 따라서 종래에는 대부분 관리직사원의 양성수단으로서 기능하던 배치전환이 기업활동규모의 확대와 더불어 고용조정을 위한 효과적인 수단으로 활용되면서 최근 근로계약법상 중요한 문제로 떠오르고 있다.

2. 배치전환의 정당성

(1) 직무내용과 근무지의 한정이 없는 경우

1) 정당성 판단기준

근기법 제23조 제1항은 "사용자는 근로자에게 정당한 이유 없이 해고, 휴직, 정직, 전직, 감봉, 그 밖의 징벌을 하지 못한다."라고 규정하여 사용자의 인사권 행사에 정당한 이유가 있을 것을 요구하고 있다. 여기서 정당한 이유가 있는지 여부는 당해 전직처분 등의 업무상의 필요성과 전직에 따른 근로자의 생활상의 불이익을 비교·교량하고, 근로자와의 협의 등 그 전직처분을 하는 과정에서 신의칙상 요구되는 절차를 거쳤는지 여부를 종합적으로 고려하여 결정하여야 한다.

> **참조판례 대법원 2015.10.29. 선고 2014다46969 판결**
>
> 근로자에 대한 전직이나 전보처분은 근로자가 제공하여야 할 근로의 종류·내용·장소 등에 변경을 가져온다는 점에서 근로자에게 불이익한 처분이 될 수도 있으나, 원칙적으로 인사권자인 사용자의 권한에 속하므로 업무상 필요한 범위 안에서는 상당한 재량을 인정하여야 하고, 그것이 근로자에 대하여 정당한 이유 없이 해고·휴직·정직·감봉 기타 징벌을 하지 못하도록 하는 근로기준법 제23조 제1항에 위배되거나 권리남용에 해당하는 등 특별한 사정이 없는 한 무효라고는 할 수 없고, 전직처분 등이 정당한 인사권의 범위 내에 속하는지의 여부는 당해 전직처분 등의 업무상의 필요성과 전직에 따른 근로자의 생활상의 불이익을 비교·교량하고, 근로자가 속하는 노동조합(노동조합이 없으면 근로자 본인)과의 협의 등 그 전직처분을 하는 과정에서 신의칙상 요구되는 절차를 거쳤는지 여부를 종합적으로 고려하여 결정하여야 한다.

2) 업무상 필요성의 존재

업무상의 필요란 인원 배치를 변경할 필요성이 있고 그 변경에 어떠한 근로자를 포함시키는 것이 적절할 것인가 하는 인원선택의 합리성을 의미하는데, 여기에는 업무능률의 증진, 직장질서의 유지나 회복, 근로자 간의 인화 등의 사정도 포함된다.

> **참조판례 대법원 2018.10.25. 선고 2016두44162 판결**
>
> 사용자가 전직처분 등을 함에 있어서 요구되는 업무상의 필요란 인원 배치를 변경할 필요성이 있고 그 변경에 어떠한 근로자를 포함시키는 것이 적절할 것인가 하는 인원선택의 합리성을 의미하는데, 여기에는 업무능률의 증진, 직장질서의 유지나 회복, 근로자 간의 인화 등의 사정도 포함된다.

3) 근로자의 생활상 불이익

생활상 불이익은 경제적 이익에 한정하지 않고 정신적, 육체적, 사회적 이익 나아가 조합활동상 이익까지도 포함된다. 통근차량 배치나 교통비 지급처럼 생활상 불이익을 최소화하기 위한 노력은 권리남용여부의 판단에 있어 고려사항이 된다.

4) 신의칙상의 요구되는 절차의 준수여부

신의칙상 요구되는 절차란 사용자의 일방적인 인사명령을 제한하기 위한 절차적 정당성을 말하는 것으로 그 내용으로는 전보의 필요성에 대한 설명, 고려기간의 부여, 대상조치(반대급부)에의 배려 등 사용자가 근로자의 동의를 얻기 위한 노력의 정도나 동의를 얻지 못한 경우에도 본인의 가정생활상의 사정을 어디까지 고려하였는지의 사정 등을 들 수 있다. 다만, 신의칙상 요구되는 절차를 준수하지 않았다는 사정만으로 사용자의 인사처분이 무효가 되는 것은 아니라 할 것이다.

(2) 직무내용이나 근무지의 한정이 있는 경우

1) 정당성 판단기준

근로계약상 직무내용이나 근무지를 한정하는 경우가 있다. 이러한 경우에는 해당 직무내용이나 근무지가 근로계약의 중요한 내용을 이루는 것이므로 권리남용에 해당하지 않아야 함은 물론 근로자의 동의가 있어야 한다. 대법원 역시 "근로계약에서 근로 내용이나 근무장소를 특별히 한정한 경우에 사용자가 근로자에 대하여 전보나 전직처분을 하려면 원칙적으로 근로자의 동의가 있어야 한다."라고 판시하였다.

2) 직무내용이나 근무지 한정의 존부 판단

직종이나 근무지에 대한 한정의 존부는 근로자의 종류, 근로관계의 성립이나 전개의 방식 등에 비추어 개별적으로 결정할 수밖에 없다.

특수한 기능·기술·자격 등을 가진 근로자의 경우에는 당사자 사이에 그 직종으로 한정한다는 합의가 있는 것으로 볼 수 있다. 예컨대, 의사, 간호사, 보일러기사 등과 같이 특별한 기술이나 자격을 요하는 직종에 종사하고 있는 경우에는 업무의 내용이 특정되어 있다고 볼 수 있다.

사업장 인근 지역에 연고가 있는 자를 채용하면서 관행상 전근이 없었던 직원, 생활의 본거지가 고정되어 있음을 전제로 채용된 근로자 등은 근무지가 한정된 것으로 볼 여지가 많다.

3. 기타 법령에 의한 한계

(1) 노동조합법에 의한 한계

노동조합법 제81조에서는 정당한 노동조합활동을 이유로 한 사용자의 불이익조치를 부당노동행위로서 금지하고 있으므로 노동조합활동에 대한 혐오 또는 노동조합활동을 저해할 목적 등 부당노동행위에 해당하는 전직은 그 정당성이 인정되지 않는다.

(2) 남녀고용평등법에 의한 한계

사용자는 배치에 있어서 남녀를 차별하여서는 아니 된다.

4. 위반의 효과

사용자가 정당한 이유 없이 근로자를 배치전환한 경우 벌칙규정은 없으나, 당해 인사명령은 사법상 무효가 된다. 근로자는 부당한 배치전환명령에 대하여 노동위원회에 구제신청 또는 민사법원을 통해 구제받을 수 있다.

Ⅴ. 기업 간 인사이동(전적과 전출)

1. 의의

(1) 전출의 의의

전출이란 원래의 기업과의 근로계약관계는 유지한 채 제3의 기업에 근로를 제공하도록 하는 인사명령을 말한다.

(2) 전적의 의의

전적이란 원래의 기업과는 근로계약을 종료하고 제3의 기업과 새로운 근로계약을 체결하도록 하는 인사명령을 말한다.

2. 제한의 필요성

근로계약은 전속계약이므로 근로계약의 당사자와 근로제공관계에서의 당사자가 일치하여야 한다. 전적과 전출은 기업의 계열화, 구조조정에 따른 노동력 재배치의 일환으로 행해지는데, 이러한 경우 근로계약의 당사자 또는 근로제공의 상대방의 지위가 변경된다는 점에서 근로계약 내용의 중대한 변경에 해당하므로 근로자보호를 위해서 법적 제한이 필요하다.

3. 전출과 전적의 성립요건

전출은 원래의 기업과 제3의 기업 간에 원래의 기업에 소속된 근로자가 제3의 기업에 근로를 제공하도록 하는 전출계약이 체결됨으로서 성립한다. 전적은 원래의 기업과 제3의 기업간에 전적계약의 체결, 원래의 기업과 근로자의 근로관계 종료, 제3의 기업과 근로자의 근로계약 체결로 성립한다.

4. 전출과 전적의 유효요건

(1) 근로자의 동의

사용자는 근기법 제23조 제1항의 정당한 사유가 없는 한 근로자를 전출·전적시킬 수 없다. 전출이든 전적이든 별개의 법인격을 가진 기업 간에 인사이동이므로 근로자의 동의가 있어야 한다. 근로자의 동의는 진의이어야 하며, 명시적 의사이어야 한다.

> **참조판례** 대법원 1993.1.26. 선고 92누8200 판결
>
> 근로자를 그가 고용된 기업으로부터 다른 기업으로 적을 옮겨 다른 기업의 업무에 종사하게 하는 이른바 전적은, 종래에 종사하던 기업과 간의 근로계약을 합의해지하고 이적하게 될 기업과 간에 새로운 근로계약을 체결하는 것이거나 근로계약상의 사용자의 지위를 양도하는 것이므로, 동일 기업 내의 인사이동인 전근이나 전보와 달라, 특별한 사정이 없는 한 근로자의 동의를 얻어야 효력이 생긴다.

(2) 동의의 방법

기업 간 인사이동은 사용자의 일방적 명령에 의한 근로조건의 중대한 변경에 해당하며, 근기법 제17조는 근로계약체결 시 근로조건을 명시하도록 규정하고 있으므로, 전출 또는 전적할 기업을 특정하여 그 기업에 종사하여야 할 업무에 관한 사항 등의 기본적 근로조건을 명시하여 근로자의 동의를 얻어야 한다.

5. 기업그룹 내에서의 인사이동

(1) 전출

전출은 원래의 기업과의 근로계약관계는 유지되므로, 대상기업·기간·조건·방법 등을 구체적으로 단체협약, 취업규칙, 근로계약 등에 규정한 후 객관적이고 합리적인 기준에 따라 행하는 전출명령은 권리남용에 해당하지 않는 한 근로자의 동의가 없더라도 유효하다.

(2) 전적

1) 대법원의 입장

① 포괄적 동의

대법원은 사용자가 기업그룹 내부의 전적에 관하여 미리근로자의 포괄적인 동의를 얻어 두면 그때마다 근로자의 동의를 얻지 아니하더라도 근로자를 다른 계열기업으로 유효하게 전적시킬 수 있다고 판시하였다. 다만, 사용자가 기업그룹 내의 전적에 관하여 근로자의 포괄적인 사전동의를 받는 경우에는 전적할 기업을 특정하고 그 기업에서 종사하여야 할 업무에 관한 사항 등의 기본적인 근로조건을 명시하여 근로자의 동의를 얻어야 된다고 한다.

📖 **참조판례** 대법원 1993.1.26. 선고 92누8200 판결

근로자의 동의를 전적의 요건으로 하는 이유는 근로관계에 있어서 업무지휘권의 주체가 변경됨으로 인하여 근로자가 받을 불이익을 방지하려는 데에 있다고 할 것인바 그룹 내의 기업에 고용된 근로자를 다른 계열기업으로 전적시키는 것은, 비록 형식적으로는 사용자의 법인격이 달라지게 된다고 하더라도 실질적으로 업무지휘권의 주체가 변동된 것으로 보기 어려운 면이 있으므로, 사용자가 기업그룹 내부의 전적에 관하여 미리(근로자가 입사할 때 또는 근무하는 동안) 근로자의 포괄적인 동의를 얻어 두면 그때마다 근로자의 동의를 얻지 아니하더라도 근로자를 다른 계열기업으로 유효하게 전적시킬 수 있다.

근로기준법 제22조와 같은법 시행령 제7조 제1호에 의하면 사용자는 근로계약 체결시에 근로자에 대하여 임금·근로시간·취업의 장소와 종사하여야할 업무에 관한 사항 등의 근로조건을 명시하도록 한 규정의 취지에 비추어 볼 때, 사용자가 기업그룹 내의 전적에 관하여 근로자의 포괄적인 사전동의를 받는 경우에는 전적할 기업을 특정하고(복수기업이라도 좋다) 그 기업에서 종사하여야 할 업무에 관한 사항 등의 기본적인 근로조건을 명시하여 근로자의 동의를 얻어야 된다.

② 전적관행의 존재

대법원은 기업그룹 등과 같이 그 구성이나 활동 등에 있어서 어느 정도 밀접한 관련성을 갖고 사회적 또는 경제적 활동을 하는 일단의 법인체 사이의 전적에 있어서 그 법인체들 내에서 근로자의 동의를 얻지 아니하고 다른 법인체로 근로자를 전적시키는 관행이 있어서 그 관행이 근로계약의 내용을 이루고 있다고 인정하기 위하여는, 그와 같은 관행이 그 법인체들 내에서 일반적으로 근로관계를 규율하는 규범적인 사실로서 명확히 승인되거나, 그 구성원이 일반적으로 아무런 이의도 제기하지 아니한 채 당연한 것으로 받아들여 기업 내에서 사실상의 제도로서 확립되어 있지 않으면 아니 된다고 판시하였다.

📖 **참조판례** 대법원 2006.1.12. 선고 2005두9873 판결

근로자를 그가 고용된 기업으로부터 다른 기업으로 적을 옮겨 다른 기업의 업무에 종사하게 하는 이른바 전적은, 종래에 종사하던 기업과 사이의 근로계약을 합의해지하고 이적하게 될 기업과 사이에 새로운 근로계약을 체결하는 것이거나 근로계약상의 사용자의 지위를 양도하는 것이므로, 동일 기업 내의 인사이동인 전근이나 전보와 달라 특별한 사정이 없는 한 근로자의 동의를 얻어야 효력이 생기고, 나아가 기업그룹 등과 같이 그 구성이나 활동 등에 있어서 어느 정도 밀접한 관련성을 갖고 사회적 또는 경제적 활동을 하는 일단의 법인체 사이의 전적에 있어서 그 법인체들 내에서 근로자의 동의를 얻지 아니하고 다른 법인체로 근로자를 전적시키는 관행이 있어서 그 관행이 근로계약의 내용을 이루고 있다고 인정하기 위하여는, 그와 같은 관행이 그 법인체들 내에서 일반적으로 근로관계를 규율하는 규범적인 사실로서 명확히 승인되거나, 그 구성원이 일반적으로 아무런 이의도 제기하지 아니한 채 당연한 것으로 받아들여 기업 내에서 사실상의 제도로서 확립되어 있지 않으면 아니 된다.

2) 검토

판례는 기업그룹 간의 인사이동에서 전적의 관행이 존재하거나, 사전에 포괄적 동의를 얻은 경우에는 근로자의 동의가 없더라도 유효하다는 입장이나 전적은 원래의 기업과는 근로계약을 종료하고 새로운 기업과 근로계약관계가 성립하는 것으로 계약의 주체가 변경된다는 점에서 근로계약체결의 요건을 갖추어야 할 것이다. 근로계약도 계약의 일종이므로 당연히 계약당사자의 의사의 합치가 있어야 하고 따라서 근로자의 동의는 기업그룹 간의 인사이동에서도 반드시 필요하다고 해석하는 것이 타당하다.

6. 전출과 전적 후의 근로관계

(1) 전출

1) 근로자와 소속기업 간의 관계

이들 간에는 근로계약관계는 존속하지만, 노무제공관계는 존재하지 아니하므로 소속기업과의 근로관계는 휴직이 되는 것이 일반적이다. 따라서 소속기업의 취업규칙 중 노무제공을 전제로 한 부분은 적용되지 않는다.

2) 근로자와 전출기업 간의 관계

이들 간에는 근로제공관계가 있으므로 근로자는 전출기업의 복무규율에 따라야 한다. 따라서 급여, 제수당, 상여금의 지급에 관해서는 전출기업이 이를 행한다. 그리고 퇴직금산정 시 계속근로연수는 양기업의 근무기간을 통산하며, 퇴직금액은 양기업이 분담하는 것이 보통이다.

3) 노동법상의 책임주체

근기법, 산안법, 산재법 등의 책임에 대해서는 당해 사항에 실질적인 권한과 책임을 가진 자가 부담한다. 따라서 산안법상의 사업주책임은 형식적인 노무급부를 받는 전출기업이 책임을 지며, 산재법상의 사업주도 원칙적으로 전출기업이 되지만 양기업의 합의에 의해 원소속기업으로 하는 것도 가능하다.

4) 파견법의 적용여부

파견근로자 보호 등에 관한 법률은 근로자 파견을 업으로 하는 자가 주체가 되어 행하는 근로자 파견의 경우에 적용된다. 전출은 기업활동의 필요에 의해 사용자가 행하는 인사권행사의 일종으로 근로자 파견과는 구별된다. 대법원도 전출과 근로자 파견을 구별하여 파견법의 적용을 부인한 바 있다. 다만, 전출인지 근로자 파견인지 여부에 대해서는 여러 사정을 조합적으로 고려하여 신중하게 판단하여야 한다고 본다.

> **📖 참조판례 대법원 2022.7.14. 선고 2019다299393 판결**
>
> 파견근로자 보호 등에 관한 법률(이하 '파견법'이라 한다) 제6조의2 제1항에 따른 직접고용의무는 근로자파견사업을 하는 파견사업주, 즉 근로자파견을 업으로 하는 자가 주체가 되어 행하는 근로자파견의 경우에 적용된다. '근로자파견을 업으로 하는 자'란 반복·계속하여 영업으로 근로자파견행위를 하는 자를 말하고, 이에 해당하는지는 근로자파견행위의 반복·계속성, 영업성 등의 유무와 원고용주의 사업 목적과 근로계약 체결의 목적, 근로자파견의 목적과 규모, 횟수, 기간, 태양 등 여러 사정을 종합적으로 고려하여 사회통념에 따라 판단하여야 할 것인바, 위와 같은 반복·계속성과 영업성은 특별한 사정이 없는 한 근로자파견행위를 한 자, 즉 원고용주를 기준으로 판단하여야 한다.
> 그런데 전출은 근로자가 원소속 기업과의 근로계약을 유지하면서 휴직·파견·사외근무·사외파견 등의 형태로 원소속 기업에 대한 근로제공의무를 면하고 전출 후 기업의 지휘·감독 아래 근로를 제공함으로써 근로제공의 상대방이 변경되는 것으로서 근로자의 원소속 기업 복귀가 예정되어 있는 것이 일반적이다. 특히 고유한 사업 목적을 가지고 독립적 기업 활동을 영위하는 계열회사 간 전출의 경우 전출 근로자와 원소속 기업 사이에는 온전한 근로계약 관계가 살아있고 원소속 기업으로의 복귀 발령이 나면 기존의 근로계약 관계가 현실화되어 계속 존속하게 되는바, 위와 같은 전출은 외부 인력이 사업조직에 투입된다는 점에서 파견법상 근로자파견과 외형상 유사하더라도 그 제도의 취지와 법률적 근거가 구분되므로, 전출에 따른 근로관계에 대하여 외형상 유사성만을 이유로 원소속 기업을 파견법상 파견사업주, 전출 후 기업을 파견법상 사용사업주의 관계로 파악하는 것은 상당하지 않고, 앞서 본 바와 같이 여러 사정을 종합적으로 고려하여 신중하게 판단하여야 한다.

(2) 전적

전적은 원소속기업과 근로관계가 단절되고, 타기업과의 근로계약관계를 성립시키므로 근로계약상의 사용자는 물론 근기법 기타 노동관계법상의 사용자도 타기업이 된다. 다만, 퇴직금산정 시 계속근로연수는 근속기간을 통산한다는 등의 특별한 규정이 있는 경우에는 그에 따르나, 그렇지 않는 경우에는 통산되지 않는다.

7. 위반의 효과

사용자가 정당한 이유 없이 근로자를 전출 또는 전적하는 경우 벌칙규정은 없으나, 당해 전출 또는 전적명령은 사법상 무효이다. 근로자는 부당한 전출 또는 전적명령에 대하여 노동위원회에 구제신청 또는 민사법원을 통해 구제받을 수 있다.

제2절 휴직

Ⅰ. 의의

휴직이란 근로제공이 불가능하거나 부적당한 경우에 근로계약관계를 유지하면서 일정한 기간 동안 근로제공을 금지하거나 근로제공 의무를 면제하는 인사처분을 말한다. 휴직은 징계처분에 속하지 않는다는 점에서 정직과 구별된다.

Ⅱ. 휴직의 종류

휴직의 사유나 목적은 매우 다양하지만, 그 방식에 따라 사용자의 일방적 의사표시에 따른 직권휴직과 근로자와의 합의에 따른 의원휴직으로 나눌 수 있다.

Ⅲ. 휴직의 법적 근거

휴직은 사용자의 근로수령의무를 면하거나 근로자의 근로제공의무를 면하는 것이므로, 취업규칙상 휴직을 명할 수 있다는 포괄적 근거규정이 있거나 근로계약상 당사자 사이의 명시적 또는 묵시적 합의가 있어야 사용자가 휴직을 명할 수 있는 권한을 가진다고 볼 수 있다.
다만, 의원휴직은 근로자의 신청에 대하여 사용자가 이를 승인함으로써 당사자 사이에 합의가 이루어지는 것이므로 취업규칙의 명시적 규정 등이 없더라도 할 수 있을 것이다.

공직수행이나 육아를 목적으로 하는 휴직은 법률상 보장된 것이므로 취업규칙 등에 명시적 근거가 없더라도 근로자가 청구하면 사용자는 승인해야 한다.

> **📖 참조판례 대법원 2009.9.10. 선고 2007두10440 판결**
>
> 기업이 그 활동을 계속적으로 유지하기 위해서는 노동력을 재배치하거나 그 수급을 조절하는 것이 필요불가결하므로, 휴직명령을 포함한 인사명령은 원칙적으로 인사권자인 사용자의 고유권한에 속하고, 따라서 이러한 인사명령에 대하여는 업무상 필요한 범위 안에서 사용자에게 상당한 재량을 인정하여야 한다.

Ⅳ. 휴직시 근로관계

휴직은 근로계약관계는 유지하면서 사용자는 그 근로수령의무를 면하거나 근로자의 근로제공의무가 면제된다.

Ⅴ. 휴직의 정당성

1. 직권휴직의 정당성

(1) 정당성의 판단기준

사용자는 근로자에게 정당한 이유 없이 휴직을 할 수 없다. 사용자가 휴직명령권을 가지는 경우에도 그 휴직명령이 정당한 이유를 가지려면 취업규칙 등으로 정한 휴직사유에 해당하는 것만으로는 부족하고 그 규정의 목적, 그 실제의 기능, 휴직명령의 합리성 여부 및 휴직에 따라 근로자가 받게 될 불이익 등 제반 사정에 비추어 근로자가 상당한 기간에 걸쳐 근로제공을 할 수 없거나 근로제공이 매우 부적당하다고 인정되어야 한다.

> **📖 참조판례 대법원 2022.2.10. 선고 2020다301155 판결**
>
> 근로기준법 제23조 제1항에서 사용자는 근로자에게 정당한 이유 없이 휴직을 명하지 못한다고 제한하고 있는 점에 비추어 보면, 취업규칙이나 단체협약 등이 정한 휴직사유가 발생하였으며, 당해 휴직 근거 규정의 설정 목적과 그 실제 기능, 휴직명령권 발동의 합리성 유무 및 그로 인하여 근로자가 받게 될 신분상·경제상의 불이익 등 구체적인 사정을 모두 참작하여 근로자가 상당한 기간에 걸쳐 근로를 제공할 수 없다거나 근로를 제공하는 것이 매우 부적당하다고 인정되는 경우에만 사용자의 휴직명령에 정당한 이유가 있다고 보아야 한다.

(2) 휴업과의 관계

사용자의 경영상 사정으로 인한 직권휴직은 근기법 제46조 제1항의 사용자의 귀책사유에 따른 휴업에 해당한다. 대법원도 근기법 제46조 제1항의 휴업에는 휴직을 포함하는 광의의 개념이라고 판시하였다. 따라서 사용자는 경영상 사정으로 인한 휴직기간 동안에 대해 휴업수당을 지급할 의무를 부담한다.

2. 의원휴직의 승인

법령상의 휴직은 사용자에 승인의무가 있으므로 사용자가 이를 허용하지 않는 것은 해당법규의 위반이 된다. 취업규칙 또는 단체협약 등에서 의원휴직의 사유와 절차를 규정하고 있는 경우에는 근로자의 휴직신청이 취업규칙 또는 단체협약 등에 따르는 한 사용자는 승인을 거부할 수 없다. 그러나 취업규칙 또는 단체협약 등에 휴직에 관한 근거규정을 두고 있지 않은 경우에는 근로자의 휴직신청을 승인할 것인지 여부는 사용자의 재량이다.

VI. 휴직자의 복직

1. 복직의무

휴직기간 중이라도 휴직의 사유가 소멸된 경우에는 사용자는 근로자를 복직시킬 의무가 있다. 의원휴직의 경우 휴직의 사유가 소멸하면 근로자는 휴직 기간 중이라도 즉시 복직을 신청할 의무가 있다고 보아야 한다. 의원휴직의 사유가 소멸하여 복직을 신청한 이상 사용자는 이를 승인할 의무가 있다.

2. 복직의무의 불이행

휴직 기간이 만료될 때까지 휴직의 사유가 소멸하지 않거나 복직신청이 없는 경우에는 휴직근로자를 해고할 수 있다. 이러한 경우에 취업규칙에서 '당연퇴직한 것으로 본다'고 규정하였다 하더라도 당연히 노동관계가 종료되는 것은 아니고 해고할 수 있다는 것을 의미할 뿐이라고 보아야 한다.
의원휴직의 경우에는 휴직 기간이 지났는데도 근로자가 복직신청을 않는 것은 정당한 해고사유로 인정될 것이다.

VII. 위반의 효과

사용자가 정당한 이유 없이 휴직을 명하는 경우 벌칙규정은 없으나, 사법상 무효이다. 근로자는 부당한 휴직명령에 대해 노동위원회에 구제신청 또는 민사소송을 통해 구제받을 수 있다.

Ⅰ. 의의

직위해제 또는 대기발령이란 근로자가 계속 직무를 담당하게 될 경우 예상되는 업무상의 장애 등을 예방하기 위하여 일시적으로 직무에서 배제하는 잠정적인 인사처분을 말한다.

Ⅱ. 징계처분과의 구별

대기발령 등 근로자에게 불이익한 처분이라도 취업규칙이나 인사관리규정 등에 징계처분의 하나로 규정되어 있지 않다면, 이는 원칙적으로 인사권자인 사용자의 고유권한에 속하는 인사명령의 범주에 속하는 것이라고 보아야 한다. 사용자의 인사명령에 속하는 불이익한 처분이 대기발령이나 보직의 해제와 같은 잠정적 처분인지, 전보 등 확정적 처분인지는 명칭과 상관없이 처분이 이루어진 구체적인 경위, 그로 인한 근로자 지위의 변화, 변경된 근로의 내용, 업무의 지속성 여부, 처분 당시 사용자의 의사 등 제반 사정을 종합하여 판단한다.

> **참조판례 대법원 2013.5.9. 선고 2012다64833 판결**
>
> 대기발령 등 근로자에게 불이익한 처분이라도 취업규칙이나 인사관리규정 등에 징계처분의 하나로 규정되어 있지 않다면, 이는 원칙적으로 인사권자인 사용자의 고유권한에 속하는 인사명령의 범주에 속하는 것이라고 보아야 하고, 인사명령에 대하여는 업무상 필요한 범위 안에서 사용자에게 상당한 재량을 인정하여야 한다. 따라서 위와 같은 처분은 그것이 근로기준법에 위반되거나 권리남용에 해당하는 등의 특별한 사정이 없는 한, 단지 징계절차를 거치지 아니하였다는 사정만으로 위법하다고 할 수는 없다. 한편 사용자의 인사명령에 속하는 불이익한 처분이 대기발령이나 보직의 해제와 같은 잠정적 처분인지, 전보 등 확정적 처분인지는 명칭과 상관없이 처분이 이루어진 구체적인 경위, 그로 인한 근로자 지위의 변화, 변경된 근로의 내용, 업무의 지속성 여부, 처분 당시 사용자의 의사 등 제반 사정을 종합하여 판단할 것이다.

Ⅲ. 직위해제 또는 대기발령의 정당성

대기발령은 징계의 일종이 아니라 직무에서 배제하는 잠정적인 조치이므로 대기발령의 정당성은 근로자에게 당해 대기발령 사유가 존재하는지 여부나 대기발령에 관한 절차규정의 위반 여부 및 그 정도에 의하여 판단하여야 한다. 대기발령도 인사명령의 일종이므로 이것이 근로기준법 등에 위반되거나 권리남용에 해당하는 등의 특별한 사정이 없는 한 위법하다고 할 수 없고, 대기발령이 정당한 인사권의 범위 내에 속하는지 여부는 대기발령의 업무상의 필요성과 그에 따른 근로자의 생활상의 불이익과의 비교교량, 근로자와의 협의 등 대기발령을 하는 과정에서 신의칙상 요구되는 절차를 거쳤는지의 여부 등에 의하여 결정되어야 한다.

기업이 그 활동을 계속적으로 유지하기 위하여는 노동력을 재배치하거나 그 수급을 조절하는 것이 필요불가결하므로, 대기발령을 포함한 인사명령은 원칙적으로 인사권자인 사용자의 고유권한에 속한다 할 것이고, 따라서 이러한 인사명령에 대하여는 업무상 필요한 범위 안에서 사용자에게 상당한 재량을 인정하여야 하며, 이것이 근로기준법 등에 위반되거나 권리남용에 해당하는 등의 특별한 사정이 없는 한 위법하다고 할 수 없고, 대기발령이 정당한 인사권의 범위 내에 속하는지 여부는 대기발령의 업무상의 필요성과 그에 따른 근로자의 생활상의 불이익과의 비교교량, 근로자와의 협의 등 대기발령을 하는 과정에서 신의칙상 요구되는 절차를 거쳤는지의 여부 등에 의하여 결정되어야 하며, 근로자 본인과 성실한 협의절차를 거쳤는지의 여부는 정당한 인사권의 행사인지의 여부를 판단하는 하나의 요소라고는 할 수 있으나 그러한 절차를 거치지 아니하였다는 사정만으로 대기발령이 권리남용에 해당되어 당연히 무효가 된다고는 볼 수 없다.

IV. 직위해제 후의 조치

1. 대기발령의 기간

대기발령과 같은 잠정적인 인사명령이 명령 당시에는 정당한 경우라고 하더라도, 그러한 명령의 목적과 실제 기능, 유지의 합리성 여부 및 그로 인하여 근로자가 받게 될 신분상·경제상의 불이익 등 구체적인 사정을 모두 참작하여 그 기간은 합리적인 범위 내에서 이루어져야 한다.

대기발령과 같은 잠정적인 인사명령이 명령 당시에는 정당한 경우라고 하더라도, 그러한 명령의 목적과 실제 기능, 유지의 합리성 여부 및 그로 인하여 근로자가 받게 될 신분상·경제상의 불이익 등 구체적인 사정을 모두 참작하여 그 기간은 합리적인 범위 내에서 이루어져야 한다. 따라서 대기발령 등의 인사명령을 받은 근로자가 상당한 기간에 걸쳐 근로의 제공을 할 수 없다거나 근로제공을 함이 매우 부적당한 경우가 아닌데도, 사회통념상 합리성이 없을 정도로 부당하게 장기간 동안 잠정적 지위의 상태로 유지하는 것은 특별한 사정이 없는 한 정당한 이유가 있다고 보기 어려우므로 그와 같은 조치는 무효라고 보아야 한다. 그리고 위와 같은 법리는, 대기발령처럼 근로자에게 아무런 직무도 부여하지 않아 근로의 제공을 할 수 없는 상태에서 단순히 다음 보직을 기다리도록 하는 경우뿐 아니라, 당해 근로자의 기존의 직무범위 중 본질적인 부분을 제한하는 등의 방식으로 사실상 아무런 직무도 부여하지 않은 것과 별 차이가 없는 경우 등에도 마찬가지로 적용된다고 보아야 한다.

2. 휴업

근로자측 사유가 아닌 사용자의 경영상 필요에 의한 대기발령의 경우에는 근기법 제46조 제1항의 휴업에 해당하므로 사용자는 근로자들에게 휴업수당을 지급할 의무가 있다.

대법원 2013.10.11. 선고 2012다12870 판결

근로기준법 제46조 제1항에서 정하는 '휴업'에는 개개의 근로자가 근로계약에 따라 근로를 제공할 의사가 있는데도 그 의사에 반하여 취업이 거부되거나 불가능하게 된 경우도 포함되므로, 이는 '휴직'을 포함하는 광의의 개념인데, 근로기준법 제23조 제1항에서 정하는 '휴직'은 어떤 근로자를 그 직무에 종사하게 하는 것이 불가능하거나 적당하지 아니한 사유가 발생한 때에 그 근로자의 지위를 그대로 두면서 일정한 기간 그 직무에 종사하는 것을 금지시키는 사용자의 처분을 말하는 것이고, '대기발령'은 근로자가 현재의 직위 또는 직무를 장래에 계속 담당하게 되면 업무상 장애 등이 예상되는 경우에 이를 예방하기 위하여 일시적으로 당해 근로자에게 직위를 부여하지 아니함으로써 직무에 종사하지 못하도록 하는 잠정적인 조치를 의미하므로, 대기발령은 근로기준법 제23조 제1항에서 정한 '휴직'에 해당한다고 볼 수 있다. 따라서 사용자가 자신의 귀책사유에 해당하는 경영상의 필요에 따라 개별 근로자들에 대하여 대기발령을 하였다면 이는 근로기준법 제46조 제1항에서 정한 휴업을 실시한 경우에 해당하므로 사용자는 그 근로자들에게 휴업수당을 지급할 의무가 있다.

3. 복직

사용자는 직위해제 또는 대기발령의 사유가 소멸한 경우에는 즉시 근로자를 원직에 복직시켜야 한다. 사용자가 직위해제 또는 대기발령의 사유가 소멸하였음에도 직위를 부여하기 위한 노력을 하지 않고 근로자를 직위해제 또는 대기발령 상태에 두는 것 역시 권리남용에 해당한다.

4. 직권면직 또는 당연퇴직

취업규칙 등에서 대기발령 후 일정 기간이 경과하도록 직무를 부여받지 못하는 경우 당연퇴직 또는 직권면직한다는 규정을 두는 경우가 있다. 이에 따라 사용자가 대기발령 중인 근로자를 당연퇴직 또는 직권면직 처리하는 것은 사용자의 일방적 의사에 의한 근로관계종료의 의사표시로 해고에 해당하므로 해고의 정당한 이유를 갖추어야 한다.

대법원 2007.5.31. 선고 2007두1460 판결

인사규정 등에 대기발령 후 일정 기간이 경과하도록 복직발령을 받지 못하거나 직위를 부여받지 못하는 경우에는 당연퇴직된다는 규정을 두는 경우, 대기발령에 이은 당연퇴직 처리를 일체로서 관찰하면 이는 근로자의 의사에 반하여 사용자의 일방적 의사에 따라 근로계약 관계를 종료시키는 것으로서 실질상 해고에 해당하므로, 사용자가 그 처분을 함에 있어서는 구 근로기준법(2007.1.26. 법률 제8293호로 개정되기 전의 것) 제30조 제1항 소정의 정당한 이유가 필요하다고 할 것이다. 따라서 일단 대기발령이 인사규정 등에 의하여 정당하게 내려진 경우라도 일정한 기간이 경과한 후의 당연퇴직 처리 그 자체가 인사권 내지 징계권의 남용에 해당하지 아니하는 정당한 처분이 되기 위해서는 대기발령 당시에 이미 사회통념상 당해 근로자와의 고용관계를 계속할 수 없을 정도의 사유가 존재하였거나 대기발령 기간 중 그와 같은 해고사유가 확정되어야 할 것이며(대법원 1995.12.5. 선고 94다43351 판결 ; 대법원 2002.8.23. 선고 2000두9113 판결 ; 대법원 2004.10.28. 선고 2003두6665 판결 등 참조), 사회통념상 당해 근로자와의 고용관계를 계속할 수 없을 정도인지의 여부는 당해 사용자의 사업의 목적과 성격, 사업장의 여건, 당해 근로자의 지위 및 담당직무의 내용, 비위행위의 동기와 경위, 이로 인하여 기업의 위계질서가 문란하게 될 위험성 등 기업질서에 미칠 영향, 과거의 근무태도 등 여러 가지 사정을 종합적으로 검토하여 판단하여야 한다(대법원 2003.7.8. 선고 2001두8018 판결 ; 대법원 2006.11.23. 선고 2006다48069 판결 등 참조).

5. 직위해제(대기발령) 후 후행 인사처분이 행해진 경우

직위해제(대기발령) 후 동일한 사유로 징계처분이 내려진 경우 직위해제(대기발령) 처분은 그 효력을 상실하므로 근로자는 직위해제(대기발령)에 대한 구제신청이나 민사소송은 원칙적으로 실익이 없다. 그러나 직위해제처분에 기하여 발생한 효과는 당해 직위해제처분이 실효되더라도 소급하여 소멸하는 것이 아니므로, 인사규정 등에서 직위해제처분에 따른 효과로 승진·승급에 제한을 가하는 등의 법률상 불이익을 규정하고 있는 경우에는 직위해제처분을 받은 근로자는 이러한 법률상 불이익을 제거하기 위하여 그 실효된 직위해제처분에 대한 구제를 신청할 이익이 있다.

> **참조판례** 대법원 2010.7.29. 선고 2007두18406 판결
>
> 직위해제처분은 근로자로서의 지위를 그대로 존속시키면서, 다만 그 직위만을 부여하지 아니하는 처분이므로 만일 어떤 사유에 기하여 근로자를 직위해제한 후 그 직위해제 사유와 동일한 사유를 이유로 징계처분을 하였다면 뒤에 이루어진 징계처분에 의하여 그 전에 있었던 직위해제처분은 그 효력을 상실한다. 여기서 직위해제처분이 효력을 상실한다는 것은 직위해제처분이 소급적으로 소멸하여 처음부터 직위해제처분이 없었던 것과 같은 상태로 되는 것이 아니라 사후적으로 그 효력이 소멸한다는 의미이다. 따라서 직위해제처분에 기하여 발생한 효과는 당해 직위해제처분이 실효되더라도 소급하여 소멸하는 것이 아니므로, 인사규정 등에서 직위해제처분에 따른 효과로 승진·승급에 제한을 가하는 등의 법률상 불이익을 규정하고 있는 경우에는 직위해제처분을 받은 근로자는 이러한 법률상 불이익을 제거하기 위하여 그 실효된 직위해제처분에 대한 구제를 신청할 이익이 있다.

V. 위반의 효과

사용자가 정당한 이유 없이 근로자에게 대기발령 또는 직위해제를 명하는 경우 벌칙규정은 없으나, 사용자의 대기발령 또는 직위해제처분은 사법상 무효가 된다. 근로자는 부당한 대기발령 또는 직위해제처분에 대하여 노동위원회에 구제신청 또는 민사소송을 통해 구제받을 수 있다.

제4절 영업양도, 기업의 합병과 분할

I. 영업양도

1. 의의 및 보호필요성

영업양도란 일정한 영업목적에 의하여 조직화된 총체, 즉 인적·물적 조직의 동일성을 유지하면서 일체로서 이전되는 것을 말한다. 이러한 영업양도는 합병과는 달리 포괄승계되는 것이 아니라 특정승계되는 것이므로 개개의 재산에 관하여 별도의 이전절차를 거쳐야 하는 것이 원칙이다. 이를 근로관계에도 적용할 경우 영업은 유지되면서도 근로관계는 종료되는 모순이 발생하여 근로자 보호의 필요성이 대두된다.

2. 영업양도와 근로관계의 승계여부

(1) 문제점

영업양도는 채권계약의 일종으로 양도인의 권리는 권리이전절차에 따라 양수인에게 이전됨이 원칙이다. 근로관계에도 이를 적용할 경우 근로자의 지위가 불안해져 근로자를 보호할 필요가 있다.

(2) 학설

1) 자동승계설

양도 당사자 간의 합의 여하에 상관없이 종래의 근로관계가 포괄적으로 양수인에게 자동승계된다는 견해로서, 승계배제특약은 무효가 된다고 한다.

2) 특약필요설

양도 당사자 간에 근로관계의 승계에 관한 명시적·묵시적 합의가 있고 근로자의 동의가 있어야만 근로관계가 승계된다고 한다.

3) 원칙승계설

양도 당사자 간에 일부근로자의 승계배제특약이 없는 한 근로관계는 포괄적으로 승계된다고 한다. 일부근로자의 승계배제특약이 유효하기 위해서는 근기법 제30조에 의한 "정당한 사유"가 있어야 한다.

(3) 판례

대법원은 영업양도 시 반대의 특약이 없는 한 양도인과 근로자 사이의 근로관계는 원칙적으로 양수인에게 포괄적으로 승계된다고 판시하였다.

> **참조판례 대법원 2002.3.29. 선고 2000두8455 판결**
>
> 영업이 양도되면 반대의 특약이 없는 한 양도인과 근로자 사이의 근로관계는 원칙적으로 양수인에게 포괄적으로 승계되고, 영업양도 당사자 사이에 근로관계의 일부를 승계의 대상에서 제외하기로 하는 특약이 있는 경우에는 그에 따라 근로관계의 승계가 이루어지지 않을 수 있으나, 그러한 특약은 실질적으로 해고나 다름이 없으므로 근로기준법 제30조 제1항 소정의 정당한 이유가 있어야 유효하며, 영업양도 그 자체만을 사유로 삼아 근로자를 해고하는 것은 정당한 이유가 있는 경우에 해당한다고 볼 수 없다.

(4) 검토

현행법에서 경영악화를 방지하기 위한 영업양도의 경우에 정리해고가 인정됨으로서 승계배제특약이 가능하다는 점을 감안할 때 원칙승계설이 타당하다.

3. 근로관계 승계의 요건

(1) 영업의 동일성 유지

근로관계가 승계되기 위하여는 영업양도의 계약이 있어야 한다. 영업양도에 해당하려면 양도 전후의 영업이 동일성을 유지하고 있어야 한다. 영업의 동일성 여부는 종래의 영업조직이 유지되어 그 조직이 전부 또는 중요한 일부로서 기능할 수 있는가의 사회관념에 따라 결정되어야 한다. 따라서 영업재산의 전부를 양도했어도 그 조직을 해체하여 양도했다면 이러한 자산양도는 동일성을 인정할 수 없으므로 근로관계가 승계되지 않는다.

영업양도가 이루어졌는가의 여부는 단지 어떠한 영업재산이 어느 정도로 이전되어 있는가에 의하여 결정되어야 하는 것이 아니고 거기에 종래의 영업조직이 유지되어 그 조직이 전부 또는 중요한 일부로서 기능할 수 있는가에 의하여 결정되어야 하므로 영업재산의 일부를 유보한 채 영업시설을 양도했어도 그 양도한 부분만으로도 종래의 조직이 유지되어 있다고 사회관념상 인정되면 그것을 영업의 양도라 볼 것이지만, 반면에 영업재산의 전부를 양도했어도 그 조직을 해체하여 양도했다면 영업의 양도로 볼 수 없다.

(2) 반대의 특약

영업양도의 경우에도 양도인과 양수인 사이에 근로관계의 일부를 승계의 대상에서 제외하기로 하는 특약이 있는 경우에는 그에 따라 근로관계의 승계가 이루어지지 않을 수 있으나, 그러한 특약은 실질적으로 해고나 다름이 없으므로 근기법 제24조의 정리해고의 요건을 구비하여야 한다. 이때 정리해고의 주체는 긴박한 경영상의 필요가 양도인에게 있다고 할 것이므로 양도인이 될 것이다.

영업양도 당사자 사이에 근로관계의 일부를 승계의 대상에서 제외하기로 하는 특약이 있는 경우에는 그에 따라 근로관계의 승계가 이루어지지 않을 수 있으나, 그러한 특약은 실질적으로 해고나 다름이 없으므로 근로기준법 제30조 제1항 소정의 정당한 이유가 있어야 유효하며, 영업양도 그 자체만을 사유로 삼아 근로자를 해고하는 것은 정당한 이유가 있는 경우에 해당한다고 볼 수 없다.

4. 승계의 범위

(1) 개별적 근로관계

1) 원칙

양도인과 근로자사이의 근로관계의 내용은 양수인에게 그대로 적용된다. 따라서 근로계약뿐만 아니라 취업규칙 등 양도인과 근로자사이의 근로관계를 규율하는 모든 사항은 양수인과 승계근로자의 근로조건이 된다.

2) 승계를 거부한 근로자의 근로관계

영업의 일부가 양도되었음에도 불구하고 근로관계의 승계를 거부하는 근로자의 근로관계를 양수하는 기업에 승계되지 아니하고 여전히 양도 기업과의 사이에 존속한다. 이 경우 사용자에게 인원 과잉이 발생하게 되는데 정리해고로서의 정당한 요건을 갖춘다면 그 절차에 따라 승계를 거부한 근로자를 해고할 수 있다.

영업이 양도된 경우에 근로관계의 승계를 거부하는 근로자에 대하여는 그 근로관계가 양수하는 기업에 승계되지 아니하고 여전히 양도하는 기업과 사이에 존속되는 것이며, 이러한 경우 원래의 사용자는 영업 일부의 양도로 인한 경영상의 필요에 따라 감원이 불가피하게 되는 사정이 있어 정리해고로서의 정당한 요건이 갖추어져 있다면 그 절차에 따라 승계를 거부한 근로자를 해고할 수 있다고 할 것이다.

3) 근로관계의 이전의 시기

근로관계의 이전시점은 당사자의 양도계약체결시가 아니라 양수인이 조직체를 사실상 인수한 시점으로 보아야 할 것이다. 이는 이 시기 이후에 비로소 양수인이 경영상의 제반문제를 결정할 수 있기 때문이다.

4) 계속근로연수의 산정

퇴직금·연차유급휴가의 산정을 위한 계속근로연수는 양도·양수회사의 근속기간을 합산하여 산정한다.

5) 퇴사·재입사의 경우

근로자가 자유의사로 퇴사·재입사 하는 경우에는 근로관계가 단절되나, 형식적인 퇴직절차는 근로관계가 지속된 것으로 본다. 이때 근로자의 자유의사 여부는 객관적·구체적으로 판단되어져야 할 것이다.

> **참조판례 대법원 2001.11.13. 선고 2000다18608 판결**
>
> 영업양도의 경우에는 특단의 사정이 없는 한 근로자들의 근로관계 역시 양수인에 의하여 계속적으로 승계되는 것으로, 영업양도시 퇴직금을 수령하였다는 사실만으로 전 회사와의 근로관계가 종료되고 인수한 회사와 새로운 근로관계가 시작되었다고 볼 것은 아니고 다만, 근로자가 자의에 의하여 사직서를 제출하고 퇴직금을 지급받았다면 계속근로의 단절에 동의한 것으로 볼 여지가 있지만, 이와 달리 회사의 경영방침에 따른 일방적 결정으로 퇴직 및 재입사의 형식을 거친 것이라면 퇴직금을 지급받았더라도 계속근로관계는 단절되지 않는 것이다.

6) 취업규칙의 불이익 변경

양도회사에서 근로자에게 적용되던 취업규칙은 양수회사에서도 그대로 인정된다. 따라서 양수회사가 취업규칙을 근로자에게 불이익하게 변경하기 위해서는 근기법 제94조에 따른 근로자의 집단적 동의가 있어야 할 것이다.

7) 인적범위

승계대상이 되는 근로자는 양도당시 유효한 근로계약관계를 유지하고 있는 근로자에 한한다. 따라서 양도당시 이미 해고된 근로자는 승계의 대상이 되지 않는다. 그러나 양수인이 해고가 무효임을 알았거나 알 수 있었던 경우에는 예외적으로 해고된 근로자의 지위도 승계대상에 포함된다.

> **참조판례 대법원 2020.11.5. 선고 2018두54705 판결**
>
> 근로자가 영업양도일 이전에 정당한 이유 없이 해고된 경우 양도인과 근로자 사이의 근로관계는 여전히 유효하고, 해고 이후 영업 전부의 양도가 이루어진 경우라면 해고된 근로자로서는 양도인과의 사이에서 원직 복직도 사실상 불가능하게 되므로, 영업양도 계약에 따라 영업 전부를 동일성을 유지하면서 이전받는 양수인으로서는 양도인으로부터 정당한 이유 없이 해고된 근로자와의 근로관계를 원칙적으로 승계한다. 영업 전부의 양도가 이루어진 경우 영업양도 당사자 사이에 정당한 이유 없이 해고된 근로자를 승계의 대상에서 제외하기로 하는 특약이 있는 경우에는 그에 따라 근로관계의 승계가 이루어지지 않을 수 있으나, 그러한 특약은 실질적으로 또 다른 해고나 다름이 없으므로, 근로기준법 제23조 제1항에서 정한 정당한 이유가 있어야 유효하고, 영업양도 그 자체만으로 정당한 이유를 인정할 수 없다.

(2) 집단적 노사관계

영업양도로 집단적 노사관계역시 양수인에게 포괄승계된다. 따라서 노동조합의 지위도 포괄승계되며 양수인 기업에 별도의 노동조합이 있는 경우 합병 등을 통해 조직대상을 통일할 수 있을 것이다. 또한 단체협약도 포괄승계되므로 단체협약의 유효기간 동안 양수인과 승계근로자와의 근로관계를 규율하게 된다.

Ⅱ. 기업의 합병

1. 의의

합병이란 일방의 회사가 타방회사의 경영지배권을 획득하는 것으로, 흡수합병과 신설합병이 있다. 합병의 경우 합병회사가 피합병회사의 권리·의무를 포괄적으로 승계한다.

2. 기업합병에 따른 근로관계의 이전문제

(1) 근로자의 근로관계 이전여부

합병의 성질상 근로자의 근로관계는 당연히 합병회사에 포괄승계된다는 것이 판례와 통설의 입장이다. 따라서 근로자 일부를 감축 후 합병한다는 특약은 개개의 근로계약에는 영향을 주지 못한다.

(2) 근로자의 동의여부

견해의 대립은 있으나, 합병의 성질상 근로관계의 승계는 근로자의 동의가 없더라도 당연히 승계되는 것으로 보는 것이 타당하다 할 것이다. 다만, 근로자에게는 직장선택의 자유가 보장되어 있으므로 승계를 원치 않는 경우에는 사직의 자유가 보장된다.

3. 기업합병으로 인한 근로관계

(1) 합병과 개별적 근로관계

1) 원칙

합병에 의해 근로관계는 포괄승계되므로, 종전회사와의 근로관계 내용이 합병회사하에서도 그대로 적용된다.

2) 취업규칙의 불이익변경

합병 후 근로조건을 동일하게 하기 위하여 취업규칙을 불이익하게 변경하기 위해서는 근로자들의 집단적 의사결정에 의한 동의가 있어야 한다.

3) 계속근로연수의 산정

포괄승계의 원칙에 따라 퇴직금 산정이나 연차휴가산정을 위한 계속근로연수는 소멸회사의 근속기간을 포함하여 산정하여야 한다. 다만, 합병시 근로자의 자유의사로 퇴사·재입사의 형식을 취한 경우, 계속근로연수는 중단되고 합병시점부터 새로이 기산된다.

(2) 합병과 집단적 노사관계

1) 단체협약의 승계

합병의 포괄승계로 집단적 노사관계상의 권리의무도 포괄승계된다. 따라서 노동조합의 지위나 단체협약역시 양수인 기업에서 여전히 유지된다.

2) 단체협약을 위반한 합병의 효과

단체협약에 조합의 승인 없이는 합병할 수 없다는 조항이 있는 경우, 이를 위반한 합병의 효과가 문제가 된다. 그러나 이는 채무적 부분에 해당되므로 이를 위반했다고 해서 합병자체가 무효가 되는 것은 아니라고 볼 것이다. 다만, 사용자는 채무불이행으로 인한 책임을 진다고 할 것이다.

4. 합병과 정리해고

(1) 의의

경영악화 방지를 위한 사업의 양도·인수합병은 긴박한 경영상의 필요가 있는 것으로 보므로, 기업 간 합병에 있어서도 정리해고가 가능하다.

(2) 경영악화의 방지 목적

정리해고는 모든 경우의 합병에 가능한 것이 아니라, 반드시 경영악화를 방지하기 위한 목적일 경우에만 가능하다. 따라서 단순히 주력업종 선정을 위한 합병과 흑자기업의 합병은 그 대상이 되지 않는다.

(3) 법 소정요건의 준수

경영악화를 방지하기 위한 합병인 경우에도 근기법 제24조의 소정의 요건, 즉 해고회피노력, 공정한 해고기준 및 대상자 선발, 근로자대표와의 성실한 사전협의, 남녀차별금지 등을 갖춘 경우에만 정당한 해고가 된다.

Ⅲ. 기업의 분할

1. 의의

분할이란 하나의 기업이 실질적 동일성을 유지하면서 둘 이상의 기업으로 나누어지는 것을 말한다. 분할의 경우 분할 후의 기업이 분할 전 기업의 권리·의무를 포괄적으로 승계한다.

2. 기업분할에 따른 근로관계의 승계

분할의 성질상 근로자의 근로관계는 당연히 분할 후의 기업에 포괄승계됨이 원칙이다. 그러나 분할이 정리해고의 회피수단으로 이용되는 등의 특별한 사정이 있는 경우에는 해당 근로자는 근로관계의 승계를 통지받거나 이를 알게 된 때부터 사회통념상 상당한 기간 내에 반대 의사를 표시함으로써 근로관계의 승계를 거부할 수 있다.

참조판례 대법원 2013.12.12. 선고 2011두4282 판결

상법 제530조의10은 분할로 인하여 설립되는 회사(이하 '신설회사'라고 한다)는 분할하는 회사의 권리와 의무를 분할계획서가 정하는 바에 따라서 승계한다고 규정하고 있으므로, 분할하는 회사의 근로관계도 위 규정에 따른 승계의 대상에 포함될 수 있다. 그런데 헌법이 직업선택의 자유를 보장하고 있고 근로기준법이 근로자의 보호를 도모하기 위하여 근로조건에 관한 근로자의 자기결정권(제4조), 강제근로의 금지(제7조), 사용자의 근로조건 명시의무(제17조), 부당해고 등의 금지(제23조) 또는 경영상 이유에 의한 해고의 제한(제24조) 등을 규정한 취지에 비추어 볼 때, 회사 분할에 따른 근로관계의 승계는 근로자의 이해와 협력을 구하는 절차를 거치는 등 절차적 정당성을 갖춘 경우에 한하여 허용되고, 해고의 제한 등 근로자 보호를 위한 법령 규정을 잠탈하기 위한 방편으로 이용되는 경우라면 그 효력이 부정될 수 있어야 한다. 따라서 둘 이상의 사업을 영위하던 회사의 분할에 따라 일부 사업 부문이 신설회사에 승계되는 경우 분할하는 회사가 분할계획서에 대한 주주총회의 승인을 얻기 전에 미리 노동조합과 근로자들에게 회사 분할의 배경, 목적 및 시기, 승계되는 근로관계의 범위와 내용, 신설회사의 개요 및 업무 내용 등을 설명하고 이해와 협력을 구하는 절차를 거쳤다면 그 승계되는 사업에 관한 근로관계는 해당 근로자의 동의를 받지 못한 경우라도 신설회사에 승계되는 것이 원칙이다. 다만, 회사의 분할이 근로기준법상 해고의 제한을 회피하면서 해당 근로자를 해고하기 위한 방편으로 이용되는 등의 특별한 사정이 있는 경우에는, 해당 근로자는 근로관계의 승계를 통지받거나 이를 알게 된 때부터 사회통념상 상당한 기간 내에 반대 의사를 표시함으로써 근로관계의 승계를 거부하고 분할하는 회사에 잔류할 수 있다.

3. 기업분할로 인한 근로관계

(1) 분할과 개별적 근로관계

1) 원칙

분할에 의해 근로관계는 포괄승계되므로, 종전회사와의 근로관계 내용이 분할 후의 회사에서도 그대로 적용된다.

2) 취업규칙의 불이익변경

분할 후 근로조건을 동일하게 하기 위하여 취업규칙을 불이익하게 변경하기 위해서는 근로자들의 집단적 의사결정에 의한 동의가 있어야 한다.

3) 계속근로연수의 산정

포괄승계의 원칙에 따라 퇴직금 산정이나 연차휴가산정을 위한 계속근로연수는 소멸회사의 근속기간을 포함하여 산정하여야 한다. 다만, 분할 시 근로자의 자유의사로 퇴사·재입사의 형식을 취한 경우, 계속근로연수는 중단되고 분할시점부터 새로이 기산된다.

(2) 분할과 집단적 노사관계

1) 단체협약의 승계

분할의 포괄승계로 집단적 노사관계상의 권리의무도 포괄승계된다. 따라서 노동조합의 지위나 단체협약 역시 분할 후의 기업에서 여전히 유지된다.

2) 단체협약을 위반한 분할의 효과

단체협약에 조합의 승인 없이는 분할할 수 없다는 조항이 있는 경우, 이를 위반한 분할의 효과가 문제가 된다. 그러나 이는 채무적 부분에 해당되므로 이를 위반했다고 해서 분할 자체가 무효가 되는 것은 아니라고 볼 것이다. 다만, 사용자는 채무불이행으로 인한 책임을 진다고 할 것이다.

제7장 근로관계의 종료와 징계

제1절 사용자의 징계권

I. 징계의 개념

근로자는 사용자의 경영체제에 편입되면서 사용자의 지위·명령에 복종할 의무를 부담한다. 근로자의 복종의무위반과 사용자의 기업질서를 문란하게 하는 경우 사용자는 기업질서를 회복하기 위하여 근로자에게 불이익한 조치를 취하게 되는데 이를 징계라 한다. 요컨대, 징계란 직장복무규율 등을 위반한 근로자에 대하여 사용자가 취하는 제재조치를 말한다.

II. 징계제한의 필요성

징계는 상하관계에서 사용자가 일방적으로 불이익한 조치를 취하는 것으로 근로자의 권리 내지 인격권을 침해하지 않고 사회통념상 합리적인 사유와 범위 내에서 행해져야 한다. 근기법 제23조 제1항에서 사용자는 근로자에 대하여 정당한 이유 없이 해고, 휴직, 정직, 전직, 감봉 기타징벌을 하지 못한다고 규정하고 있다.

III. 징계권의 근거

1. 문제의 소재

사용자가 일방적으로 근로자에게 징계를 부과할 수 있는 법적 근거가 무엇인지 문제된다.

2. 학설

(1) 고유권설

사용자는 규율과 질서를 필요로 하는 기업의 운영자로서 당연히 고유한 징계권을 가진다고 한다. 이 견해는 경영권의 한 내용으로서 경영질서의 형성 및 유지와, 이의 위반에 대한 제재는 당연히 사용자의 고유권한에 속한다고 본다.

(2) 계약설

사용자의 징계권은 근로계약 또는 취업규칙에 명시되어 근로자가 이에 합의하는 경우에 인정된다고 한다. 이 견해는 동 근로계약 및 취업규칙 등에 열거된 징계사유나 수단 이외의 다른 것은 인정되지 아니한다고 본다.

(3) 법규범설

징계권은 근로관계를 규율하는 법규범에 근거한 것으로 본다. 근기법은 취업규칙에 법규범성을 인정하고 있으므로 취업규칙에 징계의 사유와 수단 등을 규정하고 있는 경우 취업규칙의 범규범성에 근거하여 징계를 할 수 있는 것으로 해석한다.

(4) 공동규범설

징계권의 근거는 기업의 공동질서 위반에 대한 제재를 규정한 노사공동규범에서 찾아야 한다고 보는 견해이다. 징계는 단체협약·노사협정과 같이 노사가 공동으로 참여하는 제도에 의하여 설정되어야 한다고 본다.

3. 판례

대법원은 징계권을 사용자의 기업질서 및 유지권한에 두고, 사용자의 독자적인 작성권이 인정되는 취업규칙에 의하여 징계규정을 구체화한다고 이해한다.

> **📖 참조판례 대법원 1999.3.26. 선고 98두4672 판결**
>
> 기업 질서는 기업의 존립과 사업의 원활한 운영을 위하여 필요 불가결한 것이고, 따라서 사용자는 이러한 기업질서를 확립하고 유지하는 데 필요하고도 합리적인 것으로 인정되는 한 근로자의 기업질서 위반행위에 대하여 근로기준법 등의 관련 법령에 반하지 않는 범위 내에서 이를 규율하는 취업규칙을 제정할 수 있고, 단체협약에서 규율하고 있는 기업질서위반행위 외의 근로자의 기업질서에 관련된 비위행위에 대하여 이를 취업규칙에서 해고 등의 징계사유로 규정하는 것은 원래 사용자의 권한에 속하는 것 ….

4. 검토

사용자의 자의적인 징계권 행사를 방지하기 위하여 공동규범설이 타당하다고 본다. 즉, 사용자는 징계의 사유와 수단을 단체협약이나 노사공동규범에 미리 규정하고 있어야 이에 근거하여 근로자를 징계할 수 있는 권한을 가진다고 할 것이다.

IV. 징계의 종류

1. 개요

징계의 종류에 대하여는 명시적인 규정은 두고 있지 않고, 다만 근기법 제23조 제1항에서는 해고 이외에 전직·휴직·정직·감봉 그 밖의 징벌이라고 예시적으로 규정하고 있다. 징계의 종류는 단체협약 등 노사 공동규범으로 정할 것이다. 그렇다고 하더라도 근로자의 인격권을 침해하는 등 강행법규와 사회질서에 반하는 징계의 종류를 규정하는 것은 무효이다.

2. 견책·경고

견책이란 통상적으로 사용자가 근로자에게 시말서를 제출하도록 하는 징계방법을 말하며, 경고는 구두·문서 등으로 훈계하는 징계방법을 말한다. 사용자가 근로자에게 시말서 제출을 명령하는 경우에도 그 시말서가 단순히 사건의 경위를 보고하는 데 그치지 않고 더 나아가 근로관계에서 발생한 사고 등에 관하여 자신의 잘못을 반성하고 사죄한다는 내용이 포함된 사죄문 또는 반성문을 의미하는 것이라면, 이는 헌법이 보장하는 내심의 윤리적 판단에 대한 강제로서 양심의 자유를 침해하는 것이므로 무효라 할 것이다.

> 📖 **참조판례** 대법원 2010.1.14. 선고 2009두6605 판결
>
> 취업규칙에서 사용자가 사고나 비위행위 등을 저지른 근로자에게 시말서를 제출하도록 명령할 수 있다고 규정하는 경우, 그 시말서가 단순히 사건의 경위를 보고하는 데 그치지 않고 더 나아가 근로관계에서 발생한 사고 등에 관하여 '자신의 잘못을 반성하고 사죄한다는 내용'이 포함된 사죄문 또는 반성문을 의미하는 것이라면, 이는 헌법이 보장하는 내심의 윤리적 판단에 대한 강제로서 양심의 자유를 침해하는 것이므로, 그러한 취업규칙 규정은 헌법에 위배되어 근로기준법 제96조 제1항에 따라 효력이 없고, 그에 근거한 사용자의 시말서 제출명령은 업무상 정당한 명령으로 볼 수 없다.

3. 감급

감급이란 근로자가 실제로 제공한 근로에 대한 대가로서 지급받을 임금에서 일정액을 공제하는 것이다. 감급의 한도가 큰 경우에는 근로자의 생계의 위협을 초래할 수 있으므로 근기법 제95조는 1회의 감급액은 평균임금 1일분의 2분의 1, 1임금지급기에 있어서 임금총액의 10분의 1을 초과하지 못하도록 규정하고 있다.

4. 출근정지

출근정지 또는 정직이란 근로계약관계는 유지하면서 근로제공을 거부하는 징계처분으로 별도의 규정이 없는 한 근로자는 해당 기간 중의 임금을 지급받지 못하게 되는 징계방법이다.

5. 징계해고

징계해고는 근로관계를 종료시키는 사용자의 일방적 의사표시로서 그 제재의 효과가 가장 크다.

V. 징계의 정당성

1. 정당성의 의의

근기법 제23조 제1항은 사용자가 근로자에게 해고, 그 밖의 징벌을 하고자 하는 경우 정당한 이유가 있어야 함을 규정하고 있다. 정당한 이유란 징계권을 행사할 만큼 기업질서를 문란하게 하는 사유가 존재해야 하고, 근로자를 보호하고자 하는 절차를 준수하여야 하며, 징계권의 행사가 권리남용에 해당하지 않아야 하는 등 사회통념상 합리성을 갖출 것을 의미한다. 징계의 정당한 이유는 개별적으로 판단하여야 한다.

2. 실질적 정당성

(1) 의의

사용자가 근로자를 징계하려면 기업질서를 문란하게 하는 등 사회통념상 정당한 사유가 존재해야 한다. 이를 실질적 정당성이라 한다. 근기법은 징계사유를 규정하고 있지 않고 '정당한 이유'라는 포괄규정만을 두고 있으므로 징계사유가 정당한지 여부는 개별적인 경우에 구체적으로 판단할 수밖에 없다.

(2) 단체협약·취업규칙에서 정한 징계사유의 정당성

단체협약 및 취업규칙에 징계사유가 규정되어 있다 하더라도 사회통념에 비추어 구체적으로 판단하여야 하며, 권리남용 및 신의칙에 반하지 않아야 한다. 단체협약이나 취업규칙에 징계사유를 제한적으로 열거하고 있는 경우에는 열거된 사유 이외의 사유로는 징계할 수 없다.

> 📖 **참조판례** 대법원 1992.3.13. 선고 91다39559 판결
>
> 근로기준법 제27조 제1항 소정의 "정당한 이유"라 함은 사회통념상 고용계약을 계속시킬 수 없을 정도로 근로자에게 책임이 있는 사유가 있다든가 부득이한 경영상의 필요가 있는 경우를 말한다고 할 것이므로 단체협약, 취업규칙 등에 해고에 관한 규정이 있는 경우에는 그것이 위의 근로기준법에 위배되어 무효가 아닌 이상 그에 따른 해고는 특별한 사정이 없는 한 정당한 이유가 있다고 보아야 할 것이다.

> 📖 **참조판례** 대법원 1994.12.27. 선고 93다52525 판결
>
> 단체협약이나 취업규칙 등에서 근로자에 대한 징계사유가 제한적으로 열거되어 있는 경우에는 그와 같이 열거되어 있는 사유 이외의 사유로는 징계할 수 없다.

(3) 구체적 사례

1) 근무태만

무단결근, 지각, 조퇴, 근무성적불량 등 근무태만이 단순한 채무불이행의 정도를 넘어 다른 근로자의 근무태도에 악영향을 주는 등 직장질서에 반한다고 인정되는 경우에는 정당한 징계사유가 된다.

> 📖 **참조판례** 대법원 2002.12.27. 선고 2002두9063 판결
>
> 근로자가 근로계약에 의하여 사용자에게 부담하는 근로제공의무를 이행하지 못하게 된 경우 이를 정당화하기 위하여는 사용자의 사전 또는 사후의 승인을 요하고 근로자의 일방적 통지에 의하여 근로제공의무의 불이행이 정당화될 수는 없다.

2) 업무명령위반

근로자는 사용자의 지휘·명령에 복종할 의무를 부담하며, 사용자의 업무명령에 위반하여 근무규율이나 직장질서를 문란케 한 경우에는 정당한 징계사유가 된다. 항명 등이 대표적이다. 업무명령이 강행법규나 사회질서에 반하는 경우에는 근로자는 복종의무가 없으므로 이를 위반하였다는 것만으로 정당한 징계사유가 될 수 없으며, 업무명령에 구체적으로 위반한 사실이 없이 항의의 의사표시를 한 것만으로는 업무명령위반으로 볼 수 없다.

3) 업무방해

사용자의 업무를 방해하는 행위는 단순한 채무불이행을 넘어 적극적으로 손해를 가하는 것이므로 직장질서에 미치는 영향이 커 정당한 징계사유가 될 수 있다. 위법한 쟁의행위로 인해 사용자의 업무를 방해한 경우가 대표적이다.

4) 근무규율위반

사용자가 취업규칙, 복무규율 등으로 근로자의 근무장소 및 근로제공방법 등을 규율하고 있는 경우 근로자는 취업규칙이나 복무규율을 준수할 의무를 부담하며, 근로자가 이를 위반하여 직장질서를 어지럽힌 경우에는 정당한 징계사유가 될 수 있다.

5) 경력사칭

① 의의

경력사칭이란 근로자가 채용시에 고의로 이력서에 학력, 경력 등을 허위로 기재하는 것을 말한다.

② 경력사칭이 정당한 징계사유에 해당하는지 여부

㉠ 문제점

근기법은 근로관계가 성립됨으로서 당사자를 구속하는데, 경력사칭은 근로관계가 성립되기 전단계에서 행해진다는 점에서 이를 징계사유로 삼을 수 있는지가 문제된다.

㉡ 학설

ⓐ 일반해고 사유설

경력사칭은 채용 후의 직장질서 위반 행위가 아니므로 징계의 대상은 될 수 없고, 신의칙상의 진실고지 의무 위반으로서 일반해고를 할 수 있을 뿐이라고 보는 견해이다.

ⓑ 가정적 인과관계설

사용자가 학력·경력의 허위기재 사실을 사전에 알았더라면 그 근로자를 채용하지 않았거나 적어도 같은 조건으로는 채용하지 않았을 것으로 인정되는 경우에 한하여 경력사칭이 정당한 해고사유가 된다는 견해이다.

ⓒ 현실적 인과관계설

학력 등의 허위 기재를 이유로 한 징계해고가 정당한지 여부는 고용당시의 사정뿐 아니라, 고용 후 해고에 이르기까지 근로자가 종사한 근로 내용과 기간, 허위기재를 한 학력 등이 종사한 근로의 정상적인 제공에 지정을 가져오는지 여부 등 여러 사정도 종합적으로 판단해야 한다는 견해이다.

㉢ 판례

대법원은 한때 채용당시의 가정적 인과관계를 고려하여 "사용자가 사전에 학력이나 경력의 허위기재 사실을 알았더라면 고용계약을 체결하지 아니하였거나 적어도 동일 조건으로는 계약을 체결하지 아니하였을 것으로 인정되는 경우에 한하여 이를 근로자에 대한 정당한 징계해고사유로 삼을 수 있다."라고 판시하였으나, 최근에는 "사회통념상 고용관계를 계속할 수 없을 정도인지는 사용자가 사전에 허위 기재 사실을 알았더라면 근로계약을 체결하지 않았거나 적어도 동일 조건으로는 계약을 체결하지 않았으리라는 등 고용 당시의 사정뿐 아니라, 고용 후 해고에 이르기까지 근로자가 종사한 근로 내용과 기간, 허위기재를 한 학력 등이 종사한 근로의 정상적인 제공에 지장을 가져오는지 여부, 사용자가 학력 등 허위 기재 사실을 알게 된 경위, 알고 난 후 당해 근로자의 태도 및 사용자의 조치 내용, 학력 등이 종전에 알고 있던 것과 다르다는 사정이 드러남으로써 노사간 및 근로자 상호간 신뢰관계 유지와 안정적인 기업경영과 질서유지에 미치는 영향 기타 여러 사정을 종합적으로 고려하여 판단하여야 한다."라고 판시하여 현실적 인과관계설의 입장을 취하고 있다. 더 나아가 대법원 최근 경력사칭을 이유로 한 근로계약의 무효 또는 취소를 허용한 바 있다.

근로기준법 제23조 제1항은 사용자는 근로자에게 정당한 이유 없이 해고하지 못한다고 하여 해고를 제한하고 있으므로, 징계해고사유가 인정된다고 하더라도 사회통념상 고용관계를 계속할 수 없을 정도로 근로자에게 책임 있는 사유가 있는 경우에 한하여 해고의 정당성이 인정된다. 이는 근로자가 입사 당시 제출한 이력서 등에 학력 등을 허위로 기재한 행위를 이유로 징계해고를 하는 경우에도 마찬가지이고, 그 경우 사회통념상 고용관계를 계속할 수 없을 정도인지는 사용자가 사전에 허위 기재 사실을 알았더라면 근로계약을 체결하지 않았거나 적어도 동일 조건으로는 계약을 체결하지 않았으리라는 등 고용 당시의 사정뿐 아니라, 고용 후 해고에 이르기까지 근로자가 종사한 근로 내용과 기간, 허위기재를 한 학력 등이 종사한 근로의 정상적인 제공에 지장을 가져오는지 여부, 사용자가 학력 등 허위 기재 사실을 알게 된 경위, 알고 난 후 당해 근로자의 태도 및 사용자의 조치 내용, 학력 등이 종전에 알고 있던 것과 다르다는 사정이 드러남으로써 노사간 및 근로자 상호간 신뢰관계 유지와 안정적인 기업경영과 질서유지에 미치는 영향 기타 여러 사정을 종합적으로 고려하여 판단하여야 한다. 다만, 사용자가 이력서에 근로자의 학력 등의 기재를 요구하는 것은 근로능력 평가 외에 근로자의 진정성과 정직성, 당해 기업의 근로환경에 대한 적응성 등을 판단하기 위한 자료를 확보하고 나아가 노사간 신뢰관계 형성과 안정적인 경영환경 유지 등을 도모하고자 하는 데에도 목적이 있는 것으로, 이는 고용계약 체결뿐 아니라 고용관계 유지에서도 중요한 고려요소가 된다고 볼 수 있다. 따라서 취업규칙에서 근로자가 고용 당시 제출한 이력서 등에 학력 등을 허위로 기재한 행위를 징계해고사유로 특히 명시하고 있는 경우에 이를 이유로 해고하는 것은, 고용 당시 및 그 이후 제반 사정에 비추어 보더라도 사회통념상 현저히 부당하지 않다면 정당성이 인정된다.

근로계약은 근로자가 사용자에게 근로를 제공하고 사용자는 이에 대하여 임금을 지급하는 것을 목적으로 체결된 계약으로서 기본적으로 그 법적 성질이 사법상 계약이므로 계약 체결에 관한 당사자들의 의사표시에 무효 또는 취소의 사유가 있으면 그 상대방은 이를 이유로 근로계약의 무효 또는 취소를 주장하여 그에 따른 법률효과의 발생을 부정하거나 소멸시킬 수 있다. 다만, 그와 같이 근로계약의 무효 또는 취소를 주장할 수 있다 하더라도 근로계약에 따라 그 동안 행하여진 근로자의 노무 제공의 효과를 소급하여 부정하는 것은 타당하지 않으므로 이미 제공된 근로자의 노무를 기초로 형성된 취소 이전의 법률관계까지 효력을 잃는다고 보아서는 아니 되고, 취소의 의사표시 이후 장래에 관하여만 근로계약의 효력이 소멸된다고 보아야 한다.

② 검토

근로계약관계는 인적신뢰를 전제로 하는 계속적 계약이므로 입사 당시의 학력사칭 등 사유가 있더라고 해고하고자 하는 현재에 해고의 사유가 존재하는지를 기준으로 판단해야 하는 현실적 인과관계설이 타당하다.

6) 사생활의 비행

징계는 근로제공의무와 관련하여 사용자의 직장질서를 훼손하였다는 점에서 행해지는 제재이므로 근로자의 사생활의 비행은 근로제공의무와 관련이 없는 한 징계사유로 인정되지 않는다. 그러나 근로자의 사생활상의 언동이 기업활동에 직접 관련되고 기업의 사회적 평가의 훼손을 초래하는 경우에는 정당한 징계사유가 될 수 있다.

> **참조판례** 대법원 1994.12.13. 선고 93누23275 판결
>
> [1] 사용자가 근로자에 대하여 징계권을 행사할 수 있는 것은 사업활동을 원활하게 수행하는데 필요한 범위 내에서 규율과 질서를 유지하기 위한 데에 그 근거가 있으므로, 근로자의 사생활에서의 비행은 사업활동에 직접 관련이 있거나 기업의 사회적 평가를 훼손할 염려가 있는 것에 한하여 정당한 징계사유가 될 수 있다.
> [2] 근로자에 대한 징계사유인 부동산투기행위가 근로자의 사생활에서의 비행에 불과하다고 볼 여지가 없지 아니하다 하더라도, 택지의 개발과 공급, 주택의 건설, 개량, 공급 및 관리 등을 통하여 시민의 주거생활의 안정과 복지향상에 이바지함을 목적으로 지방공기업법 제49조에 의하여 특별시가 전액 출자하여 설립한 도시개발공사의 설립목적, 그 업무의 종류와 태양, 부동산보상 관련업무를 담당하는 근로자의 업무내용 등의 여러 사정을 종합적으로 고려하면, 도시개발공사 소속 근로자의 부동산투기행위는 객관적으로 그 공사의 사회적 평가에 심히 중대한 악영향을 미치는 것으로 평가될 수 있는 경우라고 할 것이므로, 이는 그 공사의 인사규정 소정의 "공익을 저해하는 중대한 행위를 하였을 때"에 해당한다고 본 것은 정당하다고 한 사례이다.

3. 절차적 정당성

(1) 의의

사용자가 근로자를 징계하는 경우 근로자에게 일방적으로 불이익을 가하는 것이므로 절차적 정당성도 준수하여야 한다. 그러나 근기법에서는 해고 이외의 징벌에 대하여는 별도의 절차규정을 두고 있지 않아 취업규칙이나 단체협약 등에 의존할 수밖에 없다.

(2) 절차규정이 없는 경우

취업규칙이나 단체협약 등에서 징계절차에 관한 규정을 두고 있지 않은 경우에는 절차를 거치지 않았다는 사정만으로 징계가 무효가 되는 것은 아니다.

> **참조판례** 대법원 1986.7.8. 선고 85다375 판결
>
> 일반적으로 근로자를 징계해고함에 있어 취업규칙등에 징계에 관한 절차가 정하여져 있으면 반증이 없는 한 그 절차는 정의가 요구하는 것으로서 징계의 유효조건이라고 할 것이나, 취업규칙등의 징계에 관한 규정에 징계혐의자의 출석 및 진술의 기회부여등에 관한 절차가 규정되어 있지 아니하다면 그와 같은 절차를 밟지 아니하고 해고하였다 하여 이를 들어 그 징계를 무효라고는 할 수 없다.

(3) 절차규정이 있는 경우

1) 절차규정의 준수

취업규칙이나 단체협약 등에 징계절차에 관한 규정을 두고 있는 경우 이는 징계처분의 객관성과 공정성을 확보하기 위한 것으로서 이러한 절차를 거치지 아니한 징계처분은 원칙적으로 무효이다.

2) 구체적인 예

① 징계위원회 의결

취업규칙이나 단체협약에 징계위원회를 개최하도록 규정하고 있는 경우 사용자는 근로자를 징계하고자 하는 경우 징계위원회를 개최하여야 한다.

② 징계위원회 구성

　㉠ 단체협약이나 취업규칙의 규정과 다르게 징계위원회를 구성한 경우

　　단체협약이나 취업규칙에서 징계위원회 구성에 관한 규정을 두고 있는 경우 이를 위반하여 다르게 징계위원회를 구성하였다면 절차상 중대한 하자가 있어 무효이다.

　㉡ 사용자가 임의로 근로자측 징계위원을 위촉한 경우

　　노사동수로 징계위원회를 구성하도록 하면서 근로자들의 의견을 반영하는 과정 없이 사용자가 임의로 근로자측 징계위원을 위촉하는 것은 노측 징계위원들이 이전부터 근로자들을 대표하거나 근로자들의 의견을 대변해 왔다는 등의 특별한 사정이 없는 한 무효이다.

　㉢ 징계위원의 자격에 관한 규정을 두지 않은 경우

　　단체협약에 징계위원회를 노사위원으로 구성하기로 정하면서 근로자측 징계위원의 자격에 관하여 규정을 두지 않은 경우 그 징계위원은 사용자의 회사에 소속된 근로자에 한정된다.

③ 변명이나 소명기회의 부여

취업규칙 등에 징계위원회에서 변명이나 소명의 기회를 부여하고 있는 경우 이를 거치지 않은 징계처분은 무효이며, 또한 징계위원회 개최통지는 그 변명과 소명자료를 준비할 수 있을 정도의 시간적 여유를 두고 고지되어야 한다.

> **참조판례** 대법원 1993.7.13. 선고 92다50263 판결
>
> 회사의 징계위원회의 성격이 의결기관이 아닌 심의기관이고, 징계는 징계위원회의 심의를 거쳐 임명권자가 하는 것이라고 하더라도 징계위원회의 심의결과는 임명권자의 징계 여부 결정에 중요한 자료로써 결정적 영향을 미친다고 할 것이므로, 회사가 징계위원회 개최통지를 하지 아니함으로써 단체협약이 징계대상자에게 주도록 규정한 소명의 기회를 주지 아니한 채 개최된 징계위원회의 심의결과에 의거하여 임명권자가 한 징계해고처분은 징계절차에 위배한 부적법한 징계권의 행사로서 무효라고 보아야 한다.

그러나 소명기회를 주도록 규정하고 있는 경우에도 그 대상자에게 그 기회를 제공하면 되며, 소명 그 자체가 반드시 이루어져야 하는 것은 아니다.

> **참조판례** 대법원 2014.11.27. 선고 2011다41420 판결
>
> 단체협약에서 당사자에게 징계사유와 관련한 소명기회를 주도록 규정하고 있는 경우에도 그 대상자에게 그 기회를 제공하면 되며, 소명 그 자체가 반드시 이루어져야 하는 것은 아니다. 그리고 징계위원회에서 징계대상자에게 징계혐의 사실을 고지하고 그에 대하여 진술할 기회를 부여하면 충분하며, 그 혐의사실 개개의 사항에 대하여 구체적으로 발문하여 징계대상자가 이에 대하여 빠짐없이 진술하도록 조치하여야 하는 것은 아니다.

④ 재심절차의 하자

원래의 징계처분이 그 요건을 갖추었더라도 재심절차를 전혀 이행하지 않거나 재심절차에 중대한 하자가 있어 재심의 효력을 인정할 수 없는 경우에는 그 징계처분은 무효이다.

> **참조판례** 대법원 2020.11.26. 선고 2017두70793 판결
>
> 징계처분에 대한 재심절차는 징계처분에 대한 구제 내지 확정절차로서 원래의 징계절차와 함께 전부가 하나의 징계처분절차를 이루는 것으로서 그 절차의 정당성도 징계과정 전부에 관하여 판단되어야 하므로, 원래의 징계처분이 그 요건을 갖추었더라도 재심절차를 전혀 이행하지 않거나 재심절차에 중대한 하자가 있어 재심의 효력을 인정할 수 없는 경우에는 그 징계처분은 현저히 절차적 정의에 반하는 것으로서 무효이다.

피징계자가 징계에 대한 재심을 구한 경우 재심절차에서 징계사유를 추가할 수 없다.

> **참조판례** 대법원 1996.6.14. 선고 95누6410 판결
>
> 징계처분을 받은 근로자가 재심을 청구할 수 있는 경우 그 재심절차는 징계처분에 대한 구제절차에 해당하고, 징계처분이 그 요건을 모두 갖추었다 하더라도 재심절차를 전혀 이행하지 않거나 재심절차에 중대한 하자가 있어 재심의 효력을 인정할 수 없는 경우에는 그 징계처분은 무효로 되므로, 원래의 징계처분에서 징계사유로 삼지 아니한 징계사유를 재심절차에서 추가하는 것은 추가된 징계사유에 대한 재심의 기회를 박탈하는 것으로 되어 특별한 사정이 없는 한 허용되지 아니한다.

(4) 절차위반의 하자치유

징계절차가 하자가 있어 무효이더라도 추후 재심과정에서 하자가 보완된 경우에는 그 하자는 치유된다.

> **📖 참조판례** 대법원 1997.11.11. 선고 96다23627 판결
>
> 징계처분에 대한 재심절차는 원래의 징계절차와 함께 전부가 하나의 징계처분 절차를 이루는 것으로서 그 절차의 정당성도 징계 과정 전부에 관하여 판단되어야 할 것이므로, 원래의 징계 과정에 절차 위반의 하자가 있더라도 재심 과정에서 보완되었다면 그 절차 위반의 하자는 치유된다.

4. 징계의 형평성과 상당성, 이중징계금지

(1) 이중징계의 금지

정당한 징계사유가 존재하더라도 동일한 징계사유로 이중으로 징계를 하는 것은 허용될 수 없다. 그러나 종전의 징계가 부당함을 이유로 사용자가 종전의 징계를 취소하고 새로이 징계하거나, 노동위원회의 구제명령이나 법원의 확정판결로 무효임이 확인되어 근로자를 원직복직시킨 후 새로이 징계하는 것은 이중징계에 해당하지 않는다. 또한 종전의 징계사실을 징계여부 및 징계양정에 참고하는 것은 이중징계에 해당하지 않는다.

> **📖 참조판례** 대법원 1995.12.5. 선고 95다36138 판결
>
> 징계해고에 관한 절차 위반을 이유로 해고무효 판결이 확정된 경우 소급하여 해고되지 아니한 것으로 보게 될 것이지만, 그 후 같은 징계사유를 들어 새로이 필요한 제반 징계절차를 밟아 다시 징계처분을 한다고 하여 일사부재리의 원칙이나 신의칙에 위배된다고 볼 수는 없을 뿐더러, 법원의 판결을 잠탈하는 것이라고 할 수도 없다.

> **📖 참조판례** 대법원 1994.9.30. 선고 93다26496 판결
>
> 사용자의 근로자에 대한 징계처분은 근로자의 기업질서위반행위에 대한 제재로서의 벌이고, 자체의 재심절차에서도 징계처분을 취소할 수 있으므로 사용자가 징계절차의 하자나, 징계사유의 인정, 징계양정의 부당 등에 잘못이 있음을 스스로 인정한 때에는 노동위원회의 구제명령이나 법원의 무효확인판결을 기다릴 것 없이 스스로 징계처분을 취소할 수 있고, 나아가 새로이 적법한 징계처분을 하는 것도 가능하다.

(2) 징계의 상당성

사용자가 근로자에 대한 징계수단을 선택하는 경우 비위행위의 종류, 정도, 반복성, 직장질서에의 영향 등에 비추어 상당한 것이어야 하다.

(3) 징계의 형평성

동일 또는 유사한 비위행위에 대하여 종전에 또는 다른 근로자에게 과한 징계수단과 동등하거나 비슷한 수단이어야 한다.

VI. 부당한 징계의 효과

사용자가 정당한 이유 없이 징계를 한 경우 벌칙의 적용은 없으나, 사법상의 효력은 무효이다. 근로자는 노동위원회에 그 구제를 신청할 수 있으며, 이와 별도로 법원에 구제신청을 할 수도 있다.

제2절 해고

I. 서

1. 해고의 의의 및 종류

해고란 근로자의 의사에 반하여 사용자가 일방적으로 근로관계를 종료시키는 것을 말한다. 해고는 크게 근로자측 사유에 의한 해고와 사용자측 사유에 의한 해고로 구분되며, 근로자측 사유에 의한 해고는 근로자측 사유로 근로제공의무를 이행할 수 없게 된 경우에 행해지는 통상해고와 근로자의 기업질서 문란행위로 인해 행해지는 징계해고로 구분된다. 사용자측 사유에 의한 해고는 경영해고라 한다.

2. 해고 제한의 필요성

시민법 체계하에서 사용자는 근로자와 자유로이 근로계약을 체결하고, 또한 이를 자유로이 해지할 수 있는 것이 원칙이다. 그러나 사용자에 의한 해지의 자유는 근로의 제공을 유일한 생활수단으로 삼고 있는 근로자에게 취업의 기회를 박탈하여 생존에 커다란 위협을 주게 된다. 따라서 사용자의 근로계약해지의 자유에 대한 법적 제한이 요구되었으며, 이것이 바로 시민법상 원리를 극복하고 노동법상 "해고제한의 법리"가 대두된 이유이다. 민법 제659조 또는 근로기준법상 근로자의 임의퇴직은 가능하나 사용자가 근로자를 해고함에 있어서는 근로기준법 제23조 제1항에 의거 정당한 사유가 있어야 한다.

3. 정당한 이유의 의의

근기법 제23조 제1항은 해고에 정당한 이유를 요구하면서도 무엇이 정당한 이유인가에 관해서는 구체적으로 규정하는 바가 없다. 그러므로 현실적으로는 취업규칙이나 단체협약 내에 해고의 정당한 이유가 규정되는 것이 보통이다. 그러나 취업규칙이나 단체협약 내에 규정된 이유라고 해서 그 모두가 정당한 것은 아니므로 해고의 이유에 관한 실질적 정당성에 대해서는 법적 평가가 행해져야 한다.

여기서 정당한 이유란 개별적 사안에 따라 구체적으로 판단되어야 할 것이지만, 일반적으로 사회통념상 근로관계를 계속시킬 수 없을 정도로 근로자에게 귀책사유가 있다든가, 부득이한 경영상의 필요가 있는 경우를 말하는 것이다.

정당한 이유의 판단은 해고사유의 측면과 해고절차의 측면에서 사회통념상 합리성을 구비하여야 한다.

> **참조판례 대법원 2014.11.27. 선고 2011다41420 판결**
>
> 근로자에 대한 해고는 사회통념상 고용관계를 계속할 수 없을 정도로 근로자에게 책임 있는 사유가 있는 경우에 행하여져야 정당하다고 인정되고, 사회통념상 해당 근로자와 고용관계를 계속할 수 없을 정도에 이르렀는지 여부는 해당 사용자의 사업 목적과 성격, 사업장의 여건, 해당 근로자의 지위 및 담당직무의 내용, 비위행위의 동기와 경위, 이로 인하여 기업의 위계질서가 문란하게 될 위험성 등 기업질서에 미칠 영향, 과거의 근무태도 등 여러 가지 사정을 종합적으로 검토하되, 근로자에게 여러 가지 징계혐의 사실이 있는 경우에는 징계사유 하나씩 또는 그중 일부의 사유만을 가지고 판단할 것이 아니고 전체의 사유에 비추어 판단하여야 하며, 징계처분에서 징계사유로 삼지 아니한 비위행위라도 징계종류 선택의 자료로서 피징계자의 평소 소행과 근무성적, 해당 징계처분 사유 전후에 저지른 비위행위 사실 등은 징계양정을 하면서 참작자료로 삼을 수 있다.

Ⅱ. 근로자측 사유에 의한 해고사유의 정당성

1. 통상해고

(1) 개념

통상해고는 근로계약을 이행하지 못하는 채무불이행 상태가 발생하고 장래에도 근로관계를 계속 유지하는 것이 곤란하여 행해지는 해고이다. 채무불이행의 원인으로는 근로자 개인의 정신적·육체적 기타의 사유로 인하여 근로계약 등에 규정된 근로제공의무를 충분히 이행할 수 없는 사유로써 직무능력 결여·질병·경쟁업체와의 밀접한 신분관계 등이 해당된다.

(2) 성격

통상해고는 근로자의 일신상의 사유를 원인으로 하는 것으로 사용자의 귀책사유에 의한 경영해고나 과거의 비위행위나 기업질서위반행위에 대한 제재로 이루어지는 징계해고와는 구별된다. 통상해고사유에 해당하지만 징계해고사유에 해당하지 않으면 징계절차를 거칠 필요가 없다. 그러나 비위행위가 징계해고 및 통상해고의 사유에 모두 해당한다면 사용자가 통상해고의 방법을 취해도 징계절차를 생략할 수 없다.

> 📖 **참조판례** 대법원 1994.10.25. 선고 94다25889 판결
>
> 특정사유가 단체협약이나 취업규칙 등에서 징계해고사유와 통상해고사유의 양쪽에 모두 해당하는 경우뿐 아니라 징계해고사유에는 해당하나 통상해고사유에는 해당하지 않는 경우에도, 그 사유를 이유로 징계해고처분의 규정상 근거나 형식을 취하지 아니하고 근로자에게 보다 유리한 통상해고처분을 택하는 것은, 근로기준법 제27조 제1항에 반하지 않는 범위 내에서 사용자의 재량에 속하는 적법한 것이나, 근로자에게 변명의 기회가 부여되지 않더라도 해고가 당연시될 정도라는 등의 특별한 사유가 없는 한, 징계해고사유가 통상해고사유에도 해당하여 통상해고의 방법을 취하더라도 징계해고에 따른 소정의 절차는 부가적으로 요구된다고 할 것이고, 나아가 징계해고사유로 통상해고를 한다는 구실로 징계절차를 생략할 수는 없는 것이니, 절차적 보장을 한 관계규정의 취지가 회피됨으로써 근로자의 지위에 불안정이 초래될 수 있기 때문이다.

(3) 업무저성과

근로자에 대한 인사고과는 원칙적으로 인사권자인 사용자의 권한에 속하므로 업무상 필요한 범위 안에서는 상당한 재량을 가진다. 그러나 사용자는 근로자의 근무실적이나 업무능력 등을 중심으로 객관적이고 공정한 평정의 기준에 따라 이루어지도록 노력하여야 하고 그것이 해고에 관한 법적 규제를 회피하고 퇴직을 종용하는 수단으로 악용되는 등의 불순한 동기로 남용되어서는 안 된다. 업무저성과를 이유로 통상해고를 하고자 하는 경우 평가제도가 공정성, 객관성, 합리성 등을 구비하고 있어야 한다. 이를 위반한 경우 부당해고라 할 수 있다.

> 📖 **참조판례** 대법원 2011.7.28. 선고 2009두2665 판결
>
> 농업협동조합이 계약기간을 1년으로 정하여 계약직 직원과 시간제 업무보조원으로 고용한 뒤 매년 재계약을 체결하는 방법으로 6년간 근로관계를 유지해 온 甲, 乙과, 계속 근로기간이 '계약직 직원 운용규정'과 '시간제 업무보조원 운용준칙'에서 한도로 정한 5년을 초과하였고 근무성적 평점이 재계약 기준이 되는 70점 미만이라는 이유로 재계약을 체결하지 않은 사안에서, 제반 사정에 비추어 비록 계약기간이 만료한 근로자가 재계약을 원할 경우 총 근로기간과 관계없이 근무성적 평점에 의하여 재계약할 수 있도록 한 단체협약 제24조가 실효되었더라도 근로계약 내용으로서 유효하므로 '계약직 직원 운용규정' 등에서 계속 근로기간을 5년으로 한정한 부분은 효력을 인정할 수 없고, 甲과 乙에게는 계속 근로기간 한도 규정과 관계없이 근무성적 평정 결과 재계약기준에 해당하는 점수를 받으면 재계약될 수 있다는 합리적이고 정당한 기대권이 인정되며, 농업협동조합이 오로지 재계약 거절 사유로 삼기 위하여 형식적으로 위와 같이 근무성적평정을 한 이상 그 공정성과 합리성을 인정할 수 없으므로, 甲과 乙이 받은 근무성적 평점이 재계약기준에 미달한다는 이유로 재계약을 거절한 것은 실질적으로 부당해고에 해당하여 효력을 인정할 수 없다.

[1] 특정사유가 취업규칙 등에서 징계해고사유와 통상해고사유의 양쪽에 모두 해당하는 경우뿐 아니라 징계해고사유에는 해당하나 통상해고사유에는 해당하지 않는 경우에도, 그 사유를 이유로 징계해고처분의 규정상 근거나 형식을 취하지 아니하고 근로자에게 보다 유리한 통상해고처분을 택하는 것은, 근로기준법 제23조 제1항에 반하지 않는 범위 내에서 사용자의 재량에 속하는 적법한 것이다. 다만 근로자에게 변명의 기회가 부여되지 않더라도 해고가 당연시될 정도라는 등의 특별한 사유가 없는 한, 징계해고사유가 통상해고사유에도 해당하여 통상해고의 방법을 취하더라도 징계해고에 따른 소정의 절차는 부가적으로 요구된다.

[2] 근로기준법 제23조 제1항은 사용자는 근로자에게 정당한 이유 없이 해고를 하지 못한다고 규정하여 해고를 제한하고 있다. 사용자가 취업규칙에서 정한 해고사유에 해당한다는 이유로 근로자를 해고할 때에도 정당한 이유가 있어야 한다. 일반적으로 사용자가 근무성적이나 근무능력이 불량하여 직무를 수행할 수 없는 경우에 해고할 수 있다고 정한 취업규칙 등에 따라 근로자를 해고한 경우, 사용자가 근로자의 근무성적이나 근무능력이 불량하다고 판단한 근거가 되는 평가가 공정하고 객관적인 기준에 따라 이루어진 것이어야 할 뿐 아니라, 근로자의 근무성적이나 근무능력이 다른 근로자에 비하여 상대적으로 낮은 정도를 넘어 상당한 기간 동안 일반적으로 기대되는 최소한에도 미치지 못하고 향후에도 개선될 가능성을 인정하기 어렵다는 등 사회통념상 고용관계를 계속할 수 없을 정도인 경우에 한하여 해고의 정당성이 인정된다. 이때 사회통념상 고용관계를 계속할 수 없을 정도인지는 근로자의 지위와 담당 업무의 내용, 그에 따라 요구되는 성과나 전문성의 정도, 근로자의 근무성적이나 근무능력이 부진한 정도와 기간, 사용자가 교육과 전환배치 등 근무성적이나 근무능력 개선을 위한 기회를 부여하였는지, 개선의 기회가 부여된 이후 근로자의 근무성적이나 근무능력의 개선 여부, 근로자의 태도, 사업장의 여건 등 여러 사정을 종합적으로 고려하여 합리적으로 판단해야 한다.

(4) 채무불이행 상태가 단기간에 극복 가능한 경우

일신상의 사유가 단기간 내에 극복 가능한 경우에는 해고를 할 수 없다.

사용자의 일방적 의사표시로 취업규칙의 규정에 의하여 근로자와의 근로계약관계를 종료시키는 경우 그것이 정당한 것으로 인정되기 위하여는 종국적으로 근로기준법 제27조 제1항에서 말하는 '정당한 사유'가 있어야 할 것이고, 근로자가 취업규칙에서 정한 '신체 장해로 인하여 직무를 감당할 수 없을 때'에 해당한다고 보아 퇴직처분을 함에 있어서 그 정당성은 근로자가 신체 장해를 입게 된 경위 및 그 사고가 사용자의 귀책사유 또는 업무상 부상으로 인한 것인지의 여부, 근로자의 치료기간 및 치료 종결 후 노동능력 상실의 정도, 근로자가 사고를 당할 당시 담당하고 있던 업무의 성격과 내용, 근로자가 그 잔존노동능력으로 감당할 수 있는 업무의 존부 및 그 내용, 사용자로서도 신체 장해를 입은 근로자의 순조로운 직장 복귀를 위하여 담당 업무를 조정하는 등의 배려를 하였는지 여부, 사용자의 배려에 의하여 새로운 업무를 담당하게 된 근로자의 적응노력 등 제반 사정을 종합적으로 고려하여 합리적으로 판단하여야 한다.

2. 징계해고

근로자의 비위행위나 기업질서문란행위로 인해 근로관계를 계속 유지하는 것이 현저히 곤란하여 행해지는 해고가 징계해고이다. 징계해고 사유로는 무단결근·조퇴·지각의 반복, 복무규율위반, 경영질서위반, 회사명예의 훼손 등이 있다. 다만, 징계해고사유를 판단함에 있어 당해 행위의 원인, 사용자에게 미친 영향, 기업질서의 침해정도 등을 구체적으로 고려해야 한다.

3. 경향사업체의 특례

사용자가 경영하는 사업이 특정한 신조나 사상과 밀접한 관련을 갖고 있는 경우 사용자는 그 신조나 사상에 반하는 행위를 한 자를 근기법 제30조 제1항과 관계없이 해고할 수 있느냐 하는 것이 문제된다. 이에 대하여 독일에서는 정치, 노동조합, 신앙, 과학, 미술, 자선, 교육, 언론에 봉사하는 경향사업의 경우 그 사업에 반하는 행위를 한 경우 해고제한법리에 상관없이 해고할 수 있다는 것이 지배적 견해이다. 판례는 공기업에서 용지보상업무를 담당하던 근로자의 부동산 투기행위를 정당한 해고원인으로 보고 있는데, 공기업의 사업의 경향성을 고려한 것으로 보인다.

4. 단체협약 · 취업규칙상의 해고사유

해고사유가 단체협약 및 취업규칙에 규정되어 있는 경우, 이러한 해고사유가 반드시 정당한 이유가 될 수 없으며, 그 소정의 해고사유는 제한열거라고 해석되므로 열거된 해고사유 외의 사유로 해고하는 것은 부당해고에 해당한다.

Ⅲ. 사용자측 사유에 의한 해고의 정당성

1. 의의 및 제한필요성

경영해고란 사용자가 "긴박한 경영상의 필요"로 인하여 근로자와의 근로관계의 존속이 불가능한 것을 이유로 하는 해고처분을 말한다. 경영해고는 노동시장의 유연성 제고를 통한 경쟁력을 확보하고, 급변하는 경영환경에 능동적으로 대처한다는 데 그 의의가 크다 하겠다. 그러나 경영해고는 근로자의 귀책사유 없이 경영상의 필요에 의하여 실시된다는 점과 그 해고가 집단적 · 대량적으로 행해진다는 점에서 사회적 손실과 대립의 규모가 매우 크다. 이에 근기법 제24조에서는 경영상 이유에 의한 해고의 요건을 ① 긴박한 경영상의 필요가 있어야 하고, ② 해고회피노력, ③ 합리적이고 공정한 해고기준설정과 대상자 선정, ④ 해고회피방법과 해고기준에 관하여 근로자대표와 성실하게 협의하여야 하는 등으로 엄격하게 규정하고, 사용자가 이러한 요건을 갖추어 근로자를 해고한 때에는 근기법 제23조 제1항의 정당한 이유가 있는 해고를 한 것으로 인정하고 있다.

2. 경영해고의 유효요건

(1) 긴박한 경영상의 필요

1) 긴박한 경영상의 정도

① 문제점

경영해고를 위한 긴박한 경영상의 필요가 인력구조조정을 하지 않으면 도산을 피할 수 없는 경우에 한정되는지가 문제된다.

② 학설

㉠ 도산회피설

이 견해는 경영해고를 하지 아니하면 기업이 도산되거나 기업의 존속·유지가 위태롭게 될 것이 객관적으로 인정되는 경우에 한하여 경영해고가 인정된다고 한다.

㉡ 합리적 필요설(감량경영설)

이 견해는 경영해고가 사회통념에 비추어 생산성 향상·구조조정 및 기술혁신 등 객관적이고 합리적이라고 인정되는 경우에는 도산회피까지 이르지 않더라도 경영해고가 인정된다고 한다.

③ 판례

대법원은 정리해고가 입법화되기 전 도산회피설을 취한 판결도 있으나 현재는 장래에 올 수도 있는 위기에 미리 대처하기 위하여 고용인원의 감축이 객관적으로 보아 합리성이 있다고 인정되는 경우도 긴박한 경영상의 필요가 있는 것으로 본다.

> **📖 참조판례 대법원 2013.6.13. 선고 2011다60193 판결**
>
> 근로기준법 제24조 제1항에 의하면, 사용자가 경영상의 이유에 의하여 근로자를 해고하고자 하는 경우에는 긴박한 경영상의 필요가 있어야 한다. 여기서 긴박한 경영상의 필요라 함은 반드시 기업의 도산을 회피하기 위한 경우에 한정되지 아니하고, 장래에 올 수도 있는 위기에 미리 대처하기 위하여 고용인원의 감축이 객관적으로 보아 합리성이 있다고 인정되는 경우도 포함되는 것으로 보아야 한다.

④ 검토

근기법은 경영해고를 입법하면서 경영 악화를 방지하기 위한 사업의 양도·인수·합병을 긴박한 경영상 필요가 있는 것으로 본다고 규정함으로써 도산회피까지는 이르지 않더라도 합리적 경영목적이 있는 경우도 긴박한 경영상 필요를 인정하는 입장이다.

2) 긴박한 경영상의 필요의 판단기준

정리해고의 요건 중 긴박한 경영상의 필요가 있었는지 여부는 정리해고를 할 당시의 사정을 기준으로 판단하여야 한다.

> **📖 참조판례 대법원 2013.6.13. 선고 2011다60193 판결**
>
> 정리해고의 요건 중 긴박한 경영상의 필요가 있었는지 여부는 정리해고를 할 당시의 사정을 기준으로 판단하여야 한다.

3) 긴박한 경영상의 필요의 구체적 사례

긴박한 경영상의 필요의 구체적 사례로는 계속되는 경영의 악화, 생산성향상을 위한 구조조정과 기술혁신, 업종의 전환, 사업의 양도·인수·합병 등이 제시되고 있다.

(2) 해고회피노력

1) 해고회피노력의 기준

사용자는 해고회피를 위한 노력을 하여야 한다. 즉, 경영상의 필요가 긴박한 정도에 이르러 해고 이외의 다른 조치로서 이를 회피할 수 있는 가능성이 없어야 한다. 대법원은 "사용자가 정리해고를 실시하기 전에 다하여야 할 해고회피노력의 방법과 정도는 확정적·고정적인 것이 아니라 당해 사용자의 경영위기의 정도, 정리해고를 실시하여야 하는 경영상의 이유, 사업의 내용과 규모, 직급별 인원상황 등에 따라 달라지는 것이고, 사용자가 해고를 회피하기 위한 방법에 관하여 노동조합 또는 근로자대표와 성실하게 협의하여 정리해고 실시에 관한 합의에 도달하였다면 이러한 사정도 해고회피노력의 판단에 참작되어야 한다."라고 판시하였다.

> 📖 **참조판례** 대법원 2003.9.26. 선고 2001두10776·10783 판결
>
> 사용자가 정리해고를 실시하기 전에 다하여야 할 해고회피노력의 방법과 정도는 확정적·고정적인 것이 아니라 당해 사용자의 경영위기의 정도, 정리해고를 실시하여야 하는 경영상의 이유, 사업의 내용과 규모, 직급별 인원상황 등에 따라 달라지는 것이고, 사용자가 해고를 회피하기 위한 방법에 관하여 노동조합 또는 근로자대표와 성실하게 협의하여 정리해고 실시에 관한 합의에 도달하였다면 이러한 사정도 해고회피노력의 판단에 참작되어야 한다.

2) 구체적 사례

해고회피노력을 다하기 위해서는 사용자가 근로자의 해고범위를 최소화하기 위하여 경영방침 또는 작업방식의 합리화, 신규채용의 금지, 일시휴직 및 희망퇴직의 활용, 자산매각 및 전근 등의 가능한 조치를 취하여야 한다.

(3) 합리적이고 공정한 해고기준의 설정

1) 해고기준의 설정기준

사용자는 합리적이고 공정한 해고의 기준을 정하고 이에 따라 해고대상근로자를 선정하여야 한다. 해고대상근로자의 선정기준이 단체협약 등에 규정되어 있는 경우에는 이에 따르고 규정되어 있지 아니한 경우에는 해고시점에 이러한 기준을 설정하여야 한다.

2) 합리적이고 공정한 기준의 의미

합리적이고 공정한 기준이 무엇을 의미하는지가 문제된다. 학설은 해고대상의 선발기준으로 근속연수, 연령, 부양의무상의 부담, 배우자의 소득, 기타의 재산정도 등이 일차적으로 고려되어야 하고, 기업주측의 이익을 보호하기 위한 기준은 이차적으로 고려될 수밖에 없다고 하면서 해고대상 근로자들의 근로계약관계를 중심으로 이루어져야 한다고 본다.

대법원은 한때 사용자측의 요소인 인사고과에 의한 해고기준의 설정도 합리적이고 공정한 해고기준으로 본 경우도 있으나 현재는 "정리해고의 요건 중 '합리적이고 공정한 해고의 기준' 역시 확정적·고정적인 것은 아니고 당해 사용자가 직면한 경영위기의 강도와 정리해고를 실시하여야 하는 경영상의 이유, 정리해고를 실시한 사업 부문의 내용과 근로자의 구성, 정리해고 실시 당시의 사회경제상황 등에 따라 달라지는 것이고, 해고대상자의 선별 기준은 대상 근로자들의 사정뿐 아니라 사용자 측의 경영상 이해관계와 관련된 사정도 객관적 합리성이 인정되는 한 함께 고려하여 정할 수 있다 할 것이다."라고 판시하여 근로자측 사정뿐만 아니라 사용자측의 사정도 함께 고려할 수 있다는 입장이다.

> **📖 참조판례 대법원 2013.6.13. 선고 2011다60193 판결**
>
> 정리해고의 요건 중 '합리적이고 공정한 해고의 기준' 역시 확정적·고정적인 것은 아니고 당해 사용자가 직면한 경영위기의 강도와 정리해고를 실시하여야 하는 경영상의 이유, 정리해고를 실시한 사업 부문의 내용과 근로자의 구성, 정리해고 실시 당시의 사회경제상황 등에 따라 달라지는 것이다. 그리고 해고대상자의 선별 기준은, 대상 근로자들의 사정뿐 아니라 사용자측의 경영상 이해관계와 관련된 사정도 객관적 합리성이 인정되는 한 함께 고려하여 정할 수 있다 할 것이다.

3) 구체적 사례

판례에 의하면 일용직·단시간 근로자 및 연령이 낮거나 근속연수가 낮은 근로자를 우선해고대상으로 삼은 경우, 합리적이고 공정한 기준에 해당된다고 한다. 다만, 이 경우 남녀의 성을 이유로 차별하여서는 아니 된다.

(4) 근로자대표와의 사전협의

1) 협의의무

사용자는 해고회피방법 및 해고기준 등에 관하여 근로자의 과반수로 조직된 노동조합이나, 이러한 노동조합이 없는 경우에는 근로자의 과반수를 대표하는 자에게 해고하고자 하는 날의 50일 전까지 통보하고 성실하게 협의하여야 한다. 이는 정리해고의 실질적 요건의 충족을 담보함과 아울러 비록 불가피한 정리해고라고 하더라도 협의과정을 통한 쌍방의 이해 속에서 실시되는 것이 바람직하기 때문이다.

> **📖 참조판례 대법원 2014.11.13. 선고 2012다14517 판결**
>
> 근로기준법 제24조 제3항은 정리해고를 시행하기에 앞서 사용자가 해고를 피하기 위한 방법과 해고의 기준 등에 관하여 당해 사업 또는 사업장에 근로자의 과반수로 조직된 노동조합이 있는 경우에는 그 노동조합, 근로자의 과반수로 조직된 노동조합이 없는 경우에는 근로자의 과반수를 대표하는 자에 대하여 미리 통보하고 성실하게 협의하여야 한다고 하여 정리해고의 절차적 요건을 규정하고 있다. 이는 정리해고의 실질적 요건의 충족을 담보함과 아울러 비록 불가피한 정리해고라고 하더라도 협의과정을 통한 쌍방의 이해 속에서 실시되는 것이 바람직하기 때문이다.

2) 근로자 과반수의 범위

① 문제점

해고협의와 관련하여 협의의 주체인 근로자대표를 선정할 경우 과반수의 산정기준인 근로자의 범위를 정리해고에 이해관계를 가지는 근로자의 과반수로 한정할 것인지가 문제된다.

② 학설

학설은 ㉠ 근기법이 근로자대표의 산정범위를 제한하고 있지 않으므로 전체근로자의 과반수로 보아야 한다는 견해와, ㉡ 성실협의는 정리해고의 이해조절을 목적으로 하는 것이므로 정리해고와 직접 이해관계를 가지는 근로자의 과반수를 의미한다고 보는 견해가 대립한다.

③ 판례

대법원은 정리해고 대상이 노동조합에 가입할 수 없는 직급에 해당하는 경우일지라도 근로자의 과반수로 조직된 노동조합이 있는 경우에는 정리해고 대상 근로자대표와의 별도의 협의를 거치지 아니하고 노동조합과의 협의를 하여도 정당한 것으로 판시한 바 있고, 또한 정리해고대상이 아닌 자를 근로자대표로 하여 협의를 한 것은 성실협의에 해당하지 않는다고 판시한 바 있다.

> **참조판례** 대법원 2002.7.9. 선고 2001다29452 판결
>
> 정리해고가 실시되는 사업장에 근로자의 과반수로 조직된 노동조합이 있는 경우 사용자가 그 노동조합과의 협의 외에 정리해고의 대상인 일정 급수 이상 직원들만의 대표를 새로이 선출케 하여 그 대표와 별도로 협의를 하지 않았다고 하여 그 정리해고를 협의절차의 흠결로 무효라 할 수는 없다.

> **참조판례** 대법원 2005.9.29. 선고 2005두4403 판결
>
> 근로자 중 주로 4급 이상의 직원을 감원하기로 하는 경우 4급 이상 직원들의 이해관계를 대변할 수 있는 근로자대표와의 협의도 필요하다고 해야 할 것인데, 서울적십자병원이 정리해고와 관련하여 협의하였다고 하는 근로자대표는 한 명을 제외하고는 모두 5급 이하의 직원, 고용원, 기능직 직원들로 구성되어 있고, 근로자의 과반수를 넘지 않고 주로 5급 이하의 근로자로 구성된 노동조합 조합원은 대부분 정리 해고대상자가 아니어서 이 사건 정리해고와 거의 이해관계를 갖고 있지 아니하고, 근로자대표의 선출도 공정하게 이루어졌다고 보기 어려우며, 책임보직을 받지 못하게 될 직원을 선별하기 위한 직제개편에 따른 직원임용기준안에 관하여 협의한 바로 다음날 비보직자 45명을 선정하여 정리해고대상자 선정에 관하여 근로자대표와 성실한 협의를 다하였다고 보기 어려우므로, 이 사건 해고는 정리해고로서의 요건을 갖추지 못하여 위법하다.

④ 검토

근로자대표와의 성실협의는 해고회피노력이나 합리적이고 공정한 해고기준의 설정에 관해 해고당사자의 이해조절을 목적으로 마련된 규정이라는 점에서 이해관계자의 과반수를 의미하는 것으로 보는 것이 타당하다.

3) 해고협의의 수준

경영해고는 경영권의 본질에 속하는 사항으로 '해고협의'는 사전동의를 거쳐야 한다는 뜻이 아니라 의견을 성실히 참고해 구조조정의 합리성을 담보하고자 하는 '협의'의 의미로 해석하여야 한다. 대법원 사용자가 근로자와의 협의절차를 거친다고 하여도 별다른 효과를 기대할 수 없는 등 특별한 사정이 있는 때에는 사용자가 근로자측과 사전협의절차를 거치지 않아도 무방하다는 입장이다.

> **참조판례** 대법원 1992.11.10. 선고 91다19463 판결
>
> 정리해고에 있어서 사용자가 해고에 앞서 노동조합이나 근로자측과 성실한 협의를 거쳐야 한다는 것은 정리해고의 실질적 요건을 모두 갖춘 경우라도 사용자는 노동조합의 단체교섭권보장이나 근로계약의 상대방 보호의 관점에서 근로자측에 대하여 정리해고의 내용을 설명하는 등 성실한 협의를 거칠 것을 요구한다는 의미이나, 정리해고의 실질적 요건이 충족되어 해고의 실행이 시급하게 요청되고 한편 근로자들을 대표할 만한 노동조합 기타 근로자집단도 없고 취업규칙에도 그러한 협의조항이 없으며 또 해고 대상 근로자에 대하여는 해고조치 외에 마땅한 대안이 없어서 그 근로자와의 협의절차를 거친다고 하여도 별다른 효과를 기대할 수 없는 등 특별한 사정이 있는 때에는 사용자가 근로자측과 사전협의절차를 거치지 아니하였다 하여 그것만으로 정리해고를 무효라고 할 수는 없다.

4) 사전통보와 해고예고

사전협의 기간 중에도 해고예고는 가능하다. 다만, "50일 전 사전 통보기간"은 강행규정이므로 이를 수당으로 대체하거나 단축할 수 없으며, 이를 준수하지 아니하는 경우 경영해고는 무효가 된다고 보아야 한다.

한편, 판례는 정리해고의 요건을 모두 갖춘 이상 통보시기가 사전협의기간 이전이 아니었다는 사정만으로 정리해고가 무효라고 할 수 없다고 한다. 또한 판례는 사전협의 기간의 의미는 일반적으로 통용되는 기간의 설정에 불과한 것이므로 사전협의기간의 준수를 효력규정으로 볼 수 없다고 한다.

> **참조판례** 대법원 2004.10.15. 선고 2001두1154 판결
>
> 근로기준법 제31조 제3항이 해고를 피하기 위한 방법과 해고의 기준을 해고실시 60일 이전까지 근로자대표에게 통보하게 한 취지는, 소속근로자의 소재와 숫자에 따라 그 통보를 전달하는 데 소요되는 시간, 그 통보를 받은 각 근로자들이 통보 내용에 따른 대처를 하는데 소요되는 시간, 근로자대표가 성실한 협의를 할 수 있는 기간을 최대한으로 상정·허여하자는 데 있는 것이고, 60일 기간의 준수는 정리해고의 효력요건은 아니어서, 구체적 사안에서 통보 후 정리해고 실시까지의 기간이 그와 같은 행위를 하는 데 소요되는 시간으로 부족하였다는 등의 특별한 사정이 없으며, 정리해고의 그 밖의 요건은 충족되었다면 그 정리해고는 유효하다.

5) 적용제외

동 규정에서 근로자라 함은 정식의 근로계약이 확정된 근로자를 의미한다. 따라서 사용자에게 근로계약의 해약권이 유보되어 있는 채용내정자 또는 시용근로자는 이에 해당되지 아니하므로, 이들을 정리해고하고자 하는 경우 별도의 협의를 거칠 필요가 없다는 것이 대법원의 입장이다.

6) 고용안정협약

① 의의

고용안정협약이란 경영해고를 하지 않는다거나 인위적·일방적인 인원감축을 하지 않는다는 내용의 단체협약상의 합의를 말한다.

② 고용안정협약에 위반한 경영해고의 효력

㉠ 문제점

경영해고를 제한 내지 금지하는 고용안정협약을 위반한 경영해고가 사법상 무효인지가 문제된다.

㉡ 학설

학설은 경영해고 자체가 긴급피난이론에 근거한 것이므로 법률상 요건에만 합치하면 경영해고가 가능하다는 긍정설, 고용안정협약 자체의 규정을 존중해야 하므로 경영해고가 불가능하다는 부정설, 경영상 긴박한 이유가 명백하게 존재하고 법률상 요구되는 요건을 충족하기 위해 노력을 기울이면 경영해고가 가능하다는 신의칙설, 고용안정협약이 체결되면 그 내용이 준수되어야 하나 협약체결당시에 예상하지 못한 사정변경이 있고 이러한 변경이 긴박한 경영상 이유로 인정될 만하면 경영해고가 가능하다는 제한적 신의칙설이 대립한다.

㉢ 판례

대법원은 고용안정협약에 반하여 이루어지는 경영해고는 원칙적으로 무효이나, 사정이 현저히 변경되어 사용자에게 그 같은 단체협약의 이행을 강요하면 객관적으로 명백하게 부당한 결과에 이르는 경우에는 제한에서 벗어나 경영해고를 할 수 있다는 입장이다.

> 📖 **참조판례** 대법원 2014.3.27. 선고 2011두20406 판결
>
> 사용자가 노동조합과의 협상에 따라 정리해고를 제한하기로 하는 내용의 단체협약을 체결하였다면 특별한 사정이 없는 한 단체협약이 강행법규나 사회질서에 위배된다고 볼 수 없고, 나아가 이는 근로조건 기타 근로자에 대한 대우에 관하여 정한 것으로서 그에 반하여 이루어지는 정리해고는 원칙적으로 정당한 해고라고 볼 수 없다. 다만, 정리해고의 실시를 제한하는 단체협약을 두고 있더라도, 단체협약을 체결할 당시의 사정이 현저하게 변경되어 사용자에게 단체협약의 이행을 강요한다면 객관적으로 명백하게 부당한 결과에 이르는 경우에는 사용자가 단체협약에 의한 제한에서 벗어나 정리해고를 할 수 있다.

㉣ 검토

단체협약의 해고제한규정은 해고의 정당한 이유에 속하는 것으로 원칙적으로 이를 준수하여야 한다. 다만, 이를 강제하는 것이 객관적으로 명백하게 부당한 결과를 초래하는 경우까지 해고제한규정을 적용한다면 오히려 불합리한 결과를 초래할 수 있으므로 제한적신의칙설의 입장에 따라 예외적인 경우를 허용하는 것이 타당하다.

(5) 요건 상호간의 관계

근기법 제24조 제5항은 제24조 제1항에서 제3항까지의 요건을 모두 갖춘 경우에 정당한 이유가 있는 것으로 규정하고 있다. 따라서 근기법 제24조의 요건은 이를 모두 구비한 경우에 한하여 정리해고가 유효라고 할 것이다. 그러나 대법원 "각 요건의 구체적 내용은 확정적 · 고정적인 것이 아니라 구체적 사건에서 다른 요건의 충족 정도와 관련하여 유동적으로 정해지는 것이므로, 구체적 사건에서 경영상 이유에 의한 당해 해고가 위 각 요건을 모두 갖추어 정당한지 여부는 위 각 요건을 구성하는 개별 사정들을 종합적으로 고려하여 판단하여야 한다."라고 판시하면서 정리해고의 다른 요건은 충족되지만 근로자대표에 대한 통지 · 협의의 기간을 준수하지 못하였다는 것만으로 정리해고가 무효가 아니라는 입장이다.

📖 참조판례 대법원 2003.11.13. 선고 2003두4119 판결

[1] 근로기준법 제31조 제1항 내지 제3항에 의하여, 사용자가 경영상의 이유에 의하여 근로자를 해고하고자 하는 경우에는 긴박한 경영상의 필요가 있어야 하고, 해고를 피하기 위한 노력을 다하여야 하며, 합리적이고 공정한 기준에 따라 그 대상자를 선정하여야 하고, 해고를 피하기 위한 방법과 해고의 기준 등을 근로자의 과반수로 조직된 노동조합 또는 근로자대표에게 해고실시 60일 전까지 통보하고 성실하게 협의하여야 하는데, 위 각 요건의 구체적 내용은 확정적 · 고정적인 것이 아니라 구체적 사건에서 다른 요건의 충족 정도와 관련하여 유동적으로 정해지는 것이므로, 구체적 사건에서 경영상 이유에 의한 당해 해고가 위 각 요건을 모두 갖추어 정당한지 여부는 위 각 요건을 구성하는 개별사정들을 종합적으로 고려하여 판단하여야 한다.

[2] 근로기준법 제31조 제3항이 해고를 피하기 위한 방법과 해고의 기준을 해고실시 60일 이전까지 근로자대표에게 통보하게 한 취지는, 소속근로자의 소재와 숫자에 따라 그 통보를 전달하는 데 소요되는 시간, 그 통보를 받은 각 근로자들이 통보 내용에 따른 대처를 하는 데 소요되는 시간, 근로자대표가 성실한 협의를 할 수 있는 기간을 최대한으로 상정 · 허여하자는 데 있는 것이고, 60일 기간의 준수는 정리해고의 효력요건은 아니어서, 구체적 사안에서 통보 후 정리해고 실시까지의 기간이 그와 같은 행위를 하는 데 소요되는 시간으로 부족하였다는 등의 특별한 사정이 없으며, 정리해고의 그 밖의 요건은 충족되었다면 그 정리해고는 유효하다.

---

3. 경영해고 실시 후의 조치

(1) 경영해고의 신고

사용자는 1월 동안에 상시 근로자 수가 99인 이하인 사업 또는 사업장의 경우 10인 이상, 상시 근로자 수가 100인 이상 999인 이하인 사업 또는 사업장의 경우 상시 근로자 수의 10% 이상, 상시 근로자 수가 1000인 이상 사업 또는 사업장의 경우 100인 이상의 인원을 해고하고자 할 때에는 최초로 해고하고자 하는 날의 30일 전까지 고용노동부장관에게 신고를 하여야 한다. 신고는 경영해고의 효력과는 무관하다.

(2) 경영해고 후 근로자보호

1) 사용자의 우선재고용의무

제24조에 따라 근로자를 해고한 사용자는 근로자를 해고한 날부터 3년 이내에 해고된 근로자가 해고 당시 담당하였던 업무와 같은 업무를 할 근로자를 채용하려고 할 경우 제24조에 따라 해고된 근로자가 원하면 그 근로자를 우선적으로 고용하여야 한다.

우선재고용은 당해 근로자가 원하는 경우에 인정되며, 또한 근로자가 원하는 경우에도 사용자가 반드시 재고용하여야 하는 법적 의무를 부담하는 것은 아니고 '선언적 규정'으로 보아야 할 것이다. 경영해고를 한 후 일정한 기간이 경과하기 전에는 당해 업무에 파견근로를 사용하여서는 아니 된다.

2) 국가의 고용보장의무

정부는 경영해고된 근로자에 대하여 생계안정, 재취업, 직업훈련 등 필요한 조치를 우선적으로 취하여야 한다.

4. 위법한 정리해고의 효력

경영해고의 정당성을 갖추지 않고 근로자를 해고한 경우 당해 해고는 사법상 무효가 된다. 근로자는 부당한 정리해고에 대하여 노동위원회에 구제신청 또는 민사소송을 통하여 구제받을 수 있다. 그러나 벌칙의 적용은 없다.

Ⅳ. 해고의 절차적 정당성

1. 해고시기의 제한

(1) 의의

근기법 제23조 제2항은 업무상 부상 또는 질병의 요양을 위하여 휴업한 기간과 그 후 30일 동안 또는 출산전후휴가기간과 그 후 30일 동안은 해고를 금지하고 있다. 부상·질병자 및 산전·후 휴가중인 자와 같이 노동력이 상실되어 구직활동을 할 수 없거나 채용이 곤란한 시기에 해고하는 것은 너무 가혹하므로, 심신이 허약한 기간 동안 근로자를 실직의 위험으로부터 보호함과 동시에 안정적인 생활관계를 보장하도록 하려는 취지에서 마련된 규정이다.

(2) 해고시기의 제한의 내용

1) 업무상재해 요양기간과 그 후 30일간

해고의 제한은 "업무상"의 부상 또는 질병에 관한 것이므로 "업무 외"의 사적인 질병 등으로 인한 경우에는 적용되지 아니한다.

한편, 휴업에 있어서 일부휴업도 포함되는가에 관하여 견해가 대립하나, 동 규정의 취지 및 동항 단서에서 휴업기간이 장기화될 때 사용자가 일시보상을 함으로써 해고를 할 수 있는 예외규정을 둔 것으로 보아 일부휴업도 포함된다고 해석된다.

2) 출산전후의 휴업기간과 그 후 30일간

사용자는 출산전후 휴업기간인 90일과 그 후 30일간은 해고할 수 없다. 또한 여성근로자가 출산 전에 휴업을 청구하지 않고 계속 취업한 경우에도 해고시기의 제한을 받는다고 본다.

3) 남녀고용평등과 일·가정 양립지원에 관한 법률의 제한

남녀고용평등과 일·가정양립지원에 관한 법률 제19조 제3항에서는 사업주는 육아휴직 기간 동안은 사업을 계속할 수 없는 경우 외에는 당해 근로자를 해고할 수 없도록 규정하고 있다. 육아휴직 중인 근로자의 해고를 제한함으로써 모성보호를 강화하고자 한 것이다.

(3) 해고시기제한의 예외

1) 일시보상

근기법 제23조 제2항 단서는 요양근로자에게 일시보상을 한 경우를 해고시기제한의 예외로 규정하고 있다. 근기법 제81조의 규정에 의하여 요양보상을 받고 있는 근로자가 요양개시 후 2년을 경과하여도 부상 또는 질병이 완치되지 않는 경우에 평균임금의 1340일분의 일시보상을 행했을 때에는 사용자는 당해 근로자를 해고할 수 있다. 산업재해보상보험법 제48조에 의하면 요양개시 후 3년이 경과한 날 이후에도 상병보상연금을 받고 있는 경우에는 근기법 제23조 제2항을 적용함에 있어 일시보상을 한 것으로 보므로, 이 경우에도 해고를 할 수 있다.

2) 사업계속이 불가능한 경우

근기법 제23조 제2항 단서는 사업계속이 불가능한 경우를 해고시기제한의 예외로 규정하고 있다. 사업 전체의 계속이 불가능한 경우를 말하며, 사업의 일부를 축소하는 경우는 해당될 수 없다고 보아야 할 것이다. 이때 사업을 계속할 수 없게 된 사유는 묻지 않는다.

(4) 해고시기제한의 위반

1) 벌칙의 적용

사용자가 근기법 제23조 제2항의 해고시기의 제한규정을 위반하여 근로자를 해고한 경우에는 벌칙의 적용된다.

2) 사법상 효력

① 문제점

해고금지기간 중 해고를 통지한 경우 일정한 기간의 경과로 해고의 효력이 발생할 수 있는지가 문제된다.

② 학설

㉠ 절대적 무효설

이 견해는 금지 기간에 통지하여 무효가 된 해고가 기간이 지났다고 하여 유효가 될 수 없다는 견해로, 사용자가 유효한 해고를 하려면 금지 기간이 지난 후에 다시 해고의 통지를 해야 한다고 한다.

㉡ 상대적 무효설

이 견해는 금지 기간에 해고의 통지를 하더라도 그 기간에는 해고의 효력이 발생하지 않는다는 의미에서 무효일 뿐, 다시 해고의 통지를 하지 않더라도 기간이 지난 후에는 효력이 발생한다는 견해이다.

③ 판례

대법원은 해고금지기간 중 해고를 통보한 것은 무효이며, 해고 후 해고금지기간의 경과로 해고가 유효가 되는 것은 아니라고 판시하여 절대적 무효설의 입장이다.

> **참조판례** 대법원 2001.6.12. 선고 2001다13044 판결
>
> 선원법 제34조 제2항 제1호는 선박소유자는 선원이 직무상 부상 또는 질병의 요양을 위하여 직무에 종사하지 아니하는 기간 및 그 후 30일간은 선원근로계약을 해지할 수 없다고 규정하고 있는바, 위와 같이 선원근로계약의 해지를 제한하는 취지는 선원이 업무상의 재해로 인하여 노동력을 상실하고 있는 기간과 노동력을 회복하기에 상당한 그 후의 30일간은 선원을 실직의 위협으로부터 절대적으로 보호하고자 함에 있는 것이므로 선박소유자가 이에 위반하여 선원을 해고한 경우에는 위법한 해고로서 무효라고 할 것이고, 해고 후 위 기간의 경과로 인하여 무효였던 해고가 유효로 될 수도 없다.

④ 검토

무효의 효력을 제한하는 명문규정이 없고, 심신이 허약한 근로자의 취업보장을 목적으로 한다는 점에서 절대적 무효설이 타당하다.

(5) 관련문제

1) 해고금지기간 중의 해고예고 가능여부

해고금지기간은 명문으로 해고를 금지할 뿐이므로 해고금지기간 중 해고예고가 가능한지 여부가 문제된다. 이에 대하여 학설은 ① 근기법 제23조 제2항의 해고금지기간은 해고 자체만을 금지시킨 것이므로 해고금지기간 중이라도 해고예고를 할 수 있다고 보는 유효설과, ② 해고예고는 통상의 노동력을 가진 자에 대한 규정이기 때문에 노동력의 상실이나 회복기간인 해고금지기간 중에는 해고예고를 할 수 없다는 무효설이 대립한다.

생각건대, 해고금지기간제도는 심신이 허약한 기간 동안의 직장상실의 위험으로부터 보호하고자 하는 것으로 해고예고를 허용할 경우 실질적인 구직활동이 어려울 것이라는 점에서 무효설이 타당하다.

2) 해고예고기간 중 해고금지사유의 발생

① 문제점

해고예고기간 중 해고금지사유가 발생한 경우 해고가 금지된다는 점에는 이론이 없으나, 해고예고 후 해고금지사유가 발생한 경우에 해고예고도 그 효력을 상실하게 되는지가 문제된다.

② 학설

㉠ 무효설

해고예고는 당연히 효력을 상실하며, 해고금지기간의 종료 후에 다시 해고예고를 하여야 한다는 견해이다.

㉡ 효력정지설

해고예고 자체는 유효하나 해고금지사유의 발생으로 그 효력의 발생이 일시적으로 정지되며, 해고금지기간이 종료되면 새로이 예고를 하지 아니하더라도 나머지 해고예고기간의 진행이 계속된다는 견해이다.

© 절충설

해고금지기간이 장기인 경우와 단기인 경우로 구분하여, 장기인 경우에는 해고예고가 무효가 되고 단기인 경우에는 해고예고가 일시적으로 정지되며 해고금지기간이 종료되면 해고예고기간이 다시 진행된다는 견해이다.

③ 검토

해고금지기간의 규정과 해고예고규정은 그 입법취지와 보호대상이 서로 다르므로 효력정지설이 타당하다고 본다.

2. 해고예고제도

(1) 의의

사용자는 근로자를 해고하고자 할 때에는 적어도 30일 전에 예고를 하거나 또는 30일분 이상의 통상임금을 지급하여야 한다(근기법 제26조). 이는 갑작스런 해고의 위협을 막고 재취업에 필요한 시간적 여유를 부여하는 데 그 취지가 있겠다.

(2) 해고예고의 내용

1) 해고의 예고

해고의 예고는 적어도 30일 이전에 하여야 한다. '적어도 30일 전'으로 규정되어 있으므로 사용자와 근로자의 개별적 합의 · 취업규칙 및 단체협약 등에 의하여 해고예고기간을 단축할 수는 없으나 이를 연장할 수 있다. 해고예고기간은 역일로 계산한다.

해고예고는 특별한 형식을 요하지 아니하며 당해 근로자에게 전달할 수 있는 적절한 방법으로 예고할 수 있으나, 해고될 근로자와 해고될 날을 명시하여야 한다. 불확정 기한이나 조건이 붙은 예고는 무효이다. 한편, 해고예고기간 중에도 근로관계는 계속되며 근로자와 사용자는 근로관계에 기한 임금 또는 근로를 청구할 수 있다. 다만, 근로자가 새로운 직장을 구하기 위하여 결근한 경우라도 사용자는 신의칙에 따라 임금을 지급해야 한다.

2) 해고예고수당의 지급

사용자가 해고예고를 원하지 아니하는 경우에는 이에 대신하여 30일분 이상의 통상임금을 해고예고수당으로서 지급해야 한다. 해고예고수당은 근로제공에 대한 반대급부가 아니므로 근기법상의 임금에 해당되지 아니한다. 해고예고수당은 해고가 적법한지나 유효한지와 관계없이 지급되어야 하며, 해고가 무효가 되더라도 반납의무는 없다.

> **참조판례 대법원 2018.9.13. 선고 2017다16778 판결**
>
> 근로기준법 제26조 본문에 따라 사용자가 근로자를 해고하면서 30일 전에 예고를 하지 아니하였을 때 근로자에게 지급하는 해고예고수당은 해고가 유효한지 여부와 관계없이 지급되어야 하는 돈이고, 그 해고가 부당해고에 해당하여 효력이 없다고 하더라도 근로자가 해고예고수당을 지급받을 법률상 원인이 없다고 볼 수 없다.

3) 해고예고의 방법

해고예고는 특별한 형식을 요구하지 않으므로 구두로도 가능하다. 당해 근로자가 주지할 수 있는 적절한 방법이면 된다고 해석된다.

4) 해고예고와 해고의 정당성

해고의 예고 또는 해고예고수당의 지급은 근기법 제23조 제1항의 규정에 의한 정당한 이유가 있는 경우에 한하여 인정되는 것이므로 해고의 정당한 이유가 없는 경우에는 해고의 예고를 하였다 할 지라도 유효한 해고가 되는 것은 아니다.

(3) 해고예고의 적용제외

근기법 제26조 단서는 근로자가 계속 근로한 기간이 3개월 미만인 경우, 천재·사변, 그 밖의 부득이한 사유로 사업을 계속하는 것이 불가능한 경우, 근로자가 고의로 사업에 막대한 지장을 초래하거나 재산상 손해를 끼친 경우로서 고용노동부령으로 정하는 사유에 해당하는 경우를 해고예고의 적용제외 사유를 규정하고 있다. 이는 신뢰관계의 존부와 불가피한 사정을 고려한 것이다.

(4) 성질상 적용제외

해고예고제도는 근로자의 의사에 반하여 사용자가 일방적으로 근로관계를 종료시키는 해고에 적용되는 제도이다. 따라서 정년퇴직·임의퇴직 및 합의퇴직 등에는 적용되지 아니하는 것이 원칙이다. 또한, 사업완료에 필요한 일정한 기간을 정하여 채용되고, 그 사업의 완료와 동시에 당연히 근로계약이 종료되는 경우에는 근로관계의 종료시기가 당사자에게 이미 알려져 있으므로 해고예고제도는 적용되지 아니한다.

(5) 해고예고제도 위반의 효력

1) 벌칙의 적용

사용자가 해고예고제도를 위반한 경우 2년 이하의 징역 또는 1천만 원 이하의 벌금에 처한다(근기법 제110조).

2) 사법상 효력

① 문제점

해고예고제도를 위반한 경우 해고자체가 무효가 되는지가 문제된다.

② 학설

㉠ 유효설

이 견해는 해고예고제도가 근로자의 재취업보장을 위한 정책적 의미의 단속규정이므로 이를 위반하였다는 것만으로 해고가 무효가 되는 것은 아니라는 입장이다.

㉡ 무효설

이 견해는 해고예고제도가 사용자의 일방적 해고를 제한하는 효력규정이므로 이를 위반한 경우에는 해고가 무효가 된다는 입장이다.

㉢ 상대적 무효설

이 견해는 사용자가 해고하고자 하는 날의 30일 전에 해고예고를 하지 않고 해고예고수당을 지급하지 않은 경우 원칙적으로 무효이나 30일이 경과하면 유효가 된다는 입장이다.

ㄹ 선택권설

이 견해는 사용자가 해고예고를 위반한 경우 근로자는 해고예고수당의 지급을 청구하거나 또는 해고가 무효임을 선택적으로 주장할 수 있다는 입장이다.

③ 판례

대법원은 해고예고제도는 단속규정에 불과하므로 이를 위반하였다는 것만으로 해고에는 영향이 없다는 입장이다.

> **참조판례 대법원 1993.11.9. 선고 93다7464 판결**
>
> 회사가 면직처분을 함에 있어 근로기준법 제27조의2에 따른 해고의 예고를 하지 아니하였다고 하더라도 회사가 해고예고수당을 지급하여야 하는 것은 별론으로 하고 그와 같은 사정만으로 면직처분이 무효라고 볼 것은 아니다.

④ 검토

해고예고제도는 30일 전에 해고를 예고하거나 30일분의 통상임금을 해고예고수당으로 지급하도록 규정하고 있으므로 반드시 30일 전에 해고예고를 하라는 의미로 해석할 수 없다. 따라서 근기법 제26조는 단속규정에 불과하며 해고예고를 위반하였더라도 해고에는 영향이 없다고 보는 유효설이 타당하다.

3. 해고의 서면통지

(1) 의의

사용자는 근로자를 해고하고자 하는 경우 해고사유와 해고일자를 구체적으로 기재한 서면으로 통지하여야 한다(근기법 제27조). 해고사유 등을 서면통지하도록 하는 것은 해고와 관련된 법률관계를 명확하게 하고 사용자에 의한 무분별한 해고의 남용을 방지하여 근로자 권익보호를 위한 규정이다. 즉, 사용자가 해고사유를 서면으로 근로자에게 통보하게 하고, 서면으로 통재해야 효력이 발생토록 하여 사용자가 해고의 통보를 신중하게 하고 그러한 통보에 대하여 근로자가 정당하게 대처할 수 있도록 하는 것이 위 규정의 취지이다.

(2) 서면통지의 내용

1) 서면의 기재사항

① 해고사유

서면으로 통지하여야 하는 해고사유는 해고의 동기 또는 원인을 말한다. 위 규정에서의 해고는 근로자측의 사정에 따른 해고의 경우뿐만 아니라 사용자측에 의한 해고인 정리해고의 경우에도 정리해고의 불가피성 및 그 근로자를 해고대상자로 선정한 이유를 명시하여야 할 것이다. 어느 정도 구체적으로 서면에 적어야 하는지에 관하여는 규정이 없으나, 취업규칙 또는 단체협약의 위반 조문만을 나열하는 것으로는 부족하고, 그 근로자의 입장에서 무엇을 의미하는지 알 수 있을 정도로 구체적으로 기재되어야 한다.

근로기준법 제27조는 사용자가 근로자를 해고하려면 해고사유와 해고시기를 서면으로 통지하여야 효력이 있다고 규정하고 있는데, 이는 해고사유 등의 서면통지를 통하여 사용자에게 근로자를 해고하는 데 신중을 기하게 함과 아울러, 해고의 존부 및 시기와 사유를 명확하게 하여 사후에 이를 둘러싼 분쟁이 적정하고 용이하게 해결될 수 있도록 하고, 근로자에게도 해고에 적절히 대응할 수 있게 하기 위한 취지이므로, 사용자가 해고사유 등을 서면으로 통지할 때에는 근로자의 처지에서 해고사유가 무엇인지를 구체적으로 알 수 있어야 한다.

② 해고시기

해고시기는 해고의 효력을 발생시키고자 하는 시기를 말한다. 적어도 연월일을 적어야 할 것이다. 조건부나 불확정기한부의 해고통지는 근로자가 근로관계의 종료시점을 알 수 없으므로 허용되지 않는다.

2) 통지방법

서면으로 통지하는 방법에는 제한이 없으므로 우편이나 인편으로하든 직접 교부하든 관계없지만, 근로자에게 서면이 도달해야 한다. 종전에는 근기법상의 해고는 그것이 징계해고이든 직권면직이든 본질적으로는 고용계약의 해지로서 그 법적 성질은 상대방 있는 단독행위이므로 그 의사표시의 방법은 서면, 구두, 전화 등 어떠한 방법으로 알려도 상관없다는 것이 판례의 입장이었으나, 근로자의 권익보호를 위하여 개정법에서 서면통지하도록 한 것이다.

대법원은 예외적인 경우에 한하여 이메일에 의한 해고의 통지를 인정한 바 있다.

근로기준법 제27조는 사용자가 근로자를 해고하려면 해고사유와 해고시기를 '서면'으로 통지하여야 효력이 있다고 규정하고 있는데, 이는 해고사유 등을 서면으로 통지하도록 함으로써 사용자가 해고 여부를 더 신중하게 결정하도록 하고, 해고의 존부 및 시기와 사유를 명확히 하여 사후에 이를 둘러싼 분쟁이 적정하고 용이하게 해결되고 근로자도 해고에 적절히 대응할 수 있게 하기 위한 취지이다.

여기서 '서면'이란 일정한 내용을 적은 문서를 의미하고 이메일 등 전자문서와는 구별되지만, 전자문서 및 전자거래 기본법 제3조는 "이 법은 다른 법률에 특별한 규정이 있는 경우를 제외하고 모든 전자문서 및 전자거래에 적용한다."라고 규정하고 있고, 같은 법 제4조 제1항은 "전자문서는 다른 법률에 특별한 규정이 있는 경우를 제외하고는 전자적 형태로 되어 있다는 이유로 문서로서의 효력이 부인되지 아니한다."라고 규정하고 있는 점, 출력이 즉시 가능한 상태의 전자문서는 사실상 종이 형태의 서면과 다를 바 없고 저장과 보관에서 지속성이나 정확성이 더 보장될 수도 있는 점, 이메일(e-mail)의 형식과 작성 경위 등에 비추어 사용자의 해고 의사를 명확하게 확인할 수 있고, 이메일에 해고사유와 해고시기에 관한 내용이 구체적으로 기재되어 있으며, 해고에 적절히 대응하는 데 아무런 지장이 없는 등 서면에 의한 해고통지의 역할과 기능을 충분히 수행하고 있다면, 단지 이메일 등 전자문서에 의한 통지라는 이유만으로 서면에 의한 통지가 아니라고 볼 것은 아닌 점 등을 고려하면, 근로자가 이메일을 수신하는 등으로 내용을 알고 있는 이상, 이메일에 의한 해고통지도 해고사유 등을 서면 통지하도록 규정한 근로기준법 제27조의 입법 취지를 해치지 아니하는 범위 내에서 구체적 사안에 따라 서면에 의한 해고통지로서 유효하다고 보아야 할 경우가 있다.

3) 통지시기

통지시기에 대하여는 별도의 규정이 없으므로 해고를 하고자 하는 날 또는 일정기간 전에 미리 할 수도 있다. 또한 사용자가 해고의 예고를 해고의 사유와 시기를 명시한 서면으로 한 경우에는 해고의 서면통지를 한 것으로 본다(근기법 제27조 제3항).

(3) 효력

1) 서면통지의 효력

근로자에 대한 해고는 해고사유와 해고시기를 서면으로 통지해야 효력이 있다(근기법 제27조 제2항). 즉, 현행법은 서면통보를 강제하고 이를 효력요건으로 정하고 있으므로 해고의 정당사유가 있더라도 서면으로 이를 통보하지 않으면 그 해고는 무효가 된다. 따라서 구두로 통지하는 경우에는 다시 서면으로 통지할 때까지 해고의 효력이 발생하지 않으므로 사용자는 근로자의 노무를 수령하고 임금을 지급해야하고 근로자는 근로를 제공해야 한다. 다만, 해고사유 등의 서면통지는 해고의 방법을 제한하기 위한 규정이고 따라서 해고사유 등이 서면으로 통지되었다고 하더라도 해고의 정당성을 갖추지 못한 경우에는 부당해고가 된다.

2) 서면으로 통지하지 않은 경우의 효력

근기법 제27조 제2항의 반대해석상 해고사유와 해고시기를 서면으로 통지하지 않으면 해고의 효력이 발생하지 않는다. 다만, 사용자가 이 규정을 위반하여 근로자를 해고한 것에 대한 별도의 벌칙 적용은 없다. 서면으로 통지하지 않은 해고의 경우 해고의 효력이 발생하지 않으므로 사용자가 사실상 노무수령을 거부하고 있는 경우 해고가 이루어진 것으로 보아야 하고 따라서 근로자는 노동위원회에 부당해고 구제신청을 할 수 있을 것이다.

제3절 해고 이외의 노동관계 종료사유

Ⅰ. 사직과 합의퇴직

1. 의의

사직이라 함은 근로자의 일방적 의사표시에 의하여 근로관계를 해지하는 것을 말한다. 사직에 관하여 근로기준법은 아무런 규정도 두지 않고 있다.

합의퇴직은 근로계약의 당사자인 근로자와 사용자의 계속적 채권관계인 근로계약관계를 쌍방이 합의에 의하여 장래를 향하여 종료시키는 것으로 근로관계의 합의해지이다. 합의퇴직 역시 근기법상 아무런 규정을 두고 있지 않다.

2. 사직

(1) 사직의 자유

1) 기간의 정함이 없는 근로계약

기간의 정함이 없는 근로계약의 경우 근로자는 아무런 손해배상책임도 부담하지 아니하고 언제든지 근로계약을 해지할 수 있다. 사용자가 해지의 통고를 받은 후 1월이 경과하면 근로관계는 소멸된다(민법 제660조 제1항). 기간으로 보수를 정한 때에는 사용자는 해지의 통고를 받은 당기후의 1기를 경과함으로써 해지의 효력이 생긴다(민법 제660조 제2항).

2) 기간의 정함이 있는 근로계약

기간의 정함이 있는 근로계약의 경우 부득이한 사유가 있는 때가 아니면 근로관계를 해지할 수 없다(민법 제661조 본문). 그리고 그 사유가 당사자 일방의 과실로 인하여 생긴 때에는 상대방에 대하여 손해를 배상하여야 한다(민법 제661조 단서).

(2) 사직의 강요

근로자의 진정한 의사에 반하여 사용자의 명시적·묵시적 강요에 의하여 사직하는 경우 당해 사직의 효력문제가 발생할 수 있다. 이는 실질적으로 해고에 해당하는 것이므로 근기법상의 해고의 요건을 갖추어야 한다.

> 📖 **참조판례** 대법원 2005.11.25. 선고 2005다38270 판결
>
> 사용자가 근로자로부터 사직서를 제출받고 이를 수리하는 의원면직의 형식을 취하여 근로계약관계를 종료시킨 것이라 할지라도, 사직의 의사가 없는 근로자로 하여금 어쩔 수 없이 사직서를 작성·제출하게 한 경우에는, 실질적으로 사용자의 일방적 의사에 의하여 근로계약관계를 종료시키는 것이어서 해고에 해당한다고 할 것이다.

3. 합의퇴직

(1) 합의퇴직의 종류

1) 의원면직과 권고사직

근로자가 사용자에 대해 사직서를 제출하고 사용자가 이를 승낙하는 것을 의원면직이라 하고, 사용자가 먼저 근로자에 대해 합의퇴직의 청약의 의사표시를 하고 근로자가 승낙의 의사표시를 하는 것을 권고사직이라고 한다.

2) 조건부 해고

조건부 해고는 사용자가 일정한 기한을 정하고 근로자가 이때까지 사직원을 제출하면 의원면직 처리를 하지만, 사직서를 제출하지 않을 경우 그 기간의 경과로서 해고한다는 의사표시를 말한다. 이에 대하여 판례는 "해고의 의사표시가 정당한 이유 없는 무효의 것이라면 사직서 제출이라는 합의해지의 승낙 역시 무효이다."라고 보고 있다.

3) 일괄사직서 제출 요구

사용자가 일괄사직서의 제출을 요구하고 이를 선별수리하는 행위에 대하여, 판례는 "근로자에게 객관적으로 확정적인 퇴직의사가 있다고 인정할 수 없기 때문에 합의에 의한 근로관계의 종료가 아니라 해고에 해당한다."라고 하였다.

4) 명예퇴직

① 의의

명예퇴직이란 근로자가 사직원에 의해 명예퇴직의 신청을 하면 사용자가 요건을 심사한 후 이를 승인함으로써 합의에 의하여 근로관계를 종료시키는 것을 말한다. 명예퇴직은 주로 정리해고에 앞서 희망퇴직자를 모집하는 과정에서 발생하는데, 근로자가 진정한 퇴직의사 없이 사용자에 의해 주도적으로 이루어진 경우에 문제가 되고 있다.

② 합의퇴직이 해고에 해당하는 경우

판례는 "사직의 의사가 없는 근로자에게 사직서를 작성·제출하게 하는 경우, 회사 관리자들의 계속적·반복적인 퇴직권유 등은 실질상 해고"라고 판단하였다.

③ 합의퇴직의 성립을 인정한 경우

판례는 "희망퇴직의 권고를 선뜻 받아들일 수는 없었다고 하더라도 당시의 제반 사항을 종합적으로 고려하여 심사숙고한 결과 사직서를 제출하였다고 인정되는 경우"에는 합의퇴직으로 보고 있다.

(2) 합의퇴직의사의 철회

근로자가 퇴직의 의사표시(청약)를 한 후 사용자가 승낙의 의사표시를 하기 전에 근로자가 이를 철회할 수 있는지가 문제된다. 계약에는 청약의 구속력이 발생하여 원칙적으로 철회가 허용되지 않으나, 민법상 계약과 달리 근로계약은 계속적 채권관계이고 그 관계의 목적이 종속적 노동을 대상으로 하므로, 사용자가 승낙의 의사표시 하기 전에 근로자는 이를 철회할 수 있다고 할 것이다. 판례는 "사용자의 승낙의사가 형성되어 확정적으로 근로계약종료의 효과가 발생하기 전에는 그 사직의 의사를 자유로이 철회할 수 있다."라고 보고 있다. 다만, 판례는 "근로자가 사직의 의사표시를 철회하는 것이 사용자에게 불측의 손해를 주는 등 신의칙에 반한다고 인정되는 특별한 사정이 있는 경우에 한하여 철회가 인정되지 않는다."라고 하였다.

Ⅱ. 계약기간의 만료

1. 의의

근기법은 계약기간을 규율하고 있지 않으므로 당사자 사이의 근로계약의 기간을 약정한 경우에는 특별한 사정이 없는 이상 그 기간의 만료에 따라 노동관계는 당연히 종료되고, 기간의 만료에 즈음하여 사용자가 계약의 갱신을 거절하는 것은 해고가 아니므로 정당한 이유를 요하지 않는다. 계약갱신의 거절은 당사자의 자유이다.

2. 갱신 거절의 자유에 대한 예외

(1) 갱신의무

법령이나 단체협약, 취업규칙, 근로계약 등에서 근로계약기간이 만료된 근로자와 계약갱신의무를 규정하고 있거나, 갱신의 요건 등에 관한 규정을 둔 경우에는 사용가의 계약갱신 거절은 해고와 같다.

(2) 기간의 정함이 형식에 불과한 경우

같은 내용의 근로계약이 반복갱신되어 그 기간의 정함이 형식에 불과한 경우에는 기간의 정함이 없는 근로계약을 체결한 것과 같으므로 계약갱신을 거절하는 것은 실질적으로 해고에 해당한다. 다만, 기간의 정함이 형식에 불과한 경우에 해당하는지 여부는 계약서의 내용과 근로계약이 이루어지게 된 동기 및 경위, 기간을 정한 목적과 당사자의 진정한 의사, 동종의 근로계약 체결방식에 관한 관행 그리고 근로자보호법규 등을 종합적으로 고려하여 판단한다.

(3) 계속 고용이 기대되는 경우

기간의 정함이 단지 형식에 불과한 것으로 볼 수 없더라도 제반 사정으로 보아 계속 고용이 기대되는 경우에는 예외적으로 계약 갱신의 거절에 해고에 준하여 합리적인 이유를 요한다.

(4) 갱신기대권

근로자와 사용자 사이에 근로계약이 갱신될 것이라는 정당한 신뢰관계가 형성된 경우에는 사용자가 이를 위반하여 갱신을 거절하는 것은 부당해고와 마찬가지로 무효가 된다.

3. 묵시의 갱신

(1) 의의

묵시의 갱신이란 기간 만료 후 근로자의 계속 근로에 대하여 사용자가 상당한 기간 내에 이의를 제기하지 않으면 종전의 근로계약과 동일한 조건으로 갱신된 것으로 보는 것을 말한다.

(2) 갱신된 근로계약의 기간

1) 문제점

묵시적으로 근로계약이 갱신된 경우 근로계약기간은 종전의 근로계약에서 정한 기간으로 보아야 하는지가 문제된다.

2) 학설

학설은 민법 제662조 제1항 단서에서 언급한 민법 제660조는 기간의 정함이 없는 계약에 관한 규정이라는 점, 사용자가 상당한 기간 내에 이의를 제기하지 않는 것은 종전의 계약 기간의 약정을 무의미하게 보는 의사를 말하므로 종전과 동일한 조건에서 계약 기간은 제외된다고 보아야 한다는 점에서 묵시적으로 갱신된 계약은 기간의 정함이 없는 근로계약이 된다고 보는 견해와 묵시적으로 갱신된 경우 민법 제662조 제1항의 규정에 따라 종전의 계약과 동일한 조건으로 고용한 것으로 보도록 한 점에서 종전의 계약과 동일한 기간의 계약이 된다는 견해가 대립한다.

3) 판례

대법원은 민법 제662조에 따라 종전의 계약기간과 동일한 기간으로 계약이 연장되는 것이라고 보았다.

4) 검토

근로계약의 갱신에 관하여 근기법은 명문의 규정을 두고 있지 않으므로 고용계약의 묵시의 갱신에 관한 민법 제662조를 적용하는 한 종전의 계약과 동일한 조건으로 계약이 갱신되는 것이고 여기서 동일한 조건이란 계약기간을 포함하는 것으로 보는 것이 타당하다.

Ⅲ. 정년의 도달

1. 정년의 의의

정년이란 취업규칙·단체협약 등에 따라 근로자가 일정한 연령에 도달하면 근로계약이 당연히 종료한다는 취지를 정한 것을 말한다.

정년제는 정년 도달 전에 자유로운 퇴직을 제한하지 않으므로 근로계약의 기간을 약정한 것이 아니라 근로계약의 종료사유에 관한 특약이라고 볼 수 있다.

2. 정년 도래의 통지

(1) 원칙

정년에 도달한 자에 대한 퇴직의 통지는 해고가 아니라 근로계약 종료의 확인에 불과하다. 따라서 해고에 관한 규정은 원칙적으로 적용되지 않는다.

> 📖 **참조판례** 대법원 1994.12.27. 선고 91누9244 판결
>
> 피고가 위 법에 따라 원고들에 대하여 계급정년으로 인한 퇴직인사명령을 한 것은 원고들이 위 법률상 계급정년자에 해당하여 당연히 퇴직하였다는 것을 공적으로 확인하여 알려주는 사실의 통보에 불과한 것이지 징계파면이나 직권면직과 같이 공무원의 신분을 상실시키는 새로운 형성적 행위가 아니어서 항고소송의 대상이 되는 행정처분에 해당하지 않는다.

(2) 예외

1) 정년규정의 무효

정년을 규정하고 있는 취업규칙 등이 강행법규나 사회질서에 반하여 무효인 경우, 무효인 규정을 근거로 한 정년도래의 통지는 사용자의 일방적 의사에 의한 근로관계의 종료에 해당하므로 해고의 정당한 이유를 갖추어야 한다.

> 📖 **참조판례** 대법원 2011.7.28. 선고 2009두7790 판결
>
> 학교법인 甲이 자신이 운영하는 병원 소속 근로자들로 구성된 노동조합과 '2005년·2006년 임·단 특별협약'을 체결하면서 근로자들 정년을 60세에서 54세로 단축하기로 합의하고 취업규칙의 정년 규정도 같은 내용으로 변경한 후, 그에 따라 54세 이상인 乙을 포함한 일반직원 22명을 정년퇴직으로 처리한 사안에서, 제반 사정에 비추어 이는 일정 연령 이상의 근로자들을 정년 단축의 방법으로 일시에 조기 퇴직시킴으로써 사실상 정리해고의 효과를 도모하기 위하여 마련된 것으로 보이고, 모든 근로자들을 대상으로 하는 객관적·일반적 기준이 아닌 연령만으로 조합원을 차별하는 것이어서 합리적 근거가 있다고 보기 어려우므로, 특별협약 중 정년에 관한 부분 및 이에 근거하여 개정된 취업규칙은 근로조건 불이익변경의 한계를 벗어나 무효이고, 乙 등에게 한 퇴직처리는 사실상 해고에 해당한다.

2) 정년 후 재고용

근로계약 당사자 사이에 근로자가 정년에 도달하더라도 일정한 요건을 충족하면 기간제 근로자로 재고용될 수 있다는 신뢰관계가 형성되어 있는 경우, 근로자는 정년 후 재고용되리라는 기 대권을 가진다. 사용자는 근로자가 정년 후 재고용에 대한 기대권을 가짐에도 합리적 이유 없이 재고용을 거절하는 것은 무효이다.

> **참조판례 대법원 2023.11.2. 선고 2023두41727 판결**
>
> 근로자의 정년을 정한 근로계약, 취업규칙이나 단체협약 등이 법령에 위반되지 않는 한 그에 명시된 정년에 도달하여 당연퇴직하게 된 근로자와의 근로관계를 정년을 연장하는 등의 방법으로 계속 유지할 것인지는 원칙적으로 사용자의 권한에 속하는 것으로서, 해당 근로자에게 정년 연장을 요구할 수 있는 권리가 있다고 할 수 없다. 그러나 근로계약, 취업규칙, 단체협약 등에서 정년에 도달한 근로자가 일정한 요건을 충족하면 기간제 근로자로 재고용해야 한다는 취지의 규정을 두고 있거나, 그러한 규정이 없더라도 재고용을 실시하게 된 경위 및 실시기간, 해당 직종 또는 직무 분야에서 정년에 도달한 근로자 중 재고용된 사람의 비율, 재고용이 거절된 근로자가 있는 경우 그 사유 등의 여러 사정을 종합해 볼 때, 사업장에 그에 준하는 정도의 재고용 관행이 확립되어 있다고 인정되는 등 근로계약 당사자 사이에 근로자가 정년에 도달하더라도 일정한 요건을 충족하면 기간제 근로자로 재고용될 수 있다는 신뢰관계가 형성되어 있는 경우에는 특별한 사정이 없는 한 근로자는 그에 따라 정년 후 재고용되리라는 기대권을 가진다. 이와 같이 정년퇴직하게 된 근로자에게 기간제 근로자로의 재고용에 대한 기대권이 인정되는 경우, 사용자가 기간제 근로자로의 재고용을 합리적 이유 없이 거절하는 것은 부당해고와 마찬가지로 근로자에게 효력이 없다. 이러한 법리는, 특별한 사정이 없는 한 기간제 근로자가 정년을 이유로 퇴직하게 된 경우에도 마찬가지로 적용된다.

3. 정년차등제도

노동관계법령상 성별·국적·신앙·사회적 신분에 따른 차등 정년제는 허용되지 않으므로, 근로자가 제공하는 근로의 성질·내용·근무형태 등 제반 여건에 따라 합리적인 기준을 둔다면 같은 사업장 내에서도 직책 또는 직급에 따라 정년을 달리하는 것도 허용된다.

IV. 당사자의 소멸

근로자 본인이 사망하면 근로계약은 당연히 종료된다. 개인사업의 경우 사업주 본인이 사망하면 근로계약은 종료됨이 원칙이다. 다만, 사업주가 사망한 뒤에 그 사업이 상속인에게 상속되어 계속 운영되는 경우 사업주의 근로계약상의 지위는 일신전속적인 것으로서 상속의 대상이 되지 않는다고 보는 견해가 있으나, 사용자는 근로자의 동의를 받아 근로자의 지위를 제삼자에게 양도할 수 있으므로 이 경우에는 종료사유로 보지 않는 것이 타당하다고 본다. 사업주가 법인인 경우에는 그 법인이 해산하면 근로계약관계는 청산의 종료로서 종료한다.

제4절 노동관계 종료에 따른 법률관계

I. 금품청산

1. 의의

근로기준법 제36조는 "사용자는 근로자가 사망 또는 퇴직한 경우에는 그 지급사유가 발생한 때부터 14일 이내에 임금, 보상금, 그 밖에 일체의 금품을 지급하여야 한다. 다만, 특별한 사정이 있을 경우에는 당사자 사이의 합의에 의하여 기일을 연장할 수 있다."라고 규정하고 있고, 근로자퇴직급여보장법 제9조는 "사용자는 근로자가 퇴직한 경우에는 그 지급사유가 발생한 날부터 14일 이내에 퇴직금을 지급하여야 한다. 다만, 특별한 사정이 있는 경우에는 당사자 간의 합의에 의하여 지급기일을 연장할 수 있다."라고 규정하고 있다. 근로관계가 끝난 후에도 임금 등 근로자의 권리에 속하는 금품이 빨리 지급되지 않는다면 근로자는 부당하게 사용자에게 예속되기 쉽고, 퇴직이나 해고 또는 사망한 근로자 및 그의 가족의 생활이 위협을 받게 될 뿐 아니라 시간이 감에 따라 금품을 지급받지 못할 위험이 커진다. 이를 방지하기 위해 근기법은 사용자의 금품청산의무를 별도로 규정하고 있다.

2. 금품청산의무의 내용

(1) 금품청산의 청구권자

금품청산의 청구권자는 해고·퇴직 등의 경우에는 근로자 본인이 되고 근로자가 사망한 경우에는 그 근로자의 재산상속인이 된다. 일반채권자는 청구권자에 포함되지 않으며 노동조합의 대표 등도 청구권자에 포함되지 않는다.

단체협약, 취업규칙 등으로 청구권자의 범위와 순위를 정한 경우에는 그 순위에 따른다. 취업규칙 등으로 정할 때는 근기법 시행령 제48조와 제49조에 규정된 유족의 범위를 활용할 수 있을 것이다. 청구권자를 별도로 정하지 않은 경우에 민법에 규정된 재산상속인의 범위와 순위에 따른다.

(2) 금품청산의무자

금품청산의무자는 사용자 특히 사업주 또는 사업경영담당자가 되며 실제 경영자로 그 책임과 권한을 행사한 것이라면 형식상 대표이사가 아니라는 이유로 그 책임을 면할 수는 없다. 회생절차 개시후의 관리인 등도 근로자에 관한 사항에 대하여 실질상 회사를 위하여 직무를 집행해 온 사실이 인정된다면 근기법 제2조 소정의 사용자로서 청산의무자가 된다.

채무자 회생 및 파산에 관한 법률에 의한 파산관재인이 기업의 경영과 재산의 관리 및 처분을 하는 권한을 행사하게 되면 종전 대표이사는 파산절차개시 이후에 퇴직한 근로자에 대하여 퇴직금 등 금품의 청산을 하여야 할 의무를 부담하는 근기법 제36조의 사용자에 해당하지 아니한다.

(3) 금품청산의 대상

청산되어야 할 금품은 임금, 상여금, 퇴직금, 재해보상금 기타 모든 금품이다. 금품청산의 대상이 되는 임금은 이미 제공된 근로의 대가인 임금을 의미한다. 다만, 취업규칙 등에 "그 월의 중도에 퇴직한 경우에도 임금전액을 지급한다."라고 정해져 있다면 그러한 약정에 따른다.

산업재해보상보험법의 적용을 받는 사업장인 경우에는 근로복지공단이 재해보상금 지급의 책임을 진다. 그렇지 않은 사업장으로서 근기법의 적용을 받는 사업장의 경우에는 사용자에게 당해 근로자의 퇴직 이후에도 재해보상 책임이 있다.

(4) 청산시기

금품청산의 기산점은 지급사유가 발생한 때이다. 즉, 근로자의 퇴직, 해고, 사망 등 근로관계가 종료한 때가 금품청산기간산정의 기산점이 된다. 임금마감일과 임금지급일이 각각 달리 정해져 있는 경우라 하더라도 임금마감일 또는 임금지급일과 관계없이 지급사유가 발생한 때가 기산점이 된다. 14일의 계산은 근무할 수 있는 날과 관계없이 역일에 따라 계산한다. 특별한 사정이 있는 경우에는 당사자 간의 합의에 의하여 기일을 연장할 수 있다. 연장기간에 대해서는 제한이 없다. 특별한 사정이라 함은 천재ㆍ사변 기타 이에 준하는 부득이한 사정으로 사용자로서 지급의무의 이행을 위한 노력을 다하였음에도 그 의무를 이행할 수 없는 사정이라는 견해가 있으나 법에 당사자의 합의를 요건으로 하고 있다는 점을 볼 때 근로자가 받아들일 수 있는 사용자의 특별한 사정으로 충분하다.

> 📖 **참조판례** 대법원 2001.10.30. 선고 2001다24051 판결
>
> 소멸시효의 기산점인 '권리를 행사할 수 있을 때'라 함은 권리를 행사함에 있어서 이행기 미도래, 정지조건 미성취 등 법률상의 장애가 없는 경우를 말하는 것인데, 근로기준법 제36조 소정의 금품청산제도는 근로관계가 종료된 후 사용자로 하여금 14일 내에 근로자에게 임금이나 퇴직금 등의 금품을 청산하도록 하는 의무를 부과하는 한편, 이를 불이행하는 경우 형사상의 제재를 가함으로써 근로자를 보호하고자 하는 것이지 사용자에게 위 기간 동안 임금이나 퇴직금 지급의무의 이행을 유예하여 준 것이라고 볼 수는 없으므로, 이를 가리켜 퇴직금 청구권의 행사에 대한 법률상의 장애라고 할 수는 없고, 따라서 퇴직금청구권은 퇴직한 다음 날부터 이를 행사할 수 있다고 봄이 타당하다.

3. 위반시 효과

근로자의 퇴직ㆍ해고ㆍ사망 등 근로관계가 종료된 경우 기간연장 약속이 없다면 사유발생일로부터 14일 이내에 사용자가 금품을 청산하지 않으면 3년 이하의 징역 또는 2천만 원 이하의 벌금에 처해질 수 있다. 금품미청산으로 인한 본 조 위반죄는 그 지급사유 발생일로부터 14일이 경과하는 때에 성립하므로 사용자는 지급사요가 발생한 때로부터 14일 이내에 근로자와 기일연장을 합의하여야 하고, 그 기간이 지나 본 조 위반죄가 성립한 후에는 비록 합의가 이루어졌다 하더라도 이는 정상참작 사유에 지나지 아니한다. 다만, 반의사불벌죄의 취지상 근로자가 처벌을 원하지 않으면 그 의사에 반해서 처벌할 수 없다.

Ⅱ. 귀향여비의 지급

근기법 제17조상의 명시된 근로조건이 사실과 다를 경우에는 근로자는 즉시 근로계약을 해제할 수 있으며, 이 경우 사용자는 취업목적으로 거주를 변경하는 근로자에게 귀향여비를 지급하여야 한다(제19조).

Ⅲ. 사용증명서의 교부

1. 의의

사용자는 근로자가 퇴직한 후라도 사용 기간, 업무 종류, 지위와 임금, 그 밖에 필요한 사항에 관한 증명서를 청구하면 사실대로 적은 증명서를 즉시 내주어야 한다. 이 경우 증명서에는 근로자가 요구한 사항만을 적어야 한다(근기법 제39조).

2. 내용

(1) 사용증명서의 기재사항

사용증명서의 기재사항은 사용기간, 업무종류, 지위와 임금 기타 필요한 사항 중 근로자가 청구하는 사항이다. 따라서 사용증명서는 근로자가 재취업함에 있어서 근로자에게 유리한 자료가 되는 사항을 기재하는데 목적이 있으므로 근로자가 자신에게 불리하다고 판단하여 청구하지 아니한 사항을 사용자가 임의로 기재하여서는 아니 된다.

(2) 사용증명서의 형식

사용증명서는 별도의 형식을 필요로 하지 아니한다. 따라서 근로자의 요구사항이 반영되도록 합리적인 방법으로 작성하면 된다.

(3) 사용증명청구권의 제한

사용증명서를 청구할 수 있는 자는 계속하여 30일 이상 근무한 근로자로 하되, 청구할 수 있는 기간은 퇴직한 후 3년 이내로 한다.

3. 위반 시 효과

사용자가 이를 위반할 경우 500만 원 이하의 과태료처분의 대상이 된다(근기법 제116조).

Ⅳ. 취업방해의 금지

누구든지 근로자의 취업을 방해할 목적으로 비밀 기호 또는 명부를 작성·사용하거나 통신을 하여서는 아니된다(제40조). 본조 위반의 죄는 형법상 목적범으로서 행위자의 주관적인 취업방해의 목적을 필요로 한다.

Ⅰ. 구제제도의 의의 및 구조

1. 의의

근로기준법 제23조 제1항은 부당해고 등을 금지하고 있으며, 사용자가 정당한 이유 없이 부당해고 등을 한 경우에는 사법상 무효가 된다. 사법상 무효인 부당해고 등에 대하여 근로자를 구제하고자 하는 제도를 부당해고 등 구제제도라 한다. 부당한 인사처분에 대한 다툼은 사인 상호간의 권리분쟁으로 민사소송을 통해 해결되어야 할 것이나, 소송을 통한 권리구제는 시간적·경제적으로 부담이 되므로 간이·신속한 분쟁해결을 위해 근로기준법에서는 부당해고 등의 행정적 구제절차를 규정하고 있다.

2. 구제방식의 체계

근로자는 사용자로부터 부당해고를 당한 경우 법원에 의한 사법적 구제와 노동위원회를 통한 행정적 구제를 받을 수 있다. 근로자는 2가지 중 하나를 선택할 수도 있고, 노동위원회에 부당해고 구제신청을 함과 동시에 법원에 해고무효 확인의 소도 제기할 수 있다. 이를 이원주의라 한다. 다만, 법해석의 최종적 권한은 법원에 있으므로 일단 법원에서 부당해고가 아니라는 판결이 확정된 때에는 행정적 구제는 할 수 없다.

3. 부당해고 등 구제에 관한 입법주의

(1) 원상회복주의

원상회복주의에 근거한 구제는 구제명령을 통하여 부당해고가 행해지기 이전의 상태로 원상복귀시킴으로써 침해된 근로자의 권리를 회복하는 데 근본취지를 두고 있다. 그러나 사용자는 근로자를 복직만 시키면 아무런 불이익을 받지 아니하므로 언제든지 다시 부당해고를 행할 여지가 있다.

(2) 형벌주의

형벌주의는 사용자의 부당해고를 범죄행위로 간주하고 형사처벌을 함으로써 사전에 예방·억제하고, 이에 대한 응보를 하는 데 근본취지가 있다. 그러나 형벌주의는 부당해고를 사전에 예방하고, 부당해고를 저지른 자를 응징하는 데는 적합하지만 근로자의 피해를 회복하는 데는 적합하지 아니하다는 견해가 있다. 종래 근기법 제23조 제1항을 위반한 해고 등에 대하여 벌칙을 부과하던 규정은 개정법에서 삭제되었다.

Ⅱ. 노동위원회를 통한 행정적 구제

1. 의의

근기법 제23조 제1항은 정당한 이유 없이 해고 등을 하여서는 아니되는 것으로 규정하면서 제28조에서 부당해고 등을 당한 근로자로 하여금 노동위원회에 구제신청을 할 수 있도록 규정하고 있다. 이는 소송보다는 신속·경제적으로 분쟁을 해결하기 위하여 마련된 제도이다. 노동위원회를 통한 구제는 당사자의 신청으로 개시되며, 조사와 심문을 거쳐 판정이 이루어지는 절차로 진행된다.

2. 신청

(1) 구제신청의 대상

구제신청의 대상은 정당한 이유 없이 한 해고, 휴직, 전직, 정직, 감봉 그 밖의 징벌 등이다. 근기법 제23조 제1항은 예시에 불과하므로 위에 열거된 사유 이외에 사용자의 인사처분이 정당한 이유 없이 행해진 경우라면 모두 구제신청의 대상이 될 수 있다.

(2) 신청권자

부당해고 등의 구제신청을 할 수 있는 자는 부당해고 등을 당한 근로자이다(근기법 제28조 제1항). 부당노동행위와 달리 개별적 근로관계에 관한 분쟁이므로 노동조합은 신청권을 가지지 않는다.

> 📖 **참조판례** 대법원 1992.11.13. 선고 92누1114 판결
>
> 같은 조 제2항이 정당한 이유 없는 해고 등의 구제신청과 심사절차 등에 관하여 노동조합법 제40조 내지 제44조의 규정을 준용하도록 규정하고 있으나 그 준용의 범위는 노동위원회에 구제를 신청하고 노동위원회가 이를 심사하는 "절차"에 국한된다고 보아야 하므로 부당해고 등에 대한 구제신청에 있어, 신청인이 될 수 있는 자는 바로 해고 등의 불이익처분을 받은 "당해 근로자"뿐이고, 노동조합은 이에 포함되지 않는다.

(3) 신청방법

부당해고 등에 대한 구제신청은 구제신청서라는 서면으로 하여야 한다. 구제신청서에는 ① 근로자의 성명, 주소, ② 사업주의 성명, 주소(근로자가 본점이나 본사에 소속되어 있지 아니한 경우에는 근로자가 소속되어 있는 사업장의 명칭·주소·대표자 성명 등도 함께 기재), ③ 신청취지(근로자나 노동조합이 구제받고자 하는 사항), ④ 신청이유(부당해고 등의 경위와 부당한 이유를 기재, 해고 사건의 경우 해고통지서 수령일자 포함), ⑤ 신청일자를 기재하여야 한다[노동위원회 규칙(이하 '노위칙'이라 한다) 제39조].

(4) 관할

신청은 근로자가 근로를 제공하던 사업장의 소재지를 관할하는 지방노동위원회에 하여야 한다. 그러나 근로자가 관할을 위반하여 신청한 경우에는 사건을 접수받은 노동위원회는 즉시 당해 사건과 일체의 서류를 관할 노동위원회로 이송하여야 한다(노위칙 제32조 제1항). 따라서 사건을 접수한 노동위원회가 관할이 아님을 이유로 각하하는 것은 위법이다.

(5) 신청기간

구제신청은 부당해고 등이 있었던 날로부터 3개월 이내에 해야 한다(근기법 제28조 제2항).

3. 조사와 심문

노동위원회는 부당해고 등 구제신청을 받으면 지체 없이 필요한 조사를 해야 하고 당사자를 심문하여야 한다(근기법 제29조 제1항). 조사는 사실 주장과 증거를 수집하는 단계이며, 심문은 구술로 질문하고 답변을 들음으로서 사실을 확정하는 단계이다.

노동위원회는 심문을 할 때에는 관계 당사자의 신청이나 직권으로 증인을 출석하게 하여 필요한 사항을 질문할 수 있고, 관계 당사자에게 증거 제출과 증인에 대한 반대심문을 할 수 있는 충분한 기회를 주어야 한다(근기법 제29조 제2항·제3항).

4. 판정

(1) 의의

노동위원회는 심문을 통해 확정된 사실관계를 바탕으로 구제신청의 당·부당을 판단하게 되는데 이를 판정이라고 한다. 근기법 제30조 제1항은 노동위원회는 심문을 끝내고 부당해고 등이 성립한다고 판정하면 사용자에게 구제명령을, 부당해고 등이 성립하지 아니한다고 판정하면 구제신청을 기각하는 결정을 하도록 규정하고 있다.

(2) 판정의 종류

1) 구제명령

노동위원회가 심문결과 사용자의 인사처분이 정당한 이유 없이 이루어졌다고 인정하여 내려지는 판정을 구제명령이라 한다. 노동위원회는 근로계약기간의 만료, 정년의 도래 등으로 근로자가 원직복직 등이 불가능한 경우에도 구제명령이나 기각결정을 하여야 하며, 노동위원회는 부당해고 등이 성립한다고 판정하면 근로자가 해고기간 동안 근로를 제공하였더라면 받을 수 있었던 임금 상당액에 해당하는 금품(해고 이외의 경우에는 원상회복에 준하는 금품을 말한다)을 사업주가 근로자에게 지급하도록 명할 수 있다.

[1] 부당해고 구제명령제도에 관한 근로기준법의 규정 내용과 목적 및 취지, 임금 상당액 구제명령의 의의 및 법적 효과 등을 종합적으로 고려하면, 근로자가 부당해고 구제신청을 하여 해고의 효력을 다투던 중 정년에 이르거나 근로계약기간이 만료하는 등의 사유로 원직에 복직하는 것이 불가능하게 된 경우에도 해고기간 중의 임금 상당액을 지급받을 필요가 있다면 임금 상당액 지급의 구제명령을 받을 이익이 유지되므로 구제신청을 기각한 중앙노동위원회의 재심판정을 다툴 소의 이익이 있다고 보아야 한다. 상세한 이유는 다음과 같다.

① 부당해고 구제명령제도는 부당한 해고를 당한 근로자에 대한 원상회복, 즉 근로자가 부당해고를 당하지 않았다면 향유할 법적 지위와 이익의 회복을 위해 도입된 제도로서, 근로자 지위의 회복만을 목적으로 하는 것이 아니다. 해고를 당한 근로자가 원직에 복직하는 것이 불가능하더라도, 부당한 해고라는 사실을 확인하여 해고기간 중의 임금 상당액을 지급받도록 하는 것도 부당해고 구제명령제도의 목적에 포함된다.

② 부당한 해고를 당한 근로자를 원직에 복직하도록 하는 것과, 해고기간 중의 임금 상당액을 지급받도록 하는 것 중 어느 것이 더 우월한 구제방법이라고 말할 수 없다. 근로자를 원직에 복직하도록 하는 것은 장래의 근로관계에 대한 조치이고, 해고기간 중의 임금 상당액을 지급받도록 하는 것은 근로자가 부당한 해고의 효력을 다투고 있던 기간 중의 근로관계의 불확실성에 따른 법률관계를 정리하기 위한 것으로 서로 목적과 효과가 다르기 때문에 원직복직이 가능한 근로자에 한정하여 임금 상당액을 지급받도록 할 것은 아니다.

③ 근로자가 구제명령을 통해 유효한 집행권원을 획득하는 것은 아니지만, 해고기간 중의 미지급 임금과 관련하여 강제력 있는 구제명령을 얻을 이익이 있으므로 이를 위해 재심판정의 취소를 구할 이익도 인정된다고 봄이 타당하다.

④ 해고기간 중의 임금 상당액을 지급받기 위하여 민사소송을 제기할 수 있다는 사정이 소의 이익을 부정할 이유가 되지는 않는다.

⑤ 종래 대법원이 근로자가 구제명령을 얻는다고 하더라도 객관적으로 보아 원직에 복직하는 것이 불가능하고, 해고기간에 지급받지 못한 임금을 지급받기 위한 필요가 있더라도 민사소송절차를 통하여 해결할 수 있다는 등의 이유를 들어 소의 이익을 부정하여 왔던 판결들은 금품지급명령을 도입한 근로기준법 개정 취지에 맞지 않고, 기간제근로자의 실효적이고 직접적인 권리구제를 사실상 부정하는 결과가 되어 부당하다.

[2] 위와 같은 법리는 근로자가 근로기준법 제30조 제3항에 따라 금품지급명령을 신청한 경우에도 마찬가지로 적용된다.

2) 기각

노동위원회가 심문결과 사용자의 인사처분이 정당하다고 인정하는 경우에 내리는 판정을 기각이라 한다.

3) 각하

노동위원회는 근로자의 구제신청이 ① 관계 법령의 규정에 따른 신청기간을 지나서 신청한 경우, ② 구제신청서에 대한 보정요구를 2회 이상 하였음에도 보정을 하지 아니한 경우, ③ 당사자 적격이 없는 경우, ④ 구제신청의 내용이 노동위원회의 구제명령 대상이 아닌 경우, ⑤ 같은 당사자가 같은 취지의 구제 신청을 거듭하여 제기하거나 같은 당사자가 같은 취지의 확정된 판정(법 제16조의3에 따른 화해조서를 포함한다)이 있음에도 구제 신청을 제기한 경우나 판정이 있은 후 신청을 취하하였다가 다시 제기한 경우, ⑥ 신청하는 구제의 내용이 법령상이나 사실상 실현할 수 없거나 신청의 이익이 없음이 명백한 경우, ⑦ 신청인이 2회 이상 출석에 불응하거나 주소불명이나 소재불명으로 2회 이상 출석통지서가 반송되거나 그 밖의 사유로 신청 의사를 포기한 것으로 인정될 경우에는 각하한다(노위칙 제60조 제1항).

(3) 판정의 대상

노동위원회는 근로자가 신청한 범위 안에서 판정할 수 있다(노위칙 제58조). 근로자가 신청한 범위는 구제신청서에 기재한 신청취지를 기준으로 한다.

(4) 판정의 방법

노동위원회는 판정, 구제명령 및 기각결정은 사용자와 근로자에게 각각 서면으로 통지하여야 한다(근기법 제30조 제2항).

(5) 판정의 효력

노동위원회의 판정은 행정처분에 해당하므로 다른 국가기관을 구속하는 기속력과 권한있는 기관에 의하여 취소되기 전까지는 일응 유효한 것으로 인정되는 공정력, 판정을 한 당해 노동위원회도 판정을 변경할 수 없는 불가변력 등의 효력을 갖는다.

5. 구제명령의 내용

구제명령의 내용에 대해서는 별도의 규정을 두고 있지 않다. 따라서 노동위원회는 합리적 재량으로 원상회복에 적당한 방법의 구제명령을 발한다. 통상 원직복귀와 인사처분일로부터 원직복귀시까지의 임금상당액의 지급을 명하는 것이 일반적이다.

6. 금전보상명령제도

(1) 의의

노동위원회는 사용자에게 부당해고에 대한 구제명령을 할 때에 근로자가 원직복직을 원하지 않으면 원직복직을 명하는 대신 근로자가 해고 기간 동안 근로를 제공하였다라면 받을 수 있었던 임금 상당액 이상의 금품을 근로자에게 지급하도록 명할 수 있다(근기법 제30조 제3항). 해고로 당사자 간의 신뢰가 금이 간 상태에서 부당하다는 이유로 원직복직을 강요하는 것이 오히려 근로자에게 불이익할 수 있다는 점을 고려하여 입법되었다.

(2) 금전보상의 대상

금전보상은 정당한 이유 없는 사용자의 인사처분 중에서 해고에 한해서만 인정된다.

(3) 금전보상의 신청

금전보상을 받고자 하는 근로자는 심문회의 개최일을 통보받기 전까지 금전보상명령신청서를 제출하여야 한다(노위칙 제64조 제2항).

(4) 금전보상의 지급액

보상금액의 산정기간은 해고일로부터 당해 사건의 판정일까지로 하며(노위칙 제65조 제2항), 그 지급액을 특정하여야 한다. 금전보상액의 수준은 해고기간 근로를 제공하였더라면 받을 수 있었던 임금 상당액 이상의 금품이어야 하며, 그 구체적인 금액은 노동위원회의 합리적 재량에 맡겨진다.

(5) 금전보상명령의 방법

노동위원회가 금전보상명령을 하는 때에는 그 보상금액과 구제명령을 한 날로부터 30일 이내에서 정한 이행기한을 명시하여야 한다(노위칙 제66조).

7. 소급임금과 중간수입공제

(1) 의의

정당한 이유 없이 근로자를 해고한 경우 사법상 무효이고, 해고기간에 대해 사용자의 책임있는 사유로 근로자가 근로를 제공할 수 없었으므로 민법 제538조 제1항에 따라 근로자는 임금전액을 청구할 수 있다. 민법 제538조 제2항은 채무자가 상대방의 이행을 청구하는 경우 채무자는 자기의 채무를 면함으로써 이익을 얻은 때에는 이를 채권자에게 상환하여야 한다고 하여 중간수입을 공제하도록 규정하고 있다. 그렇다면 해고된 근로자가 해고기간 중 제3자에게 근로를 제공하고 임금을 지급받은 경우에 이를 중간수입으로 공제할 수 있는지가 문제된다.

(2) 학설

학설은 ① 해고된 근로자는 생계를 목적으로 중간수입을 얻은 것이고 중간수입을 공제하면 사용자가 부당해고를 했음에도 경제적 손해는 별로 입지 않는 불합리한 결과가 초래되므로 중간수입공제를 부정하는 견해와, ② 해고된 근로자에게 중간수입을 공제하지 않는 경우 근로자는 이중의 이익을 취하게 되고, 근로자가 해고기간 중 근로를 제공하고 받은 임금은 채무를 면함으로써 얻은 이익에 해당하므로 중간수입공제가 적용된다는 견해가 대립한다. 다만, 후자의 견해는 공제 시 근기법상 휴업수당제도를 고려하여 휴업수당을 초과하는 범위에서만 공제가 허용된다는 견해와 부당해고를 사용자의 귀책사유에 따른 휴업과 동일시하여 휴업수당 청구권을 인정하는 것은 부당하므로 중간수입 전부를 공제할 수 있다는 견해가 대립한다.

(3) 판례

대법원은 부당하게 해고된 근로자의 임금 중 휴업수당의 한도에서는 이를 이익공제의 대상으로 삼을 수 없고, 그 휴업수당을 초과하는 금액에서 중간수입을 공제하여야 한다고 판시하였다.

> **참조판례 대법원 1996.4.23. 선고 94다446 판결**
>
> 부당하게 면직처분된 공무원이 임금 또는 손해배상을 청구하는 사안에서, 그 공무원이 면직기간 중 다른 직장에서 수입을 얻은 경우, 공무원이 지급받을 수 있었던 보수 중 근로기준법 제38조 소정의 휴업수당의 한도에서는 이를 이익공제의 대상으로 삼을 수 없고, 그 휴업수당을 초과하는 금액에서 중간수입을 공제하여야 한다.

(4) 검토

근로자에 대한 부당해고 시 근로자는 민법 제538조 제1항의 임금전액청구권과 사용자의 귀책사유에 따른 휴업으로 인한 근기법 제46조의 휴업수당청구권을 모두 갖는다. 부당해고로 인한 임금청구 시 원칙적으로 민법 제538조 제2항에 따라 중간수입을 공제함이 타당하나, 휴업수당제도는 휴업 시 임금 손실에 대해 근로자 보호를 위해 정책적으로 마련된 규정이라는 점에서 사용자에게 최소한 휴업수당을 지급하도록 강제하고 있으므로 휴업수당은 사용자가 의무적으로 지급하여야 하는 최소한의 금액이라고 할 것이다. 따라서 중간수입공제 시 휴업수당을 초과하는 부분에서만 공제가 가능하다고 보는 판례의 입장이 타당하다.

8. 판정 이외의 구제신청의 종료

(1) 화해

노동위원회는 조사 및 심문회의 진행 중에 당사자에게 화해를 권고하거나 주선할 수 있다(노위칙 제69조). 노동위원회는 화해신청서와 당사자의 화해조건을 충분히 검토하여 화해안을 작성하여야 하고 그 취지와 내용을 당사자에게 충분히 설명하여야 한다(노위칙 제70조 제1항). 당사자가 화해안을 수락하거나 화해 조건에 합의한 경우에는 화해조서를 작성하며 화해는 당사자와 화해에 대관여한 심판위원이 서명이나 날인함으로써 성립되며 화해가 성립된 후 당사자는 이를 번복할 수 없다(노위칙 제71조). 화해는 재판상화해와 동일한 효력을 가진다.

(2) 취하

신청인은 판정서가 도달되기 전까지 서면으로 신청의 전부나 일부를 취하할 수 있다(노위칙 제75조 제1항). 취하는 신청인이 더 이상 구제신청에 대하여 다투지 않는다는 의사표시를 말한다. 신청이 취하되면 노동위원회에서는 더 이상 다툴 수 없게 된다.

9. 재심 및 행정소송

노동위원회의 구제명령 또는 기각결정에 불복이 있는 자는 그 명령서 또는 결정서의 송달을 받은 날로부터 10일 이내에 중앙노동위원회(이하 '중노위'라 한다)에 재심을 신청할 수 있다. 중노위의 재심판정에 대하여 불복이 있는 자는 재심판정서를 송달받은 날로부터 15일 이내에 행정소송을 제기할 수 있다. 당사자가 재심이나 행정소송의 제기기간 내에 재심을 신청하지 아니하거나 행정소송을 제기하지 아니하면 그 구제명령, 기각결정 또는 재심판정은 확정된다(근기법 제31조).

10. 구제명령의 실효성확보

(1) 이행강제금

1) 의의

노동위원회의 구제명령, 기각결정 또는 재심판정은 중앙노동위원회에 대한 재심 신청이나 행정소송 제기에 의하여 그 효력이 정지되지 아니한다(근기법 제32조). 따라서 사용자는 구제명령이 확정되지 않은 상태에서도 구제명령을 이행하여야 한다. 구제명령의 실효성을 확보하기 위하여 근기법 제33조는 이행강제금제도를 두어 사용자가 구제명령을 받은 후 이행기한까지 이행하지 않은 경우 소정의 이행강제금을 부과하도록 규정하고 있다.

2) 부과절차

노동위원회는 이행강제금을 부과하기 30일 전까지 이행강제금을 부과·징수한다는 뜻을 사용자에게 미리 문서로써 알려 주어야 한다. 노동위원회는 이행강제금 납부의무자가 납부기한까지 이행강제금을 내지 아니하면 기간을 정하여 독촉을 하고 지정된 기간에 제1항에 따른 이행강제금을 내지 아니하면 국세 체납처분의 예에 따라 징수할 수 있다. 이행강제금을 부과할 때에는 이행강제금의 액수, 부과 사유, 납부기한, 수납기관, 이의제기방법 및 이의제기기관 등을 명시한 문서로써 하여야 한다.

3) 부과금액

노동위원회는 구제명령을 받은 후 이행기한까지 구제명령을 이행하지 아니한 사용자에게 2천만 원 이하의 이행강제금을 부과한다. 노동위원회는 최초의 구제명령을 한 날을 기준으로 매년 2회의 범위에서 구제명령이 이행될 때까지 반복하여 이행강제금을 부과·징수할 수 있다. 사용자가 계속하여 부당해고 등 구제명령을 이행하지 아니할 경우 구제명령일로부터 1년에 2회 범위 내에서 총 4회까지 이행강제금을 부과할 수 있다. 이행강제금의 반복 부과는 이전 이행강제금 납부종료일로부터 6월 이내에 하여야 한다.

4) 징수절차

노동위원회는 구제명령을 받은 자가 구제명령을 이행하면 새로운 이행강제금을 부과하지 아니하되, 구제명령을 이행하기 전에 이미 부과된 이행강제금은 징수하여야 한다. 노동위원회는 이행강제금 납부의무자가 납부기한까지 이행강제금을 내지 아니하면 기간을 정하여 독촉을 하고 지정된 기간에 이행강제금을 내지 아니하면 국세 체납처분의 예에 따라 징수할 수 있다.

(2) 확정된 구제명령 불이행에 대한 형사처벌

재심신청기간이나 행정소송제소기간을 도과하여 확정되거나 행정소송을 제기하여 확정된 구제명령 또는 구제명령을 내용으로 하는 재심판정을 이행하지 아니한 자는 1년 이하의 징역 또는 1천만 원 이하의 벌금에 처한다(근기법 제111조). 형사처벌을 위하여는 노동위원회의 고발이 있어야 공소를 제기할 수 있고, 검사는 노동위원회에 고발을 요청할 수 있다(근기법 제112조).

III. 법원에 의한 구제

1. 구제의 내용

노동위원회에 의한 부당해고구제는 노사당사자 간의 권리, 의무관계의 확정 및 손해의 전보 등을 위하여 적합하지 아니하므로 이를 위하여 민사소송제도를 별도로 필요로 한다. 즉, 사용자의 해고가 부당한 경우 근로자는 법원에 해고무효확인의 소를 제기하여 구제받을 수 있고, 또한 상시 소송을 본안으로 하여 종업원 지위 보전의 가처분 신청이나 임금지급의 가처분 신청을 할 수 있다.

2. 소제기기간

(1) 구제가 부정되는 경우

부당해고 후 상당한 기간이 경과하도록 권리를 행사하지 아니하여 의무자인 사용자가 이제는 근로자가 권리를 행사하지 아니할 것으로 신뢰할 만한 정당한 기대를 가지게 된 다음에 새삼스럽게 그 권리를 행사하는 것이 신의칙에 반하는 경우 실효의 원칙에 따라 그 구제를 받을 수 없다.

(2) 구제가 인정되는 경우

퇴직금을 수령한 경우에도 근로자가 해고의 효력을 다투고 있는 객관적인 상황이 있다거나 그밖에 상당한 이유가 있는 경우에는 일률적으로 해고의 효력을 인정해서는 아니될 것이다.

> **참조판례** 대법원 1993.9.24. 선고 93다21736 판결
>
> 사용자로부터 해고된 근로자가 퇴직금 등을 수령하면서 아무런 이의의 유보나 조건을 제기하지 않았다면 특별한 사정이 없는 한 그 해고의 효력을 인정하였다고 할 것이고, 따라서 그로부터 오랜 기간이 지난 후에 그 해고의 효력을 다투는 소를 제기하는 것은 신의칙이나 금반언의 원칙에 위배되어 허용될 수 없으나, 다만 이와 같은 경우라도 해고의 효력을 인정하지 아니하고 이를 다투고 있었다고 볼 수 있는 객관적인 사정이 있다거나 그 외에 상당한 이유가 있는 상황하에서 이를 수령하는 등 반대의 사정이 있음이 엿보이는 때에는 명시적인 이의를 유보함이 없이 퇴직금을 수령한 경우라고 하여도 일률적으로 해고의 효력을 인정하였다고 보아서는 안 된다.

3. 손해배상청구

사용자가 고의로 부당해고를 한 이상 위법하게 상대방에게 정신적 고통을 가하는 것이 되어 불법행위를 구성할 수도 있다.

> **참조판례** 대법원 1996.4.23. 선고 95다6823 판결
>
> 일반적으로 사용자의 근로자에 대한 해고 등의 불이익처분이 정당하지 못하여 무효로 판단되는 경우에 그러한 사유만에 의하여 곧바로 그 해고 등의 불이익처분이 불법행위를 구성하게 된다고 할 수는 없으나, 사용자가 근로자에 대하여 징계해고 등을 할 만한 사유가 전혀 없는데도 오로지 근로자를 사업장에서 몰아내려는 의도하에 고의로 어떤 명목상의 해고사유 등의 이유로 된 어느 사실이 취업규칙 등 소정의 징계사유에 해당되지 아니하거나 징계사유로 삼을 수 없는 것임이 객관적으로 명백하고 또 조금만 주의를 기울였더라면 이와 같은 사정을 쉽게 알아 볼 수 있는데도 그것을 이유로 징계해고 등의 불이익처분을 한 경우처럼, 사용자에게 부당해고 등에 대한 고의 · 과실이 인정되는 경우에 있어서는 불법행위가 성립되어 그에 따라 입게 된 근로자의 정신적 고통에 대하여도 이를 배상할 의무가 있다.

제8장 취업규칙과 기숙사

제1절 취업규칙

I. 서

1. 개념

취업규칙이란 사업장에서 근로자가 지켜야 할 복무규율 또는 근로조건에 관해 사용자가 일방적으로 정한 규칙을 말한다. 근로기준법에서는 10인 이상의 근로자를 사용하는 사용자는 일정한 사항을 기재한 취업규칙을 작성하여 사업장에 항상 게시하도록 의무를 부여하고 취업규칙에 규범적 효력을 부여하고 있다.

2. 취지

사용자는 다수의 근로자를 고용하여 유기적 조직체를 형성하여 기업을 운영하게 된다. 이 때 다수의 근로자에게 통일된 규율이 필요하므로 사용자는 기업 내에서 획일적으로 적용할 준칙을 작성하는 경우가 일반적이다. 사용자가 일방적으로 작성한 준칙은 근로조건을 침해해서는 안 된다. 근기법은 개별근로자의 근로조건 보호를 위하여 통일된 준칙으로서 취업규칙을 작성하도록 사용자에게 의무를 부여하고, 이러한 취업규칙에 규범적 효력을 부여하고 있다.

3. 법적 성질

(1) 문제점

근기법 제97조는 사용자에 의하여 일방적으로 작성·변경되는 취업규칙에 규범적 효력을 부여하고 있는데, 취업규칙의 규범적 효력의 근거를 어떻게 볼 것인가에 대하여 견해가 대립한다.

(2) 학설

1) 계약설

계약설은 취업규칙이 갖는 구속력의 근거를 근로자의 동의에서 구하는 견해로, 여기에서도 여러 가지 견해로 나뉘고 있다.

① 순수계약설

이 견해는 시민법적 계약의 자유는 경제적 필연성의 관철이라고 이해하여 사용자가 일방적으로 정하는 취업규칙이 당사자의 합의를 통하여 계약의 내용이 된다고 한다.

② 사실규범설

취업규칙은 사용자가 근로조건에 대하여 일방적으로 결정한 사실상의 기준, 즉 사실규범에 불과하므로 법적 구속력이 인정되지 아니하고 취업규칙의 구속력의 근거는 근로자의 묵시적·명시적 약정 내지는 동의에서 찾아야 한다고 한다.

③ 사실관습설

일반적으로 사용자와 근로자 사이에는 근로조건은 취업규칙에 따른다는 사실인 관습이 존재하기 때문에 근로자가 취업규칙 그 자체에 대하여 반대하는 의사표시를 하지 않는 한 취업규칙의 내용이 근로계약의 내용으로 되는 것을 승인하는 것으로 볼 수 있다는 견해이다.

④ 정형계약설

취업규칙은 보통거래약관과 같은 정형계약으로서 오늘날 사용자와 근로자 사이에는 근로조건은 취업규칙에 따른다는 사실인 관습이 성립하고 있기 때문에, 그 내용에 합리성이 있고 내용이 제시되어 있는 이상, 또 반대의 의사를 표명하지 않는 이상, 그 취업규칙에 대하여는 법규범성이 인정된다고 한다.

2) 법규범설

취업규칙을 법규범으로 해석하나, 그 법규범성의 근거를 어디에서 구하느냐에 따라 다시 견해가 나뉘고 있다.

① 소유권설(경영권설)

취업규칙은 소유권의 행사에 의하여 창설된 경영체의 질서이고, 사용자는 경영권에 기하여 경영 내의 법규범인 취업규칙을 제정할 수 있다고 한다.

② 관습권설

취업규칙은 사업장이라는 부분사회의 관습법 내지 이에 준하는 것으로서 법규범성을 갖는다고 한다.

③ 수권설(법규범설)

취업규칙은 원래는 단순한 사회규범에 불과하지만 국가가 사용자의 지배력을 억지하고 근로자를 보호하기 위하여 근기법 제97조를 통하여 법규범적 효력을 가지는 취업규칙 제정권한을 수권한 것이고 이 수권에 근거하여 취업규칙은 근로계약 당사자에 대한 구속력을 가진다고 한다.

(3) 판례

대법원은 "취업규칙은 사용자가 기업경영권에 기하여 사업장에 있어서의 근로자의 복무규율이나 근로조건의 기준을 획일적 통일적으로 정립하기 위하여 작성하는 것으로서 이는 근기법이 종속적 노동관계의 현실에 입각하여 실질적으로 불평등한 근로자의 입장을 보호강화하여 그들의 기본적 생활을 보호향상시키려는 목적의 일환으로 그 작성을 강제하고 이에 법규범성을 부여한 것이라고 볼 것이다."라고 판시하여 법규범설의 입장이다.

취업규칙은 사용자가 기업경영권에 기하여 사업장에 있어서의 근로자의 복무규율이나 근로 조건의 기준을 획일적 통일적으로 정립하기 위하여 작성하는 것으로서 이는 근로기준법이 종속적 노동관계의 현실에 입각하여 실질적으로 불평등한 근로자의 입장을 보호강화하여 그들의 기본적 생활을 보호향상시키려는 목적의 일환으로 그 작성을 강제하고 이에 법규범성을 부여한 것이라고 볼 것이므로 원칙적으로 취업규칙의 작성변경권은 사용자에게 있다 할 것이나 취업규칙의 변경에 의하여 기존 근로조건의 내용을 일방적으로 근로자에게 불이익하게 변경하려면 종전 취업규칙의 적용을 받고있던 근로자 집단의 집단의사결정 방법에 의한 동의를 요한다고 할 것이며 그 동의방법은 근로자 과반수로 조직된 노동조합이 있는 경우에는 그 조합의 그와같은 조합이 없는 경우에는 근로자들의 회의방식에 의한 과반수의 동의가 없는 한 취업규칙의 변경으로서의 효력을 가질 수 없고 따라서 그러한 취업규칙변경에 대하여 개인적으로 동의한 근로자에 대하여도 효력이 없는 것이라고 할 것이다.

(4) 검토

근기법이 취업규칙에 규범적 효력을 부여하고 있고, 불이익변경에 대해 엄격한 제한을 가하고 있다는 점에서 수권설이 타당하다.

Ⅱ. 취업규칙의 작성의무

1. 작성의무자

근기법 제93조는 상시 10인 이상의 근로자를 사용하는 사용자에게 취업규칙의 작성의무를 부여하고 있다. 작성의무가 있는 사용자가 취업규칙을 작성하지 않을 시 500만 원 이하의 과태료가 부과된다(근기법 제116조 제1항). 상시 10인 미만의 근로자를 사용하는 사용자에게는 취업규칙을 작성할 법률상 의무는 없으나 임의로 작성하는 것은 허용된다.

2. 취업규칙의 기재사항

(1) 필요적 기재사항

사용자가 취업규칙을 작성하는 경우 일정한 사항을 반드시 기재하여야 한다. 이를 취업규칙의 필요적 기재사항이라고 한다. 근기법 제93조는 ① 업무의 시작과 종료 시각, 휴게시간, 휴일, 휴가 및 교대 근로에 관한 사항, ② 임금의 결정·계산·지급 방법, 임금의 산정기간·지급시기 및 승급에 관한 사항, ③ 가족수당의 계산·지급방법에 관한 사항, ④ 퇴직에 관한 사항, ⑤ '근로자퇴직급여보장법' 제4조에 따라 설정된 퇴직급여, 상여 및 최저임금에 관한 사항, ⑥ 근로자의 식비, 작업 용품 등의 부담에 관한 사항, ⑦ 근로자를 위한 교육시설에 관한 사항, ⑧ 출산전후휴가·육아휴직 등 근로자의 모성 보호 및 일·가정 양립지원에 관한 사항, ⑨ 안전과 보건에 관한 사항, ⑩ 근로자의 성별·연령 또는 신체적 조건 등의 특성에 따른 사업장 환경의 개선에 관한 사항, ⑪ 업무상과 업무외의 재해부조에 관한 사항, ⑫ 직장 내 괴롭힘의 예방 및 발생 시 조치 등에 관한 사항, ⑬ 표창과 제재에 관한 사항, ⑭ 그 밖에 해당 사업 또는 사업장의 근로자 전체에 적용될 사항을 필요적 기재사항으로 규정하고 있다. 필요적 기재사항 중 일부를 기재하지 않았다고 하더라도 취업규칙의 효력에는 영향이 없으나 사용자는 벌칙을 적용받는다.

(2) 임의적 기재사항

사용자는 필요적 기재사항 이외의 사항이라도 임의로 취업규칙에 기재할 수 있다. 이를 임의적 기재사항이라 한다. 임의적 기재사항이라도 취업규칙에 기재된 이상 취업규칙의 효력이 부여된다. 다만, 사용자가 임의로 기재한 사항이 사회질서 또는 강행법규에 위반되는 경우에는 무효이다.

Ⅲ. 취업규칙의 작성절차(근로자집단의 의견청취)

1. 의의

사용자는 취업규칙의 작성시에 근로자들의 과반수로 조직된 노동조합이 있는 경우에는 그 노동조합, 없는 경우에는 근로자의 과반수의 의견을 들어야 한다(근기법 제94조 제1항). 이 규정은 취업규칙 작성시에 근로자측의 의견을 참고하도록 함으로써 사용자에 의한 일방적 작성의 문제점을 보완하고자 하는 것이다. 의견청취는 합의 또는 동의와 달리 근로자측의 의견을 들어 참고하는 것을 말한다.

2. 의견청취의 대상

의견청취의 대상은 일차적으로 근로자 과반수로 조직된 노동조합이 있는 경우 그 노동조합, 그러한 노동조합이 없는 경우에는 이차적으로 근로자의 과반수이다. 근로자 과반수의 산정기준이 되는 근로자에는 정규직 · 기간제 여하, 직종 · 직급 여하, 노동조합 가입자격 유무 등에 관계없지만, 그 취업규칙의 적용을 받게 될 근로자로 한정된다. 즉, 근로자 과반수는 당해 취업규칙의 적용대상인 근로자의 과반수를 말한다.

3. 의견청취의 방법

과반수 노동조합이 있는 경우 의견청취의 방법은 근로자의 과반수로 조직된 노동조합 대표자의 의견을 청취하는 것으로 족하다. 근로자의 과반수로 조직된 노동조합이 없는 경우에는 원칙적으로 근로자의 과반수가 참여한 집단적 회의방식을 통해 의견을 들어야 한다. 다만, 모든 근로자가 참여하여 회의를 소집하기 어려운 때에는 사용자의 개입이나 간섭이 배제되어 근로자들이 자유로이 의사를 표현할 수 있는 상태라면 부서별 · 팀별 모임 방식에 의해 표명된 의견을 취합하는 것도 무방하다.

4. 의견청취의 효력

의견청취는 합의 또는 동의와는 다르므로 사용자는 근로자의 의견을 참고하는 것으로 족하고 근로자의 의견에 구속되는 것은 아니다. 즉, 근로자측의 의견이 사용자의 생각과 다른 경우에 사용자가 근로자측 의견을 취업규칙에 반영할 것인가는 전적으로 사용자의 자유에 속한다.

5. 의견청취의무 위반의 효과

(1) 사법적 효력

1) 문제점

사용자가 의견청취의무를 위반한 경우 취업규칙의 규범적 효력이 부인되는지가 문제된다.

2) 학설

① 효력규정설

이 견해는 근기법 제94조는 근로자보호를 위한 강행규정이므로 당해 절차를 준수하지 않은 경우는 무효라고 한다.

② 단속규정설

이 견해는 의견청취의무는 근로자보호에 직결되는 것은 아니며, 의견청취의 결과에 사용자는 구속되지 않는다는 점에서 근기법 제94조는 단속규정에 불과하고, 의견청취의무를 이행하지 않았다고 하여 취업규칙의 사법상 효력에는 영향을 미치지 않는다고 한다.

3) 판례

대법원은 "취업규칙의 불이익변경이 아닌 한 근로자의 동의나 협의 또는 의견청취절차를 거치지 않았다는 것만으로 당해 취업규칙의 효력을 부정할 수 없다."라고 판시하여 단속규정설의 입장이다.

> **📖 참조판례 대법원 1999.6.22. 선고 98두6647 판결**
>
> 취업규칙의 하나인 인사규정의 작성·변경에 관한 권한은 원칙적으로 사용자에게 있으므로 사용자는 그 의사에 따라 인사규정을 작성·변경할 수 있고, 원칙적으로 인사규정을 종전보다 근로자에게 불이익하게 변경하는 경우가 아닌 한 근로자의 동의나 협의 또는 의견청취절차를 거치지 아니하고 인사규정을 변경하였다고 하여 그 인사규정의 효력이 부정될 수는 없다.

4) 검토

취업규칙의 작성은 현행법상 근로자의 근로조건을 명확히 하여 근로자를 보호하고자 하는 점에서 사용자에게 작성의무가 부여된다는 점에서 의견청취절차는 단속규정의 의미를 가진다고 보아야 할 것이다.

(2) 벌칙부과

의견청취의무에 위반한 사용자에게는 500만 원 이하의 벌금에 처해진다(근기법 제114조).

Ⅳ. 고용노동부장관에의 신고 및 주지의무

1. 고용노동부장관에의 신고

사용자는 작성 또는 변경된 취업규칙에 근로자집단의 의견을 기입한 서면을 첨부하여 고용노동부장관에게 신고하여야 한다(근기법 제93조). 취업규칙이 사용자에 의해 일방적으로 작성되므로, 행정감독을 철저하게 함으로서 근로자를 보호하고자 하는 취지의 규정이다.

2. 주지의무

사용자는 취업규칙을 근로자가 자유롭게 열람할 수 있는 장소에 항상 게시하거나 갖추어 두어 근로자에게 널리 알려야 한다(근기법 제14조).

3. 위반의 효과

취업규칙의 신고의무에 위반한 사용자에게는 500만 원 이하의 과태료가 부과된다(근기법 제116조). 신고의무를 이행하지 않았다고 하더라도 취업규칙의 효력에는 영향이 없다.

Ⅴ. 별도의 취업규칙 작성여부

취업규칙은 사업 또는 사업장에서 사용하는 모든 근로자에게 적용되는 취업규칙을 작성하거나 계약형태나 직종 등에 따라 적용범위를 달리하는 취업규칙을 작성하는 것도 허용된다. 근기법에서도 "사용자는 단시간근로자에게 적용되는 취업규칙을 통상근로자에게 적용되는 취업규칙과 별도로 작성할 수 있다."라고 규정(근기법 시행령 제9조 제1항 별표 제5호 가목)하여 별도의 취업규칙의 작성을 허용하고 있다. 다만, 차별을 목적으로 하는 경우에는 근기법 제6조에 반하여 무효라 할 것이다.

Ⅵ. 취업규칙의 변경

1. 불이익하지 않은 취업규칙의 변경

사용자는 종전의 취업규칙을 불이익하지 않게 변경하고자 하는 경우에는 해당 사업 또는 사업장에 근로자의 과반수로 조직된 노동조합이 있는 경우에는 그 노동조합, 근로자의 과반수로 조직된 노동조합이 없는 경우에는 근로자의 과반수의 의견을 들어야 한다(근기법 제94조 제1항). 이는 사용자에 의한 일방적 변경에 의한 문제점을 보완하기 위한 것이다.
의견청취절차나 고용노동부장관에의 신고 및 주지의무 등은 취업규칙의 작성절차와 같다.

2. 불이익한 취업규칙의 변경

(1) 의의

근기법 제94조 제1항 단서에서는 취업규칙을 근로자에게 불이익하게 변경하는 경우 근로자 과반수로 조직된 노동조합이 있는 경우에는 그 노동조합, 그러한 노동조합이 없는 경우에는 근로자 과반수의 동의를 받아야 하는 것으로 규정하고 있다. 사용자가 기존의 근로조건을 일방적으로 저하시키는 것은 노사간의 대등성과 근로자의 자유의사에 기초한 계약자유의 원리를 부정하는 것이므로 근로자를 보호하기 위하여 불이익변경에 대하여는 동의를 얻도록 한 것이다.

(2) 불이익변경 여부의 판단

1) 문제점

취업규칙의 불이익 변경인지 여부는 근기법 제94조 제1항의 변경절차요건에 차이가 있으므로 매우 중요하다. 그렇다면 어떠한 기준으로 불이익 변경여부를 판단할 것인지가 문제된다.

2) 학설

① 주관설

이 견해는 불이익 여부는 근로가 스스로 판단하는 것으로서 근로자의 과반수가 반대하는 경우에는 근로자에게 불이익한 변경이라고 한다.

② 객관설

이 견해는 불이익 여부는 취업규칙 변경의 취지와 경위, 해당사업체의 업무의 성질, 취업규칙 각 규정의 전체적인 체제 등 제반사정을 종합하여 객관적으로 판단하여야 한다고 본다.

3) 판례

대법원은 "취업규칙의 변경이 사회통념상 합리성이 있느냐의 여부나 근로자에게 불리한가의 여부는 그 변경의 취지와 경위, 해당사업체의 업무의 성질, 취업규칙 각 규정의 전체적인 체제 등 제반사정을 종합하여 판단하여야 한다."라고 하여 객관설의 입장을 취하고 있다.

> **📖 참조판례 대법원 1997.5.16. 선고 96다2507 판결**
>
> 취업규칙의 작성·변경의 권한은 원칙적으로 사용자에게 있으므로 사용자는 그 의사에 따라 취업규칙을 작성·변경할 수 있으나, 취업규칙의 작성·변경이 근로자가 가지고 있는 기득의 권리나 이익을 박탈하여 불이익한 근로조건을 부과하는 내용일 때에는 종전 근로조건 또는 취업규칙의 적용을 받고 있던 근로자의 집단적 의사결정방법에 의한 동의, 즉 당해 사업장에 근로자의 과반수로 조직된 노동조합이 있는 경우에는 노동조합, 근로자의 과반수로 조직된 노동조합이 없는 경우에는 근로자의 과반수의 동의를 요하고, 이러한 동의를 얻지 못한 경우에는 사회통념상 합리성이 있다고 인정되지 않는 한 기득 이익이 침해되는 기존의 근로자에 대하여는 변경된 취업규칙이 적용되지 않고, 취업규칙의 변경이 사회통념상 합리성이 있느냐의 여부와 근로자에게 불이익하느냐 여부는 그 변경의 취지와 경위, 해당 사업체의 업무의 성질, 취업규칙 각 규정의 전체적인 체제 등 제반 사정을 종합하여 판단하여야 한다.

4) 검토

취업규칙의 변경에 대한 불이익여부를 주관설에 의해 판단할 경우 취업규칙의 작성 및 변경에 관한 사용자의 권한을 침해할 우려가 있으므로, 당해 취업규칙의 내용 및 변경의 취지와 경위, 취업규칙의 전체적인 체제 등을 종합하여 판단하는 객관설의 입장이 타당하다.

5) 구체적인 예

① 신설규정의 포함여부

취업규칙을 근로자에게 불리하게 변경하는 경우에는 기존의 취업규칙 규정을 근로자에게 불리하게 변경하는 경우뿐만 아니라, 근로자에게 불리한 취업규칙의 규정을 신설한 경우도 포함한다.

> **참조판례** 대법원 1997.5.16. 선고 96다2507 판결
>
> 취업규칙에 정년규정이 없던 운수회사에서 55세 정년규정을 신설한 경우, 그 운수회사의 근로자들은 정년제 규정이 신설되기 이전에는 만 55세를 넘더라도 아무런 제한 없이 계속 근무할 수 있었으나, 그 정년규정의 신설로 인하여 만 55세로 정년에 이르고, 회사의 심사에 의하여 일정한 경우에만 만 55세를 넘어서 근무할 수 있도록 되었다면 이와 같은 정년제 규정의 신설은 근로자가 가지고 있는 기득의 권리나 이익을 박탈하는 불이익한 근로조건을 부과하는 것에 해당한다.

② 수개의 근로조건의 유·불리가 충돌할 경우

특정한 근로조건이 불리하게 변경되고 다른 근로조건이 유리하게 변경되는 경우에는 불이익변경으로 보아야 할 것이다. 그러나 대법원은 취업규칙에 정한 일부 근로조건이 불리하게 변경되고 다른 근로조건이 유리하게 변경된 경우 이를 비교·종합하여 불이익변경인지 여부를 판단하고 있다.

> **참조판례** 대법원 1984.11.13. 선고 84다카414 판결
>
> 누진제 퇴직금 지급규정이 비누진제로 변경되었으나, 동 취업규칙 변경에 임금인상, 근로시간의 단축 등 근로자에게 유리한 부분도 포함되어 근로조건의 내용이 근로자에게 일방적으로 불이익하게 변경되었다고 단정할 수 없을 뿐더러 노동조합 대의원대회에서 이에 관한 권한을 위임받은 위 조합운영위원회가 비누진제를 받아들이기로 결의하였다 하여 이를 유효로 본 사례이다.

③ 근로자 상호간의 유·불리가 충돌할 경우

취업규칙의 변경이 일부근로자에게는 유리하고 다른 근로자에게는 불리한 경우에는 이를 불이익변경으로 보아야 할 것이다. 대법원은 일부근로자에게 유리하고 일부근로자에게 불리한 취업규칙의 변경의 경우 이를 전체적으로 유리한지 불리한지를 객관적으로 평가하기 어려우므로 불이익변경으로 취급하여야 한다는 입장이다.

> **참조판례** 대법원 1993.5.14. 선고 93다1893 판결
>
> 취업규칙의 일부를 이루는 급여규정의 변경이 일부의 근로자에게는 유리하고 일부의 근로자에게는 불리한 경우 그러한 변경에 근로자집단의 동의를 요하는지를 판단하는 것은 근로자 전체에 대하여 획일적으로 결정되어야 할 것이고, 또 이러한 경우 취업규칙의 변경이 근로자에게 전체적으로 유리한지 불리한지를 객관적으로 평가하기가 어려우며, 같은 개정에 의하여 근로자 상호간의 이, 불리에 따른 이익이 충돌되는 경우에는 그러한 개정은 근로자에게 불이익한 것으로 취급하여 근로자들 전체의 의사에 따라 결정하게 하는 것이 타당하다.

(3) 불이익변경의 절차

1) 근로자집단의 동의

취업규칙을 근로자에게 불리하게 변경하는 경우에는 근로자의 과반수로 조직된 노동조합이 있는 경우에는 그 노동조합, 과반수로 조직된 노동조합이 없는 경우 근로자 과반수의 동의를 얻어야 한다(근기법 제94조 제1항 단서).

2) 동의의 주체

근로자 과반수로 조직된 노동조합이 있는 경우 그 노동조합, 그러한 노동조합이 없는 경우에는 근로자의 과반수가 동의의 주체가 된다.

① 근로자 과반수의 산정

㉠ 문제점

하나의 사업 또는 사업장에 모든 근로자에게 하나의 취업규칙이 적용되는 경우에는 전체 근로자가 과반수 산정의 기준이 된다는 점에는 의문이 없다. 그러나 근무형태나 직종 등에 따라 적용되는 취업규칙이 다른 경우에도 전체 근로자를 기준으로 과반수 여부를 산정하여야 하는지가 문제된다.

㉡ 학설

ⓐ 전체근로자집단동의필요설

이 견해는 취업규칙으로 근로조건을 정하도록 한 것은 전체 근로자의 의견을 전제로 하는 것이 근기법의 정신이고, 복수의 취업규칙이 있더라도 그 전체를 합한 것을 1개의 취업규칙으로 본다는 점에서 일부근로자에게만 적용되는 취업규칙을 불이익하게 변경하는 경우에도 전체근로자의 동의를 받아야 한다고 한다.

ⓑ 해당근로자집단동의필요설

이 견해는 현행법이 복수의 취업규칙을 두는 것을 허용하고 있고, 업무성격이나 근로형태가 현저히 다름에도 불구하고 다수에 의해 소수집단의 의사가 무시될 수 있다는 점에서 당해 취업규칙의 적용을 받는 근로자 과반수의 동의를 받아야 한다고 한다.

㉢ 판례

대법원은 "종전 취업규칙의 적용을 받는 근로자의 과반수"가 취업규칙의 불이익 변경에 있어 동의의 주체가 됨을 인정하고 있다.

> **📖 참조판례 대법원 2008.2.29. 선고 2007다85997 판결**
>
> 취업규칙의 작성·변경에 관한 권한은 원칙적으로 사용자에게 있으므로 사용자는 그 의사에 따라서 취업규칙을 작성·변경할 수 있고, 다만 취업규칙의 변경에 의하여 기존 근로조건의 내용을 일방적으로 근로자에게 불이익하게 변경하려면 종전 취업규칙의 적용을 받고 있던 근로자 집단의 집단적 의사결정방법에 의한 동의를 요한다고 할 것인바, 그 동의방법은 근로자 과반수로 조직된 노동조합이 있는 경우에는 그 노동조합의, 그와 같은 노동조합이 없는 경우에는 근로자들의 회의방식에 의한 과반수의 동의가 있어야 하고, 여기서 말하는 근로자의 과반수라 함은 기존 취업규칙의 적용을 받는 근로자 집단의 과반수를 뜻한다.

ㄹ 검토

취업규칙의 불이익 변경에 근로자 집단의 동의를 얻도록 규정한 것은 근로조건대등결정의 원칙을 관철하기 위한 것이고 근로조건 보호를 목적으로 한다는 점에서 이해관계를 가지는 근로자, 즉 당해 취업규칙이 적용되는 근로자의 과반수를 동의의 주체로 보는 것이 타당하다.

② 장래 취업규칙의 적용이 예상되는 자

동의의 주체가 되는 근로자 과반수를 산정하는 경우 변경 당시에는 일부 근로자에게 직접적인 불이익이 발생하지만 장래에 그 취업규칙이 다른 근로자에게도 적용될 것이 예상되는 경우에는 취업규칙의 적용이 예상되는 다른 근로자 역시 동의의 주체가 된다. 대법원 역시 "여러 근로자 집단이 하나의 근로조건 체계 내에 있어 비록 취업규칙의 불이익변경 시점에는 어느 근로자 집단만이 직접적인 불이익을 받더라도 다른 근로자 집단에게도 변경된 취업규칙의 적용이 예상되는 경우에는 일부 근로자 집단은 물론 장래 변경된 취업규칙 규정의 적용이 예상되는 근로자 집단을 포함한 근로자 집단이 동의주체가 된다."라고 판시하였다.

> 📖 **참조판례** 대법원 2009.5.28. 선고 2009두2238 판결
>
> [1] 여러 근로자 집단이 하나의 근로조건 체계 내에 있어 비록 취업규칙의 불이익변경 시점에는 어느 근로자 집단만이 직접적인 불이익을 받더라도 다른 근로자 집단에게도 변경된 취업규칙의 적용이 예상되는 경우에는 일부 근로자 집단은 물론 장래 변경된 취업규칙 규정의 적용이 예상되는 근로자 집단을 포함한 근로자 집단이 동의주체가 되고, 그렇지 않고 근로조건이 이원화되어 있어 변경된 취업규칙이 적용되어 직접적으로 불이익을 받게 되는 근로자 집단 이외에 변경된 취업규칙의 적용이 예상되는 근로자 집단이 없는 경우에는 변경된 취업규칙이 적용되어 불이익을 받는 근로자 집단만이 동의 주체가 된다.
> [2] 일반직 직원(4급 이하)의 정년을 55세에서 58세로, 관리직 직원(3급 이상)의 정년을 60세에서 58세로 변경하는 내용으로 취업규칙의 정년규정을 개정하고 노동조합의 동의를 얻은 사안에서, 정년규정의 개정은 관리직 직원뿐만 아니라 일반직 직원들을 포함한 전체 직원에게 불이익하여 전체 직원들이 동의의 주체이므로, 근로자의 집단적 의사결정방법에 의한 동의가 있다고 인정한 사례.

3) 동의의 방식

① 노동조합의 동의방식

근로자의 과반수로 조직된 노동조합이 있는 경우 노동조합의 동의는 법령이나, 단체협약 또는 노동조합의 규약 등에 의하여 노동조합 대표자의 대표권이 제한되었다고 볼만한 특별한 사정이 없는 한 노동조합 대표자가 노동조합을 대표하여 하면 되는 것이고 별도로 조합원 과반수의 동의를 받을 필요는 없다. 대법원 역시 같은 입장이다.

> 📖 **참조판례** 대법원 1997.5.16. 선고 96다2507 판결
>
> 근로자 과반수로 조직된 노동조합이 있는 회사에서 취업규칙에 근로자에게 불리한 정년제 규정을 신설하는 경우, 그에 대한 노동조합의 동의를 얻어야 하는데, 이 경우에 있어서도 노동조합의 동의는 법령이나, 단체협약 또는 노동조합의 규약 등에 의하여 조합장의 대표권이 제한되었다고 볼만한 특별한 사정이 없는 한 조합장이 노동조합을 대표하여 하면 되는 것이지 노동조합 소속 근로자의 과반수의 동의를 얻어서 하여야 하는 것은 아니다.

② 근로자 과반수의 동의방식

근로자 과반수로 조직된 노동조합이 없는 경우에 근로자 과반수의 동의는 집단의 의사결정방식 내지 회의방식에 따라야 한다. 전체의 회의방식이 불가능하거나 곤란한 경우 한 사업 또는 사업장의 기구별 또는 단위 부서별로 사용자측의 개입이나 간섭이 배제된 상태에서 근로자 상호간에 의견을 교환하여 찬반의견을 집약한 후 이를 전체적으로 취합하는 방식도 허용된다.

> **참조판례** 대법원 2017.5.31. 선고 2017다209129 판결
>
> 취업규칙 불이익 변경에 대하여 적법한 동의가 있으려면 불이익 변경 내용에 대하여 근로자들이 주지할 수 있도록 적당한 방법에 의한 공고 및 설명 절차가 존재해야 하고, 근로자들이 회의를 개최하여 불이익 변경 내용에 대하여 찬반 의견을 교환해야 하며, 불이익 변경에 대한 집단적 의견이 찬성일 것이 요구된다.
> 근로자들의 회의를 개최하여 불이익 변경 내용에 대하여 찬반 의견 교환해야 함과 관련하여서는 업무의 특성, 사업의 규모, 사업장의 산재(散在) 등의 사정으로 전체 근로자들이 회합하기 어려운 경우에는 단위 부서별로 회합하는 방식도 허용될 수 있겠으나, 근로기준법이 '회의 방식'에 의한 근로자 과반수의 동의를 요구하는 이유는 '집단 의사의 주체로서 근로자'의 의사를 형성하기 위함이므로, 사용자의 특수한 사정으로 인하여 전체 근로자들의 회합이 어려워 단위 부서별로 회합하는 방식을 택할 수밖에 없는 경우에, 사용자는 부분적 회합을 통한 의견 취합을 하더라도 전체 근로자들의 회합이 있었던 것과 마찬가지로 근로자들이 집단 의사를 확인, 형성할 수 있도록 상당한 조치를 취할 의무를 부담한다고 봄이 상당하다.

여기서 사용자측의 개입이나 간섭이라 함은 사용자측이 근로자들의 자율적이고 집단적인 의사결정을 저해할 정도로 명시 또는 묵시적인 방법으로 동의를 강요하는 경우를 의미하고 사용자측이 단지 변경될 취업규칙의 내용을 근로자들에게 설명하고 홍보하는 데 그친 경우에는 사용자측의 부당한 개입이나 간섭이 있었다고 볼 수 없다.

> **참조판례** 대법원 2010.1.28. 선고 2009다32362 판결
>
> 사용자가 취업규칙의 변경에 의하여 기존의 근로조건을 근로자에게 불리하게 변경하려면 종전 근로조건 또는 취업규칙의 적용을 받고 있던 근로자의 집단적 의사결정방법에 의한 동의를 요하고, 이러한 동의를 얻지 못한 취업규칙의 변경은 효력이 없으며, 그 동의의 방법은 노동조합이 없는 경우에는 근로자들의 회의방식에 의한 과반수의 동의를 요하고, 회의방식에 의한 동의라 함은 사업 또는 한 사업장의 기구별 또는 단위 부서별로 사용자측의 개입이나 간섭이 배제된 상태에서 근로자 간에 의견을 교환하여 찬반을 집약한 후 이를 전체적으로 취합하는 방식도 허용된다. 여기서 사용자측의 개입이나 간섭이라 함은 사용자측이 근로자들의 자율적이고 집단적인 의사결정을 저해할 정도로 명시 또는 묵시적 방법으로 동의를 강요하는 경우를 의미하고 사용자측이 단지 변경될 취업규칙의 내용을 근로자들에게 설명하고 홍보하는 데 그친 경우에는 사용자측의 부당한 개입이나 간섭이 있었다고 볼 수 없다.

③ 노사협의회의 근로자위원의 동의가부

근로자 참여 및 협력증진에 관한 법률 제6조 제2항은 노사협의회의 근로자를 대표하는 위원은 근로자가 선출하되, 근로자의 과반수로 조직된 노동조합이 있는 경우에는 노동조합의 대표자와 그 노동조합이 위촉하는 자를 근로자위원으로 하도록 규정하고 있어, 근로자위원의 지위와 노동조합 대표자의 지위가 중첩되는 점은 있으나, 노사협의제도와 노동조합은 그 제도의 취지가 다르므로 노사협의회의 근로자위원에 의한 동의를 근로자 과반수의 동의를 얻은 것과 동일시할 수 없다. 대법원 역시 "근로자위원들의 동의를 얻은 것을 근로자들 과반수의 동의를 얻은 것과 동일시할 수 없다."라고 판시하였다.

대법원 1994.6.24. 선고 92다28556 판결

노사협의회는 근로자와 사용자 쌍방이 이해와 협조를 통하여 노사공동의 이익을 증진함으로써 산업평화를 도모할 것을 목적으로 하는 제도로서 노동조합과 그 제도의 취지가 다르므로 비록 회사가 근로조건에 관한 사항을 그 협의사항으로 규정하고 있다 하더라도 근로자들이 노사협의회를 구성하는 근로자위원들을 선출함에 있어 그들에게 근로조건을 불이익하게 변경함에 있어서 근로자들을 대신하여 동의를 할 권한까지 포괄적으로 위임한 것이라고 볼 수 없으며, 그 근로자위원들이 퇴직금규정의 개정에 동의를 함에 있어서 사전에 그들이 대표하는 각 부서별로 근로자들의 의견을 집약 및 취합하여 그들의 의사표시를 대리하여 동의권을 행사하였다고 볼 만한 자료도 없다면, 근로자위원들의 동의를 얻은 것을 근로자들 과반수의 동의를 얻은 것과 동일시할 수 없다.

(4) 동의를 얻지 못한 불이익변경의 효과

1) 원칙

취업규칙의 불이익변경에 대하여 근로자 집단의 동의를 받을 의무를 위반하면 500만 원 이하의 벌금에 처해진다(근기법 제114조). 사법상으로는 의견청취의무 위반의 경우와 달리 근기법 제94조 제1항 단서는 강행규정으로 해석되며 동의는 취업규칙 불이익 변경의 효력요건이므로 동의를 얻지 못한 취업규칙의 불이익 변경은 무효가 된다. 취업규칙의 불이익변경에 근로자 집단의 동의를 받지 않은 경우에는 개인적으로 이에 찬성한 근로자에게도 구속력이 없다.

대법원 2007.6.28. 선고 2007도1539 판결

취업규칙의 변경에 의하여 기존 근로조건의 내용을 일방적으로 근로자에게 불이익하게 변경하려면 종전 취업규칙의 적용을 받고 있던 근로자 집단의 집단적 의사결정방법에 의한 동의를 요하고 그 동의방법은 근로자 과반수로 조직된 노동조합이 있는 경우에는 그 노동조합의, 그와 같은 노동조합이 없는 경우에는 근로자들의 회의방식에 의한 과반수의 동의가 있어야 하며, 위와 같은 방법에 의한 동의가 없는 한 취업규칙의 변경으로서의 효력을 가질 수 없다.

2) 예외

종래 사회통념상 합리성이 있는 경우에는 동의를 얻지 않아도 취업규칙 변경의 효력을 인정하였다. 그러나 대법원은 2023년 5월 11일 전원합의체 판결을 통해 사회통념상 합리성법리를 부정하였다.

대법원 2023.5.11. 선고 2017다35588·35595 전원합의체 판결

사용자가 취업규칙을 근로자에게 불리하게 변경하면서 근로자의 집단적 의사결정방법에 따른 동의를 받지 못한 경우, 노동조합이나 근로자들이 집단적 동의권을 남용하였다고 볼 만한 특별한 사정이 없는 한 해당 취업규칙의 작성 또는 변경에 사회통념상 합리성이 있다는 이유만으로 그 유효성을 인정할 수는 없다. 그 이유는 다음과 같다.
① 헌법 제32조 제3항, 근로기준법 제4조, 제94조 제1항의 취지와 관계에 비추어 보면, 취업규칙의 불리한 변경에 대하여 근로자가 가지는 집단적 동의권은 사용자의 일방적 취업규칙의 변경 권한에 한계를 설정하고 헌법 제32조 제3항의 취지와 근로기준법 제4조가 정한 근로조건의 노사대등결정 원칙을 실현하는 데에 중요한 의미를 갖는 절차적 권리로서, 변경되는 취업규칙의 내용이 갖는 타당성이나 합리성으로 대체될 수 있는 것이라고 볼 수 없다.
② 대법원은 1989.3.29. 법률 제4099호로 개정된 근로기준법(이하 '1989년 근로기준법'이라 한다)이 집단적 동의 요건을 명문화하기 전부터 이미 취업규칙의 불리한 변경에 대하여 근로자의 집단적 동의를 요한다는 법리를 확립하였다. 근로자의 집단적 동의권은 명문의 규정이 없더라도 근로조건의 노사대등결정 원칙과 근로자의 권익 보장에 관한 근로기준법의 근본정신, 기득권 보호의 원칙으로부터 도출된다. 이러한 집단적 동의는

단순히 요식적으로 거쳐야 하는 절차 이상의 중요성을 갖는 유효요건이다. 나아가 현재와 같이 근로기준법이 명문으로 집단적 동의절차를 규정하고 있음에도 취업규칙의 내용에 사회통념상 합리성이 있다는 이유만으로 근로자의 집단적 동의를 받지 않아도 된다고 보는 것은 취업규칙의 본질적 기능과 불이익변경 과정에서 필수적으로 확보되어야 하는 절차적 정당성의 요청을 도외시하는 것이다.

③ 근로조건의 유연한 조정은 사용자에 의한 일방적 취업규칙 변경을 승인함으로써가 아니라, 단체교섭이나 근로자의 이해를 구하는 사용자의 설득과 노력을 통하여 이루어져야 한다. 또한 노동조합이나 근로자들이 집단적 동의권을 남용하였다고 볼 만한 특별한 사정이 있는 경우에는 취업규칙의 불이익변경의 유효성을 인정할 여지가 있으므로, 근로자의 집단적 동의가 없다고 하여 취업규칙의 불리한 변경이 항상 불가능한 것도 아니다.

④ 단체협약은 법률보다 하위의 규범임에도 대법원은 단체협약에 의하여 발생한 노동조합의 동의권을 침해하여 행해진 인사처분을 무효라고 보았고, 다만 지나치게 경직되게 해석할 경우 발생할 문제점을 유연하게 해결하기 위하여 동의권 남용 법리를 통해 구체적 타당성을 확보하였다. 취업규칙의 불이익변경에 대하여는 단체협약보다 상위 규범인 법률에서 근로자의 집단적 동의권을 부여하고 있으므로, 취업규칙을 근로자에게 불리하게 변경하면서 근로자의 집단적 동의를 받지 않았다면 이를 원칙적으로 무효로 보되, 다만 노동조합이나 근로자들이 집단적 동의권을 남용한 경우에 한하여 유효성을 인정하는 것이 단체협약에 의한 노동조합의 동의권에 관한 대법원 판례의 태도와 일관되고 법규범 체계에 부합하는 해석이다.

⑤ 사회통념상 합리성이라는 개념 자체가 매우 불확정적이어서 어느 정도에 이르러야 법적 규범성을 시인할 수 있는지 노동관계 당사자가 쉽게 알기 어려울 뿐만 아니라, 개별 사건에서 다툼의 대상이 되었을 때 그 인정 여부의 기준으로 대법원이 제시한 요소들을 종합적으로 고려한 법원의 판단 역시 사후적 평가일 수밖에 없는 한계가 있다. 이에 취업규칙 변경의 효력을 둘러싼 분쟁이 끊이지 않고 있고, 유효성이 확정되지 않은 취업규칙의 적용에 따른 법적 불안정성이 사용자나 근로자에게 끼치는 폐해 역시 적지 않았다.

⑥ 종전 판례의 해석은 근로자의 집단적 동의가 없더라도 일정한 경우 사용자에 의한 일방적인 취업규칙의 작성 또는 변경으로 기존 근로조건을 낮추는 것을 인정하는 것이어서 강행규정인 근로기준법 제94조 제1항 단서의 명문 규정에 반하는 해석일 뿐만 아니라, 근로기준법이 예정한 범위를 넘어 사용자에게 근로조건의 일방적인 변경 권한을 부여하는 것이나 마찬가지여서 헌법 정신과 근로자의 권익 보장에 관한 근로기준법의 근본 취지, 근로조건의 노사대등결정 원칙에 위배된다.

사회통념상 합리성법리를 부정하면서도 대법원은 근로자들의 집단적 동의권이 남용되었다고 볼 수 있는 경우에는 예외적으로 동의가 없더라도 취업규칙의 불이익변경을 유효라고 볼 수 있다고 판시하여, 동의권의 남용을 근거로 동의의 예외를 허용하였다.

> **📖 참조판례** 대법원 2023.5.11. 선고 2017다35588·35595 전원합의체 판결
>
> 근로기준법상 취업규칙의 불이익변경 과정에서 노동조합이나 근로자들이 집단적 동의권을 행사할 때도 신의성실의 원칙과 권리남용금지 원칙이 적용되어야 한다. 따라서 노동조합이나 근로자들이 집단적 동의권을 남용하였다고 볼 만한 특별한 사정이 있는 경우에는 그 동의가 없더라도 취업규칙의 불이익변경을 유효하다고 볼 수 있다. 여기에서 노동조합이나 근로자들이 집단적 동의권을 남용한 경우란 관계 법령이나 근로관계를 둘러싼 사회 환경의 변화로 취업규칙을 변경할 필요성이 객관적으로 명백히 인정되고, 나아가 근로자의 집단적 동의를 구하고자 하는 사용자의 진지한 설득과 노력이 있었음에도 불구하고 노동조합이나 근로자들이 합리적 근거나 이유 제시 없이 취업규칙의 변경에 반대하였다는 등의 사정이 있는 경우를 말한다. 다만, 취업규칙을 근로자에게 불리하게 변경하는 경우에 근로자의 집단적 동의를 받도록 한 근로기준법 제94조 제1항 단서의 입법 취지와 절차적 권리로서 동의권이 갖는 중요성을 고려할 때, 노동조합이나 근로자들이 집단적 동의권을 남용하였는지는 엄격하게 판단할 필요가 있다.
>
> 한편 신의성실 또는 권리남용금지 원칙의 적용은 강행규정에 관한 것으로서 당사자의 주장이 없더라도 법원이 그 위반 여부를 직권으로 판단할 수 있으므로, 집단적 동의권의 남용에 해당하는지에 대하여도 법원은 직권으로 판단할 수 있다.

3) 신규입사자에 대한 효력

① 문제점

불이익한 취업규칙의 변경에 있어 근로자집단의 동의를 얻지 못하여 그 변경이 무효가 된 경우 변경 이후에 입사한 자에게는 변경된 취업규칙의 효력이 미치는지가 문제된다.

② 학설

㉠ 절대적 무효설

이 견해는 기존 근로자에 대해 적용되는 구취업규칙과 신규 근로자에게 적용되는 신취업규칙이 병존하는 경우 취업규칙의 근로조건 획일화의 기능이 상실되므로 취업규칙은 그 자체가 법규범으로서 그 효력발생요건을 결한 이상 변경 후 입사자에 대하여도 무효로 보아야 한다는 입장이다.

㉡ 상대적 무효설

이 견해는 근기법 제94조 제1항 단서는 기득이익을 보호하기 위한 규정이므로 기득이익이 침해되는 기존 근로자에 대하여 종전 취업규칙의 효력이 인정될 뿐 취업규칙이 변경된 후 입사한 신규근로자에게는 변경된 취업규칙이 적용된다는 입장이다.

③ 판례

대법원은 과거에 신규입사자에게도 변경된 취업규칙의 효력이 미치지 않는다는 입장이었으나 1992.12.22. 전원합의체 판결을 통하여 "사용자가 취업규칙에서 정한 근로조건을 근로자에게 불리하게 변경함에 있어서 근로자의 동의를 얻지 않은 경우에 그 변경으로 기득이익이 침해되는 기존의 근로자에 대한 관계에서는 변경의 효력이 미치지 않게 되어 종전 취업규칙의 효력이 그대로 유지되지만, 변경 후에 변경된 취업규칙에 따른 근로조건을 수용하고 근로관계를 갖게 된 근로자에 대한 관계에서는 당연히 변경된 취업규칙이 적용되어야 하고, 기득이익의 침해라는 효력배제사유가 없는 변경 후의 취업근로자에 대해서까지 변경의 효력을 부인하여 종전 취업규칙이 적용되어야 한다고 볼 근거가 없다."라고 하여 상대적 무효설로 견해를 변경한 후 현재까지 신규 입사자에게는 변경된 취업규칙이 적용된다는 입장이다.

> **📖 참조판례 대법원 1992.12.22. 선고 91다45165 전원합의체 판결**
>
> 사용자가 취업규칙에서 정한 근로조건을 근로자에게 불리하게 변경함에 있어서 근로자의 동의를 얻지 않은 경우에 그 변경으로 기득이익이 침해되는 기존의 근로자에 대한 관계에서는 변경의 효력이 미치지 않게 되어 종전 취업규칙의 효력이 그대로 유지되지만, 변경 후에 변경된 취업규칙에 따른 근로조건을 수용하고 근로관계를 갖게 된 근로자에 대한 관계에서는 당연히 변경된 취업규칙이 적용되어야 하고, 기득이익의 침해라는 효력배제사유가 없는 변경 후의 취업근로자에 대해서까지 변경의 효력을 부인하여 종전 취업규칙이 적용되어야 한다고 볼 근거가 없다.

④ 검토

취업규칙의 변경절차에 관한 제94조 제1항 단서의 요건은 효력발생요건이나, 이는 어디까지나 기존 근로자들의 기득이익을 침해하지 않기 위한 것이라고 할 것이고 따라서 변경 후에 입사한 신규근로자들에 대하여는 변경된 취업규칙이 적용된다는 상대적 무효설이 타당하다.

4) 취업규칙의 수

상대적 무효설에 의하는 경우 사업장에는 몇 개의 취업규칙이 존재하는가에 관하여, ① 기존의 취업규칙과 변경된 취업규칙이 함께 병존한다는 견해가 있으나, ② 대법원은 "취업규칙변경 후에 취업한 근로자에게 적용되는 취업규칙과 기존근로자에게 적용되는 취업규칙이 병존하는 것처럼 보이지만, 현행의 법규적 효력을 가진 취업규칙은 변경된 취업규칙이고, 다만 기존근로자에 대한 관계에서 기득이익침해로 그 효력이 미치지 않는 범위 내에서 종전 취업규칙이 적용될 뿐이므로, 하나의 사업 내에 둘 이상의 취업규칙을 둔 것과 같이 볼 수는 없다."라고 판시하여 변경된 취업규칙만이 효력을 갖는다고 본다.

> **📖 참조판례** 대법원 1992.12.22. 선고 91다45165 전원합의체 판결
>
> 취업규칙변경 후에 취업한 근로자에게 적용되는 취업규칙과 기존근로자에게 적용되는 취업규칙이 병존하는 것처럼 보이지만, 현행의 법규적 효력을 가진 취업규칙은 변경된 취업규칙이고, 다만 기존근로자에 대한 관계에서 기득이익침해로 그 효력이 미치지 않는 범위 내에서 종전 취업규칙이 적용될 뿐이므로, 하나의 사업 내에 둘 이상의 취업규칙을 둔 것과 같이 볼 수는 없다.

5) 소급적 동의

불리하게 변경된 취업규칙은 사후에 근로자 과반수(또는 노동조합)의 동의로 변경 당시에 소급하여 효력을 발생하게 할 수 있다. 동의가 유효하기 위해서는 취업규칙이 변경요건을 갖추지 못하여 무효라는 사정을 알고 있어야 할 것이다(민법 제139조 무효행위의 추인). 소급적 동의라 하더라도 기득의 이익을 침해해서는 안 되므로 이미 발생한 근로자의 구체적 권리를 침해해서는 안 된다. 다만, 대법원은 노동조합이 단체협약으로 취업규칙의 불이익의 변경을 소급적으로 승인하는 경우 "기득 이익을 침해하게 되는 기존의 근로자에 대하여 종전의 퇴직금 지급률이 적용되어야 함을 알았는지 여부에 관계없이 원칙적으로 그 협약의 적용을 받게 되는 기존의 근로자에 대하여도 변경된 퇴직금 지급률이 적용되어야 한다."라고 판시한 바 있다.

> **📖 참조판례** 대법원 2002.6.28. 선고 2001다77970 판결
>
> 단체협약은 노동조합이 사용자 또는 사용자 단체와 근로조건 기타 노사관계에서 발생하는 사항에 관하여 체결하는 협정으로서, 노동조합이 사용자측과 기존의 임금, 근로시간, 퇴직금 등 근로조건을 결정하는 기준에 관하여 소급적으로 동의하거나 이를 승인하는 내용의 단체협약을 체결한 경우에 그 동의나 승인의 효력은 단체협약이 시행된 이후에 그 사업체에 종사하며 그 협약의 적용을 받게 될 노동조합원이나 근로자들에 대하여 생긴다고 할 것이므로, 취업규칙 중 퇴직금 지급률에 관한 규정의 변경이 근로자에게 불이익함에도 불구하고, 사용자가 근로자의 집단적 의사결정 방법에 의한 동의를 얻지 아니한 채 변경을 함으로써 기득 이익을 침해하게 되는 기존의 근로자에 대하여는 종전의 퇴직금 지급률이 적용되어야 하는 경우에도, 노동조합이 사용자측과 사이에 변경된 퇴직금 지급률을 따르기로 하는 내용의 단체협약을 체결한 경우에는, 기득 이익을 침해하게 되는 기존의 근로자에 대하여 종전의 퇴직금 지급률이 적용되어야 함을 알았는지 여부에 관계없이 원칙적으로 그 협약의 적용을 받게 되는 기존의 근로자에 대하여도 변경된 퇴직금 지급률이 적용되어야 한다.

Ⅶ. 취업규칙의 효력

1. 규범적 효력

(1) 강행적 효력

취업규칙에 정한 기준에 미달하는 근로조건을 정한 근로계약은 그 부분에 한하여 무효가 된다(근기법 제97조). 취업규칙에는 유리의 원칙이 적용되므로 근로계약이 취업규칙보다 유리한 경우에는 강행적 효력이 미치지 않는다. 또한 취업규칙에 미달하는 근로조건을 정한 근로계약은 전부가 무효가 되는 것이 아니라 미달하는 부분에 한해서만 무효가 될 뿐이다.

(2) 보충적 효력

취업규칙의 강행적 효력에 의하여 무효가 된 근로계약의 부분은 취업규칙에 정한 기준에 의한다(근기법 제97조).

(3) 한계

취업규칙은 법령이나 해당 사업 또는 사업장에 대하여 적용되는 단체협약과 어긋나서는 안 되며, 고용노동부장관은 법령이나 단체협약에 어긋나는 취업규칙의 변경을 명할 수 있다(근기법 제96조). 또한 징계의 일종인 감급 또는 감봉을 규정하는 경우에도 1회의 감액은 평균임금의 2분의 1일, 총액이 1임금지급기에 있어서의 임금총액의 10분의 1일 초과하지 못한다(근기법 제95조). 취업규칙은 강행법규나 사회질서에 반하는 경우 무효가 된다.

2. 효력발생시기

(1) 문제점

취업규칙의 효력발생시기에 대하여 별도의 규정이 없어 규범의 일종인 취업규칙이 언제 비로소 당해 사업 또는 사업장에서 효력을 발생하는지가 문제된다.

(2) 학설

학설은 ① 근기법 제14조는 취업규칙의 게시 및 주지의무를 규정하고 있고 이는 효력규정이므로 사용자가 게시 및 주지의무를 이행한 때 취업규칙의 효력이 발생한다고 보는 견해와, ② 취업규칙이 규범의 일종인 한 법령의 공포에 준하는 절차로서 그것이 새로운 기업 내 규범인 것을 널리 종업원 일반으로 하여금 알게 하는 절차, 즉 어떠한 방법이든지 적당한 방법에 의한 주지가 있으면 취업규칙은 효력이 발생한다고 보는 견해가 대립한다.

(3) 판례

대법원은 "신설 또는 변경된 취업규칙의 효력이 생기기 위하여는 적어도 법령의 공포에 준하는 절차로서 그것이 새로운 기업 내 규범인 것을 널리 종업원 일반으로 하여금 알게 하는 절차, 즉 어떠한 방법이든지 적당한 방법에 의한 주지가 필요하다."라고 판시하여 위 (2)의 ②의 견해의 입장을 취하고 있다.

(4) 검토

취업규칙은 규범의 일종이므로 작성과 동시에 효력을 가진다고 할 수 없고, 게시 및 주지의무를 이행하였을 때 효력을 가진다고 한다면 사용자가 일시적으로 게시의무를 이행하지 않은 경우에도 취업규칙의 효력이 부정된다고 할 수 있으므로, 위 **(2)**의 ② 견해 및 판례의 입장과 같이 적당한 방법에 의한 주지로 취업규칙의 효력이 발생한다고 봄이 타당하다.

제2절 기숙사

Ⅰ. 총설

근로기준법은 제98조 내지 제100조에서 기숙사제도를 통해 근로자를 부당하게 구속하는 것을 예방하고, 근로자의 건강·안전·풍기를 해치지 않도록 기숙근로자의 사생활의 자유, 기숙사 생활의 자치, 기숙사 생활의 질서 및 기숙사 생활의 안전·위생에 관하여 규정하고 있다.

Ⅱ. 사생활의 자유보장

사용자는 사업 또는 사업장의 부속 기숙사에 기숙하는 근로자의 사생활의 자유를 침해하지 못한다(근기법 제98조 제1항). 다만, 공동생활을 유지하기 위한 최소한의 제한은 인정될 수 있다.

Ⅲ. 임원선거 간섭금지

사용자는 기숙사 생활의 자치에 필요한 임원선거에 간섭하지 못한다(근기법 제98조 제2항).

Ⅳ. 기숙사규칙 작성 · 변경

사업의 부속기숙사에 근로자를 기속시키는 사용자는 기상, 취침, 외출과 외박에 관한 사항, 행사에 관한 사항, 식사에 관한 사항, 안전과 보건에 관한 사항, 건설물과 설비의 관리에 관한 사항, 그 밖에 기숙사에 기숙하는 근로자 전체에 적용될 사항이 포함된 기숙사 규칙을 작성하여야 한다(근기법 제99조 제1항). 기숙사 규칙의 작성 또는 변경시에는 기숙사에 기숙하는 근로자의 과반수를 대표하는 자의 동의를 받아야 한다(근기법 제99조 제2항).

사용자와 기숙사에 기숙하는 근로자는 기숙사규칙을 준수할 의무를 진다(근기법 제99조 제3항).

Ⅴ. 기숙사 설비와 안전

사용자는 사업의 부속기숙사를 설치 · 운영할 때에 구조 · 설비, 설치장소, 주거환경조성, 면적, 그 밖에 근로자의 안전하고 쾌적한 주거를 위해 필요한 사항에 관하여 대통령령으로 정하는 기준을 충족해야 한다(근기법 제100조). 사용자는 부속 기숙사에 대하여 근로자의 건강 유지, 사생활 보호 등을 위한 조치를 마련하여야 한다(근기법 제100조의2).

Ⅵ. 위반시 효과

임원선거간섭금지, 기숙사규칙 작성 · 변경과 근로자의 동의, 기숙사규칙 준수 등의 조치를 위반하면 과태료가 부과될 수 있다.

제9장 여성·연소근로자, 기간제·단시간근로자, 파견근로자의 보호

제1절 여성·연소근로자의 보호

Ⅰ. 여성근로자의 보호

1. 서

(1) 여성근로자보호의 필요성

여성근로자는 여성의 신체적·생리적인 특성과 모성의 보호라는 점에서 남성근로자와 구별되고, 또한 남성근로자와의 평등대우라는 측면에서 법적 보호를 필요로 하고 있다.

(2) 입법체계

헌법에서는 여성근로자의 특별보호와 모성보호를 규정하고 있다. 이에 근로기준법 기타 노동관계법에서는 여성근로자의 보호규정을 구체적으로 명시하고 있다.

2. 여성과 연소근로자에 대한 공통된 보호

(1) 유해·위험사업의 사용금지

사용자는 임신 중이거나 산후 1년이 지나지 아니한 여성과 연소자를 도덕상·보건상 유해·위험한 사업에 사용하지 못한다(근기법 제65조 제1항). 또한 임산부가 아닌 18세 이상의 여성에 대하여는 임신·출산에 관한 기능에 유해·위험한 사업에 사용하지 못한다(근기법 제65조 제2항).

(2) 야간·휴일근로의 제한

사용자는 연소자와 임산부에 대하여 야간·휴일근로를 시키지 못한다. 다만, 연소자와 산후 1년 미만자는 본인의 동의와 고용노동부장관의 인가를 얻은 경우, 임신 중인 여성근로자는 명시적인 청구와 고용노동부장관의 인가를 얻은 경우에는 야간·휴일근로를 행할 수 있다. 이때 사용자는 고용노동부장관의 인가를 얻기 이전에 근로자의 건강 및 모성보호를 위하여 근로자대표와 성실히 협의하여야 한다(근기법 제70조).

(3) 갱내근로의 금지

사용자는 여성과 연소자를 갱내에서 근로시키지 못한다. 다만, 취재·의료 등 업무성격에 따라 일시적으로 갱내근로가 필요한 경우에는 제한적으로 허용된다(근기법 제72조).

(4) 탄력적 근로시간제의 적용제외

탄력적 근로시간제는 임신 중인 여성근로자와 연소자에게 적용할 수 없다(근기법 제51조 제3항).

3. 여성근로자에 대한 특별보호

(1) 생리휴가

1) 의의

사용자는 여성근로자가 청구하는 때에는 월 1일의 생리휴가를 주어야 한다. 이는 여성근로자의 건강을 보호하고 작업능률의 저하를 방지하려는 데 그 취지가 있다.

2) 주요내용

생리휴가는 직종, 근로시간 및 개근여부 등에 상관없이 동 휴가를 청구하는 모든 여성근로자에게 주어야 한다. 현행법은 법정근로시간 단축에 맞추어 국제기준에 부합하도록 생리휴가를 무급화하되, 생리휴가 사용시 근로자의 임금이 저하될 수 있으므로 근로자의 청구에 따라 부여하도록 하였다. 생리현상이 없는 여성에 대해서는 생리휴가를 주지 않아도 될 것이나, 생리사실 유무의 입증책임은 사용자에게 있다. 또한 임신 중인 여성근로자도 생리가 없으므로 휴가를 주지 않아도 된다는 견해가 있으나, 모성보호의 취지상 생리휴가를 주어도 무방하다.

(2) 출산전후휴가

1) 의의

근기법 제74조는 사용자는 임신 중의 여성에 대하여 산전·후를 통하여 일정기간 이상의 출산전후휴가를 부여하도록 규정하고 있다. 이는 모성보호를 위하여 특별히 규정된 휴가제도이다.

2) 부여기간 및 사용

사용자는 임신 중의 여성에 대하여 출산전·후를 통하여 모두 90일의 보호휴가를 주어야 하되, 휴가기간의 배치는 산후에 45일 이상이 되어야 한다. 이 경우 한 번에 둘 이상의 자녀를 임신한 경우 120일의 보호휴가를 주어야 하고, 산후에 60일 이상이 되어야 한다(근기법 제74조). 사용자는 임신 중인 여성 근로자가 ① 유산·사산의 경험이 있는 경우, ② 출산전후휴가를 청구할 당시 연령이 만 40세 이상인 경우, ③ 유산·사산의 위험이 있다는 의료기관의 진단서를 제출한 경우에 휴가를 청구하는 경우 출산 전 어느 때라도 휴가를 나누어 사용할 수 있도록 하여야 한다. 이 경우 출산 후의 휴가 기간은 연속하여 45일, 한 번에 둘 이상 자녀를 임신한 경우에는 60일 이상이 되어야 한다.

3) 유사산휴가제도

사용자는 임신 중의 여성이 유산 또는 사산한 경우로서 당해 근로자가 청구하는 때에는 ① 유산 또는 사산한 근로자의 임신기간이 11주 이내인 경우 유산 또는 사산한 날부터 5일까지, ② 임신기간이 12주 이상 15주 이내인 경우 유산 또는 사산한 날부터 10일까지, ③ 유산 또는 사산한 근로자의 임신기간이 16주 이상 21주 이내인 경우 유산 또는 사산한 날부터 30일까지, ④ 임신기간이 22주 이상 27주 이내인 경우 유산 또는 사산한 날부터 60일까지, ⑤ 임신기간이 28주 이상인 경우 유산 또는 사산한 날부터 90일까지 보호휴가를 주어야 한다.
원칙적으로 자연 유산·사산인 경우에만 보호휴가를 부여하고 인공임신중절수술의 경우는 보호휴가를 부여할 의무가 없다. 다만, 모자보건법 제14조에서 허용하는 인공임신중절수술의 경우 예외적으로 보호휴가를 부여하여야 한다.

4) 출산전후휴가급여

출산전후휴가 중 최초 60일, 한 번에 둘 이상 자녀를 임신한 경우에는 75일은 유급으로 하되, '남녀 고용평등과 일·가정양립지원에 관한 법률' 제18조의 규정에 따라 고용보험법 제75조에 의한 출산 전후휴가급여 등이 지급된 때에는 그 금액의 한도 안에서 지급의 책임을 면한다.

5) 복귀

사업주는 출산전후휴가 종료 후에는 휴가 전과 동일한 업무 또는 동등한 수준의 임금을 지급하는 직무에 복귀시켜야 한다.

(3) 시간외근로의 제한

임신 중인 여성근로자에 대하여는 시간외근로를 시키지 못하며, 산후 1년 미만인 자에 대하여는 단체 협약이 있는 경우라도 1일 2시간, 1주 6시간, 1년 150시간을 초과하여 근로시킬 수 없다.

(4) 경이한 근로에의 전환 및 근로시간의 단축

사용자는 임신 중의 여성근로자의 요구가 있는 경우에는 경이한 종류의 근로로 전환시켜야 한다. 이는 임신한 여성근로자를 과중한 업무로부터 보호하기 위함이다. 쉬운 근로의 여부는 사회통념에 따라 구체적으로 판단하되, 대체로 임신 중의 여성이 수행하기에 신체적·정신적으로 보다 수월하고 용이한 업무라고 보아야 할 것이다. 사용자는 임신 후 12주 이내 또는 36주 이후에 있는 1일 8시간 이상 근로를 제공하는 여성 근로자가 1일 2시간의 근로시간 단축을 신청하는 경우 이를 허용하여야 한다. 1일 근로시간이 8시간 미만인 근로자에 대하여는 1일 근로시간이 6시간이 되도록 근로시간 단축을 허용할 수 있다. 사용자는 근로시간 단축을 이유로 해당 근로자의 임금을 삭감하여서는 아니 된다.

(5) 유급수유시간의 보장

생후 1년 미만의 유아를 가진 여성근로자의 청구가 있는 경우에는 1일 2회, 각각 30분 이상의 유급수유시간을 주어야 한다. 이는 육아양육과 직장생활을 동시에 보장하기 위한 제도이다.

Ⅱ. 연소근로자의 보호

1. 서

(1) 연소근로자 보호의 필요성

18세 미만의 연소근로자는 육체적·정신적으로 성장과정에 있으므로, 연소자의 건강보호와 의무교육의 완성을 기하기 위하여 법적 보호를 필요로 하고 있다.

(2) 입법체계

ILO와 헌법에서는 연소근로자에 대한 특별보호를 명시하고, 근기법에서는 연소근로자의 보호규정을 구체적으로 명시하고 있다.

2. 여성과 연소근로자에 대한 공통된 보호

(1) 유해 · 위험사업의 사용금지

사용자는 임산부와 연소자를 도덕상 · 보건상 유해 · 위험한 사업에 사용하지 못한다. 또한 임산부가 아닌 18세 이상의 여성에 대하여는 임신 · 출산에 관한 기능에 유해 · 위험한 사업에 사용하지 못한다.

(2) 야간 · 휴일근로의 제한

사용자는 연소자와 임산부에 대하여 야간 · 휴일근로를 시키지 못한다. 다만, 연소자와 산후 1년 미만자는 본인의 동의와 고용노동부장관의 인가를 얻은 경우, 임신 중인 여성근로자는 명시적인 청구와 노동부장관의 인가를 얻은 경우에는 야간 · 휴일근로를 행할 수 있다. 이때 사용자는 노동부장관의 인가를 얻기 이전에 근로자의 건강 및 모성보호를 위하여 근로자대표와 성실히 협의하여야 한다.

(3) 갱내근로의 금지

사용자는 여성과 연소자를 갱내에서 근로시키지 못한다. 다만, 취재 · 의료 등 업무성격에 따라 일시적으로 갱내근로가 필요한 경우에는 제한적으로 허용된다.

(4) 탄력적 근로시간제의 적용제외

탄력적 근로시간제는 임신 중인 여성근로자와 연소자에게 적용할 수 없다.

3. 연소근로자에 대한 특별보호

(1) 취업최저연령의 제한

1) 원칙

15세 미만인 자는 근로자로 사용하지 못한다. 이는 근로자의 취업최저연령을 제한하여 연소자의 건강과 의무교육을 확보하기 위함이다.

2) 예외

고용노동부장관이 발급한 취직인허증을 소지한 15세 미만자의 경우 근로자로 사용할 수 있다.

(2) 연소자 증명서의 비치

사용자는 연소근로자에 대하여는 그 연령을 증명하는 가족관계기록사항에 관한 증명서와 친권자 또는 후견인의 동의서를 사업장에 비치하여야 한다. 이는 사용자로 하여금 연소자의 연령을 확인하게 함으로써 연소자보호에 관한 제반규정을 준수시키려는 데 그 취지가 있다. 이 경우 취직인허증을 비치한 경우에는 가족관계기록사항에 관한 증명서와 친권자 또는 후견인의 동의서를 비치한 것으로 본다.

(3) 미성년자의 근로계약

1) 근로계약 대리체결의 금지

친권자 또는 후견인은 미성년자의 근로계약을 대리할 수 없다. 이는 친권자 등의 권리남용으로 인해 미성년자가 강제근로를 당하게 되는 것을 막기 위한 것이다.

2) 근로계약의 해지

친권자·후견인 또는 고용노동부장관은 근로계약이 미성년자에게 불리하다고 인정하는 경우에는 향후 이를 해지할 수 있다. 여기서 미성년자에게 불리하다고 인정되는 경우란 법정대리인 또는 고용노동부장관이 불리하다고 인정하면 그것이 기준이 된다고 할 것이다.

(4) 미성년자의 임금청구권

1) 독자적인 임금청구

미성년자는 독자적으로 임금을 청구할 수 있다. 이는 친권자 등에 의해 연소자의 임금이 중간착취 당하는 폐단을 막기 위한 것이다.

2) 임금채권보장법상의 보호

미성년자는 임채법에 따라 독자적으로 체당금을 청구할 수 있다.

(5) 근로시간의 특례

1) 기준근로시간의 특례

연소근로자의 근로시간은 1일 7시간, 1주 35시간을 초과하지 못한다.

2) 시간외근로의 제한

당사자의 합의로 1일 1시간, 1주 5시간을 한도로 근로시간을 연장할 수 있다.

3) 선택적 근로시간제의 적용제외

선택적 근로시간제는 연소자에게 적용할 수 없다.

제2절 기간제 · 단시간근로자의 보호

Ⅰ. 서

산업사회의 발달로 기업은 인력배치 등에 탄력적으로 대응할 필요가 생기면서 정규근로자 외에 기간제, 단시간 근로자 등의 비정규직 근로자를 사용하는 경향이 증가하였다. 이들 근로자는 정규근로자와는 달리 고용관계의 불안정과 근로조건에서의 차별 등으로 많은 사회적 문제를 야기하였고, 이에 따라 2006년 12월 21일 기간제 및 단시간근로자 보호 등에 관한 법률을 제정하였다. 동법은 상시 5인 이상의 근로자를 사용하는 모든 사업 또는 사업장에 적용되며, 동거의 친족만을 사용하는 사업 또는 사업장과 가사사용인에 대하여는 적용하지 아니하고, 상시 4인 이하의 근로자를 사용하는 사업 또는 사업장에 대하여는 대통령령이 정하는 바에 따라 이 법의 일부 규정을 적용할 수 있다(제3조).

Ⅱ. 기간제근로자의 보호

1. 의의

기간제근로자라 함은 기간의 정함이 있는 기간제 근로계약을 체결한 근로자를 말한다.

2. 사용기간의 제한

(1) 원칙

사용자는 2년을 초과하지 아니하는 범위 안에서(기간제 근로계약의 반복갱신 등의 경우에는 그 계속 근로한 총기간이 2년을 초과하지 아니하는 범위 안에서) 기간제 근로자를 사용할 수 있다.

(2) 예외

① 사업의 완료 또는 특정한 업무의 완성에 필요한 기간을 정한 경우, ② 휴직·파견 등으로 결원이 발생하여 당해 근로자가 복귀할 때까지 그 업무를 대신할 필요가 있는 경우, ③ 근로자가 학업, 직업 훈련 등을 이수함에 따라 그 이수에 필요한 기간을 정한 경우, ④ '고령자고용촉진법'상의 고령자와 근로계약을 체결하는 경우, ⑤ 전문적 지식·기술의 활용이 필요한 경우와 정부의 복지정책·실업대책 등에 의하여 일자리를 제공하는 경우로서 대통령령이 정하는 경우, ⑥ 그 밖에 ① 내지 ②에 준하는 합리적인 사유가 있는 경우로서 대통령령이 정하는 경우에는 2년을 초과하여 기간제근로자로 사용할 수 있다.

(3) 위반 시 효과

사용자가 상기 사유가 없거나 소멸되었음에도 불구하고 2년을 초과하여 기간제근로자로 사용하는 경우에는 그 기간제근로자는 기간의 정함이 없는 근로계약을 체결한 근로자로 본다.

3. 우선고용노력의무

사용자는 기간의 정함이 없는 근로계약을 체결하고자 하는 경우에 당해 사업 또는 사업장의 동종 또는 유사한 업무에 종사하는 기간제근로자를 우선적으로 고용하도록 노력하여야 한다.

Ⅲ. 단시간근로자의 보호

1. 근로기준법상 보호

(1) 단시간근로자의 정의

단시간근로자란 1주 동안의 소정근로시간이 그 사업장에서 같은 종류의 업무에 종사하는 통상근로자의 1주 동안의 소정근로시간에 비하여 짧은 근로자를 말한다.

(2) 시간비례의 원칙

단시간근로자의 근로조건은 단시간근로자와 당해 사업장의 같은 종류의 업무에 종사하는 통상근로자의 근로시간을 상호 비교하여 그 비율대로 결정된다.

(3) 구체적인 보호방법

1) 근로계약서 작성 및 교부

사용자가 단시간근로자를 고용할 경우에는 임금·근로시간, 기타의 근로조건을 명확히 기재한 근로계약서를 작성하여 근로자에게 교부하여야 한다. 단시간근로자의 근로계약서에는 계약기간, 근로일, 근로시간의 시작과 종료 시각, 시간급 임금, 그 밖에 고용노동부장관이 정하는 사항이 명시되어야 한다.

2) 임금

① 시간급

단시간근로자의 임금산정 단위는 시간급을 원칙으로 한다. 시간급임금을 일급통상임금으로 산정할 경우에는 1일 소정근로시간수에 시간급임금을 곱하여 산정한다. 단시간근로자의 1일 소정근로시간수는 4주간의 소정근로시간을 그 기간의 총일수로 나눈 시간수로 한다.

② 초과근로

사용자는 단시간근로자에 대하여 소정근로일이 아닌 날에 근로시키거나 소정근로시간을 초과하여 근로시키고자 할 경우에는 근로계약서·취업규칙 등에 그 내용 및 정도를 명시하여야 하며, 초과근로에 대하여 가산임금을 지급하기로 한 경우에는 그 지급률을 명시하여야 한다. 사용자는 근로자와 합의한 경우에만 초과근로를 시킬 수 있다.

3) 휴일

사용자는 단시간근로자에 대하여 근기법 제54조의 규정에 의한 유급휴일을 주어야 한다. 이 경우 사용자가 지급하는 임금은 일급통상임금을 기준으로 한다.

4) 휴가

사용자는 단시간근로자에 대하여 연차유급휴가를 주어야 한다. 이 경우 유급휴가는 각각 다음의 방식으로 계산한 시간단위로 하며, 1시간 미만은 1시간으로 본다. 이 경우 사용자가 지급하여야 하는 임금은 시간급을 기준으로 한다.

$$\text{통상근로자의 연차휴가일수} \times \frac{\text{단시간근로자의 소정근로시간}}{\text{통상근로자의 소정근로시간}} \times 8$$

5) 모성보호

사용자는 여성인 단시간근로자에 대하여 근기법 제73조의 규정에 의한 무급생리휴가 및 근기법 제74조의 규정에 의한 산전후휴가를 주어야 한다. 사용자가 지급하여야 하는 임금은 일급통상임금을 기준으로 한다.

6) 취업규칙

사용자는 단시간근로자에게 적용되는 취업규칙을 통상근로자에게 적용되는 취업규칙과 별도로 작성할 수 있다. 취업규칙을 작성하거나 이를 변경하고자 할 경우에는 적용대상이 되는 단시간근로자 과반수의 의견을 들어야 한다. 다만, 취업규칙을 단시간근로자에게 불이익하게 변경하는 경우에는 그 동의를 얻어야 한다. 단시간근로자에게 적용될 별도의 취업규칙이 작성되지 아니한 경우에는 통상근로자에게 적용되는 취업규칙이 적용된다. 다만, 취업규칙에서 단시간근로자에 대하여 적용이 배제되는 규정을 두거나 달리 적용한다는 규정을 둔 경우에는 이에 따른다.

7) 초단시간근로자

4주 동안(4주 미만으로 근로하는 경우에는 그 기간)을 평균하여 1주 동안의 소정근로시간이 15시간 미만인 근로자에 대하여는 제55조(주휴일)와 제60조(연차유급휴가)를 적용하지 아니한다. 또한 근로자퇴직급여보장법상 퇴직급여제도가 적용되지 아니한다.

2. 기간제근로자법상의 보호

(1) 초과근로의 제한

사용자는 단시간근로자에 대하여 근기법 제2조 제1항 제7호의 소정근로시간을 초과하여 근로하게 하는 경우에는 당해 근로자의 동의를 얻어야 한다. 이 경우 1주간에 12시간을 초과하여 근로시킬 수 없다. 단시간근로자는 사용자가 상기 동의를 얻지 아니하고 초과근로를 하게 하는 경우에는 이를 거부할 수 있다. 사용자는 초과근로에 대하여 통상임금의 100분의 50 이상을 가산하여 지급하여야 한다.

(2) 노력의무

사용자는 통상근로자를 채용하고자 하는 경우에는 당해 사업 또는 사업장의 동종 또는 유사한 업무에 종사하는 단시간근로자를 우선적으로 고용하도록 노력하여야 한다. 사용자는 가사, 학업 그 밖의 이유로 근로자가 단시간근로를 신청하는 때에는 당해 근로자를 단시간근로자로 전환하도록 노력하여야 한다.

3. 기간제근로자 및 단시간근로자에 공통된 보호

(1) 차별적 처우의 금지

1) 의의

"차별적 처우"라 함은 근기법 제2조 제1항 제5호에 따른 임금, 정기상여금, 명절상여금 등 정기적으로 지급되는 상여금, 경영성과에 따른 성과금, 그 밖에 근로조건 및 복리후생 등에 관한 사항에 있어서 합리적인 이유 없이 불리하게 처우하는 것을 말한다.

2) 차별적 처우의 금지

사용자는 기간제근로자임을 이유로 당해 사업 또는 사업장에서 동종 또는 유사한 업무에 종사하는 기간의 정함이 없는 근로계약을 체결한 근로자에 비하여 차별적 처우를 하여서는 아니되며, 단시간근로자임을 이유로 당해 사업 또는 사업장의 동종 또는 유사한 업무에 종사하는 통상근로자에 비하여 차별적 처우를 하여서는 아니 된다.

3) 차별시정제도

① 신청

기간제근로자 또는 단시간근로자는 차별적 처우를 받은 경우 차별적 처우가 있은 날(계속되는 차별적 처우는 그 종료일)부터 6개월 이내에 노동위원회에 그 시정을 신청할 수 있다. 기간제근로자 또는 단시간근로자가 시정신청을 하는 때에는 차별적 처우의 내용을 구체적으로 명시하여야 한다. 차별적 처우의 금지 및 시정신청과 관련된 분쟁에 있어서 입증책임은 사용자가 부담한다.

② 조정 · 중재

노동위원회는 시정신청에 따른 심문의 과정에서 관계당사자 쌍방 또는 일방의 신청 또는 직권에 의하여 조정절차를 개시할 수 있고, 관계당사자가 미리 노동위원회의 중재결정에 따르기로 합의하여 중재를 신청한 경우에는 중재를 할 수 있다.

조정 또는 중재를 신청하는 경우에는 차별적 처우의 시정신청을 한 날부터 14일 이내에 하여야 한다. 다만, 노동위원회의 승낙이 있는 경우에는 14일 후에도 신청할 수 있다.

노동위원회는 특별한 사유가 없는 한 조정절차를 개시하거나 중재신청을 받은 때부터 60일 이내에 조정안을 제시하거나 중재결정을 하여야 한다.

③ 판정

노동위원회는 조사 · 심문을 종료하고 차별적 처우에 해당된다고 판정한 때에는 사용자에게 시정명령을 발하여야 하고, 차별적 처우에 해당하지 아니한다고 판정한 때에는 그 시정신청을 기각하는 결정을 하여야 한다.

④ 내용

조정 · 중재 또는 시정명령의 내용에는 차별적 행위의 중지, 임금 등 근로조건의 개선(취업규칙, 단체협약 등의 제도개선 명령을 포함한다) 또는 적절한 배상 등이 포함될 수 있다.

배상액은 차별적 처우로 인하여 기간제근로자 또는 단시간근로자에게 발생한 손해액을 기준으로 정한다. 다만, 노동위원회는 사용자의 차별적 처우에 명백한 고의가 인정되거나 차별적 처우가 반복되는 경우에는 손해액을 기준으로 3배를 넘지 아니하는 범위에서 배상을 명령할 수 있다.

4) 고용노동부장관의 차별시정요구

고용노동부장관은 사용자가 차별적 처우를 한 경우에는 그 시정을 요구할 수 있다. 고용노동부장관은 사용자가 시정요구에 응하지 아니할 경우에는 차별적 처우의 내용을 구체적으로 명시하여 노동위원회에 통보하여야 한다. 이 경우 고용노동부장관은 해당 사용자 및 근로자에게 그 사실을 통지하여야 한다. 노동위원회는 고용노동부장관의 통보를 받은 경우에는 지체 없이 차별적 처우가 있는지 여부를 심리하여야 한다. 이 경우 노동위원회는 해당 사용자 및 근로자에게 의견을 진술할 수 있는 기회를 부여하여야 한다.

5) 위반 시 효과

고용노동부장관은 확정된 시정명령을 이행할 의무가 있는 사용자의 사업 또는 사업장에서 해당 시정명령의 효력이 미치는 근로자 이외의 기간제근로자 또는 단시간근로자에 대하여 차별적 처우가 있는지를 조사하여 차별적 처우가 있는 경우에는 그 시정을 요구할 수 있다.

6) 불리한 처우의 금지

사용자는 기간제근로자 또는 단시간 근로자가 사용자의 부당한 초과근로 요구의 거부, 차별적 처우의 시정신청, 노동위원회에의 참석 및 진술, 재심신청 또는 행정소송의 제기, 시정명령 불이행의 신고, 감독기관에 대한 통고를 이유로 해고 그 밖의 불리한 처우를 하지 못한다.

(2) 근로조건의 서면명시

사용자는 기간제근로자 또는 단시간근로자와 근로계약을 체결하는 때에는 다음 각 호의 모든 사항을 서면으로 명시하여야 한다. 다만, 6)은 단시간근로자에 한한다.

1) 근로계약기간에 관한 사항

2) 근로시간 · 휴게에 관한 사항

3) 임금의 구성항목 · 계산방법 및 지불방법에 관한 사항

4) 휴일 · 휴가에 관한 사항

5) 취업의 장소와 종사하여야 할 업무에 관한 사항

6) 근로일 및 근로일별 근로시간

제3절 파견근로자의 보호

I. 서

기업은 생산활동을 하기 위해서 필요한 인력을 직접 채용하기도 하며, 타인의 노무를 이용하기도 한다. 타인의 노무를 이용하는 형태에는 근로자파견, 도급, 업무위탁, 근로자공급 등 여러 유형이 존재한다. 이 중 근로자파견은 파견사업주가 근로자를 고용한 후 그 고용관계를 유지하면서 사용사업주에 파견하여 사용사업주의 지휘 명령을 받아 종사하게 하는 것을 말한다.

우리나라에서는 1980년대에 들어 노동환경 변화에 따라서 기업들의 파견근로에 대한 수요가 급속도로 증가하였으나, 정부는 직업안정법으로 금지하는 등 단속과 처벌로만 일관하였다. 그러나 현실적으로 파견근로의 형태는 빈번히 발생하고 있었으며, 1997년 ILO에서 협약을 채택하고 미국을 포함한 선진국 대다수국가가 허용함에 따라 근로자파견제도를 허용하는 한편 파견근로자를 보호하기 위해 구체적인 입법을 하게 되었다.

1998년 2월에 파견근로자 보호 등에 관한 법률(이하 '파견법'이라고도 한다)이 제정되어 그해 7월 1일부터 시행되어 오늘에 이르고 있다. 또한 현행 근로기준법(제8조)은 법률에 의한 경우를 제외하고는 취업 시 또는 취업 중에 노사의 중간에 개입하여 이익을 얻는 중간착취를 배제하고 있다.

Ⅱ. 파견근로자의 보호

1. 적용대상

법의 적용을 받는 근로자파견사업은 근로자파견을 업으로 하는 것을 말하며, '업'으로 행한다 함은 반드시 영리를 목적으로 하여야 하는 것은 아니다. 따라서 최근에 고용조정 또는 기술지도 등을 위해서 기업간에 자주 이루어지는 사외파견은 근로자파견에 해당되지 않는다. 사외파견은 사용자의 인사권에 근거해서 이루어지는 인사이동의 한 유형이므로 정당한 인사권의 범위 내에서 이루어지는 한 기업이 자유롭게 할 수 있다.

2. 근로자파견사업의 허가

(1) 고용노동부장관의 허가

근로자파견사업을 하고자 하는 자는 최근 3년 이내에 근기법, 직업안정법 등을 위반하여 처벌받은 사실이 없어야 하며 고용노동부장관의 허가를 받아야 한다. 허가의 유효기간은 3년으로 한다.

(2) 허가의 기준

근로자파견사업을 하고자 하는 자는 근로자파견사업을 적정하게 수행할 수 있는 자산 및 시설을 보유해야 하며, 당해 사업이 특정한 소수의 사용사업주를 대상으로 근로자파견을 행하는 것이 아니어야 한다.

(3) 근로자파견사업을 행할 수 없는 자

① 식품위생법에 의한 식품접객업, ② 공중위생법에 의한 숙박업, ③ 가정의례에관한법률에 의한 결혼상담 또는 중매행위를 하는 업, ④ 기타 대통령령으로 정하는 사업을 하는 자는 근로자파견사업을 행할 수 없다.

3. 근로자파견이 허용되는 업무

근로자파견이 허용되는 업무는 사유에 관계없이 항상 가능한 업무와 일시적 사유가 있는 경우에만 가능한 업무 그리고 어떠한 경우에도 근로자파견이 허용되지 않는 업무로 나누어진다.

(1) 대상사업

제조업의 직접생산공정업무를 제외하고 전문지식, 기술 또는 경험 등을 필요로 하는 업무로서 대통령이 정하는 업무를 대상으로 한다.

(2) 일시적 사유가 있는 경우

재직근로자의 병가, 계절적 요인에 따른 업무 증가 등 일시적인 사유로 인력확보가 필요한 경우에는 건설공사 현장업무 등 절대적 금지업무를 제외하고 근로자파견이 가능하다.

(3) 절대금지업무

건설공사 현장업무, 항만운송사업법 등에 의한 하역업무, 선원법에 의한 선원의 업무, 산업안전보건법에 의한 유해 위험업무, 의료법에 의한 의료인의 업무 등에 대해서는 어떠한 경우에도 근로자파견이 금지된다. 법령에서 정한 파견대상업무 이외의 업무에 근로자파견을 할 경우 파견사업주는 3년 이하의 징역 또는 2천만 원 이하의 벌금에 처하며, 사용사업주는 1년 이하의 징역 또는 1천만 원 이하의 벌금에 처하게 된다.

4. 근로자 파견기간

(1) 의의

근로자파견법 제6조는 파견기간과 연장횟수의 제한 및 파견기간 초과의 효력 등에 관해서 규정함으로써 정규근로자를 대체하는 장기파견을 규제하고 파견근로자의 정규직화를 촉진하며 무분별한 파견근로의 확산을 방지하고자 한다.

(2) 파견기간의 분류

1) 전문지식 기술 또는 경험을 필요로 하는 업무

파견기간은 1년 이내가 원칙이며, 파견사업주·사용사업주·파견근로자간의 합의로 1회에 한하여 1년의 범위 안에서 연장할 수 있다.

2) 출산, 질병, 부상 등 그 사유가 객관적으로 명백한 경우

파견기간은 그 사유 해소에 필요한 기간으로 병가 또는 휴가기간이 이에 해당한다.

3) 계절적 요인 등 일시적 사유로 인력확보가 필요한 경우

파견기간은 3월 이내가 원칙이며, 당사자 간 합의로 1회에 한하여 3월의 범위 안에서 연장할 수 있다.

(3) 2년을 초과하여 파견근로자를 사용한 경우

법에서 정한 파견기간을 초과하여 근로자파견이 계속된 경우 파견사업주는 3년 이하의 징역 또는 2천만 원 이하의 벌금에 처한다. 사용사업주는 1년 이하의 징역 또는 1천만 원 이하의 벌금에 처하게 되며, 형사처벌과 더불어 2년의 기간이 경과한 날로부터 사용사업주가 파견근로자를 고용하는 것으로 간주되므로 사용사업주가 2년 이상 파견근로자를 사용할 필요가 있는 경우에는 정규근로자를 직접 채용하는 것이 바람직하다.

5. 근로자파견의 제한

근로자파견은 법에서 허용하는 업무 범위 내에서 이루어져야 하지만, 법에서 허용하는 업무라 하더라도 다음과 같은 경우에는 근로자를 파견하거나 사용할 수 없다.

(1) 쟁의행위 대체근로 금지

파견사업주는 쟁의행위 중인 사업장에 쟁의행위로 중단된 업무의 수행을 위하여 근로자를 파견하여서는 안 된다. 이는 노동조합의 쟁의행위를 무력화할 수 있는 대체근로를 방지함으로써 노동조합의 단체행동권을 보장하기 위해서이다.

(2) 경영상 해고 후 기간제한

근기법 제31조의 규정에 의하여 경영상의 이유에 의한 해고를 한 후 원칙적으로 2년간은 파견근로자를 사용하여서는 안 된다. 다만, 노동조합 등의 동의가 있는 경우에는 정리해고 후 6월이 경과하면 파견근로자를 사용할 수 있다.

6. 위반시 효과

허가를 받지 않고 파견근로자를 사용하거나, 파견허용대상업무가 아님에도 파견근로자를 사용하거나, 파견기간을 초과하여 사용한 경우 해당 파견근로자를 직접 고용하여야 한다(제6조의2). 사용사업주가 파견근로자를 직접 고용하는 경우에 파견근로자의 근로조건은 사용사업주의 근로자 중 당해 파견근로자와 동종 또는 유사업무를 수행하는 근로자가 있는 경우에는 그 근로자에게 적용되는 취업규칙 등에서 정하는 근로조건에 의하고, 사용사업주의 근로자 중 당해 파견근로자와 동종 또는 유사업무를 수행하는 근로자가 없는 경우에는 당해 파견근로자의 기존의 근로조건의 수준보다 저하되어서는 안 된다. 뿐만 아니라 사용자에게는 소정의 벌칙이 적용된다.

Ⅲ. 파견사업주, 사용사업주, 파견근로자의 관계

1. 파견사업주와 사용사업주 간의 관계

(1) 근로자파견계약의 체결

파견사업주와 사용사업주는 근로자파견계약의 당사자로서 근로자파견계약을 서면으로 체결하여야 한다. 근로조건을 결정하는 근로계약임에도 불구하고, 근로자가 아닌 제3자가 대신하여 체결한다는 점에서 근로자파견계약의 특수성이 존재한다.

(2) 근로자파견계약의 제한

파견사업주는 정당한 이유 없이 파견근로자의 고용관계의 종료 후 사용사업주가 당해 파견근로자를 고용하는 것을 금지하는 내용의 근로자파견계약을 체결하여서는 안 된다.

(3) 근로자파견계약의 해지

사용사업주는 파견근로자의 성별, 종교, 사회적 신분이나 파견근로자의 정당한 노동조합 활동 등을 이유로 파견계약을 해지하여서는 아니 된다. 파견사업주는 사용사업주가 근로자파견법, 근기법, 산안법을 위반한 경우에는 근로자파견을 정지하거나 근로자파견계약을 해지할 수 있다.

(4) 사용사업주에 대한 통지

파견사업주는 근로자파견을 할 경우에는 파견근로자의 성명 기타 노동부령이 정하는 사항을 사용사업주에게 통지하여야 한다.

2. 파견사업주와 파견근로자와의 관계

(1) 근로계약의 체결

파견근로자와 파견사업자 사이에는 근로계약이 체결되고, 그 관계는 원칙적으로 근로계약관계이다. 파견근로자는 근로는 사용사업주에게 제공하지만 임금은 파견사업주로부터 수령한다.

파견사업주는 정당한 이유 없이 파견근로자 또는 파견근로자로서 고용되고자 하는 자와 그 고용관계의 종료 후 사용사업주에게 고용되는 것을 금지하는 내용의 근로계약을 체결하여서는 아니 된다.

(2) 파견근로자에 대한 고지의무

1) 파견근로자 고용시의 고지의무

파견사업주는 근로자를 파견근로자로서 고용하고자 할 때에는 미리 당해 근로자에게 그 취지를 알려주어야 한다.

2) 파견근로자 외의 자 파견시의 고지의무

파견사업주는 파견근로자로 고용하지 아니한 자를 근로자파견의 대상으로 하고자 할 경우에는 미리 그 취지를 알려주어야 하고 당해 근로자의 동의를 얻어야 한다.

3) 취업조건의 고지

파견사업주는 근로자파견을 하고자 할 때에는 미리 당해 파견근로자에게 취업조건을 알려주어야 한다.

3. 사용사업주 파견근로자와의 관계

(1) 사용관계의 성립

파견근로자가 사용사업주의 지휘·명령을 받아 근로를 제공하는 사용관계가 성립한다. 파견근로자는 고용관계의 종료 후 사용사업주와 자유로이 근로계약을 체결할 수 있다.

(2) 근로자대표와의 사전협의

파견근로자를 사용하고자 할 경우 사용사업주는 당해 또는 사업장에 근로자의 과반수로 조직된 노동조합이 있는 경우에는 그 노동조합, 근로자의 과반수로 조직된 노동조합이 없는 경우에는 근로자의 과반수를 대표하는 자와 사전에 성실하게 협의하여야 한다.

Ⅳ. 파견근로자의 근로관계

1. 파견근로자의 개별적 노사관계

파견근로자도 다른 근로자와 마찬가지로 근기법 등의 법령에 의한 보호를 받고 있음은 물론이다. 파견사업주와 사용사업주는 파견근로자가 사용사업주의 사업내의 동일한 업무를 수행하는 동종 근로자와 비교하여 부당하게 차별적 처우를 받지 아니하도록 하여야 한다.

(1) 근로기준법의 적용에 관한 특례

파견사업주 및 사용사업주의 양자를 근기법상의 사용자로 보는 것이 원칙이다. 즉, 파견근로자의 근로 조건의 보장에 대하여 파견사업주와 사용사업주가 공동으로 책임을 부담한다. 다만, 근로자파견법은 파견근로자의 특정근로조건에 관하여 파견사업주 및 사용사업주 중 누구를 사용자로 볼 것인가에 관하여 예외적인 특례를 두고 있다. 예컨대, ① 파견사업주가 사용사업주의 귀책사유로 인하여 근로자의 임금을 지급하지 못한 때에는 사용사업주는 당해 파견사업주와 연대하여 책임을 부담하며, ② 사용사업주가 유급휴일, 연월차유급휴가, 생리휴가, 산전후휴가를 주는 경우 유급으로 지급되는 임금은 파견 사업주가 지급한다.

(2) 산업안전보건법의 적용에 관한 특례

사용사업주를 산안법상의 사용자로 보는 것이 원칙이다. 다만, 근로자파견법은 예외적인 특례를 규정 하고 있다.

2. 파견근로자의 집단적 노사관계

근로자파견법은 파견근로자의 집단적 노사관계의 구체적 내용에 대하여 명문의 규정을 두지 아니하고 있 다. 다만, 동법 제22조 제1항은 "사용사업주는 파견근로자의 정당한 노동조합의 활동을 이유로 근로자파견 계약을 해지하여서는 아니 된다."라고 규정함으로써 파견근로자도 정당한 노동조합활동을 할 수 있음을 밝히고 있다.

따라서 파견근로자도 노동조합법상의 근로자인만큼 파견사업주는 물론 사용사업주의 사업장에서도 노동 조합을 결성하거나 가입할 수 있고 노동조합을 통하여 근로조건의 유지·향상을 위한 단체교섭을 사용자 에게 요구할 수 있음은 물론 쟁의행위를 할 수 있다고 해석되어야 할 것이다. 즉, 근로자파견법은 개별 근 로기준에 따라 사용자를 파견사업주 또는 사용사업주로 구분하고 있으므로, 각 개별 근로기준에 따라 해 당사업주를 상대로 단체교섭 및 단체행동을 할 수 있을 것이다.

제3편

집단적 노사관계법

제1장 총설

Ⅰ. 집단적 노사관계법의 개념

노동법은 근로자의 인간다운 삶의 확보를 목적으로 종속적 노동의 법규로서 발전해 왔다. 개별근로자와 사용자 사이의 관계를 규율하는 개별적 근로관계와, 근로자단체와 사용자 및 사용자단체 간의 관계를 규율하는 집단적 노사관계로 구분할 수 있는데, 이 중 후자를 규율하는 법체계를 집단적 노사관계법이라 한다.

Ⅱ. 집단적 노사관계법의 근거

근로자의 인간다운 삶의 확보를 목적으로 헌법은 사회적 기본권으로서 근로3권(헌법 제33조)를 규정하고 있고, 헌법 제33조의 근로3권 보장을 전제로 하여 근로자의 단결체의 형성과 관련된 사항, 근로자단체와 사용자(또는 사용자단체)의 관계에 관한 사항 기타 근로자단체와 정부의 관계에 관한 사항 등에 대한 사항을 규율하기 위하여 집단적 노사관계법을 제정하게 되었다.

Ⅲ. 개별적 근로관계법과의 관계

1. 개별적 근로관계법과의 차이

(1) 규율대상의 차이

개별적 근로관계법은 사용자와 개별근로자의 근로조건을 규제함으로서 사용자와 근로자 개인을 그 규율대상으로 하나, 집단적 노사관계법은 근로자단체와 사용자 또는 사용자단체와의 사이에 자치적 노사관계를 형성할 수 있도록 함으로써 근로자단체와 사용자 또는 사용자단체를 그 규율대상으로 한다.

(2) 입법취지상의 차이

개별적 근로관계법은 근로자의 인적 종속성을 중시하여 사업장에서의 개별근로자의 보호를 목적으로 하나, 집단적 노사관계법은 근로자의 경제적 종속성을 중시하여 종속적 근로를 제공한다고 보기 어려워 개별적 근로관계법상이 보호를 받을 수 없더라도 사업이나 사업장에 고용될 의사를 가진 자 또는 이에 준하여 생활하고 있거나 그렇게 할 의사를 가진 자들이 스스로 단결하여 그 노동·생활조건을 개설할 수 있는 길을 열어주기 위함을 목적으로 한다.

(3) 보호방법상의 차이

개별적 근로관계법은 근로자보호라는 관점에서 근로자와 사용자 사이에 국가가 입법이나 행정을 통하여 직접적으로 개입함으로써 시민법상의 계약자유의 원칙, 특히 계약내용 형성의 자유를 수정한다. 즉, 입법에 의해 강행적인 근로조건의 최저기준을 설정하는 한편, 그 실효성을 확보하기 위하여 행정적인 감독 및 벌칙을 마련하고 있다.

이에 반해 집단적 노사관계법은 근로자가 자주적으로 형성된 단결체를 통하여 사용자 또는 사용자단체와 자치적으로 노사관계를 형성할 수 있도록 조성하는 방법을 취한다. 근로3권의 보장을 배경으로 하여 단결체를 통한 노사 간의 실질적 평등을 구현하려는 집단적 자치의 방법을 채택하고 있는 것이 특징이다.

2. 양자의 관계

개별적 근로관계법과 집단적 노사관계법은 그 규율대상, 입법취지, 보호방법에서 차이가 있긴 하나 근로자의 인간다운 삶의 확보라는 노동법의 이념을 실현한다는 점에서 상호보완적인 관계에 있다. 근로자의 경제적·사회적 지위향상은 근로계약관계를 통하여 구체적으로 실현되기 때문에 법률적으로는 개별적 근로관계가 노사관계의 기반이 되는 것이나 현실적으로 개별적 근로관계에 의해 근로조건의 최저기준이 마련되면 집단적 노사관계는 근로조건의 유지·개선을 위한 활동을 통해 개별적 근로조건을 한층 더 개선시킨다는 점에서 대승적 상호보완관계를 형성하고 있다.

Ⅳ. 집단적 노사관계법의 구성

집단적 노사관계법은 헌법상 근로3권 보장규정을 정점으로 하여 이를 구체화하고 있는 노동조합 및 노동관계조정법이 그 중심을 이룬다. 현대적 의미의 집단적 노사관계는 노동조합과 사용자의 관계를 중심으로 이루어지기 때문에 집단적 노사관계법에서도 노동조합의 활동과 관련된 것이 가장 중요한 규율대상이다.

Ⅴ. 집단적 노사관계법의 이념

1. 근로3권의 존중

(1) 의의

근로3권의 보장 내지 존중은 집단적 노사관계법의 기초이다. 진정한 의미에서의 '근로조건의 향상' 또는 '근로조건의 유지·개선과 근로자의 경제적·사회적 지위의 향상'은 노사 간 교섭력이 실질적 대등성이 확보될 때에만 가능한 것이고, 이를 위해서는 필수적으로 근로3권의 보장이 전제되어야만 하기 때문이다.

(2) 국가의 존중의무

근로3권에 대한 존중은 국가의 의무로써 국가는 입법이나 행정행위를 통하여 근로자 또는 그 단체가 행하는 제반 단결활동에 관하여 부당한 간섭이나 방해를 하지 않아야 하며, 다른 한편으로는 입법 기타 적극적인 조치를 통하여 근로3권의 보장이 구체화 · 실효화될 수 있도록 하여야 한다.

(3) 일반 국민의 존중의무

일반 국민도 근로3권을 존중할 의무를 진다. 왜냐하면 헌법상 근로3권의 보장은 단순한 주관적 공권의 보장에 그치지 않고 객관적 가치질서로서 대사인적 효력이 인정되기 때문이다. 노동조합법은 특히 사용자에 의한 침해 내지 간섭행위로부터 근로3권을 보호하기 위하여 부당노동행위로 규정하고 노동위원회를 통한 특별구제절차와 함께 벌칙을 부과하고 있다.

2. 집단적 노사자치

(1) 의의

집단적 노사관계법은 노사간의 실질적 대등성을 전제로 하여 노사관계상의 제문제에 대하여 노사간의 자치적 규율과 해결을 존중하고 촉진한다. 이를 집단적 노사자치의 원칙이라고 한다. 집단적 노사자치의 원칙에 따라 국가의 개입은 제한적 · 예외적으로만 이루어진다.

(2) 단결자치의 인정

근로자의 단결체가 스스로의 조직형태나 그 내부운영 및 대외적 활동에서 자주적으로 결정 · 행동하고 또한 그에 대하여 외부로부터의 간섭을 받지 않음으로써 단결자치가 인정된다. 근로자의 단결체는 통상 노동조합의 형태를 취하므로 이를 흔히 조합자치라고 부른다.

(3) 집단적 합의에 의한 노사관계의 규율

노동조합(근로자단체)과 사용자(또는 사용자단체) 사이에 집단적 합의(특히 단체협약)에 의하여 조합원인 근로자와 사용자간의 근로관계 및 노사관계상의 제문제에 관하여 규율하는 것이 인정되며, 집단적 합의가 개별근로자와 사용자 간의 근로계약이나 사용자에 의한 취업규칙에 우선한다.

(4) 노동쟁의의 자주적 해결 · 조정

노동쟁의는 노사간의 임의적 조정에 의해서 평화적으로 해결되는 것이 가장 바람직하다는 점에서 노동쟁의의 자주적 해결의 원칙이 인정된다.

Ⅰ. 노동조합법상 근로자

1. 의의

노동조합법상의 근로자란 직업의 종류를 불문하고 임금·급료 기타 이에 준하는 수입에 의하여 생활하는 자를 말한다(노동조합법 제2조 제1호). 노동조합법은 근로자의 개념에 관하여 근로기준법과 별도의 규정을 두고 있다. 근기법이 인적종속관계에서 근로를 제공하는 근로자를 보호하기 위함을 목적으로 함에 반해, 노동조합법은 경제적 약자의 지위에 있는 근로자들의 실질적 평등을 보호함을 목적을 한다는 점에서 별도의 정의규정을 두고 있는 것이다.

2. 노동조합법상 근로자성 판단기준

(1) 직업의 종류를 불문

노동조합법상 근로자는 직업의 종류는 문제삼지 않는다. 따라서 근로의 내용이 정신노동인지, 육체노동인지 여부나 또는 근로형태가 상용·일용·임시직인지 여부 등은 불문한다.

(2) 임금·급료 기타 이에 준하는 수입

임금은 근기법상의 임금, 즉 사용자가 근로의 대가로 근로자에게 임금, 봉급, 그 밖에 어떠한 명칭으로든지 지급하는 일체의 금품을 말한다. 급료는 임금과 같은 의미라고 보아야 할 것이다. 그 밖에 이에 준하는 수입은 임금이 아니면서 임금과 비슷한 수입, 즉 사업주가 아닌 개인에게 일시적으로 근로를 제공하거나 타인에게 종속적 근로는 아니지만 이와 비슷한 노무를 공급하는 등의 대가로 얻는 수입을 말한다.

(3) 수입에 의하여 생활하는 자

임금 등의 수입에 의하여 생활하는 자란 다른 수입이 없거나 적어도 임금 등의 수입에 의지하여 생활하는 자를 말하다. 따라서 현실적으로 임금 등의 수입을 받고 있는 자뿐만 아니라 임금 등의 수입을 받으려는 자, 즉 노동의사를 가진 실업자도 노동조합법상의 근로자에 해당한다. 그러나 소농·영세어민·소상공업자 등 자신의 자산으로 생업을 영위하는 자는 근로자에 해당하지 아니한다.

(4) 사용종속관계의 요부

1) 문제점

노동조합법상 근로자가 되기 위하여 근기법의 근로자와 같이 사용종속관계가 있어야 하는지 여부
가 문제된다.

2) 학설

① 사용자와의 사용종속관계가 필요하다는 견해

근기법상의 근로자 개념과 노동조합법상의 근로자 개념이 다를 수 없음을 전제로 노동조합법상
의 근로자로 인정되기 위해서도 사용종속관계가 필요하다는 견해이다. 이 견해에 의하면 해고
자·실업자 등의 미취업자는 노동조합법상의 근로자에 포함되지 않는다. 노동조합법 제2조 제4
호 라목 단서규정이 단서로서의 의미, 즉 예외를 창설하는 효력을 가지려면 본문의 근로자는 취
업자만을 의미하는 것으로 해석될 수밖에 없다는 점을 논거로 한다.

② 사용자와의 사용종속관계가 불요하다는 견해

근기법상의 근로자가 인적 종속성을 중시한 개념이라면, 노동조합법상의 근로자는 경제적 종속
성을 중시한 개념으로 노동조합법이 근로자를 넓게 정의한 취지는 사업이나 사업장에 고용되어
있지 않거나 종속적 근로를 제공한다고 보기 어려워 근기법상의 보호는 받을 수 없더라도 사업
이나 사업장에 고용될 의사를 가진 자 또는 이에 준하여 생활하고 있거나 그렇게 할 의사를 가
진 자들이 스스로 단결하여 그 노동·생활조건을 개선할 수 있는 길은 열어 줄 필요가 있기 때
문이다. 이 견해에 의하면 현실적으로 취업하고 있는 자는 물론 해고자·실업자 등의 미취업자
도 노동조합법상의 근로자에 포함된다.

3) 판례

대법원은 노동조합법상 근로자는 직업의 종류를 불문하고 타인과의 사용종속관계 속에서 노무에
종사하고 대가로 임금·급료 기타 이에 준하는 수입을 받아 생활하는 자를 말한다고 전제하면서,
구체적으로 특정 노무제공자가 노동조합법상 근로자에 해당하는지는, 노무제공자의 소득이 특정
사업자에게 주로 의존하고 있는지, 노무를 제공받는 특정 사업자가 보수를 비롯하여 노무제공자와
체결하는 계약 내용을 일방적으로 결정하는지, 노무제공자가 특정 사업자의 사업 수행에 필수적인
노무를 제공함으로써 특정 사업자의 사업을 통해서 시장에 접근하는지, 노무제공자와 특정 사업자
의 법률관계가 상당한 정도로 지속적·전속적인지, 특정 사업자와 노무제공자 사이에 어느 정도 지
휘·감독관계가 존재하는지, 노무제공자가 특정 사업자로부터 받는 임금·급료 등 수입이 노무 제
공의 대가인지 등을 종합적으로 고려하여 판단하여야 한다고 판시하여 인적 종속성보다는 경제
적·조직적 종속성이 강하면 노조법상 근로자로 인정하고 있다. 더 나아가 대법원은 노동3권 보호
의 필요성을 기준으로 노조법상 근로자성을 판단하고 있다.

노동조합 및 노동관계조정법(이하 '노동조합법'이라고 한다)상 근로자는 직업의 종류를 불문하고 타인과의 사용종속관계 속에서 노무에 종사하고 대가로 임금·급료 기타 이에 준하는 수입을 받아 생활하는 자를 말하고, 타인과 사용종속관계가 있는 한 당해 노무공급계약의 형태가 고용, 도급, 위임, 무명계약 등 어느 형태이든 상관없다. 구체적으로 특정 노무제공자가 노동조합법상 근로자에 해당하는지는, 노무제공자의 소득이 특정 사업자에게 주로 의존하고 있는지, 노무를 제공받는 특정 사업자가 보수를 비롯하여 노무제공자와 체결하는 계약 내용을 일방적으로 결정하는지, 노무제공자가 특정 사업자의 사업 수행에 필수적인 노무를 제공함으로써 특정 사업자의 사업을 통해서 시장에 접근하는지, 노무제공자와 특정 사업자의 법률관계가 상당한 정도로 지속적·전속적인지, 특정 사업자와 노무제공자 사이에 어느 정도 지휘·감독관계가 존재하는지, 노무제공자가 특정 사업자로부터 받는 임금·급료 등 수입이 노무 제공의 대가인지 등을 종합적으로 고려하여 판단하여야 한다. 나아가 노동조합법은 개별적 근로관계를 규율하기 위해 제정된 근로기준법과 달리, 헌법에 의한 근로자의 노동3권 보장을 통해 근로조건의 유지·개선과 근로자의 경제적·사회적 지위 향상 등을 목적으로 제정되었다. 그러므로 이러한 노동조합법의 입법 목적과 근로자에 대한 정의 규정 등을 감안하면, 노동조합법상 근로자에 해당하는지는 노무제공관계의 실질에 비추어 노동3권을 보장할 필요성이 있는지의 관점에서 판단하여야 하고, 반드시 근로기준법상 근로자에 한정된다고 할 것은 아니다.

4) 검토

개별적 근로관계법이 인격적 종속을 전제로 하는 반면, 집단적 노사관계는 경제적 종속을 중시하는 개념으로서 노조법상 근로자는 "사업 또는 사업장"에서 현실적인 근로제공을 전제하지 않으므로 근로기준법상 근로자성에서 요구하는 엄격한 사용종속관계는 문제되지 않는다고 보아야 한다. 다만, 헌법 및 노동조합법은 근로자를 근로3권의 주체로 인정하고 있으므로 최소한의 종속관계는 필요하며 인적 종속성보다는 경제적·조직적 종속성을 기준으로 근로자성을 판단하는 판례의 입장이 타당하다.

3. 특수형태종사자의 근로자성

(1) 실업자의 근로자성

실업자는 구직의 의사와 능력은 있으나 현실적으로 고용되지 않은 자인데 노동조합법상의 근로자는 임금, 급료 기타 수입에 의하여 생활하는 자를 의미하므로 현실적인 사용종속관계에 있지 않다고 하더라도 실업자의 경우 노동의사를 가지는 이상 노동조합법상의 근로자에 포함된다고 할 것이다. 대법원 판례 역시 '구직중인 근로자'의 노동조합법상 근로자성을 긍정하고 있다.

노동조합법 제2조 제1호 및 제4호 라목 본문에서 말하는 '근로자'에는 특정한 사용자에게 고용되어 현실적으로 취업하고 있는 자뿐만 아니라, 일시적으로 실업 상태에 있는 자나 구직중인 자도 노동3권을 보장할 필요성이 있는 한 그 범위에 포함되고, 따라서 지역별 노동조합의 성격을 가진 원고가 그 구성원으로 '구직중인 여성 노동자'를 포함시키고 있다 하더라도, '구직중인 여성 노동자' 역시 노동조합법상의 근로자에 해당하므로, 구직중인 여성 노동자는 근로자가 아니라는 이유로 원고의 이 사건 노동조합설립신고를 반려한 이 사건 처분을 위법하다고 판단하였던바, 이러한 원심의 판단은 정당하고, 거기에 노동조합법에 정한 근로자의 개념에 관한 법리를 오해한 위법이 있다고 할 수 없다.

(2) 자유노무자의 근로자성

특정 사업주에 고용되지 않고 부두나 시장 등지에서 불특정 다수인의 짐을 운반하는 것으로 생활하는 하역노무자 또는 여러 건설현장을 옮겨 다니면서 일하는 건설일용근로자 등 자유노무자의 경우 이들이 얻는 수입이 임금에 준하는 수입에 해당한다고 볼 수 있으므로 노동조합법상의 근로자로 볼 것이다. 다만, 판례는 엄격한 사용종속관계의 존재를 전제로 하므로 이들을 근로자로 인정하지 않는 입장이다.

> **참조판례** 대법원 1992.5.26. 선고 90누9438 판결
>
> 건해산물의 하역작업에 종사하는 근로자들로 구성된 단체로서 위 회사로부터 아무런 간섭을 받음이 없이 조합의 규약 등이 정한 바에 따라 독자적으로 그 조합원을 가입, 구성하고 있어 그 조합원과 위 회사의 종업원은 각각 별도로 구성, 채용되며 위 회사에서 조합구성원에 대하여 근로시간과 장소 및 방법 등의 작업조건에 관하여 지시하거나 감독을 할 수 없는 등 그 조합원과 위 회사와의 사이에는 종속적인 관계가 있다 할 수 없으므로 그 조합원은 위 회사에 대하여서는 노동조합을 조직할 수 있는 근로자가 될 수 없다고 할 것이다.

(3) 도급적 노무자의 근로자성

도급적 노무자란 특정사업주와 고용계약이 아니라 도급·위임 또는 이와 비슷한 특수형태의 계약을 맺고 그 사업주만을 위하여 일하며 그 받는 보수가 실적·성과에 따라 결정되는 자들로서 보험모집인·학습지교사·외판원 등이 이에 속한다.

이러한 도급적 노무자의 경우도 노동조합법이 경제적 종속하에서의 일정한 노무제공에 대한 대가로 생활하는 자를 보호하기 위함을 목적으로 한다는 점에서 이들역시 노동조합법상의 근로자에 해당한다고 보아야 한다. 그러나 판례는 과거에 근기법상의 근로자의 경우와 마찬가지로 종속관계에서 근로를 제공하는지 여부에 따라 판단하였으나, 최근에는 변화되는 입장을 보이고 있다.

> **참조판례** 대법원 2018.6.15. 선고 2014두12598·12604 판결
>
> [1] 노동조합 및 노동관계조정법(이하 '노동조합법'이라 한다)상 근로자는 타인과의 사용종속관계하에서 노무에 종사하고 대가로 임금 기타 수입을 받아 생활하는 자를 말한다. 구체적으로 노동조합법상 근로자에 해당하는지는, 노무제공자의 소득이 특정 사업자에게 주로 의존하고 있는지, 노무를 제공 받는 특정 사업자가 보수를 비롯하여 노무제공자와 체결하는 계약 내용을 일방적으로 결정하는지, 노무제공자가 특정 사업자의 사업 수행에 필수적인 노무를 제공함으로써 특정 사업자의 사업을 통해서 시장에 접근하는지, 노무제공자와 특정 사업자의 법률관계가 상당한 정도로 지속적·전속적인지, 사용자와 노무제공자 사이에 어느 정도 지휘·감독관계가 존재하는지, 노무제공자가 특정 사업자로부터 받는 임금·급료 등 수입이 노무 제공의 대가인지 등을 종합적으로 고려하여 판단하여야 한다.
> 노동조합법은 개별적 근로관계를 규율하기 위해 제정된 근로기준법과 달리, 헌법에 의한 근로자의 노동3권 보장을 통해 근로조건의 유지·개선과 근로자의 경제적·사회적 지위 향상 등을 목적으로 제정되었다. 이러한 노동조합법의 입법 목적과 근로자에 대한 정의 규정 등을 고려하면, 노동조합법상 근로자에 해당하는지는 노무제공관계의 실질에 비추어 노동3권을 보장할 필요성이 있는지의 관점에서 판단하여야 하고, 반드시 근로기준법상 근로자에 한정된다고 할 것은 아니다.
> [2] 학습지 개발 및 교육 등의 사업을 하는 甲 주식회사가 전국학습지산업노동조합 소속 조합원이면서 학습지교사들인 乙 등과 학습지회원에 대한 관리, 모집, 교육을 내용으로 하는 위탁사업계약을 체결하였다가 그 후 이를 해지하자 乙 등이 부당해고 및 부당노동행위에 해당한다는 이유로 구제명령을 신청한 사안에서, 업무 내용, 업무 준비 및 업무 수행에 필요한 시간 등에 비추어 볼 때 학습지교사들이 겸업을 하는 것은 현실적으로 어려워 보여,

甲 회사로부터 받는 수수료가 학습지교사들의 주된 소득원이었을 것으로 보이는 점, 甲 회사는 불특정다수의 학습지교사들을 상대로 미리 마련한 정형화된 형식으로 위탁사업계약을 체결하였으므로, 보수를 비롯하여 위탁사업계약의 주요 내용이 甲 회사에 의하여 일방적으로 결정되었다고 볼 수 있는 점, 乙 등이 제공한 노무는 甲 회사의 학습지 관련 사업 수행에 필수적인 것이었고, 乙 등은 甲 회사의 사업을 통해 학습지 개발 및 학습지회원에 대한 관리·교육 등에 관한 시장에 접근한 점, 乙 등은 甲 회사와 일반적으로 1년 단위로 위탁사업계약을 체결하고 계약기간을 자동연장하여 왔으므로 위탁사업계약관계는 지속적이었고, 甲 회사에 상당한 정도로 전속되어 있었던 것으로 보이는 점 등에 비추어, 乙 등은 노동조합 및 노동관계조정법(이하 '노동조합법'이라 한다)상의 근로자에 해당하고, 전국학습지산업노동조합은 노동조합법상 근로자인 학습지교사들이 주체가 되어 자주적으로 단결하여 근로조건의 유지·개선 기타 학습지교사들의 경제적·사회적 지위의 향상을 도모함을 목적으로 조직한 단체이므로 노동조합법 제2조 제4호 본문에서 정한 노동조합에 해당한다고 한 사례이다.

📖 참조판례 대법원 2019.2.14. 선고 2016두41361 판결

원심판결 이유와 기록에 의하여 알 수 있는 다음 사정들을 위 법리에 따라 살펴보면, 코레일유통 주식회사(이하 '코레일유통'이라고 한다)와 철도역 내 매장에 관한 용역계약을 체결하고 매점 등을 관리하며 물품을 판매한 소외인 등 30여 명(이하 '매점운영자들'이라고 한다)은 노동조합법상 근로자에 해당한다고 봄이 타당하므로, 매점운영자들이 가입되어 있다는 이유로 참가인이 노동조합법상 노동조합에 해당하지 않는다고 할 수 없다.

① 코레일유통은 미리 마련한 정형화된 형식의 표준 용역계약서에 의해 매점운영자들과 용역계약을 체결하면서 보수를 비롯한 용역계약의 주요 내용을 대부분 일방적으로 결정한 것으로 보인다.

② 매점운영자들이 제공한 노무는 코레일유통의 사업 수행에 필수적인 것이었고, 매점운영자들은 코레일유통의 사업을 통해 상품 판매 시장에 접근하였다.

③ 매점운영자들은 코레일유통과 2년 이상의 기간 동안 용역계약을 체결하고 일정한 경우 재계약하는 등 용역계약관계가 지속적이었고, 코레일유통에 상당한 정도로 전속되어 있었던 것으로 보인다.

④ 매점운영자들의 기본적인 업무는 용역계약에서 정한 특정 매점에서 물품을 판매하는 것으로, 용역계약에 의해 업무내용과 업무시간이 결정되었다. 매점운영자들은 코레일유통이 공급하는 상품을 코레일유통이 정한 가격에 판매해야 하고, 판매현황을 실시간으로 포스(POS) 단말기에 등록하도록 되어 있었다. 용역계약에 따라 휴점은 월 2일까지만 가능한데, 휴점을 하려면 별도로 신청을 하여 허가를 받도록 되어 있었다. 매점운영자들은 코레일유통이 실시하는 교육 및 연수를 받아야 하고, 코레일유통이 소집하는 회의에 정당한 사유가 없는 한 참석해야 했다. 코레일유통은 자신의 비용으로 매장 내에 웹카메라를 설치·운용하였고, 매점운영자들을 상대로 정기 또는 수시로 영업지도 및 재고조사 등을 하였다. 또한 코레일유통은 매점운영자들이 용역계약을 위반하거나 매점의 운영에 문제를 발생시킨 경우 등에는 경고를 하거나 계약을 해지할 수 있었다. 이러한 사정에 비추어 보면, 매점운영자들은 어느 정도는 코레일유통의 지휘·감독을 받았던 것으로 평가할 수 있다.

⑤ 매점운영자들은 코레일유통이 제공한 물품을 판매한 대금 전액을 매일 코레일유통 명의의 계좌에 입금하고, 매월 코레일유통으로부터 보조금과 판매대금의 일정 비율로 산정된 용역비를 지급받았다. 이는 매점운영자들이 제공한 노무인 매점 관리와 물품 판매 등에 대한 대가로서 지급된 것으로 봄이 타당하다.

⑥ 특정 사업자에 대한 소속을 전제로 하지 않을 뿐만 아니라 '고용 이외의 계약 유형'에 의한 노무제공자까지도 포함할 수 있도록 규정한 노동조합법의 근로자 정의 규정과 대등한 교섭력의 확보를 통해 근로자를 보호하고자 하는 노동조합법의 입법 취지 등을 고려하면, 코레일유통의 사업에 필수적인 노무를 제공함으로써 코레일유통과 경제적·조직적 종속관계를 이루고 있는 매점운영자들을 노동조합법상 근로자로 인정할 필요성이 있다.

(4) 가내근로자

가내근로자란 타인으로부터 도구와 원료 등을 공급받고 그 작업지침에 따라 자기 집에서 자기가 선택한 시간에 작업을 하고 그 대가로 보수를 받는 자를 말하는데, 이들 역시 노무공급의 구체적 실태 여하에 따라서는 노동조합법상의 근로자에 해당된다고 볼 여지가 있다.

Ⅱ. 노동조합법상의 사용자

1. 의의

노동조합법상 사용자라 함은 사업주, 사업의 경영담당자 또는 그 사업의 근로자에 관한 사항에 대하여 사업주를 위하여 행위하는 자를 말한다(노동조합법 제2조 제2호). 법 제2조 제2호에서 사용자에 대하여 별도의 정의규정을 두고 있는 것은 노동조합법상 규범의 수규자의 범위를 명확히 하고자 하는 데 있다.

2. 사용자의 유형

(1) 협의의 사용자

협의의 사용자는 자신의 이름으로 사업을 하는 자이며 사업주를 의미한다. 사업주란 근로자를 사용하는 사업을 행하는 자를 말한다. 개인사업의 경우에는 자신의 이름으로 사업을 하는 개인이 사업주이며, 회사 등 법인사업의 경우에는 법인 그 자체가 사업주이다.

(2) 광의의 사용자

광의의 사용자는 사업주 이외에 사업의 경영담당자와 근로자에 관한 사항에 대하여 사업주를 위하여 행위하는 자를 포함한다.

1) 사업의 경영담당자

사업의 경영담당자란 사업경영 일반에 관하여 책임을 지는 자로서 사업주로부터 사업 경영의 전부 또는 일부에 대하여 포괄적 위임을 받고 대외적으로 사업을 대표하거나 대리하는 자를 말한다. 사업의 경영담당자로는 민법상 법인의 이사, 주식회사의 대표이사, 합명회사 및 합자회사의 업무집행사원, 유한회사의 이사, 상법상 지배인, 회사 정리 절차 시작 이후의 관리인이 이에 해당한다.

2) 근로자에 관한 사항에 대하여 사업주를 위하여 행위하는 자

근로자에 관한 사항에 대하여 사업주를 위하여 행위하는 자란 인사·임금 등 근로조건의 기획·결정에 대한 실질적인 권한 또는 근로제공에 대한 실질적인 지휘감독권한을 가진 자를 말한다. 회사의 인사·노무담당이사, 공장장, 인사·노무부서의 부장·과장, 임금 등 인건비 예산을 기획하는 부서의 부장·과장 등이 이에 해당한다. 사업주를 위하여 행위하는 자인지 여부는 형식적인 직명에 의해 판단되는 것이 아니라 구체적인 직무의 실태에 따라 결정되어야 한다.

3. 사용자개념의 확장

(1) 의의 및 문제점

사회 · 경제의 변화에 따른 복잡 · 다양한 취업형태가 등장하면서 형식적인 관계만을 기준으로 판단하는 것이 곤란하게 되었다. 이에 따라 형식적인 계약형식에 관계없이 해당 근로자들과의 실질적인 관계를 고려할 때 실질적으로 사용자 권한을 행사하는 자로서 근로조건의 전부 또는 일부에 대하여 구체적 영향력 내지 지배력을 미치는 경우 대사용자성을 인정할 것인지 여부가 문제된다.

(2) 학설

1) 노동조합법상의 사용자는 근로계약상의 사용자로 한정된다고 보는 견해

근로조건의 유지 · 개선을 목적으로 하는 근로3권 행사의 상대방은 근로조건에 대한 처분권한을 가지고 있어야 하고 이러한 처분권한은 근로조건의 결정권한이 있는 근로계약상의 사용자로 한정된다고 한다.

2) 사용자개념의 확장을 인정하는 견해

사회 · 경제사정의 변화로 형식적인 관계만을 가지고 판단하기는 어렵고 실질적으로 근로조건의 전부 또는 일부에 대한 구체적 영향력 내지 지배력을 미치는 등 사용자의 권한을 행사하는 경우에는 사용자의 개념을 인정해야 한다고 한다.

(3) 판례

판례는 전통적으로 사용자의 개념을 근기법상의 사용자로 엄격하게 한정하여 해석하는 입장이나 근로자의 근로조건을 실질적이고 구체적으로 지배 · 결정할 수 있는 지위에 있는 자를 사용자로 볼 것이라고 판시하여 최근 변화의 조짐을 보이고 있다.

> 📖 **참조판례** 대법원 2010.3.25. 선고 2007두8881 판결
>
> [1] 근로자의 기본적인 노동조건 등에 관하여 그 근로자를 고용한 사업주로서의 권한과 책임을 일정 부분 담당하고 있다고 볼 정도로 실질적이고 구체적으로 지배 · 결정할 수 있는 지위에 있는 자가, 노동조합을 조직 또는 운영하는 것을 지배하거나 이에 개입하는 등으로 노동조합 및 노동관계조정법 제81조 제4호에서 정한 행위를 하였다면, 그 시정을 명하는 구제명령을 이행하여야 할 사용자에 해당한다.
> [2] 원청회사가 개별도급계약을 통하여 사내 하청업체 근로자들의 기본적인 노동조건 등에 관하여 고용사업주인 사내 하청업체의 권한과 책임을 일정 부분 담당하고 있다고 볼 정도로 실질적이면서 구체적으로 지배 · 결정할 수 있는 지위에 있고 사내 하청업체의 사업폐지를 유도하는 행위와 그로 인하여 사내 하청업체 노동조합의 활동을 위축시키거나 침해하는 지배 · 개입 행위를 하였다면, 원청회사는 노동조합 및 노동관계조정법 제81조 제4호에서 정한 부당노동행위의 시정을 명하는 구제명령을 이행할 주체로서의 사용자에 해당한다.

(4) 검토

근로계약의 형태가 다양해지고 사용자가 직접적인 수규자로서의 책임을 면탈하기 위한 방법으로 고용형태를 복잡화하는 경향이 있다는 점에서 근로자의 보호를 위하여는 실질적인 관계를 기준으로 사용자의 개념을 확장하는 것이 타당하다고 생각한다.

(5) 유형

1) 근로계약상의 사용자와 근접한 지위에 있는 자의 경우

근로계약상의 사용자와 근접한 지위에 있는 자로써 가까운 과거에 근로계약관계에 있었거나 가까운 장래에 근로계약을 맺을 가능성이 있는 경우에는 사용자개념의 확장을 인정하여야 할 것이다. 해고자의 퇴직조건 등에 관한 단체교섭의 요구나, 계절적 사업에 재채용이 확실시 되는 근로자의 경우가 이에 해당한다.

2) 직접적인 근로계약상의 사용자는 아니지만 그와 비슷한 지위에 있는 자

근로계약상의 사용자는 아니지만 조합원의 근로조건에 대하여 현실적·구체적인 지배력을 행사하는 경우에는 노동조합법상의 사용자가 될 수 있다.

① 모자기업

모회사가 주식소유, 임원파견, 업무도급관계 등에 따라 자회사의 경영을 지배하는 경우 모회사가 자회사소속 근로자의 임금·인사 등 근로조건에 대하여도 현실적·구체적으로 지배력을 행사하여 왔다면 모회사는 자회사소속 근로자에 대해 근로계약상의 사용자에 비슷한 지위에 있으므로 노동조합법상의 사용자로 인정하여야 할 것이다.

② 사외근로자

일정 기업이 업무도급계약이나 근로자파견계약 등에 근거하여 소속근로자를 타기업의 사업장에서 근로를 제공하게 하는 경우를 말한다. 이러한 경우에도 인력을 공급받은 기업이 사외근로자의 근로조건에 대하여 현실적·구체적인 지배력을 행사하여 왔다면 사용자로 인정되어야 할 것이다.

③ 사실상 계속취업

사실상 계속취업이란 근로자들이 근로계약을 맺은 바 없는 제3자와 특정 기업 사이의 도급 등의 계약에 근거하여 그 기업에 계속 취업하는 경우를 말한다. 이 경우에도 사용기업이 이들이 근로조건을 현실적·구체적으로 지배해 왔다면 사용자로 인정되어야 할 것이다.

제2장 노동조합

제1절 노동조합의 의의

I. 노동조합의 개념

노동조합은 '근로자가 주체가 되어 자주적으로 단결하여 근로조건의 유지·개선 기타 근로자의 경제적·사회적 지위향상을 도모함을 목적으로 조직하는 단체 또는 그 연합단체'를 말한다(노동조합 및 노동관계조정법 제2조 제4호). 노동조합은 헌법 제33조 제1항의 근로3권 보장의 취지에 따라 사용자와의 개별적인 근로관계에서 오는 형식적인 자유와 평등을 극복하고 집단적 자조를 통해 근로조건 향상이라는 목적활동을 수행하기 위해 자주적으로 생성된 조직이다.

II. 노동조합에 대한 입법정책

1. 서설

인격의 자유와 평등을 기초로 하여 재산권의 절대성과 계약자유의 원칙을 강조하는 시민법원리에 따라 근로관계에서도 다른 재산거래관계와 동일하게 파악하여 사적자치를 인정하였다. 자본주의의 발달과 함께 시민법원리의 수정이 불가피하게 되고 이러한 추세 따라 18세기 중반 이후 노동조합이 형성되게 되었다. 노동조합의 발전의 역사는 억압·소극적 용인·적극적 보호의 시기로 나누어 볼 수 있다.

2. 억압의 시기

최초의 노동조합은 숙련공이 중심이 된 직종별 노동조합으로 비숙련 근로자에 대립하는 배타적 직업의식을 기초로 하여 강한 연대·높은 조합비·엄격한 내부규율과 클로즈드 숍(closed shop)에 의해 유지되었다. 이러한 노동조합의 활동에 대해 국가법은 사용자의 계약의 자유나 개별근로자의 자유를 침해하는 것으로 파악하여 가능한 한 모든 수단을 동원하여 억압하고자 하였다. 그리하여 국가법은 단결금지입법을 제정하여 형사벌로써 노동조합의 결성 또는 그 활동을 억압하였다.

3. 소극적 용인의 시기

19세기에 들어서면서 노동조합의 힘이 급속하고 성장하고 노동조합에 대한 억압정책을 비판하는 다양한 이론이 주장되면서 노동조합에 대한 형사적 제재의 폐지, 산업별 노동조합으로 변화, 반숙련근로자가 숙련 근로자를 대신하여 기간공정의 주류를 점하게 되고, 유니온 숍(union shop)을 통한 단체교섭·단체협약에 의한 근로조건의 규제방식이 추구되었다. 그러나 단결활동에 대한 형사면책은 개인근로자의 시민적 자유의 단순한 총화 수준에 한정되었고 노동조합의 결성과 파업은 개인이 가지는 결사의 자유와 퇴직의 자유에 기초하여 허용되었다.

4. 적극적 보호의 시기

제1차 세계대전 전후한 시기, 사회주의 국가의 출현으로 자본주의 체제에 대한 위기감이 고조되자 서구국가에서는 그에 대처하기 위하여 노동조합을 법적 단체로 승인함으로써 체제내화하게 되었다. 1919년 독일의 바이마르헌법은 헌법차원의 단결권을 최초로 보장하였으며, 제1차 세계대전 후 ILO가 설립되었으며, 국제노동법시대로 접어들면서 노동의 비상품화, 단결의 자유의 승인, 국제적 근로조건의 개선 등의 적극적 보호수단을 취하게 되었다.

Ⅲ. 노동조합의 기능

1. 공제적 기능

역사적으로 노동조합은 근로자 상호간의 공제적인 기능을 발휘하는 공제단체로서 성장해 온 단체이며, 오늘날에 있어서도 노동조합이 부차적으로 공제적인 기능을 담당하고 있음을 무시할 수 없다. 노동조합의 공제적 기능을 노동조합 내부에 있어서 조합원 상호간의 부조를 주목적으로 하는 대내적인 기능이라고 할 수 있다. 조합원의 질병·재해·폐질·사망·퇴직 등 노동력의 일시적 또는 영구적인 상실과 불행 등의 사고에 대비하여 스스로 적립한 기금에 의하여 이를 구제하고자 하는 활동은 노동조합의 가장 오래된 기능이다. 오늘날에 있어서 노동조합의 공제적 기능은 상대적으로 약화되었다고 할 수 있으나 구미의 노동조합에 있어서는 여전히 노동조합의 중요한 기능의 하나로 발휘되고 있다.

2. 경제적 기능

노동조합은 근로조건의 유지·개선을 목적으로 하는 경제적 단체이며, 이와 같은 경제적인 목적을 제1차적인 목적으로 하지 않는 노동단체는 노동조합이라고 할 수 없다. 노동조합의 경제적 기능을 산업별 기능이라고 하는데, 이와 같은 경제적·산업별 기능은 직접적으로 사용자에 대하여 발휘하는 노동력의 매도인으로서의 집단적 교섭의 기능이라고 할 수 있으며 노동조합의 가장 중추적인 기능이다.

노동조합의 경제적 기능으로서 집단적 교섭의 기능은 단체협약의 체결을 궁극적인 목적으로 하는 기능이다. 평화적인 교섭과 단체협약의 체결을 가장 이상적인 방법으로 한다. 그러나 평화적인 방법에 의하여 경제적 기능이 발휘될 수 없는 경우에는 부득이 쟁의행위라고 하는 자력구제의 방법을 채택하게 되는데, 이와 같은 쟁의행위도 역시 노동조합의 경제적 기능을 발휘하는 방법의 하나이다.

3. 정치적 기능

노동조합의 정치적인 활동, 즉 정치적 기능은 경제적인 기능과 불가분의 관계에서 발생하는 기능이라고 할 수 있다. 노동조합은 경제적인 기능을 본질적인 기능으로 하고 있으나 경제는 정치와 불가분의 관계에 있으며, 따라서 노동조합은 경제적인 목적을 달성하기 위하여 부득이 정치적인 활동을 전개하지 않을 수 없게 된다. 근로자의 근로조건의 개선이라든가 경제적·사회적 지위의 향상 등은 국가가 제정하는 노동관계법의 의하여 직접적으로 영향을 받게 된다. 그러므로 노동조합은 특정법률의 제·개정의 촉구와 반대 등의 정치적인 발언권을 행사하고자 하며, 이의 실현을 위하여 특정 정당을 지지하거나 반대하는 등의 정치활동을 전개함으로써 경제적 목적을 달성하고자 한다. 노동조합이 전국적인 규모의 산업별 조직을 확대됨에 따라 이와 같은 정치적 기능을 더욱 강화하고자 하는 경향이 현저하게 나타나며 자본제 사회의 구조적 실업과 저임금은 노동조합의 정치적인 활동을 더욱 자극하게 된다.

4. 사회적·문화적 기능(국가 속의 국가, 제2의 국가)

오늘날 서구사회에 있어서는 노동조합은 하나의 사회적인 압력단체로서의 지위를 차지하고 있다. 노동조합의 조직률이 높아지고 전국적인 규모의 단체로서 확대됨에 따라 노동조합의 사회적·정치적인 발언권이 점차적으로 강화되고 있음은 이를 부정할 수 없다. 노동조합의 이와 같은 사회적 세력을 가리켜, "국가 속의 국가" 또는 "제2의 국가"라고 비유하기도 한다.

Ⅳ. 노동조합의 조직형태

노동조합은 근로자가 주체가 되어 자주적으로 조직하는 것이므로 그 조직형태도 근로자들이 자주적으로 결정할 수 있다. 노동조합은 구성원인 근로자의 자격에 따른 유형과 결합방식에 의한 유형으로 구분된다.

1. 구성원 자격에 따른 유형

(1) 직종별 조합

동일한 직종에 종사하는 근로자들이 개별적인 기업과 산업을 초월하여 결합한 횡단적 노동조합으로, 역사적으로 숙련근로자를 중심으로 가장 먼저 조직된 조직형태이다.

1) 장점

단결력이 강하며 어용화의 위험이 적다는 점, 임금·근로시간 기타 근로조건의 통일된 요구를 할 수 있다는 점, 실업근로자도 가입할 수 있다는 점은 직종별 조합의 장점이다.

2) 단점

배타적이고 독점적이어서 전체 근로자 단결에 분열을 초래할 수 있고 전체 근로자의 지위향상에 한계, 조합원과 사용자의 관계가 희박하다는 점은 직종별 조합의 단점이다.

(2) 산업별 조합

직종과 기업을 초월하여 동종산업에 종사하는 근로자들로 조직된 횡단적 노동조합 형태로서 산업혁명이 진행됨에 따라 대량의 미숙련자들이 노동시장에 진출하면서 이들의 권익을 보호하기 위하여 발달한 것으로 서구의 일반적인 노동조합 조직형태이다.

1) 장점

동종산업에 종사하는 근로자의 지위를 통일적으로 개선할 수 있으며, 조직력이 강하여 근로자의 요구를 관철시키는데 효과적이고, 사용자에 의한 어용화의 위험이 적다.

2) 단점

조직의 방대하여 조합원 전체의 의사를 반영하기 어렵고 단결력이 형식화될 수 있으며, 기업별 특수성을 반영하기 어렵고, 산업내부의 직종간 대립이 발생할 수 있다.

(3) 기업별 조합

하나의 사업 또는 사업장에 종사하는 근로자들이 직종의 관계없이 조직된 조직형태로서 우리나라와 일본에서 지배적인 노동조합의 유형이다.

1) 장점

기업의 특수성을 반영할 수 있으며, 조합결성이 용이하고 참여의식이 강하고, 사용자와의 관계 긴밀하여 노사간 협조가 용이하다.

2) 단점

사용자에 의한 어용화의 가능성이 크며, 사업장 내의 분규가 빈번할 수 있고, 종업원 의식이 강하여 기업을 초월한 조합원들의 협조가 미약하다.

(4) 일반조합

일반조합은 근로자들의 소속기업, 직종, 사업과 상관없이 근로의사와 능력이 있는 근로자는 누구나 가입할 수 있는 노동조합의 형태이다.

1) 장점

특정 기업, 직종, 산업에 속하지 않는 자도 가입 가능하여 근로자의 최소한의 권리 보장에 기여할 수 있다.

2) 단점

조합민주주의가 희박하고 근로자전체의 통일과 단결력이 약하다. 또한 공통적 이해관계 도출이 어려워 단체교섭기능이 미약하다.

2. 결합방식에 의한 유형

(1) 구별기준

노동조합의 조직형태가 구성원의 전부 또는 대부분이 근로자 개인인가 또는 노동조합인가에 따라 구별하는 유형이다.

(2) 단위노동조합

단위노동조합은 근로자 개인을 직접 구성원으로 하고 있는 노동조합의 조직형태로서 기업별 단위노동 조합, 산업별 단위노동조합이 가능하다. 단위노동조합 중에서 지부·분회 등 산하조직을 둔 경우를 특히 단일노동조합이라 부르기도 한다.

(3) 연합단체

1) 의의

단위노동조합을 구성원으로 하는 조직형태로 현행 노동조합법은 연합단체를 인정하고 있다. 연합단체인 노동조합은 규약에 의해 통일적인 단체로서의 성격을 갖는 것으로 단위노동조합 간에 단순한 협의·연락기관에 불과한 협의체 조직과는 구별된다.

2) 연합단체 가입의 자유

단위노동조합은 적극적 단결권 및 소극적 단결권이 보장되고 있기 때문에 연합단체에 가입여부를 자유로이 결정할 수 있다.

3) 노동조합의 소속연합단체와의 관계

단위노동조합이 산업별 연합단체인 노동조합에 가입하거나, 산업별 연합단체 또는 전국규모의 산업별 단위노동조합이 총연합단체인 노동조합에 가입한 경우에는 해당 노동조합은 소속 산업별 연합단체인 노동조합 또는 총연합단체인 노동조합의 규약이 정하는 의무를 성실하게 이행해야 하며, 총연합단체인 노동조합 또는 산업별 연합단체인 노동조합은 해당 노동조합에 가입한 노동조합의 활동에 대하여 협조·지원 또는 지도할 수 있다(노동조합법 시행령 제8조).

(4) 혼합노동조합

근로자 개인과 기업별노동조합인 노동조합을 그 구성원으로 하는 노동조합을 말한다. 산업별 단위노동조합, 산업별 연합노동조합, 기업별 단위노동조합, 기업별 연합노동조합 등 조직형태가 매우 다양하다.

V. 우리나라 노동조합의 조직형태

1. 1953년 노동조합법에서는 노동조합의 조직형태에 관하여 아무 규정도 두지 아니하였으며(자유설립주의), 실질적으로는 기업별 조합의 형태를 취하였다.

2. 1963년 노동조합법 개정되면서 산업별 조합형태로 강제하였으나, 실제로는 기업별 조합형태가 유지되었다.

3. 1973년 노동조합법의 개정으로 산업별 조합형태에 관한 규정이 삭제되었다.

4. 1980년 노동조합법은 기업별 조합형태를 강제하였다.

5. 1987년 노동조합법은 기업별 조합 강제 규정을 삭제하고, 조직형태에 관하여 자유로이 선택할 수 있도록 하였으나, 연합단체는 협의체로만 존재하도록 하여 실제로 기업별 노동조합의 형태가 유지되었다.

6. 현행 노동조합법은 조직유형에 대한 강제조항을 두지 않아 헌법 제33조 제1항의 단결권에 근거하여 산업별, 직종별, 기업별 노동조합 중 어느 것이라도 자유로이 선택할 수 있도록 하였다.

Ⅰ. 의의

노동조합법은 노동조합의 설립에 있어 일정한 요건을 두어 이를 갖춘 경우에만 특별한 법적보호를 하고 있다. 이처럼 노동조합의 설립요건에 대해 노동조합법이 그 설립요건을 규정하고 있는 것은 노동조합의 헌법상 단결권 보장을 위한 최소한도의 필요조건인 대외적 자주성과 대내적 민주성의 확보라는 노동 정책적 목적달성을 위한 것이다. 그러나 노동조합법의 설립요건이 엄격하여 헌법상 기본권행사가 지나치게 위축될 수 있다는 점에서 일부 요건을 구비하지 못했다고 해서 헌법상의 보호가 당연히 배제되는 것은 아니다.

Ⅱ. 노동조합의 실질적 요건

1. 의의

노동조합이라 함은 '근로자가 주체가 되어 자주적으로 단결하여 근로조건의 유지·개선, 기타 경제적·사회적 지위향상을 도모함을 목적으로 조직하는 단체 또는 그 연합단체'이다. 노동조합법상 노동조합은 제2조 제4호에서 정하는 요건(실질적 요건)을 갖추어야 한다. 그 중 본문은 노동조합이 되기 위하여 필수적으로 구비하여야 하는 '적극적 요건'을 규정한 것이고, 노동조합법 제2조 제4호 단서 각목은 노동조합의 결격사유로서 '소극적 요건'을 정한 것이다.

2. 적극적 요건

노동조합은 "근로자가 주체가 되어 자주적으로 단결하여 근로조건이 유지·개선, 그 밖에 근로자의 경제적·사회적 지위 향상을 도모함을 목적으로 조직하는 단체 또는 그 연합단체"이어야 한다(노동조합법 제2조 제4호 본문). 노동조합의 실질적 요건 중 적극적 요건은 자주성, 목적성, 단체성으로 구분된다.

(1) 자주성

노동조합은 '근로자가 주체가 되어' '자주적으로' 조직하는 단체이어야 한다. '근로자가 주체'가 된다는 것은 노동조합법 제2조 제1호가 정의하는 근로자가 양적인 면에서 조합원의 대부분을 구성하고 질적인 면에서 노동조합의 운영·활동에서 주도적 지위에 서는 것이다. 노동조합의 구성주체가 될 '근로자'란 직업의 종류에 관계없이 임금·급료, 그 밖에 이에 준하는 수입으로 생활하는 자(노동조합법 제2조 제1호)를 말한다. '자주적'이라 함은 근로자단체가 사용자뿐만 아니라 국가·사회단체 등 외부세력의 방해나 간섭에서 독립하여 조직·운영되는 것이다.

(2) 목적성

노동조합은 '근로조건의 유지·개선 기타 경제적·사회적 지위의 향상을 도모함'을 목적으로 하는 단체이다. '근로조건'이라 함은 임금, 근로시간, 휴식, 안전보건, 고용보장 등 근로자의 노무제공과 관련된 제 조건을 말하고, '경제적·사회적 지위'라 함은 근로조건 외에 근로조건에 영향을 미치는 인사, 경영사항, 복리후생 등의 경제적 지위와 함께 조세법, 사회보장법 등 각종 입법이나 정책에 대한 사회구성원으로서 가지는 사회적 지위를 포함하는 의미이다. 노동조합이 근로조건의 유지·개선을 목적으로 하는 것은 자주성과 동일체의 양면에 불과하다고 보아 목적은 자주성에 포함된다고 보는 견해도 있으나 목적성은 근로3권의 행사주체로서 노동조합과 일반 단체를 구별하는 기준이 되므로 자주성과는 구별되어야 한다.

(3) 단체성

1) 사단성

노동조합으로 인정되려면 '단체 또는 그 연합단체'이어야 한다. '단체'라 함은 그 기본규칙(조합규약)과 운영조직(기관과 재정)을 갖추고 계속적으로 활동하는 복수의 인적 결합체로써, 단체성이 인정되기 위해서는 2명 이상의 명확한 구성원으로 조직되어야 하고 규약을 가지고 구성원의 의사를 초월하여 활동하기 위한 의사결정기관과 업무집행·대표기관을 가지며 구성원에 대한 통제권을 가져야 한다. 노동조합이 되려면 계속적 결합체이어야 하므로 근로자의 일시적 단결체(예 쟁의단)는 노동조합이 될 수 없다.

2) 조합원이 1명만 남은 경우

조합원이 1명만 남은 경우라도 조합원 증가의 일반적 가능성이 있으면 단체성을 갖는 것으로 본다.

> **참조판례** 대법원 1998.3.13. 선고 97누19830 판결
>
> 노동조합은 그 요건으로 단체성이 요구되므로 복수인이 결합하여 규약을 가지고 그 운영을 위한 조직을 갖추어야 하는바, 법인 아닌 노동조합이 일단 설립되었다고 할지라도 중도에 그 조합원이 1인밖에 남지 아니하게 된 경우에는, 그 조합원이 증가될 일반적 가능성이 없는 한, 노동조합으로서의 단체성을 상실하여 청산목적과 관련되지 않는 한 당사자능력이 없다.

3) 연합단체

'연합단체'라 함은 자주성, 목적성, 단체성을 구비한 단위노동조합을 구성원으로 하는 상부단체를 말한다. 노동조합법 제10조 제2항은 "연합단체인 노동조합은 동종산업의 단위노동조합을 구성원으로 하는 산업별 연합단체와 산업별 연합단체 또는 전국규모의 산업별 단위노동조합을 구성원으로 하는 총연합단체를 말한다."라고 규정하고 있으나 이는 예시적 규정으로 연합단체가 반드시 동종산업별로 구성되어야 하는 것은 아니다.

4) 산하조직

① 문제점

'지부·분회 등' 노동조합의 산하조직이 독자적인 노동조합으로 인정될 수 있는지가 문제된다.

② 학설

㉠ 독자적인 노동조합으로 인정하는 견해

이 견해는 산하조직이라도 단체로서의 실체를 갖춘 경우에는 독자적인 노동조합으로 근로3권의 주체가 될 수 있다고 한다.

㉡ 독자적인 노동조합으로 볼 수 없다는 견해

지부·분회 등 노동조합의 산하조직은 노동조합의 효율적인 관리를 위한 내부기구에 불과하고 만약 지부·분회를 독자적인 노동조합으로 인정한다면 단위노동조합이 단위노동조합을 구성원으로 한다는 모순이 발생할 수 있으므로 지부·분회 등은 독자적인 노동조합이 될 수 없다고 한다.

③ 판례

대법원은 노동조합의 산하조직이 독자적인 규약 및 집행기관을 가지고 독립된 조직체로서 활동을 하는 경우에는 설립신고를 하였는지 여부에 관계없이 그 조직이나 그 조합원에 고유한 사항에 대하여는 독자적으로 단체교섭을 할 수 있다고 판시하여 지부·분회 등의 노동조합성을 인정하는 입장이다.

> **참조판례 대법원 2001.2.23. 선고 2000도4299 판결**
> 노동조합의 하부단체인 분회나 지부가 독자적인 규약 및 집행기관을 가지고 독립된 조직체로서 활동을 하는 경우 당해 조직이나 그 조합원에 고유한 사항에 대하여는 독자적으로 단체교섭하고 단체협약을 체결할 수 있고, 이는 그 분회나 지부가 노동조합 및 노동관계조정법 시행령 제7조의 규정에 따라 그 설립신고를 하였는지 여부에 영향받지 아니한다.

④ 검토

현행법상 지부·분회 등의 명칭여하에 불구하고 설립신고를 할 수 있도록 규정(노동조합법 시행령 제7조)하고 있고, 기업별 단위노동조합하에서도 그 조직이 지역적으로 분산되어 있거나, 각 사업장의 업무의 성질이 서로 상이하여 통일적인 관리가 용이하지 않을 수 있으므로 지부·분회에 대해서는 독자적인 노동조합으로 인정하는 것이 타당하다고 본다. 그러나 노동조합을 구성원으로 하는 단순한 협의·연락체는 구성원에 대한 통제권을 갖지 않는 등 단체성이 없기 때문에 노동조합이라고 볼 수 없다.

3. 소극적 요건

(1) 의의

노동조합이라 할 수 있으려면 ① 사용자 또는 항상 그의 이익을 대표하여 행동하는 자의 참가를 허용하지 않을 것, ② 경비의 주된 부분을 사용자로부터 원조받지 않을 것, ③ 공제·수양, 그 밖의 복리사업만을 목적으로 하지 않을 것, ④ 근로자가 아닌 자의 가입을 허용하지 않을 것, ⑤ 주로 정치운동을 목적으로 하지 않을 것의 소극적 요건도 충족해야 한다(노동조합법 제2조 제4호 단서).

(2) 사용자 또는 그 이익대표자의 참가의 배제

노동조합이라 할 수 있으려면, '사용자 또는 항상 그의 이익을 대표하여 행동하는 자의 참가를 허용'하지 않아야 한다(노동조합법 제2조 4호 단서 가목). 이는 노동조합의 자주성이 약화·상실될 위험을 방지하기 위한 규정이다.

1) 사용자

여기서의 사용자란 광의의 사용자를 말한다. 따라서 사업주, 사업경영담당자, 그 사업의 근로자에 관한 사항에 대하여 사업주를 위하여 행동하는 자는 조합원이 될 수 없다.

2) 이익대표자

항상 사용자의 이익을 대표하는 자란 그 직무상의 의무와 책임이 노동조합의 조합원으로서의 의무와 책임에 직접 저촉되는 근로자로서 통상 사용자에 전속되어 그의 업무를 보조하는 자와 회사재산을 보호하기 위하여 출입자를 감시하는 등의 경찰적 업무를 맡고 있는 자 등을 의미한다. 이익대표자에 해당하는지 여부는 부장·과장 등의 형식적인 지위나 명칭을 기준으로 할 것이 아니라 그 자가 당해 사업에 있어서 실제로 담당하는 기능에 따라 판단한다. 한편, 실제로 사용자의 이익대표자가 노동조합에 참여한 경우 논란은 있으나 노동조합의 실질적인 자주성을 유지하고 있다면 실질적 요건을 갖춘 노동조합으로 보아야 한다.

> **📖 참조판례 대법원 1998.5.22. 선고 97누8076 판결**
>
> 전쟁기념사업회 노동조합의 조합장이 학예부장의 차하위자인 3급직 학예담당관으로 그 부하직원을 지휘하고 그 휘하의 6급 이하 직원에 대한 1차적 평가를 하지만, 부장이 2차 평정권자로서 그 평정의 권한 및 책임은 궁극적으로 부장에게 귀속되고, 부하직원의 지휘도 부장을 보조하는데 지나지 아니하며, 인사, 급여, 후생, 노무관리 등 근로조건의 결정에 관한 권한과 책임을 전쟁기념사업회로부터 위임받은 점이 없다면, 위 조합장이 구 노동조합법(1996.12.31. 법률 제5244호 부칙 제3조로 폐지되기 전의 것) 제3조 단서 제1호에 정한 사용자 또는 항상 그의 이익을 대표하여 행동하는 자에 해당하지 아니한다.

(3) 경비의 원조배제

노동조합이라 할 수 있으려면 '경비의 주된 부분을 사용자로부터 원조'받지 않아야 한다(노동조합법 제2조 제4호 단서 나목). 이는 노동조합이 재정적 측면에서 사용자로부터 자주성을 유지하기 위한 것이다. 경비는 노동조합의 존립·활동을 위하여 지출하는 모든 비용을 포함하며, 원조받는다는 것은 금품이나 그 밖의 경제적 이익을 받는 것을 말한다.

경비의 주된 부분이란 노동조합의 경비 중에서 성질상 사용자로부터 원조받으면 노동조합의 자주성이 상실될 위험이 있는 것을 말한다. 그러므로 경비의 원조에 해당 여부는 사용자의 경비원조에 의해 노동조합의 자주성을 잃을 위험이 현저한가를 기준으로 판단한다. 노동조합법 제81조 제4호 단서는 "근로자가 근로시간 중에 제24조 제2항에 따른 활동을 하는 것을 사용자가 허용함은 무방하며, 또한 근로자의 후생자금 또는 경제상의 불행 그 밖에 재해의 방지와 구제 등을 위한 기금의 기부와 최소한의 규모의 노동조합사무소의 제공 및 그 밖에 이에 준하여 노동조합의 자주적인 운영 또는 활동을 침해할 위험이 없는 범위에서의 운영비 원조행위는 예외로 한다."라고 규정하고 있으므로 이러한 범위에서 경비의 주된 부분을 원조받는 행위에 해당하지 않는다.

(4) 공제 목적의 배제

노동조합이라 할 수 있으려면 '공제·수양, 그 밖의 복지사업만을 목적'으로 하지 않아야 한다(노동조합법 제2조 제4호 단서 다목). 이는 노동조합의 경제적 기능을 수행하는 단체로서 노동조합의 목적성을 확보하기 위한 규정이다. 공제 또는 복리사업이란 근로자들의 갹출 또는 사용자의 기부·대여 등을 기초로 질병·사고 등에 대한 보조금 지급, 생활에 필요한 금전의 대여, 생활용품이나 주택의 구입, 장학금의 지급, 시설 이용 기회의 부여 등 경제적 이익을 제공하는 것을 말한다. 수양이란 구성원이 정신적·문화적 욕구를 충족시키는 것을 말한다. 노동조합은 공제·수양 기타 복리사업만을 목적으로 하여서는 아니 된다. 그러나 근로조건의 유지·개선을 주된 목적으로 하면서 부수적으로 공제·수양, 그 밖의 복리사업을 목적으로 하는 것은 무방하다.

(5) 근로자가 아닌 자의 배제

노동조합이라 할 수 있으려면 '근로자가 아닌 자의 가입을 허용'하지 않아야 한다(노동조합법 제2조 제4호 단서 라목 본문). 근로자가 아닌 자가 가입하면 노동조합 내부관계 내지 기업 내 노사관계를 혼란스럽게 만들 위험이 있으므로 이를 방지하기 위하여 마련된 규정이다. 실업자·구직자·해고자도 노동조합 조직형태와 관계없이 노동조합법상 근로자로 인정된다. 이들이 노동조합 가입범위에 포함되는지는 규약에 의해 정해진다.

(6) 정치 목적의 배제

노동조합이라고 할 수 있으려면 '주로 정치운동을 목적'으로 하지 않아야 한다(노동조합법 제2조 제4호 단서 마목). 이 규정은 노동조합은 당연히 '근로조건의 유지·개선'을 주된 목적으로 해야 한다는 적극적 요건을 뒷받침하기 위한 규정이다. 정치운동이란 사회·경제체제의 변혁, 정권의 장악, 정당정치에 대한 영향력의 행사에 관련된 모든 활동을 말한다. 정치활동이 배제된다고 하더라도 노동조합의 정치활동은 근로조건의 유지·개선과 경제적·사회적 지위의 향상이라는 주목적을 달성하기 위하여 필요한 범위에서 부수적으로는 허용된다.

4. 적극적 요건과 소극적 요건의 관계

(1) 문제의 소재

노동조합법은 노동조합의 설립요건으로 적극적 요건과 소극적 요건을 각각 규정하고 있는데, 이 양자의 관계를 어떻게 볼 것인가가 문제된다.

(2) 학설

1) 독자성인정설

노동조합법 제2조 제4호 단서 각호의 소극적 요건은 동조 본문의 적극적 요건과는 별개의 노동조합설립을 위한 독자적 요건을 규정하고 있는 것이라고 보는 견해로, 이 견해에 의하면 노동조합이 소극적 요건에 해당하는 경우에는 노동조합법상의 노동조합이 될 수 없다고 본다.

2) 독자성부정설

노동조합법 제2조 제4호 단서의 소극적 요건, 특히 가목, 나목 및 라목은 적극적 요건을 단순히 확인·부여하는 규정에 불과하며 아무런 독자적 의미를 갖고 있지 못하다고 보는 견해로, 이 견해는 단서 각목에 해당되는 경우라 할지라도 실질적으로 동조 본문의 적극적 요건을 충족하여 노동조합의 자주성을 구비하는 경우에는 노동조합법상의 노동조합이 될 수 있다고 한다.

3) 구체화 규정설

노동조합법 제2조 제4호 단서의 소극적 요건은 동조 본문의 적극적 요건의 내용이 추상적이므로 이를 구체화하고 있는 규정으로 보는 견해로, 소극적 요건에 해당되는 경우에는 노동조합설립의 적극적 요건을 침해하는 가장 대표적이고 전형적인 사례에 해당되는 것이라고 한다. 다만, 소극적 요건에 해당하는지의 여부는 구체적인 경우에 따라 실질적으로 판단되어야 하며, 외형상 소극적 요건에 해당하는 경우에도 실질적으로 소극적 요건에 해당하지 아니함은 노동조합이 이를 입증하여야 한다고 한다.

(3) 검토

노동조합의 설립요건에 대한 제2조 제4호의 해석에 있어서 제2조 제4호 본문은 적극적 요건을, 제2조 제4호 단서는 소극적 요건을 각각 규정하고 있다. 본문이 원칙규정으로서의 의미를 가지고 단서는 예외규정으로서의 성격을 가진다는 점에서 본문이 원칙적 요건을 규정한 것이고 단서는 이를 확인·보충하는 규정의 의미를 가진다고 할 것이다. 더 나아가 독자성인정설과 구체화규정설에 의하는 경우 헌법상의 기본권행사가 노동조합법에 의해 제한될 수도 있다는 점에서 독자성부정설이 타당하다.

Ⅲ. 노동조합의 형식적 요건

1. 의의

노동조합법은 근로자는 자유로이 노동조합을 조직할 수 있다고 규정하면서 한편으로 행정관청에 설립신고서를 제출하여 신고증을 교부받아야만 노동조합의 설립을 인정하고 법적 보호를 부여하는 제도를 채택하고 있다(노동조합법 제10조 내지 제12조). 노동조합법이 이처럼 설립신고제도를 채택한 취지는 행정관청으로 하여금 노동조합의 설립에 관련된 사실관계를 파악하게 하면서 나아가 노동조합이 그 요건을 충족하고 민주적으로 운영될 수 있는 기틀을 마련하도록 지도·감독하게 하자는 데에 있다.

2. 설립신고제도

(1) 의의

노동조합을 설립하고자 하는 자는 설립신고서에 제11조의 규정에 의한 규약을 첨부하여 연합단체인 노동조합과 2 이상의 특별시·광역시·도·특별자치도에 걸치는 단위노동조합은 노동부장관에게, 2 이상의 시·군·구(자치구를 말한다)에 걸치는 단위노동조합은 특별시장·광역시장·도지사에게, 그 외의 노동조합은 특별자치도지사·시장·군수·구청장(자치구의 구청장을 말한다. 이하 제12조 제1항에서 같다)에게 제출하여야 한다(노동조합법 제10조 제1항).

(2) 신고의 법적 성질

1) 문제의 소재

노동조합법 제10조에서는 일정한 요건을 갖추어 설립신고를 하도록 규정하고 있고, 제12조에서는 신고증이 교부될 것을 조건으로 하고 있는데 이러한 신고의 법적 성질이 무엇인지가 문제된다.

2) 학설

① 신고주의설

노동조합설립신고는 노동조합이 설립되었음을 행정관청에 단순히 통지하는 것이며, 설립신고증의 교부는 노동조합의 설립을 대외적으로 확인하는 것이라고 보는 견해이다.

② 신고를 요소로 하는 준칙주의설

설립신고제도는 행정관청이 노동조합이 그 요건을 충족하고 민주적으로 운영될 수 있는 기틀을 마련하도록 지도·감독하는 데 있고 행정관청의 재량으로 노동조합의 설립을 허가하게 하거나 근로자의 단결권 행사를 제약할 수 있도록 하는 취지는 아니므로 노동조합의 결격요건 또는 절차상 흠이 없는 경우 설립신고증을 교부하도록 하여 '신고를 요소로 하는 준칙주의'라는 견해이다.

③ 자유설립주의설

노동조합법 제5조는 "근로자는 자유로이 노동조합을 조직하거나 이에 가입할 수 있다."라고 규정하고 있으므로 원칙적으로 자유설립주의를 취하는 것이고, 설립신고제도는 행정관청이 노동조합의 자주성과 민주성을 갖추고 있는지에 대한 최소한의 지도·감독이라고 보는 견해이다.

3) 판례

판례는 "설립신고제도는 노동조합설립의 자유를 보장하면서 이러한 노동 정책적 목적을 달성하기 위해 설립신고주의를 택하여 조합이 자주성과 민주성을 갖추도록 행정관청으로 하여금 지도·감독하도록 한 것"이라고 판시하여 신고주의 입장이다.

> **📖 참조판례 대법원 1997.10.14. 선고 96누9829 판결**
>
> 노동조합법이 노동조합의 설립에 관하여 신고주의를 택하고 있는 취지는 소관 행정당국으로 하여금 노동조합에 대한 효율적인 조직체계의 정비·관리를 통하여 노동조합이 자주성과 민주성을 갖춘 조직으로 존속할 수 있도록 노동조합을 보호·육성하고 그 지도·감독에 철저를 기하게 하기 위한 노동정책적인 고려에서 마련된 것이다.

4) 검토

현행법의 해석상 노동조합의 설립시기는 신고증이 교부된 것을 조건으로 설립신고서가 접수된 때로 규정하고 있으며, 접수된 설립신고서에 대하여 보완과 반려를 할 수 있도록 규정하고 있는 점에 비추어 신고주의를 취하는 것으로 보는 견해가 타당하다.

(3) 설립신고의 주체

노동조합이면 신고의 주체가 될 수 있다. 단위노동조합뿐만 아니라 연합단체인 노동조합도 설립신고의 주체가 될 수 있다.

지부·분회 등 노동조합의 산하조직은 노동조합의 효율적인 관리를 위한 내부기구에 불과하고 그 자체로서 독자적인 노동조합이 아니므로 설립신고의 주체가 될 수 없다고 보는 견해도 있으나, 지부·분회 등 노동조합의 산하조직도 일정한 요건을 구비한 경우 독자적인 노동조합이라고 할 것이므로 이들 역시 설립신고의 주체가 될 수 있다. 더 나아가 노동조합법 시행령 제7조는 지부·분회 등에 대해 설립신고를 할 수 있도록 규정하고 있다.

(4) 설립신고기관

설립신고는 연합단체인 노동조합과 2 이상의 특별시·광역시·특별자치시·도·특별자치도에 걸치는 단위노동조합의 경우 고용노동부장관에게, 2 이상의 시·군·구(자치구를 말한다)에 걸치는 단위노동조합의 경우 특별시장·광역시장·도지사에게, 그 외의 노동조합은 특별자치시장·특별자치도지사·시장·군수·구청장(자치구의 구청장을 말한다)에게 제출하여야 한다(노동조합법 제10조 제1항).

(5) 제출서류 및 기재사항

1) 행정관청에 제출하는 설립신고서에는 ① 명칭, ② 주된 사무소의 소재지, ③ 조합원수, ④ 임원의 성명과 주소, ⑤ 소속된 연합단체가 있는 경우에는 그 명칭, ⑥ 연합단체인 노동조합에 있어서는 그 구성노동단체의 명칭, 조합원수, 주된 사무소의 소재지 및 임원의 성명·주소를 기재를 기재해야 한다(노동조합법 제10조 제1항).

2) 행정관청에 제출하는 설립신고서에는 규약을 첨부해야 한다(노동조합법 제10조 제1항). 규약에는 조직의 자주적·민주적 운영을 보장하기 위하여 ① 명칭, ② 목적과 사업, ③ 주된 사무소의 소재지, ④ 조합원에 관한 사항, ⑤ 소속된 연합단체가 있으면 그 명칭, ⑥ 대의원회를 두면 그에 관한 사항, ⑦ 회의에 관한 사항, ⑧ 대표자와 임원에 관한 사항, ⑨ 조합비나 그 밖의 회계에 관한 사항, ⑩ 규약변경에 관한 사항, ⑪ 해산에 관한 사항, ⑫ 쟁의행위와 관련된 찬반투표 결과의 공개, 투표자 명부 및 투표용지 등의 보존·열람에 관한 사항, ⑬ 대표자와 임원의 규약 위반에 대한 탄핵에 관한 사항, ⑭ 임원 및 대의원의 선거절차에 관한 사항, ⑮ 규율과 통제에 관한 사항을 기재해야 한다(노동조합법 제11조).

3. 행정관청의 설립심사제도

(1) 심사절차

1) 신고증의 교부

노동조합은 설립신고서를 제출하여 신고증을 교부받아야 비로소 설립된다(노동조합법 제12조 제4항). 설립신고서를 접수한 행정관청은 소극적 요건의 결여 등 실체상의 흠 또는 제출서류나 규약제정의 방법 등 절차상의 흠이 있는 경우를 제외하고는 3일 이내에 신고증을 교부하여야 한다(노동조합법 제12조 제1항).

2) 설립신고서류의 보완

행정관청은 설립신고서에 규약이 첨부되어 있지 않거나 설립신고서 또는 규약이 기재사항 중 누락이나 허위사실이 있는 경우 및 규약제정 및 임원선거 방법이 관련법규에 위반되는 경우에는 20일 이내의 기간을 정하여 보완을 요구하고, 이 요구에 따라 보완된 설립신고서 또는 규약을 접수한 때에는 3일 이내에 신고증을 교부해야 하며(노동조합법 제12조 제2항), 보완요구를 받고도 그 기간 내에 보완하지 않는 때에는 설립신고서를 반려해야 한다(노동조합법 제12조 제3항 제2호).

3) 반려처분

행정관청은 설립하고자 하는 노동조합이 법 제2조 제4호 각목의 소극적 요건을 결여하는 경우와 그 보완을 요구하였음에도 불구하고 그 기간 내에 보완을 하지 않은 경우 그 신고서를 반려해야 한다(노동조합법 제12조 제3항).

(2) 심사의 범위

1) 문제의 소재

설립신고서를 접수한 행정관청은 심사를 거쳐 신고증을 교부하거나 설립신고서를 반려하거나 보완요구를 해야하는데 행정관청의 심사의 범위가 어디까지 허용되는지가 문제된다.

2) 학설

① 형식적 심사설

헌법상의 노동조합자유설립주의 원칙에 비추어 행정관청의 심사는 법내노동조합으로서의 요건에 결부되는 것이고 심사 정도 역시 법문 그 자체가 신고내용의 진위와 단서해당성을 판단하도록 하고 있어 어느 정도 사실조사가 요청되고 있지만 그러한 사실조사는 신고자에게 확인서류의 제출을 요구하는 정도의 형식적 수준에 그쳐야 한다고 보는 견해이다.

② 자주성에 대한 실질적 심사 허용설

신고의 누락, 임원의 선거, 규약의 제정·변경 등 노동조합의 민주적 절차를 준수하였는지 여부는 형식적 심사를 하고, 당해노동조합의 자주성 구비여부에 관한 소극적 요건의 해당 여부는 실질적 심사를 해야한다는 견해이다.

③ 최소한 범위의 실질적 심사 허용설

노동조합이 소극적 요건을 갖추었는지 여부는 제출된 규약에 따라 형식적 심사가 가능하고, 기재사항 중 허위사실이 있는지 여부 및 규약제정과 임원선거의 방법이 관련 법규에 위반되는지 여부는 설립 당사자로 한정하여 그에 대한 실질적 심사가 가능하다는 견해이다.

3) 판례

대법원은 노동조합설립신고와 관련하여 행정관청에 광범한 재량의 여지를 인정하는 등 행정관청이 신고서류의 내용에 대해 실질적 심사권을 가진다고 판시하고 있다.

> **참조판례 대법원 1979.12.11. 선고 76누189 판결**
>
> 설립신고서를 접수한 행정관청은 그 설립하고자 하는 노동조합이 같은 법 제3조 단서 각호의 1에 해당하는지의 여부를 인정하여야 할 것인바 그 인정절차에 대하여는 하등 규정한 바가 없으므로 행정관청은 해당 관청에게 일반적으로 기대할 수 있는 바 적절한 방법에 의한 합리적인 판단으로서 그 해당여부를 결정하여야 할 것이다.

4) 검토

노동조합이 헌법상 기본권행사의 주체로써 그 설립에 대한 보장이 이루어져야 하고 설립단계에서부터 과도한 행정관청의 개입은 자칫 노동조합의 설립을 좌절시킬 수도 있다는 점에서 기본권침해의 문제가 발생할 수 있다. 그렇다면 현행법령(노동조합법 시행령 제9조)에 따라 허위사실 유무 등은 실질적 심사를 허용하는 위 2)의 ③ 최소한 범위의 실질적 심사허용설이 타당하다고 본다.

4. 노동조합의 성립시기

(1) 성립시기

노동조합이 신고증을 교부받은 경우에는 설립신고서가 접수된 때에 설립된 것으로 본다(노동조합법 제12조 제4항). 종래 노동조합의 성립시기에 관하여 설립신고서를 접수시켰을 대로 보는 견해, 신고증을 교부받았을 때로 보는 견해, 신고증을 교부받은 것을 조건으로 신고서를 접수한 때로 보는 견해 등이 대립되어 왔으나, 신고증 교부를 조건으로 신고서 접수시에 노동조합은 유효하게 성립하는 것으로 입법적으로 해결한 것이다.

신고증 교부를 조건으로 해석하는 경우에도 이를 해제조건으로 볼 것인지, 정지조건으로 볼 것인지가 문제되는데, 근로3권이라는 기본권 행사의 관점에서 신고증불교부를 해제조건으로 접수시에 설립되는 것으로 보는 것이 타당하다.

(2) 보완·반려의사표시 없이 3일 이내에 교부하지 않은 경우

노동조합법 제12조 제1항은 설립신고서를 접수한 때로부터 3일이내에 신고증을 교부하도록 규정하고 있는 바, 노동조합의 설립신고에 대해 행정관청이 보완이나 반려의 의사표시 없이 3일이 경과한 경우에 대해 학설은 ① 노동조합법 제12조를 효력규정으로 해석하여 노동조합이 설립된 것이라는 견해가 있는가 하면, ② 노동조합법 제12조를 단순한 훈시규정으로 보아 노동조합이 설립되지 않은 것이라는 견해가 대립한다. ③ 판례는 "노동부장관은 3일 경과 후에도 설립신고서에 대하여 보완지시 또는 반려처분을 할 수 있다."라고 판시하여 후자의 입장이다.

> 📖 **참조판례 대법원 1990.10.23. 선고 89누3243 판결**
>
> 행정관청이 노동조합의 설립신고서를 접수한 때에는 3일 이내에 설립신고증을 교부하도록 되어 있다 하여 그 기간 내에 설립신고서의 반려 또는 보완지시가 없는 경우에는 설립신고증의 교부가 없어도 노동조합이 성립된 것으로 본다는 취지는 아니므로 행정관청은 그 기간 경과 후에도 설립신고서에 대하여 보완지시 또는 반려처분을 할 수 있다 할 것이고, 또한 노동조합설립신고서의 보완을 요구하거나 그 신고서를 반려하는 경우에는 노동위원회의 의결이 필요없는 것이므로 노동부장관인 피고가 이 사건 노동조합설립신고서에 대하여 노동위원회의 의결없이 보완요구를 하고 반려처분하였다 하여 이를 위법하다고 할 수는 없다.

생각건대, 노동조합법 제12조의 3일의 제한규정은 이를 효력규정으로 해석하기보다는 행정관청에 권고적 의미가 있는 훈시규정으로 해석함이 타당하다고 본다.

5. 변경사항의 신고 및 통보

(1) 변경신고

노동조합은 설립신고된 사항 중 ① 명칭, ② 주된 사무소의 소재지, ③ 대표자의 성명, ④ 소속된 연합단체의 명칭에 변경이 있는 때에는 그 날부터 30일 이내에 행정관청에게 변경신고를 해야 한다(제13조 제1항). 행정관청은 변경신고서를 받은 때에는 3일 이내에 변경신고증을 교부해야 한다.

(2) 통보

노동조합은 매년 1월 31일까지 전년도에 규약의 변경이 있는 경우에는 변경된 규약내용, 전년도에 임원의 변경이 있는 경우에는 변경된 임원의 성명, 전년도 12월 31일 현재의 조합원수(연합단체인 노동조합에 있어서는 구성단체별 조합원수)를 행정관청에 통보하여야 한다. 다만, 전년도에 변경신고된 사항은 예외로 한다(제13조 제2항).

(3) 시정요구

노동조합이 설립신고증을 교부받은 후 법 제12조 제3항 제1호에 해당하는 설립신고서의 반려사유가 발생한 경우에는 행정관청은 30일의 기간을 정하여 시정을 요구할 수 있다(노동조합법 시행령 제9조 제2항). 노동조합이 시정요구에 응하지 않으면 법외조합이 된다.

6. 설립요건 결여의 효과

(1) 실질적 요건을 결한 경우

실질적 요건을 결하는 경우 노동조합법상의 특별보호는 물론 헌법상의 근로3권이 보장되지는 않지만 제2조 제4호 본문의 요건은 구비하였으나 제2조 제4호 단서 각목(소극적 요건)에 해당하는 경우에는 구체적으로 판단하여 실질적으로 자주성을 갖추고 있는 한 헌법상의 근로3권의 주체로 보아 헌법상의 보호를 받을 수 있다.

(2) 형식적 요건을 결한 경우

노동조합이 형식적 요건을 결한 경우라 하더라도 제2조 제4호의 자주성 요건을 구비하고 있다면 노동조합으로서의 실체를 가지므로 동법 제7조 소정의 불이익을 받을 뿐 헌법상의 보호는 받는다는 것이 일반적인 견해이다.

Ⅳ. 법외조합의 법적 지위

1. 법내조합과 법외조합

노동조합법상 노동조합은 실질적 요건과 형식적 요건을 모두 구비하여야 한다. 이러한 요건을 모두 구비한 노동조합을 법내조합이라고 하고 노동조합법의 적용대상으로 하고 있다. 이에 반해 노동조합의 요건을 충족하지 못 하고 설립신고도 하지 않은 경우, 노동조합의 요건을 충족하였으나 설립신고를 하지 않은 경우, 설립신고서는 제출하였으나 설립신고가 반려된 경우 등 노동조합법의 설립요건을 구비하지 못한 노동조합을 법외조합이라고 한다.

2. 법외조합의 보호필요성

노동조합법은 노동조합법이 정한 모든 설립요건을 구비한 노동조합과 그렇지 못 한 근로자단체에 대한 차별을 명시하고 있다. 문제는 노동조합법의 설립요건이 신고주의를 취하는 등 지나치게 엄격하게 규정되어 헌법상의 기본권행사를 위축시킬 수 있다는 것이다. 자주적이고 민주적으로 운영되는 근로자단체의 경우 노동조합 못지않게 헌법상의 기본권주체로 인정되어야 하고 이러한 점에서 법외조합에 대해서도 어느 정도의 보호를 부여하여야 하는지 논의가 있다.

3. 법외조합의 인정범위

(1) 적극적 요건을 결한 경우

적극적 요건을 구비하지 못한 경우에는 헌법상의 기본권주체로서의 최소한의 지위도 갖추지 못한 것이므로 이는 비노동조합으로서 헌법상 근로3권 보장과 관련한 단결활동에 관한 민·형사상 면책 및 근로3권 침해에 대한 구제를 받을 수 없다.

(2) 소극적 요건에 해당하는 경우

노동조합법의 설립요건 중 소극적 요건에 해당하지만 적극적 요건도 구비하고 있는 경우 이를 법외조합으로 인정할 수 있는지가 문제된다.
① 노동조합법은 헌법 제33조의 수권에 의하여 제정된 법률이므로 이에 따라 설립되지 아니한 단체는 노동조합으로 인정할 수 없으므로 근로3권의 주체가 될 수 없다고 보는 견해(비노동조합설)도 있으나, ② 소극적 요건은 적극적 요건을 판단하기 위한 하나의 기준에 불과하다고 할 것이므로 소극적 요건에 해당하는 사유가 있다고 하더라도 실질적으로 노동조합으로써의 자주성을 확보하고 있는 경우라면 이때에는 법외조합으로 인정되어야 한다(법외조합설). 다만, 노동조합의 자주성 결여 여부는 노동조합의 운영상황과 실태 등을 종합적으로 고려하여 구체적으로 판단되어야 한다.

(3) 형식적 요건을 결한 경우

1) 문제점

노동조합의 실질적 요건은 구비하고 있으나 형식적 요건만을 구비하지 못한 경우 이를 헌법상 기본권주체로 인정할 수 있는지가 문제된다.

2) 학설

① 노동조합이 설립신고와 관계없이 노동조합의 실질적 요건을 갖춘 조직을 결성한 때에 노동조합으로 성립되며 노동조합법 등에서 인정하는 각종 법적 보호의 대상이 된다는 법내노동조합설과, ② 실질적 요건을 갖추었다 하더라도 노동조합성립의 형식적 요건을 갖추지 못하면 노동조합법상의 보호는 물론 헌법상의 보호도 받을 수 없다는 비노동조합설이 있다. ③ 그러나 실질적 요건을 갖추었으나 형식적 요건을 갖추지 못한 노동조합은 노동조합법 등이 인정하는 법적 보호는 받지 못하더라도 헌법상의 단결권 등 헌법상 보호의 대상이라는 법외조합설이 일반적인 입장이다.

3) 판례

대법원은 노동조합의 하부단체인 분회나 지부가 독립된 조직체로서 활동을 하는 경우 설립신고 여부와 상관없이 독자적으로 단체교섭하고 단체협약을 체결할 수 있다고 판시하여 법외조합설의 입장이다.

> **참조판례** 대법원 2001.2.23. 선고 2000도4299 판결
>
> 노동조합의 하부단체인 분회나 지부가 독자적인 규약 및 집행기관을 가지고 독립된 조직체로서 활동을 하는 경우 당해 조직이나 그 조합원에 고유한 사항에 대하여는 독자적으로 단체교섭하고 단체협약을 체결할 수 있고, 이는 그 분회나 지부가 노동조합 및 노동관계조정법 시행령 제7조의 규정에 따라 그 설립신고를 하였는지 여부에 영향 받지 아니한다.

4) 검토

노동조합법의 설립요건이 지나치게 엄격하다는 점에서 헌법상의 기본권행사의 효과를 받는 범위가 축소될 수 있다는 점에서 법외조합의 성립을 인정하여야 하고 그 범위에 대해서도 최소한의 노동조합으로써의 자주성을 구비하고 있는지를 기준으로 함이 타당하다고 본다.

4. 법외조합의 법적 지위

(1) 명시적 법규의 적용배제

1) 노동쟁의 조정신청 자격부인

법외조합은 노동위원회에 노동쟁의 조정을 신청할 수 없다(노동조합법 제7조 제1항). 쟁의조정을 신청할 수 없다는 것은 노동위원회가 쟁의조정의 행정서비스를 주지 않는다는 것을 의미한다.

2) 부당노동행위 구제신청 자격부인

법외조합은 노동위원회에 부당노동행위의 구제를 신청할 수 없다(노동조합법 제7조 제1항). 부당노동행위 구제신청을 할 수 없다는 것은 사용자가 단체교섭의 거부, 지배, 개입, 구성원에 대한 불이익취급 등 부당노동행위를 하더라도 노동위원회에 의한 구제절차대상에서 배제한다는 것이다.

3) 노동조합 명칭 사용불가

법외조합은 노동조합이라는 명칭을 사용할 수 없다(노동조합법 제7조 제3항). 노동조합이라는 명칭 이외의 다른 명칭을 사용하는 것은 무방하다.

4) 법인격 취득부인

노동조합은 등기를 하여 법인이 될 수 있는데, 법인등기를 하려면 설립신고증을 첨부하여야 한다(노동조합법 제6조 제1항·제2항, 노동조합법 시행령 제4조). 따라서 법외조합은 법인이 될 수 없다.

5) 면세대상부인

법외조합은 노동조합이라는 법률상의 지위를 가지지 못하므로 조세면제를 받을 수 없다(노동조합법 제8조).

6) 기타

법외조합에 대하여는 행정관청의 시정명령의 대상이 될 수 없으며(노동조합법 제21조), 단체협약의 일반적 효력확장이 인정될 수 없고(노동조합법 제35조, 제36조), 노사협의회 등에 근로자위원을 추천할 수 없다. 또한 근로자공급사업은 허가를 받은 경우에만 할 수 있고 '노동조합법에 의한 노동조합'은 국내 근로자공급사업이 허가를 받을 수 있다(직업안정법 제33조, 직업안정법 시행령 제33조 제2항). 여기서 '노동조합법에 의한 노동조합'은 법내노동조합을 의미하므로 법외조합은 국내 근로자공급사업이 허가를 받을 자격이 없다.

(2) 노동조합법 규정의 적용여부

1) 문제의 소재

법외조합에 대하여 명시적으로 불이익을 부여하는 규정을 제외하고 노동조합에 대한 각종 보호규정과 제한규정이 법외조합에 대하여도 적용될 수 있는지가 문제된다.

2) 학설

① 긍정설

이 견해는 노동조합법의 규정은 헌법상 근로3권의 수권에 의해 제정된 법으로 헌법상의 노동단체에 대하여도 당연히 노동조합법의 규정은 적용된다할 것이고 법외조합에 대한 불이익은 노동조합법 제7조 등 명시적으로 규정한 경우에 한정된다고 본다.

② 부정설

이 견해는 노동조합법의 규정은 설립에 관한 규정을 제외하고는 노동조합이 노동조합법에 따라 설립된 이후에 적용됨을 전제로 한 것이므로 노동조합법에 따라 설립된 노동조합이 아니면 노동조합법의 규정이 적용될 여지가 없다고 본다.

3) 검토

노동조합의 설립에 있어 설립신고제도를 채택하고 있는 현행법의 태도에 비추어 보면 노동조합법의 규정은 원칙적으로 법내노동조합에 한해 적용되는 것이고 법외조합에는 적용이 없다고 보는 것이 타당하다.

(3) 헌법상의 보호규정

법외조합은 노동조합법의 설립요건을 갖추지는 못하였으나 헌법상의 근로3권을 행사하는 기본권 행사의 주체로서의 지위는 인정된다고 할 것이다. 따라서 노동조합의 정당한 근로3권행사에 대한 민·형사 면책 규정, 노동조합 대표자 등의 단체교섭 및 단체협약 체결 권한에 관한 규정, 사용자의 성실교섭의무 규정, 사용자의 부당노동행위 금지 규정 등은 노동조합법에 의하여 창설된 규정이 아니라 헌법상 근로3권 보장의 법적 효과를 확인하는 것에 불과하므로 법외조합에 대하여 이들 규정은 당연히 적용된다.

Ⅰ. 조합원 지위의 취득과 상실

1. 의의

근로자가 근로3권을 적극적으로 행사할 것인지는 본인의 자유의사에 따라 결정된다. 근로자라는 신분의 취득으로 당연히 노동조합의 조합원이 되는 것은 아니므로 조합원자격의 취득과 상실에 일정한 행위를 필요로 하게 된다.

2. 조합원의 자격

(1) 법적 제한

노동조합법상 조합원의 자격에 대해서는 사용자나 이익대표자 또는 근로자가 아닌 자에 대한 제한 규정만 둘 뿐 전적으로 조합자치에 맡기고 있다.

(2) 규약에 따른 제한

조합원에 관한 사항은 규약의 필요적 기재사항이므로 조합원자격의 제한은 규약으로 정할 수 있다.

(3) 단체협약에 따른 제한

1) 문제점

단체협약에서 조합원 범위조항이 규약의 조합원 범위조항과 같은 범위를 정한 것이라면 확인조항으로서 채무적 효력을 갖는다. 규약보다 넓게 규정된 단체협약의 조합원 범위규정은 규약의 범위 내에서 효력을 갖는다. 문제는 규약보다 조합원 범위규정을 단체협약이 정한 경우 효력유무와 효력범위에 대해 논란이 있다.

2) 학설

① 무효설

이 견해는 조합원 범위는 노동조합이 규약에 자주적으로 정할 사항이지 협약사항이 아니며, 단체협약으로 노동조합 가입을 제한하는 것은 단결권침해에 해당하여 무효라는 입장이다.

② 유효설

이 견해는 협약자치의 원칙상 법령에 정한 범위 내에서 노사가 자유의사에 따라 단체협약에 조합원 범위에 관한 규정을 두는 것은 허용될 수 있다고 한다.

③ 제한적 유효설

이 견해는 단체협약상 조합원 범위규정이 그 규정형식이나 내용과 관계없이 법령을 구속하지 못하므로 단체협약 적용대상을 판단함에 있어 효력을 가지며 규약으로 정할 사항인 조합원 자격이나 조합활동에 대해서는 그 효력이 부정된다고 한다.

3) 판례

대법원은 단체협약의 조합원 범위규정이 일정 범위의 근로자들에 대하여 단체협약의 적용을 베제하고자 하는 취지의 규정으로 해석하여 제한적 유효설의 입장이다.

> **참조판례 대법원 2003.12.26. 선고 2001두10264 판결**
>
> 노동조합및노동관계조정법(이하 '법'이라 한다) 제5조, 제11조의 각 규정에 의하면, 근로자는 자유로이 노동조합을 조직하거나 이에 가입할 수 있고, 구체적으로 노동조합의 조합원의 범위는 당해 노동조합의 규약이 정하는 바에 의하여 정하여지며, 근로자는 노동조합의 규약이 정하는 바에 따라 당해 노동조합에 자유로이 가입함으로써 조합원의 자격을 취득하는 것이고, 사용자와 노동조합 사이에 체결된 단체협약은 특약에 의하여 일정 범위의 근로자에 대하여만 적용하기로 정하고 있는 등의 특별한 사정이 없는 한 협약당사자로 된 노동조합의 구성원으로 가입한 조합원 모두에게 현실적으로 적용되는 것이 원칙이다.
>
> 원심판결 이유에 의하면, 원심은 그 채용 증거들을 종합하여 판시 사실을 인정한 다음, 원고들에게 징계에 관한 단체협약 조항(특히 제30조, 제50조 등)이 적용되어야 한다는 원고들의 주장에 대하여, 피고 보조참가인(이하 '참가인'이라 한다) 회사와 노동조합 사이에 1996.10.15. 체결된 단체협약 제3조는 협약이 회사와 조합 및 조합원에게 적용된다고 규정하면서도 제6조에서는 특별히 조합원의 범위에 관하여 규정함에 있어 회사의 근로자 중 조합원이 될 수 없는 자로서 5급(관리직, 기술직) 이상 직급 사원 등을 열거하고 있었고, 이 사건 징계해고 당시 원고들은 관리직 4급 사원 또는 3급 대리로서 위와 같이 조합원이 될 수 없는 자로 열거된 직급에 해당하는바, 위 단체협약 제6조는 노사 간의 상호협의에 의하여 규약상 노동조합의 조직대상이 되는 근로자의 범위와는 별도로 조합원이 될 수 없는 자를 특별히 규정함으로써 일정 범위의 근로자들에 대하여는 위 단체협약의 적용을 배제하고자 하는 취지의 규정으로 보이고, 비록 이러한 규정이 노동조합규약에 정해진 조합원의 범위에 관한 규정과 배치되거나 이 사건의 경우와 같이 나중에 노동조합이 규약을 개정하고 이어서 원고들의 주도로 총회(대의원)의 의결 없이 결성된 사무지부를 인준하였다고 하여도 이로써 위 단체협약 제6조가 법 제5조, 제11조에 반하여 무효라거나 그 효력을 상실한 것이라고 볼 수는 없다는 이유로, 원고들의 위 주장을 배척하였다.
>
> 위 법리와 기록에 비추어 살펴보면, 원심의 위와 같은 사실인정 및 판단은 정당하고, 거기에 상고이유에서 주장하는 바와 같은 단체협약상 조합원 범위 조항의 효력에 관한 법리오해의 위법이 없으며, 원고들이 내세우는 대법원판결은 사안을 달리하여 이 사건에 원용하기에 적절한 것이 아니다.

4) 검토

조합원 범위는 노동조합이 자주적으로 정할 사항이나, 노사자치주의에 비추어 노동조합과 사용자가 단체협약으로 조합원 범위규정을 둔 것은 단체협약의 효력범위를 정한 것으로 보는 제한적 유효설이 타당하다.

(4) 종사근로자와 비종사근로자

1) 종사근로자

종사근로자란 사업 또는 사업장에 종사하는 근로자를 말한다. 종사란 사업 또는 사업장의 사용자에 대해 사용종속관계를 갖는 관계이다.

2) 비종사근로자

기업별 노동조합에 있어 종사근로자가 아닌 조합원, 즉 비종사근로자인 조합원은 규약에 의해 조합원의 지위와 권리를 갖는다. 다만, 조합활동과 관련하여 사용자의 효율적인 사업 운영에 지장을 주지 아니하는 범위에서만 노동조합 활동을 할 수 있다(노동조합법 제5조 제2항).

3) 종사간주근로자

종사근로자인 조합원이 해고되어 노동위원회에 부당노동행위 구제신청을 한 경우에는 중앙노동위원회 재심판정이 있을 때까지는 종사근로자로 본다(노동조합법 제5조 제3항). 근로3권의 행사가 사용자의 부당한 인사권 행사 등으로 방해받지 않도록 하기 위함이다. 종사근로자로 간주되는 범위는 조합원 자격에 그치고, 개별적 근로관계, 근로관계상의 근로자의 지위 또는 공법상 지위에까지 확대되는 것은 아니다.

> **참조판례** 대법원 1993.6.8. 선고 92다42354 판결
>
> "해고의 효력을 다투고 있는 자를 근로자가 아닌 자로 해석하여서는 아니 된다."라는 노동조합법 제3조 제4호 단서 규정은 노동조합의 설립 및 존속을 보호하고 사용자의 부당한 인사권의 행사에 의하여 노동조합의 활동이 방해받는 것을 방지하기 위한 규정으로서 노동조합의 구성원이 될 수 있는 자격에 관하여 규정한 것일 뿐 사용자와 근로자와의 근로관계에 관한 규정은 아니므로 노동조합의 조합원으로서의 지위와 관련하여서만 적용이 되어야 할 것이고, 근로자와 사용자와의 개별적인 근로계약 일반의 효력에 확대적용될 수는 없다.

3. 조합원 지위의 취득과 상실

(1) 조합원 지위의 취득

1) 노동조합의 결성

노동조합의 결성행위는 근로자들이 공동으로 조직체를 창설하고 스스로 그 조직체의 구성원으로 되는 것이다. 노동조합결성에 적극적으로 참가하여 활동한 경우 당해 근로자는 노동조합의 설립과 동시에 당연히 조합원자격을 취득한다고 할 것이다.

2) 노동조합가입

① 가입의 법적 성질

노동조합가입은 노동조합과 가입희망자와의 계약에 의한 것으로 단결권을 바탕으로 하는 집단적 노사관계법상의 특수한 합의라고 할 것이다. 조합가입의 절차와 가입자격 등은 노동조합규약에 따라야 하며, 사용자의 이익을 대표하는 자의 가입을 허용하는 것은 노동조합의 자주성 상실의 우려가 있다. 또한 노동조합가입에 대해 차별대우가 금지된다(노동조합법 제9조).

② 노동조합가입의 제한

조합가입자격을 제한할 수 있는지가 문제되는데, 원칙적으로 조합원자격을 가지는 근로자에 대해서는 가입을 거부할 수 없지만, 단결목적과의 관련성이 인정되는 범위에서 규약으로 조합원의 자격을 제한하거나 가입희망자에 대해 일정한 자격심사를 거치도록 하는 것은 합리적인 사유가 존재하면 가능하다.

> **참조판례** 대법원 1996.10.29. 선고 96다28899 판결
>
> 노동조합과 사용자 사이에 회사의 종업원은 3개월이 경과하면 조합원이 되며 노동조합가입을 거부하거나 탈퇴할 경우 회사는 즉시 해고하여야 한다는 유니온 숍 협정을 체결한 경우 조합은 조합원의 자격을 갖춘 근로자의 조합가입을 함부로 거절할 수 없고 탈퇴 조합원의 재가입에 대한 제약이나 거부는 위법·부당한 것으로 권리남용 또는 신의칙 위반에 해당된다.

③ 미성년자의 조합원 지위취득

미성년자인 근로자가 노동조합에 가입할 때에 부모의 동의를 얻어야 하느냐가 문제되는데, 민법의 행위무능력자제도는 집단적 노사관계법에 그대로 적용될 수 없기 때문에 미성년자인 근로자도 부모의 동의 없이 단독으로 결성행위에 참여하거나 가입할 수 있다. 또한 조합원의 권리·의무는 일신전속적 성질의 것이므로 이에 대리행위의 관념을 도입할 여지가 없다고 할 것이므로 미성년자의 노동조합결성, 가입에 법정대리인의 대리행위는 노동조합 본질상 허용될 수 없다.

(2) 조합원 지위의 상실

1) 조합원 자격의 상실

① 법령에서 정한 조합원의 자격 상실

노동조합법 제2조 제4호 단서에는 '사용자 또는 항상 그 이익을 대표하는 자'와 '근로자가 아닌 자'의 조합가입을 제한하고 있다. 따라서 근로자가 승진, 승급, 전직, 또는 해고, 퇴직 등으로 위의 제한에 해당하는 경우 조합원의 지위는 상실된다. 다만, 노동조합법 제5조 제3항에 따른 종사근로자 간주규정이 적용되는 경우에는 조합원 자격인 유지된다.

② 노동조합규약에서 정한 조합원의 자격상실

노동조합규약으로 조합원의 자격 또는 범위를 정한 경우, 조합원이 그 요건을 결여한 때에는 조합원의 지위를 상실한다. 노동조합은 근로자의 자주적인 단체이므로 누구를 조합원으로 할 것인가는 법령에 위반하거나 반사회질서에 해당하지 않은 한 노동조합 스스로 결정할 사항이다.

2) 노동조합에서 탈퇴

① 탈퇴의 자유

탈퇴는 조합원이 그 의사에 의하여 자유로이 조합원의 지위를 종료시키는 것이다. 노동조합규약에 탈퇴에 대한 제한을 두는 경우라도 조합원의 탈퇴의 자유를 제한할 수는 없으며, 탈퇴에 대해 조합규약에 탈퇴절차를 규정한 경우라도 정당한 이유 없는 승인의 거부는 허용되지 않는다.

② 탈퇴의 효과

탈퇴의 효과는 원칙적으로 조합원의 탈퇴의사표시가 노동조합에 도달한 때 발생한다(민법 제111조 제1항). 다만, 조합규약에서 탈퇴의 절차나 요건을 정한 때에는 그 절차나 요건이 부당하지 않은 한 그 절차나 요건을 이행한 때 비로소 효력이 발생한다.

탈퇴조합원은 탈퇴효과가 발생하면 조합원으로서의 권리와 의무를 상실하고, 노동조합이 법인격을 갖지 않을지라도 노동조합의 재산에 대한 재산지분권이나 재산분할청구권이 인정되지 않는다.

3) 기타 조합원 지위의 상실사유

기타 조합원 지위의 상실사유로는 조합으로부터의 제명과 노동조합의 해산에 의한 조합원 지위의 상실이 있다. 제명은 노동조합의 통제권 행사의 하나로 조합원 지위의 박탈이라는 결과를 발생시켜 단결권을 침해할 수 있으므로 총회의 전권사항으로 다른 의결기관에 의하는 것은 허용될 수 없다.

Ⅱ. 조직강제와 조합원 지위

1. 조직강제 조항의 의의

노동조합과 사용자 사이에 조합원이 아닌 자를 채용하지 않거나 해고하거나 그 밖에 불리한 대우를 하기로 하는 단체협약을 체결하는 경우처럼 근로자가 노동조합의 조합원이 될 것을 강제하는 단체협약상의 조항을 조직강제 조항이라 부른다. 이러한 조직강제 조항은 노동조합이 근로조건의 규제 임무를 효과적으로 수행하기 위하여 가급적 조직을 확대하여 노동력의 독점성을 높이려는 노력에서 이루어지게 되었다.

2. 조직강제 조항의 유효성

(1) 문제점

조직강제 조항은 조직의 확대·유지의 기능 때문에 노동조합에게는 유익하고 필요하지만, 근로자 개인에게는 노동조합에 가입하지 않거나 노동조합에서 탈퇴할 자유(소극적 단결권) 또는 자기가 좋아하는 노동조합을 결성하거나 이에 가입할 자유(단결선택권)를 침해할 가능성이 있어 과연 이를 유효로 볼 것인지가 문제된다.

(2) 소극적 단결권

1) 개념

소극적 단결권이란 단결하지 않을 자유, 즉 단결체에 가입하지 않거나 또는 조직하지 않을 권리를 말한다. 소극적 단결권의 문제는 비조직 근로자에 대하여 조합원 자격의 취득 및 유지를 강제할 수 있는 근로자 단체의 권리인 조직강제와 밀접한 관련이 있다. 단결권에 소극적 단결권이 포함되는지 여부에 따라 조직강제의 인정 여부가 달라지기 때문이다.

2) 소극적 단결권이 헌법 제33조의 단결권의 내용인지 여부

① 학설

㉠ 단결권 포함설

권리는 그 행사의 자유가 보장되어야 하며 따라서 적극적 성격과 소극적 성격을 모두 갖추고 있어야 하므로 소극적 단결권도 단결권의 일부라고 보는 견해이다. 이 견해에 의하면 조직강제는 근로자의 소극적 단결권을 침해하는 것으로 언제나 무효라는 결론에 도달하게 된다.

㉡ 단결권 불포함설

연혁적으로 단결권은 적극적 권리행사를 국가로부터의 자유로 그리고 인간다운 삶의 실현을 목적으로 인정하였다. 소극적 단결권이 헌법 제33조의 내용으로 인정하는 것은 단결권은 헌법상의 기본권으로 인정한 취지에 반하는 것으로 소극적 단결권은 헌법 제33조의 단결권에 포함되는 것은 아니며, 다만 결사의 자유에 관한 헌법 제21조 내지 헌법 제10조의 일반적 행동의 자유에서 파생하는 기본권으로 본다.

② 판례

헌법재판소는 소극적 단결권과 적극적 단결권이 충돌하는 사안에서 소극적 단결권이 헌법 제33조에 포함되는 권리는 아니며, 결사의 자유 내지 일반적 행동의 자유에서 파생되는 기본권이라고 판시하였다.

근로자가 노동조합을 결성하지 아니할 자유나 노동조합에 가입을 강제당하지 아니할 자유, 그리고 가입한 노동조합을 탈퇴할 자유는 근로자에게 보장된 단결권의 내용에 포섭되는 권리로서가 아니라 헌법 제10조의 행복추구권에서 파생되는 일반적 행동의 자유 또는 제21조 제1항의 결사의 자유에서 그 근거를 찾을 수 있다.

3) 검토

사회권으로써의 단결권은 그 행사의 적극적 성격을 보장하기 위하여 인정된 것이고 인간다운 삶의 실현을 위하여도 적극적 행사의 측면이 보호대상인 권리라고 할 것이다. 연혁적으로도 단결금지에서 점차 적극적으로 단결을 보호하여 왔다는 점에서 소극적 단결권을 단결권의 내용으로 보는 것은 무리라고 하겠다.

(3) 조직강제 인정의 범위

1) 문제의 소재

조직강제 조항은 조직의 확대·유지의 기능 때문에 단결권 보호를 위하여 필요한 것이지만, 이를 광범위하게 허용하는 경우 근로자 개인의 소극적 단결권과 단결선택권이 침해할 가능성이 있으므로 조직강제를 어느 범위까지 허용할 것인지 여부가 문제된다.

2) 학설

① 전면무효설

이 견해는 조직강제 조항은 소극적 단결권을 침해하기 때문에 언제나 무효라고 보는 입장이다. 소극적 단결권을 단결권의 내용으로 보거나 단결권의 내용은 아니지만 단결권과 동등한 가치를 가지는 기본권으로 이해하는 입장이다.

② 이분설

이 견해는 소극적 단결권을 부인하면서 어느 노동조합에 가입을 강제하는 일반적 조직강제는 허용되지만, 특정 노동조합에의 가입을 강제하는 제한적 조직강제는 근로자 개인의 단결선택권을 침해하는 것으로 무효라고 보는 견해이다.

③ 한정유효설

이 견해는 단결권에는 적극적 단결권만을 그 내용으로 하고 적극적 단결권의 보호를 위해서는 소극적 단결권에 대한 제한은 가능하며, 근로자 개인의 단결권보다 집단의 단결권이 우선 보호되어야 하므로 일정한 요건하에 근로자의 소극적 단결권 내지 단결선택권을 침해하지 않는 범위 내에서 제한적 조직강제도 허용된다고 보는 견해이다.

3) 판례

헌법재판소는 특정 노동조합에의 가입을 강제하는 현행 노동조합법 제81조 제2호 단서의 유니온 숍조항에 대하여 근로자의 소극적 단결권과 단결선택권을 침해하는 것은 아니므로 합헌이라는 입장이다.

[1] 이 사건 법률조항은 노동조합의 조직유지·강화를 위하여 당해 사업장에 종사하는 근로자의 3분의 2 이상을 대표하는 노동조합(이하 '지배적 노동조합'이라 한다)의 경우 단체협약을 매개로 한 조직강제[이른바 유니언 숍(Union Shop) 협정의 체결]를 용인하고 있다. 이 경우 근로자의 단결하지 아니할 자유와 노동조합의 적극적 단결권(조직강제권)이 충돌하게 되나, 근로자에게 보장되는 적극적 단결권이 단결하지 아니할 자유보다

특별한 의미를 갖고 있고, 노동조합의 조직강제권도 이른바 자유권을 수정하는 의미의 생존권(사회권)적 성격을 함께 가지는 만큼 근로자 개인의 자유권에 비하여 보다 특별한 가치로 보장되는 점 등을 고려하면, 노동조합의 적극적 단결권은 근로자 개인의 단결하지 않을 자유보다 중시된다고 할 것이고, 또 노동조합에게 위와 같은 조직강제권을 부여한다고 하여 이를 근로자의 단결하지 아니할 자유의 본질적인 내용을 침해하는 것으로 단정할 수는 없다.

[2] 이 사건 법률조항은 단체협약을 매개로 하여 특정 노동조합에의 가입을 강제함으로써 근로자의 단결선택권과 노동조합의 집단적 단결권(조직강제권)이 충돌하는 측면이 있으나, 이러한 조직강제를 적법·유효하게 할 수 있는 노동조합의 범위를 엄격하게 제한하고 지배적 노동조합의 권한남용으로부터 개별근로자를 보호하기 위한 규정을 두고 있는 등 전체적으로 상충되는 두 기본권 사이에 합리적인 조화를 이루고 있고 그 제한에 있어서도 적정한 비례관계를 유지하고 있으며, 또 근로자의 단결선택권의 본질적인 내용을 침해하는 것으로도 볼 수 없으므로, 근로자의 단결권을 보장한 헌법 제33조 제1항에 위반되지 않는다.

4) 검토

헌법상의 단결권은 그 성격상 소극적 단결권을 포함하는 것으로 볼 수 없으며, 따라서 일반적 조직강제는 허용될 수 있다고 할 것이다. 더 나아가 근로3권은 집단이 행사하는 권리의 성격이 강하므로 집단적 단결권이 근로자 개인의 단결권에 우선한다. 따라서 소극적 단결권과 근로자 개인의 단결선택권을 침해하지 않는 범위 내에서 제한적 조직강제도 허용된다고 할 것이다. 결국 한정유효설이 타당하다고 본다.

3. 조직강제의 유형별 효력

(1) 클로즈드 숍(Closed Shop)

클로즈드 숍 조항은 노동조합의 조합원만 채용하고 노동조합에서 탈퇴하거나 제명된 자를 해고하기로 하는 단체협약상의 조항으로서 취업단계부터 조합원의 자격을 가질 것을 강제한다. 클로즈드 숍은 조합원이 아닌 자는 취업 자체를 할 수 없도록 제한하는 점에서 고용안정과 충돌되어 무효라고 볼 것이다.

(2) 유니온 숍(Union Shop)

유니온 숍 조항은 노동조합에 가입하지 않은 자나 노동조합에서 탈퇴한 자 또는 제명된 자를 해고하기로 하는 단체협약상의 조항으로서 취업 이후에 조합원이 될 것을 강제한다. 유니온 숍 조항은 조합원이 아닌 자에게 해고를 의무화한 것이나 고용안정과 충돌되어 무효라고 볼 수는 없다.

(3) 조합원 지위 유지제도(Maintainance of Membership)

조합원 지위 유지제도란 조합원 지위 취득 여부는 자유에 맡기되 탈퇴하거나 제명된 자를 해고하기로 하는 단체협약상의 조항으로, 근로자 개인의 소극적 단결권을 지나치게 제한하는 경우가 아니라면 허용될 수 있을 것이다.

(4) 조합원 우대 조항(Preferential Shop)

조합원 우대 조항은 비조합원에게는 단체협약상의 혜택을 주지 않거나 조합원을 유리하게 대우하기로 하는 단체협약상의 조항으로, 근로조건에 관하여 조합원을 비조합원보다 유리하게 대우하기로 정하였다고 하여 균등처우의 원칙에 반하는 것은 아니다.

(5) 연대금 조항(Agency Shop)

연대금 조항이란 비조합원 중에서 소정의 연대금을 납부하지 않은 자를 해고하거나 그러한 자에게 단체협약상의 혜택을 주지 않기로 하는 단체협약상의 조항으로, 이 조항은 조합원이 될 것을 강제하기가 어려운 사정에서 조합재정을 확보하면서 조합비를 납부하지 않으면서 단체협약의 혜택만 보려는 이른바 무임승차를 방지하자는 데 있다는 점에서 연대금이 조합비를 상회하지 않는 경우에는 허용될 수 있을 것이다.

4. 현행법상 유니온 숍 조항

(1) 의의

노동조합법은 "노동조합이 당해 사업장에 종사하는 근로자의 3분의 2 이상을 대표하고 있을 때에는 근로자가 그 노동조합의 조합원이 될 것을 고용조건으로 하는 단체협약의 체결은 예외로 하며, 이 경우 사용자는 근로자가 그 노동조합에서 제명된 것 또는 그 노동조합을 탈퇴하여 새로 노동조합을 조직하거나 다른 노동조합에 가입한 것을 이유로 근로자에게 신분상 불이익한 행위를 할 수 없다."라고 규정(노동조합법 제81조 제2호 단서)하여 일정한 요건을 갖춘 경우 유니온 숍을 허용하고 있다.

(2) 유니온 숍 조항의 유효성

1) 문제의 소재

노동조합법 제81조 제2호 단서는 해당 사업장 근로자의 3분의 2를 대표하는 노동조합에 대해 유니온 숍을 허용하고 있는데, 이 경우 근로자의 소극적 단결권과 단결선택권을 침해하는 것은 아닌지가 문제된다.

2) 학설

학설은 ① 소극적 단결권이 단결권의 내용이라거나 단결권과 동등한 가치를 가지는 기본권이라는 입장에서 유니온 숍은 소극적 단결권을 침해하는 것으로 위헌·무효라는 견해, ② 근로자 개인의 단결선택권이 단체의 조직강제권에 의해 무시될 수 없으므로 제한적 조직강제를 허용하는 한 위헌·무효라고 보는 견해, ③ 근로자 개인의 단결선택권도 중요한 기본권이기는 하나 노동조합의 단결력은 곧 사용자와의 실질적 평등을 확보하기 위한 필수적인 요소이고 일정한 허용조건을 충족한다면 개인의 단결선택권에 우선하여 제한적 조직강제도 허용될 수 있다는 견해가 대립한다.

3) 판례

헌법재판소는 "근로자에게 보장되는 적극적 단결권이 단결하지 아니할 자유보다 특별한 의미를 갖고 있고, 노동조합의 조직강제권도 이른바 자유권을 수정하는 의미의 생존권(사회권)적 성격을 함께 가지는 만큼 근로자 개인의 자유권에 비하여 보다 특별한 가치로 보장되는 점 등을 고려하면, 노동조합의 적극적 단결권은 근로자 개인의 단결하지 않을 자유보다 중시된다고 할 것이고, 또 노동조합에게 위와 같은 조직강제권을 부여한다고 하여 이를 근로자의 단결하지 아니할 자유의 본질적인 내용을 침해하는 것으로 단정할 수는 없다."라고 판시하여 노동조합법 제81조 제2호 단서의 규정은 합헌이라는 입장이다.

[1] 이 사건 법률조항은 노동조합의 조직유지·강화를 위하여 당해 사업장에 종사하는 근로자의 3분의 2 이상을 대표하는 노동조합(이하 '지배적 노동조합'이라 한다)의 경우 단체협약을 매개로 한 조직강제[이른바 유니언 샵(Union Shop) 협정의 체결]를 용인하고 있다. 이 경우 근로자의 단결하지 아니할 자유와 노동조합의 적극적 단결권(조직강제권)이 충돌하게 되나, 근로자에게 보장되는 적극적 단결권이 단결하지 아니할 자유보다 특별한 의미를 갖고 있고, 노동조합의 조직강제권도 이른바 자유권을 수정하는 의미의 생존권(사회권)적 성격을 함께 가지는 만큼 근로자 개인의 자유권에 비하여 보다 특별한 가치로 보장되는 점 등을 고려하면, 노동조합의 적극적 단결권은 근로자 개인의 단결하지 않을 자유보다 중시된다고 할 것이고, 또 노동조합에게 위와 같은 조직강제권을 부여한다고 하여 이를 근로자의 단결하지 아니할 자유의 본질적인 내용을 침해하는 것으로 단정할 수는 없다.

[2] 이 사건 법률조항은 단체협약을 매개로 하여 특정 노동조합에의 가입을 강제함으로써 근로자의 단결선택권과 노동조합의 집단적 단결권(조직강제권)이 충돌하는 측면이 있으나, 이러한 조직강제를 적법·유효하게 할 수 있는 노동조합의 범위를 엄격하게 제한하고 지배적 노동조합의 권한남용으로부터 개별근로자를 보호하기 위한 규정을 두고 있는 등 전체적으로 상충되는 두 기본권 사이에 합리적인 조화를 이루고 있고 그 제한에 있어서도 적정한 비례관계를 유지하고 있으며, 또 근로자의 단결선택권의 본질적인 내용을 침해하는 것으로도 볼 수 없으므로, 근로자의 단결권을 보장한 헌법 제33조 제1항에 위반되지 않는다.

4) 검토

현행 노동조합법상의 유니온 숍 조항은 일응 근로자의 소극적 단결권과 단결선택권을 제한하는 측면은 있으나 소극적 단결권은 단결권의 내용이 아니라 일반적 행동의 자유에서 인정되는 기본권으로서 적극적 단결권보호가 우선이고, 근로자 개인의 단결선택권보다는 노동조합의 조직강제권이 우선시 된다는 점에서, 특히 노동조합법이 당해 사업장의 3분의 2를 대표하는 노동조합에 한해 유니온 숍을 인정한다는 점에서 헌법에 위반되지 않는다고 봄이 타당하다.

(3) 유니온 숍 조항의 허용조건

1) 노동조합이 해당 사업장에 종사하는 근로자의 3분의 2 이상을 대표하고 있을 것

현행법상 유니온 숍이 유효하기 위해서는 노동조합이 해당 사업장에 종사하는 근로자의 3분의 2 이상을 대표하고 있어야 한다. 이는 소수가 다수를 강제해서는 안 되고 압도적 다수가 압도적 소수를 강제하는 것만 허용하겠다는 취지이다. 해당 노동조합이 기업별 노동조합든 산업별 노동조합든 조직강제 조항은 하나의 사업 또는 사업장을 단위로 한다. 해당 사업장에 종사하는 근로자란 해당 사업 또는 사업장에 종사하는 전체 근로자를 말하는 것이 아니라 그 중에서 해당 노동조합의 조합원 자격을 가지는 자만을 말한다. 근로자를 대표한다는 것은 근로자를 조합원으로 가입시킨 것을 말한다.

2) 근로자가 그 노동조합의 조합원이 될 것을 고용조건으로 할 것

근로자가 그 노동조합의 조합원이 될 것을 고용조건으로 한다는 의미에 대하여 ① 노동조합법 제81조에 위반한 사용자에 대하여는 벌칙이 적용된다는 점에서 죄형법정주의의 원칙상 고용조건의 의미는 엄격하게 해석하여야 하므로 고용 또는 계속고용의 조건으로 한정적으로 해석하여야 한다는 견해도 있으나, ② 고용조건에는 채용이나 고용계속 등 고용 자체뿐만 아니라 임금·승진 등의 근로조건 기타 근로자의 대우에 관한 사항을 조건으로 하는 것, 즉 고용상의 제반 이익을 조건으로 하는 것도 포함된다고 보아야 하므로 비열계약에는 고용상의 제반 이익을 조건으로 조합탈퇴·조합불가입 등을 약정하는 것이 포함된다고 보아야 할 것이다.

현행법상 유니온 숍 조항은 근로자의 3분의 2 이상을 대표하는 그 노동조합의 조합원이 될 것을 조건으로 한다는 점에서 변형 유니온 숍제도라고 할 것이다.

3) 단체협약의 체결

유니온 숍은 단체협약의 체결에 의해 인정된다. 따라서 단체협약 이외의 방법에 의한 조직강제는 인정되지 않는다고 할 것이다. 물론 당해 단체협약의 체결은 유효한 것이어야 한다.

(4) 효과

1) 대인적 효력

조직강제 조항의 적용범위에 대해 ① 조직강제 조항은 적용제외대상으로 규정된 자를 제외하고 그 유효기간 동안 조합원자격을 가지는 자 전체에 그 효력이 미치므로 그 체결 이전의 입사자에게도 당연히 효력이 미친다고 보는 견해와, ② 유니언 숍 조항은 새로 채용된 근로자에게만 가입을 강제하는 것이므로 신규 입사자에 대해서만 효력이 미친다는 견해가 있다. ③ 조직강제 조항은 근로3권의 실현을 목적으로 하는 것이므로 그 대상은 조합원 자격을 가지는 자 전체로 보는 것이 타당하다고 본다.

2) 단체협약으로서의 효력

유니언 숍 조항 개별근로자의 근로조건을 규정한 것이 아니라 노동조합에의 가입과 탈퇴에 대한 사용자의 해고의무를 정한 것으로서 단체협약상의 채무적 부분에 해당하는 것이다. 따라서 동 협정을 위반 시에 사용자는 협약상의 채무불이행에 대한 책임만을 부담하게 된다.

> 📖 **참조판례** 대법원 1998.3.24. 선고 96누16070 판결
>
> 단체협약상의 유니언 숍 협정에 의하여 사용자가 노동조합을 탈퇴한 근로자를 해고할 의무는 단체협약상의 채무일 뿐이고, 이러한 채무의 불이행 자체가 바로 구 노동조합법(1996.12.31. 법률 제5244호로 폐지되기 이전의 것) 제39조 제4호 소정 노동조합에 대한 지배·개입의 부당노동행위에 해당한다고 단정할 수 없다.

3) 해고의무

① 원칙

유니온 숍에 위반하는 근로자에 대하여는 원칙적으로 사용자는 해고의무를 부담한다고 할 것이다. 문제는 단체협약에서 "종업원은 노동조합의 조합원이 되어야 한다."라는 선언적 규정만 둘 뿐 탈퇴한 자에 대해 사용자의 해고의무를 명시하지 않은 경우에도 사용자는 해고의무를 부담하는가이다.

② 학설

학설은 해고의무를 명시하지 않은 합의는 가입하지 않거나 탈퇴한 자에게 어떤 불이익을 줄 것인가에 대하여 협약당사자 사이에 아직 아무런 합의가 이루어지지 않은 것이라고 보아야 하고, 따라서 근로자에게 심리적 강제의 효과를 가질 뿐 사용자에게 해고의무가 발생하지 않는다고 보는 견해와 조직강제 조항은 근로3권 중 단결권 강화를 위해 인정되는 것으로 조직강제 조항의 실효성을 확보하기 위해서는 해고의무가 당연히 인정되어야 한다는 견해가 대립한다.

③ 판례

대법원은 "단체협약에 유니언 숍 협정에 따라 근로자는 노동조합의 조합원이어야만 된다는 규정이 있는 경우에는 다른 명문의 규정이 없더라도 사용자는 노동조합에서 탈퇴한 근로자를 해고할 의무가 있다."라고 판시함으로써 해고의무에 관한 명문규정이 없다고 하더라도 사용자는 당연히 해고의무를 부담한다고 판시하고 있다.

> **참조판례 대법원 1998.3.24. 선고 96누16070 판결**
>
> 구 노동조합법(1996.12.31. 법률 제5244호로 폐지되기 이전의 것) 제39조 제2호 단서 소정의 조항, 이른바 유니언 숍(Union Shop) 협정은 노동조합의 단결력을 강화하기 위한 강제의 한 수단으로서 근로자가 대표성을 갖춘 노동조합의 조합원이 될 것을 '고용조건'으로 하고 있는 것이므로 단체협약에 유니언 숍 협정에 따라 근로자는 노동조합의 조합원이어야만 된다는 규정이 있는 경우에는 다른 명문의 규정이 없더라도 사용자는 노동조합에서 탈퇴한 근로자를 해고할 의무가 있다.

④ 검토

단체협약상 조직강제 조항을 두는 취지는 노동조합의 단결력을 강화하기 위한 수단으로 인정되는 것이고 이는 적극적으로 노동조합이 근로3권을 행사하는 효과로서의 성질도 가지며, 근로3권행사의 실효성을 위해서도 당연히 해고의무를 가진다고 보는 것이 타당하다.

4) 그 노동조합에서 제명된 것 또는 그 노동조합을 탈퇴하여 새로 노동조합을 조직하거나 다른 노동조합에 가입한 것을 이유로 근로자에게 신분상 불이익한 행위 금지

노동조합법 제81조 제2호 단서 후문에서는 "그 노동조합에서 제명된 것 또는 그 노동조합을 탈퇴하여 새로 노동조합을 조직하거나 다른 노동조합에 가입한 것을 이유로 근로자에게 신분상 불이익한 행위를 할 수 없다."라고 규정하여 소수조합원이 제명되어 그 고용안정까지 위협하는 것을 방지하고자 하고 있다. 또한 적극적으로 근로3권을 행사는 근로자에 대한 불이익을 최소화하고자 한다. 신분상 불리한 행위를 금지하므로 해고, 전직, 전출, 휴직, 징계, 승진거부, 강등 등은 금지되지만, 임금 등 인사처분 이외의 분야에서 불이익을 주는 것은 허용된다.

III. 조합원의 권리 및 의무

1. 조합원의 권리

(1) 차별대우의 금지

노동조합의 조합원은 균등하게 그 노동조합의 모든 문제에 참여할 권리와 의무를 가지며(노동조합법 제22조), 여하한 경우에 있어서도 인종, 성별, 종교, 정당 또는 신분에 의하여 차별대우를 받지 아니한다(노동조합법 제9조).

(2) 조합참여의 권리

조합원은 임원의 선출, 해임권, 피선거권을 가지며(노동조합법 제16조 제1항) 대의원 선출, 피선출권(노동조합법 제17조 제2항), 총회출석의결권(노동조합법 제16조 제1항) 및 임시총회소집요구권(노동조합법 제18조 제2항), 조합운영상황공개요구권(노동조합법 제26조)을 행사할 수 있으며 조합재산에 대하여 일정한 권리를 갖게 된다. 다만, 비종사근로자인 조합원은 임원 및 대의원의 피선거권을 갖지 않는다.

2. 권리의 제한

노동조합은 규약으로 조합비를 납부하지 아니하는 조합원의 권리를 제한할 수 있다(노동조합법 제22조 단서). 또한 조합임원의 선거에서 합리적인 요건을 들어 그 입후보자격을 제한할 수 있다.

> **참조판례 대법원 1992.3.21. 선고 91다14413 판결**
>
> 노동조합이 규약으로 임원이 될 수 있는 자격을 일정한 수 이상의 조합원의 추천을 받은 자 및 노동조합원이 된 때로부터 일정한 기간이 경과한 자로 제한한 경우에도 추천을 받아야 할 조합원의 숫자가 전체조합원의 숫자에 비추어 소수 조합원의 권리를 해할 우려가 있는 정도에 이르지 아니하고, 요구되는 기간이 사용자와 노동조합의 실정을 파악하여 노동조합의 임원으로 직무를 수행하는 데에 필요하다고 인정되는 합리적인 기간을 넘어서는 것이 아니라면, 노동조합이 자주적인 판단에 따라 규약으로 정할 수 있는 것으로서 조합원들의 피선거권의 평등에 대한 현저한 침해라고는 볼 수 없다.

3. 조합원의 의무

(1) 조합통제에 복종할 의무

조합원은 노동조합의 구성원으로 노동조합의 통제에 복종하고 노동조합의 조직과 활동에 적극 협조하여야 할 의무를 가진다. 여기에는 규약준수의무, 조합지시에 복종할 의무, 조합활동에 참가할 의무 등이 포함된다.

(2) 조합비 등의 납입의무

조합원은 조합비를 납입할 의무를 지며 노동조합은 그 규약으로 조합비를 납부하지 아니하는 조합원의 권리를 제한할 수 있다(노동조합법 제22조 단서).

Ⅳ. 노동조합의 규약

1. 의의

조합규약이라 함은 헌법 제33조 제1항의 단결권보장 정신에 따라 노동조합의 조직 · 운영 등에 관한 기본사항을 정하고 있는 자주적인 조합규범이다.

2. 법적 성격

(1) 자주적인 법규범

조합규약이 법규범성을 가지는지 여부에 대해 ① 사단 내부의 자치규범으로서 법인의 정관과 유사한 성질을 가진다는 법규범설과 ② 조합원 간의 자유로운 의사에 의하여 체결한 일종의 계약이라는 계약설의 대립이 있으나, 노동조합은 사법상 비법인사단의 실체를 가지는 것으로 법규범설이 타당하다고 본다. 따라서 조합규약은 헌법상 보장된 근로3권의 주체인 노동조합이 만든 그 조합의 조직과 운영을 규율하는 자주적인 법규범이므로, 규약은 조합의 구성원을 구속하고, 조합원의 권리의무를 정하는 법원으로 작용하게 된다.

(2) 내부통제의 근거

노동조합은 규약을 제정하여 조합 내부에 대해 단체로써의 규범력을 가지므로 이에 근거하여 조합원에 대한 내부통제권을 행사할 수 있는 근거가 된다.

(3) 조합설립 시 필수요건

노동조합법은 노동조합의 설립을 위해서는 설립신고서에 규약을 첨부하도록 규정하고 있으므로(노동조합법 제10조 참조), 노동조합 설립 시에 설립신고서에 규약을 반드시 첨부하여야 하며, 첨부하지 않은 경우나 필요적 기재사항의 누락 등이 있는 경우 행정관청의 보완명령 대상이 된다.

(4) 법에 의한 제한

규약은 노동조합의 기본규범이지만 국가법의 한계 내에서만 효력을 가지며 국가의 강행법규 내지 사회질서를 위반하여서는 아니 된다.

3. 규약의 기재사항

(1) 필요적 기재사항

필요적 기재사항이란 노동조합의 규약에 반드시 기재되어야 할 사항으로 조합의 민주적·자주적 운영을 도모하기 위하여 노동조합법 제11조에서는 ① 명칭, ② 목적과 사업, ③ 주된 사무소의 소재지, ④ 조합원에 관한 사항(연합단체인 노동조합에 있어서는 그 구성단체에 관한 사항), ⑤ 소속된 연합단체가 있는 경우에는 그 명칭, ⑥ 대의원회를 두는 경우에는 대의원회에 관한 사항, ⑦ 회의에 관한 사항, ⑧ 대표자와 임원에 관한 사항, ⑨ 조합비 기타 회계에 관한 사항, ⑩ 규약변경에 관한 사항, ⑪ 해산에 관한 사항, ⑫ 쟁의행위와 관련된 찬반투표 결과의 공개, 투표자 명부 및 투표용지 등의 보존·열람에 관한 사항, ⑬ 대표자와 임원의 규약위반에 대한 탄핵에 관한 사항, ⑭ 임원 및 대의원의 선거절차에 관한 사항, ⑮ 규율과 통제에 관한 사항 등을 필요적 기재사항으로 규정하고 있다. 필요적 기재사항을 누락한 경우 행정관청은 보완을 명할 수 있다.

(2) 임의적 기재사항

필요적 기재사항 이외에도 조합활동 등에 필요한 사항을 규약에 자유로이 기재할 수 있는 것을 임의적 기재사항이라고 한다. 임의적 기재사항에는 노동조합 내부에서 자유로이 정할 수 있으나 강행법규 등에 반하지 않는 사항이어야 하며, 조합의 목적이나 성격에서 오는 일정한 제한이 있다. 이러한 임의적 기재사항에 대하여도 노동조합의 규약에 기재된 이상 조합 내부에서 규범적 효력을 발생하는 것은 당연하다.

1) 법정 임의적 기재사항

규약에 기재하지 않아도 무방하나 기재되지 않은 경우 법적 효력이 부여되지 않는다고 노동조합법상 명시된 사항으로, 대의원회의 설치, 조합비를 미납한 조합원권리의 제한 등이 있다.

2) 자치 임의적 기재사항

규약에 기재하는 경우 효력이 인정됨은 물론이고 규약에 기재하지 않아도 효력이 반드시 부인되는 것은 아닌 사항으로 조합의 공제사업 등이 있다.

(3) 금지적 기재사항

강행법규에 위반하는 사항을 물론 조합의 목적에 위배되는 사항을 기재하여서는 아니 된다. 이러한 사항이 조합규약에 기재되어 있는 경우라도 법적으로 아무런 효력을 가질 수 없으며, 행정관청의 시정명령(노동조합법 제21조 참조)의 대상이 된다.

4. 규약의 제정 · 변경

(1) 규약의 제정 · 변경에 대한 의결

총회 또는 대의원회에서 재적조합원 과반수의 출석과 출석조합원 3분의 2 이상의 찬성을 얻어야 하며(노동조합법 제16조 제2항), 의결방법은 직접 · 비밀 · 무기명투표의 방식에 의하여야 한다(노동조합법 제16조 제4항).

(2) 규약의 변경신고 및 통보

1) 변경신고

노동조합은 설립시에 신고한 규약내용 중 명칭, 주된 사무소의 소재지, 대표자의 성명, 소속된 연합단체의 명칭의 변경이 있는 때에는 그 날로부터 30일 이내에 행정관청에 변경신고를 하여야 한다(노동조합법 제13조 제1항).

2) 변경통보

전년도에 변경된 규약내용은 매년 1월 31일까지 행정관청에 통보하여야 한다.

5. 규약의 행정관청에 의한 감독

(1) 최소수준의 원칙

행정관청은 노동조합의 규약에 대해 설립시 및 운영단계에서 감독권한을 가지고 있으나, 행정관청의 감독은 노동조합의 자주성 · 민주성 확보를 위하여 최소수준에 머물러야 한다.

(2) 설립신고 심사

노동조합을 설립하고자 하는 경우에는 조합규약을 설립신고서와 함께 행정관청에 제출하여야 하고, 행정관청은 설립신고서 또는 규약의 기재사항의 누락 등에 대하여 심사한다.

(3) 위법한 규약의 시정명령

행정관청은 규약이 노동관계법령에 위반하는 경우에는 노동위원회의 의결을 얻어 그 시정을 명할 수 있다.

(4) 규약위반의 결의·처분의 시정명령

행정관청은 노동조합의 결의 또는 처분이 규약에 위반된다고 인정하는 경우에는 이해관계인의 신청이 있는 경우에 한하여 노동위원회의 의결을 얻어 그 시정명령을 할 수 있다.

6. 조합규약의 효력

(1) 법령 등과의 관계

규약은 노동관계법령에 위반해서는 안 되며, 노동관계법령에 위반하는 규약은 행정관청의 시정명령의 대상이 된다. 뿐만 아니라 법령의 내용이 강행법규인 경우 이를 위반한 규약은 무효라고 할 것이다.

(2) 조합원의 규약준수의무

1) 조합내부의 문제인 경우

노동조합의 규약은 내부적으로 법규범을 가지는 효력을 가지는바, 조합원은 이를 준수할 의무가 발생하며 이를 위반한 조합원에 대하여는 통제권 행사의 대상이 된다.

2) 조합외부의 문제인 경우

규약에 위반하여 근로3권을 행사한 경우 규약은 노동조합 내부의 관계에서만 효력을 가지는 것이므로 당해 근로3권의 행사가 관계법령에 적합하고 정당성을 갖추고 있다면 원칙적으로 정당한 근로3권의 행사로서 보호받을 수 있다. 다만, 규약위반의 효과로서 내부의 제재를 받을 수 있을 뿐이다.

V. 노동조합의 기관

1. 기관구성

근로3권을 실현하기 위해서 노동조합에는 의사결정, 업무집행, 감사 등을 행하는 기관이 필요하다. 기관의 구성, 권한 등은 노동조합의 자주적으로 정할 사항이지만, 노동조합법은 민주성을 위해 총회와 대의원회 및 임원, 감사기관으로서 회계감사원에 관해 규율하고 있다.

2. 의결기관

(1) 의의

노동조합법은 의사결정기관으로서 총회 및 대의원회를 두고 있다. 총회는 노동조합의 중요의사를 결정하는 최고의사결정기관이다. 대의원회는 총회에 갈음하여 설치되는 의결기관이다.

(2) 총회

1) 설치

노동조합은 최고의결기관으로서 조합원 전원으로 구성되는 총회를 두어야 한다.

2) 총회의 개최

① 정기총회

노동조합은 매년 1회 이상 총회를 개최하여야 하는데(노동조합법 제15조 제1항) 이를 정기총회라 하며, 노동조합의 대표자는 총회의 의장이 된다(노동조합법 제15조 제2항).

② 임시총회

노동조합의 대표자가 필요하다고 인정할 때 개최되거나 일정한 요건을 갖춘 소수조합원의 요구에 의해 개최되는 총회를 임시총회라 한다.

㉠ 소집요건

노동조합의 대표자는 필요하다고 인정할 때에는 임시총회 또는 임시대의원회를 소집할 수 있고(노동조합법 제18조 제1항), 조합원 또는 대의원의 3분의 1 이상(연합단체인 노동조합에 있어서는 그 구성단체의 3분의 1 이상)이 회의에 부의할 사항을 제시하고 회의의 소집을 요구한 때에는 임시총회 또는 임시대의원회를 소집하여야 한다(노동조합법 제18조 제2항).

㉡ 소집권자의 지명

ⓐ 소집권자가 소집을 기피·해태하는 경우

행정관청은 노동조합의 대표자가 회의의 소집을 고의로 기피하거나 이를 해태하여 조합원 또는 대의원의 3분의 1 이상이 소집권자의 지명을 요구한 때에는 15일 이내에 노동위원회의 의결을 요청하고 노동위원회의 의결이 있는 때에는 지체 없이 회의의 소집권자를 지명해야 한다(노동조합법 제18조 제2항·제3항).

ⓑ 소집권자가 없는 경우

행정관청은 노동조합에 총회 또는 대의원회의 소집권자가 없는 경우에 조합원 또는 대의원의 3분의 1 이상이 회의에 부의할 사항을 제시하고 소집권자의 지명을 요구한 때에는 15일 이내에 회의의 소집권자를 지명해야 한다(노동조합법 제18조 제4항).

(3) 대의원회

1) 설치

노동조합은 규약으로 총회를 갈음하는 대의원회를 둘 수 있다(노동조합법 제17조 제1항). 노동조합의 규모가 크거나 여러 장소에 걸쳐 있는 단위노동조합 그리고 연합단체인 노동조합의 경우 총회의 소집에 어려움이 있으므로 이러한 경우에는 대의원회로 갈음할 수 있다.

2) 대의원의 선출 및 임기

대의원회의 대의원은 조합원의 직접, 비밀, 무기명 투표에 의하여 선출한다(노동조합법 제17조 제2항). 다만, 대의원은 임원이 아니기 때문에 조합원 과반수의 득표를 해야 하는 것은 아니다. 대의원의 임기는 3년의 범위를 초과하지 않는 범위 내에서 규약으로 정할 수 있다(노동조합법 제17조 제4항). 하나의 사업 또는 사업을 대상으로 조직된 노동조합의 대의원은 그 사업 또는 사업장에 종사하는 조합원 중에서 선출되어야 한다(노동조합법 제17조 제3항).

3) 총회규정의 준용

대의원회를 둔 때에는 총회에 관한 규정은 대의원회에 이를 준용한다(노동조합법 제17조 제5항). 대의원회를 중간의결기관으로 하는 경우를 말하는 것이 아니라 총회를 갈음할 대의원회를 둔 경우를 말한다. 이 경우 총회는 대의원회로, 조합원은 대의원으로 대치된다.

(4) 총회 및 대의원회의 소집절차

1) 소집공고

총회 또는 대의원회의 소집을 위해서는 7일 전에 그 회의에 부의 사항을 공고하여야 하는데, 동일한 사업장 내의 근로자로 구성된 노동조합의 경우에는 규약으로 이 공고기간을 단축할 수 있으며 기타 소집절차에 관하여서는 규약이 정한 방법에 따른다(노동조합법 제19조). 소집기간과 회의에 부의사항을 공고하도록 한 것은 의결기관의 원활한 운영을 위한 것이다.

2) 소집절차에 하자있는 총회의결의 효과

소집절차에 하자가 있는 경우 이에 대해 노동조합법상의 명문규정이 없으므로 사법의 일반원칙이 적용된다. 소집절차에 중대한 하자가 있는 경우에는 당해 결의자체가 무효라고 할 것이나, 소집절차에 경미한 하자가 있는 경우에는 하자의 치유를 인정하여 결의는 유효라고 해석된다.

소집절차의 하자가 중대한지 여부는 형식적으로 판단할 것이 아니라 조합원의 총의가 반영되었는지를 실질적으로 판단하여야 할 것이다. 판례도 "대의원회 또는 총회의 소집에 절차상 하자가 있다고 하더라도 대의원 또는 조합원 대부분이 참석하였다면 그 대의원대회의 결의와 총회소집에 의한 위원장 선출도 유효하다."라고 판시하여 조합원의 총의가 반영된 총회나 대의원회는 절차상의 하자는 경미한 하자로 당해 결의가 유효하다는 입장이다.

> **📖 참조판례 대법원 1992.3.27. 선고 91다 29071 판결**
>
> [1] 노동조합의 대의원대회의 개최에 노동조합규약상 소집공고기간의 부준수 등 절차상 하자가 있다 하더라도 그 대회에 모든 대의원이 참석하였고, 거기서 다룬 안건의 상정에 관하여 어떠한 이의도 없었으므로 위 하자는 경미한 것이어서 위 대의원대회에서 한 결의는 유효하다.
> [2] 노동조합 위원장선거를 위한 임시총회에 소집공고 등 절차상 하자가 있다 하더라도 총유권자 791명 중 약 90.77%에 해당하는 728명이 참여하였고, 위 총회의 소집이 위원장 후보자로서의 입후보나 다른 조합원들의 총회 참여에 어떠한 지장도 없었다고 할 것이므로, 위 절차상 하자 역시 경미한 것이어서 위 총회에서의 결의인 위원장 선출은 유효하다.
> [3] 단체협약이나 취업규칙에 피징계자에게 소명의 기회를 부여하여야 한다는 규정이 있는 경우 이러한 절차를 거치지 아니한 징계처분은 유효하다고 할 수 없으나, 그러한 규정이 없는 경우까지도 사용자는 반드시 피징계자에게 소명의 기회를 부여하여야 할 의무가 있다고 할 수 없다.

> **📖 참조판례 대법원 1992.3.31. 선고 91다 14413 판결**
>
> [1] 노동조합의 대의원대회에 재적대의원 전원이 출석하여 전원의 찬성으로 위원장을 직선으로 선출하는 것을 전제로 규약을 개정하기로 의결을 한 것이라면, 노동조합이 그 규약 개정안을 회의에 부의할 사항으로 미리 공고하지 아니한 채 대의원대회를 개최한 절차상의 흠이 있다고 하더라도, 그 대의원대회의 결의 자체를 무효라고 볼 수 없다.

[2] 노동조합이 규약으로 임원이 될 수 있는 자격을 일정한 수 이상의 조합원의 추천을 받은 자 및 노동조합원이 된 때로부터 일정한 기간이 경과한 자로 제한한 경우에도, 추천을 받아야 할 조합원의 숫자가 전체조합원의 숫자에 비추어 소수 조합원의 권리를 해할 우려가 있는 정도에 이르지 아니하고, 요구되는 기간이 사용자와 노동조합의 실정을 파악하여 노동조합의 임원으로 직무를 수행하는 데에 필요하다고 인정되는 합리적인 기간을 넘어서는 것이 아니라면, 노동조합이 자주적인 판단에 따라 규약으로 정할 수 있는 것으로서 조합원들의 피선거권의 평등에 대한 현저한 침해라고는 볼 수 없으므로, 그와 같은 규약은 노동조합법 제22조에 위반하는 것이 아니라고 봄이 상당하다.

(5) 총회 및 대의원회의 의결

1) 의결사항

① 총회의 의결사항

노동조합운영상의 중요사항은 조합원의 민주적인 총의를 반영하기 위해 총회의 의결을 얻는 것이 타당하므로 노동조합법은 총회의 '필요적 의결사항'을 규정하고 있다(노동조합법 제16조 제1항). 필요적 의결사항은 ㉠ 규약의 제정과 변경에 관한 사항, ㉡ 임원의 선거와 해임에 관한 사항, ㉢ 단체협약에 관한 사항, ㉣ 예산결산에 관한 사항, ㉤ 기금의 설치관리 또는 처분에 관한 사항, ㉥ 연합단체의 설립가입 또는 탈퇴에 관한 사항, ㉦ 합병분할 또는 해산에 관한 사항, ㉧ 조직형태의 변경에 관한 사항, ㉨ 기타 중요한 사항이다. 조합자치 원칙상 노동조합법상 열거하지 않은 사항도 총회의 의결사항으로 규약에 규정할 수 있다.

② 대의원회의 의결사항

총회에 갈음하는 대의원회를 둔 경우 그 의결사항에 대한 제한은 없으므로 대의원회에서도 총회의 의결사항에 대하여 의결할 수 있다고 볼 것이다. 다만, ㉠ 규약의 제정·변경, ㉡ 임원의 선거·해임에 관한 사항 등은 당해 노동조합의 중대한 의사결정의 일종이므로 총회의 의결사항으로 하는 것이 바람직하다.

2) 의결정족수

① 일반의결정족수

의결기관의 의결사항에 대하여는 재적조합원 과반수의 출석과 출석조합원 과반수의 찬성으로 이루어져야 한다(노동조합법 제16조 제2항 본문). 이는 최소한 조합의사를 민주적으로 확보하기 위한 것이다.

② 특별의결정족수

규약의 제정·변경, 임원의 해임, 합병·분할·해산 및 조직형태의 변경에 관한 사항은 재적조합원 과반수의 출석과 출석조합원 3분의 2 이상의 찬성이 있어야 한다(노동조합법 제16조 제2항 단서). 이들 사항은 노동조합의 의사결정 중 중대한 사항에 해당하는 것으로 의결정족수를 강화한 것이다.

③ 의결정족수 산정기준

의결정족수 산정기준으로서의 출석인원의 회의시작 시 인원점검시를 기준으로 일률적으로 계산할 것이 아니라, 해당 안건의 표결시를 기준으로 계산하여야 한다.

3) 의결방식

의결방식에 대하여 노동조합법상 특별한 제한은 없으므로 자유로이 결정할 수 있으나, 규약의 제정·변경과 임원의 선거·해임에 관해서는 직접·비밀·무기명 투표의 방식(노동조합법 제16조 제3항)에 따라야 한다. 이는 조합의 중대한 의사결정에 있어 민주성을 확보하기 위한 것이다.

4) 일사부재의의 원칙

같은 회기에 가결된 안건을 재표결할 수는 있으나 일단 부결된 안건은 일사부재의의 원칙에 따라 재표결할 수 없고, 따라서 부결된 안건을 가결하려면 회의를 다시 소집해야 한다.

5) 임원의 결선투표제

임원의 선거에서 출석조합원 과반수의 찬성을 얻은 자가 없는 경우, 규약이 정하는 바에 따라 결선투표를 실시하여 다수의 찬성을 얻은 자를 임원으로 선출할 수 있다(노동조합법 제16조 제3항). 이는 조합의 기관구성에 있어 다수의 찬성이라는 민주적 운영을 확보하기 위한 규정이다.

6) 특정조합원에 관하여 의결할 경우

노동조합이 특정 조합원에 관하여 의결할 경우에는 당해 조합원에 대해서는 표결권이 인정되지 않는다(노동조합법 제20조).

7) 결의·처분의 시정

행정관청은 노동조합의 결의 또는 처분이 노동관계법령 또는 규약에 위반된다고 인정할 경우에는 노동위원회의 의결을 얻어 그 시정을 명할 수 있다. 다만, 규약위반 시의 시정명령은 이해관계인의 신청이 있는 경우에 한한다(노동조합법 제21조 제2항).

3. 집행기관

(1) 구성

노동조합법은 집행기관으로서 대표자와 임원을 예정하고 있다(노동조합법 제11조 제8호·제13호). 대표자란 대내적으로 노동조합의 업무를 집행하며 대외적으로 노동조합을 대표하는 자를 말하며, 임원이란 대표자를 보좌하여 노동조합의 업무를 집행하는 자를 말한다.

(2) 권한

조합규약상 특별한 규정이 없는 한 집행기관의 직무권한은 조합의 목적달성에 필요한 일체의 업무이다. 노동조합대표자는 ① 총회의 의장이 되고(노동조합법 제15조 제2항), ② 회계감사를 실시하게 되며(노동조합법 제25조 제1항), ③ 임시총회를 소집하고(노동조합법 제18조 제1항), ④ 노동조합의 운영상황을 공개할(노동조합법 제26조) 의무와 권한이 있다. 또한 당해 노동조합의 대외적으로 대표할 권한을 가진다.

(3) 선임 및 해임

노동조합법은 임원에 관하여 선거절차와 탄핵에 관한 사항 등을 규약의 필요적 기재사항으로 정하고 있다(노동조합법 제11조 참조). 또한 임원은 노동조합의 조합원 중에서 선출되어야 하며(노동조합법 제23조) 선출이나 해임방식은 직접·비밀·무기명 투표로 의결되어야 한다(노동조합법 제16조 제1항·제4항).

조합원은 평등한 선거권 및 피선거권을 가진다. 그러나 노동조합은 규약으로 조합비를 납부하지 않은 조합원의 권리를 제한할 수 있으므로(노동조합법 제22조 단서), 조합비를 납부하지 않은 조합원에 대하여 임원 입후보를 금지할 수 있을 것이다. 또한 임원의 입후보 요건을 규약에 따라 합리적인 범위에서 제한하는 것은 허용된다고 볼 것이다. 판례는 조합원 경력이 1년 이상일 것과 전체 조합원의 10%가 안 되는 30명의 추천을 받을 것을 입후보 요건으로 정한 것은 피선거권의 평등에 대한 현저한 침해라고 볼 수 없다고 판시하였다.

> **📖 참조판례 대법원 1992.3.31. 선고 91다14413 판결**
>
> 노동조합이 규약으로 임원이 될 수 있는 자격을 일정한 수 이상의 조합원의 추천을 받은 자 및 노동조합원이 된 때로부터 일정한 기간이 경과한 자로 제한한 경우에도, 추천을 받아야 할 조합원의 숫자가 전체 조합원의 숫자에 비추어 소수 조합원의 권리를 해할 우려가 있는 정도에 이르지 아니하고, 요구되는 기간이 사용자와 노동조합의 실정을 파악하여 노동조합의 임원으로 직무를 수행하는 데에 필요하다고 인정되는 합리적인 기간을 넘어서는 것이 아니라면, 노동조합이 자주적인 판단에 따라 규약으로 정할 수 있는 것으로서 조합원들의 피선거권의 평등에 대한 현저한 침해라고는 볼 수 없으므로, 그와 같은 규약은 노동조합법 제22조에 위반하는 것이 아니라고 봄이 상당하다.

(4) 임기

임원의 임기는 조합규약으로 정하되 3년을 초과할 수 없다(노동조합법 제23조 제2항). 조합규약으로 연임을 허용하는 경우 3년을 초과할 수 있다.

(5) 근로시간면제자

노사 당사자가 단체협약으로 정하거나 사용자의 동의가 있는 경우에는 근로시간면제자를 둘 수 있다(노동조합법 제24조 제1항).

4. 감사기관

(1) 의의

감사기관은 노동조합의 설립목적에 위배되지 않도록 집행기관의 업무집행상황을 감사하는 기관이다. 현행 노동조합법은 회계감사에 한하여 감사를 의무화하고 있다.

(2) 회계감사

1) 회계감사원의 자격

회계감사원은 재무·회계 관련 업무에 종사한 경력이 있거나 전문지식 또는 경험이 풍부한 사람 등으로 임명하여야 한다(노동조합법 시행령 제11조의7). 노동조합의 대표자는 노동조합의 대표자가 노동조합 회계의 투명성 제고를 위하여 필요하다고 인정하는 경우, 조합원 3분의 1 이상의 요구가 있는 경우, 연합단체인 노동조합의 경우 그 구성노동단체의 3분의 1 이상의 요구가 있는 경우, 대의원 3분의 1 이상의 요구가 있는 경우 조합원이 아닌 공인회계사나 공인회계사법 제23조에 따른 회계법인으로 하여금 회계감사를 실시하게 할 수 있으며, 이 경우 회계감사원이 회계감사를 한 것으로 본다(노동조합법 시행령 제11조의7 제2항).

2) 감사결과 공개

노동조합 대표자는 그 회계감사원으로 하여금 적어도 6개월에 1회 이상 노동조합의 모든 재원 및 용도, 주요 기부자의 성명 및 현재의 경리상황에 대한 회계감사를 실시하고, 그 내용과 감사결과를 전체 조합원에게 공개하여야 한다(노동조합법 제25조 제1항). 노동조합의 대표자는 특별한 사정이 없으면 노동조합법 제26조에 따른 결산결과와 운영상황을 매 회계연도 종료 후 2개월(제11조의7 제2항에 따라 공인회계사나 회계법인이 회계감사를 실시한 경우에는 3개월로 한다) 이내에 조합원이 그 내용을 쉽게 확인할 수 있도록 해당 노동조합의 게시판에 공고하거나 인터넷 홈페이지에 게시하는 등의 방법으로 공표해야 한다(노동조합법 시행령 제11조의8). 고용노동부장관은 노동조합의 대표자가 그 결산결과를 공표할 수 있도록 노동조합 회계공개시스템을 구축·운영할 수 있다(노동조합법 시행령 제11조의9 제1항).

노동조합의 회계감사원은 필요하다고 인정하는 때에 언제든지 당해 노동조합의 회계감사를 실시하고 그 결과를 공개할 수 있다(노동조합법 제25조 제2항).

(3) 업무감사

노동조합법은 회계감사의 권한에 대해서만 인정하고 있으므로 업무감사의 권한까지 가지는 감사를 둘 것인지는 조합자치에 의한다.

VI. 노동조합의 재정

1. 의의

노동조합의 재정이란 노동조합의 조직과 운영에 필요한 재산을 조달·관리 및 사용하는 일체의 활동을 말한다. 조합재정은 조합자치의 원칙에 따라 자주적·민주적으로 확보·관리·사용하여야 한다.

2. 노동조합의 재산소유 및 귀속

(1) 법인인 노동조합

노동조합은 규약으로 정한 바에 따라 법인으로 할 수 있다(노동조합법 제6조 제1항). 노동조합을 법인으로 하려면 대통령령으로 정한 바에 따라 등기를 하여야 한다(노동조합법 제6조 제2항). 법인인 노동조합에 대하여는 노동조합법에 규정된 것을 제외하고는 민법의 사단법인에 관한 규정을 준용한다(노동조합법 제6조 제3항).

노동조합이 법인이 된 경우 조합재산은 당연히 노동조합의 단독소유이다. 따라서 조합원은 조합재산에 대해 전혀 지분을 갖지 못하며 조합원이 탈퇴하거나 제명된 경우에는 조합재산에 대해 분할청구권을 갖지 못한다.

(2) 법인이 아닌 노동조합

법인이 아닌 노동조합은 조합원 개인과는 별개의 독립적 단체이므로 민법상 권리능력 없는 사단에 해당하고, 조합재산은 조합원 전원의 총유가 된다. 따라서 조합원은 조합재산에 대한 지분이나 분할청구권이 인정되지 않는다. 노동조합의 채무 또한 조합원 전원의 총유로 되어 조합원 개인은 그에 대한 책임을 지지 않으며, 조합재산만이 책임재산이 된다.

3. 노동조합의 수입과 지출

(1) 수입

1) 조합비

① 의의

조합비라 함은 조합원이 노동조합 구성원의 지위에서 노동조합의 운영을 위하여 부담하는 일체의 비용을 말한다. 조합비는 노동조합의 주요 물적 기반이므로 조합비를 납부하지 아니하는 조합원은 규약이 정하는 바에 따라 조합원의 권리를 제한할 수 있다(노동조합법 제22조).

② 종류

노동조합의 일상적인 유지·활동을 위하여 납부되는 조합비를 정규조합비라 한다. 이에 대하여 특수한 목적에 사용하기 위하여 일시적으로 징수되는 조합비를 특별조합비라 한다.

이러한 특별조합비에 대해 조합원이 납부의무가 발생하는지가 문제되는데, 특별조합비의 징수목적이 근로조건의 유지·개선 등 근로자의 경제적·사회적 지위의 향상이라는 노동조합의 목적을 실현하기 위한 것이어야 할 뿐 아니라 조합원의 시민적 자유와도 조화되어야 한다. 특별조합비는 그 징수목적에 의해 사용처가 엄격히 제한된다.

③ 조합비 일괄 공제제도(Check-off System)

㉠ 의의

조합비 공제제도란 사용자가 조합원인 근로자의 임금에서 조합비를 일괄 공제하여 이를 직접 노동조합에 인도한다는 단체협약상의 제도를 말한다. 조합비 공제제도는 기본적으로 조합비 징수방식의 하나이지만 현실적으로 조합비 징수를 확실히 함으로써 노동조합재정을 안정시키고 조합비 납부를 정례화하여 간접적으로 조합원의 참가의식을 조성하는 단결강화기능을 수행한다.

㉡ 조합비 공제제도의 제도화 방법

ⓐ 문제의 제기

근로기준법 제43조(임금전액불원칙)에서는 근로자에게 임금전액의 지급해야 하지만, 다만 법령 또는 단체협약에 특별한 규정이 있는 경우에는 임금의 일부를 공제할 수 있다고 규정하여 예외를 인정하고 있다. 이러한 예외는 '사용자'의 임금채무에 관한 공제를 대상으로 하는데 이것이 '노동조합'을 위한 조합비공제에 대해서도 적용되는지 그리고 반드시 단체협약에 의해야 하는지가 문제된다.

ⓑ 학설

학설은 임금에 대한 처분권한은 근로자개인의 권한이고 따라서 조합비 공제제도에 근기법 제43조가 적용되며 단체협약에 의하여야만 유효하다고 보는 견해(적용긍정)와 조합원은 당연히 노동조합의 재정을 담당할 의무가 있는 것으로 노사협정이나 묵시적 합의에 근거해서도 임금공제가 가능하다는 견해(적용부정)가 있다.

ⓒ 검토

조합비 공제제도는 근로자의 임금에 대한 처분권한을 제한하는 것이고 근로자의 임금을 보장하려는 임금전액불의 취지는 노동조합에 대해서도 관철될 필요가 있다는 점에서 적용을 긍정하는 것이 타당하다.

ⓒ 개별적 조합원의 동의 문제

ⓐ 문제의 제기

조합비 공제제도가 유효하려면 단체협약에 근거하는 것만으로 족한가 아니면, 개별조합원의 동의 내지 수권행위까지 있어야 하는지가 문제된다.

ⓑ 학설

학설은 ⅰ) 조합비 공제제도는 규범적 효력을 가지는 것이므로 조합원의 별도의 동의가 없더라도 당연히 단체협약에 의하는 한 가능하다고 보는 견해와, ⅱ) 조합비 공제제도는 채무적 효력만을 가지는 것으로 노동조합과 사용자 간의 채무로 근로자 개인의 임금에 대한 처분권한을 제한하는 것은 무리라고 할 것이므로 개별조합원과의 합의 또는 조합규약내의 조합비공제 조항에 대한 조합원의 동의가 있어야만 효력을 발생한다고 보는 견해가 대립한다.

ⓒ 검토

개별조합원의 입장에서 볼 때 조합비공제조항은 임금지급방식을 변하게 할 뿐이므로 '근로조건 기타 근로자의 대우'에 관한 규범적 부분이라 볼 수 없으므로 채무적 효력만을 인정하는 견해가 타당하다. 따라서 조합비 공제제도를 단체협약으로 인정하더라도 개별조합원의 동의는 필요하다고 할 것이다.

ⓔ 조합원의 개별적 중지신청의 허용여부

조합비공제제도가 유효하게 성립한 이후에 개별조합원이 사용자에 대하여 조합비 공제의 중지를 신청할 경우 사용자는 이에 응할 의무가 발생하는지가 문제된다.

조합비공제제도는 조합원이 사용자에게 노동조합에 납부할 조합비의 변제를 위임한 것이라고 전제하면서 조합원이 사용자에게 공제의 중지를 요청하면 사용자는 이에 따라야 한다고 보는 견해도 있으나, ⓐ 조합비 납부의무는 조합원의 기본의무에 속하는 점, ⓑ '조합비 기타 회계에 관한 사항'은 조합규약의 필요적 기재사항으로 조합원 총의에 따른 의결과 민주적 통제의 대상으로 되어 있는 점, ⓒ 임금전액불 원칙의 예외를 단체협약에 위임하고 있는 취지, ⓓ 조합원은 노동조합탈퇴로서 공제제도의 적용을 면할 수 있는 점을 고려할 때 조합원의 개별적 중지신청의 법적 효력은 인정되지 않는다고 보는 것이 타당하다.

ⓜ 관련문제

ⓐ 사용자에 의한 상계의 허용여부

사용자가 노동조합에 대해 갖는 손해배상액을 노동조합이 가지는 조합비와 상계할 수 있는가가 문제될 수 있는데, 조합비는 노동조합의 중요한 재정적 기초이므로 현실적으로 인도되는 것을 요하는 것이어서 조합비 공제조항 속에는 상계를 배제하는 약정이 포함되어 있다고 보아야 할 것이어서 상계는 허용되지 않는다.

ⓑ 사용자의 일방적 파기시 효력

　　　　조합비 공제제도가 관행 또는 협약으로 시행되어 오던 도중 사용자가 일방적으로 동 제도를 파기한 경우에는 단결권을 침해하여 지배·개입으로 부당노동행위가 성립될 수 있다. 또한 협약 유효기간 중이라면 사용자는 협약위반에 대한 채무불이행 책임을 부담하게 된다. 따라서 사용자가 이를 중단하고자 할 경우에는 합리적인 이유의 제시와 사전에 조합과의 충분한 협의를 하는 등 절차가 수반되어야 한다.

2) 기부금

　　노동조합은 제3자로부터 기부금을 받을 수 있으나 사용자로부터 기부금은 ① 근로자의 후생자금, ② 경제상의 불행 기타의 재해방지와 구제 등을 위한 기금기부 등을 제외하고는 부당노동행위에 해당한다(노동조합법 제81조).

　　노동조합 대표자는 주요한 기부자의 성명공개 등 기부금에 대한 감사를 실시하고 그 결과를 공개하여야 한다(노동조합법 제25조 제1항).

3) 사업수입금

　　노동조합은 수익사업을 실시하여 그 수익금을 노동조합의 재원으로 사용할 수 있다. 이 경우 수익사업을 하는 노동조합의 사업체에 대해서는 조세면세의 특혜가 부여되지 않는다(노동조합법 제8조).

(2) 지출

1) 지출의 원칙

　　조합규약과 총회의 결의에 따라 노동조합 스스로 결정할 문제인바, 노동조합 총회에서 의결한 예산안이나 기금이용계획에 따라 지출하여야 한다. 특별조합비의 경우 그 목적 범위 내에서 지출하여야 한다.

2) 지출의 한계

　　위법한 쟁의행위 또는 조합이나 조합원에게 이해관계 없는 정치자금을 위해 조합비를 사용할 수 없다.

4. 조세의 면제

노동조합에 대해서는 그 사업체를 제외하고는 세법이 정하는 바에 따라 조세를 부과하지 않는다(노동조합법 제8조). 노동조합은 근로조건의 유지·개선을 목적으로 하는 헌법상의 기본권 행사기관으로서 비영리단체이므로 조세면제의 혜택이 부여되도록 한 것이다.

그러나 조합임원이나 직원이 노동조합으로부터 받는 급여에 대해서는 납부의무자가 노동조합이 아닌 임원, 직원 등 개인이 되므로 소득세 등이 면제되지 않는다. 또한 수익사업을 하는 노동조합의 사업체에 대해서는 조세면세의 특혜가 부여되지 않는다.

5. 재정운영의 투명성

(1) 회계감사의 실시

노동조합의 대표자는 회계감사원으로 하여금 6월에 1회 이상 그 노동조합의 모든 재원 및 용도, 주요한 기부자의 성명 및 현재의 경리상황 등에 대한 회계감사를 실시하고 그 내용과 결과를 전체 조합원에게 공개하여야 하며 회계감사원은 필요하다고 인정할 경우에는 그 노동조합의 회계감사를 실시하고 그 결과를 공개할 수 있다(노동조합법 제25조).

(2) 운영상황의 공개

노동조합의 대표자는 회계 연도마다 결산결과와 운영상황을 공표하여야 하며 조합원의 요구가 있을 때에는 이를 열람하게 하여야 한다(노동조합법 제26조).

(3) 행정관청의 자료제출요구권

행정관청이 요구하는 경우에는 결산결과와 운영상황을 보고하여야 한다(노동조합법 제27조). 이는 행정관청이 노동조합의 민주적 운영을 보호하기 위하여 노동조합의 재정이 정당하게 운영되고 있는가를 감독하기 위한 규정이다.

(4) 재정에 관한 장부 및 서류비치

노동조합은 재정에 관한 장부와 서류를 그 주된 사무소에 비치하고 3년간 보존하여야 한다(노동조합법 제14조).

Ⅶ. 노동조합의 통제권

1. 서

노동조합이 단결의 유지·강화를 위해 조합의 지시·명령에 위반하는 조합원에 대하여 일정한 제재를 가하게 되는데 이러한 제재를 할 수 있는 권능을 통제권이라 한다. 노동조합은 다른 사회단체와는 달리 근로자들의 생존권을 보장하기 위해 조직된 단결체로서 단결의 유지·강화가 무엇보다도 중요하다.

2. 통제권의 법적 근거

(1) 문제의 소재

현행 노동조합법에서는 노동조합의 통제권에 대해 규약의 필요적 기재사항으로만 규정하고 있을 뿐 아무런 규정을 두고 있지 않다. 다만, 학설은 노동조합의 통제권을 인정하고 있는데 그에 대한 근거에 대해서는 견해의 대립이 있다.

(2) 학설

1) 계약설

이 견해는 조합원간의 계약에 의해 조합원의 권리와 의무, 조합원 신분의 취득과 상실 등에 대한 노동조합의 통제권이 발생한다는 것이다.

2) 단체고유권설

이 견해는 노동조합은 사단(단체)의 일종으로서 그 본질상 단체의 존립 또는 목적수행을 위해 필요한 범위 내에서 내부 통제권을 가진다는 것이다.

3) 단결권설

이 견해는 노동조합은 일반단체와는 달리 헌법 제33조 제1항에서 인정된 헌법상의 단체로서 보통 단체에서는 볼 수 없는 더욱 강한 통제력을 필요로 하고 통제권의 근거를 헌법상의 단결권 보장에서 구하는 견해이다.

4) 절충설(양면설)

이 견해는 단체고유권설과 단결권설을 대립적인 것이 아니라 보완적 관계를 가진다는 견해이다. 즉, 노동조합의 통제권은 사단 고유의 통제권에 속하는 동시에 단결권보장으로서의 특징도 가지고 있다는 것이다.

(3) 검토

노동조합은 단체로서의 성질을 가질 뿐만 아니라 일반적 사단과는 구별되는 특성을 지니는 바, 조직을 가진 단체로서 그 구성원에 대해 합리적 범위 내에서 통제권을 행사할 수 있으며, 다른 한편 노동조합이 헌법상 단결권의 보장을 받고 있다는 의미에서 일반 단체의 그것과 구별되므로 노동조합의 통제권은 헌법 제33조 제1항을 함께 그 근거로 삼고 있다고 판단된다. 따라서 절충설이 타당하다.

3. 통제권의 대상

(1) 통제권의 대상

노동조합법은 대표자와 임원의 규약위반(제11조 제13호) 및 조합원의 조합비 납부거부(제22조 단서)를 통제처분의 대상으로 규정하고 있으나 이는 예시적인 규정에 불과하다. 조합원은 규약의 준수, 노동조합의 방침·결의·지시의 이행, 조합비 납부 등의 의무를 부담하는데, 조합원이 이러한 의무를 위반한 경우에 통제처분의 대상이 된다.

(2) 구체적 대상

1) 단체교섭 저해행위

단체교섭은 노동조합의 목적달성을 위한 핵심적 활동이기 때문에 이를 저해하는 조합원의 행위는 통제의 대상이다. 단체교섭의 진행 중 근로조건에 관하여 조합원이 사용자와 개별적으로 교섭하는 행위, 교섭위원이 된 조합원이 사용자로부터 개인적인 이익을 제공 및 약속 받는 행위, 단체교섭을 위한 쟁의행위 지시에 불응하는 행위 등은 통제의 대상이다.

2) 조합원의 비판활동

조합원은 국민의 일원으로서 언론의 자유를 가지며 노동조합의 민주적 운영을 위해서도 유인물의 배포 등 언론에 의한 조합원의 비판행위는 진실한 사실에 근거하고 공정한 것인 이상 통제처분의 대상이 될 수 없지만, 허위사실에 근거하여 집행부를 악의적으로 비방·중상하는 것은 언론의 자유의 한계를 넘는 것이어서 통제처분의 대상이 된다.

3) 결의 또는 지시의 불복종

조합원은 노동조합의 결의 또는 지시 등에 복종할 의무가 있으므로 이를 위반한 경우 통제처분의 대상이 된다. 그러나 노동조합의 결의 또는 지시가 객관적으로 위법한 결의·지시에 해당하는 경우에는 조합원은 이에 복종할 의무가 없으므로 위법한 결의·지시를 따르지 않는 행위는 통제처분의 대상이 되지 않는다. 이 경우 조합원이 결의·지시의 위법성을 인식하고 있을 것을 요한다고 보아야 한다.

4) 정치·사회활동

노동조합의 목적은 근로조건을 유지·개선하는 것에 그치지 않고 널리 근로자의 경제적, 사회적 지위를 향상하는 것을 포함하므로 노동조합의 활동에는 정치·사회활동도 포함된다. 그러나 조합원은 개인 또는 시민으로서의 권리를 가지므로 개인의 정치적 소신이 노동조합의 기본방침에 반한다는 이유로 언제나 통제처분의 대상이 되는 것으로 보기는 어렵다. 이는 결국 노동조합의 정치적 결정의 내용에 따라 달리 보아야 할 것이다. 즉, 노동조합의 결정이 근로조건의 유지·개선에 직접 관계되는 입법·행정조치의 촉진 또는 반대를 내용으로 하는 경우에는 조합원의 협력의무가 생긴다고 할 것이고 이에 반하는 조합원의 독자적 행위는 통제처분의 대상이 되나, 근로조건의 유지·개선과 무관한 입법·행정조치의 촉진·반대를 내용으로 하는 정치적 결정에 따르지 않는 것은 조합원 개인의 시민적·정치적 자유에 속하므로 통제처분의 대상이 될 수 없다.

5) 조합원의 조합비 미납

조합원이 조합비를 납부하지 아니하는 경우 노동조합은 규약으로 조합원의 권리를 제한할 수 있다(노동조합법 제22조). 권리의 제한이란 반드시 권리정지의 처분으로 한정되는 것은 아니고, 제명도 포함된다.

4. 통제권의 행사

(1) 통제처분의 내용

통제와 규율에 관한 사항은 규약의 필요적 기재사항(노동조합법 제11조 제15호)으로 통제의 내용, 절차를 규약에 정해두는 경우, 이에 따르도록 하고 정함이 없는 경우에 조합원의 의사에 따라야 한다. 통제의 대상에 대하여, 경고, 견책, 제재금 부과, 권리정지, 제명 등의 처분을 행하되, 어떠한 처분을 과할 것인지는 조합자치에 의한다. 다만, 통제처분의 사회통념상 현저히 가혹한 경우에는 통제권의 남용으로 무효가 된다고 해석된다.

(2) 통제처분의 절차

1) 원칙

통제권의 행사는 민주적이고 공정한 절차에 따라야 하므로 규약·관행상의 절차가 있는 경우에는 이를 준수하고, 절차가 불분명하거나 흠결된 경우에는 적정절차의 원칙에 따라 행사되어야 한다.

2) 구체적인 절차

통제처분은 조합원 개인의 단결권 기타의 권리·이익을 제한하는 것이므로 공정한 절차에 따라야 한다. 해당 조합원에게 통제처분의 사유(대상)를 통지하고 변명의 기회를 충분히 부여하고 규약 소정의 변명절차를 위반하거나 변명의 기회를 충분히 부여하지 않은 경우에는 절차상의 중대한 흠으로 무효가 될 수 있다. 통제처분은 집행부의 제안에 대하여 징계위원회 등 규약 소정의 기관의 의결을 거쳐야 하는데, 규약에 정함이 없는 경우에는 총회 등 최고의결기관의 의결을 거쳐야 하고 조합원에게 치명적인 제명처분은 최고의결기관인 총회에서 무기명·비밀투표에 의하는 것이 바람직하다.

5. 위법한 통제 처분의 구제

(1) 행정적 구제

행정관청은 노동조합의 결의 또는 처분이 노동관계법령 또는 규약에 위반된다고 인정할 경우에는 노동위원회의 의결을 얻어 그 시정을 명할 수 있다(노동조합법 제21조 제2항·제3항). 다만, 규약 위반시 시정명령은 이해관계인의 신청이 있는 경우에 한한다. 시정명령을 받은 노동조합은 30일 이내에 이를 행해야 하며 다만, 정당한 사유가 있는 경우에는 그 기간을 연장할 수 있다.

(2) 사법심사

1) 사법심사의 필요성

통제권의 행사는 본질적으로 노동조합의 내부관계에 속하는 것이므로 조합자치에 맡기는 것이 적합하다 할 것이므로 노동조합의 내부통제에 대하여 사법심사는 가능한 한 자제되어야 한다. 그러나 노동조합의 조직력과 사회적 영향력이 점차 증가하고 있고 근로조건 규제권한을 통해 근로자의 생존권에 직접 영향을 미치는 점을 고려할 때 정당성을 결한 통제권의 행사, 특히 제명처분은 조합원의 단결권 내지 생존권에 중대한 침해를 구성하므로 이러한 점에서 통제권 행사에 대한 사법심사의 필요성이 인정될 수 있다.

2) 사법심사의 한계

조합자치원칙에 따른 사법심사의 자제 요구와 조합원의 권익보호를 위한 사법심사의 허용 요구가 충돌될 경우, 사법심사를 허용하되 그 범위를 일정하게 제한하는 형태로 양자를 조화시켜야 한다. 사법심사의 범위는 조합의 규약에 명백히 위반하거나 현저히 공정성을 결한 경우 또는 중대한 절차상의 하자가 있는 경우에만 법원이 예외적으로 통제처분에 대해 사법심사를 할 수 있다고 보아야 한다.

Ⅰ. 노동조합의 조직변동

1. 의의

노동조합도 사회적 활동을 하는 단체로써 단체의 원활한 유지·운영을 위하여 합병·분할, 조직형태의 변경 그리고 해산을 하게 된다. 노동조합은 단체로써 복잡한 이해관계를 가진다는 점에서 노동조합법에서는 이러한 조직형태의 변경절차를 엄격하게 규정하고 있고, 노동조합은 이러한 절차를 준수하여야 한다.

2. 노동조합의 합병·분할

(1) 노동조합의 합병

1) 의의

합병이란 복수의 노동조합이 존속 중에 그 합의에 근거하여 하나의 노동조합으로 통합되는 것을 말한다. 기존조합을 통합하여 새로운 조합을 설립하는 '신설합병'과 하나의 노동조합이 다른 노동조합을 흡수하여 존속하는 '흡수합병'으로 구분된다. 합병은 기존 노동조합의 조합원이 개별적으로 다른 노동조합에 가입하는 이른바 사실상 통합과 구별된다.

노동조합법은 합병에 관하여 그 의결 정족수를 제한하고(제16조 제2항), 노동조합의 해산사유로 정하는 것(제28조 제1항 제2호) 외에 별다른 규정을 두고 있지 않아서 그 절차나 법적 효과에 관한 사항은 해석에 따르게 된다.

2) 합병절차

① 합병계약

합병은 복수의 주체 간의 법률행위이므로 합병하려고 하는 노동조합 간에 합병에 관한 의사표시의 합치가 있어야 한다.

② 합병의결

합병을 하려는 노동조합은 합병에 관한 합의내용을 각자의 총회(또는 대의원회)에서 의결해야 한다(노동조합법 제16조 제1항 제7호). 합병의 의결에는 재적조합원(또는 대의원) 과반수의 출석과 출석조합원(또는 대의원) 3분의 2 이상의 찬성이 있어야 한다(노동조합법 제16조 제2항). 이와 함께 흡수합병의 경우에는 존속노동조합의 조합규약의 변경, 신설합병의 경우에는 새로운 노동조합의 조합규약제정이 있어야 한다.

③ 신고 등의 절차

흡수합병의 경우 소멸노동조합의 대표자는 해산한 날로부터 15일 이내에 행정관청에 신고해야 하고(노동조합법 제28조 제2항), 흡수되는 노동조합은 합병과 관련하여 조직대상이나 기관구성에 관해 규약내용을 변경한 때에는 그 내용을 행정관청에 통보해야 한다(노동조합법 제13조 제2항). 신설합병의 경우 소멸노동조합의 대표자는 해산한 날로부터 15일 이내에 행정관청에 이를 신고해야 하며(노동조합법 제28조 제2항), 신설노동조합의 대표자는 규약을 첨부하여 설립신고를 해야 한다(노동조합법 제10조).

3) 법적 효과

합병하면 신설합병인 경우에는 기존노동조합 모두가, 흡수합병인 경우에 피흡수노동조합이 소멸한다. 그러나 합병 전후의 조직의 실질적 동일성은 인정되므로, 소멸노동조합의 조합원은 새로운 노동조합 또는 기존 노동조합의 조합원이 되고, 소멸조합의 재산과 조합원의 노동조합에 대한 권리·의무 및 단체협약 등은 포괄적으로 새로운 조합 또는 기존 노동조합에 승계된다.

(2) 노동조합의 분할

1) 의의

하나의 노동조합이 존속 중에 그 의사결정에 의하여 복수의 노동조합으로 나누어지는 것이다. 분할은 기존 노동조합이 잔존하면서 새로운 노동조합을 설립하는 경우와 기존 노동조합의 소멸을 전제로 2개 이상의 새로운 노동조합을 신설하는 경우로 구분된다. 그러나 조합원의 일부가 기존노동조합에서 집단적으로 탈퇴하여 별개의 노동조합을 신설하는 것은 사실상의 '분열'로 분할은 아니다.

노동조합법은 분할에 관하여도 의결 정족수를 제한하고(제16조 제2항), 노동조합의 해산사유로 정하는 것(제28조 제1항 제2호) 외에 별다른 규정을 두고 있지 않아서 그 절차나 법적 효과에 관한 사항은 해석에 따른다.

2) 분할 절차

① 분할의결

기존 노동조합은 총회(또는 대의원회)에서 분할의 취지를 의결(노동조합법 제16조 제1항 제7호). 분할을 의결함에도 재적조합원(또는 대의원) 과반수의 출석과 출석조합원(또는 대의원) 3분의 2 이상의 찬성이 있어야 하며(노동조합법 제16조 제2항), 신설 노동조합의 경우 창립총회를 개최하고 새로 규약을 제정해야 한다.

② 신고 등의 절차

분할로 인해 소멸하는 기존 노동조합의 대표자는 해산한 날로부터 15일 이내에 행정관청에 해산신고를 해야 한다(노동조합법 제28조 제2항).

분할의결에 따라 새로 설립되는 노동조합의 대표자는 규약을 첨부하여 설립신고를 해야 한다(노동조합법 제10조).

3) 법적 효과

노동조합이 분할되면 기존 노동조합의 조합원은 기존 노동조합과 새로운 노동조합으로 나뉘어 그 조합원이 되고 기존 노동조합의 재산(채무도 포함)과 조합원의 노동조합에 대한 권리·의무는 새로운 노동조합에 분할·승계된다.

분할 전 노동조합의 단체협약이 새로운 노동조합에 승계되는지가 문제되는데 ① 분할 전후의 조직 간의 실질적 동일성이 부정되므로 기존노동조합의 단체협약이 분할에 의하여 소멸·종료된다는 견해도 있으나, ② 분할은 합병과 반대방향의 조직변동으로서 분할 전후의 조직 사이에 실질적 동일성을 인정할 수 있으므로 단체협약도 새로운 노동조합에 승계되어 효력을 유지한다고 보는 견해가 타당하다.

3. 노동조합의 사실상의 분열

(1) 의의 및 절차

노동조합의 분열은 기존노동조합은 그대로 존속하면서 일부 조합원들이 집단적으로 탈퇴하여 별도의 노동조합을 결성하는 것을 말한다. 기존 노동조합의 규약상 변경사항이 있으면 행정관청에 통보해야 하고(노동조합법 제13조 제2항), 분리되어 설립된 노동조합은 신설노동조합과 같은 절차가 요구된다.

(2) 법적효과

기존 노동조합의 조합재산과 단체협약이 분열 후 새로운 노동조합의 승계 여부가 문제되는데, ① 노동조합의 분열은 대체로 노동조합이 통일적 조직체로서 존속·활동하기 곤란할 정도로 내부적 대립·갈등이 심각한 사정에서 발생한다는 점에 착안하여 구조합의 재산관계나 단체협약상의 권리·의무는 신조합에 분할·승계된다고 보는 견해도 있으나, ② 기존 노동조합은 조직적 동일성을 손상받지 않고 잔존조합으로서 존속하며 새로운 조합은 기존 노동조합과는 조직상 별개의 존재이므로 기존 노동조합의 재산이나 단체협약은 원칙적으로 새로운 노동조합에 분할·승계되지 않는다.

> **참조판례 대법원 2006.4.20. 선고 2004다37775 전원합의체 판결**
>
> 교단에 소속되어 있던 지교회의 교인들의 일부가 소속 교단을 탈퇴하기로 결의한 다음 종전 교회를 나가 별도의 교회를 설립하여 별도의 대표자를 선정하고 나아가 다른 교단에 가입한 경우, 그 교회는 종전 교회에서 집단적으로 이탈한 교인들에 의하여 새로이 법인 아닌 사단의 요건을 갖추어 설립된 신설 교회라 할 것이어서, 그 교회 소속 교인들은 더 이상 종전 교회의 재산에 대한 권리를 보유할 수 없게 된다.

Ⅱ. 노동조합의 조직형태변경

1. 의의

조직형태변경이란 노동조합이 그 동일성을 유지하면서 조직형태 등을 변경하는 것으로써, 노동조합의 실질적 동일성을 유지한 채 구조합의 법률관계를 신조합에 승계하도록 안출된 법개념이다.

2. 조직형태변경의 유형에 따른 요건

(1) 구성원 범위의 변경

노동조합이 기존 노동조합의 조합원 범위를 변경하고 하는 경우 변경의 취지를 총회에서 결의하고 규약을 변경하여야 한다. 이 경우에는 조직의 축소·확대에 불과하므로 설립신고는 필요하지 않다.

(2) 연합노동조합이 단위노동조합으로 변경 또는 단위노동조합이 연합노동조합으로 변경

이러한 유형의 경우 구조합이 소멸되는 것이 원칙이지만, 하부조직 일부가 신조합에 편입되지 않을 것에 대비하여 구조합을 잔존시키는 경우도 있다.

이 유형으로 조직형태를 변경하려면 구조합은 의결기관에서 그 취지를 결의하고 규약을 변경하여야 한다. 그리고 신조합은 변경신고(노동조합법 제11조)를 해야 한다.

(3) 기업별 단위노동조합이 산업별 단위노동조합의 산하조직으로 또는 그 반대방향으로 변경

이 유형으로 조직형태를 변경하고자 하는 경우 종전의 조직은 의결기관에서 그 취지를 결의하고 규약을 변경해야 한다. 이 경우 종전의 조직은 소멸되게 된다.

3. 지부·분회의 조직형태변경결의의 유효성

(1) 문제의 소재

노동조합법은 노동조합의 조직형태변경을 규정하고 있는데, 노동조합의 산하조직인 지부·분회가 독자적으로 조직형태변경결의의 주체가 될 수 있는지가 문제된다.

(2) 학설

1) 부정설

지부·분회는 노동조합의 하부조직에 불과하고 조직형태변경은 노동조합이 실질적인 동일성을 유지하면서 그 조직의 형태를 변경하는 것이므로 노동조합이 아닌 하부조직은 독자적인 조직형태변경결의의 주체가 될 수 없다고 보는 견해이다.

2) 긍정설

산업별 노동조합의 지부·분회 등 하부조직이라 하더라도, 법인 아닌 사단의 실질을 가지고 있어 기업별 노동조합과 유사한 근로자단체로서 독립성이 인정되는 경우에는, 고유한 사항에 관하여 산업별 노동조합과 독립하여 의사를 결정할 수 있는 능력을 가지고 있다고 보는 견해이다.

(3) 판례

대법원은 산별노동조합의 지부·분회가 독자적인 노동조합으로서의 실체를 가지고 있는 경우에는 조직형태변경결의의 주체가 될 수 있다고 본다.

> **📖 참조판례 대법원 2016.3.24. 선고 2013다53380 판결**
>
> 산업별 노동조합의 지회 등이라 하더라도, 법인 아닌 사단의 실질을 가지고 있어 기업별 노동조합과 유사한 근로자단체로서 독립성이 인정되는 경우에는, 고유한 사항에 관하여 산업별 노동조합과 독립하여 의사를 결정할 수 있는 능력을 가지고 있다. 이러한 의사 결정 능력을 갖춘 이상, 그 지회 등은 소속 근로자로 구성된 총회에 의한 자주적·민주적인 결의를 거쳐 그 지회 등의 목적 및 조직을 선택하고 변경할 수 있으며, 나아가 단결권의 행사 차원에서 정관이나 규약 개정 등을 통하여 단체의 목적에 근로조건의 유지·개선 기타 근로자의 경제적·사회적 지위의 향상을 추가함으로써 노동조합의 실체를 갖추고 활동할 수 있다. 그리고 그 지회 등이 기업별 노동조합과 유사한 독립한 근로자단체로서의 실체를 유지하면서 산업별 노동조합에 소속된 지회 등의 지위에서 이탈하여 기업별 노동조합으로 전환할 필요성이 있다는 측면에서는, 단체교섭 및 단체협약체결 능력을 갖추고 있어 기업별 노동조합에 준하는 실질을 가지고 있는 산업별 노동조합의 지회 등의 경우와 차이가 없다. 이와 같은 법리와 사정들에 비추어 보면, 기업별 노동조합과 유사한 근로자단체로서 법인 아닌 사단의 실질을 가지고 있는 지회 등의 경우에도, 독자적인 단체교섭 및 단체협약체결 능력이 있어 기업별 노동조합에 준하는 실질을 가지고 있는 경우와 마찬가지로, 이 사건 규정에서 정한 결의 요건을 갖춘 소속 근로자의 의사 결정을 통하여 종전의 산업별 노동조합의 지회 등이라는 외형에서 벗어나 독립한 기업별 노동조합으로 전환할 수 있다고 봄이 타당하다.

(4) 검토

노동조합은 사법상 비법인사단이며, 비법인사단으로서의 실체를 구비하고 있다면 독자적인 의사결정을 할 수 있다고 보아야 한다. 따라서 산별노동조합의 지부·분회 등 하부조직이 노동조합으로서의 실체를 구비하고 있는 경우라면 조직형태변경결의의 주체가 된다고 봄이 타당하다.

4. 법적 효과

조직형태변경 후의 노동조합은 변경 이전의 노동조합과 동일성이 유지되기 때문에 재산, 구성원의 권리·의무 그리고 단체협약의 효력을 그대로 유지된다. 조직변경 후에도 조합원으로서의 지위는 그대로 유지되므로 별도의 가입절차는 필요하지 않다. 다만, 단위조합에서 연합체노동조합으로 조직형태를 변경하는 경우에는 그 구성원이 개별 근로자에서 단위노동조합로, 반대로 연합체노동조합이 단위노동조합으로 조직형태를 변경하는 경우에는 그 구성원이 단위노동조합에서 개인 근로자로 변경된다.

Ⅲ. 노동조합의 해산

1. 의의

해산이라 함은 노동조합이 본래의 활동을 정지하고 소멸하게 되는 것을 말한다. 해산된 노동조합은 즉시 소멸하는 것이 아니라 청산절차에 돌입하게 된다. 해산된 노동조합은 청산의 목적범위 내에서 존속하다가 청산절차가 사실상 종료된 시점에 소멸하게 된다.

2. 해산사유

(1) 법적 규율

노동조합법에서는 노동조합의 해산사유로 ① 규약상의 해산사유 발생, ② 합병·분할로 인해 소멸, ③ 총회 등에서 해산결의, ④ 휴면노동조합이 된 경우를 규정하고 있다(제28조 제1항).

(2) 규약에서 정한 해산사유가 발생한 경우

노동조합은 규약에 미리 해산사유를 정하여 당해 사유가 발생하면 해산하게 된다(노동조합법 제28조 제1항 제1호). 규약에서 정하는 해산사유는 다른 해산사유와 중복·저촉되지 않는 것으로서 기업별노동조합인 경우 회사의 소멸, 존속기간의 만료 등을 정할 수 있다.

(3) 합병 또는 분할로 인한 소멸한 경우

노동조합은 합병 또는 분할로 인해 소멸한다(노동조합법 제28조 제1항 제2호). 합병에는 신설합병과 흡수합병이 있는바, 신설합병의 경우 새로운 노동조합이 설립되면서 기존 노동조합은 소멸하게 되며, 흡수합병의 경우에는 피흡수노동조합이 소멸된다. 또한 분할의 경우 기존노동조합은 소멸하고 여러 개의 새로운 노동조합이 성립된다.

합병 또는 분할로 소멸한 경우는 구조합은 소멸하지만 조직현상 자체는 남아 있다는 점에서 다른 해산사유와 구분되며, 같은 성격을 가진 조직형태의 변경에 따른 소멸도 포함된다.

(4) 총회 또는 대의원회의 해산결의가 있는 경우

규약상의 해산사유가 아니더라도 노동조합은 총회(또는 대의원회)의 결의에 의해 해산한다(노동조합법 제28조 제1항 제3호). 해산결의는 총회(대의원회)에서 조합원(대의원)의 과반수 출석과 출석조합원(대의원) 3분의 2 이상의 찬성으로 이루어져야 한다(노동조합법 제16조 제2항). 해산결의에서 가중된 의결요건이 요구되는 것은 해산이 조합원 지위에 대해 가장 중요한 변경을 초래하기 때문이므로 동조 제3호는 강행규정으로서 규약 등에 의해 그 요건을 완화할 수 없다.

(5) 휴면노동조합이 된 경우

1) 의의

휴면노동조합이란 노동조합의 임원이 없고 노동조합으로서의 활동을 1년 이상 하지 아니한 경우로서 노동조합법은 휴면노동조합에 대하여 행정관청이 노동위원회의 의결을 얻은 경우를 해산 사유로 규정하고 있다(제28조 제1항 제4호).

2) 실질적 요건

노동조합의 임원이 없고 노동조합으로서 활동을 1년 이상 하지 아니한 경우로서 노동조합으로서의 활동을 1년 이상 하지 아니한 경우라 함은 계속하여 1년 이상 조합원으로부터 조합비를 징수한 사실이 없거나 총회 또는 대의원회를 개최한 사실이 없는 경우가 해당된다(노동조합법 시행령 제13조 제1항).

3) 절차적 요건

휴면노동조합은 행정관청이 노동위원회의 의결을 얻은 때에 해산된 것으로 보며, 노동위원회가 의결을 할 때 해산사유 발생일 이후의 조합활동 여부를 고려하지 아니한다(노동조합법 시행령 제13조 제2항·제3항). 이는 행정관청의 의견을 앞두고 활동을 잠시 재개하여 해산을 모면하려는 술책을 방지하기 위한 것이다.

4) 해산시기

휴면노동조합은 행정관청이 노동위원회의 의결을 받은 때에 해산된 것으로 본다(노동조합법 시행령 제13조 제2항). 행정관청은 휴면노동조합에 대한 노동위원회의 의결이 있으면 지체 없이 그 사실을 관할 노동위원회와 해당 사업 또는 사업장의 사용자나 사용자단체에 통보해야 하나, 통보 시가 아니라 노동위원회의 의결 시에 해산되는 것이다.

(6) 조합원이 1인만 남은 경우

노동조합의 구성원은 원칙적으로 복수를 전제로 하지만, 성립된 노동조합이 일시적으로 조합원이 감소하더라도 소멸한다고 볼 수는 없다. 그러나 조합원이 1인밖에 없고 조합원이 증가의 일반적 가능성이 있는 경우에는 단체성을 상실하지 않는다고 보아야 할 것이다. 판례도 "일단 설립된 노동조합이 중도에 그 조합원이 1명만 남은 경우에는 그 조합원이 증가될 일반적 가능성이 없으면 노동조합으로서의 단체성을 상실한다."라고 판시(대법원 1998.3.13. 선고 97누19830 판결)하여 같은 입장이다.

3. 해산절차

노동조합이 해산한 때에는 그 대표자는 해산한 날로부터 15일 이내에 행정관청에 이를 신고해야 한다(노동조합법 제28조 제2항). 그러나 해산신고가 해산이나 소멸의 요건이 되는 것은 아니다.

행정관청은 해산신고를 받았거나 노동조합으로서의 활동을 1년 이상 하지 아니한 경우로서 노동위원회의 의결이 있는 때에는 지체 없이 그 사실을 관할 노동위원회 및 당해 사업 또는 사업장의 사용자나 사용자단체에 통보하여야 한다(노동조합법 시행령 제13조 제4항).

4. 청산

해산된 노동조합은 본래의 활동을 정지하고 조합사무를 정리하며 조합재산을 청산하는 바, 이러한 청산활동은 총회 또는 대의원회의 의결에 따라 이루어져야 한다.

청산기간 동안의 단체협약의 효력이 문제되는데, ① 해산한 노동조합은 노동조합 본래의 활동의 당사자가될 수 없기 때문에 유효기간 중의 단체협약도 해산에 의하여 실효된다는 견해도 있으나, ② 해산된 노동조합은 청산의 목적범위 내에서 여전히 소멸하는 것이 아니고 청산절차가 완료될 때 노동조합은 소멸하게되므로 청산과정에서도 기존의 단체협약 등은 여전히 유효하고 청산이 종료된 때 비로소 단체협약의 효력도 종료된다는 견해가 타당하다.

5. 법적 효과

(1) 법인인 노동조합

노동조합이 법인인 경우에는 그 청산에 관하여 민법상의 청산절차규정이 적용된다(노동조합법 제6조 제3항). 다만, 청산 후의 잔여재산처리에 있어서는 노동조합의 특수성을 고려할 필요가 있으므로 "정관에서 인수인을 지정하지 않은 때에는 비슷한 목적을 위해 처분하거나 국고에 귀속된다."는 민법 제80조의 규정은 적용되지 않는다고 볼 것이며, 조합재산은 대부분 조합원의 조합비에 의해 형성된 것이므로 규약으로 잔여재산의 처리방법을 정하여 둔 때에는 그에 따르고, 그러한 규정이 없는 때에는 총회 또는 대의원회의 의결에 의해 잔여재산을 조합원에게 분배하는 것도 허용될 수 있다.

(2) 법인격 없는 노동조합

법인격 없는 노동조합의 경우 그 재산은 전체 조합원의 총유에 속하고 총회에서 해산결의에 준하는 의결에 따라 그 총유재산을 조합원에게 분배할 수 있다.

Ⅰ. 의의

조합활동이란 근로자가 노동조합의 목적달성과 단결력의 유지·강화를 위해 행하는 일상적 활동으로써 노동조합의 조직·가입, 단체교섭 및 쟁의행위를 제외한 나머지 행위를 말한다. 조합활동은 헌법상 보장되고 있는 근로3권의 한 내용으로서 정당한 조합활동은 민·형사 책임이 면제되며, 사용자의 불이익취급으로부터 보호를 받게 된다.

Ⅱ. 법적 성질

1. 문제의 소재

조합활동이 헌법상 기본권인 단결권에 포함되는지, 단체행동권에 포함되는지 종래 견해의 대립이 있다.

2. 학설

(1) 단결권 포함설

이 견해는 헌법상 단결권이 근로자가 노동조합을 조직·가입할 권리뿐 아니라 노동조합을 운영할 권리도 포함하므로 조합활동권은 노동조합을 운영할 권리, 즉 단결권에 포함된다고 보는 견해이다.

(2) 단체행동권포함설

이 견해는 단체행동에는 조합활동과 쟁의행위가 포함된다는 전제에서 조합활동의 권리는 단체행동권에 포함된다고 보는 견해이다.

3. 판례

종래 판례는 조합활동권이 단체행동에 포함된다고 하였으나 최근 조합활동의 일종이라고 할 수 있는 리본·조끼 등의 착용행위에 대하여 단결권에 포함되는 것으로 판시한 바 있다.

> **참조판례 대법원 1990.5.15. 선고 90도357 판결**
>
> 근로자가 노동조합을 조직하거나 가입했을 때에는 단체행동권으로서 쟁의권과 조합활동권이 있음은 노동조합법 제2조가 "··· 노동조합의 단체교섭기타의 행위로 제1조에 계기한 목적을 달성하기 위하여 한 정당한 행위 ···" 전반에 대하여 형사면책을 할 것을 확인하고 특별히 쟁의행위로서 정당한 것이라고 한정하지 않고 있음에 의해서도 분명할 뿐만 아니라 실제상으로도 쟁의권과 단체교섭 이외의 단결체의 행동(전형적으로 삐라 첩부나 배포, 완장착용, 집회, 머리띠, 연설 등의 활동)을 일정한 범위 내에서 보장할 필요성이 있기 때문에도 이를 인정하여야 한다.

리본, 배지, 조끼를 패용·착용한 행위는 단순히 노동조합의 내부적 단결을 위한 행위가 아니라 신청인들에 대하여 유형적 위력을 보이는 외부적인 집단행동에 해당한다고 볼 수 있고, 또한 상고이유의 주장과 같이 리본, 배지, 조끼의 패용·착용 등이 '단결권'에 관련된 것이라고 하더라도, 헌법 및 법률에 의하여 특별히 보호되는 근로자의 단결권은 근로조건의 향상 등을 주된 목적으로 하여야 하는데, 원심은 이 사건 사실관계를 토대로 하여 근로조건의 향상과는 별다른 관계가 없는 내용의 리본, 배지, 조끼 등의 패용·착용행위를 금지한 것으로서 선정자들 및 전교조의 적법한 단결권행사에 어떠한 제한을 부과한 것이 아니므로, 원심판결이 이 부분에 대한 가처분결정을 인가한 것은 정당하고, 이와는 다른 견해를 전제로 한 상고이유의 주장은 이유 없다.

4. 검토

단결권은 노동조합의 목적실현을 위한 조직 및 가입뿐만 아니라 일상적인 운영과 활동도 포함된다고 보아야 할 것이므로 단결권포함설이 타당하다고 본다. 그러나 어느 입장을 따르든 조합활동권은 근로3권을 통하여 보장되고 있기 때문에 정당한 조합활동에 대하여는 해고나 그 밖의 불이익취급을 할 수 없고, 민·형사면책이 인정된다.

Ⅲ. 조합활동의 정당성

1. 의의

조합활동은 대체로 근로자 개인의 행위가 문제되고, 사용자의 시설관리권 또는 노무지휘권과 충돌되는 문제가 발생한다. 따라서 근로3권의 내용으로써 조합활동이 헌법상의 기본권행사로써 정당하기 위하여는 정당성의 요건을 구비하여야 한다. 조합활동은 근로3권의 외부적 행사이므로 정당한 범위 내에서 행사되어야만 헌법상의 보호효과를 받을 수 있다. 조합활동이 정당하기 위해서는 주체·목적·수단의 각 측면에서 정당한 것이어야 한다.

노동조합의 활동이 정당하다고 하기 위하여는 행위의 성질상 노동조합의 활동으로 볼 수 있거나 노동조합의 묵시적인 수권 혹은 승인을 받았다고 볼 수 있는 것으로서 근로조건의 유지 개선과 근로자의 경제적 지위의 향상을 도모하기 위하여 필요하고 근로자들의 단결 강화에 도움이 되는 행위이어야 하며, 취업규칙이나 단체협약에 별도의 허용규정이 있거나 관행, 사용자의 승낙이 있는 경우 외에는 취업시간 외에 행하여져야 하고, 사업장 내의 조합활동에 있어서는 사용자의 시설관리권에 바탕을 둔 합리적인 규율이나 제약에 따라야 하며 폭력과 파괴행위 등의 방법에 의하지 않는 것이어야 할 것이다.

2. 조합활동 주체의 정당성

(1) 기관활동

기관활동이란 노동조합의 의사 내지 방침을 형성하거나 그에 기해 행해진 조합원의 제반행위를 말한다. 조합활동은 의사결정기관, 집행기관 및 기타 조합원의 활동으로 주체의 문제는 없다. 다만, 종사근로가 아닌 조합원은 사용자의 효율적인 사업운영에 지장을 주지 않는 범위 내에서 사업장출입을 포함한 조합활동을 할 수 있다(노동조합법 제5조 제2항).

대법원 2020.7.9. 선고 2015도6173 판결

피고인 등과 ○○지부 조합원들이 이 사건 집회에 참여하게 된 경위와 참여방식, 집회 이후 사정 및 금속노조 ○○지부 차원에서는 쟁의행위에 관한 찬반투표 절차를 거치지 않았던 점 등에 비추어 보면, 이들의 이 사건 집회 참여 행위는 이 사건 지회 및 그 소속 조합원들의 쟁의행위를 지원·조력하기 위한 산업별 노동조합의 조합활동으로서의 성격을 가진다.

피고인 등이 산업별 노동조합 조합원의 △△공장 출입 방식이나 절차를 정한 노사 간의 합의 등을 위반하였다고 볼 만한 자료가 없을 뿐만 아니라, △△공장 출입으로 인하여 ☆☆기업의 사업 운영에 지장을 주었다고 보기도 어렵다. … △△공장 내에서 머무른 장소와 시간 등을 함께 고려해 보면, 이러한 출입행위의 정당성을 부정할 정도로 그 수단과 방법의 상당성이 없다고 단정하기도 어렵다.

(2) 조합원의 자발적 활동

자발적 활동이란 노동조합의 명시적 의사가 기하지 않고 행해진 조합원 개인 또는 집단의 활동을 말한다. 조합원의 자발적 활동은 그 행위가 근로조건의 유지·개선 등 정당한 목적을 달성하기 위한 것이고, 성질상 노동조합의 활동으로 볼 수 있거나 또는 노동조합의 묵시적인 수권 혹은 승인을 받았다고 볼 수 있는 때에는 조합활동성이 인정된다. 자발적 활동이 노동조합의 명시적인 결의나 지시에 반하는 경우에는 조합활동성이 부정되나, 당해 행위가 단결권 보장의 취지에 비추어 용인될 수 있는 경우에는 조합활동성이 인정된다.

📖 참조판례 대법원 1992.9.25. 선고 92다18542 판결

조합원의 일부가 노동조합 집행부와 조합원 전체의 의사에 따르지 않고 노동조합의 결정이나 방침에 반대하거나 이를 비판하는 행위는 행위의 성질상 노동조합의 활동으로 볼 수 있다거나 노동조합의 묵시적인 수권 혹은 승인을 받았다고 인정할 만한 사정이 없는 한 조합원으로서의 자의적인 활동에 불과하여 노동조합의 활동이라고 할 수 없다.

(3) 미조직 근로자의 자발적 활동

미조직 근로자의 행위는 일반적으로 조합활동에 포함되지 않지만 소속사업장 노동조합에 가입하려다 거부당한 근로자가 조합방침을 비판하는 경우나 노동조합결성을 지원하는 경우와 같이 단결권보장 취지에 적합한 근로자의 행위는 예외적으로 조합활동성이 긍정된다.

3. 조합활동 목적의 정당성

조합활동의 목적이 비경제적인 경우, 즉 정치활동·사회활동·문화활동 등의 경우 조합활동에 포함될 수 있는지가 문제된다. 정치활동은 조합원의 근로조건 유지·개선이라는 노동조합의 목적을 이루기 위한 것이라면 포함되며, 사회·문화활동도 조합원의 내적 연대감과 단결력 강화에 필요한 것으로 인정되는 한 포함된다고 하겠다.

4. 조합활동의 수단과 정당성

(1) 일반적 판단기준

1) 문제의 소재

노동조합의 조합활동이 근무시간 중에 행해지거나 또는 사용자의 시설을 이용하는 경우 사용자의 노무지휘권 또는 시설관리권과 충돌하게 된다. 헌법상 기본권으로서의 조합활동권과 사용자의 노무지휘권·시설관리권이 충돌하는 경우 어떠한 범위 내에서 헌법상 보호되는 기본권행사인지 여부가 문제된다.

2) 학설

① 수인의무설

이 견해는 사용자가 노동조합의 정당한 조합활동에 대하여 수인의무가 있고, 따라서 조합활동에 대하여 사용자의 승낙이 없더라도 원칙적으로 정당성이 인정된다고 보는 견해이다.

② 권리남용설

이 견해는 노동조합의 조합활동에 대하여 사용자는 동의 내지 허가권을 가지며, 사용자의 동의 내지 허가가 있어야 조합활동이 정당하고 할 것이나, 사용자가 동의권 내지 허가권을 남용한 경우에는 정당성이 인정된다고 보는 견해이다.

③ 실질적 지장설

이 견해는 노동조합의 조합활동이 사용자의 승낙을 받지 않은 경우에는 정당성을 인정할 수 없지만, 조합활동의 필요성이 있고 그 활동 때문에 업무운영·시설관리상의 실질적 지장을 초래하지 않는 경우에는 위법성이 조각되어 정당성이 인정된다는 견해이다.

3) 검토

노동조합이라고 하여 당연히 사용자의 재산권행사를 제한할 수 있는 것은 아니므로 수인의무를 부담한다고 볼 수는 없고, 위법성이 조각된다고 보는 것은 입증책임을 노동조합이 부담하게 된다는 점에서 권리남용설이 타당하다고 할 것이다. 따라서 조합활동이 정당하려면 취업시간 중에는 취업규칙이나 단체협약에 별도의 허용규정이 있거나, 관행이 존재하는 경우 그리고 사용자의 승낙이 있어야 하고, 사업장 내에서는 사용자의 시설관리권에 바탕을 둔 합리적인 규율이나 제약에 따라야 하며, 취업시간외에 사업장 밖에서 이루어졌을 경우에도 근로자의 근로계약상의 성실의무에 위반하지 않아야 정당성이 인정된다. 이밖에 구체적 사건에 있어서 노사쌍방의 태도 등을 종합하여 사회통념에 따라 판단하여야 할 것이다.

(2) 노무지휘권과 조합활동의 정당성

1) 노무지휘권의 의의

근로자는 근로계약에 따라 사용자에게 근로를 제공하며 사용자는 근로를 수령하고 근로의 종류, 장소 및 시간 등을 정하여 지휘, 감독할 수 있는 권리를 가지게 되는바, 이를 노무지휘권이라 한다.

2) 근로시간 중 조합활동의 정당성

근로자는 근로계약에 따라 근로시간 중에 근로를 제공할 의무를 부담하므로, 조합활동은 원칙적으로 근로시간 외에 행해져야 한다. 다만, 근로시간 중 근로자가 근로를 제공하지 아니하고 조합활동을 하는 것은 사용자의 승낙 또는 이에 갈음하는 단체협약, 취업규칙 노사관행 등이 있어야 정당성이 인정된다.

> **참조판례** 대법원 1994.2.22. 선고 93도613 판결
>
> 노동조합의 활동이 정당하다고 하기 위하여는 행위의 성질상 노동조합의 활동으로 볼 수 있거나 노동조합의 묵시적인 수권 또는 승인을 받았다고 볼 수 있는 것으로서 근로조건의 유지 개선과 근로자의 경제적 지위의 향상을 도모하기 위하여 필요하고 근로자들의 단결강화에 도움이 되는 행위이어야 하며, 취업규칙이나 단체협약에 별도의 허용규정이 있거나 관행 또는 사용자의 승낙이 있는 경우 외에는 취업시간 외에 행하여져야 하고, 사업장 내의 조합활동에 있어서는 사용자의 시설관리권에 바탕을 둔 합리적인 규율이나 제약에 따라야 하며, 폭력과 파괴행위 등의 방법에 의하지 않는 것이어야 한다.

3) 조합집회

집회에 조합원 전체가 참여할 수 있도록 총회, 문화체육행사, 보고대회, 규탄대회 등을 취업시간 중에 개최하면서 사용자의 승낙을 받지 않은 경우에는 노무지휘권의 침해로 정당성이 부인된다. 그러나 사용자의 승낙이 없더라도 집회개최의 필요성과 관련하여 근무형태나 업무의 특수성 등에 비추어 그 집회를 취업시간 중에 개최할 필요가 있는 경우, 노무지휘권 침해의 정도가 경미한 경우, 노사간의 관행 기타 제반사정을 고려하여 정당성이 인정될 수 있다.

> **참조판례** 대법원 1994.2.22. 선고 93도613 판결
>
> 노동조합 임시총회가 근무시간 중에 열렸고 4시간의 전체 총회시간중 찬반투표를 실시하고 남은 1시간을 여흥에 사용하기는 하였으나, 위 임시총회가 노동쟁의조정법상 쟁의행위를 하기 위한 필수적요건인 조합원의 투표를 위한 것으로서 2회에 걸친 서면통보를 거쳐 개최되어 회사가 이에 대비할 여유가 충분히 있었고, 일부 조합원들이 야간근무를 하는 회사의 근무형태 때문에 전체 조합원이 총회에 참석할 수 있게 하려면 비록 근무시간 중이기는 하지만 야간근무가 끝나고 주간근무가 시작되는 교대시간에 총회를 소집하는 것이 필요하였으며, 쟁의행위에 들어갈 것인지 여부를 결정하기 위하여는 의견교환 등도 필요하였을 것이라는 사정 등과 위 조합원의 수 등에 비추어 보면, 위 총회가 근무시간 중에 열렸다는 사정만으로 위법하다고 할 수 없고, 4시간의 시간이 필요 이상의 시간이었다고 보기도 어려울 것이며, 위와 같은 여흥은 임시총회 중 찬반투표를 실시하고 남는 시간에 부수적으로 치루어진 행사로서 전체 예정시간 중의 일부 시간안에 치루어진 데 불과하고 전체 행사가 예정된 시간 안에 끝마쳐진 점 등에 비추어 보면 위와 같은 여흥활동만을 따로 떼어 위법하다고 볼 것은 아니고, 이를 포함한 임시총회 개최행위는 전체적으로 노동조합의 정당한 행위에 해당한다고 보는 것이 상당할 것이다.

> **참조판례** 대법원 1995.3.14. 선고 94누5496 판결
>
> 노동조합원들이 레미콘차량 운전기사로서 대부분의 시간을 회사 밖의 공사현장에서 보내고 있어 공사현장의 작업상황에 따라 회사의 규정근무시간 이후라도 임의로 작업을 종료할 수 없을 뿐 아니라 작업종료시간을 일률적으로 맞출 수 없는 업무의 특수성 등으로 인하여 취업시간 중의 조합활동이 불가피하고, 회사의 단체협약도 취업시간 중의 조합활동을 허용하고 있는 것이라면, 노동조합총회 등이 취업시간 중에 개최되었다는 사유만으로 위 총회 등의 개최가 정당한 노동조합의 활동범위를 벗어났다고 할 수 없다.

4) 리본 등의 착용

리본 등의 착용은 기업의 업종, 근로자의 직무내용, 직장의 양상 및 리본 등 착용의 태양 등 구체적 사정을 고려하여 성실노동의무의 이행으로서의 정신적·육체적 활동에 지장이 없고 업무에 지장을 미칠 우려가 없는 경우에 정당성이 인정된다.

> **참조판례 대법원 1996.4.23. 선고 95누6151 판결**
>
> 사용자가 근로자에 대하여 해고를 함에 있어서 표면적으로 내세우는 해고 사유와는 달리 실질적으로는 근로자의 정당한 조합활동을 이유로 해고한 것으로 인정되는 경우에 있어서 그 해고는 부당노동행위라고 보아야 하고, 정당한 해고 사유가 있어 해고한 경우에 있어서는 비록 사용자가 근로자의 조합활동을 못마땅하게 여긴 흔적이 있다거나 사용자에게 반노동조합의 의사가 추정된다고 하여 당해 해고사유가 단순히 표면상의 구실에 불과하다고 할 수는 없는 터이므로, 그것이 부당노동행위에 해당한다고 할 수 없다. 근로자가 자신에 대한 해고 등의 불이익처분이 부당노동행위에 해당한다고 주장하여 부당노동행위 구제신청을 하여 그 구제절차가 진행중에 자신이 별도로 사용자를 상대로 제기한 해고 등 무효확인청구의 소에서 청구기각 판결이 선고되어 확정된 경우에 있어서는 사용자의 근로자에 대한 해고 등의 불이익 처분이 정당한 것으로 인정되었다 할 것이어서 노동위원회로서는 그 불이익처분이 부당노동행위에 해당한다고 하여 구제명령을 발할 수 없게 되었으므로 구제이익은 소멸한다고 보아야 하고, 이와 같은 경우 근로자의 부당노동행위 구제신청을 기각한 지방노동위원회의 결정을 유지하여 재심신청을 기각하거나 구제명령을 발한 지방노동위원회의 결정을 취소하여 구제신청을 기각하는 내용의 중앙노동위원회의 재심 판정의 취소를 구하는 소송은 그 소의 이익이 없어 부적법하다. 병원에 근무하는 직원인 노동조합원들이 병원의 승인 없이 조합원들로 하여금 모든 직원이 착용하도록 되어 있는 위생복 위에 구호가 적힌 주황색 셔츠를 근무중에도 착용하게 함으로써 병원의 환자들에게 불안감을 주는 등으로 병원 내의 정숙과 안정을 해치는 행위를 계속하였고, 아울러 병원이 노동조합의 정당한 홍보활동을 보장하기 위하여 노동조합의 전용 게시판을 설치하여 이를 이용하도록 통보하였음에도 조합원들이 주동이 되어 임의로 벽보 등을 지정장소 외의 곳에 부착하였고, 또한 노동조합이나 병원과는 직접적인 관련이 없는 전국병원노련위원장의 구속을 즉각 철회하라는 내용의 현수막을 병원 현관 앞 외벽에 임의로 각 설치한 후 병원의 거듭된 자진철거요구에 불응한 사실이 인정된다면, 조합원들의 이와 같은 행위는 병원의 인사규정 제51조 제1호 소정의 징계사유인 "직원이 법령 및 제 규정에 위배하였을 때"에 해당하거나 제4호 소정의 징계사유인 "직무상의 의무를 위반 및 태만히 하거나 직무상의 정당한 명령에 복종하지 아니한 경우"에 해당할 뿐만 아니라, 조합원들이 점심시간을 이용하여 집단행동을 하였더라도 그러한 집단행동이 병원의 질서와 규율을 문란하게 한 경우에는 복무규정을 위반한 것이 되어 역시 위 인사규정 제51조 제1호 소정의 징계사유에 해당한다.

(3) 시설관리권과 조합활동의 정당성

1) 시설관리권의 의의

사용자는 사업수행을 위하여 갖추고 있는 물적 시설, 설비를 사업목적에 따라 사용할 수 있도록 적절히 관리하거나 그에 수반되는 필요조치를 취할 수 있는 권한을 가지는데, 이를 시설관리권이라 한다.

2) 사업장 내 조합활동의 정당성

사업장 내 조합활동에는 유인물게시나 현수막게양, 기업시설에서의 조합집회 등 다양한 유형이 있다. 이러한 기업시설 내 조합활동이 취업규칙, 단체협약의 정함이나 관행 또는 사용자의 시설관리권에 기초하여 합리적인 규율이나 제약의 범위하에서 행해진 것이면 정당한 조합활동으로 볼 수 있다. 사업장 내 조합활동이 정당성은 ① 조합활동의 필요성, ② 시설관리권의 구체적 침해정도, ③ 기타 노사관계의 제반 사정을 종합적으로 고려하여 그 정당성을 판단하여야 한다. 또한 기업별 노동조합하에서 기업시설이 생산의 장소이면서도 조합활동의 장소가 될 수밖에 없다는 현실적 여건 감안해야 한다.

3) 벽보 등의 부착

사용자의 승낙이나 취업규칙, 단체협약의 정함이나 관행 또는 사용자의 시설관리권에 기초하여 합리적인 규율이나 제약의 범위하에서 행해진 것이면 정당한 조합활동으로 인정된다.

사용자의 승낙을 받지 않고 기업시설에 벽보 등을 부착한 경우라도 부착된 장소나 시설의 성질, 부착의 범위, 벽보의 형상·문언·매수·첨부방법 등 제반 사정에 비추어 그렇게 조합활동을 할 불가피한 필요성이 있는지 등을 종합적으로 고려하여 정당성 여부를 판단한다.

> **참조판례 대법원 1996.4.23. 선고 95누 6151 판결**
>
> 조합원들이 주동이 되어 임의로 벽보 등을 지정장소 외의 곳에 부착하였고, 또한 노동조합이나 병원과는 직접적인 관련이 없는 전국병원노련위원장의 구속을 즉각 철회하라는 내용의 현수막을 병원 현관 앞 외벽에 임의로 각 설치한 후 병원의 거듭된 자진철거요구에 불응한 사실이 인정된다면, 조합원들의 이와 같은 행위는 병원의 인사규정 제51조 제1호 소정의 징계사유인 "직원이 법령 및 제 규정에 위배하였을 때"에 해당하거나 제4호 소정의 징계사유인 "직무상의 의무를 위반 및 태만히 하거나 직무상의 정당한 명령에 복종하지 아니한 경우"에 해당할 뿐만 아니라, 조합원들이 점심시간을 이용하여 집단행동을 하였더라도 그러한 집단행동이 병원의 질서와 규율을 문란하게 한 경우에는 복무규정을 위반한 것이 되어 역시 위 인사규정 제51조 제1호 소정의 징계사유에 해당한다.

4) 유인물의 배포

사용자의 승낙이나 취업규칙, 단체협약의 정함이나 관행 또는 사용자의 시설관리권에 기초하여 합리적인 규율이나 제약의 범위하에서 행해진 것이면 정당한 조합활동에 해당한다.

사용자의 승낙을 받지 않고 유인물을 배포한 경우 유인물의 내용, 배포의 방법, 배포의 시기 등 제반 사정에 비추어 그 조합활동이 불가피한 필요성이 있었는지를 종합적으로 고려하여 정당성 여부를 판단한다.

> **참조판례 대법원 1992.6.23. 선고 92누4253 판결**
>
> 유인물의 배포가 정당한 노동조합의 활동에 해당되는 경우라면 사용자는 비록 취업규칙 등에서 허가제를 채택하고 있다 하더라도 이를 이유로 유인물의 배포를 금지할 수 없을 것이지만, 배포한 유인물은 사용자의 허가를 받지 아니하였을 뿐 아니라 허위사실을 적시하여 회사를 비방하는 내용을 담고 있는 것이어서 근로자들로 하여금 사용자에 대하여 적개감을 유발시킬 염려가 있는 것이고, 위 유인물을 근로자들에게 직접 건네주지 않고 사용자의 공장에 은밀히 뿌렸다는 것이므로 이는 사용자의 시설관리권을 침해하고 직장질서를 문란시킬 구체적인 위험성이 있는 것으로서, 비록 위 유인물의 배포시기가 노동조합의 대의원선거운동기간이었다 할지라도 위 배포행위는 정당화될 수 없다.

5. 언론활동의 정당성(근무시간 외 사업장 밖의 활동)

(1) 의의

언론활동은 노동조합이 자신의 입장을 홍보하기 위하여 행하는 제반 활동이다. 언론활동은 취업시간 외에 사업장 밖에서 행해졌다 하더라도 근로자의 근로계약상의 성실의무에 위반하지 않아야 정당성 인정된다. 성실의무 위반을 구체적으로 어떻게 판단할 것인지가 문제된다.

(2) 정당성의 판단기준

언론활동의 내용이 사용자의 경영전반에 관한 방침 또는 인사노무방침에 대한 것일 경우에는 전체로서 진실한 것이면 성실의무 위반이 아니고 정당한 조합활동으로 인정된다. 언론활동의 문서에 기재되어 있는 사실관계의 일부가 허위이거나 다소 과장·왜곡된 점이 있더라도 전체적으로 진실한 경우에는 정당성이 인정된다. 그러나 비판의 내용이 사용자나 관리자에 대한 인신공격 내지 비방을 하는 것일 경우에는 내용의 진실 여부에 관계없이 평상시인지 쟁의시인지에 관계없이 성실의무에 반하여 정당성이 인정될 수 없다.

> **참조판례 대법원 1994.5.27. 선고 93다57551 판결**
>
> 회사의 명예를 훼손하는 허위내용의 유인물배포행위가 취업규칙 소정의 회사의 사전승인 없이 이루어졌고, 장기간 5차례에 걸쳐 배포되었으며 배포수량, 배포대상 등에 비추어 근로자들로 하여금 사용자에 대하여 적개심을 유발시킬 염려가 있고 회사의 직장질서를 문란시킬 구체적 위험성이 있어 이를 이유로 한 해고가 사용자의 징계재량권을 일탈하지 아니한 것이라고 할 것이다.

> **참조판례 대법원 1993.12.28. 선고 93다13544 판결**
>
> 노동조합활동으로서 배포된 문서에 기재되어 있는 문언에 의하여 타인의 인격 신용 명예 등이 훼손 또는 실추되거나 그렇게 될 염려가 있고, 또 그 문서에 기재되어 있는 사실관계의 일부가 허위이거나 그 표현에 다소 과장되거나 왜곡된 점이 있다고 하더라도, 그 문서를 배포한 목적이 타인의 권리나 이익을 침해하려는 것이 아니라 노동조합원들의 단결이나 근로조건의 유지 개선과 근로자의 복지증진 기타 경제적 사회적 지위의 향상을 도모하기 위한 것이고, 또 그 문서의 내용이 전체적으로 보아 진실한 것이라면, 그와 같은 문서의 배포행위는 노동조합의 정당한 활동범위에 속하는 것으로 보아야 한다.

6. 단체교섭 부수행위

노동조합이 사용자와 단체교섭을 하려면 조합원이 사용자에게 회합을 촉구하거나 교섭 회담장에서 일정한 언동을 하는 등 단체교섭의 부수행위가 있게 되는데 이러한 경우에도 단체교섭이 주체·대상·방법의 면에서 적법해야 한다.

Ⅳ. 편의제공

1. 의의

사용자가 조합활동을 위하여 제공하는 물적 또는 인적인 지원을 편의제공이라고 한다.

2. 법적 성질

편의제공의 법적 성질에 대해서는 단결권설과 협정설이 대립한다. ① 단결권설은 이를 단결권 보장의 한 효과로 보아 노사 간의 합의 등이 없더라도 사용자는 편의제공의 의무를 지게 된다는 견해이고, ② 협정설은 사용자의 동의나 협정에 따라 사용자가 편의제공의무를 진다고 보는 견해이다. 근로3권은 대사용자관계에서 볼 때 '공정한 교섭의 기회를 보장하는 권리'이지 직접적으로 '구체적 권리'를 보장하는 것은 아니므로 협정설이 타당하다.

3. 조합사무소의 제공

(1) 의의

우리나라의 노동조합은 대체로 기업별 단위노동조합의 조직형태를 보이고 노동조합의 활동 역시 주로 기업 내에서 이루지며 재정기반이 약하다는 점에서 조합사무소의 제공이 일반화되어 있다. 이러한 현실을 고려해 노동조합법 제81조 제4호 단서에서는 최소한 규모의 노동조합 사무소를 제공하는 것을 경비원조의 부당노동행위에서 제외하고 있다.

(2) 조합사무소 제공의 근거

1) 문제의 소재

조합사무소는 조합의사결정을 위한 협의를 비롯한 각종 조합활동의 근거가 되므로 단결활동을 위한 최소한의 물적 기초라고 하겠다. 이러한 중요성으로 기업 내 조합사무소의 설치가 요구되므로 사용자의 시설관리권과의 조화·균형문제가 발생한다.

2) 학설

① 조합사무소는 기업별 노동조합하에서 조합운영에 필요 불가결하다는 점에 비추어 사용자는 최소한 규모의 조합사무소를 반드시 제공해야 한다는 견해와, ② 조합사무소는 편의제공의 하나로 그 위치, 규모, 설비 등에 관하여 사용자의 동의나 협정에 따라야 한다는 견해가 있다.

3) 검토

조합사무소의 제공은 일종의 편의제공이기 때문에 사용자의 동의나 협정에 따라야 한다. 그러나 기업별 노동조합하에서 조합사무소는 조합운영에 필수적이라는 점을 고려할 때, 사용자는 최소한의 조합사무소는 제공해야 할 것이다. 이와 관련하여 노동조합법 제81조 제4호에서는 '최소한의 규모의 조합사무소'의 제공이 부당노동행위인 경비원조가 아니라고 규정하고 있다.

(3) 조합사무소 제공의 법률관계

1) 조합사무소 제공의 법률관계

사용자가 노동조합에 사무소를 제공하는 경우 일반적으로 사용자가 보유·관리하는 업무시설의 일부를 노동조합에 무상으로 대여하는 방식을 취하므로 사용자와 노동조합 사이에 민법상 사용대차계약 또는 그에 준하는 형태의 계약관계에 해당한다.

2) 반환청구

조합사무소의 대차계약에서 반환시기나 해지사유를 정한 때에는 그 시기의 도래 또는 그 해지사유의 발생으로 사용자는 노동조합에 조합사무소의 반환을 청구할 수 있다. 문제는 그러한 정함이 없는 경우에 사용자가 조합사무소의 반환을 청구할 수 있는지에 있다.

민법 제613조 제2항의 해석상 시기의 약정이 없는 경우에는 계약 목적물의 성질에 따른 사용이 계속되는 동안에는 해지와 반환청구를 할 수 없지만, 조합사무소 대차계약이 반드시 전형계약으로서의 사용대차에 해당하지 않고, 오히려 사용자의 편의제공이라는 특수한 성격을 가진다는 점에서 사용자는 정당한 사유가 있는 경우에 한하여 해지와 반환청구를 할 수 있다고 보아야 할 것이다. 따라서 노동조합의 활동을 위축시키기 위하여 조합사무소의 반환을 요구하는 것은 지배·개입의 부당노동행위가 될 수 있다.

(4) 조합전임자

1) 의의

노동조합전임자란 사용자와의 관계에서 종업원의 지위를 그대로 유지하면서 근로계약상의 근로제공의무를 이행하지 않고 노동조합의 업무에만 전념하는 자를 말한다.

2) 법적 근거

노동조합법 제24조 제1항은 근로자가 단체협약으로 정하거나 사용자의 동의가 있는 경우에 노동조합으로부터 급여를 지급받으면서 근로계약 소정의 근로를 제공하지 아니하고 노동조합의 업무에 종사할 수 있도록 규정하여 노동조합전임자의 근거를 마련하고 있다.

3) 전임제도의 성립

노조전임제도는 단체협약이나 사용자의 동의를 전제로 성립한다.

> **참조판례 대법원 2011.8.18. 선고 2010다106054 판결**
>
> 노동조합 전임자는 사용자와 기본적 노사관계를 유지하고 근로자 신분은 그대로 가지면서도 근로계약에서 정한 근로를 제공하지 아니하며 노동조합의 업무에만 종사하는 자로서 단체협약으로 정하거나 사용자의 동의가 있는 경우에 인정된다.

노동조합이 사용자에게 노조전임자를 통보한 것만으로는 전임이 성립하지 않으며 사용자의 인사명령이 있어야 한다.

> **참조판례 대법원 1997.4.25. 선고 97다6926 판결**
>
> 노조전임제는 노동조합에 대한 편의제공의 한 형태이고 사용자가 단체협약 등을 통하여 승인하는 경우에 인정되는 것으로서 사용자와 근로자 사이의 근로계약관계에 있어서 근로자의 대우에 관하여 정한 근로조건이라고 할 수 없으므로, 단체협약에 노조 전임규정을 두었다고 하더라도 그 내용상 노동조합 대표자 등의 특정 근로자에 대하여 그 시기를 특정하여 사용자의 노조전임발령 없이도 근로제공의무가 면제됨이 명백하거나 그러한 관행이 확립되었다는 등의 특별한 사정이 없는 한 원칙적으로 근로자의 근로계약관계를 직접 규율할 수 없어서 노조전임발령 전에는 근로제공의무가 면제될 수 없다.

4) 노동조합전임자의 법적 지위

① 일반적 지위

노동조합전임자의 법적 지위에 대해 노동조합법은 명문의 규정을 두고 있지 않고, 다만 교원의 노동조합 설립 및 운영 등에 관한 법률은 제5조 제2항에서 노동조합전임의 지위를 휴직명령을 받은 것으로 본다고 규정하고 있다. 노동조합전임자는 그 전임기간 동안 근로의무를 면제받는다는 점에서 휴직한 근로자와 비슷한 지위를 가진다.

> **참조판례 대법원 2003.9.2. 선고 2003다4815·4822·4839 판결**
>
> 노동조합 전임자는 사용자와의 사이에 기본적 노사관계는 유지되고 근로자로서의 신분도 그대로 가지는 것이지만 근로제공의무가 면제되고 사용자의 임금지급의무도 면제된다는 점에서 휴직상태에 있는 근로자와 유사하고, 사용자가 단체협약 등에 따라 노동조합 전임자에게 일정한 금원을 지급한다고 하더라도 이를 근로의 대가인 임금이라고 할 수는 없다.

② 전임자의 급여

전임자는 사용자로부터가 아닌 노동조합으로부터 급여를 지급받는다.

③ 취업규칙 적용여부

㉠ 문제의 소재

노동조합전임자는 휴직한 근로자에 준하는 지위를 가지는데 노동조합전임자에 대하여도 취업규칙 등이 적용되는지 여부가 문제된다.

㉡ 학설

이에 대해 학설은 노동조합전임자는 휴직한 근로자에 준하는 지위를 가지지만, 노동조합전임자도 종업원의 신분이 유지된다는 점에서 취업규칙 등은 당연히 적용된다고 보는 적용긍정설과, 노동조합전임자는 주된 권리의무가 정지되는 자로 이에 대하여는 기업질서 등을 규율하는 취업규칙은 원칙적으로 적용되지 않는다는 적용부정설이 대립한다.

㉢ 판례

대법원은 "노동조합전임자라 할지라도 사용자와의 사이에 기본적 근로관계는 유지되는 것으로서 취업규칙이나 사규의 적용이 전면적으로 배제되는 것이 아니므로 단체협약에 조합전임자에 관하여 특별한 규정을 두거나 특별한 관행이 존재하지 아니하는 한 출·퇴근에 대한 사규의 적용을 받게 된다."라고 판시하여 적용을 긍정하는 입장이다.

> 📖 **참조판례** 대법원 1995.4.11. 선고 94다58087 판결
>
> [1] 노동조합전임자라 할지라도 사용자와의 사이에 기본적 근로관계는 유지되는 것으로서 취업규칙이나 사규의 적용이 전면적으로 배제되는 것이 아니므로 단체협약에 조합전임자에 관하여 특별한 규정을 두거나 특별한 관행이 존재하지 아니하는 한 출·퇴근에 대한 사규의 적용을 받게 된다.
> [2] 노동조합의 업무가 사용자의 노무관리업무와 전혀 무관한 것이 아니고 안정된 노사관계의 형성이라는 면에서 볼 때는 오히려 밀접하게 관련되어 있으므로, 근로계약 소정의 본래 업무를 면하고 노동조합의 업무를 전임하는 노동조합전임자의 경우에 있어서 출근은 통상적인 조합업무가 수행되는 노동조합사무실에서 조합업무에 착수할 수 있는 상태에 임하는 것이라 할 것이고, 만약 노동조합전임자가 사용자에 대하여 취업규칙 등 소정의 절차를 취하지 아니한 채 위와 같은 상태에 임하지 아니하는 것은 무단결근에 해당한다.

㉣ 검토

노동조합전임자는 주된 권리의무가 정지될 뿐 종업원의 신분은 여전히 유지되고 있고, 기업별노동조합의 경우 노동조합의 활동이 기업시설 내에서 행해진다는 점에서 취업규칙 등은 노동조합전임자에 대하여도 적용된다고 보는 것이 타당하다.

④ 업무상 재해 인정 여부

노동조합전임자의 조합활동 중의 재해는 조합활동이 사용자의 사업과 무관한 대외활동 또는 사용자와 대립관계인 쟁의행위에 해당되는 등의 특별사정이 없는 한 업무상 재해에 해당한다.

참조판례 대법원 1998.12.8. 선고 98두14006 판결

[1] 노동조합업무 전임자가 근로계약상 본래 담당할 업무를 면하고 노동조합의 업무를 전임하게 된 것이 사용자인 회사의 승낙에 의한 것이라면, 이러한 전임자가 담당하는 노동조합업무는, 그 업무의 성질상 사용자의 사업과는 무관한 상부 또는 연합관계에 있는 노동단체와 관련된 활동이나 불법적인 노동조합활동 또는 사용자와 대립관계로 되는 쟁의 단계에 들어간 이후의 활동 등이 아닌 이상, 원래 회사의 노무관리 업무와 밀접한 관련을 가지는 것으로서 사용자가 본래의 업무 대신에 이를 담당하도록 하는 것이어서 그 자체를 바로 회사의 업무로 볼 수 있고, 따라서 그 전업자가 노동조합업무를 수행하거나 이에 수반하는 통상적인 활동을 하는 과정에서 그 업무에 기인하여 발생한 재해는 산업재해보상보험법 제4조 제1호 소정의 업무상 재해에 해당한다.

[2] 회사의 승낙에 의한 노동조합전임자가 노동조합이 단체교섭을 앞두고 조합원들의 단결력을 과시하기 위하여 개최한 결의대회에 사용된 현수막을 철거하던 중 재해를 입은 경우, 위 결의대회가 불법적인 것이 아니고 이를 쟁의단계에 들어간 이후의 노동조합 활동이라고 볼 수 없다는 이유로 업무상 재해에 해당한다.

⑤ 상여금 및 연차 휴가

노동조합전임자는 휴직상태 근로자와 유사한 지위를 갖고 있으므로 단체협약 등에 정함이 없는 한 사용자에게 상여금 또는 연차 휴가를 청구할 수 있는 권리가 당연히 있는 것은 아니다.

참조판례 대법원 1995.11.10. 선고 94다54566 판결

노동조합전임자는 기업의 근로자의 신분은 그대로 유지하지만 근로계약상의 근로를 하지 않을 수 있는 지위에 있으므로 휴직상태에 있는 근로자와 유사한 지위를 가진다고 보아야 하고, 따라서 사업주가 급여를 부담한다고 하여 노동조합전임자의 상여금 지급을 요구하거나 연·월차휴가수당 등을 당연히 사업주에게 청구할 권리가 있는 것은 아니나, 단체협약에 그러한 급여를 부담할 의무가 명시된 경우에는 그 단체협약을 근거로 이를 청구할 수는 있을 것이다.

⑥ 인사조치(원직복귀)

노동조합전임자의 전임기간 중에는 노동조합의 요구 없이 사용자가 일방적으로 전임자의 원직 복귀를 명하는 인사조치를 할 수 없고, 이는 부당노동행위에 해당한다. 노동조합이 전임자의 해임을 요구하면 사용자는 지체 없이 전임자를 원직에 복귀시켜야 한다. 그리고 단체협약에 따라 노동조합 업무만을 전담하던 전임자는 그 협약이 효력을 상실한 경우에는 사용자의 원직 복귀 명령에 응해야 한다.

참조판례 대법원 1997.6.13. 선고 96누17738 판결

단체협약이 유효기간의 만료로 효력이 상실되었고, 단체협약상의 노동조합대표의 전임규정이 새로운 단체협약 체결시까지 효력을 지속시키기로 약정한 규범적 부분도 아닌 경우, 그 단체협약에 따라 노동조합 업무만을 전담하던 노동조합전임자는 사용자의 원직 복귀명령에 응하여야 할 것이므로 그 원직 복귀명령에 불응한 행위는 취업규칙 소정의 해고사유에 해당하고, 따라서 사용자가 원직 복귀명령에 불응한 노동조합전임자를 해고한 것은 정당한 인사권의 행사로서 그 해고사유가 표면적인 구실에 불과하여 징계권 남용에 의한 부당노동행위에 해당하지 않는다.

⑦ 퇴직금 산정

퇴직금 산정에서 계속근로연수는 인정되지만, 노동조합 전임자로서 실제로 받아온 급여를 기준으로 하지 않고 노동조합전임자와 동일직급, 호봉 근로자들의 평균임금 기준으로 산정한다.

⑧ 고용보험의 적용

노동조합전임자는 자기의 임금총액에 실업급여의 보험료율을 곱한 금액을 보험료로 납부하여야 한다(보험료징수법 제13조 제2항 단서).

⑨ 관련문제

㉠ 노동조합전임자제도의 조정·중재대상 여부

노동조합전임제도는 사용자에 의한 편의제공의 한 형태로 이는 임의적 교섭사항에 해당하고 근로조건과 관련된 사항이라고 볼 수 없다는 점에서 조정·중재의 대상이 될 수 없다고 할 것이다.

판례 역시 "노동조합전임자제도는 근로자의 대우에 관하여 정한 근로조건이라 할 수 없고 임의적 교섭사항에 불과하다."라고 판시하고 있다.

㉡ 사용자의 일방적 파기

사용자의 일방적으로 노동조합전임제 관행을 파기한 경우 노동조합전임제는 사용자의 동의에 기초하여 존속하는 만큼 장래를 향한 효력의 중단은 노·사간의 신의칙에 반하지 않는 한 원칙적으로 유효하다. 다만, 신의칙 위반 여부는 파기나 수정의 합리적 이유, 의사표시의 명확성, 공정한 절차 기타 대상조치의 제공 등을 종합적으로 고려하여 판단해야 한다.

> **참조판례** 대법원 2011.8.18. 선고 2010다106054 판결
>
> 노조전임제는 노동조합에 대한 편의제공의 한 형태로서 전임제를 인정할 것인지는 물론 노동조합 전임자의 선임과 해임절차, 전임기간, 전임자 수, 전임자에 대한 대우 등 구체적인 제도 운용에 관하여도 기본적으로 사용자의 동의에 기초한 노사합의에 의하여 유지되는 것이므로, 전임제 시행 이후 경제적·사회적 여건의 변화, 회사 경영 상태의 변동, 노사관계의 추이 등 여러 사정들에 비추어 합리적 이유가 있는 경우에 사용자는 노동조합과의 합의, 적정한 유예기간의 설정 등 공정한 절차를 거쳐 노조전임제의 존속 여부 및 구체적 운용방법을 변경할 수 있다고 보아야 한다.

4. 근로시간면제제도

(1) 의의

단체협약으로 정하거나 사용자의 동의가 있는 경우에 사용자로부터 급여를 지급받으면서 근로를 제공하지 않고 노조업무에 종사하는 근로자를 근로시간면제자라고 하며, 이러한 제도를 근로시간면제제도라고 한다.

(2) 근로시간면제한도의 결정

1) 결정주체

근로시간면제한도를 정하기 위한 근로시간면제심의위원회를 경제사회노동위원회에 둔다. 근로시간면제심의위원회는 근로시간면제한도를 심의·의결하지만 이를 외부에 표시할 권한이 없는 의결기관이어서 행정소송당사자가 될 수 있는 행정청이 아니다.

2) 결정방법

근로시간면제심의위원회는 근로시간면제한도를 심의·의결하고 3년마다 적정성여부를 재심의하여 의결할 수 있고, 경제사회노동위원회위원장은 근로시간면제심의위원회의 의결사항을 고용노동부장관에게 즉시 통보해야 하며 고용노동부장관은 통보받은 근로시간면제한도를 고시해야 한다.

3) 결정기준

근로시간면제심의위원회는 사업 또는 사업장별로 종사근로수의 조합원수 등을 고려하여 그근로시간면제한도를 정한다.

4) 효력

근로시간면제한도를 초과하는 내용을 정한 단체협약이나 사용자의 동의는 그 부분에 한하여 무효이며, 근로시간면제한도를 초과하여 급여를 지급하는 행위는 지배·개입의 부당노동행위가 될 수 있다.

(3) 근로시간면제제도의 운용

1) 도입요건

근로시간면제가 인정되려면 단체협약으로 정하거나 사용자의 동의가 있어야 한다.

2) 결정단위

① 사업 또는 사업장

근로시간면제한도는 사업 또는 사업장 단위로 결정된다. 일관된 공정 아래 통일적으로 업무가 수행되어 경영일체를 이루면서 유기적으로 운영되는 기업의 조직은 장소와 관계없이 하나의 사업이다.

② 조합원수

노동관계당사자가 근로시간면제제도를 도입하면서 고시된 근로시간면제한도 중에서 어디에 해당하는지를 판단하기 위해서는 하나의 사업 또는 사업장을 기준으로 종사근로자인 조합원수를 계산해야 한다. 조합원수의 판단시점은 단체협약을 체결한 날 또는 사용자가 동의한 날을 기준으로 하되 단체협약 등에 노사가 별도로 정한 기준이 있는 경우에는 그에 따른다.

단체협약으로 정한 시간한도와 인원한도는 종사근로자인 조합원수가 변동되었어도 단체협약체결당시에 정한 유효기간 동안 효력을 유지한다.

3) 시간과 인원

근로시간면제제도를 적용하려는 노동관계당사자는 고시된 한도 안에서 단체협약 등으로 총사용시간과 총사용인원을 자유롭게 정할 수 있다.

(4) 근로시간면제 대상 업무

근로시간면제자는 사용자와의 협의·교섭, 고충처리, 산업안전 활동 등 이 법 또는 다른 법률에서 정하는 업무와 건전한 노사관계 발전을 위한 노동조합의 유지·관리업무를 할 수 있다.

(5) 근로시간면제자의 결정

노동조합은 사용자에게 근로시간면제대상 조합원명단을 사용자에게 통보해야 한다. 근로시간면제대상을 통보된 사람은 노동조합이 임의로 변경할 수 없다.

근로시간면제자의 급여는 근로제공의무가 면제되는 업무에 해당하는 시간에 상응해야 하므로 단체협약 등으로도 타당한 근거 없이 과다하게 책정된 급여를 지급할 수 없다.

> **📖 참조판례 대법원 2016.4.28. 선고 2014두11137 판결**
>
> 근로시간 면제자로 하여금 근로제공의무가 있는 근로시간을 면제받아 경제적인 손실 없이 노동조합 활동을 할 수 있게 하려는 근로시간 면제 제도 본연의 취지에 비추어 볼 때, 근로시간 면제자에게 지급하는 급여는 근로제공의무가 면제되는 근로시간에 상응하는 것이어야 한다. 그러므로 단체협약 등 노사 간 합의에 의한 경우라도 타당한 근거 없이 과다하게 책정된 급여를 근로시간 면제자에게 지급하는 사용자의 행위는 노동조합 및 노동관계조정법 제81조 제4호 단서에서 허용하는 범위를 벗어나는 것으로서 노조전임자 급여 지원 행위나 노동조합 운영비 원조 행위에 해당하는 부당노동행위가 될 수 있다. 여기서 근로시간 면제자에 대한 급여 지급이 과다하여 부당노동행위에 해당하는지는 근로시간 면제자가 받은 급여 수준이나 지급 기준이 그가 근로시간 면제자로 지정되지 아니하고 일반 근로자로 근로하였다면 해당 사업장에서 동종 혹은 유사 업무에 종사하는 동일 또는 유사 직급·호봉의 일반 근로자의 통상 근로시간과 근로조건 등을 기준으로 받을 수 있는 급여 수준이나 지급 기준을 사회통념상 수긍할 만한 합리적인 범위를 초과할 정도로 과다한지 등의 사정을 살펴서 판단하여야 한다.

제3장 단체교섭

제1절 단체교섭의 의의

I. 단체교섭의 개념

단체교섭이라 함은 노동조합이나 그 밖의 노동단체가 교섭대표를 통하여 사용자측과 근로조건 등에 관하여 합의에 도달하는 것을 주된 목적으로 하여 교섭하는 것을 말한다.

1. 단체교섭은 노동조합과 사용자 사이의 교섭이므로 노동조합이 정부기관과 교섭하는 것은 단체교섭이라고 할 수 없다.

2. 단체교섭은 쌍방이 양보를 거듭하면서 합의에 도달할 것을 목적으로 한다. 합의에 도달하려면 양보가 필요하지만 양보는 쌍방의 자유에 속하고 노동조합이 쟁의행위를 통하여 사용자에게 양보를 구할 수 있을 뿐 양보나 합의 그 자체가 강제되는 것은 아니다.

3. 단체교섭은 기본적으로 개별근로자가 근로조건에 관하여 사용자와 교섭하는 것을 대신하여 교섭대표를 통하여 근로조건을 집단적·통일적으로 교섭하는 것이므로 근로조건 결정의 권한을 교섭대표에게 수권한 것을 전제로 한다.

4. 단체교섭은 보통 노동조합과 사용자 사이의 회담·협상이라는 사실행위를 말하지만, 광의로는 단체협약의 체결이라는 법률행위도 포함한다.

II. 단체교섭의 방식

1. 기업별 교섭

기업별 교섭은 특정기업 또는 사업장 단위로 조직된 노동조합이 단체교섭의 당사자가 되어 당해 기업주 또는 사업주와 직접 교섭하는 방식이다. 기업별 교섭에 있어서는 교섭의 양당사자는 고용관계, 즉 사용자와 종업원이라는 종속관계로 말미암아 실질적으로 대등한 입장에서 교섭한다는 것은 거의 불가능하다. 기업별 노동조합이 어용노동조합이라는 별칭이 있는 것과 같이 기업별 교섭이 어용교섭이 될 가능성은 있으나 당해 기업의 특수한 사정을 잘 반영할 수 있는 등 노사협조가 잘 될 수 있다는 장점이 있다.

2. 통일교섭

통일교섭은 전국적 또는 지역적인 산업별 또는 직종별의 노동조합과 이에 대응하는 전국적 또는 지역적인 사용자단체 간에 행해지는 교섭방식이다. 노동조합이 산업별 또는 직종별로 전국적 또는 지역적인 노동시장을 지배하고 있는 경우는 주로 이와 같은 교섭방식을 취한다.

3. 공동(연맹)교섭

공동교섭은 기업별 노동조합 또는 기업단위의 지부(산업별 또는 직종별 노동조합의 기업단위의 지부)가 행하는 기업별교섭에 있어서 상부단체인 노동조합이 공동으로 참가하여 교섭하는 방식이다. 이는 상부단체와 기업별노동조합이 공동으로 기업별노동조합의 상대방인 사용자와 교섭하는 것을 말한다. 이 방식은 기업별교섭의 약점을 어느 정도 보완하는 데 도움이 된다.

4. 대각선교섭

대각선교섭은 기업별 노동조합이 소속하는 상부단체가 각 기업별 노동조합에 대응하는 개별기업과 개별적으로 교섭하는 방식이다. 개별기업이 사용자단체를 조직하고 있는 경우에는 이 사용자단체와 기업별노동조합의 상부단체가 통일교섭을 하는 것이 일반적인 교섭방식이라 하겠으나, 사용자단체가 조직되어 있지 않다든가 또는 조직되어 있는 경우라도 각 기업에 특수한 사정이 있는 경우에는 이와 같은 교섭방식을 취하는 것이 통례이다.

5. 집단교섭

집단교섭은 몇 개의 기업별 노동조합이 집단화하여 공동으로 이에 대응하는 사용자측의 집단과 교섭하는 방식으로, 이를 연합교섭 또는 집단교섭이라고도 한다. 일반적으로 노동조합이 상부단체에 소속되어 있지 않거나 상부단체가 없는 경우에 기업별 교섭의 약점을 보완하기 위하여 이와 같은 교섭방식을 취하게 된다. 그러나 상부단체가 있고 이에 소속되어 있는 경우에도 상부단체의 통제 아래 집단교섭의 방식을 취하는 경우도 있다.

6. 직장교섭

직장교섭은 동일기업 내에 수개의 직장이 있고 이 직장마다 기업별 노동조합의 소집단(일반적으로 분회)이 있는 경우에 이 직장단위로 교섭하는 방식이다. 이와 같은 교섭방식은 각 직장의 특수사항을 해결하고자 하는 의도에서 취하는 방식이지만 기업별 교섭의 하나의 형태에 불과하며, 따라서 그 약점을 보완하는 방법은 될 수 없다.

Ⅲ. 단체교섭의 기능과 법적 보호

1. 근로조건 통일기능 및 노사관계 운영준칙 형성기능

단체교섭은 다수 근로자가 단결하여 교섭대표를 선출하고 이 대표를 통하여 집단적으로 거래하는 것을 의미하므로 근로자의 교섭력을 강화하게 되고 이를 통하여 근로조건의 유지·개선에 기여할 수 있다.

또한 근로조건의 집단적 거래는 다수 근로자의 근로조건을 통일적으로 형성하고 산업평화를 달성하는 등 사용자에게도 유익한 면이 있기 때문에 노사 쌍방은 해당 노사관계를 합의에 따라 운영하기 위하여 단체교섭에 그 준칙을 형성하는 기능을 부여하게 되었다.

2. 법적 보호

노동조합법은 정당한 단체교섭에 대한 민·형사책임의 면제, 사용자의 성실교섭의무, 단체교섭과 관련된 노동조합의 정당한 업무활동에 대한 불이익취급의 금지를 규정하고 있다. 또한 일정한 범위 내에서 근로자가 유급으로 근무시간 중에 단체교섭 업무에 종사하는 것을 허용하고, 단체교섭의 결과물인 단체협약에 대하여 규범적 효력을 부여하고 있다.

제2절 단체교섭의 주체

Ⅰ. 서

단체교섭은 헌법 제33조 제1항의 단체교섭권에 근거하여 노동조합 기타 노동단체가 교섭대표를 통하여 사용자 또는 사용자단체와 근로조건 등에 관하여 합의에 도달할 것을 주된 목적으로 행하는 일련의 과정을 말한다.

단체교섭의 당사자 및 담당자는 근로자측에서 누가 단체교섭을 할 수 있는가와 사용자측에서 누가 근로자측과 교섭할 의무를 지는가의 문제라고 할 수 있다. 이것은 성실교섭의무와 관련되며, 단체교섭거부에 대한 부당노동행위의 기준이 되기도 한다.

Ⅱ. 단체교섭의 당사자

1. 의의

단체교섭의 당사자란 단체교섭의 주체, 즉 단체교섭을 자신의 이름으로 행하고 그 법적 효과가 귀속되는 주체를 말한다. 이러한 당사자 자격의 인정문제는 단체교섭을 요구할 권리가 있는지 그리고 단체교섭요구에 응해야 할 의무가 있는지 여부와 밀접하게 관련되어 있다.

2. 근로자측 당사자

(1) 당사자의 요건

근로자의 단결체가 단체교섭의 당사자로 되기 위해서는 ① 최소한 대외적 자주성을 가진 단체이어야 하고, ② 통일적인 의사형성이 가능한 단체성이 있어야 할 것이다.

(2) 단위노동조합

노동조합은 가장 전형적인 단체교섭 당사자이다. 노동조합법상 노동조합에 해당하면 그 조직형태나 조합원수에 관계없이 단체교섭의 당사자라고 할 것이다.

(3) 연합단체인 노동조합

1) 문제의 소재

연합단체도 단위노동조합으로부터 단체교섭권을 위임받은 경우에는 그 단위노동조합을 대신하여 교섭의 당사자가 된다. 문제는 단위노동조합의 위임이 없는 경우에도 연합단체가 자기 또는 소속 단위노동조합을 위하여 단체교섭을 할 수 있는가에 있다.

2) 학설

① 전면부정설

단체교섭의 주된 목적은 근로자에게 적용할 근로조건의 결정에 있고 연합단체는 노동조합을 구성원으로 하므로 그 구성원이 아닌 개별 조합원에게 적용될 근로조건에 관하여는 교섭·결정할 권한이 없으므로 연합단체인 노동조합은 단위노동조합의 위임이 없는 한 단체교섭의 당사자가 될 수 없다고 보는 견해이다.

② 제한긍정설

특정의 단위노동조합에 한정된 사항에 관하여는 그 단위노동조합으로부터 교섭권한을 위임받거나 규약에 근거 규정이 있어야 하지만, 현행법상 연합단체도 노동조합으로 인정하고 있으며 연합단체인 그 노동조합의 독자적인 문제나 소속 단위노동조합 공통의 사항에 관하여는 단위노동조합의 위임이 없더라도 당연히 단체교섭의 당사자가 된다고 보는 견해이다.

3) 검토

현행법상 연합단체도 노동조합으로 인정되며, 노동조합인 이상 근로조건의 유지·개선을 주된 목적으로 하는 단체교섭에 주력해야 한다는 점에서 제한긍정설의 입장이 타당하다고 본다. 이 경우 동일한 연합단체에 가입한 여러 단위노동조합에 공통의 사항에 관하여는 연합단체와 해당 단위노동조합이 경합하여 단체교섭권을 가지게 된다.

(4) 지부·분회

지부·분회의 경우 독자적인 노동조합으로 볼 수 없어 단체교섭의 당사자가 될 수 없다고 보는 견해도 있으나, 단위노동조합의 지부나 분회도 독자적인 규약 및 집행기관을 가지고 독립된 단체로서 활동을 하는 경우에는 당해 조직의 특유한 사항에 대하여 단체교섭의 당사자가 될 수 있다.

대법원 2001.2.23. 선고 2000도4299 판결

노동조합의 하부단체인 분회나 지부가 독자적인 규약 및 집행기관을 가지고 독립된 조직체로서 활동을 하는 경우 당해 조직이나 그 조합원에 고유한 사항에 대하여는 독자적으로 단체교섭하고 단체협약을 체결할 수 있고, 이는 그 분회나 지부가 노동조합 및 노동관계조정법 시행령 제7조의 규정에 따라 그 설립신고를 하였는지 여부에 영향받지 아니한다.

(5) 법외조합

근로자 단체의 단체교섭권을 인정한다 할지라도 이러한 단체교섭권은 사용자가 이를 거부하여도 부당 노동행위 구제신청을 할 수 없는 등(노동조합법 제7조 제1항) 헌법에서 보장되고 있는 일반적인 단체 교섭과는 전혀 차원을 달리 하는 개념의 교섭 또는 계약에 불과하다는 견해도 있으나, 노동조합의 실 질적 요건을 충족하였으나 행정관청으로부터 설립필증을 교부받지 못한 이른바 법외조합이라 하더라 도 노동조합으로서 자주성과 민주성을 갖춘 이상 헌법상 근로3권의 행사주체로서 단체교섭의 당사자 가 될 수 있다고 본다.

(6) 쟁의단

일시적 쟁의단에 대하여는 ① 사실상의 대표자가 존재하는 이상 그 요구나 불만의 해결을 위하여 단 체교섭만은 할 수 있다는 제한된 의미에서 단체교섭의 당사자가 된다는 견해와, ② 단체로서의 실체 를 갖추지 못했다는 이유로 단체교섭의 당사자가 될 수 없다는 견해가 대립하고 있다. 단체교섭은 근 로자의 근로조건 유지·개선을 목적으로 한다는 점에서 헌법상 기본권 행사의 목적을 가지는 것이므 로 단체협약의 주체가 될 수 있는지는 별론으로 하고 단체교섭의 주체가 될 수 있다고 보아야 한다.

(7) 유일교섭단체조항의 문제

유일교섭단체조합이란 사용자가 어느 특정 노동조합과 단체교섭을 하고 다른 어떤 노동조합이나 단체 와도 단체교섭을 하지 아니할 것을 약정한 단체협약상의 조항을 말한다. 이러한 조항은 다른 노동조합 이 가진 헌법상의 단체교섭권을 특정 노동조합과 사용자 사이의 합의에 의해 제한·박탈하는 것이므 로 무효에 해당한다.

3. 사용자측 당사자

(1) 의의

사용자는 헌법이 보장하는 단체교섭권의 주체가 아니므로 여기서 사용자측 당사자라 함은 근로자 측 의 단체교섭요구에 대하여 그 '상대방'으로서 응할 의무가 있는 자라고 할 것이다.

(2) 사용자

노동조합법 제2조 제2호의 사용자는 사업주, 사업의 경영담당자 또는 그 사업의 근로자에 관한 사항 에 대하여 사업주를 위하여 행동하는 자를 말한다.
그러나 단체교섭의 상대방이 되는 사용자는 원칙적으로 '사업주', 즉 근로계약의 당사자 또는 그에 준 하는 자를 말한다. 따라서 개인사업에 있어서는 사업주 개인이, 법인인 경우에는 당해 법인이 사용자 가 된다.

(3) 사용자 개념의 확장

1) 문제의 소재

단체교섭이 노사 간 주장이 대립되는 사항에 관하여 합의를 형성하려는 사실행위라는 점을 감안한다면, 단체교섭의 상대방이 되는 사용자를 엄밀한 의미에서의 근로계약의 당사자에 한정할 필요는 없다.

2) 학설

학설은 일반적으로 단체교섭의 사용자에 대하여 직접적인 근로계약의 상대방이 아니라고 하더라도 실질적인 지배력을 행사하는 경우에는 사용자개념의 확장을 인정하여 단체교섭의무를 지는 것으로 본다.

3) 판례

판례는 단체교섭의 상대방인 사용자를 좁게 해석하여 근로자와 명시적이거나 묵시적인 근로계약관계가 있는 자만을 사용자로 보고 있으나 최근 변화의 조짐을 보이고 있다.

> **📖 참조판례** 대법원 1995.12.22. 선고 95누3565 판결
>
> 노동조합법 제33조 제1항 본문, 제39조 제3호 소정의 사용자라 함은 근로자와의 사이에 사용종속관계가 있는 자, 즉 근로자와의 사이에 그를 지휘·감독하면서 그로부터 근로를 제공받고 그 대가로서 임금을 지급하는 것을 목적으로 하는 명시적이거나 묵시적인 근로계약관계를 맺고 있는 자를 말한다.

4) 검토

단체교섭의 대상사항이 되는 근로조건 기타 노동관계상의 제이익에 대하여 실질적 영향력 내지 지배력을 행사하고 있는 자는 널리 단체교섭의 상대방이 된다고 보는 것이 타당하다.

(4) 사용자단체

사용자단체도 단체교섭의 당사자가 될 수 있다. 여기서 사용자단체라 함은 노동관계에 관하여 그 구성원인 사용자에 대하여 조정 또는 통제할 수 있는 권한을 가진 사용자의 단체를 말한다(노동조합법 제2조 제3호).

> **📖 참조판례** 대법원 1979.12.28. 선고 79누116 판결
>
> 노동조합법 제33조 제1항·제3항에 의하여 노동조합과 단체교섭을 할 상대방인 사용자 단체는 노동관계에 관하여 그 구성원인 사용자에 대하여 조정 또는 규제할 수 있는 권한을 가진 자이어야 하는데 사용자 단체가 이러한 권한을 갖기 위하여는 노동조합과의 단체교섭 및 단체협약을 체결하는 것을 그 목적으로 하고 그 구성원인 각 사용자들에 대하여 통제력을 가지고 있어야 한다.

III. 단체교섭의 담당자

1. 의의

단체교섭의 담당자란 단체교섭의 당사자를 위하여 사실행위로서의 단체교섭을 현실적으로 행하는 자를 말한다.

노동조합법은 담당자와 관련하여 근로자측 담당자로서 '노동조합대표자'와 '노동조합의 위임을 받은 자'를, 사용자측 담당자로서 '사용자 또는 사용자단체의 대표자와 그들로부터 위임을 받은 자'를 규정(노동조합법 제29조 제1항·제2항)하고 있다.

2. 근로자측 교섭담당자

(1) 노동조합 대표자

노동조합 대표자는 규약에 따라 선출되어 노동조합을 대표하는 자로서 노동조합의 임원 중에서 대외적으로 노동조합을 대표하고 대내적으로 노동조합의 업무 집행을 총괄하는 권한을 가진 자이다. 노동조합의 대표자는 당연히 교섭담당자가 된다. 노동조합법 제29조 제1항에서 "노동조합의 대표자는 그 노동조합 또는 조합원을 위하여 사용자나 사용자단체와 교섭하고 단체협약을 체결할 권한을 가진다." 라고 규정하여 노동조합의 대표자는 당연히 단체협약체결권한을 가지는 것으로 명문화하였다.

(2) 인준투표제

1) 개념

인준투표제란 노동조합의 규약이나 총회의결로 단체협약을 체결할 때 노동조합의 직접투표를 통해 추인 또는 승인받도록 하는 것을 말한다.

2) 인준투표제의 허용 여부

① 문제의 소재

노동조합대표자는 교섭 및 협약체결권한이 인정(노동조합법 제29조 제1항)되고 있는데, 조합규약 등에 의해 노동조합대표자의 협약체결권한을 제한하는 인준투표가 유효인지 여부가 문제된다.

② 학설

㉠ 협약체결권은 노동조합대표자의 고유권한으로서 인준투표제는 노동조합대표자의 협약체결권을 전면적·포괄적으로 제한하여 사실상 그 권한을 무의미하게 하고, 단체교섭의 원활한 진행을 방해할 수 있다는 점에서 인준투표제는 무효라는 견해와, ㉡ 노동조합 대표자의 협약체결권은 민법상 단체대표의 법리상 노동조합이 스스로 제한할 수 있고, 인준투표제는 노동조합 내부의 제한에 그칠 뿐 대외적으로 사용자를 구속하는 것은 아니므로 허용된다고 보는 견해가 있다.

③ 판례

대법원은 대표자와 위임을 받은 자의 교섭권한에는 당연히 협약체결권도 포함되어 있고 인준투표제는 노동조합 대표자 등의 협약체결권을 전면적·포괄적으로 제한하여 그 권한을 실질적으로 형해화하고 원만한 단체교섭의 진행 등을 해친다는 이유로 위법하다는 입장이다.

그리고 이에 근거하여 인준투표제를 규정한 단체협약이나 조합규약에 대한 행정관청의 시정명령을 적법하다고 판시하고 있다.

> **참조판례** 대법원 2018.7.26. 선고 2016다205908 판결
>
> 헌법 제33조 제1항은 "근로자는 근로조건의 향상을 위하여 자주적인 단결권·단체교섭권 및 단체행동권을 가진다."라고 규정하고 있고, 노동조합 및 노동관계조정법(이하 '노동조합법'이라고 한다) 제22조는 "노동조합의 조합원은 균등하게 그 노동조합의 모든 문제에 참여할 권리와 의무를 가진다."라고 규정하고 있다. 한편 단체협약은 노동조합의 개개 조합원의 근로조건 기타 근로자의 대우에 관한 기준을 직접 결정하는 규범적 효력을 가지는 것이므로 단체협약의 실질적인 귀속주체는 근로자이고, 따라서 단체협약은 조합원들이 관여하여 형성한 노동조합의 의사에 기초하여 체결되어야 하는 것이 단체교섭의 기본적 요청이다. 노동조합법 제16조 제1항 제3호는 단체협약에 관한 사항을 총회의 의결사항으로 정하여 노동조합 대표자가 단체교섭 개시 전에 총회를 통하여 교섭안을 마련하거나 단체교섭 과정에서 조합원의 총의를 계속 수렴할 수 있도록 규정하고 있기도 하다. 그리하여 노동조합이 조합원들의 의사를 반영하고 대표자의 단체교섭 및 단체협약 체결 업무 수행에 대한 적절한 통제를 위하여 규약 등에서 내부 절차를 거치도록 하는 등 대표자의 단체협약체결권한의 행사를 절차적으로 제한하는 것은, 그것이 단체협약체결권한을 전면적·포괄적으로 제한하는 것이 아닌 이상 허용된다. 이러한 헌법과 법률의 규정, 취지와 내용 및 법리에 비추어 보면, 노동조합의 대표자가 위와 같이 조합원들의 의사를 결집·반영하기 위하여 마련한 내부 절차를 전혀 거치지 아니한 채 조합원의 중요한 근로조건에 영향을 미치는 사항 등에 관하여 만연히 사용자와 단체협약을 체결하였고, 그 단체협약의 효력이 조합원들에게 미치게 되면, 이러한 행위는 특별한 사정이 없는 한 헌법과 법률에 의하여 보호되는 조합원의 단결권 또는 노동조합의 의사 형성 과정에 참여할 수 있는 권리를 침해하는 불법행위에 해당한다고 보아야 한다.

④ 검토

인준투표제라도 단체협약의 효력발생을 좌우하지 않고 단순히 대내적 제한에 그치는 것이라면 협약 체결권의 전면적·포괄적 제한이라 볼 수 없다고 할 것이다. 개정법이 노동조합 대표자의 협약체결권을 명시한 취지는 인준투표제 자체를 금지하려는 것이 아니라 단체협약의 효력발생에 영향을 주는 인준투표제를 금지하려는 것으로 보아야 한다.

3) 인준투표제 위반 시 단체협약의 효력

① 문제의 소재

노동조합의 대표자가 인준투표제에 위반하여 인준투표를 거치지 않거나 인준투표에 부결된 상태에서 체결한 단체협약이 유효한지 여부가 문제된다.

② 학설 및 검토

㉠ 인준투표제가 언제나 무효라고 보는 입장에서는 인준투표절차를 거칠 필요가 없으므로 단체협약은 언제나 유효하다는 결론에 도달하며, 인준투표제는 노동조합 대표권을 제한한 것으로서 등기를 하지 않아 제3자인 사용자에게 대항할 수 없고 인준투표는 내부적 제재의 대상이 되는 효력만을 가지므로 이를 거치지 않았다 하더라도 유효하다고 보는 견해와, ㉡ 대표자의 권한 제한은 악의의 제3자에게는 대항할 수 있다고 보아야 하고 사용자가 인준투표를 거치도록 되어 있는 사실을 알지 못하는 특별한 경우를 제외하고는 인준투표를 거칠 의무에 위반하여 체결한 단체협약은 일반적으로 무효가 된다고 보아야 한다는 견해가 있다.

생각건대, 인준투표제는 노동조합 내부에서만 효력이 있다고 보아야 하며, 따라서 제3자인 사용자와 사이에서는 효력에 영향을 미치는 것은 아니므로 유효설의 입장이 타당하다고 본다.

4) 인준투표제 위반 시 노동조합 내부책임

인준투표제가 노동조합 내부의 효력을 갖는다고 보면 인준투표제를 위반한 노동조합 대표자에 대해서는 책임이 긍정된다.

> 📖 **참조판례** 대법원 2018.7.26. 선고 2016다205908 판결
>
> 노동조합의 대표자가 위와 같이 조합원들의 의사를 결집·반영하기 위하여 마련한 내부 절차를 전혀 거치지 아니한 채 조합원의 중요한 근로조건에 영향을 미치는 사항 등에 관하여 만연히 사용자와 단체협약을 체결하였고, 그 단체협약의 효력이 조합원들에게 미치게 되면, 이러한 행위는 특별한 사정이 없는 한 헌법과 법률에 의하여 보호되는 조합원의 단결권 또는 노동조합의 의사 형성 과정에 참여할 수 있는 권리를 침해하는 불법행위에 해당한다고 보아야 한다.

> 📖 **참조판례** 대법원 2014.4.24. 선고 2010다24534 판결
>
> 단체협약의 실질적인 귀속주체가 근로자이고 노동조합 대표자는 단체협약을 체결함에 있어 조합원들의 의사를 반영하여야 할 의무가 있다고 하더라도, 노동조합 대표자는 노동조합의 위임에 따라 그 사무를 집행하고 노동조합을 대표하는 기관으로서 노동조합에 대하여 수임자로서 선량한 관리자의 주의의무를 부담할 뿐이고, 개별 조합원에 대하여서까지 위임관계에 따른 선량한 관리자의 주의의무를 부담한다고 볼 수는 없다.

(3) 노동조합으로부터 위임을 받은 자

1) 위임의 상대방

단체교섭의 당사자는 단체교섭이나 단체협약 체결의 권한을 타인에게 위임할 수 있다. 이 경우 위임을 받을 수 있는 자의 범위는 노동조합법상 특별한 제한이 없기 때문에 자유로이 정할 수 있다. 또한 위임의 상대방은 자연인에 한하지 않고 법인이나 단체에 위임하는 것도 가능하다. 다만, 교섭권한을 위임하였더라도 위임자의 교섭권한은 소멸되는 것이 아니고 수임자의 교섭권한과 중복하여 경합적으로 남아있게 된다.

> 📖 **참조판례** 대법원 1998.11.13. 선고 98나20790 판결
>
> 구 노동조합법(1996.12.31 법률 제5244호로 폐지) 제33조 제1항에서 규정하고 있는 단체교섭권한의 '위임'이라고 함은 노동조합이 조직상의 대표자 이외의 자에게 조합 또는 조합원을 위하여, 조합의 입장에서 사용자 측과 사이에 단체교섭을 하는 사무처리를 맡기는 것을 뜻하고, 그 위임 후 이를 해지하는 등의 별개의 의사표시가 없더라도 노동조합의 단체교섭권한은 여전히 수임자의 단체교섭권한과 중복하여 경합적으로 남아 있다고 할 것이며, 같은 조 제2항의 규정에 따라 단위노동조합이 당해 노동조합이 가입한 상부단체인 연합단체에 그러한 권한을 위임한 경우에 있어서도 달리 볼 것은 아니다.

2) 위임받은 자(수임자)의 교섭권한의 범위

종래에는 위임사항에 한정된다는 다수 견해와 협약체결권까지 포함된다고 하는 판례의 견해가 제시되었다. 그러나 현행 노동조합법에서는 노동조합이 교섭 또는 단체협약의 체결에 관한 권한을 위임하는 때에는 교섭사항과 권한 범위를 정하여 위임하여야 하며(노동조합법 제29조 제1항, 시행령 제14조 제1항), 위임을 받은 자는 그 위임받은 범위 안에서 권한을 행사할 수 있도록 규정하고 있다(노동조합법 제29조 제2항).

3) 위임의 통보와 방식

① 통보

노동조합과 사용자 또는 사용자단체는 교섭 또는 협약의 체결권한을 위임할 때에는 상대방에게 ㉠ 위임받을 자의 성명(위임을 받은 자가 단체인 경우에는 그 명칭 및 대표자의 성명), ㉡ 교섭사항과 권한범위 등을 포함하여 통보(노동조합법 제29조 제3항, 시행령 제14조 제2항)하여야 한다.

② 방식

구법에서는 단위노동조합이 연합단체에 교섭권을 위임하는 경우 총회의 의결이 있어야 한다고 규정하고 있으나, 현행법에서는 이를 삭제하고 있고 위임의 방식에 대하여 아무런 규정을 두고 있지 않으므로 교섭권한의 위임은 원칙적으로 자유로이 행할 수 있다.

4) 제3자 위임금지조항

① 문제의 소재

단체협약에서 조합원 이외의 자에게 단체교섭권을 위임하지 않겠다는 취지의 규정(제3자 위임금지조항)을 두고 있는 경우에 노동조합이 그에 위반하여 단체교섭을 위임할 수 있는가가 문제된다.

② 학설

㉠ 무효설은 제3자위임금지조항이 헌법상 보장된 단체교섭권의 행사를 부당하게 제한하는 것이므로 무효라고 한다. ㉡ 유효설은 제3자위임금지조항이 사용자의 요구에 따른 것이더라도 노사당사자 간에 자율적 합의에 따른 것이므로 유효라고 본다. 이에 대해 ㉢ 상대적 유효설은 노동조합이 이 조항에 관계없이 제3자에게 교섭을 위임할 필요성이 있고 사용자가 제3자와의 단체교섭에 응하더라도 특별한 지장이 없는 경우에는 사용자가 그 제3자와의 단체교섭을 거부할 수 없다고 보아야 한다는 견해이다. ㉣ 연합단체는 소속 단위노동조합에 대하여 제3자로고 볼 수 없으므로 사용자는 교섭권을 위임받은 연합단체에 대하여는 단체교섭을 거부할 수 없다고 보는 견해도 있다.

③ 검토

제3자 위임금지조항은 그 자체의 효력을 무효로 볼 것은 아니라고 할 것이다. 또한 당해 단위노동조합의 입장에서 교섭위임의 필요성이 연합단체 이외의 제3자에 대하여 더 절실할 수도 있기 때문에 연합단체의 경우로 한정해서도 안 된다. 다만, 노동조합이 이 조항에 위반하여 제3자에게 교섭을 위임한 경우에는 노동조합에 대해 단체협약 위반의 손해배상 책임이 인정되는 것은 별론으로 하고 제3자에 대한 위임 자체는 유효하다고 보아야 할 것이고, 따라서 사용자가 이 조항을 이유로 단체교섭을 거부하면 부당노동행위가 될 수 있다.

3. 사용자측 교섭담당자

(1) 사용자 또는 사용자단체의 대표자

개인사업의 경우에는 사용자 본인, 법인사업인 경우에는 그 대표자가 교섭담당자, 또 사용자단체의 경우에는 그 대표자가 교섭담당자이다.

(2) 사용자 또는 사용자단체의 대표자로부터 위임을 받은 자

위임받을 수 있는 자에 관해 아무런 제한이 없으므로 교섭권한을 가진 사용자 또는 사용자단체로부터 위임을 받은 자는 누구나 단체교섭에 관한 권한을 가진다.

위임의 방법 및 절차는 근로자측의 위임의 경우와 동일하다. 단체교섭을 위임받은 자는 위임받은 범위 내에서 단체교섭을 할 수 있다.

제3절 단체교섭의 대상

Ⅰ. 의의

단체교섭의 대상사항이라 함은 근로자측이 단체교섭권에 근거하여 사용자측에 교섭을 요구하고 교섭할 수 있는 사항을 말한다.

노동조합 및 노동관계조정법 제29조 제1항에서 "노동조합의 대표자는 그 노동조합 또는 조합원을 위하여 사용자나 사용자단체와 교섭하고 단체협약을 체결할 권한을 가진다."라고 규정하여 교섭사항이 '조합원을 위한 사항'과 '노동조합을 위한 사항'에 미치는 것임을 규정하고 있을 뿐 구체적인 기준을 제시하고 있지 않다. 노동조합법이 교섭사항에 관해 세밀한 규정을 두고 있지 않은 까닭은 위법한 사항이 아닌 한 제한을 두지 않음으로써 노사관계의 제반사항에 관해 교섭의 여지를 보장해 주려는 취지이겠지만, 사용자가 교섭에 응해야 하는 의무를 무한정 인정할 수는 없으므로 일정한 기준을 제시하여 근로자측의 교섭을 보장하면서 사용자의 교섭의무를 조정할 필요성이 있다.

Ⅱ. 교섭사항의 일반적 기준과 내재적 한계

1. 교섭사항의 일반적 기준

(1) 의의 및 문제의 소재

현행법상 교섭사항의 범위를 어디까지 인정할 것인가에 대해 직접적인 근거규정이 없다. 이에 대해 미국연방대법원은 교섭사항을 의무적 교섭사항, 임의적 교섭사항, 위법적 교섭사항으로 구분하였다.[7] 해석상 위의 3분론을 우리 노동조합법의 해석에도 그래도 인정할 것인가에 대해 견해의 대립이 있다.

(2) 학설

1) 일반적 기준설

현행법의 해석상 단체교섭이 대상이 되는지 여부만 문제삼으면 족하고 교섭대상3분론을 받아들일 것은 아니라는 전제에서 단체교섭의 대상을 근로조건의 개선성, 교섭내용의 집단성, 사용자의 처분가능성으로 보는 견해이다.

---

7) 미국 연방노동관계법은 사용자가 "임금, 근로시간 및 근로계약상 그 밖의 조건 내지 약속사항에 관하여 근로자측 교섭대표와 성실하게 교섭해야 한다."라고 규정하고 있다(8조 a, 9조 a).

2) 교섭대상의 3분체계론

노동조합의 단체교섭 요구사항을 의무적, 임의적, 금지적 교섭사항으로 분류하여 이 중 의무적 교섭사항만을 단체교섭의 대상으로 보는 입장이다. 의무적 교섭사항이란 노동조합이 그 대상에 대한 교섭제의를 하는 경우 사용자가 그 교섭을 정당한 이유 없이 거부하면 부당노동행위가 되고, 그 대상에 관한 단체협약의 내용을 단체교섭에 의하지 않고는 이를 일방적으로 결정·변경할 수 없으며, 그 대상에 관한 단체교섭이 결렬될 경우 쟁의조정의 신청 및 쟁의행위를 실시할 수 있는 교섭대상이다. 임의적 교섭사항은 노동조합이 그 대상에 관한 단체교섭의 제의를 하는 경우 사용자가 그 교섭을 거부하더라도 부당노동행위가 성립하지 아니하며, 노동조합은 단체교섭이 결렬되는 경우에도 쟁의조정의 신청 및 단체행동을 할 수 없는 사항이다. 금지적 교섭사항 그 자체가 강행법규나 기타 사회질서에 반하는 것으로서 설령 당사자 간에 합의가 이루어진 경우에도 법적으로 효과가 없는 사항으로 각종 법령에 위반되는 사항이다.

(3) 판례

대법원은 "노동조합전임제는 단순히 임의적 교섭사항에 불과하여 이에 관한 분쟁도 노동쟁의라 할 수 없다."라고 판시하여 간접적으로 3분 체계와 유사한 입장을 제시한 바 있다.

> **참조판례** 대법원 1996.2.23. 선고 94누9177 판결
>
> 노동조합전임제는 노동조합에 대한 편의제공의 한 형태로서 사용자가 단체협약 등을 통하여 승인하는 경우에 인정되는 것일 뿐 사용자와 근로자 사이의 근로계약관계에 있어서 근로자의 대우에 관하여 정한 근로조건이라고 할 수 없는 것이고, 단순히 임의적 교섭사항에 불과하여 이에 관한 분쟁 역시 노동쟁의라 할 수 없으므로 특별한 사정이 없는 한 이것 또한 중재재정의 대상으로 할 수 없다.

(4) 검토

단체교섭의 대상은 단체협약의 효력, 노동쟁의의 조정, 쟁의행위의 목적과도 밀접한 관련을 가지고 있다는 점에서 명확한 기준을 제시하는 교섭대상3분론이 타당하다.

2. 내재적 한계

(1) 사용자의 처분 권한

교섭사항은 당해 노사관계에서 해결될 수 있는 사항이어야 한다. 사용자가 법적으로 처분권한을 가지는 사항에 대해서는 단체교섭의 대상사항이 되지만, 처분권한이 없는 경우 원칙적으로 대상사항이 되지 않는다. 법적인 처분권한이 없는 경우에도 사실상 처분권한이 있거나 노동조합이 요구한 사항에 대해 상호노력의 대상이 될 수 있으면 교섭사항이 된다고 보아야 한다.

(2) 근로조건 및 조합원 관련성

근로조건은 교섭대상이 되지만, 근로조건과 무관한 사항은 교섭대상이 될 수 없다. 다만, 근로조건 그 자체는 아니지만 근로조건과 밀접한 관련을 가지는 사항도 교섭대상이 된다고 보아야 한다.

또한 교섭대상은 교섭 당사자인 노동조합의 조합원과 관련되는 사항이어야 한다. 따라서 비조합원에 관한 사항은 원칙적으로 교섭사항이 될 수 없지만 비조합원에 관한 문제라고 하더라도 그것이 조합원의 근로조건 등에 영향을 미치는 경우에는 교섭사항이 될 수 있다고 보아야 한다.

(3) 집단성 여부

교섭사항이 되려면 집단성이 있어야 한다는 견해에서는 단체협약제도의 집단적 성질에 비추어 볼 때 교섭의 대상사항은 모든 조합원에게 적용될 수 있는 공통적 근로조건에 관한 것으로서 특정 개인 근로자에게 국한되는 사항은 고충처리나 노사협의의 대상이라고 한다.

다만, 어느 특정인의 문제라 하더라도 그것이 조합원들의 이해와 관련된 사항인 때에는 교섭사항이 될 수 있다.

Ⅲ. 교섭사항의 구체적 범위

1. 임금, 근로시간 등에 관한 사항

임금체계의 수립과 변경에 관한 사항, 임금지급의 시기, 장소, 방법에 관한 사항, 퇴직금, 상여금, 각종 수당에 관한 사항 등 임금에 관한 사항은 당연히 교섭사항이 포함된다.

휴계를 포함한 근로시간의 개시와 종료, 근로시간의 배분, 교대제 근로의 순서, 시간 외 근로의 길이 및 실시방법, 탄력적 근로시간제의 도입 및 실시방법 등 근로시간에 관한 사항 및 기타 안전위생, 재해보상, 복리후생, 교육훈련, 정년제 등도 교섭사항에 포함된다.

2. 집단적 노사관계의 운영에 관한 사항

(1) 단체교섭대상성

집단적 노사관계에 관한 사항도 근로조건과의 관련성이 인정되는 한 단체교섭의 대상에 포함된다. 대법원도 사용자가 단체적 노사관계의 운영에 관한 사항으로 사용자가 처분할 수 있는 사항은 단체교섭의 대상이 된다고 판시하였다.

> **참조판례 대법원 2003.12.26. 선고 2003두8906 판결**
>
> 단체교섭의 대상이 되는 단체교섭사항에 해당하는지 여부는 헌법 제33조 제1항과 노동조합 및 노동관계조정법 제29조에서 근로자에게 단체교섭권을 보장한 취지에 비추어 판단하여야 하므로 일반적으로 구성원인 근로자의 노동조건 기타 근로자의 대우 또는 당해 단체적 노사관계의 운영에 관한 사항으로 사용자가 처분할 수 있는 사항은 단체교섭의 대상인 단체교섭사항에 해당한다.

(2) 노동조합전임제가 단체교섭의 대상인지 여부

1) 문제의 소재

노동조합전임제의 인정 여부가 단체교섭의 대상인지 여부가 문제된다.

2) 학설

학설은 노동조합전임제도 조합활동에 포함되는 것이므로 당연히 조합활동과 마찬가지로 단체교섭의 대상사항에 포함된다는 견해와, 노동조합전임제는 근로조건이 아니라 사용자의 편의제공에 불과하므로 단체교섭의 대상사항이 아니라 임의적 교섭사항에 불과하다고 보는 견해가 대립한다.

3) 판례

대법원은 노동조합전임자에 관한 사항을 임의적 교섭사항이라고 하여 의무적 교섭사항이 아님을 전제로 하는 취지로 판시한 바 있다.

> **📖 참조판례 대법원 1996.2.23. 선고 94누9177 판결**
>
> 노동조합전임제는 노동조합에 대한 편의제공의 한 형태로서 사용자가 단체협약 등을 통하여 승인하는 경우에 인정되는 것일 뿐 사용자와 근로자 사이의 근로계약관계에 있어서 근로자의 대우에 관하여 정한 근로조건이라고 할 수 없는 것이고, 단순히 임의적 교섭사항에 불과하여 이에 관한 분쟁 역시 노동쟁의라 할 수 없으므로 특별한 사정이 없는 한 이것 또한 중재재정의 대상으로 할 수 없다.

4) 검토

노동조합전임제도는 사용자에 의한 편의제공의 한 형태로 볼 것이므로 이를 단체교섭의 대상에 해당하는 것으로 볼 수는 없다.

3. 경영에 관한 사항

(1) 문제의 소재

사업의 인수, 양도, 합병, 휴·폐업 등의 경영사항이 단체교섭의 대상이 될 수 있는지가 문제된다.

(2) 학설

1) 부정설

이 견해는 사용자가 헌법상 경영상의 의사결정 및 구체적인 경영조치를 할 자유, 즉 경영권을 가지므로 경영사항은 근로조건이 아니고 경영권 내지 경영전권에 속하기 때문에 단체교섭의 대상이 아니라고 한다.

2) 결정·영향구분설

이 견해는 경영의사의 결정과 그것이 근로조건에 미치는 영향을 구분하여 후자만 단체교섭의 대상으로 인정하고 전자는 임의적 교섭사항에 해당한다고 본다.

3) 경영권제한설

이 견해는 경영사항이 근로조건과 밀접한 관계를 가지는 경우에는 단체교섭의 대상이 되지만 경영권을 근본적으로 제한하지 않아야 한다고 한다.

4) 제한적 긍정설

이 견해는 경영사항이라도 그것이 근로조건에 영향을 주는 경우에는 단체교섭의 대상이 되지만, 근로조건과 무관한 경우에는 임의적 교섭사항이 될 뿐이라고 한다.

(3) 판례

대법원은 정리해고나 사업조직의 통폐합 등 기업의 구조조정의 실시 여부는 경영주체에 의한 고도의 경영상 결단에 속하는 사항으로서 원칙적으로 단체교섭의 대상이 될 수 없다고 판시하여 부정설의 입장이다. 다만, 운수업체의 배차문제를 노동조합과 합의하도록 한 것에 대하여 사용자의 경영권을 근본적으로 제한하는 것이 아니어서 단체교섭의 대상에서 제외되지 않는다고 판시한 바 있다.

> **📖 참조판례** 대법원 2014.3.27. 선고 2011두20406 판결
>
> 정리해고나 사업조직의 통폐합 등 기업의 구조조정의 실시 여부는 경영주체에 의한 고도의 경영상 결단에 속하는 사항으로서 원칙적으로 단체교섭의 대상이 될 수 없으나, 사용자의 경영권에 속하는 사항이라 하더라도 노사는 임의로 단체교섭을 진행하여 단체협약을 체결할 수 있고, 그 내용이 강행법규나 사회질서에 위배되지 않는 이상 단체협약으로서의 효력이 인정된다.

> **📖 참조판례** 대법원 1994.8.26. 선고 93누8993 판결
>
> 단체협약중 조합원의 차량별 고정승무발령, 배차시간, 대기기사 배차순서 및 일당기사 배차에 관한 노동조합과 사전합의를 하도록 한 조항은 그 내용이 한편으로는 사용자의 경영권에 속하는 사항이지만 다른 한편으로는 근로자들의 근로조건과도 밀접한 관련이 있는 부분으로서 사용자의 경영권을 근본적으로 제약하는 것은 아니라고 보여지므로 단체협약의 대상이 될 수 있고 그 내용 역시 헌법이나 노동조합법 기타 노동관계 법규에 어긋나지 아니하므로 정당하다.

(4) 검토

사용자의 경영사항에 속하는 것이라고 하더라도 근로조건에 영향을 미치는 한 이를 사용자의 고유영역으로 해석하기는 곤란하고 근로3권의 보호취지상 단체교섭의 대상으로 인정하여야 할 것이다.

4. 인사에 관한 사항

(1) 문제의 소재

근로자의 배치, 전직, 전적, 휴직, 포상, 징계, 해고 등 근로자의 인사에 관한 사항이 단체교섭의 대상인지, 특히 해고나 징계의 절차에 관하여 노동조합과 합의하여야 한다든가 노사동수로 구성되는 위원회의 의결을 거쳐서 행한다는 조항을 단체협약의 내용으로 채택하는 것이 단체교섭의 대상에 해당하는지 여부가 문제된다.

(2) 학설

인사사항을 경영사항과 구분하지 않고 단체교섭의 대상이 될 수 있는지에 대해 부정설, 제한적 긍정설, 경영권제한설 등 학설이 대립하고 있으나, 배치전환, 해고, 징계 등 인사사항은 경영사항과 달리, 그 자체가 근로조건에 속하고 따라서 당연히 단체교섭의 대상으로 된다는 견해(긍정설)가 타당하다고 본다.

Ⅳ. 권리분쟁사항

권리분쟁이란 기존의 법령·단체협약·취업규칙 등 규범의 해석·적용·이행에 관한 당사자 간의 분쟁을 말하고, 단체협약의 체결·갱신을 둘러싸고 발생하는 이익분쟁과 구별된다.

권리분쟁사항은 민사소송이나 노동위원회를 통하여 해결할 성질이라는 이유에서 단체교섭의 대상이 될 수 없다는 견해와 민사소송 등 다른 구제절차가 있다 하여 당사자 간에 자율적인 해결이 금지되는 것은 아니라는 이유에서 권리분쟁사항도 단체교섭의 대상이 된다고 보는 견해가 대립되어 왔다.

권리분쟁사항은 원칙적으로 협상에 의하여 양보할 성질이 아니므로, 단체교섭의 대상에 포함되지 않으며 임의적 교섭사항이 될 뿐이라고 보아야 한다.

Ⅴ. 단체교섭대상과 다른 사항과의 관계

1. 단체교섭대상과 쟁의행위의 목적과의 관계

단체교섭대상에 해당하는 사항에 대하여는 쟁의행위의 목적이 될 수 있고, 단체교섭의 대상이 되지 아니하는 사항에 대해서는 쟁의행위를 하지 못한다.

2. 단체교섭대상과 조정대상

단체교섭이 결렬되어 노동쟁의가 발생한 경우, 이 분쟁을 해결하기 위하여 노동쟁의 조정에 들어가게 된다. 이 경우에도 단체교섭의 대상만이 될 수 있다.

3. 단체교섭대상과 부당노동행위

사용자가 단체교섭의 대상을 정당한 이유 없이 단체교섭 거부나 해태를 할 경우 부당노동행위가 성립하나 그 외의 교섭대상에 대한 교섭거부나 해태는 부당노동행위가 성립하지 않는다.

4. 단체교섭대상과 노사협의대상

원칙적으로 단체교섭대상은 노사 이해대립사항을, 노사협의대상은 노사의 공통된 이해사항이라 구분하나, 최근의 노사관계 추이가 참여와 협력으로 진전됨에 따라 그 구별의 한계가 없어지는 추세이고 노사협의의 범위가 더 크다.

제4절 단체교섭의 방법 및 절차

I. 서

단체교섭은 노사자치주의에 따라 그 방법과 절차에 대해서 당사자 간의 자율적 합의로 정해지게 된다. 이러한 방법과 절차는 교섭주체 간의 실질적 대등성을 확보하고 신의칙에 위반이 없어야 한다.

II. 교섭창구단일화제도

1. 의의

하나의 사업 또는 사업장에 조직형태에 관계없이 근로자가 설립하거나 가입한 노동조합이 2개 이상이면 노동조합은 교섭대표노동조합을 정하여 교섭을 요구하여야 하며(노동조합법 제29조의2 제1항), 이를 교섭창구단일화제도라 한다. 교섭창구단일화제도의 취지는 복수노조가 독자적으로 단체교섭권을 행사함에 따라 발생할 수 있는 반목과 갈등, 교섭비용증가 등의 문제를 효과적으로 해결함으로써 효율적이고 안정적인 교섭체계를 구축하고자 함이다.

> **📖 참조판례 헌법재판소 2012.4.24. 2011헌마338**
>
> [1] 교섭창구단일화제도는 근로조건의 결정권이 있는 사업 또는 사업장 단위에서 복수 노동조합과 사용자 사이의 교섭절차를 일원화하여 효율적이고 안정적인 교섭체계를 구축하고, 소속 노동조합이 어디든 관계없이 조합원들의 근로조건을 통일하고자 하는 데 그 목적이 있는바, 그 목적의 정당성은 인정되고, 교섭창구를 단일화하여 교섭에 임하는 경우 효율적으로 교섭을 할 수 있으며, 통일된 근로조건을 형성할 수 있다는 점에서 수단의 적절성도 인정된다.
>
> [2] 교섭창구단일화제도는 근로조건의 결정권이 있는 사업 또는 사업장 단위에서 복수 노동조합과 사용자 사이의 교섭절차를 일원화하여 효율적이고 안정적인 교섭체계를 구축하고 소속 노동조합과 관계없이 조합원들의 근로조건을 통일하기 위한 것으로, 교섭대표노동조합이 되지 못한 소수 노동조합의 단체교섭권을 제한하고 있지만, 소수 노동조합도 교섭대표노동조합을 정하는 절차에 참여하게 하여 교섭대표노동조합이 사용자와 대등한 입장에 설 수 있는 기반이 되도록 하고 있으며, 그러한 실질적 대등성의 토대 위에서 이뤄낸 결과를 함께 향유하는 주체가 될 수 있도록 하고 있으므로 노사대등의 원리 하에 적정한 근로조건의 구현이라는 단체교섭권의 실질적인 보장을 위한 불가피한 제도라고 볼 수 있다.
>
> [3] 교섭창구단일화를 이루어 교섭에 임하게 되면 효율적이고 안정적인 교섭체계를 구축할 수 있게 됨은 물론, 교섭대표노동조합이 획득한 협상의 결과를 동일하게 누릴 수 있어 소속 노동조합에 관계없이 조합원들의 근로조건을 통일할 수 있게 됨으로써 얻게 되는 공익은 큰 반면, 이로 인해 발생하는 소수 노동조합의 단체교섭권 제한은 교섭대표 노동조합이 그 지위를 유지하는 기간 동안에 한정되는 잠정적인 것으로, 조합원을 다수 확보하는 경우 차기 교섭대표노동조합이 되어 직접 교섭 당사자가 될 수도 있다는 점에서 그 침해되는 이익은 그렇게 크다고 할 수 없다.

2. 교섭창구단일화제도의 적용

(1) 교섭단위

교섭단위란 교섭대표노동조합을 결정하고 교섭대표노동조합을 통해 단체교섭을 해야하는 단위를 말한다. 교섭단위는 사업 또는 사업장이다.

(2) 교섭창구단일화 대상 노동조합

1) 법내노동조합

교섭창구단일화의 대상이 되는 노동조합은 행정관청으로부터 설립신고증을 교부받은 노동조합법상 모든 노동조합으로서 해당 사업 또는 사업장의 근로자가 가입되어 있어야 한다.

2) 명백한 단일노동조합

하나의 사업 또는 사업장에 하나의 노동조합만 존재하는 경우에도 교섭창구단일화절차를 거쳐야 하는지 문제된다. 단일노조가 존재함이 명백하면 교섭창구단일화절차를 거칠 필요없이 교섭을 진행하는 것이 가능하다고 보는 교섭창구단일화절차불필요설과 교섭창구단일화절차규정이 복수노조뿐 아니라 단일노조에도 적용되며, 단일노조가 존재하는 경우에도 교섭창구단일화절차가 필요하다는 교섭창구단일화절차필요설이 있다. 교섭창구단일화절차는 근로자가 설립하거나 가입한 노동조합이 2개 이상인 경우을 전제하므로 교섭창구단일화절차불필요설이 타당하다.

대법원은 교섭창구단일화절차는 복수노조를 전제로 하므로 사업 또는 사업장에 유일하게 존재하는 노동조합은 형식적으로 교섭창구단일화절차를 거쳤더라도 교섭대표노동조합의 지위를 취득할 수 없다고 한다.

> **📖 참조판례 대법원 2017.10.31. 선고 2016두36956 판결**
>
> 교섭창구 단일화 제도의 취지 내지 목적, 교섭창구 단일화 제도의 체계 내지 관련 규정의 내용, 교섭대표노동조합의 개념 등을 종합하여 보면, 하나의 사업 또는 사업장 단위에서 유일하게 존재하는 노동조합은, 설령 노동조합법 및 그 시행령이 정한 절차를 형식적으로 거쳤다고 하더라도, 교섭대표노동조합의 지위를 취득할 수 없다고 해석함이 타당하다.

3) 법외조합

법외조합이 교섭창구단일화절차에 참여할 수 있는지에 대해 견해가 대립한다. 법외조합은 노동조합법의 보호를 받지 못하므로 단일화절차참여권을 갖지 못하며, 사용자도 임의로 이를 인정할 수 없다는 부정설과, 헌법상 기본권인 단체교섭권을 행사할 수 있는 법외조합은 교섭창구단일화절차에 참여할 수 있다는 긍정설이 대립한다. 노동조합법은 법내노조을 그 규율대상으로 하는 것이므로 법외조합은 그 대상이 될 수 없다고 보는 것이 타당하다.

3. 교섭창구단일화 절차

(1) 참여노동조합의 결정

1) 최초교섭요구

노동조합은 해당 사업 또는 사업장에 1개의 단체협약이 있으면 그 유효기간만료일 이전 3개월이 되는 날부터, 2개 이상의 단체협약이 있으면 먼저 도래하는 단체협약의 유효기간만료일 이전 3개월이 되는 날부터 노동조합명칭, 조합원수 등 고용노동부령으로 정하는 사항을 적은 서면으로 사용자에게 교섭을 요구할 수 있다. 어느 한 노동조합이 사용자에게 교섭을 요구하면 교섭창구단일화 절차가 개시된다.

2) 교섭요구공고

① 공고의 방법과 내용

최초교섭요구를 받은 사용자는 그 요구를 받은 날부터 7일간 그 교섭을 요구한 노동조합의 명칭 등 고용노동부령으로 정하는 사항을 해당 사업 또는 사업장의 게시판 등에 공고하여 다른 노동조합과 근로자가 알 수 있도록 해야 한다. 공고기간인 7일은 초일이 산입되지 않으나 공고 이후의 휴무일 또는 휴일은 산입된다.

> **참조판례** 대법원 2024.3.28. 선고 2023두49387 판결
>
> [1] 복수 노동조합이 존재할 때만 사용자에게 교섭요구 사실을 공고할 의무가 인정된다고 보는 것은 타당하지 않고, 하나의 사업장 내 하나의 노동조합만 존재하는 경우에도 교섭요구 사실의 공고에 관한 규정이 적용된다.
> [2] 교섭요구 사실의 공고 절차를 생략한 채 교섭요구 노동조합 확정 공고를 명할 수 없으므로, 교섭요구 사실 공고 및 교섭요구 노동조합 확정 공고에 관한 법령상 절차를 위반하는 내용의 시정명령을 하는 것은 노동위원회의 재량 범위를 벗어나는 것으로서 허용될 수 없다.

② 교섭요구공고에 대한 시정

사용자가 교섭요구사실을 공고하지 않거나 사실과 다르게 공고하면 노동조합은 고용노동부령에 따라 노동위원회에 시정을 요청할 수 있으며, 노동위원회는 그 요청을 받은 날부터 10일 이내에 시정요구에 대한 결정을 해야 한다. 노동조합이 사용자에 대해 공고와 관련된 이의를 제기하고 사용자가 이를 수용하여 수정공고를 하는 것도 가능하다.
노동위원회의 교섭요구공고결정에 대한 불복절차·효력은 중재재정의 확정·효력에 관한 규정을 준용한다.

3) 교섭참여요구

사용자에게 교섭을 요구한 노동조합이 있으며, 교섭에 참여하려는 다른 노동조합은 교섭요구공고기간 내에 고용노동부령으로 정하는 사항을 적은 서면으로 사용자에게 교섭참여를 요구해야 한다.

4) 참여확정노동조합의 결정

① 공고 및 통지

사용자는 교섭요구 공고기간이 끝난 다음날에 교섭요구노조를 확정하여 통지하고, 교섭요구노동조합의 명칭, 교섭요구일 현재 종사근로자인 조합원수 등 고용노동부령으로 정하는 사항을 5일간 공고해야 한다.

② 이의제기

교섭요구노조는 자신이 제출한 내용과 다르게 공고되거나 공고되지 않은 것으로 판단되면 교섭요구노조 공고기간 중에 사용자에게 이의를 신청할 수 있다. 사용자는 이의신청내용이 타당하다고 인정되면 신청대로 교섭요구노조를 공고한 기간이 끝난 날부터 5일간 공고하고 그 이의를 제기한 노동조합에 통지해야 한다. 수정공고에 대해 다른 노동조합이 이의를 제기하지 않으면 참여노조는 확정된다.

③ 노동위원회의 시정 및 불복

사용자가 노동조합의 이의신청에 대해 수정공고를 하지 않은 경우에는 교섭요구공고기간이 끝난 다음날부터, 사용자가 해당 노동조합이 신청한 내용과 다르게 수정공고를 한 경우에는 그 공고기간이 끝난 날부터 각각 5일 이내에 해당 노동조합은 고용노동부령으로 정하는 바에 따라 노동위원회에 시정을 요청할 수 있다. 노동조합으로부터 참여확정노조 시정요청을 받은 노동위원회는 요청을 받은 날부터 10일 이내에 노동조합이 제출한 자료와 사실관계를 조사·확인하여 그에 대한 결정을 해야 한다. 노동위원회의 결정에 따라 참여노동조합이 확정된다.

노동위원회의 교섭요구노조 결정, 즉 참여확정노조에 대한 불복절차·효력은 중재재정의 확정·효력에 관한 규정을 준용한다.

④ 확정

참여확정노조는 교섭요구공고에 대한 그 공고기간 중에 이의가 없을 때에는 공고된 노동조합, 노동조합의 이의제기에 의한 사용자의 수정공고에 대해 5일간 이의가 없을 때에는 그 공고된 노동조합, 노동조합의 시정요청에 의해 노동위원회가 결정한 노동조합이다.

참여확정노조만 교섭대표노동조합 결정절차에 참여할 수 있고, 교섭대표노조의 공정대표의무위반에 대해 시정신청을 할 수 있으며, 교섭대표노조가 사용자와 교섭하여 체결한 단체협약은 교섭창구단일화절차에 참여한 노동조합에 적용된다. 쟁의행위를 하기 위해서는 전체참여확정노조의 종사조합원의 과반수찬성이 있어야 한다.

(2) 교섭대표노동조합의 결정

1) 자율적 교섭대표노동조합

자율적으로 교섭대표노조를 정하려는 경우 참여확정노조가 확정 또는 결정된 날부터 14일이 되는 날까지 그 교섭대표노조의 대표자, 교섭위원 등을 연명으로 서명 또는 날인하여 사용자에게 통지해야 한다.

자율적 단일화방법에 대해서는 특별한 절차나 제한이 없고 참여확정노조들이 자유로운 의사로 정할 수 있다. 노동조합들이 자율적으로 교섭대표노조를 결정하는 방식 외에 교섭대표기구를 구성하는 방식도 허용된다.

사용자에게 자율적 교섭대표노조의 통지가 있은 후에는 참여확정노조의 일부가 후속절차에 참여하지 않더라도 교섭대표노조지위는 유지된다.

2) 과반수 교섭대표노동조합

① 과반수노동조합의 통지

자율적 교섭대표노조가 결정되지 못한 경우 참여확정노조들의 종사근로자인 전체 조합원 과반수로 조직된 노동조합은 자율적 교섭대표노조 결정기한이 만료된 날부터 5일 이내에 사용자에게 노동조합명칭, 대표자 및 과반수노조라는 사실 등을 통지해야 한다.

과반수여부는 참여확정노조로서 교섭창구단일화절차에 참여한 모든 노동조합의 종사조합원을 대상으로 판단한다. 2개 이상의 노동조합이 위임 또는 연합 등의 방법으로 교섭창구단일화절차에 참여하는 전체노동조합에 소속된 종사조합원의 과반수가 되는 경우를 포함한다.

② 과반수노동조합의 공고 및 확정

사용자가 과반수노조임을 통지받은 때에는 그 통지를 받은 날부터 5일간 그 내용을 공고하여 다른 노동조합과 근로자가 알 수 있도록 해야 한다. 공고기간 중에 공기내용에 대해 이의제기가 없으면 그 과반수노조가 교섭대표노조로 확정된다.

③ 이의제기 및 노동위원회의 결정

사용자가 과반수노조를 공고하지 않는 경우 또는 공고된 과반수노조에 대한 이의가 있는 경우에 이의를 제기하려는 노동조합은 공고기간 내에 고용노동부령에 따라 노동위원회에 이의신청을 해야 한다. 노동위원회는 이의신청을 받은 때에는 교섭창구단일화절차에 참여한 모든 노동조합과 사용자에게 통지하고, 조합원 명부(종사근로자인 조합원의 서명 또는 날인이 있는 것으로 한정한다) 등 고용노동부령으로 정하는 서류를 제출하게 하거나 출석하게 하는 등의 방법으로 종사근로자인 조합원 수에 대하여 조사 · 확인해야 한다.

노동위원회는 조사 · 확인한 결과 과반수노동조합이 있다고 인정하는 경우에는 그 이의신청을 받은 날부터 10일 이내에 그 과반수노동조합을 교섭대표노동조합으로 결정하여 교섭창구단일화절차에 참여한 모든 노동조합과 사용자에게 통지해야 한다.

노동위원회의 과반수노조결정에 대한 불복절차 · 효력은 중재재정의 확정 · 효력에 관한 규정을 준용한다.

3) 공동교섭대표단

① 자율구성

자율적 교섭대표노조나 과반수교섭대표노조를 결정하지 못한 경우에는 교섭창구 단일화 절차에 참여한 모든 노동조합은 공동교섭대표단을 구성하여 사용자와 교섭하여야 한다. 공동교섭대표단에 참여할 수 있는 노동조합은 그 조합원 수가 교섭창구 단일화 절차에 참여한 노동조합의 전체 조합원의 10% 이상인 노동조합으로 제한된다. 자율적 공동교섭대표단의 결정방식에는 제한이 없으며 노동조합들의 합치된 의사가 반영되면 된다.

② 노동위원회 결정

자율적 공동교섭대표단의 구성에 합의하지 못하면 노동위원회는 해당 노동조합의 신청에 따라 종사조합원의 비율을 고려하여 이를 결정할 수 있다. 노동위원회는 공동교섭대표단 구성에 관한 결정신청을 받으면 그 신청을 받은 날부터 10일 이내에 각 노동조합의 종사조합원 비율을 고려하여 10명 이내에서 노동조합별 공동교섭대표단에 참여하는 인원수를 결정하여 그 노동조합과 사용자에게 통지해야 한다.

4. 복수의 교섭

(1) 개별교섭

사용자가 자율적 교섭대표노조를 결정하는 기한, 즉 참여확정노조가 결정된 날로부터 14일 이내에 교섭창구단일화절차를 거치지 않기로 동의하면 노동조합은 교섭창구단일화절차를 거치지 않더라도 교섭을 요구할 수 있다.

개별교섭동의가 있는 경우 사용자는 교섭을 요구한 모든 노동조합과 성실히 교섭해야 하고 차별적으로 대우해서는 안 된다.

(2) 교섭단위 분리 · 통합

1) 의의

하나의 사업 또는 사업장에서 현격한 근로조건의 차이, 고용형태, 교섭 관행 등을 고려하여 교섭단위를 분리하거나 분리된 교섭단위를 통합할 필요가 있다고 인정되는 경우에 노동위원회는 노동관계 당사자의 양쪽 또는 어느 한쪽의 신청을 받아 교섭단위를 분리하거나 분리된 교섭단위를 통합하는 결정을 할 수 있다(노동조합법 제29조의3 제2항).

2) 판단기준

교섭단위를 분리할 필요가 있다고 인정되는 경우란 교섭대표노조를 통해 교섭창구를 단일화해도 근로조건을 통일적으로 형성하기 위해 안정된 교섭체계를 구축하려는 교섭창구단일화제도의 취지에 부합하지 않는 결과가 발생할 수 있는 예외적인 경우를 의미한다. 교섭단위분리를 인정할 수 있는 예외적인 경우에 대해서는 분리를 주장하는 측이 구체적 사정을 주장 · 증명해야 한다.

> **참조판례** 대법원 2022.12.15. 선고 2022두53716 판결
>
> 구 노동조합 및 노동관계조정법(2021.1.5. 법률 제17864호로 개정되기 전의 것, 이하 '구 노동조합법'이라 한다) 제29조의2, 제29조의3 제1항 · 제2항, 제29조의4 제1항의 내용과 형식 · 체계, 하나의 사업 또는 사업장에서 복수의 노동조합 설립 · 활동을 보장하면서도 교섭창구 단일화를 원칙으로 함으로써 독자적인 단체교섭권을 행사할 경우 발생할 수 있는 노동조합 간 혹은 노동조합과 사용자 간의 반목 · 갈등, 단체교섭의 효율성 저하 및 비용 증가 등의 문제점을 효과적으로 해결하여 효율적 · 안정적인 단체교섭 체계를 구축하고자 하는 단체교섭 절차 일원화의 취지, 교섭창구 단일화의 실시와 아울러 그로 인하여 헌법상 단체교섭권의 본질적 내용이 침해되지 않도록 교섭대표노동조합에 대하여 공정대표의무를 부과한 점 등의 사정에다가 예외적으로만 교섭단위의 분리를 인정한 입법 취지 등을 고려하면, 구 노동조합법 제29조의3 제2항에서 정한 '교섭단위를 분리할 필요가 있다고 인정되는 경우'란 하나의 사업 또는 사업장에서 별도로 분리된 교섭단위에 의하여 단체교섭을 진행하는 것을 정당화할 만한 현격한 근로조건의 차이, 고용형태, 교섭 관행 등의 사정이 있음은 물론 이로 인하여 교섭대표노동조합을 통하여 교섭창구를 단일화하더라도 근로조건의 통일적 형성을 통한 안정적인 교섭체계를 구축하려는 교섭창구 단일화 제도의 취지에 부합하지 않는 결과가 발생할 수 있는 예외적인 경우를 의미한다. 이처럼 교섭단위의 분리를 인정할 수 있는 예외적인 경우에 대해서는 분리를 주장하는 측이 그에 관한 구체적 사정을 주장 · 증명하여야 한다.

교섭단위분리 · 통합은 현격한 근로조건차이, 고용형태, 교섭관행 등을 고려하여 그 필요성이 있는지를 판단요소로 하여 심사한다.

3) 당사자의 신청

교섭단위분리 · 통합의 신청권자는 노동조합 또는 사용자이다. 노동조합은 전체 노동조합을 의미한다.

4) 신청기한

노동조합 또는 사용자는 사용자가 교섭요구사실을 공고하기 전이나 사용자가 교섭요구사실을 공고한 경우에는 교섭대표노조가 결정된 날 이후에 노동위원회에 교섭단위분리 · 통합의 결정을 신청할 수 있다.

5) 노동위원회의 결정

노동위원회는 신청을 받으면 해당 사업 또는 사업장의 모든 노동조합과 사용자에게 그 내용을 통지해야 하며, 그 노동조합과 사용자는 노동위원회에 지정하는 기간까지 의견을 제출할 수 있다. 노동위원회는 교섭단위분리 · 통합결정의 신청을 받은 날부터 30일 이내에 그 결정을 하고 해당 사업 또는 사업장의 모든 노동조합과 사용자에게 통지해야 한다.

6) 교섭창구단일화절차 정지

교섭단위분리 · 통합결정신청에 대한 노동위원회의 결정이 있기 전에 노동조합으로부터 교섭요구가 있는 때에는 그 결정이 있을 때가지 교섭요구사실공고 등 교섭창구단일화절차의 진행이 정지된다.

5. 교섭대표노조의 지위

(1) 교섭대표노조의 권한 및 의무

교섭대표노조는 단체교섭을 하여 단체협약을 체결하고, 교섭창구단일화와 관련된 권한과 의무의 주체가 된다.

(2) 지위유지

1) 일반적 지위유지기간

자율적 교섭대표노조 · 과반수교섭대표노조 · 공동교섭대표단 등 결정된 교섭대표노조는 그러한 결정이 있은 후에 사용자와 체결한 첫 번째 단체협약의 효력이 발생한 날을 기준으로 하여 2년이 되는 날까지 교섭대표노조의 지위를 유지한다.

2) 새 교섭대표노조 결정

기존교섭대표노조는 새 교섭대표노조가 결정될 때까지만 지위를 유지한다. 교섭대표노조의 유지기간이 만료되었음에도 불구하고 새 교섭대표노조가 결정되지 못할 경우 기존교섭대표노조는 새 교섭대표노조가 결정될 때가지 기존단체협약의 이행에 관련해서 교섭대표노조의 지위를 유지한다.

(3) 지위상실

교섭대표노조가 결정된 날 또는 개별교섭에 대해 사용자의 동의가 있었던 날부터 1년 동안 단체협약을 체결하지 못하면 어느 노동조합이든지 사용자에게 교섭을 요구할 수 있다(노동조합법 시행령 제14조의10 제3항). 1년의 기간 동안 단체협약을 체결하지 못한 것은 교섭대표권의 해태 · 남용으로 볼 수 있기 때문이다.

사업 또는 사업장에 유효한 단체협약이 없게 되면 교섭대표노조는 그 지위를 상실한다.

6. 공정대표의무

(1) 의의

교섭창구 단일화 제도하에서 교섭대표노동조합이 되지 못한 노동조합은 독자적으로 단체교섭권을 행사할 수 없으므로, 노동조합법은 교섭대표노동조합이 되지 못한 노동조합을 보호하기 위해 사용자와 교섭대표노동조합에 교섭창구 단일화 절차에 참여한 노동조합 또는 그 조합원을 합리적 이유 없이 차별하지 못하도록 공정대표의무를 부과하고 있다(노동조합법 제29조의4 제1항). 공정대표의무는 헌법이 보장하는 단체교섭권의 본질적 내용이 침해되지 않도록 하기 위한 제도적 장치로 기능하고, 교섭대표노동조합과 사용자가 체결한 단체협약의 효력이 교섭창구 단일화 절차에 참여한 다른 노동조합에도 미치는 것을 정당화하는 근거가 된다.

(2) 공정대표의무의 주체와 객체

공정대표의무는 교섭대표노조 및 사용자에게 부여된 의무이다. 공정대표의무제도에 있어 차별을 받는 대상은 참여확정노조 또는 그 조합원이다.

(3) 공정대표의무의 내용

1) 포함범위

공정대표의무는 소수노조가 근로조건결정에 참여하는 절차적 보장과 결정된 근로조건의 내용과 이를 소수노조에 적용하는 실체적 보장에 목두 적용된다.

2) 단체교섭

교섭대표노조는 단체교섭과정에서 소수노조를 동등하게 취급해야 하고 정보제공·의견수렴 등의 조치를 해야 한다. 미흡한 정보제공·의견수렴이 교섭대표노조의 재량권범위를 일탈하여 소수노조를 합리적인 이유가 없이 차별했다고 평가되면 공정대표의무위반이 된다.

> 📖 **참조판례** 대법원 2020.10.29. 선고 2019다262582 판결
>
> 교섭대표노동조합은 단체교섭 과정에서 절차적 공정대표의무를 적정하게 이행하기 위하여 소수노동조합을 동등하게 취급함으로써 단체교섭 및 단체협약 체결과 관련하여 필요한 정보를 적절히 제공하고 의견을 수렴할 의무 등을 부담한다. 다만, 단체교섭 과정의 동적인 성격, 노동조합법에 따라 인정되는 대표권에 기초하여 교섭대표노동조합 대표자가 단체교섭 과정에서 보유하는 일정한 재량권 등을 고려할 때 교섭대표노동조합의 소수노동조합에 대한 이러한 정보제공 및 의견수렴의무는 일정한 한계가 있을 수밖에 없다. 이러한 사정을 아울러 고려하면, 교섭대표노동조합이 단체교섭 과정의 모든 단계에서 소수노동조합에 대하여 일체의 정보제공 및 의견수렴 절차를 거치지 아니하였다고 하여 절차적 공정대표의무를 위반하였다고 단정할 것은 아니고, 단체교섭의 전 과정을 전체적·종합적으로 살필 때 소수노동조합에 기본적이고 중요한 사항에 대한 정보제공 및 의견수렴 절차를 충분히 거치지 않았다고 인정되는 경우와 같이 교섭대표노동조합이 가지는 재량권의 범위를 일탈하여 소수노동조합을 합리적 이유 없이 차별하였다고 평가할 수 있는 때에 절차적 공정대표의무 위반을 인정할 수 있다.

3) 단체협약

단체협약의 내용을 적용함에 있어 차등이 있으면 공정대표의무위반이 될 수 있다. 교섭대표노조와 사용자가 단체협약이 아닌 다른 형식으로 근로조건을 결정할 수 있도록 포괄적으로 위임한 단체협약은 공정대표의무에 반한다.

대법원 2019.10.31. 선고 2017두37772 판결

사용자가 교섭대표노동조합과 체결한 단체협약에서 교섭대표노동조합이 되지 못한 노동조합 소속 조합원들을 포함한 사업장 내 근로자의 근로조건에 관하여 단체협약 자체에서는 아무런 정함이 없이 추후 교섭대표노동조합과 사용자가 합의·협의하거나 심의하여 결정하도록 정한 경우, 그 문언적 의미와 단체협약에 대한 법령 규정의 내용, 취지 등에 비추어 위 합의·협의 또는 심의결정이 단체협약의 구체적인 이행에 해당한다고 볼 수 없고 보충협약에 해당한다고 볼 수도 없는 때에는, 이는 단체협약 규정에 의하여 단체협약이 아닌 다른 형식으로 근로조건을 결정할 수 있도록 포괄적으로 위임된 것이라고 봄이 타당하다. 따라서 위 합의·협의 또는 심의결정은 교섭대표노동조합의 대표권 범위에 속한다고 볼 수 없다. 그럼에도 사용자와 교섭대표노동조합이 단체협약 규정에 의하여, 교섭대표노동조합만이 사용자와 교섭대표노동조합이 되지 못한 노동조합 소속 조합원들의 근로조건과 관련이 있는 사항에 관하여 위와 같이 합의·협의 또는 심의결정할 수 있도록 규정하고, 교섭대표노동조합이 되지 못한 노동조합을 위 합의·협의 또는 심의결정에서 배제하도록 하는 것은, 교섭대표노동조합이 되지 못한 노동조합이나 그 조합원을 합리적 이유 없이 차별하는 것으로서 공정대표의무에 반한다.

(4) 공정대표의무의 판단

공정대표의무는 교섭대표노조로 결정된 때부터 발생한다. 교섭대표노조나 사용자는 적극적인 주장·증명을 통해 차별에 합리적인 이유가 있음을 입증해야 한다.

대법원 2019.10.31. 선고 2017두37772 판결

교섭대표노동조합이나 사용자가 교섭창구 단일화 절차에 참여한 다른 노동조합 또는 그 조합원을 차별한 것으로 인정되는 경우, 그와 같은 차별에 합리적인 이유가 있다는 점은 교섭대표노동조합이나 사용자에게 주장·증명책임이 있다.

(5) 공정대표의무 위반의 시정

1) 법적 근거

교섭대표노조와 사용자가 불합리한 차별을 한 경우 노동조합은 행위가 있은 날부터 3개월 이내에 대통령령으로 정한 방법과 절차에 따라 노동위원회에 공정대표의무위반에 대한 시정을 요청할 수 있다(노동조합법 제39조의4 제2항).

2) 시정신청의 주체 및 객체

공정대표의무의 차별금지 객체는 교섭창구단일화의 절차에 참여한 노동조합이므로 시정신청의 주체는 참여확정노조이다. 조합원은 차별의 객체이나 차별시정주체로 인정되지 않으므로 소속된 노동조합을 통해 시정신청을 해야 한다.
시정신청의 객체는 교섭대표노조 및 사용자이다.

3) 시정신청의 시기

노동조합은 차별행위가 있은 날부터 3개월 이내에 차별시정신청을 할 수 있다.

4) 노동위원회의 심사와 시정명령

노동위원회는 노동조합으로부터 공정대표의무위반의 시정신청을 받은 때에는 지체 없이 필요한 조사와 관계당사자에 대한 심문을 해야 한다. 노동위원회는 합리적인 이유가 없이 차별하였다고 인정한 때에는 그 시정에 필요한 명령을 해야 하고, 위반하지 않는다고 인정되면 기각결정을 해야 한다. 시정명령은 불합리한 차별의 시정에 필요한 내용을 포함해야 한다.

차별에 관한 노동위원회의 시정명령 또는 결정에 대한 불복절차 등에 관하여는 노동조합법의 부당 노동행위구제명령의 확정과 부당노동행위구제명령 등의 효력에 관한 규정을 준용한다.

(6) 공정대표의무위반의 단체협약

공정대표의무는 교섭대표노조와 사용자가 부담하는 공법상 의무이므로 선량한 풍속 기타 사회질서에 반하지 않는 한 사법상 효력이 부인되지 않는다.

(7) 민사책임

교섭대표노조가 공정대표의무에 위반하여 합리적인 이유 없이 소수노조를 차별한 행위는 소수노조의 권리를 침해하는 불법행위에 해당하고, 이로 인해 소수노조의 재산손해가 인정되지 않더라도 특별한 사정이 없는 한 위자료배상책임을 진다.

> **참조판례** 대법원 2020.10.29. 선고 2019다262582 판결
>
> 단체교섭의 전 과정을 전체적·종합적으로 살펴볼 때 교섭대표노동조합이 가지는 재량권의 범위를 일탈하여 乙 노동 조합을 합리적 이유 없이 차별함으로써 절차적 공정대표의무를 위반한 것이며, 그 위반에 대한 甲 노동조합의 고의 또는 과실도 인정되고, 나아가 甲 노동조합의 위와 같은 절차적 차별에 의한 공정대표의무 위반행위는 乙 노동조합에 대한 불법행위가 되므로, 甲 노동조합으로서는 이로 인한 위자료 배상책임을 부담한다.

Ⅲ. 단체교섭의 방법

1. 성실교섭의무

(1) 의의

노동조합법 제30조는 "노동조합과 사용자 또는 사용자단체가 단체교섭에 있어서 신의에 따라 성실히 교섭하고 단체협약을 체결하고 그 권한을 남용하여서는 아니 되며, 노동조합과 사용자 또는 사용자단 체는 정당한 이유 없이 교섭 또는 단체협약의 체결을 거부하거나 해태하여서는 아니 된다."라고 하여 성실교섭의무를 규정하고 있다.

동 규정은 헌법 제33조 제1항에 따른 단체교섭권은 사용자와의 실질적인 대등성을 확보하고 노사자치 주의를 실현하기 위한 것으로, 이를 구체적으로 실현하기 위하여 사용자와 노동조합 사이에 단체교섭 의 원칙을 정하고 있는 것이다.

(2) 성실교섭의무의 주체

1) 사용자 또는 사용자단체와 노동조합

사용자(사용자단체)와 노동조합은 단체교섭에 있어 성실교섭의무의 주체이다. 사용자가 이를 위반 한 경우는 부당노동행위에 의해 규제되지만, 노동조합은 사용자가 단체교섭거부를 할 수 있는 정 당한 사유가 될 뿐이므로 실질적으로 사용자에게 부과된 의무라 할 것이다.

2) 단체교섭의 담당자 또는 위임을 받은 자

단체교섭의 담당자 또는 위임을 받은 자는 노동조합과 사용자 또는 사용자 단체의 이익을 위해서 성실교섭의무를 지게 되며 자기 개인의 사적인 목적을 위하여 단체교섭을 해서는 아니 된다.

(3) 내용

1) 합의 달성을 위한 노력의 의무

사용자는 단체교섭과정에 있어서 합의 달성을 위해 진지하게 노력해야 할 의무, 즉 사용자는 원칙적으로 교섭의 전 과정에서 합의를 형성하려는 의사인 단체협약 체결의사를 가지고 단체교섭에 임해야 한다. 따라서 단체교섭을 처음부터 거부하는 행위, 주로 서면에 의한 회답만 하는 행위, 조건을 부과하는 행위, 체결권한이 없는 자를 교섭담당자로 하는 행위 등은 성실교섭의무의 위반이라 할 것이다.

반면에 사용자가 성의를 가지고 자신의 제안을 설명하고 있음에도 불구하고 노동조합이 단순히 반대할 뿐, 자신의 주장만을 고집한 결과 교섭이 결렬된 경우에는 성실교섭의무위반이 아니다.

2) 설명의무와 자료제공의무

사용자는 교섭사항과 관련하여 노동조합측에 필요한 설명을 하거나 관련 자료를 제공해야 할 의무를 진다. 사용자는 단체교섭에서 자신의 입장을 양보할 의무는 없지만 필요한 설명이나 관련 자료를 제공함으로써 노동조합을 설득하기 위해 노력하여야 한다.

따라서 기업비밀준수 등을 이유로 한 관련자료의 제공거부행위는 성실교섭의무의 위반이 된다. 다만, 개별근로자의 비밀보호 또는 그 필요성이 있는 경우에 자료제공을 거부하더라도 성실교섭의무의 위반이라고 할 수 없다.

3) 단체협약 체결의무

노사관계당사자는 교섭의 결과 합의가 성립되면 단체협약으로 체결하여야 할 의무를 진다. 따라서 사용자가 교섭과정에서 단체협약의 체결에 의무가 있는 것은 아니지만 합의가 달성된 경우에 그 내용을 단체협약을 체결하지 않은 것은 성실교섭의무의 위반이 된다.

(4) 한계

사용자 또는 사용자단체가 성실교섭의무를 지더라도 교섭거부의 정당한 사유가 존재하면 정당하게 이를 거부할 수 있다. 따라서, 사용자는 교섭권한이 없는 노동조합 또는 그로부터 위임받은 자가 교섭을 요구하는 경우에는 이를 정당하게 거부할 수 있다. 또한 사용자에게 처분할 권한이 없거나 근로조건과 관계없는 사항에 대하여 사용자는 이를 정당하게 거부할 수 있다. 다만, 처분권한의 여부와 근로조건 관련 여부는 반드시 사용자의 실질적인 권한이 있을 필요는 없으며 관련사항에 영향을 줄 수 있는 것이라면 교섭사항이라고 보는 것이 타당하다.

교섭방법 및 절차에 대하여 협약 등에 정함이 있거나 관행이 있는 경우에는 노사당사자는 그에 따라야 한다. 따라서 이를 무시하거나 또는 장기간에 걸친 협의의 결과 더 이상 정상적인 교섭이 기대될 수 없는 경우에는 정당하게 이를 거부할 수 있을 것이다.

(5) 성실교섭의무 위반의 효과

1) 사용자의 성실교섭의무 위반

사용자가 성실교섭의무를 위반하는 경우 '단체교섭을 정당한 이유 없이 거부하거나 해태하고, 협약 체결을 이행하지 않는 행위(노동조합법 제81조 제3호)'로서 부당노동행위가 성립된다. 노동조합의 구제신청에 대하여 노동위원회는 사용자의 단체교섭거부에 대하여 단체교섭에 응하라는 명령을 내릴 수 있다. 단체교섭거부가 교섭사항, 교섭당사자, 교섭시기 등에 관련하여 문제된 경우에는 그 사항을 구체적으로 특정하여 교섭명령을 할 수 있다. 단체교섭명령 이외에도 공고문게시명령도 가능하다. 사법적 구제에는 논란이 있으나 간접강제로서 강제이행 등 단체교섭응낙 가처분신청을 한다든가 또는 확인의 이익이 있는 경우 단체교섭의무 확인청구 또는 불법행위에 의한 손해배상청구 등도 고려할 수 있다.

2) 노동조합의 성질교섭의무위반

노동조합에서 위반할 경우에는 사용자의 교섭거부의 정당성을 판정하는 기준이 된다. 즉, 노동조합이 정당한 사유없이 단체교섭상의 성실교섭위반을 한 경우에는 사용자의 단체교섭거부는 부당노동행위가 성립하지 않는다.

2. 폭력 등의 금지

단체교섭은 노사 간에 합의를 달성하기 위한 과정이므로 원만한 합의를 방해하는 폭력이나 파괴행위는 허용될 수 없다. 폭력이나 파괴행위에 의한 단체교섭에서 폭력이나 파괴행위는 민·형사 면책이 되지 않으며, 사용자는 교섭을 중단할 수 있다. 그러나 상대방의 불공정한 행위 또는 도발적인 태도로 유발된 지나친 항의행동을 이유로 교섭을 중단할 수는 없다.

3. 노동관계의 지원

종전 노동조합법에서는 단체교섭과 관련하여 노동조합과 사용자는 ① 당해 노동조합의 가입한 산업별 연합단체 또는 총 연합단체, ② 당해 사용자가 가입한 사용자단체, ③ 당해 노동조합 또는 사용자가 지원을 받기위하여 행정관청에 신고한 자, ④ 기타 법령에 의하여 정당한 권한을 가진 자에 한해 각종 자문, 협조, 조언등의 조력행위를 구할 수 있도록 규정하였고(제40조), 이들 이외의 제삼자가 단체교섭에 간여하거나 이를조정·선동하는 경우(제40조 제2항)에는 단체교섭을 거부할 수 있도록 해왔다. 그러나 노동조합법이 개정되어 동 규정이 폐지되어 이제는 누구든지 자유로이 노사관계당사자에 대한 지원이 가능해졌다.

Ⅳ. 단체교섭의 절차

1. 교섭기일

교섭기일은 교섭사항 등을 고려하여 노사가 자율적으로 결정한다. 그런데 교섭기일은 교섭사항에 대한 검토와 준비를 위해 합리적인 기간이 필요하므로 노동조합측이 예고 없이 일정한 기일을 정하여 단체교섭을 신청한 경우에는 사용자는 그 교섭사항의 검토를 위해 필요한 기간 동안에는 교섭을 거부할 수 있다. 반면 사용자가 교섭 기일에 정당한 이유 없이 교섭을 거부하거나 교섭의 연기를 주장하는 것은 성실교섭의무 위반이다.

2. 교섭의 시간 및 횟수

교섭의 시간 및 횟수는 원칙적으로 당해 교섭사항의 내용과 교섭관행 등을 검토하여 합리적으로 결정하여야 할 것이다. 다만, 교섭횟수가 지나치게 적거나 교섭에 응한 시간이 짧은 경우 성실교섭의무위반이 성립될 가능성이 높아질 것이다.

3. 교섭장소

교섭장소도 당사자의 합의나 관행으로 결정함의 원칙이다. 다만, 근로자측에 대하여 비용이나 시간의 면에서 가능한 한 과중한 부담을 주지 않아야 할 것이다. 사용자가 노동조합측의 요구를 무시하고 노동조합의 소재지에서 멀리 떨어진 곳에 교섭장소를 설정하는 것은 정당한 이유가 없는 단체교섭거부로 부당노동행위가 될 수 있다. 한편, 단체교섭은 동일한 장소에서 진행될 필요는 없기 때문에 교섭 담당자는 상대방에 대하여 합리적인 장소를 제시하여 교섭장소를 변경할 수 있다.

4. 참가인원

참가인원수는 미리 단체협약에서 명확하게 정하는 것이 바람직하다. 다만, 단체교섭은 노동조합의 대표와 사용자의 교섭이므로 교섭담당자인 노동조합대표 이외에 다수의 근로자가 참가하거나 총회에 사용자를 참석시켜 요구사항의 수락을 강요하는 교섭은 허용되지 않으므로 이 경우 사용자는 그 교섭을 거부할 수 있다.

제4장 단체협약

제1절 단체협약의 의의와 성립

I. 서

1. 단체협약의 의의

단체협약은 노동조합과 사용자 또는 사용자단체 간의 단체교섭의 결과로서 근로조건 기타 근로자 대우에 관한 개별적 근로관계 사항과 집단적 노사관계에 적용할 제반 사항에 대해 합의하여 서면화한 문서를 말한다.

2. 단체협약의 기능

단체협약은 ① 근로조건의 기준을 설정하여 일정기간 이를 보장함으로써 근로조건규제 기능(근로조건향상 기능, 근로조건평준화 기능)을 수행하며, ② 단체협약이 체결된 뒤에는 일정기간 노사관계를 안정시키고 직장 내지 산업평화를 보장함으로써 평화유지 기능(노사관계안정화 기능)을 수행하며, ③ 노동조합과 사용자 사이의 제반관계를 규율함으로써 노사관계질서형성 기능을 수행하고, ④ 노사협의제나 인사협의제 등을 통하여 사용자의 경영권 행사에 대한 노동조합의 관여를 제도화하여 경영규제의 기능(경영민주화 기능)을 가진다.

3. 단체협약의 법적 취급

단체협약을 법적으로 어떻게 취급하는가는 크게 세 가지 유형으로 나누어 볼 수 있다. ① 단체협약을 당사자인 노동조합과 사용자측 사이의 신사협정으로 취급하여 계약으로서의 효력도 인정하지 않는 유형이 있고, ② 단체협약을 당사자인 노동조합과 사용자측 사이의 계약으로 취급하여 당사자의 법률상 이행의무를 인정하되, 노동조합의 조합원과 사용자 사이의 근로계약을 규율하는 효력은 인정하지 않는 유형이 있으며, ③ 단체협약에 대하여 노동조합과 사용자측 사이의 계약으로서의 효력뿐만 아니라 규범적 효력까지 부여하는 유형이 있다. 우리나라는 단체협약에 규범적 효력을 부여하는 명문의 규정을 둠으로써 ③의 유형을 채택하고 있다.

Ⅱ. 단체협약의 법적 성질

1. 문제의 소재

단체협약은 노동조합과 사용자측 사이의 계약인데도 현행법상 사용자와 개별근로자 사이의 근로계약을 규율하는 규범적 효력을 가지는 근거가 무엇인지 문제된다.

2. 학설

(1) 법규범설

단체협약을 법규범의 일종으로 파악하는 견해로서 ① 사회에서의 자주적인 법으로서 관습법으로 취급하는 사회자주법설(자치규범설), ② 현행법 아래에서는 노사가 자주적인 단체협약에 의하여 스스로의 관계를 자주적으로 규제하는 법규범을 설정할 수 있다는 백지관습법설이 있다. 이에 따르면 노동조합법 제33조는 단체협약의 규범적 효력을 특별히 창설한 것이 아니라 단체협약이 법규범으로서 갖는 효력을 확인한 규정이다.

(2) 계약설

단체협약을 일종의 계약이라고 보는 견해로서 ① 단체협약은 노동조합 조합원의 의사를 기초로 한다는 점에서 집단적 계약이되 개별 근로계약에 우선하는 효력이 있다는 점에서 규범계약이라는 집단적 규범계약설, ② 단체협약은 당사자인 노동조합과 사용자측 사이의 계약에 불과하지만 근로자 보호 및 노사관계안정을 위하여 국가법이 특별히 정책적으로 노동조합법 제33조를 통해 규범적 효력을 부여한 것이라는 수권설이 있다.

(3) 검토

법규범설은 노동조합과 사용자 사이의 합의에 의하여 개별 근로자의 근로조건을 자주적으로 규제하는 사회적 기능을 가진다고 하여 노사당사자 사이의 합의를 법규범으로 볼 수는 없고, 단체협약은 당사자에 따라 내용을 달리하여 객관적·보편적 규범이라 할 수 없으며, 근로조건에 관한 단체협약 또는 그 체결을 관습 또는 관습법으로 인정하기 어렵다.

단체협약은 형식적으로는 계약적 성질을 갖고 있지만 단체협약은 노사당사자 간의 단순한 합의에 그치지 않고 노동조합법 제33조에 의하여 노사의 자주적인 법규범으로서 법률과 동일한 효력을 가지게 된다는 수권설이 타당하다.

III. 단체협약의 성립

1. 단체협약의 당사자

(1) 의의

단체협약을 체결할 수 있는 법률상의 능력을 협약능력이라 하고, 이러한 능력을 가진 자가 단체협약의 당사자라고 한다. 단체협약에는 일반계약과는 달리 규범적 효력이 인정되기 때문에 이러한 협약을 체결할 수 있도록 노동법상 특별히 부여된 능력이 협약능력이다. 협약능력을 가진 당사자로서 근로자측에는 노동조합이, 사용자측에는 사용자와 사용자단체가 인정된다는 점에는 이론이 없다(제29조 제1항). 단체협약은 단체교섭 사이의 합의를 문서화한 것이므로 단체협약의 당사자는 원칙적으로 단체교섭의 당사자와 같다.

(2) 근로자측의 당사자

1) 노동조합

노동조합은 가장 전형적인 단체협약의 당사자이다. 노동조합법상 노동조합에 해당하면 그 조직형태나 조합 가입원 수에 관계없이 단체교섭의 당사자라고 할 수 있다. 그러나 단체협약은 집단적 성격을 가지기 때문에 조합원 개인은 단체협약의 당사자가 될 수 없다.

2) 연합단체인 노동조합

노동조합의 상부단체가 단체협약의 당사자가 되기 위하여 단위노동조합에 대하여 통제권이 있으면 된다는 견해와 상부단체도 노동조합법상 노동조합만 당사자가 될 수 있다는 견해가 있는데, 단위노동조합에 대한 통제권이 있고 노동조합법 제2조 제4호 본문의 요건을 갖춘 연합단체인 노동조합은 단체협약의 당사자에 해당한다.

3) 지부, 분회

지부·분회는 독자적인 노동조합으로 볼 수 없어 단체협약의 당사자로 볼 수 없다는 견해도 있으나, 단위노동조합의 지부, 분회도 독자적인 규약과 기관을 가지고 통일적 의사 형성 기능이 있는 경우, 그 조직의 범위 내의 사항에 관해서 단체협약의 당사자가 될 수 있다.

4) 법외조합(헌법상 노동조합)

단체협약의 규범적 효력은 노동조합법에 의해 헌법외적으로 창설된 것이기 때문에 법외조합은 협약 당사자가 될 수 없다는 견해도 있으나, 단체협약의 규범적 효력을 인정한 것은 헌법 제33조 제1항에서 보장한 단체교섭권에서 연유한 것이므로 노동조합의 실질적 요건을 갖춘 경우 협약 당사자가 될 수 있다고 보는 것이 타당하다.

5) 쟁의단

통일적 의사형성과 협약실시기능을 갖는 계속적인 단체인 경우 협약당사자가 가능하다는 견해도 있으나, 노동조합으로서 적합한 단체가 가져야 할 사단성이 없어서 협약당사자가 될 수 없다는 견해가 타당하다.

(3) 사용자측의 당사자

1) 사용자

노동조합법 제2조 제2호의 사용자는 사업주, 사업의 경영담당자 또는 그 사업의 근로자에 관한 사항에 대하여 사업주를 위하여 행동하는 자를 말한다. 그러나 단체교섭의 상대방이 되는 사용자는 원칙적으로 '사업주', 즉 근로계약의 당사자 또는 그에 준하는 자이므로 개인사업에 있어서는 사업주 개인이, 법인인 경우에는 당해 법인이 사용자가 된다.

2) 사용자단체

노동조합과 단체협약을 체결할 것을 그 목적으로 하고, 그 구성원인 각 사용자에 대하여 조정 또는 규제할 수 있는 권한을 가진 사용자 단체를 말한다.

2. 교섭상의 자율적 의사에 의한 합의

(1) 단체교섭의 결과로써의 합의

단체협약은 단체교섭의 산물이므로 단체교섭이 없는 단체협약은 성립할 수 없다. 따라서 노사협의회에서 의결된 사항 또는 노사협의회 쌍방 위원 사이의 협정은 단체협약이라 할 수 없으며, 근로기준법상 일정한 사항에 관하여 근로자대표와 사용자 사이의 서면합의를 요건으로 하는 경우에도 당해 서면합의는 단체교섭에서의 합의를 문서화한 것은 아니므로 단체협약이라고 할 수 없다.

> **참조판례** 대법원 2005.3.11. 선고 2003다27429 판결
>
> 단체협약은 노동조합이 사용자 또는 사용자단체와 근로조건 기타 노사관계에서 발생하는 사항에 관한 협정(합의)을 문서로 작성하여 당사자 쌍방이 서명날인함으로써 성립하는 것이고, 그 협정(합의)이 반드시 정식의 단체교섭절차를 거쳐서 이루어져야만 하는 것은 아니라고 할 것이므로 노동조합과 사용자 사이에 근로조건 기타 노사관계에 관한 합의가 노사협의회의 협의를 거쳐서 성립되었더라도, 당사자 쌍방이 이를 단체협약으로 할 의사로 문서로 작성하여 당사자 쌍방의 대표자가 각 노동조합과 사용자를 대표하여 서명날인하는 등으로 단체협약의 실질적 · 형식적 요건을 갖추었다면 이는 단체협약이라고 보아야 할 것이다.

(2) 자율적 의사에 의한 합의

단체협약도 계약의 일종이므로 대등한 당사자 간의 자율적 의사에 의한 합의가 있어야 한다. 이러한 합의에는 민법상의 의사표시에 관한 규정이 원칙적으로 적용된다고 할 것이나, 민법상의 적용에 있어서는 단체협약의 특수성이 고려되어야 할 것이다. 즉, 단체협약은 단체교섭이나 쟁의행위를 거쳐 이루어지기 때문에 상당한 힘의 논리가 적용되어 어느 정도의 위력을 배경으로 체결된 단체협약이라 하더라도 강박에 의한 의사표시로 보아서는 안 될 것이다.

> **참조판례** 대법원 2007.12.14. 선고 2007다18584 판결
>
> 노동조합 및 노동관계조정법 제3조, 제4조에 의하여 노동조합의 쟁의행위는 헌법상 보장된 근로자들의 단체행동권의 행사로서 그 정당성이 인정되는 범위 내에서 보호받고 있는 점에 비추어, 단체협약이 노동조합의 쟁의행위 끝에 체결되었고 사용자측의 경영상태에 비추어 그 내용이 다소 합리성을 결하였다고 하더라도 그러한 사정만으로 이를 궁박한 상태에서 이루어진 불공정한 법률행위에 해당한다고 할 수 없다.

3. 합의내용의 문서화

단체협약은 서면으로 작성되어야 한다(노동조합법 제31조 제1항). 서면작성을 요구하는 것은 단체협약이 규범적 효력 등 특별한 효력을 부여받고 있기 때문에 그 내용을 명확히 함으로써 후일의 분쟁을 방지하려는 것이다. 서면의 표제나 형식은 관계없다.

4. 당사자 쌍방의 서명 또는 날인

서면으로 작성된 단체협약은 당사자 쌍방이 서명 또는 날인해야 한다(노동조합법 제31조 제1항). 서명 또는 날인은 요구하는 것은 당사자를 명확히 하면서 당사자의 최종적 의사를 확인함으로써 단체협약의 진정성을 확보하려는 것이다. 날인 대신 무인을 한 경우나 기명 옆에 서명한 경우라도 단체협약의 진정성과 명확성이 담보되는 이상 유효하다.

> **참조판례** 대법원 1995.3.10. 자 94마605 결정
>
> 단체협약을 문서화하고 당사자 쌍방의 서명날인을 하도록 규정한 노동조합법 제34조 제1항의 취지가 단체협약이 규율대상으로 하고 있는 노사관계가 집단적·계속적이라는 점을 고려하여 체결당사자를 명백히 함과 동시에 당사자의 최종적인 의사를 확인함으로써 단체협약의 진정성과 명확성을 담보하려는 것으로서, 그 단체협약에 대한 서명날인 대신 서명무인을 하였다 하더라도 이를 무효로 볼 수는 없다.

> **참조판례** 대법원 2005.3.11. 선고 2003다27429 판결
>
> 단체협약에 있어서 합의내용을 서면화할 것을 요구하는 것은 단체협약의 내용을 명확히 함으로써 장래의 분쟁을 방지하려는 것이고, 서명날인절차를 거치도록 한 것은 체결당사자를 명확히 함과 아울러 그의 최종적 의사를 확인함으로써 단체협약의 진정성을 확보하고자 하는 것으로서, 기명 옆에 서명만 하였다 하더라도 이를 무효라고 할 것은 아니다.

5. 요식행위를 결한 단체협약의 효력

요식행위를 갖추지 않은 단체협약의 효력에 대해서는 ① 요식행위는 법의 정책적인 배려에서 나온 것이므로 단체협약의 효력에는 영향을 미치지 않는다는 견해, ② 요식행위는 단체협약의 효력발생요건으로서 이를 결한 단체협약은 효력이 없다는 견해, ③ 형식적 요건을 결한 경우에는 규범적 효력은 인정되지 않을지라도 노사당사자의 의사합치는 인정되는 것이므로 채무적 효력은 인정되어야 한다고 보는 견해가 있다. ④ 요건을 갖추지 못한 단체협약에는 규범적 효력이 발생하지 않는다고 보아야 할 것이다. 그러나 협약당사자 간에 협약내용에 대한 합의가 있고 그 합의가 당사자 간에 권리·의무에 관한 것이라면 채무적 효력은 인정하는 것이 타당하다.

6. 단체협약의 신고 및 시정명령

(1) 단체협약의 신고

노사당사자는 단체협약을 체결한 날로부터 15일 이내에 당사자 쌍방이 연명으로 행정관청에 신고하여야 한다(노동조합법 제31조 제2항, 시행령 제15조). 이를 신고하지 않을 경우 과태료가 부과되지만, 단체협약의 효력에는 영향이 없다.

(2) 행정관청의 시정명령

행정관청은 단체협약 중 위법한 내용이 있는 경우에는 노동위원회의 의결을 얻어 그 시정을 명할 수 있다(노동조합법 제31조 제3항).

제2절 단체협약의 효력

I. 의의

단체협약은 본래 당사자인 노동조합과 사용자측 사이의 계약이지만, 노동조합 및 노동관계조정법은 근로자보호 및 노사관계안정을 위하여 단체협약 중 일정한 부분에 대하여는 당사자가 아닌 근로자 개인과 사용자를 구속하는 '규범적 효력'을 특별히 부여하는 한편, 단체 협약은 규범적 효력의 입법화 후에도 당사자 간 계약으로서의 성격을 유지하고 있으므로 단체협약의 전체 내용은 당사자 간에 계약으로서의 '채무적 효력'을 가진다. 규범적 효력이 생기는 부분을 '규범적 부분', 채무적 효력만 생기는 부분을 '채무적 부분'이라고 한다. 이밖에 노사 공동의 조직을 설치 · 운영하기로 하는 규정을 별도로 조직적 부분으로 분류하는 견해도 있으나 단체협약의 내용구분은 규범적 효력을 가지느냐 여부와 관련되어 있고 이 문제를 일률적으로 논할 수 없기 때문에 그러한 분류는 무의미하다고 본다.

II. 규범적 부분과 그 효력

1. 의의

노동조합법 제33조는 "단체협약에 정한 근로조건 기타 근로자의 대우에 관한 기준에 위반하는 취업규칙 또는 근로계약의 부분은 무효"로 하며 "무효로 된 부분은 단체협약에 정한 기준"에 의하도록 하고, "근로계약에 규정되지 아니한 사항"에 대하여도 단체협약에 정한 기준에 따르도록 규정하고 있다.
단체협약의 규범적 효력은 단체협약상의 기준에 위반하는 근로계약 부분을 무효로 하는 강행적 효력과 이에 의해 무효로 된 부분 또는 근로계약에서 규정되지 않은 부분이 단체협약상의 기준에 의해 보충되는 보충적 효력으로 구성되어 있다.

2. 노동조합 및 노동관계조정법 제33조의 법적 성질

① 단체협약의 규범적 효력은 단체협약제도를 인정하는 데서 오는 본질적 효력이므로 노동조합법 제33조 제1항은 규범적 효력을 단순히 확인하는 데 불과한 주의적 규정이라는 견해와 ② 단체협약의 효력은 본질적으로 채무적 효력이므로 노동조합법 제33조 제1항에 의해 규범적 효력이 새로이 창설된 것이라는 견해가 있다.
생각건대, 단체협약은 본질이 계약이나 국가가 입법정책적 목적에서 특별히 노동조합법 제33조를 통해 규범적 효력을 부여한 것으로 보는 한 후자의 견해가 타당하다.

3. 규범적 효력의 적용대상

(1) 규범적 부분

노동조합법 제33조 제1항은 근로조건이나 그 밖에 근로자의 대우에 관한 기준을 규범적 효력이 생기는 부분, 즉 규범적 부분으로 규정하고 있다.

근로조건이란 근로계약상의 조건 내지 약속사항 및 노동관계상 근로자에 대한 그 밖의 대우를 말한다. 따라서 임금에 관한 사항(임금액·임금지급방법·지급시기 등), 근로시간에 관한 사항(근로시간의 길이, 시업·종업시간, 시간외 근로 등), 휴일·휴가, 재해보상, 안전위생, 인사이동, 승진, 복무규율 등 인사와 관련한 사항, 후생복리, 작업환경 그리고 노동관계의 종료에 관한 규정이 포함된다. 그러나 채용에 관한 규정은 규범적 부분이 아니다.

근로조건의 기준이란 근로조건에 관한 구체적이고 객관적인 준칙을 말한다. 규범적 부분은 근로 조건의 개선을 목적으로 하는 단체협약의 본질적 기능을 실현하는 필요불가결한 부분이기 때문에 이를 결한 단체협약은 노동조합법상의 단체협약이라 할 수 없다.

(2) 인적적용대상

규범적 효력은 협약 당사자인 노동조합의 개별 조합원과 사용자(체결 당사자가 사용자 단체인 경우는 그 구성원인 사용자)에게만 미치므로 비조합원에 대해서는 원칙적으로 단체협약의 효력이 미치지 않는다. 다만, 노동조합법 제35조, 제36조에 의한 단체협약 효력 확장제도의 적용을 받는 경우에는 비조합원에게도 단체협약의 효력이 미칠 수 있다.

4. 규범적 효력의 내용

(1) 강행적 효력

단체협약에 정한 근로조건 기타 근로자의 대우에 관한 기준에 위반하는 취업규칙 또는 근로계약 부분을 무효로 하는 효력이다(노동조합법 제33조 제1항). 강행적 효력에 따라 무효가 되는 것은 근로계약 또는 취업규칙 중 단체협약의 기준에 위반하는 부분으로 한정된다.

(2) 보충적 효력

1) 의의

근로계약에 규정되지 아니한 사항 또는 강행적 효력에 의해 무효로 된 취업규칙이나 근로계약의 부분은 단체협약상에 정한 기준이 적용된다(노동조합법 제33조 제2항). 보충적 효력은 당사자의 개별적 의사 또는 인식과 무관하게 단체협약상의 기준이 직접 적용되기 때문에 직접적 효력 또는 대체적 효력이라고도 한다.

2) 보충적 효력의 적용범위

근로계약에 대하여 보충적 효력이 미친다는 점에는 이론이 없다. 그러나 취업규칙에도 보충적 효력이 미치는지 여부가 문제이다. 노동조합법 제33조 제2항 전단이 근로계약에 규정되지 않는 사항으로만 규정하고 있고 후단의 무효로 된 부분은 무효가 된 근로계약의 부분만을 의미한다고 보아야 할 것이라는 점에서 취업규칙에 규정되지 않은 사항 또는 강행적 효력에 따라 무효가 된 취업규칙의 부분에 대하여는 보충적 효력이 미치지 않는다.

3) 단체협약에 정한 기준에 따른다의 의미

① 외부규율설

규범적 성질을 갖는 단체협약이 사적 계약에 불과한 근로계약이 내용으로 직접 전환될 수는 없다고 한다. 단지 단체협약은 근로계약보다 그 효력면에서 우월한 효력을 갖고 있으므로 단체협약의 내용이 근로계약의 내용을 구속하고 이에 우선적으로 적용되는 것이라고 한다.

이러한 견해에 따르면 조합원이 노동조합으로부터 탈퇴하거나 또는 단체협약이 종료되는 경우 당해 조합원의 근로계약 관계에 대하여 적용될 단체협약이 존재하지 아니하므로 기존의 근로계약이 다시 적용된다고 한다. 외부규율설은 독일에서의 통설로서 단체협약의 규범적 부분은 법규범이므로, 법규범이 근로계약관계의 내용은 될 수 없고, 단지 지배적 효력을 미칠 뿐이라고 한다.

② 내부규율설(내용설, 화체설)

단체협약의 내용은 근로계약의 내용으로 되어 근로계약의 한 부분으로서 적용된다고 하며, 단체협약이 근로계약의 외부에서 별개의 효력을 가지고 근로계약에 적용되는 것은 아니라고 한다. 이러한 견해에 따르면 단체협약의 당사자인 노동조합으로부터 탈퇴한 근로자나 단체협약 종료 후의 조합원의 근로계약 관계에 대하여, 이러한 근로자에 적용될 단체협약이 존재하지 아니하더라도 단체협약의 내용이 이미 근로계약의 내용으로 용해되어 적용되고 있으므로 기존의 단체협약의 내용이 근로계약 관계에 그대로 적용된다고 한다.

5. 유리원칙의 적용여부

(1) 문제의 소재

근로계약이나 취업규칙이 단체협약보다 근로자에게 유리한 경우에도 단체협약이 강행적·보충적 효력을 미치는지 문제된다. 즉, 단체협약을 최저기준으로 해석할 것인가, 절대기준으로 해석할 것인가에 대해 견해가 대립한다.

(2) 학설 및 판례

단체협약의 기준은 근로자를 보호하기 위하여 근로조건의 '최저기준'을 정한 것이기 때문에 사용자가 자발적으로 단체협약의 기준보다 유리한 급부를 하거나 근로계약에 의해 단체협약기준 이상의 급부를 약속하는 것은 유효하다는 유리원칙적용 긍정설과 단체협약에서 정한 기준을 '절대기준'으로 보며 단체협약의 기준이 개별 근로자에게 최종적으로 적용되는 기준이고 그 기준이 유리한 경우는 물론 불리한 경우에도 단체협약의 기준만이 유효하게 적용된다는 유리원칙적용 부정설이 대립되고 있다.

판례는 유리한 조건의 적용을 배제하고 개정된 단체협약이 우선적으로 적용된다는 내용의 합의가 가능하다고 한다.

협약자치의 원칙상 노동조합은 사용자와 사이에 근로조건을 유리하게 변경하는 내용의 단체협약뿐만 아니라 근로조건을 불리하게 변경하는 내용의 단체협약도 체결할 수 있으므로, 근로조건을 불리하게 변경하는 내용의 단체협약이 현저히 합리성을 결하여 노동조합의 목적을 벗어난 것으로 볼 수 있는 것과 같은 특별한 사정이 없는 한 그러한 노사 간의 합의를 무효라고 볼 수는 없고, 단체협약의 개정에도 불구하고 종전의 단체협약과 동일한 내용의 취업규칙이 그대로 적용된다면 단체협약의 개정은 그 목적을 달성할 수 없으므로 개정된 단체협약에는 당연히 취업규칙상의 유리한 조건의 적용을 배제하고 개정된 단체협약이 우선적으로 적용된다는 내용의 합의가 포함된 것이라고 봄이 당사자의 의사에 합치한다고 할 것이고, 따라서 개정된 후의 단체협약에 의하여 취업규칙상의 면직기준에 관한 규정의 적용은 배제된다고 보아야 한다.

(3) 검토

우리나라와 같이 기업별 협약이 지배적인 경우에는 단체협약기준이 정형적·표준적인 기준으로 보는 것이 타당하다. 근로자는 노동조합의 가입에 의해 스스로 계약의 자유를 일정범위에서 제한하였다고 볼 수 있으며, 유리의 원칙을 인정하여 개별교섭을 허용한다면 노동조합의 단결권과 단체교섭권은 상당부분 침해될 위험이 있기 때문이다. 그리고 독일과 달리 부당노동행위제도를 채택하고 있는 우리의 노동조합법하에서 유리의 원칙 적용의 긍정은 불이익 취급이나 지배개입의 부당노동행위로 연결될 가능성이 높아 유리의 원칙을 부정하는 것이 타당하다고 할 것이다.

6. 규범적 효력의 한계

(1) 강행법규에 의한 한계

단체협약도 법규적 효력을 가지는 것으로 단체협약의 내용이 강행법규나 공서양속에 반하는 경우에는 규범적 효력이 미치지 않고 이는 위법한 단체협약으로 무효가 된다.

성별 작업구분이나 근로조건의 구분을 명확히 하지 아니한 채 남녀를 차별하여 정년을 규정한 것은 합리적인 이유 없이 남녀의 차별적 대우를 하지 못하도록 한 근로기준법 제5조와 근로자의 정년에 관하여 여성인 것을 이유로 남성과 차별해서는 아니 된다고 한 남녀고용평등법 제8조 등 강행법규에 위배되어 무효이다.

(2) 근로자의 권리보호에 의한 한계

단체협약의 내용이 개별조합원의 기득권을 침해(⑩ 이미 발생한 임금채권의 삭감)하거나 근로의무의 창설(⑩ 휴일근로의 강제적 실시) 또는 종업원의 지위를 변동시키는 경우(⑩ 개별 근로자의 동의 없는 전적처분)에는 규범적 효력이 미치지 않는다. 이 경우 조합원의 동의·수권이 있어야 규범적 효력이 발생한다.

(3) 권리의 포기

단체협약이나 근로계약 등에 의거하여 이미 발생하고 있는 개별 근로자의 권리를 별도의 단체협약에 의하여 소멸시키는 것은 허용되지 않는다. 이미 발생한 퇴직금 청구권을 사후의 협약으로 소급적용하여 변경하는 것도 인정되지 않는다. 그러나 판례는 퇴직금의 소급적 감액을 인정한 단체협약을 유효하다고 판시한 바 있다.

(4) 기존 근로조건보다 불이익한 근로조건을 설정한 단체협약

1) 문제의 소재

근로조건의 향상을 목적으로 하는 단체교섭의 결과 체결되는 단체협약이 기존의 근로조건을 불이익하게 변경하여 체결할 수 있는지가 문제된다.

2) 학설

부정설은 노동조합은 근로조건의 유지·개선을 목적으로 해야 한다는 점을 강조하면서 근로조건의 불이익변경은 협약자치의 한계를 넘는 것으로 허용되지 않는다고 본다. 긍정설은 단체협약은 상대방과의 거래·타협의 산물이고 노동조합은 안팎의 제반 조건을 고려하여 전체적·장기적으로 근로조건을 개선하려 하기 때문에 부분적·일시적으로 불리한 근로조건에 합의할 권한을 가진다고 보는 견해이다.

3) 판례

대법원은 근로조건을 불리하게 변경하는 내용의 단체협약도 현저히 합리성을 결하여 노동조합의 목적을 벗어난 것으로 볼 수 있는 특별한 사정이 없는 한 무효가 아니라고 판시하였다.

4) 검토

단체교섭은 근로조건의 유지·개선을 목적으로 하나, 단체협약도 계약의 일종이고 계약 당사자의 자율적 의사에 의한 합의로 기존의 근로조건을 변경하는 것도 가능하고 이러한 합의권한에는 합리성을 결여하지 않는 한 불리하게 변경할 수 있는 권한도 당연히 가진다고 할 것이다.

7. 규범적 부분 위반의 효과

(1) 사용자의 이행의무(조합원 및 노동조합의 이행청구)

규범적 효력은 개별조합원과 사용자간에 인정되는 효력이기 때문에 사용자가 단체협약의 규범적 부분을 위반하는 경우에 개별 조합원은 사용자를 상대방으로 하여 직접 협약상 기준의 이행을 청구할 수 있지만, 노동조합은 단체협약상 의무이행을 직접 청구할 수는 없다. 그러나 조합원 개개인에 의한 청구권의 행사로서는 그 실현을 기대할 수 없는 경우에는 노동조합이 사용자에 대하여 이행소송을 제기할 수 있다.

(2) 손해배상

협약당사자는 단체협약 전체에 관해 실행의무를 지기 때문에 사용자의 규범적 부분 위반행위에 대하여 노동조합은 협약준수의무 위반을 이유로 손해배상을 청구할 수 있다.

(3) 노동조합의 확인의 소제기 가능 여부

노동조합에 의한 단체협약 규정의 확인소송이 개개 조합원에 의한 근로계약상의 지위확인소송보다 효과적인 분쟁해결방법이라고 인정되는 경우에는 확인의 이익을 인정하여야 할 것이다.

Ⅲ. 채무적 부분과 그 효력

1. 의의

채무적 효력이라 함은 협약 당사자 간에 단체협약상의 권리·의무관계가 발생하여 이를 준수해야 하는 계약적 효력이다. 이는 단체협약의 채무적 부분 및 협약 전체에 인정되는 효력으로 협약당사자 간에 인정되는 권리의무관계로서 개별조합원에 대해서는 영향을 미치지 않는다.

2. 실행의무(자기의무, 이행의무)

협약당사자가 협약내용을 준수할 의무와 함께 자신의 구성원이 이를 위반하지 못하도록 노력할 의무, 즉 실행의무는 협약준수의무와 영향의무로 구성된다.

(1) 협약준수의무

협약준수의무는 협약당사자가 단체협약의 규정을 성실하게 이행할 의무이다. 협약 당사자인 노동조합과 사용자(또는 그 단체) 모두가 부담하는 의무를 말한다.

(2) 영향의무

영향의무는 협약당사자의 구성원이 협약위반행위를 하지 않도록 통제할 의무이다. 영향의무의 법적 성질에 대하여는 협약당사자가 구성원을 제재할 적절한 수단이 없다는 이유로 이를 도덕적 의무에 불과하다고 보는 견해도 있으나, 협약당사자는 통제력을 가진다는 점에서 계약상 신의칙에 의해 당연히 요구되는 법적 의무로 봄이 타당하다.

3. 평화의무

(1) 의의

평화의무란 협약당사자가 단체협약의 유효기간 중에 당해 협약소정의 사항에 대한 개폐를 목적으로 쟁의행위를 하지 않을 의무를 말한다. 협약유효기간 중에는 일체의 쟁의행위를 하지 않을 의무인 절대적 평화의무와 구분하여 상대적 평화의무라고 하기도 한다. 이러한 평화의무는 단체협약의 유효기간 중의 노사관계의 안정을 도모하고 나아가 산업평화를 유지시키는 기능을 담당한다.

(2) 인정근거

이러한 평화의무의 인정근거에 대해서는 ① 단체협약의 기능에 당연히 내재하는 것으로서 당사자의 합의가 없는 경우에도 발생한다고 하는 내재설과, ② 협약 당사자 간의 명시적 또는 묵시적인 합의가 있어야 발생하며 당사자 간의 합의에 의하여 배제할 수 있다고 하는 합의설이 있다.

생각건대, 단체협약이 갖는 기능, 예컨대 근로조건 개선기능 · 산업평화 및 기업질서유지 기능 등을 고려할 때 평화의무는 단체협약의 헌법적 성질상 단체협약에 당연히 내재하고 있는 본래적 의무라고 보는 것이 타당하다고 본다. 또한 판례도 평화의무를 내재설의 입장에서 파악하고 있다.

> **참조판례 대법원 1992.9.1. 선고 92누7733 판결**
>
> 단체협약의 당사자인 노동조합은 단체협약의 유효기간중에 단체협약에서 정한 근로조건 등에 관한 내용의 변경이나 폐지를 요구하는 쟁의행위를 행하지 아니하여야 함은 물론, 조합원들에 대하여도 통제력을 행사하여 그와 같은 쟁의행위를 행하지 못하게 방지하여야 할 이른바 평화의무를 지고 있다고 할 것인바, 이와 같은 평화의무가 노사관계의 안정과 단체협약의 질서형성적 기능을 담보하는 것인 점에 비추어 보면, 단체협약이 새로 체결된 직후부터 뚜렷한 무효사유를 내세우지도 아니한 채 단체협약의 전면 무효화를 주장하면서 평화의무에 위반되는 쟁의행위를 행하는 것은 이미 노동조합활동으로서의 정당성을 결여한 것이라고 하지 아니할 수 없다.

(3) 종류

1) 상대적 평화의무

상대적 평화의무는 당사자 사이에 명시적 약정이 없더라도 당연히 발생하는 의무이지만, 단체협약의 내용을 유효기간 도중에 변경하려는 경우에만 인정된다. 채무적 효력으로서의 평화의무는 상대적 평화의무를 지칭한다.

2) 절대적 평화의무

협약 당사자 사이에 일정한 기간 동안 어떠한 목적으로든 일체의 쟁의행위를 하지 않겠다는 취지의 특약을 하는 경우가 있는데 이를 절대적 평화의무라고 한다.

절대적 평화의무조항의 효력에 대하여는 당사자가 유효기간 동안에 쟁의권 행사를 포기한 것이므로 자율적 의사에 의한 합의라면 유효라는 견해도 있으나, 쟁의권은 헌법상 기본권의 일종으로써 일반 사인에게 처분가능한 권리가 아니라는 점에서 협약당사자 사이의 합의라고 하더라도 헌법이 보장한 근로자의 근로3권을 침해하는 것으로 무효라고 보는 것이 타당하다.

(4) 평화의무의 내용

1) 주체

평화의무는 단체협약의 채무적 부분으로서 협약당사자인 노동조합과 사용자가 의무의 주체가 된다. 따라서 조합원에게는 영향을 미치지 않는다.

2) 범위

① 단체협약의 유효기간 중

평화의무는 단체협약의 유효기간 중에만 발생하는 효력이다. 따라서 단체협약의 유효기간이 경과한 경우에는 평화의무는 당연히 소멸한다.

② 협약소정의 사항에 한정

평화의무는 협약소정의 사항에만 적용된다. 따라서 단체협약에 정해져 있지 않거나 차기 단체협약의 체결을 위한 쟁의행위에 대해서는 적용되지 않는다.

③ 쟁의행위의 금지

평화의무는 단체협약의 유효기간 중 단체협약의 내용변경을 목적으로 하는 쟁의행위를 금지한다. 따라서 내용변경을 위하여 단체교섭을 요구하는 경우에는 평화의무의 위반이라고 볼 수 없다.

3) 평화의무에 관한 노동조합의 의무

노동조합은 단체협약 유효기간 중에는 쟁의행위 등을 해서는 안 되며 또한 조합원 일부에 의한 쟁의의 결의·개시 등을 지시 또는 선동해서는 안 되는 소극적 의무를 진다. 그러나 문제는 이와 같은 소극적의무외에 일부 조합원에 의한 쟁의행위를 적극적으로 저지할 의무, 즉 적극적 의무까지 지는가라는 점이다. 판례는 노동조합의 적극적 의무에 대하여 긍정적 입장을 취하고 있는 듯하다. 그러나 평화의무의 내용 중 적극적 의무자체가 불명확할 뿐만 아니라 일부조합원에 의한 쟁의행위에 대해서는 그 자체의 정당성 평가로 족하다는 점에서 적극적 의무는 인정하지 않는 것이 타당하다.

4) 사정변경의 발생 시 평화의무

단체협약의 체결 시 예측하지 못한 사정의 변경이 발생한 경우 평화의무는 소멸한다고 보는 견해도 있으나, 사정의 변경의 단체협약의 해지할 수 있는 사유는 되지만 해지도 없이 당연히 평화의무가 소멸한다고 볼 것은 아니다.

5) 평화의무 배제특약의 허용여부

노사관계당사자가 특약으로 평화의무를 배제할 수 있는지가 문제되는바, 합의설의 입장에서는 당사자 사이에 묵시적으로 합의한 것이므로 특약을 통하여 배제할 수 있다고 보게 되지만, 평화의무는 노사관계를 안정시키는 기능을 수행하고, 당사자의 자유로운 처분에 맡길 수 없다고 보아야 한다는 점에서 배제특약은 허용되지 않는다고 할 것이다.

(5) 평화의무위반의 효과

1) 평화의무를 위반한 쟁의행위의 정당성 여부

평화의무를 위반한 쟁의행위에 대해 ① 평화의무를 위반한 쟁의행위는 협약질서의 위반이 되기 때문에 정당성을 상실한다고 하는 정당성 부정설과, ② 평화의무는 단체협약의 채무적 부분이므로 계약불이행에 대한 채무적불이행만이 문제가 될 뿐 정당성을 상실하는 것은 아니라고 보는 정당성 긍정설로 견해가 나뉘고 있다. 판례는 평화의무를 위반한 쟁의행위는 노사관계를 평화적 자주적으로 규율하기 위한 단체협약의 본질적 기능을 해치고 노사관계에서 요구되는 신의성실의 원칙에도 반하므로 정당성이 없다고 하여 정당성 부정설의 입장이다.

생각건대, 평화의무는 채무적 효력을 발생하는 것으로 단순한 채무불이행을 그 행위의 정당성과 직결시켜 판단하는 것은 무리라고 할 것이므로 평화의무를 위반한 쟁의행위가 당연히 정당성을 상실하는 것으로 볼 수는 없고 쟁의행위의 정당성은 쟁의행위별로 정당성 여부를 판단하는 것이 타당하다.

> 📖 **참조판례** 대법원 1994.9.30. 선고 94다4042 판결
>
> 단체협약에서 이미 정한 근로조건이나 기타 사항의 변경·개폐를 요구하는 쟁의행위를 단체협약의 유효기간 중에 하여서는 아니 된다는 이른바 평화의무를 위반하여 이루어진 쟁의행위는 노사관계를 평화적·자주적으로 규율하기 위한 단체협약의 본질적 기능을 해치는 것일 뿐 아니라 노사관계에서 요구되는 신의성실의 원칙에도 반하는 것이므로 정당성이 없다.

2) 평화의무위반에 대한 노동조합의 책임

① 형사책임

평화의무위반의 쟁의행위가 정당성을 상실하지 않는 입장이라면 당해 쟁의행위가 주체·목적·수단 등에 위배되지 않는 한 그 정당성은 상실되지 않으므로 당해 위반행위의 형사책임은 지지 않는다고 볼 것이다.

② 민사책임

평화의무에 위반하는 경우 단체협약의 채무적 효력을 위반한 것이므로 이를 위반한 당사자는 채무불이행 책임을 부담하게 된다. 이 경우 손해배상책임의 범위에 관해 ⊙ 쟁의행위와 상당인과관계에 있는 손해를 배상하여야 한다는 견해와, ⓒ 신뢰관계를 침해한 것에 대한 신뢰이익의 배상에 한정된다고 보는 견해로 나뉘어져 있다. 생각건대, 단체협약의 평화의무는 일종의 계약상의 채무에 해당되기 때문에 이의 위반에 대한 손해배상책임의 범위는 쟁의행위와 상당인과관계에 있는 손해라고 보는 것이 타당하다.

평화의무가 노사관계를 안정시키는 중요한 기능을 법적으로 담보하는 것이라고 보는 입장에서는 평화의무를 위반한 쟁의행위에 대하여 불법행위책임도 성립한다고 보게 된다. 그러나 평화의무는 성질상 채무적 효력에 속하는 것으로 이를 위반한 경우 채무불이행 책임 이외에 불법행위책임을 지는 것은 아니라고 보는 것이 타당하다.

③ 평화의무를 위반한 쟁의행위에 대한 개별조합원의 책임

평화의무는 노동조합이 부담하는 의무이므로 그 위반자체를 이유로 쟁의행위 참가자에게 그 책임을 물을 수는 없을 것이다. 다만, 조합의 만류·설득에도 불구하고 일부 조합원들이 쟁의행위를 행한 경우에는 개별조합원은 책임을 면할 수 없을 것이다.

(6) 평화조항

1) 의의

평화조항이란 쟁의행위에 앞서 일정한 분쟁조정절차를 경유하여야 할 것을 규정한 협약조항으로서 단체협약의 내용 중 채무적 부분에 해당한다.

2) 평화조항 위반의 법적 효과

① 쟁의행위의 정당성

평화조항을 위반한 쟁의행위가 정당성을 상실한다는 견해가 있으나, 평화조항의 위반은 쟁의행위의 단순한 절차를 위반한 것에 불과하므로 쟁의행위의 정당성을 상실하는 것은 아니라고 할 것이다. 다만, 단체협약상의 채무불이행에 따른 손해배상책임은 부담한다.

② 징계책임

평화조항은 객관적 법규범이 아니므로 이를 위반하여 쟁의행위에 참가한 자에 대하여 기업질서위반을 이유로 징계책임을 물을 수 없을 것이다. 다만, 조합간부가 평화조항에 반하여 쟁의행위를 감행한 경우에는 징계의 대상이 될 수 있다.

3) 부작위청구

견해의 대립이 있으나, 평화조항에 위반하는 당사자에 대하여 계약상의 이행청구의 한 내용으로서 부작위청구를 인정할 수 있을 것이다.

4. 채무적 부분

단체협약에서 협약 당사자 상호간의 권리·의무를 규정하는 부분이다. 채무적 부분에 대하여 협약상의 의무를 부담하는 자는 협약에 서명한 협약당사자이므로 서명자가 복수인 경우 연대책임을 지게 된다. 다만, 협약당사자가 아닌 개개의 조합원은 아무런 책임이 없다. 일반적으로 채무적 부분에 속하는 것으로는 평화의무, 평화조항, 조합활동에 관한 편의제공조항, 단체교섭의 절차 및 기타 규칙, 숍 조항, 쟁의행위에 관한 사항 등이 있다.

5. 채무적 부분 위반의 효과

단체협약의 채무적 부분을 위반한 경우, 채무불이행에 대한 민사상 구제수단을 이용할 수 있다. 당사자는 상대방에 이행을 청구할 수 있으며, 위반의 염려가 있을 때는 그 방지를 청구할 수 있고, 상대방의 의무이행 정도에 따라 동시이행의 항변을 주장할 수도 있고, 상대방의 협약위반의 정도에 따라 협약을 해제할 수도 있다.

그러나 단체협약위반에 대해서 민법상의 제도에 의한 구제는 여러 가지 측면에서 한계가 있다. 이는 기본적으로 단체협약법리가 집단적 노사관계의 자치적 질서형성을 목적으로 한다는 점에서, 재산적 이익을 구체적·개별적으로 해결하는 것을 주된 목적으로 하는 민법의 법리와는 질적으로 다른 데에서 비롯된다. 결국 협약위반행위는 노사자치에 의해 해결하는 것이 바람직하다.

Ⅳ. 단체협약 위반에 대한 노동조합법상 규율

1. 벌칙의 적용

구 노동조합법 제92조 제1호 전단은 단체협약의 위반에 대하여 벌칙을 규정하였으나, 헌법재판소는 이에 대해 죄형법정주의 위배를 이유로 위헌결정을 하였기 때문에 효력이 상실되었다. 이에 따라 2001년 개정법은 벌칙의 적용대상을 단체협약 전체로 하지 않고 단체협약 중 특정사항 위반으로 한정하고 있다.

2. 벌칙의 내용

단체협약 내용 중 ① 임금·복리후생비·퇴직금에 관한 사항, ② 근로 및 휴게시간·휴일·휴가에 관한 사항, ③ 징계 및 해고의 사유와 중요한 절차에 관한 사항, ④ 안전보건 및 재해부조에 관한 사항, ⑤ 시설·편의제공 및 근무시간 중 회의참석에 관한 사항, ⑥ 쟁의행위에 관한 사항을 위반한 경우에 벌칙이 적용된다. 단체협약은 비록 사인간의 계약이지만, 열거된 사항의 이행 여부는 사회적으로 중대한 영향을 미치기 때문에 단체협약의 실효성을 확보한다는 의미에서 이들 사항에 대한 단체협약 위반은 민사제재를 넘어 특별히 형사제재를 가할 수 있도록 규정한 것이다.

Ⅴ. 단체협약의 문제조항

1. 인사절차조항

(1) 의의

근로자의 해고, 전직, 징계 등 인사처분에 노동조합의 사전동의나 노동조합과의 사전협의 또는 소정 위원회의 의결을 요한다는 조항을 두는 경우가 있는데 이를 인사절차조항이라고 한다.

(2) 인사절차 위반 시 인사처분 자체가 무효가 되는지 여부

1) 문제의 소재

인사절차에 위반한 인사처분은 협약불이행의 책임이 있다는 점은 당연하나, 문제는 인사절차조항을 위반한 인사처분 그 자체가 무효가 되는지 여부이다.

2) 학설

① 채무적 부분설

해고동의 조항 등이 해고 등 근로조건의 절차에 관한 것이지 사유의 실체적 기준에 관한 규정은 아니고 노동조합에 대한 사용자의 의무를 규정하고 있으므로 규범적 부분이 아니며, 따라서 이들 조항에 위반한 경우에 협약 위반의 책임은 발생하지만 해고 등 인사처분의 효력에는 영향을 주지 않는다는 견해이다.

② 규범적 부분설

인사의 절차에 관한 것이라도 개별적 처분이 아니라 준칙인 이상 근로조건의 기준이 되며 따라서 인사절차 조항은 규범적 부분에 해당한다고 보는 견해이다.

3) 판례

대법원은 해고동의조항이 있는 경우와 해고협의조항이 있는 경우를 구분하여 해고동의조항에 위반한 해고의 경우는 무효이나, 해고협의조항에 위반한 해고의 경우에는 영향이 없다고 한다.

> **📖 참조판례 대법원 1993.9.28. 선고 91다30620 판결**
>
> [1] 회사가 조합원을 징계하고자 함에 있어 그 대상자에게 소명의 기회를 주어야 하고 조합대표를 참석시켜 의견을 개진하게 한다는 단체협약의 취지는 그 대상자에게 소명의 기회를 부여하면 되는 것이고 소명 자체가 반드시 있어야 하는 것은 아니므로 그 기회를 주었는데도 소명하지 아니하거나 소명 자체를 요구하지 아니하는 경우에는 통보만으로써 징계절차는 속행할 수 있는 것이고, 조합대표들을 참석시켜 의견을 개진하게 함으로써 부당한 징계처분을 사전에 예방하고 조합이 회사의 일방적인 인사권 행사를 견제케 하여 조합원의 지위를 보장하자는 것이므로 조합대표에게 참석의 기회를 주었는데도 참석하지 아니하는 경우 그들의 참석과 의견개진 없이 징계위원회를 개최할 수 있다.
>
> [2] 단체협약 등에 규정된 인사조항의 구체적 내용이 사용자가 인사처분을 함에 있어서 신중을 기할 수 있도록 노동조합이 의견을 제시할 수 있는 기회만을 주어야 하도록 규정된 경우에는 그 절차를 거치지 아니하였다고 하더라도 인사처분의 효력에는 영향이 없다고 보아야 하지만, 사용자가 인사처분을 함에 있어 노동조합의 사전동의를 얻어야 한다거나 또는 노동조합의 승낙을 얻거나 노동조합과 인사처분에 관한 논의를 하여 의견의 합치를 보아 인사처분을 하도록 규정된 경우에는 그 절차를 거치지 아니한 인사처분은 원칙적으로 무효라고 보아야 한다.
>
> [3] 노사협상의 산물로서 단체협약에 노동조합 간부에 대한 징계해고를 함에 있어 노동조합의 사전동의를 받도록 정하여져 있다고 하더라도 이는 사용자의 노동조합 간부에 대한 부당한 징계권 행사를 제한하자는 것이지 사용자의 본질적 권한에 속하는 피용자에 대한 징계권행사 그 자체를 부정할 수는 없는 것이므로 노동조합의 사전동의권은 어디까지나 신의성실의 원칙에 입각하여 합리적으로 행사되어야 할 것이고, 따라서 피징계자에게 객관적으로 명백한 징계사유가 있고 이에 대한 징계를 함에 있어 사용자가 노동조합측의 동의를 얻기 위하여 성실하고 진지한 노력을 다하였음에도 불구하고 노동조합측이 합리적 근거나 이유제시도 없이 무작정 반대함으로써 동의거부권을 남용한 것이라고 인정되거나 노동조합측이 스스로 이러한 사전동의권의 행사를 포기하였다고 인정된다면 사용자가 노동조합측의 사전동의를 받지 못하였다고 하여 그 징계처분을 무효로 볼 수는 없다.

단체협약에 징계해임처분에 노동조합과 "사전협의"를 거치도록 한 취지는 단체협약 전체의 체계와 내용 및 노사의 관행에 비추어 노동조합의 임원, 지부장, 역원 등 노동조합 간부에 대한 사용자의 자의적인 인사권 행사로 인하여 노동조합의 정상적인 활동이 저해되는 것을 방지하려는 뜻에서 사용자로 하여금 노동조합의 임원 등에 대한 인사의 내용을 미리 노동조합에 통지하는 등 노동조합을 납득시키려는 노력을 하게 하고, 노동조합에 의견을 제시할 기회를 주게 하며, 아울러 노동조합으로부터 제시된 의견을 참고자료로 고려하게 하려는 것에 지나지 않는 것이라고 봄이 상당하므로, 근로자에 대한 징계해임처분이 위와 같은 "사전협의"를 거치지 아니한 채 행하여졌다고 하여 반드시 무효라고 할 수는 없다.

2. 쟁의조항

단체협약에서 쟁의행위의 시작요건, 쟁의행위 태양의 제한, 쟁의참가배제자, 대체근로의 금지 등을 규정하는 경우에 이들 규정을 쟁의조항이라고 부른다. 쟁의조항은 채무적 부분에 속하고, 그 위반에 대하여는 채무불이행에 따른 손해배상 책임이 발생한다.

3. 쟁의면책조항

쟁의행위 기간에 있었던 비위행위 내지 사건에 대하여 사용자가 민사책임, 형사책임 또는 일체의 책임을 묻지 않는다거나 신분상의 불이익을 주지 않는다는 단체협약상의 조항을 쟁의면책조항이라고 부른다. 쟁의면책조항은 채무적 부분에 속한다고 할 것이고 이를 위반하면 채무불이행에 따른 손해배상책임이 발생한다.

제3절 단체협약의 적용

I. 단체협약의 일반적 구속력

단체협약은 협약당사자 및 그 구성원만을 구속하므로 비조합원과 제3자의 지위에 있는 사용자에게는 효력이 미치지 않는 것이 원칙이다. 따라서 비조합원에게만 적용되지 않는 결과가 발생하는데 이는 조직근로자와의 전반적인 노사관계에 있어 바람직하지 않은 결과를 초래하게 된다. 이에 노동조합법은 단체협약이 일정한 요건을 갖추는 경우 당해 협약과 직접 관련이 없는 근로자나 사용자에 대하여도 그 효력을 확장될 수 있는 제도를 마련하고 있다. 이는 일정한 사업장 또는 지역에 있어서 근로조건에 관한 최저기준으로서 기능을 갖는다.
노동조합 및 노동관계조정법은 제35조에서 '사업장단위의 효력확장제도'와 제36조에서 '지역단위 효력확장제도'를 규정하고 있다.

사업장단위의 효력확장제도는 협약외부의 근로자에 대해서만 적용되고 지역단위의 효력확장제도는 근로자 뿐 아니라 사용자에 대해서도 효력이 미치게 된다. 전자는 '상시 사용근로자의 과반수 이상의 근로자'가 하나의 단체협약을 적용받는 것을 요건으로 하고 있으나, 후자는 '종업하는 동종의 근로자의 3분의 2 이상'일 것을 요건으로 하며, 전자의 경우 법문요건 충족 시 자동적으로 효력이 확장되지만, 후자는 일정한 절차를 거쳐 효력이 확장적용된다.

Ⅱ. 사업장 단위의 효력확장제도

1. 의의

노동조합법 제35조에서는 "하나의 사업장에 상시 사용되는 동종근로자 반수 이상이 하나의 단체협약의 적용을 받게 된 때에는 당해 사업 또는 사업장에 사용되는 다른 동종의 근로자에게도 당해 단체협약이 적용된다."라고 하여 사업장단위의 효력확장제도를 규정하고 있다. 사업장단위의 효력확장제도는 강행규정이며, 단체협약에서 이의 적용을 배제하거나 제한하는 규정을 두어도 당연무효라고 해야 할 것이다.

2. 취지

사업장단위의 효력확장제도의 취지가 협약 당사자인 노동조합을 보호하려는 규정인가 아니면 구속력 범위에 의하여 단체협약의 적용을 받지 못하는 비조합원 개인을 보호하려는 규정인가 문제되나 사업장 단위의 일반적 구속력은 주로 단체협약상의 기준으로 해당 기업의 근로조건을 통일함으로써 비조합원을 보호하려는 규정이라고 보아야 할 것이다. 다만, 부수적으로는 비조합원의 우대를 저지하여 노동조합도 보호할 수 있다는 점도 배려한 규정이라는 견해가 있다.

3. 적용요건

(1) 하나의 사업 또는 사업장

사업장이라 함은 동일한 장소에서 유기적인 조직으로 결합되어 작업이 계속적으로 행해지는 곳을 의미한다.

하나의 기업이 수 개의 사업장으로 구성되어 있는 경우 각각의 사업장을 의미하는 것이다. 다만, 각 사업장이 근로환경의 특수성을 가지지 않는 경우에는 사업장 전체가 하나의 사업이 될 것이다.

(2) 상시 사용되는 근로자

상시 사용 여부는 객관적으로 판단하여야 하는데 근로자의 지위, 계약기간의 한정여부 또는 근로계약상의 명칭 등에 구애됨이 없이 당해 사업장에서 사실상 계속적으로 사용되고 있으면 상시 사용되는 것이다. 임시직 근로자인 경우에도 근로계약이 반복하여 갱신되어 사실상 상시 사용되고 있으면 상시 사용 근로자에 해당된다.

(3) 같은 종류의 근로자

같은 종류의 근로자가 무엇을 의미하는지가 문제된다. ① 같은 종류의 근로자는 직종이나 직무내용이 같은 근로자를 말한다고 보는 견해도 있으나, ② 같은 종류의 근로자는 해당 단체협약의 적용이 예상되는 자, 즉 규약 등에 따라 조합원 자격이 있는 자를 말한다고 보아야 할 것이다. 같은 종류의 근로자는 단체협약이 확장적용되기 위한 요건의 일부일 뿐 아니라 요건이 충족되었을 때 단체협약이 확장적용되는 대상이기도 하기 때문이다. ③ 판례 역시 '동종의 근로자'라 함은 당해 단체협약의 규정에 의하여 그 협약의 적용이 예상되는 자를 가리키며, 단체협약의 규정에 의하여 조합원의 자격이 없는 자는 단체협약의 적용이 예상된다고 할 수 없어 단체협약의 적용을 받지 아니한다고 판시하고 있다.

(4) 반수 이상의 근로자

반수 이상의 근로자를 확정하기 위해서는 그 전제가 되는 상시 사용되는 동종의 근로자 수를 확정함으로써 산출할 수 있으며 비조합원의 신규채용, 조합원의 탈퇴 등으로 반수 이상의 요건을 충족하지 못할 때에는 단체협약의 일반적 구속력은 당연히 종료된다. 이 요건은 효력발생요건일 뿐만 아니라 효력존속요건이기 때문이다.

(5) 하나의 단체협약이 적용을 받게 된 때

여기서 단체협약은 노동조합법 제31조의 요건을 갖춘 단체협약을 말하며 하나의 단체협약의 적용을 받는 자에는 사실상 당해 단체협약과 동일한 근로조건으로 근로하는 자가 기준이 아니라 당해 단체협약의 적용대상이 되는 자만을 기준으로 해야 할 것이다.

4. 효력확장의 효과

(1) 확장적용되는 부분

요건을 갖춘 단체협약은 다른 동종의 근로자에 대해서도 당연히 자동적으로 적용된다. 여기서 확장적용되는 범위는 단체협약 중 규범적 부분에 한정된다.

(2) '유리조건 우선의 원칙'의 적용 여부

단체협약의 효력확장에서 규범적 부분이 미조직·비조합원에게 적용되는 경우 유리의 원칙이 적용되는지 문제된다.

단체협약의 규범적 효력에 대하여 유리의 원칙을 인정하는 입장에서는 효력확장적용의 경우에도 이를 인정하는 입장이고, 유리의 원칙이 적용되지 않는다는 입장에서는 단체협약은 조합원뿐 아니라 비조합원에 대하여도 유리의 원칙이 적용되지 않아 이것이 효력확장에도 적용되지 않는다는 입장이다. 사업장 단위의 효력확장제도는 소수근로자보호를 위한 제도라는 점을 고려할 때, 유리의 조건 우선원칙이 적용된다고 할 것이다. 확장되는 단체협약상의 근로조건은 최저기준으로 작용한다고 보아야 하며, 이 점에서 노동조합법 제33조에서 규정하고 있는 규범적 효력은 일정한 제한을 받는다고 봄이 타당하다.

(3) 소수조합에 대한 확장적용문제

소수조합의 조합원에 대해서도 확장적용되는 단체협약의 기준이 적용된다는 견해와 소수조합의 단결권, 단체교섭권을 근거로 어떠한 경우에도 확장적용결정의 효력이 미치지 않는다는 견해가 있다. 또한 소수조합이 별도의 단체협약을 체결하고 있는 경우에는 그 협약의 유효기간 중 효력이 미치지 않는다고 보는 입장이 제시되어 왔다.

판례는 노동조합법 제36조의 지역적 구속력의 확장에 대하여 새로운 단체협약의 체결을 위한 소수노동조합의 단체교섭과 쟁의행위는 허용되어야 한다고 판시한 바 있다.

소수노동조합이 별도의 단체협약을 체결하고 있는 경우에는 그 단체협약이 적용되지만 그렇지 않은 경우에는 소수노동조합의 자주성이 침해받지 않은 한 소수노동조합에 대해서도 확장적용된다고 봄이 타당하다.

> **참조판례 대법원 1993.12.21. 선고 92도2247 판결**
>
> 헌법 제33조 제1항은 근로자는 근로조건의 향상을 위하여 자주적인 단결권, 단체교섭권 및 단체행동권을 가진다고 규정하여 근로자의 자주적인 단결권뿐 아니라 단체교섭권과 단체행동권을 보장하고 있으므로, 노동조합법 제38조가 규정하는 지역적 구속력 제도의 목적을 어떠한 것으로 파악하건 적어도 교섭권한을 위임하거나 협약체결에 관여하지 아니한 협약 외의 노동조합이 독자적으로 단체교섭권을 행사하여 이미 별도의 단체협약을 체결한 경우에는 그 협약이 유효하게 존속하고 있는 한 지역적 구속력 결정의 효력은 그 노동조합이나 그 구성원인 근로자에게는 미치지 않는다고 해석하여야 할 것이고, 또 협약 외의 노동조합이 위와 같이 별도로 체결하여 적용받고 있는 단체협약의 갱신체결이나 보다 나은 근로조건을 얻기 위한 단체교섭이나 단체행동을 하는 것 자체를 금지하거나 제한할 수는 없다고 보아야 할 것이다.

(4) 확장적용의 종료

효력확장의 요건은 성립요건임과 동시에 존속요건이므로 효력확장의 요건을 상실시키는 사유가 발생하면 확장은 종료된다. 또한 확장적용된 단체협약이 유효기간만료 등의 사유로 인하여 종료되는 경우에도 확장의 효력은 소멸된다.

Ⅲ. 지역단위의 효력확장제도

1. 의의

지역단위의 효력확장제도는 일정한 지역에서 지배적인 단체협약을 협약당사자의 구성원이 아닌 자에 대하여 확장하는 제도로 노동조합법 제36조에서 이를 규정(하나의 지역에 있어서 종업하는 동종의 근로자 3분의 2 이상이 하나의 단체협약의 적용을 받게 된 때에는 행정관청은 당해 단체협약의 당사자의 쌍방 또는 일방의 신청에 의하거나 그 직권으로 노동위원회의 의결을 얻어 당해 지역에서 종업하는 다른 동종의 근로자와 그 사용자에 대해서도 당해 단체협약을 적용한다는 결정을 할 수 있고 이 결정을 한 때에는 지체 없이 이를 공고하여야 한다)하고 있다.

2. 취지 및 기능

지역단위의 효력확장제도는 ① 소수근로자의 보호, ② 일정지역에서의 최저근로조건실정으로 낮은 근로조건의 근로자 사용을 저지하여 단체교섭의 실효성 및 노동조합의 조직력을 확보, ③ 사용자간의 부당 경쟁을 방지, ④ 공공의 경지에서 근로조건을 둘러싼 불필요한 사회적 경쟁을 방지하는 기능을 수행한다.

3. 확장적용의 요건

(1) 실질적 요건

1) 하나의 지역

'하나의 지역' 여부를 결정하는 데에는 당해 협약의 대상이 되는 산업의 동질성, 경제적 · 지리적 · 사회적 입지조건의 근접성, 기업의 배치상황 등 노사의 경제적 기초의 동일성 내지 유사성이 고려되어야 할 것이고, 행정구역과 일치될 필요는 없다.

2) 동종의 근로자의 3분의 2 이상의 근로자

사업장단위의 효력확장제도와는 달리 상시성을 요건으로 하지 않으며, 확장적용여부의 기준이 되는 비율도 가중되어 있다. 동종의 근로자란 근로의 내용 및 형태뿐 아니라 단체협약을 체결한 노동조합의 유형을 고려한 것이다.
직종별 조합일 경우에는 동일직종에 따라 산업별 조합이나 기업별 조합인 경우에는 동일산업이나 기업에 따라 직종에 관계없이 동종의 근로자에 포함된다. 또한 '3분의 2 이상'의 요건은 동종의 근로자의 수를 전제로 파악해야 한다.

3) 하나의 단체협약의 적용을 받게 된 때

이 제도가 상정하고 있는 협약형태는 초기업적 협약이며, 따라서 기업별 협약이 지배적인 우리현실에서 이 제도가 적용될 수 있는 경우는 매우 한정적이다.

(2) 절차적 요건

사업장 단위의 효력확정제도와는 달리 단체협약 당사자의 쌍방 또는 일방의 신청에 의하거나 행정관청의 직원으로 노동위원회의 의결을 얻어 행정관청이 확장적용을 결정하고 이를 공고하여야 한다. 이와 관련하여 노동위원회의 확장적용 의결 시 당해 단체협약내용을 수정할 수 있는지에 대해 견해 대립이 있으나, 명문규정이 없기 때문에 수정할 수 없다고 할 것이다.

4. 확장적용의 효과

(1) 확장적용되는 부분

지역단위의 효력확장효과는 사업장단위의 효력확장제도에서와 동일하게 단체협약의 규범적 부분만 확장적용된다. 효력확장의 구속력범위에 있어 당해 지역에서 종업하는 다른 동종근로자뿐 아니라 그 사용자에 대하여도 그 효력이 미친다는 점에서 차이가 있다.

(2) 유리한 조건 우선의 원칙

유리한 조건 우선의 원칙이 적용된다. 왜냐하면 이때의 단체협약은 당해 지역에서의 최저기준을 설정하는 의미를 가지기 때문이다.

(3) 소수조합에 대한 확장적용문제

소수조합의 조합원에 대해서도 확장적용되는 단체협약의 기준이 적용된다는 견해와 소수조합의 단결권, 단체교섭권을 근거로 어떠한 경우에도 확장적용결정의 효력이 미치지 않는다는 견해가 있다. 또한 소수조합이 별도의 단체협약을 체결하고 있는 경우에는 그 협약의 유효기간 중 효력이 미치지 않는다고 보는 입장이 제시되어 왔다.

판례는 새로운 단체협약의 체결을 위한 소수노동조합의 단체교섭과 쟁의행위는 허용된다고 보아야 한다는 입장이다.

소수노동조합이 별도의 단체협약을 체결하고 있는 경우에는 그 단체협약이 적용되지만 그렇지 않은 경우에는 소수노동조합의 자주성이 침해받지 않는 한 소수노동조합에 대해서도 확장적용된다고 봄이 타당하다.

> 📖 **참조판례** 대법원 1993.12.21. 선고 92도2247 판결
>
> 헌법 제33조 제1항은 근로자는 근로조건의 향상을 위하여 자주적인 단결권, 단체교섭권 및 단체행동권을 가진다고 규정하여 근로자의 자주적인 단결권뿐 아니라 단체교섭권과 단체행동권을 보장하고 있으므로, 노동조합법 제38조가 규정하는 지역적 구속력 제도의 목적을 어떠한 것으로 파악하건 적어도 교섭권한을 위임하거나 협약체결에 관여하지 아니한 협약 외의 노동조합이 독자적으로 단체교섭권을 행사하여 이미 별도의 단체협약을 체결한 경우에는 그 협약이 유효하게 존속하고 있는 한 지역적 구속력 결정의 효력은 그 노동조합이나 그 구성원인 근로자에게는 미치지 않는다고 해석하여야 할 것이고, 또 협약 외의 노동조합이 위와 같이 별도로 체결하여 적용받고 있는 단체협약의 갱신체결이나 보다 나은 근로조건을 얻기 위한 단체교섭이나 단체행동을 하는 것 자체를 금지하거나 제한할 수는 없다고 보아야 할 것이다.

(4) 확장적용의 대상이 된 단체협약의 변경, 종료

확장적용결정이 이루어진 단체협약이 변경, 유효기간 만료 등으로 소멸한 경우는 그때부터 효력확장 결정의 효력도 종료된다.

(5) 협약당사자 이외의 자의 이의 청구

협약당사자 이외의 자는 행정관청의 확장적용결정에 의해 근로조건에 직접적인 영향을 받기 때문에 확장적용의 미비를 이유로 한 이의신청은 인정하여야 할 것이다.

(6) 확장적용결정위반의 효과

지역적 구속력 결정을 위반한 자, 즉 행정관청의 결정에 의해 확장적용되는 단체협약에 위반한 자에 대해서 노동조합법 제92조 제1호 위반의 벌칙이 적용된다는 견해가 있으나, 현행 노동조합법은 '제31 조 제1항의 규정에 의하여 체결된 단체협약의 내용'에 위반한 경우만 처벌대상으로 하고 있는 점에서 벌칙을 적용하는 것은 곤란하다.

제4절 단체협약의 실효

Ⅰ. 서

단체협약이 일정한 사실의 발생 등에 의해 효력을 상실하는 것을 단체협약의 실효라고 말한다. 유효기간 의 만료, 협약의 해제, 당사자의 변경·소멸의 경우에 발생한다. 일반적으로 단체협약이 종료하면 다른 협 약이 체결되기까지 기존 협약의 권리·의무는 소멸되고, 협약당사자는 이러한 무협약 상태를 피하기 위해 유효기간 만료 전에 단체교섭을 진행하여 신협약을 체결한다.
그러나 신협약을 체결하기 위한 노력을 다했음에도 불구하고 무협약 상태가 발생한 경우 그 기간동안의 개별조합원의 근로조건 및 협약당사자 간의 관계를 어떻게 규율할 것인가의 문제가 발생한다.

Ⅱ. 단체협약의 종료사유

1. 기간의 만료

(1) 단체협약의 유효기간

단체협약은 3년을 초과하지 않는 범위에서 유효기간을 노사가 합의하여 정할 수 있고, 3년을 초과하 는 유효기간을 정한 경우 또는 유효기간을 정하지 않은 경우에는 그 유효기간은 3년으로 한다(노동조 합법 제32조 제1항·제2항). 장기간에 걸친 단체협약이 경제·사회적 환경이나 노사관계의 세력변화에 유연하게 대처하지 못해 오히려 노사안전과 평화를 해칠 수 있음을 고려한 것이다.

(2) 법정연장

단체협약의 유효기간이 만료되는 때를 전후하여 당사자 쌍방이 새로운 단체협약을 체결하고자 단체교섭을 계속하였음에도 불구하고 새로운 단체협약이 체결되지 아니한 경우에는 별도의 약정이 있는 경우를 제외하고는 종전의 단체협약은 그 효력만료일부터 3월까지 계속 효력을 갖는다(노동조합법 제32조 제3항 전단). 단체협약의 실효를 최소화하기 위한 규정이다. 계속 효력을 갖는다는 의미는 규범적 효력과 채무적 효력을 모두 유지한다는 의미이다.

(3) 자동연장협정

1) 의의

단체협약의 유효기간이 경과한 후에도 새로운 단체협약이 체결되지 아니한 때에는 새로운 단체협약이 체결될 때까지 종전 단체협약의 효력을 존속시키는 취지의 별도 약정을 자동연장협정이라 한다. 노동조합법 제32조 제3항 단서는 "단체협약에 그 유효기간이 경과한 후에도 새로운 단체협약이 체결되지 아니한 때에는 새로운 단체협약이 체결될 때까지 종전 단체협약의 효력을 존속시킨다는 취지의 별도의 약정이 있는 경우에는 그에 따르되, 당사자 일방은 해지하고자 하는 날의 6월 전까지 상대방에게 통고함으로써 종전의 단체협약을 해지할 수 있다."라고 규정하고 있다.

2) 내용

자동연장협정의 내용은 단체협약을 정한다. 단체협약이 본래의 유효기간이 경과한 후에 불확정기한부자동연장조항에 따라 계속 효력을 유지하게 된 경우에 법정유효기간의 제한을 받지 않는다.

3) 법정해지

자동연장협정이 있는 경우에 당사자 일방은 해지하고자 하는 날의 6월 전까지 상대방에게 통고함으로써 종전의 단체협약을 해지할 수 있다. 일방의 해지권을 인정하는 노동조합법 규정은 기존의 단체협약에 장기간 종속되는 것을 방지하려는 것으로서 강행규정이고 단체협약으로 해지권이 제한될 수 없다.

> **참조판례** 대법원 2016.3.10. 선고 2013두3160 판결
>
> 단체협약의 유효기간을 제한한 노동조합법 제32조 제1항·제2항이나 단체협약의 해지권을 정한 노동조합법 제32조 제3항 단서는 모두 성질상 강행규정이어서, 당사자 사이의 합의에 의하더라도 단체협약의 해지권을 행사하지 못하도록 하는 등 적용을 배제하는 것은 허용되지 않는다.

(4) 자동갱신조항

1) 의의

협약 만료일 이전의 일정기간 내에 당사자가 협약 개폐에 대한 의사표시를 하지 않을 경우 기존 협약과 동일한 내용의 신협약이 체결된 것으로 한다는 취지의 조항을 자동갱신조항이라 한다. 자동 갱신된 협약은 엄격한 의미에서 기존 협약의 연장이 아니라 새롭게 체결된 것이므로 노동조합법 제32조 제3항 소정의 기간 제한을 받지 않는다.

2) 갱신된 단체협약의 유효기간

문제는 자동갱신조항에 의하여 갱신된 단체협약의 유효기간을 어떻게 볼 것인가이다. 이에 대하여 ① 자동갱신 조항에서 신협약의 유효기간을 정하고 있지 않은 경우 갱신된 협약의 유효기간은 기존 협약의 그것과 동일하다고 보는 견해와, ② 갱신된 협약의 유효기간은 갱신기간을 정하지 않을 때에 해당하여 유효기간은 2년으로 된다는 견해 그리고 ③ 원칙적으로 갱신된 협약의 유효기간은 정하지 않은 것으로 보아 2년이나, 자동연장협정의 해지규정을 준용 내지 유추적용하자는 견해가 대립한다.

생각건대, 자동갱신은 민법상의 묵시의 갱신제도에 해당하고 묵시의 갱신의 경우 기간을 정하지 않은 것으로 보게 되므로 이에 따라 갱신된 단체협약의 기간도 정하지 않은 것으로 보아 그 기간은 노동조합법 제32조 제2항에 따라 2년이 된다고 보는 것이 타당하고, 자동갱신조항과 자동연장협정은 그 의미가 다르므로 해지에 관한 규정을 적용하기는 곤란하다고 보는 것이 타당하다.

> **참조판례 대법원 1993.2.9. 선고 92다27012 판결**
>
> 당사자가 단체협약 만료시에 협약의 연장이나 갱신협정을 체결하는 것은 종전 단체협약과 같은 내용의 단체협약을 다시 체결하는 것과 같은 것으로서 당연히 유효하고, 단체협약의 만료시 일정한 기간 내에 협약의 개정이나 폐기의 통고가 없으면 자동갱신되는 것으로 미리 규정하는 것도 당사자의 유효기간 만료 후의 단체협약체결권을 미리 제한하거나 박탈하는 것이 아니므로 유효하고, 다만 그 새로운 유효기간은 같은 법 제35조 제1항·제2항의 제한을 받는다.

2. 단체협약의 취소·해지

(1) 단체 협약의 취소

단체협약의 유효한 성립은 당사자의 합의를 전제로 하는 까닭에 원칙적으로 민법상의 의사표시에 관한 규정이 적용될 것이다. 따라서 비진의의사표시나 통정허위의사표시에 의해 성립한 협약은 무효이고, 협약의 중요부분에 착오가 있거나 사기, 강박에 의한 협약은 취소할 수 있다.

그러나 단체협약의 취소는 단체교섭과 단체협약의 특수성을 고려하여 단체교섭이나 쟁의행위가 그 성질상 어느 정도의 집단적 위력을 배경으로 이루어지는 점을 감안해야 하며, 취소한 경우에도 그 효력은 장래에 대해서만 미친다고 볼 것이다.

(2) 단체협약의 해지

노동조합법은 당사자 일방은 해지하고자 하는 날의 6월 전까지 상대방에게 통고함으로써 종전의 단체협약을 해지할 수 있다고 규정하고 있다. 노동조합법에서 인정하는 이외의 해지는 단체협약의 특수성을 고려하여 경미한 위반의 경우에는 해지할 수 없으나 단체협약의 존재의의를 상실시킬 만한 중대한 행위인 경우, 사회적 경제적 환경에 중대한 변화를 가져올 경우 사정변경의 원칙 혹은 단체 협약의 유효기간 중에 합의에 의하여 단체협약을 해지할 수 있다.

3. 협약 당사자의 변동

(1) 사용자측의 변동

단체협약은 당사자인 회사가 해산하면 청산기간 중 그대로 존속하지만 그 청산의 종료시에 실효되고, 조직변경의 경우 회사의 동일성이 인정되는 한, 단체협약은 그대로 존속한다. 기타 합병, 영업양도는 사업의 동일성이 있는 한 단체협약이 양수인에게 승계된다.

(2) 노동조합 측의 변동

노동조합이 청산 절차가 종료한 경우 단체협약 당사자의 실체가 없어지므로 단체협약은 당연히 실효된다. 조직변경을 하는 경우, 실질적 동일성이 인정되는 한, 단체협약은 그대로 존속된다.

Ⅲ. 단체협약 종료 후의 근로관계

1. 단체협약의 종료와 개별조합원의 근로조건

(1) 의의

단체협약 종료 후의 근로관계는 협약의 기간 만료 후 무협약 상태가 된다. 조합원이 협약의 유효기간 중 노동조합을 탈퇴하거나 제명된 경우 또는 단체협약의 효력확장에 의해 협약상의 규율을 받던 비조합원이 효력확장요건의 흠결로 그 적용을 받지 못하는 경우에도 개별조합원의 근로조건, 기타 근로자의 대우가 어떤 기준에 의해 규율되는지의 문제가 발생한다.

(2) 규범적 부분(근로조건의 존속여부)

협약의 소멸은 반대의 의사가 없는 한, 단체적 의사의 소멸을 의미하기 때문에 협약의 여후효를 인정할 수 없다는 여후효 부정설은 협약의 실효 후에는 근기법, 취업규칙, 근로계약 등이 새롭게 근로관계를 규제한다고 본다.

이에 대해 단체협약이 소멸하여도 신단체협약이 체결되기 전까지는 노사 간의 법적확신에 의하여 구 단체협약의 규범적 부분이 개별적 근로관계에 지속적으로 적용된다는 여후효 긍정설이 있다.

일반적으로 "협약 자체의 효력의 존속"에 대해서는 부정하지만 협약종료 후에도 종래의 협약의 기준이 이미 개개의 근로계약의 내용으로 화체되어 존속하고 있기 때문에 협약의 효력을 인정하는 화체설에 따른다.

단체협약 내의 근로조건 기타 근로자의 대우에 관한 부분은 협약의 발효와 더불어 개별적 근로관계의 내용이 되므로 그 협약이 실효하더라도 개별적 근로관계의 내용으로 화체된 부분은 여전히 존속하게 된다고 봄이 타당하다.

> **참조판례 대법원 2007.12.27. 2007다51758 판결**
>
> 단체협약이 실효되었다고 하더라도 임금, 퇴직금이나 노동시간, 그 밖에 개별적인 노동조건에 관한 부분은 그 단체협약의 적용을 받고 있던 근로자의 근로계약의 내용이 되어 그것을 변경하는 새로운 단체협약, 취업규칙이 체결·작성되거나 또는 개별적인 근로자의 동의를 얻지 아니하는 한 개별적인 근로자의 근로계약의 내용으로서 여전히 남아 있어 사용자와 근로자를 규율하게 되는데, 단체협약 중 해고사유 및 해고의 절차에 관한 부분에 대하여도 이와 같은 법리가 그대로 적용된다.

(3) 근로조건의 개별적 변경 여부

협약의 실효사유가 노동조합의 탈퇴, 협약의 효력확장요건의 흠결 등일 때는 단체교섭권의 침해가 문제될 여지가 없으므로 개별적 합의에 의해 기준을 변경할 수 있지만 협약유효기간의 만료로 인한 경우에는 헌법상 단체교섭권의 보장 취지에서 개별교섭금지의 원칙, 근로조건의 일방적 변경금지의 원칙 등을 고려할 때 개별적 변경합의는 불가능하다는 견해가 있다. 이에 대해 새로운 근로계약이나 단체협약을 체결하여 단체협약 실효 전의 근로조건을 변경할 수 있다는 견해가 있다.

생각건대, 단체협약이 실효된 후에는 근로계약의 내용으로 화체되어 개별적 근로조건을 규율한다고 할 것이므로 이에 대해 근로계약이나 단체협약을 통해 근로조건을 변경하는 것은 가능하다고 본다.

2. 단체협약의 종료와 협약당사자의 권리 · 의무

사용자와 노동조합 간의 권리 · 의무는 협약의 실효와 함께 원칙적으로 종료한다. 따라서 평화의무나 조합활동조항 등은 협약의 종료와 함께 효력을 상실한다. 그러나 채무적 부분 전체가 일률적으로 실효된다고 볼 것은 아니고 당해 조항의 성질 및 내용에 따라 개별적 · 구체적으로 판단해야 할 것이다. 특히, 사용자의 편의제공 등의 경우는 여러 사정을 고려하여 판단하여야 할 것이다.

판례는 노동조합전임제의 근거규정인 단체협약이 유효기간의 만료로 인하여 효력을 상실한 경우, 원직복귀명령에 불응한 노동조합전임자를 해고한 것이 부당노동행위에 해당하지 않는다고 하여, 채무적 부분은 단체협약의 유효기간 만료로 인하여 실효한다는 입장이다.

제5절 단체협약의 해석

Ⅰ. 서

단체협약의 해석이란 단체협약의 의미 또는 내용을 확정하는 것을 말한다. 노동조합 및 노동관계조정법 제34조에서는 단체협약의 해석이나 이행방법에 관계 당사자 사이에 다툼이 있는 경우 노동위원회의 행정해석에 따라 확정할 수 있음을 정하고 있다.

종래 단체협약의 이행에서 그 내용이 명확하지 않고, 또 그 내용의 최종적 확정이 법원의 판결에만 의존하게 되어 이와 관련된 권리분쟁과 노동쟁의가 심각하였으므로 한편에 권리분쟁을 노동쟁의에서 배제하면서 다른 한편 단체협약의 확정적 해석을 용이하게 얻을 수 있게 하려는 데 그 규정의 취지가 있다.

따라서 노동위원회의 공정하고 신속하며 탄력적인 해석을 통해 종래 법원의 번잡한 절차와 경직된 해석, 시간과 경비를 줄이는 데 큰 의의가 있다.

Ⅱ. 절차

1. 당사자 간 의견의 불일치 발생

"단체협약의 해석 또는 이행방법에 관하여 관계 당사자 간에 의견의 불일치가 있는 때"란 단체협약에서 정해진 내용에 대한 해석에서 당사자 사이의 의견의 불일치와 단체협약에서 정하여지지 않은 이행방법에 대한 의견의 불일치 모두를 말한다.

2. 노동위원회에 해석요청

단체협약의 해석 또는 이행방법에 관하여 관계 당사자 간에 의견의 불일치가 있는 때에는 당사자 쌍방 또는 단체협약의 정하는 바에 의하여 어느 일방이 노동위원회에 그 해석 또는 이행방법에 관한 의견의 제시를 요구할 수 있다(노동조합법 제34조 제1항).

또한 "단체협약에서 정하는 바에 의하여"란 단체협약에서 해석 또는 이행방법에 이견이 있는 경우 "노동위원회의 의견에 따른다."라는 정함이 있는 경우로 이러한 정함이 있는 때에만 당사자 일방은 단독으로 노동위원회에 의견제시를 요구할 수 있다. 견해제시의 요청은 당해 단체협약의 내용과 당사자의 의견 등을 기재한 서면으로 하여야 한다.

3. 노동위원회의 의견제시

노동위원회는 당사자로부터 단체협약의 해석 또는 이행방법에 관하여 의견제시를 요청받은 때에는 그 날로부터 30일 이내에 명확한 견해를 제시하여야 한다(노동조합법 제34조 제2항). 여기서 "명확한 견해"란 사회통념상 당사자 사이에 서로 납득하여 해결될 수 있는 견해를 말하고, 판례는 단체협약의 해석에 관해 "단체협약 성립의 진정함이 인정되는 이상 그 기재, 내용을 부정할 만한 분명하고도 수긍할 수 있는 반증이 없는 한 그 기재내용에 의하여 그 문서에 표시된 의사로서의 존재 및 내용을 인정하여야 한다."라고 판시하고 있다.

또한 그 의사가 분명하지 않을 경우, 그 규정이 단체협약에 포함된 경위나 변천과정과 교섭 당시의 노사실무 위에서 오고 간 대화내용이나 합의과정 등을 참작하여 이를 합리적으로 해석하여야 한다.

> **📋 참조판례 대법원 1996.9.20. 선고 95다20454 판결**
>
> 단체협약서와 같은 처분문서는 진정성립이 인정되는 이상 그 기재 내용을 부정할 만한 분명하고도 수긍할 수 있는 반증이 없는 한 그 기재 내용에 의하여 그 문서에 표시된 의사표시의 존재 및 내용을 인정하여야 하고, 단체협약은 근로자의 근로조건을 유지 개선하고 복지를 증진하여 그 경제적·사회적 지위를 향상시킬 목적으로 노동자의 자주적 단체인 노동조합이 사용자와 사이에 근로조건에 관하여 단체교섭을 통하여 이루어지는 것이므로 그 명문의 규정을 근로자에게 불리하게 해석할 수는 없다.

III. 노동위원회의 견해의 효력

노동조합법 제34조 제2항의 규정에 의하여 노동위원회가 제시한 해석 또는 이행방법에 관한 견해는 중재재정과 동일한 효력을 가진다(노동조합법 제34조 제3항). 따라서 관계 당사자는 지방노동위원회 또는 특별노동위원회의 견해가 위법이거나 월권에 의한 경우 중재의견서의 송달을 받은 날로부터 10일 이내에 중노위에 그 재심을 신청할 수 있다(노동조합법 제69조 제1항).

또 관계 당사자는 중노위의 재심의견이 위법이거나 월권이라고 인정되는 경우 그 의견서와 송달을 받은 날로부터 15일 이내에 행정소송을 제기할 수 있다(노동조합법 제69조 제2항).

위 기간 내에 재심을 신청하지 아니하거나 행정소송을 제기하지 아니한 때에는 그 의견 또는 재심의견은 확정된다(노동조합법 제69조 제3항). 중재재정의 내용은 단체협약과 동일한 효력을 가진다(노동조합법 제70조 제1항).

제5장 노동쟁의의 조정

제1절 노동쟁의 조정제도

Ⅰ. 서

1. 의의

단체교섭의 결렬로 인한 분쟁을 방치하면 쟁의행위가 일어나거나 장기화될 수 있다. 이러한 의미의 쟁의행위를 예방하거나 조속히 종결시키기 위해서는 제삼자가 당사자의 주장을 조절하여 분쟁의 해결을 모색할 수 있는 절차가 필요하게 되는데, 이 절차를 '노동쟁의의 조정제도'라 한다. 이와 같이 쟁의조정은 당사자 간의 단체교섭에 대한 조력의 절차이고 또 쟁의행위의 예방 또는 조속한 종결을 꾀하는 절차라고 할 수 있다.

2. 조정의 대상(노동쟁의의 의의)

(1) 의의

노동조합 및 노동관계조정법은 조정의 대상을 '노동쟁의'라 부르면서, 노동쟁의란 "노동조합과 사용자 또는 사용자 단체 간에 임금·근로시간·복지·해고 기타 대우 등 근로조건의 결정에 관한 주장의 불일치로 인하여 발생한 분쟁상태를 말한다(제2조 제5호)."라고 정의하고 있다.

(2) 노동쟁의의 요건

1) 당사자

노동쟁의의 당사자는 노동조합법상 노동조합과 그 상대방인 사용자 또는 사용자단체이다. 노동쟁의주체인 노동관계당사자는 단체교섭 및 단체협약체결의 능력이 있어야 한다. 근로자개인과 사용자의 분쟁상태는 노동쟁의가 아니다.

2) 임금·근로시간·복지·해고 기타 대우 등 근로조건의 결정

① 단체교섭의 대상·쟁의행위목적과의 관계

노동쟁의조정제도는 단체교섭의 실효성을 위해 마련된 제도이다. 따라서 단체교섭의 대상이 되는 사항에 관한 분쟁은 노동쟁의에 해당한다. 쟁의행위의 목적과는 구별된다.

다만, 노동쟁의 개념에 해당하지 않는 사항도 쌍방이 신청하거나 그와 같이 볼 말한 사정이 있으면 조정 또는 중재의 대상이 될 수 있다.

② 권리분쟁과 이익분쟁

이익분쟁이란 근로조건의 기준에 관한 권리의 형성·유지·변경 등을 둘러싼 분쟁을 말하고, 권리분쟁이란 법령·단체협약·취업규칙 등에 의하여 확정된 권리의 해석·적용·이행 등을 둘러싼 분쟁을 말한다. 노동조합법은 근로조건의 '결정'에 관한 분쟁을 노동쟁의로 정의하고 있어 이익분쟁을 대상으로 한다.

3) 주장의 불일치

주장의 불일치라 함은 당사자 간의 합의를 위한 노력을 계속하여도 더 이상 자주적인 교섭에 의한 합의의 여지가 없는 경우를 말한다.

4) 분쟁상태

분쟁상태란 주장이 달라 쟁의행위가 발생하였거나 발생할 우려가 있는 상태를 말한다.

3. 유형

(1) 해결안의 성격에 따라 ① 조정은 해결안(조정안)을 당사자 쌍방이 수락하여야 구속력을 갖게 되는 것이고, ② 중재는 해결안(재정·판정)이 당사자의 의사와 상관없이 구속력을 갖게 되는 것을 말한다.

(2) 개시의 요건에 따라 ① 임의조정은 당사자 쌍방의 발의(신청)가 있어야 개시되고, ② 강제조정은 당사자 일방이 발의(신청)하면 상대방의 의사에 반하여 강제로 개시되는 일방적 조정과 제삼자의 발의 또는 결정에 의하여 강제로 개시되는 직권조정이 포함된다.

(3) 법적 근거나 담당자에 따라 ① 사적조정은 당사자가 미리 또는 그때그때 분쟁해결절차에 관하여 단체협약 기타 합의를 하고 이에 따라 선정한 민간의 제삼자에게 그 분쟁의 조정·중재를 의뢰하는 것이고, ② 공적조정은 국가가 법률에 의하여 분쟁해결절차를 규정하고 소정의 공적 기관이 당사자나 공적 기관 등의 발의로 조정·중재를 하게 하는 것을 말한다.

4. 쟁의조정의 기본원칙

(1) 자주적 해결의 원칙

노동관계당사자는 노동쟁의가 발생한 때에는 자주적으로 해결하도록 노력하여야 하고(노동조합법 제48조 후단), 국가 및 지방자치단체는 노동관계 당사자 사이에 노동관계에 관한 주장이 일치하지 않을 경우에 당사자가 이를 자주적으로 조정할 수 있도록 조력해야 한다(노동조합법 제49조 전단).

쟁의조정에 관한 규정들은 노동관계 당사자가 직접 노동관계에 관한 주장의 불일치를 조정하고 이에 필요한 노력을 하는 것을 방해하지 않는다(노동조합법 제47조).

자주적 해결은 공식·비공식의 단체교섭을 통한 해결, 노동위원회에 대한 조정·중재의 자발적인 신청을 통한 해결, 사적 조정을 통한 해결을 널리 포함한다고 본다.

(2) 신속·공정한 해결의 원칙

국가나 지방자치단체는 노동쟁의의 자주적 해결에 조력함으로써 쟁의행위를 가능한 한 예방하고 노동쟁의의 신속·공정한 해결에 노력하고(노동조합법 제49조 후단), 노동관계의 조정을 할 경우에는 노동관계 당사자와 노동위원회나 그 밖의 관계기관은 사건을 조속히 처리하도록 노력해야 한다(노동조합법 제50조).

노동쟁의를 방치하면 쟁의행위를 일으키거나 장기화하게 된다는 점에서 신속·공정한 해결의 원칙은 당연한 이치를 규정한 것이다.

Ⅱ. 조정절차

1. 조정의 의의

조정은 조정위원회가 쟁의관계당사자의 의견을 청취하여 조정안을 작성하고 노사쌍방에 대하여 이를 수락할 것을 권고하는 조정방법이다. 조정은 일반사업과 공익사업에 모두 적용되지만, 조정안은 강제성이 없기 때문에 당사자 간에 자주적인 해결을 도모하기 위한 것으로 볼 수 있다.

2. 조정의 개시

노동위원회는 관계당사자의 일방이 노동쟁의의 조정을 신청한 때에는 조정을 개시하여야 한다(제53조 전단). 그러나 쟁의행위는 조정절차를 거치지 않으면 할 수 없으므로(노동조합법 제45조 제2항), 노동조합으로서는 조정을 신청하지 않을 수 없다. 노동위원회는 조정을 하게 된 경우에는 지체 없이 이를 서면으로 관계당사자에게 각각 통보하고(노동조합법 시행령 제25조), 당해 사건의 조정을 위한 조정위원회 또는 특별조정위원회를 구성하여야 한다(노동조합법 시행령 제26조). 다만, 조정신청내용이 조정의 대상이 아니라고 인정할 경우에 노동위원회는 조정신청인에게 그 사유와 다른 해결방법을 알려주어야 한다(노동조합법 시행령 제24조 제2항).

3. 조정의 담당자

(1) 조정위원회의 구성

조정신청을 받은 노동위원회는 당해 노동쟁의의 조정을 담당할 조정위원회를 지체 없이 구성하여야 한다.

조정위원회는 3인의 위원으로 구성하며(노동조합법 제55조 제1항·제2항), 위원은 그 노동위원회의 위원 중에서 사용자위원·근로자위원·공익위원 각 1인을 그 노동위원회의 위원 중에서 사용자를 대표하는 자, 근로자를 대표하는 자 및 공익을 대표하는 자 각 1인을 그 노동위원회의 위원장이 지명하되, 근로자를 대표하는 조정위원은 사용자가, 사용자를 대표하는 조정위원은 노동조합이 각각 추천하는 노동위원회의 위원 중에서 지명하여야 한다. 다만, 조정위원회의 회의 3일 전까지 관계 당사자가 추천하는 위원의 명단제출이 없을 때에는 당해 위원을 위원장이 따로 지명할 수 있다(노동조합법 제55조 제3항).

(2) 조정위원회의 위원장

조정위원회에 위원장을 두어야 하는데, 위원장은 공익을 대표하는 조정위원이 된다(노동조합법 제56조).

(3) 단독조정

노동위원회는 관계 당사자 쌍방의 신청이 있거나 관계 당사자 쌍방의 동의를 얻은 경우에는 조정위원회에 갈음하여 단독조정인에게 조정을 행하게 할 수 있으며, 단독조정인은 당해 노동위원회의 위원 중에서 관계 당사자의 쌍방의 합의로 선정된 자를 그 노동위원회의 위원장이 지명한다(노동조합법 제57조).

4. 조정의 방법

(1) 주장의 확인 및 출석금지

조정위원회 또는 단독조정인은 기일을 정하여 관계 당사자 쌍방을 출석하게 하여 주장의 요점을 확인하여야 하며(노동조합법 제58조), 조정위원회의 위원장 또는 단독조정인은 관계 당사자와 참고인 외의 자의 출석을 금할 수 있다(노동조합법 제59조).

(2) 조정안의 작성과 수락권고

조정위원회 또는 단독조정인은 조정안을 작성하여 이를 관계 당사자에게 제시하고 그 수락을 권고하여야 한다(노동조합법 제60조 제1항 전단). 당사자 쌍방은 조정에 성실히 임하여야 하지만(노동조합법 제53조 후단), 수락이 강제되는 것은 아니다.

조정담당자는 조정안 수락의 권고와 동시에 그 조정안에 이유를 붙여 공표할 수 있으며, 필요한 때에는 신문 또는 방송에 보도 등 협조를 요청할 수 있다(노동조합법 제60조 제1항).

(3) 조정기간

조정은 조정의 신청이 있는 날부터 일반사업에 있어서는 10일, 공익사업에 있어서는 15일 이내에 종료하여야 한다(노동조합법 제54조 제1항). 신속한 해결의 원칙에 따른 것이고 또 조정기간 중에는 쟁의권 행사가 제한된다(노동조합법 제45조 제2항 참조)는 점을 고려한 것이다. 그러나 조정기간은 관계 당사자 간의 합의로 일반사업에 있어서는 10일, 공익사업에 있어서는 15일 이내에서 연장할 수 있다(노동조합법 제54조 제2항).

5. 조정의 종료

(1) 조정안이 거부된 경우

조정위원회 또는 단독조정인은 관계 당사자가 수락을 거부하여 더 이상 조정이 이루어질 여지가 없다고 판단되는 경우에는 조정의 종료를 결정하고 이를 관계 당사자 쌍방에 통보하여야 한다(노동조합법 제60조 제2항). 조정안에 대한 수락이 거부된 경우 또는 조정기간이 경과하면 조정전치주의를 거친 것이므로 노동조합은 쟁의행위를 할 수 있다.

(2) 조정안이 수락된 경우

1) 조정서의 작성

조정안이 관계당사자에 의하여 수락된 때에는 조정위원 전원 또는 단독조정인은 조정서를 작성하고 관계당사자와 함께 서명·날인하여야 한다(노동조합법 제61조 제1항). 조정서의 내용은 단체협약과 동일한 효력을 가진다(노동조합법 제61조 제2항).

2) 조정안의 해석

조정안이 관계당사자의 쌍방에 의하여 수락된 후 그 해석 또는 이행방법에 관하여 관계 당사자 간에 의견의 불일치가 있는 때에는 관계 당사자는 당해 조정위원회 또는 단독조정인에게 그 해석 또는 이행방법에 관한 명확한 견해의 제시를 요청하여야 하며(노동조합법 제60조 제3항), 관계당사자로부터 이러한 요청을 받은 조정위원회 또는 단독조정인은 요청을 받은 때에는 그 요청을 받은 날부터 7일 이내에 명확한 견해를 제시하여야 한다(노동조합법 제60조 제4항). 해석 또는 이행방법에 관한 견해가 제시될 때까지는 관계 당사자는 당해 조정안의 해석 또는 이행에 관하여 쟁의행위를 할 수 없으며(노동조합법 제60조 제4항·제5항), 제시한 해석 또는 이행방법에 관한 견해는 중재재정과 동일한 효력을 가진다(노동조합법 제61조 제3항).

6. 조정전지원 및 사후조정

노동위원회는 조정 신청 전이라도 원활한 조정을 위하여 교섭을 주선하는 등 당사자의 자주적인 분쟁해결을 지원할 수 있다(노동조합법 제53조 제2항). 또한 노동위원회는 제60조 제2항에 따른 조정의 종료가 결정된 후에도 노동쟁의의 해결을 위하여 조정을 할 수 있다(노동조합법 제61조의2).

노동위원회가 조정 전후에 관계없이 분쟁해결의 행정적 서비스를 적극적으로 제공할 수 있도록 권한을 부여한 것이다.

조정전지원과 사후조정은 그 시작 요건에 제한이 없다. 또한 조정전지원과 사후조정은 조정과 달리 그 절차에 기간의 제한이 없으므로 특별한 사정이 없는 이상 장기에 걸쳐 할 수도 있다. 사후조정의 경우에는 그 담당자, 절차, 성립한 때의 효력 등에 관하여 조정에 관한 규정을 준용한다(노동조합법 제61조의2 제2항).

III. 중재절차

1. 중재의 의의

중재는 노동위원회에 설치된 중재위원회가 노동쟁의의 해결조건을 정한 중재안을 작성하여 당사자의 수락여부와 관계없이 그 중재안을 받아들이도록 함으로써 분쟁을 해결하는 조정방법이다.

중재에는 관계당사자의 신청이 있을 때에 중재절차가 개시되는 임의중재와 관계당사자의 신청 없이 행정관청의 직권으로 중재절차가 개시되는 강제중재가 있고, 당사자의 의사와 관계없이 행정관청의 직권에 의해 중재에 회부하는 직권중재가 있다.

종전법에서는 필수공익사업에 대하여 강제중재를 허용하였지만, 현행법에서는 이를 폐지하여 쟁의권을 확대하였다.

2. 중재의 개시

(1) 임의중재

노동위원회는 ① 관계 당사자의 쌍방이 함께 중재를 신청한 때, ② 관계 당사자의 일방이 단체협약에 의하여 중재를 신청한 때(노동조합법 제62조 제1호·제2호), ③ 긴급조정 시 관계당사자의 쌍방으로부터 중재신청이 있는 경우(노동조합법 제80조)에 중재가 개시된다.

(2) 강제중재

필수공익사업에 있어서 노동위원회위원장이 특별조정위원회의 권고에 의하여 중재에 회부한다는 결정을 한 때에 개시되고(노동조합법 제62조 제3호) 긴급조정시에 조정이 성립될 가망이 없다고 인정한 경우에 중앙노동위원회 위원장이 공익위원의 의견을 들어 중재에 회부한다는 결정을 한 때(제79조 제1항), 긴급조정시 관계당사자의 일방으로부터 중재신청이 있는 때(노동조합법 제80조)에 중재가 개시된다.

3. 중재의 담당자

(1) 중재위원회의 구성 및 회의

노동쟁의의 중재 또는 재심을 위하여 노동위원회에 중재위원회를 두며, 중재위원 3인으로 구성한다(노동조합법 제64조 제1항·제2항). 중재위원은 당해 노동위원회의 공익을 대표하는 위원 중에서 관계 당사자의 합의로 선정한 자에 대하여 그 노동위원회의 위원장이 지명한다. 다만, 관계 당사자 간에 합의가 성립되지 아니한 경우에는 노동위원회의 공익을 대표하는 위원 중에서 위원장이 지명한다. 회의는 구성원 전원의 출석으로 개의하고 출석위원 과반수의 찬성으로 의결한다(노동위원회법 제17조).

(2) 중재위원회의 위원장

중재위원회의 위원장은 공익위원만으로 구성되므로 중재위원 중에서 호선한다(노동조합법 제65조).

4. 중재의 방법

(1) 주장의 확인 및 의견진술 등

중재위원회는 기일을 정하여 관계 당사자 쌍방 또는 일방을 중재위원회에 출석하게 하여 주장의 요점을 확인하여야 하고, 관계 당사자가 지명한 노동위원회의 사용자를 대표하는 위원 또는 근로자를 대표하는 위원은 중재위원회의 동의를 얻어 그 회의에 출석하여 의견을 진술할 수 있다(노동조합법 제66조). 한편, 중재위원회의 위원장은 관계 당사자와 참고인외의 자의 회의출석을 금할 수 있다(노동조합법 제67조)

(2) 중재기간

중재기간에 대하여는 명시적인 규정이 없지만, 노동쟁의가 중재에 회부된 때에는 그 날부터 15일간은 쟁의행위를 할 수 없으므로(노동조합법 제63조), 중재위원회는 15일 이내에 중재를 하여야 한다.

5. 중재의 종료

(1) 중재재정의 작성

중재재정은 서면으로 작성하고, 그 서면에는 효력발생 기일을 명시하여야 한다(노동조합법 제68조 제1항). 이러한 중재재정서는 지체 없이 관계당사자에게 송달하여야 한다(노동조합법 시행령 제29조 제1항).

(2) 중재재정에 대한 이의신청

관계당사자는 지방노동위원회 또는 특별노동위원회의 중재재정이 위법이거나 월권에 의한 것이라고 인정하는 경우에는 그 중재재정서의 송달을 받은 날부터 10일 이내에 중앙노동위원회에 그 재심을 신청할 수 있다(노동조합법 제69조 제1항). 또한 중앙노동위원회의 중재재정이나 재심결정이 위법이거나 월권에 의한 것이라고 인정하는 경우에는 그 중재재정서 또는 재심결정서의 송달을 받은 날부터 15일 이내에 행정소송을 제기할 수 있다(노동조합법 제69조 제2항).

(3) 중재재정의 확정

재심신청기간 및 행정소송 제소기간 내에 재심을 신청하지 아니하거나 행정 소송을 제기하지 아니한 때에는 그 중재재정 또는 재심결정은 확정된다(노동조합법 제69조).

(4) 중재재정 등의 효력

중재재정의 내용은 단체협약과 동일한 효력을 가진다(노동조합법 제70조 제1항). 노동위원회의 중재재정 또는 재심결정은 중앙노동위원회에의 재심신청 또는 행정소송의 제기에 의하여 그 효력이 정지되지 아니한다(노동조합법 제70조 제2항).

(5) 중재재정의 해석

중재재정의 해석 또는 이행방법에 관하여 관계 당사자 간에 의견의 불일치가 있는 때에는 당해 중재위원회의 해석에 따르며 그 해석은 중재재정과 동일한 효력을 가진다(노동조합법 제68조 제2항).

Ⅳ. 공익사업의 특별조정

1. 공익사업의 범위

(1) 공익사업

공중의 일상생활과 밀접한 관련이 있거나 국민경제에 미치는 영향이 큰 사업으로서 ① 정기노선여객 운수사업 및 항공운수사업, ② 수도·전기·가스·석유정제 및 석유공급사업, ③ 공중위생, 의료사업 및 혈액공급사업, ④ 은행 및 조폐사업, ⑤ 방송 및 통신사업을 말한다.

(2) 필수공익사업

공익사업 중에서 그 업무의 정지 또는 폐지가 공중의 일상생활을 현저히 위태롭게 하거나 국민경제를 현저히 저해하고 그 업무의 대체가 용이하지 아니한 사업으로서 ① 철도, 도시철도 및 항공운수사업, ② 수도·전기·가스·석유정제 및 석유공급사업, ③ 병원사업 및 혈액공급사업, ④ 한국은행사업, ⑤ 통신사업을 말한다.

2. 공익사업의 조정담당자

(1) 특별조정위원회의 구성

공익사업의 노동쟁의의 조정을 위하여 노동위원회에 특별조정위원회를 두며(노동조합법 제72조 제1항), 특별조정위원회는 특별조정위원 3인으로 구성한다(노동조합법 제72조 제2항).

특별조정위원은 그 노동위원회의 공익을 대표하는 위원 중에서 노동조합과 사용자가 순차적으로 배제하고 남은 4인 내지 6인 중에서 노동위원회의 위원장이 지명한다. 다만, 관계 당사자가 합의로 당해 노동위원회의 위원이 아닌 자를 추천하는 경우에는 그 추천된 자를 지명한다(노동조합법 제72조 제3항).

(2) 특별조정위원회의 위원장

특별조정위원회에 위원장은 공익을 대표하는 노동위원회의 위원 중에서 호선하고, 당해 노동위원회의 위원이 아닌 자만으로 구성된 경우에는 그 중에서 호선한다. 다만, 공익을 대표하는 위원이 1인인 경우에는 당해 위원이 위원장이 된다(노동조합법 제73조).

(3) 특별조정위원회의 권한과 회의

특별조정위원회는 공익사업에 대한 조정권한을 가지며, 회의는 조정위원회와 같이 구성원 전원 출석으로 개의하고 과반수의 찬성으로 의결한다(노동위원회법 제17조).

3. 공익사업의 조정방법

공익사업은 국가·지방자치단체·국공영기업체·방위산업 및 공익사업에 있어서의 노동쟁의 조정은 우선적으로 취급하고 신속히 처리함(노동조합법 제51조)을 원칙으로 하며, 조정기간은 일반사업에 있어서 10일이지만, 공익사업에 있어서는 15일(노동조합법 제54조)로 쟁의행위가 제한된다.

4. 긴급조정제도

고용노동부장관도 쟁의행위가 공익사업에 관한 것이거나 그 규모가 크거나 그 성질이 특별한 것으로서 현저히 국민경제를 해하거나 국민의 일상생활을 위태롭게 할 위험이 현존하는 때에는 긴급조정의 결정을 할 수 있다(노동조합법 제76조).

V. 필수공익사업의 조정과 쟁의행위

1. 필수공익사업의 의의

필수공익사업이란 공익사업 중에서 그 업무의 정지 또는 폐지가 공중의 일상생활을 현저히 위태롭게 하거나 국민경제를 현저히 저해하고 그 업무의 대체가 용이하지 아니한 사업으로서 ① 철도, 도시철도 및 항공운수사업, ② 수도·전기·가스·석유정제 및 석유공급사업, ③ 병원사업 및 혈액공급사업, ④ 한국은행사업, ⑤ 통신사업을 말한다(노동조합법 제71조 제2항).

필수공익사업은 일반사업이나 공익사업과 구별하여 조정과 쟁의행위에 특별한 절차와 의무를 부과하여 공익과 근로3권의 적절한 조화를 꾀하고 있다. 그동안 필수공익사업의 쟁의행위에 있어서 직권중재제도를 두고 있어서 쟁의행위를 제약한다는 비판이 있어왔다. 이러한 의견을 반영하여 직권중재제도를 폐지하고 필수유지업무를 신설하여 공익보호와 근로3권 보장이 최대한 이루어질 수 있도록 하고 있다. 아울러 필수공익사업의 경우, 쟁의행위에 대하여 일정한 범위 안에서 대체근로를 허용하여 사용자의 재산권을 보호하도록 하고 있다.

2. 필수공익사업의 조정

(1) 공익사업의 조정담당자

1) 특별조정위원회의 구성

공익사업의 노동쟁의 조정을 위하여 노동위원회에 특별조정위원회를 두며(노동조합법 제72조 제1항), 특별조정위원회는 특별조정위원 3인으로 구성한다(노동조합법 제72조 제2항).
특별조정위원은 그 노동위원회의 공익을 대표하는 위원 중에서 노동조합과 사용자가 순차적으로 배제하고 남은 4인 내지 6인 중에서 노동위원회의 위원장이 지명한다. 다만, 관계 당사자가 합의로 당해 노동위원회의 위원이 아닌 자를 추천하는 경우에는 그 추천된 자를 지명한다(노동조합법 제72조 제3항).

2) 특별조정위원회의 위원장

특별조정위원회의 위원장은 공익을 대표하는 노동위원회의 위원인 특별조정위원 중에서 호선하고, 당해 노동위원회의 위원이 아닌 자만으로 구성된 경우에는 그 중에서 호선한다. 다만, 공익을 대표하는 위원인 특별조정위원이 1인인 경우에는 당해위원이 위원장이 된다(노동조합법 제73조).

3) 특별조정위원회의 권한과 회의

특별조정위원회는 필수공익사업에 대하여 조정을 담당한다는 점에서 조정위원회와 다르지만, 회의는 조정위원회와 같이 구성원 전원 출석으로 개의하고 과반수의 찬성으로 의결한다(노동위원회법 제17조).

(2) 필수공익사업의 조정방법

1) 필수공익사업의 조정에 관한 특칙

일반사업보다도 공익사업의 쟁의행위는 국민의 일상생활과 국민경제에 미치는 영향이 크기 때문에 노동관계법에서는 공익사업의 노동쟁의를 신속하게 해결하기 위하여 많은 특칙을 두면서 일반사업의 경우보다 많은 제한을 하고 있다. 특히, 공익사업 중에서도 필수공익사업을 별도로 규정하여 조정에 관한 별도의 제한을 하고 있다.

2) 공익사업의 우선적 취급

공익사업은 국가 · 지방자치단체 · 국공영기업체 · 방위산업 및 공익사업에 있어서의 노동쟁의 조정을 우선적으로 취급하고 신속히 처리함(노동조합법 제51조)을 원칙으로 한다.
이는 일반사업에 비해 공중의 일상생활과 국민경제에 미치는 영향이 크다는 점을 감안한 것이다.

(3) 조정기간

조정기간은 일반사업에 있어서 10일이지만, 공익사업에 있어서는 15일(노동조합법 제54조) 이내에 조정을 종료하여야 한다.

과거에는 냉각기간을 두어 쟁의행위 자체를 금지하였고, 현재는 조정의 실시기간으로 규정하면서 쟁의행위를 할 수 없도록 하고 있어서 실제로 일반사업보다 공익사업의 쟁의행위를 제약하는 결과가 된다.

3. 긴급조정제도의 활용

긴급조정제도는 고용노동부장관은 쟁의행위가 공익사업에 관한 것이거나 그 규모가 크거나 그 성질이 특별한 것으로서 현저히 국민경제를 해하거나 국민의 일상생활을 위태롭게 할 위험이 현존하는 때에는 긴급조정의 결정을 할 수 있다고 규정하고 있다(노동조합법 제76조).

4. 필수공익사업의 쟁의행위

(1) 필수공익사업의 쟁의권 보호와 공익보호의 조화

노동조합법은 업무가 정지 또는 폐지되는 경우 공중의 생명·건강, 신체의 안전 또는 공중의 일상생활을 현저히 위태롭게 하는 업무를 "필수유지업무"로 규정하고(제42조의2 제1항) 쟁의행위 기간 중 필수유지업무의 정당한 유지·운영을 정지·폐지 또는 방해하는 행위에 대해 3년 이하의 징역, 3천만 원 이하의 벌금을 부과하도록 하고 있다.

한편, 공익사업에 대하여 파업참가자 50%에 대하여 대체근로를 허용하여 사용자의 재산권과 노동조합의 쟁의권의 조화를 보장하고 있다.

(2) 필수유지업무의 도입

1) 쟁의행위 기간 중 필수유지업무 수행 의무 부과

업무가 정지 또는 폐지되는 경우 공중의 생명·건강, 신체의 안전 또는 공중의 일상생활을 현저히 위태롭게 하는 업무를 "필수유지업무"로 규정하고, 쟁의행위 기간 중 필수유지업무의 정당한 유지·운영을 정지·폐지 또는 방해하는 행위에 대해 3년 이하의 징역, 3천만 원 이하 벌금 부과하도록 규정하고 있다.

2) 필수유지업무의 내용

법률에 규정된 필수유지업무의 기준(개념)을 토대로 대통령령에서 필수유지업무의 내용을 구체화하도록 하며, 대통령령에서 업무의 특성 등을 고려, 공익사업별 필수유지 업무 내용을 규정하고 있다.

3) 필수유지협정의 체결

노사는 법령에 제시된 기준을 토대로 필수유지업무의 필요·최소한의 유지·운영수준, 대상 직무, 필요인원 등을 노사협정(필수유지업무 협정)으로 체결할 수 있다(노동조합법 제42조의3).

4) 노동위원회의 결정

노사 간에 협정이 체결되지 않을 경우, 관계 당사자 일방 또는 쌍방이 노동위원회에 신청하여 노동위원회가 결정하여 필수유지업무의 구체적인 범위를 정할 수 있으며, 노동위원회가 결정한 내용에 반하는 노사협정은 효력을 상실한다고 보아야 한다(노동조합법 제42조의4).

5) 노동위원회의 결정에 따른 쟁의행위

노사 당사자가 노동위원회의 결정에 따라 쟁의행위를 한 경우 필수유지업무의 정당한 유지·운영을 하면서 쟁의행위를 한 것으로 볼 수 있다(노동조합법 제42조의5).

6) 사업장에서의 필수유지업무 수행

노동조합이 사용자에게 근무자를 통보하고, 사용자는 이에 따라 근로자를 지명하여 필수유지 업무를 수행할 수 있다(노동조합법 제42조의6).

(3) 필수공익사업의 대체근로허용

필수공익사업의 사용자는 쟁의행위 기간 중에 한하여 당해 사업과 관계없는 자를 채용 또는 대체하거 그 업무를 도급 또는 하도급을 줄 수 있다. 대체근로의 허용범위는 당해 사업 또는 사업장 파업참가자의 100분의 50을 초과하지 않는 범위 안에서 허용된다. 파업참가자 수는 근로의무가 있는 근로시간 중 파업 참가를 이유로 근로의 일부 또는 전부를 제공하지 아니한 자의 수를 1일 단위로 산정한다.

제2절 사적조정

Ⅰ. 사적조정제도의 의의

사적조정제도는 노동위원회 등 공적기간과는 별도로 노동관계당사자의 의사에 따라 국가기관이 아닌 민간인 또는 민간단체에서 노동쟁의의 조정을 행하는 제도이다.

노동조합 및 노동관계조정법은 공적조정 이외에 노동관계당사자 쌍방의 합의 또는 단체협약이 정하는 바에 따라 각각 다른 조정 또는 중재방법에 의하여 노동쟁의를 해결할 수 있도록 근거 규정을 두고 있다(제52조 제1항). 이는 노동쟁의를 노동관계당사자가 자주적으로 해결할 수 있도록 조력하기 위하여 설정된 제도이다.

Ⅱ. 사적조정제도 활성화

노동조합법은 사적조정인 또는 사적중재인이 노동관계 당사자로부터 수수료, 수당과 여비를 받을 수 있는 법적 근거를 마련(제52조 제1항·제5항)하여 전문성 있고 유능한 인력이 참여할 수 있는 여건을 조성할 수 있게 되었다.

Ⅲ. 사적조정의 절차

1. 개시요건

(1) 당사자의 합의

노동관계당사자 쌍방의 합의 또는 단체협약의 규정에 의하여 개시된다(노동조합법 제52조 제1항). 이는 공적조정이 일방의 신청이나 직권에 의하여 개시되는 것과 달리 노사 간 자율성을 존중하여 자주적 해결을 도모하고자 하는 것이다.

(2) 노동위원회에의 신고

노동관계당사자가 사적조정에 의하여 노동쟁의를 해결하기로 한 때에는 사적조정결정신고서에 사적조정인 또는 사적 중재인의 인적사항을 첨부하여 관할 노동위원회에 신고하여야 한다(노동조합법 제52조 제2항). 이러한 사적조정 신고는 공적조정이나 중재가 진행 중인 경우에도 가능하다(노동조합법 시행령 제23조 제2항).

2. 사적조정의 방법

(1) 당사자의 합의

사적조정의 방법은 노동관계당사자 쌍방의 합의 또는 단체협약으로 정할 수 있다. 따라서 그 방법 또는 방식은 노사간의 합의에 의하여 자유로이 정할 수 있다.

(2) 사적조정인의 선정

사적조정인이나 중재인은 지방노동위원회 조정담당 공익위원의 자격을 가져야 한다(노동조합법 제52조 제5항).

3. 사적조정의 대상

사적조정은 공적조정과 달리 근로조건의 결정에 관한 사항이 아니더라도 그 대상으로 할 수 있다(대법원 2003.7.25. 선고 2001두4818 판결). 따라서 단체교섭 또는 단체협약의 대상이 될 수 있으면 사적조정의 대상이라고 할 수 있다.

Ⅳ. 사적조정의 효력

1. 조정전치주의

사적조정의 경우에도 노동조합법 제44조 제2항의 조정전치주의 규정이 적용된다. 따라서 공적조정을 거치지 않은 상태라면, 사적조정을 거치지 아니하면 쟁의행위를 할 수 없고, 사적조정기간 중에는 쟁의행위를 할 수 없다.

2. 조정기간 또는 중재기간

(1) 사적조정기간

사적조정은 조정을 개시한 날부터 일반사업에 있어서는 10일, 공익사업에 있어서는 15일, 중재를 개시한 날부터 15일이 경과되어야 쟁의행위를 할 수 있다. 조정이 성사되지 아니하더라도 위의 기간이 경과하면 쟁의행위를 할 수 있다.

(2) 사적중재기간

사적중재는 중재를 개시한 날부터 일반사업이나 공익사업 구분없이 15일간 쟁의행위가 금지된다(노동조합법 제63조).

3. 사적조정·중재의 효력

(1) 사적조정이 이루어진 경우

1) 조정서 및 중재서의 효력

사적조정·중재가 이루어진 경우에 조정서와 중재서가 작성되는데, 이러한 조정서와 중재서는 단체협약과 동일한 효력을 가진다(노동조합법 제52조 제4항).

2) 조정서 및 중재서의 해석

사적조정서와 사적중재서의 해석과 이행방법에 관한 다툼이 있는 경우에는 사적조정서의 경우에는 공적조정서와 같이 관계당사자는 조정을 담당한 사적조정인 또는 기관에 그 해석을 요청하여야 하며, 사적중재서의 경우에는 공적중재서와 같이 관계당사자는 중재를 담당한 사적중재 또는 기관의 해석에 따라야 한다.

(2) 사적조정이 이루어지지 않은 경우

1) 공적조정 등의 신청

노동관계당사자는 사적 조정·중재에 의하여 노동쟁의가 해결되지 아니한 경우에는 관할 노동위원회에 노동쟁의를 조정 또는 중재하여 줄 것을 신청할 수 있다. 이 경우 관할 노동위원회는 지체 없이 공적조정 또는 중재를 개시하여야 한다(노동조합법 시행령 제23조 제3항).

2) 쟁의행위

사적조정 등이 이루어지지 않고 조정기간이 경과한 경우에 노동조합은 별도의 공적조정·중재를 거치지 않고도 쟁의행위에 돌입할 수 있다. 사적조정·중재도 노동조합법 제45조 제2항의 조정전치주의가 적용된다.

제3절 긴급조정

Ⅰ. 의의

긴급조정이란 쟁의행위가 공익사업에 관한 것이거나 그 규모가 크거나 그 성질이 특별한 것으로서 현저히 국민경제를 해하거나 국민의 일상생활을 위태롭게 할 위험이 현존하는 때에 고용노동부장관의 결정에 의해 강제로 개시되는 조정절차를 말한다.

노동관계 당사자 간의 이해관계는 노사의 자주적 해결이 원칙이다. 그러나 노사의 자주적 해결이 어려울 경우 제3자가 개입하여 신속하게 조정함으로써 노사분쟁의 장기화를 방지하고 그에 따른 국민경제의 피해를 최소화할 필요성 때문에 조정제도를 인정하고 있는 것이다. 여기에서 일반적인 조정제도인 조정·중재가 통상의 노동쟁의의 조정방법이라고 한다면, 긴급조정은 비상시의 쟁의조정방법이라고 할 수 있고, 전자가 앞으로 발생할 쟁의행위의 예방조치라고 한다면 후자는 이미 발생한 쟁의행위의 중지조치라고 할 수 있다.

즉, 긴급조정제도는 노동쟁의가 국민경제나 국민생활을 위태롭게 할 위험이 있는 경우 노동부장관이 쟁의행위를 중지시키고 긴급하게 조정할 것을 결정하여 행하는 조정이다.

Ⅱ. 긴급조정 결정의 요건

1. 실질적 요건

긴급조정은 '당해 쟁의행위가 공익사업에 관한 것이거나 그 규모가 크거나 그 성질이 특별한 것으로서 현저히 국민경제를 해하거나 국민의 일상생활을 위태롭게 할 위험이 현존하는 때'에만 인정된다(노동조합법 제76조 제1항). 따라서 위험의 현저성이 구체적이어야 하며, 그 위험이 현실적으로 존재해야 한다. 공익사업에서의 쟁의행위, 대규모 쟁의행위 또는 성질이 특별한 쟁의행위라 하여 당연히 긴급조정을 결정할 수 있는 것은 아니고, 현저히 국민경제나 국민의 일상생활을 위태롭게 할 위험이 현존할 것이 요구된다. 성질이 특별하다는 것은 일반사업에 관한 것이고 규모가 크지 않으면서도 국민경제나 국민의 일상생활에 악영향을 주는 경우를 말한다.

2. 절차적 요건

(1) 결정권자

긴급조정의 결정권자는 고용노동부장관이다(노동조합법 제76조 제3항).

(2) 중앙노동위원회 위원장의 의견수렴

고용노동부장관은 긴급조정의 결정을 하고자 할 때에는 미리 중앙노동위원회(이하 '중노위'라 한다) 위원장의 의견을 들어야 한다(노동조합법 제76조 제2항). 고용노동부장관이 중노위 위원장의 의견을 들어야 한다는 것은 중노위 위원장의 의견을 존중하여야 한다는 의미이며, 그 의견에 구속된다는 것은 아니므로 사실상 고용노동부장관이 긴급조정에 대한 결정권을 갖는다고 보아야 할 것이다.

(3) 공표 및 결정통보

고용노동부장관은 긴급조정을 결정한 때에는 지체 없이 그 이유를 붙여 이를 공표함과 동시에 중노위와 관계 당사자에게 각각 통보하여야 한다(노동조합법 제76조 제3항).

Ⅲ. 긴급조정결정의 효과

1. 쟁의행위의 중지

긴급조정의 결정이 공표된 때에는 즉시 쟁의행위를 중지하여야 하며, 공표일부터 30일이 경과하지 아니하면 쟁의행위를 재개할 수 없다(노동조합법 제77조). 만약 이를 위반할 경우에는 2년 이하의 징역 또는 2천만 원의 벌금형에 처하게 된다(노동조합법 제90조).

2. 중앙노동위원회의 조정절차 개시

중노위는 고용노동부장관의 통고를 받은 때에는 지체 없이 조정을 개시하여야 한다(노동조합법 제78조).

Ⅳ. 긴급조정으로서의 조정 · 중재

1. 조정

긴급조정에 의해서 조정위원회는 조정안을 작성하여 이를 관계 당사자에게 제시하고 그 수락을 권고한다. 조정안이 관계 당사자에 의하여 수락된 때에는 조정서를 작성한다. 이러한 조정서의 내용은 단체협약과 동일한 효력을 가진다.

2. 중재

(1) 중재회부 결정

중노위 위원장은 긴급조정이 성립될 가망이 없다고 인정한 경우에는 긴급조정 결정의 통고를 받은 날부터 15일 이내에 공익위원의 의견을 들어 중재에 회부할 것인가를 결정하여야 한다(노동조합법 제79조).

(2) 중재개시

중노위는 당해 관계당사자의 일방 또는 쌍방으로부터 중재신청이 있거나 중노위 위원장이 중재회부의 결정을 한 때에는 지체 없이 중재를 행해야 한다(노동조합법 제80조).

(3) 중재재정의 효력

긴급조정에 의하여 중재재정이 내려지면 중재재정은 단체협약과 동일한 효력을 가진다(노동조합법 제70조).

(4) 행정소송의 제기

긴급조정의 절차를 개시할 만한 요건이 구비되어 있지 아니함에도 불구하고 고용노동부장관이 긴급조정의 결정을 내린 때에는 행정소송으로 이를 다툴 수 있다.

제6장 쟁의행위

제1절 쟁의행위의 의의

Ⅰ. 쟁의행위의 개념

1. 정의

노동조합 및 노동관계조정법상 쟁의행위란 파업·태업·직장폐쇄, 그 밖에 노동관계 당사자가 그 주장을 관철할 목적으로 하는 행위와 이에 대항하는 행위로서 업무의 정상적인 운영을 저해하는 행위를 말한다 (제2조 제6호). 노동조합법은 사용자측의 쟁의행위인 직장폐쇄를 포함하여 규정하고 있는 점에서 이를 광의의 쟁의행위라 하고, 근로자측의 쟁의행위만을 협의의 쟁의행위라고 한다.

2. 면책적 쟁의행위

면책적 쟁의행위란 근로자가 근로조건 등에 관한 자신의 주장을 관철시킬 목적으로 사용자의 정상적인 업무를 저해하는 집단적 행위로서 단체행동권행사로서 면책효과가 인정되는 쟁의행위를 말한다고 정의하면서, 노동조합법상의 쟁의행위와 면책적 쟁의행위는 서로 그 의의를 달리하는 개념이므로 면책적 쟁의행위에 대해서 노동조합법상 제한을 일률적으로 적용하는 것은 타당하지 않다는 견해가 있다.
그러나 정당한 쟁의행위로써의 보호로써의 민·형사면책 규정이나 쟁의수단에 관한 규정 등 대부분의 법규들이 적용되는 쟁의행위는 특정의 주체·목적 등에 따라 좁게 한정된 것은 아니므로 쟁의행위개념을 노동조합법상 쟁의행위와 면책적 쟁의행위로 구분할 필요는 없다고 본다.

Ⅱ. 쟁의행위의 보호

노사 간에 있어서의 이해관계가 대립되는 문제는 단체교섭에 의하여 해결하는 것이 가장 이상적이나, 단체교섭에 의하여 해결되지 않는 경우가 발생한다. 이와 같이 단체교섭에 의하여 문제점이 해결되지 않을 때 노사 간에 분쟁상태가 일어나게 되고 자기의 주장을 관철하기 위하여 실력행사를 감행하게 된다.
단결권 내지 단체행동권 등이 헌법 또는 법률에 의하여 보장되기 이전에 있어서는 근로자의 자기주장을 관철하기 위한 집단적인 실력행사는 형사상의 공모죄 기타 민사상의 불법행위로서 책임을 지게 되었으나 오늘날에 있어서는 그 집단적인 실력행사, 즉 쟁의행위는 정당성이 인정되는 한 법에 의하여 보호를 받고 있다. 이와 같은 집단적 행위에 대한 보호조치는 노동조합이라고 하는 근로자의 단체를 통한 단체교섭도 집단적인 실력행사를 배경으로 함으로써 비로소 사용자와 대등한 입장에서 교섭을 하게 된다는 실질적 평등의 확보라는 관념에서 비롯된 것이다.

노동조합법 역시 제3조와 제4조에서 민사면책과 형사면책을 규정하여 쟁의행위를 보호하고 있으며, 이는 헌법상 근로3권 행사의 당연한 효과라고 하겠다.

Ⅲ. 다른 개념과의 관계

1. 쟁의행위와 단체행동의 관계

(1) 문제의 소재

헌법 제33조 제1항에서는 단체행동권을 보장하고 있으나 노동조합법은 쟁의행위에 대하여 개념규정을 두고 있을 뿐 단체행동에 대해서는 아무런 규정도 두고 있지 않아 단체행동의 범위가 어디까지인가가 문제된다.

(2) 학설

① 조합활동이란 노동조합이 그 목적달성을 위하여 필요한 노동조합의 조직·유지 및 운영에 관한 모든 활동을 말한다고 전제하면서 쟁의행위 이외의 조합활동은 단결권의 내용으로 보아 쟁의행위와 단체행동을 동일한 개념으로 보는 견해와, ② 단체행동의 노동조합의 집단적 행위를 보호하고자 헌법이 특별히 인정한 기본권으로 단체행동에는 쟁의행위 이외에 조합활동도 포함하는 넓은 개념이라고 보는 견해가 대립한다.

(3) 판례

대법원은 종래 조합활동에 해당하는 현수막의 부착 등이 단체행동권에 포함된다고 판시하였고 최근에는 리본 등 착용행위가 단결권에 포함되는 행위라고 판시한 바 있다.

(4) 검토

어느 견해에 의하든 정당한 근로3권의 행사로 인정되는 경우 민·형사면책의 효과가 부여되는 등의 결과는 같으나, 단결권이 인정된 후에도 단체행동권은 여전히 위법한 행위로 인정된다고 최근에게 그 정당성이 인정되었다는 점에서 조합활동은 단결권에 포함되는 권리로 보는 것이 타당하다.

2. 쟁의행위와 노동쟁의의 관계

노동쟁의와 쟁의행위는 엄격히 구분되는 개념이다. 즉, 노동쟁의는 노동관계당사자의 주장의 불일치로 인한 분쟁상태를 말하며, 쟁의행위는 그 주장을 관철할 목적으로 당사자가 실력행사를 하는 것을 말한다. 또한 쟁의행위는 업무의 정상적인 운영을 저해하는 것이라는 점에서 그렇지 않은 노동쟁의와 구별이 명백해진다. 일반적으로 노동쟁의가 쟁의행위에 선행하는 관계에 있지만, 정치파업이나 동정파업처럼 쟁의행위지만 노동쟁의는 존재하지 않는 경우도 있다.

Ⅳ. 쟁의행위의 해당요건

1. 노동관계당사자

쟁의행위는 노동관계당사자의 행위이다. 노동관계당사자 이외의 자의 행위는 쟁의행위로써 보호를 받지 못한다.

쟁의행위는 또한 집단적 행위로써 노동조합 등 단결체의 조직적·통일적 의사결정에 터잡은 단결체 자신의 활동이라는 점에서 집단적이고, 또 다수 근로자의 공동행위로 실현된다는 점에서 집단적인 양면집단성을 가진다.

2. 주장관철의 목적으로 하는 행위와 이에 대항하는 행위

쟁의행위는 상대방에 대하여 그 주장을 관철할 목적을 가지고 하는 행위와 이에 대항하는 행위이다.

쟁의행위를 통하여 관철하려는 그 주장은 노동쟁의의 대상인 근로조건의 결정에 관한 주장으로 한정된다고 보는 견해가 있다. 판례 역시 쟁의행위 정의규정의 그 주장은 노동쟁의의 경우와 마찬가지로 근로조건에·관한 주장으로 한정된다고 전제하면서 구속근로자의 석방을 촉구하고 구형량에 항의하기 위한 업무저해행위는 쟁의행위가 아니라고 판시한 바 있다. 그러나 쟁의행위에 해당하느냐와 쟁의행위가 정당한가의 문제는 별개라고 할 것이고 명문규정상 그 주장의 범위를 한정하고 있지 않으므로 반드시 근로조건의 결정에 관한 주장으로 한정되는 것이 아니라고 보아야 할 것이다.

대항하는 행위라 함은 노동조합 또는 근로자의 일시적인 단체인 쟁의단의 쟁의행위에 대하여 사용자가 이에 대항하는 행위를 말한다. 즉, 근로자측의 노동력의 제공을 정지하는 데 대항하여 사용자측이 노동력의 수령을 거부하는 행위를 말한다.

> **📖 참조판례 대법원 1991.1.29. 선고 90도2852 판결**
>
> 쟁의조정법 제3조에 규정된 쟁의행위는 쟁의관계 당사자가 그 주장을 관철할 목적으로 행하는 행위로서 여기에서 그 주장이라 함은 같은 법 제2조에 규정된 임금·근로시간·후생·해고 기타 대우 등 근로조건에 관한 노동관계 당사자 간의 주장을 의미한다고 볼 것이므로, 위와 같은 근로조건의 유지 또는 향상을 주된 목적으로 하지 않는 쟁의행위는 노동쟁의조정법의 규제대상인 쟁의행위에 해당하지 않는다고 보아야 할 것인바, 피고인이 노동조합의 위원장으로서 조합원들과 함께 한 집단조퇴, 월차휴가신청에 의한 결근 및 집회 등 쟁의행위가 주로 구속 근로자에 대한 항소심구형량이 1심보다 무거워진 것에 대한 항의와 석방 촉구를 목적으로 이루어진 것이라면 피고인의 행위는 근로조건의 유지 또는 향상을 주된 목적으로 한 쟁의행위라고 볼 수 없어 노동쟁의조정법의 적용대상인 쟁의행위에 해당하지 않는다고 할 것이다.

> **📖 참조판례 헌법재판소 2004.7.15. 2003헌마878**
>
> 전교조 조합원들이 다수 조합원들과 함께 집단 연가서를 제출한 후 수업을 하지 않고 무단 결근 내지 무단 조퇴를 한 채 교육인적자원부가 추진하고 있는 교육행정정보시스템(NEIS) 반대집회에 참석하는 등의 쟁의행위는 NEIS의 시행을 저지하기 위한 목적으로 이루어진 것인바, 청구인들의 행위는 직접적으로는 물론 간접적으로도 근로조건의 결정에 관한 주장을 관철할 목적으로 한 쟁의행위라고 볼 수 없어 노동조합및노동관계조정법의 적용대상인 쟁의행위에 해당하지 않는다고 할 것이다.

3. 업무의 정상적인 운영을 저해하는 행위

쟁의행위는 업무의 정상적 운영을 저해하는 행위이다. 업무의 정상적 운영이라 함은 업무에 관한 정상적인 질서에 따르는 운영을 의미한다. 업무를 저해하는 행위란 반드시 업무저해의 결과를 야기한 행위일 필요는 없고 업무저해의 위험성이 있으면 족하다고 볼 것이다.

V. 준법투쟁

1. 준법투쟁의 의의

준법투쟁이란 노동조합 기타 노동단체가 그 주장을 관철할 목적으로 조합원 내지 구성원들로 하여금 법령이나 단체협약·취업규칙 등을 평소보다 철저히 준수하는 행위를 말한다.
안전보건에 관한 법규를 철저히 준수하는 '안전투쟁'이 그 전형에 속하지만 그 밖에 근로시간이나 휴가 등에 관한 근로자 개개인의 권리를 동시에 행사하게 하는 '권리행사투쟁'도 포함된다.

2. 준법투쟁의 쟁의행위의 해당여부

(1) 문제의 소재

쟁의행위는 근로자들이 자기의 주장을 관철할 목적으로 하는 행위로서 업무의 정상적 운영을 저해하는 것인데, 준법투쟁의 경우 쟁의행위의 여부를 판단함에 있어서는 업무의 정상적인 운영을 저해하는 행위에 해당하는지를 어떻게 해석할 것인지가 문제된다.

(2) 학설

1) 쟁의행위 해당설(현실평가설, 사실정상설)

준법투쟁이 사용자에 대한 주장을 관철할 목적으로 한다는 점과 업무의 정상적인 운영은 반드시 법령, 단체협약 등에 의한 적법한 운영만을 의미하는 것이 아니며, 사실상의 정상적 운영을 의미하는 것이므로 준법투쟁은 쟁의행위로 보아야 한다는 입장이다.

2) 쟁의행위불해당설(법적평가설, 법률정상설)

업무의 정상성은 법령, 단체협약 등에 합치되어 있는 상태, 즉, 적법한 상태를 말하는 것이고 비정상적인 상태가 아무리 관행화되어 있다고 하더라도 법률상 정상적인 상태가 되는 것은 아니므로 준법투쟁은 정상적인 업무를 저해하는 행위라고 볼 수 없어 쟁의행위에 해당되지 않는다고 보는 견해이다.

3) 이분설(절충설)

준법투쟁을 안전투쟁과 권리행사형 투쟁으로 이분하여 권리행사형 투쟁은 쟁의행위성을 인정하나 안전투쟁은 근로자의 생명 신체의 안전을 확보하려는 목적이 있으므로 쟁의행위로 볼 수 없다는 견해이다.

(3) 판례

판례는 한때 법률정상설의 입장에서 판단한 바도 있으나 이후 판례는 쟁의행위 정의규정(노동조합법 제2조 제6호)에 따라 사용자에 대한 주장관철을 목적으로 한다는 점과 업무의 정상적인 운영을 저해한다는 점에서 준법투쟁이 쟁의행위에 해당한다고 파악하는 것이 일반적인 경향이다.

판례는 사실정상설에 입각하여 택시회사 근로자들이 평소 해 온 과속·신호위반·합승·부당요금 징수 등 교통법규 위반행위를 중단하도록 한 경우, 평소 해 온 연장근로를 거부하도록 한 경우, 평소 해 온 휴일근로를 거부하도록 한 경우, 연·월차휴가를 일제히 사용하도록 한 경우를 모두 쟁의행위에 해당한다고 보았다.

이에 대해 "대법원의 판례의 입장은 연장근로의 거부, 집단적 휴가 등 일면 근로자들의 권리행사로서의 성격을 갖는 행위에 대하여 정당성을 부정하여 바로 형사처벌을 할 수 있다."라고 하여 "형사처벌의 범위를 확대하여 단체행동권의 행사를 위축시키는 결과가 될 수 있다(헌법재판소 1998.7.16. 97헌바23)."라는 지적이 있다.

> **📖 참조판례 대법원 1979.3.13. 선고 76도3657 판결**
>
> 사용자가 근로자들과의 사이에 사전합의 없이 시간외 근무나 휴일근무를 시켜왔다면 이는 근로기준법 제110조의 처벌규정에 저촉되는 업무지시라 할 것이므로 근로자들이 근로관계법규와 단체협약상 근로의무가 있는 1일 8시간은 정상적으로 노무에 종사하면서, 다만 이와같은 시간외 근무나 휴일근무에 관한 사용자측의 위법한 지시를 거부한 경우에는 그것이 집단적으로 행하여지고 또한 이로 인하여 업무수행에 지장이 있었다고 하더라도 이를 태업이나 업무의 정상적인 운영을 저해하는 행위라고 볼 수 없다.

> **📖 참조판례 대법원 1994.6.14. 선고 93다29167 판결**
>
> 사용자와의 단체협약갱신협상에서 유리한 지위를 차지하기 위하여 조합원들로 하여금 집단으로 월차휴가를 실시하게 한 것은 이른바 쟁의적 준법투쟁으로서 쟁의행위에 해당하고, 위생문제에 특히 주의해야 하고 신분을 표시할 필요가 있는 간호사들이 집단으로 규정된 복장을 하지 않는 것은 병원업무의 정상적인 운영을 저해하는 것으로서 역시 쟁의행위에 해당한다.

(4) 검토

업무의 정상적인 운영은 반드시 적법해야 한다는 것으로 해석할 수는 없고 관행상 통상적으로 운영되고 있는 업무운영으로 인정되면, 조합이 그들의 주장을 관철하기 위하여 행하는 준법투쟁도 업무의 정상적인 운영을 저해하는 행위로서 쟁의행위라고 보아야 할 것이다.

3. 준법투쟁의 유형별 쟁의행위 해당여부

(1) 안전투쟁

1) 학설

① 안전투쟁에 대하여 평소의 안전·보건 규정 위반의 관행이 보호할 가치가 없기 때문에 쟁의행위에 해당되지 않는다고 보는 견해가 있는 반면에, ② 안전투쟁은 안전·보건규정을 그것이 객관적으로 요구하는 정도로 준수하는 경우에는 쟁의행위로 볼 수 없으나, 이를 초과하여 규정의 형식이나 문언에만 얽매여 준수하는 경우에는 쟁의행위의 일종으로 보아야 한다는 견해도 있다. ③ 그러나 관행화되어 오던 업무의 정상적인 운영을 저해한다는 점에서 안전투쟁의 경우에도 쟁의행위에 해당한다고 할 것이다.

2) 판례

대법원은 "택시회사가 당시까지 관행화 되어 왔던 과속, 부당요금징수, 합승행위 등 불법적 운행의 중지를 시행하면서 그 준법운행사항 외에 수입금의 상한선까지 손해를 입히고 일부 조합원들은 이에 맞추기 위하여 파행적인 운행까지 하게 된 경우, 이는 쟁의행위(태업 또는 부분파업)에 해당한다."라고 판시하였다.

> 📖 **참조판례** 대법원 1991.12.10. 선고 91누636 판결
>
> 택시회사의 노동조합의 간부들이 운영위원회의 결의를 거쳐 준법운행(당시까지 관행화되어 있던 과속, 부당요금징수, 합승행위 등 불법적 운행의 중지)을 주도하여 시행하면서 그 준법운행사항 외에 수입금의 상한선까지 정하여 1일 입금액을 통제함으로써 회사에 큰 손해를 입히고, 일부 조합원들은 이에 맞추기 위하여 파행적인 운행까지 하게 된 경우, 이는 노동쟁의조정법 제3조 소정의 쟁의행위(태업 또는 부분파업)에 해당한다.

(2) 권리행사형 투쟁

1) 연장근로의 거부

① 문제의 제기

연장근로는 사용자와 근로자의 합의에 의하여 실시하는 것이 원칙이다. 그러나 사용자와 근로자가 합의하여 통상적으로 해오던 연장근로를 거부하거나 사용자의 부당한 지시에 대한 항의로 거부하는 경우에 이것이 쟁의행위에 해당하는지 문제된다.

② 학설

연장근로를 집단적으로 거부하는 것은 사용자가 지시·요구하는 당해 연장근로가 정상적인 경우에는 파업의 일종으로 되지만, 연장근로 등이 명백히 위법한 경우에는 쟁의행위가 되지 않는다고 보는 견해가 있으나, 연장근로의 적법 여부를 불문하고 그 동안 관행화되어 온 연장근로 거부투쟁은 업무의 정상적인 운영을 저해하는 행위로써 쟁의행위에 해당한다 할 것이다.

③ 판례

판례는 "연장근로가 당사자 합의에 의하여 이루어지는 것이라고 하더라도 근로자들을 선동하여 근로자들이 통상적으로 해오던 연장근로를 집단적으로 거부하도록 함으로써 회사업무의 정상운영을 저해하였다면 이는 쟁의행위로 보아야 한다."라고 판시하고 있다.

> 📖 **참조판례** 대법원 1990.12.7. 선고 90다6095 판결
>
> 회사로서는 근로시간을 연장하여 생산량 감소를 보충할 필요성이 있는데도 근로자가 작업반원들에게 만약 회사로부터 연장근로요구가 있을 때에는 이를 수락하지 말고 연장근로에 임하지 말라고 한 것은 결국 회사의 업무를 방해하거나 방해하려고 할 경우에 해당한다.

> 📖 **참조판례** 대법원 1991.10.22. 선고 91도600 판결
>
> 연장근로가 당사자 합의에 의하여 이루어지는 것이라고 하더라도 근로자들을 선동하여 근로자들이 통상적으로 해 오던 연장근로를 집단적으로 거부하도록 함으로써 회사업무의 정상운영을 저해하였다면 이는 쟁의행위로 보아야 한다.

2) 집단적 휴가사용

① 문제의 제기

조합원들이 동시에 연·월차휴가를 사용하도록 하는 집단적 휴가사용이 쟁의행위에 해당하는 지가 문제된다. 집단적 휴가사용의 절차 및 목적에 따라 쟁의행위 해당성에 대한 견해가 달라지게 된다.

② 학설

조합원들의 집단적 휴가사용은 주장을 관철할 목적이 있고, 업무를 방해하는 것이라면 쟁의행위에 해당된다는 입장이 일반적이다. 이에 대해 사용자가 시기변경권을 행사하여 그 시기의 휴가사용을 거절하고 출근을 지시하였음에도 노동조합의 조합원들에게 휴가를 사용하도록 하는 경우에는 적법한 업무운영을 저해하기 때문에 쟁의행위로 보아야 하지만, 사용자가 적법하게 시기변경권을 행사하지 않고 휴가를 사용하도록 한 경우는 적법한 업무운영의 저해가 아니므로 쟁의행위로 볼 수 없다는 입장이 있다.

③ 판례

판례는 "집단조퇴, 월차휴가신청에 의한 결근 및 집회 등 쟁의행위가 주로 구속근로자에 대한 항의와 석방촉구를 목적으로 이루어지진 것이라면 근로조건의 유지 또는 향상을 주된 목적으로 한 쟁의행위라고 볼 수 없어 노동쟁의조정법의 적용대상인 쟁의행위에 해당하지 않는다."라고 판시하고 있다.

한편, 다른 판례에서는 "집단적인 월차휴가는 형식적으로는 월차휴가권을 행사하려는 것이었다고 하여도 위 업무의 정상한 운영을 저해하는 행위를 하여 그들의 주장을 관철할 목적으로 하는 것으로서 실질적으로는 쟁의행위에 해당한다고 보아야 할 것"이라고 판시하고 있다.

> **참조판례 대법원 1991.12.24. 선고 91도2323 판결**
>
> 노동조합의 간부들이 시간외수당의 감소와 태업기간 내의 식대환수조치를 철회시킬 의도로 소속 노동조합원 총 307명 중 181명으로 하여금 하루 전에 사용자측에 집단적으로 월차휴가를 신청하게 하여 업무수행의 지장을 이유로 한 신청 반려에도 불구하고 하루동안 일제히 월차휴가를 실시하게 하였다면, 위 집단적 월차휴가는 형식적으로는 월차휴가권을 행사하려는 것이었다고 하여도 사용자측 업무의 정상한 운영을 저해하는 행위를 하여 그들의 주장을 관철할 목적으로 하는 것으로서 실질적으로는 쟁의행위에 해당한다고 보아야 한다.

> **참조판례 대법원 1992.3.13. 선고 91누10473 판결**
>
> 원고 등이 주도한 집단월차휴가가 형식적으로는 월차휴가를 행사하려는 것이었다고 하더라도, 실질적으로는 원고 등이 직원으로 고용된 의료보험조합들의 업무의 정상한 운영을 저해함으로써 그들의 주장을 관철할 목적으로 하는 것으로서 쟁의행위에 해당하고 원고가 지부장으로 종사하던 노동조합이 위와 같은 쟁의행위를 함에 있어서, 노동조합원들의 직접, 비밀, 무기명투표에 의한 과반수의 찬성으로 결정하지 않음은 물론, 노동쟁의의 신고 및 냉각기간의 경과 등의 절차를 거치지 않음으로써, 시기와 절차면에서 위법할 뿐만 아니라, 그로 인하여 사용자인 의료보험조합들의 업무를 마비상태에 빠지게 함으로써, 사용자측뿐만 아니라 제3자인 피보험자들에게 막대한 지장을 초래한 점 등을 감안하면, 원고 등의 위와 같은 행위를 정당한 행위로 보기는 어렵다.

④ 검토

쟁의행위는 주장을 관철할 목적으로 업무를 저해하는 것이므로 그 주장이 근로조건의 유지·개선을 위한 것이고 사용자의 업무를 저해하는 것이라면 쟁의행위로 보아야 할 것이다. 다만, 사용자의 시기변경권 행사는 적법한 업무운영의 저해라고 보기 어렵기 때문에 쟁의행위라고 할 수 없다. 이 경우 회사업무의 정상적인 운영까지 저해하게 되면 쟁의행위가 아닌 업무방해죄를 구성한다고 볼 수 있다.

3) 집단적 휴일근무 거부

근로자들이 주장을 관철시킬 목적으로 종래 통상적으로 실시해 오던 휴일근무를 집단적으로 거부하였다면, 이는 회사업무의 정상적인 운영을 저해하는 것으로서 쟁의행위에 해당한다.

4) 복장위반 근무

사복착용 등 복장위반의 근무의 경우 쟁의행위에 해당여부는 당해 근무의 내용 및 업무수행방법 등 성실제공의무와 관련하여 판단하여야 한다. 판례는 사용자와의 단체협약 갱신협상에서 유리한 지위를 차지하기 위하여 위생문제에 특히 주의해야 하고 신분을 표시할 필요가 있는 간호사들이 집단으로 규정된 복장을 하지 않는 것은 병원업무의 정상적인 운영을 저해하는 것으로서 쟁의행위에 해당한다고 판시한 바 있다.

> 📖 **참조판례** 대법원 1994.6.14. 선고 93다29167 판결
>
> 사용자와의 단체협약갱신협상에서 유리한 지위를 차지하기 위하여 조합원들로 하여금 집단으로 월차휴가를 실시하게 한 것은 이른바 쟁의적 준법투쟁으로서 쟁의행위에 해당하고, 위생문제에 특히 주의해야 하고 신분을 표시할 필요가 있는 간호사들이 집단으로 규정된 복장을 하지 않는 것은 병원업무의 정상적인 운영을 저해하는 것으로서 역시 쟁의행위에 해당한다.

5) 배식구 이용행위

점심시간에 하나의 배식구만 이용함으로써 취업시간을 잠식하는 것은 그 잠식하는 범위에서 쟁의행위로 되고 취업시간 중에 신용협동조합이나 의무실에 드나들거나 간부사원을 면담하는 것은 권리남용으로 인정되는 범위에서 쟁의행위가 된다고 할 것이다.

제2절 쟁의행위에 대한 노동조합법의 규율

I. 서

단체행동권이 헌법상 기본권의 하나로서 보장되고 있으므로 정당한 쟁의행위는 민사책임이나 형사책임이 면제되고 징계처분의 대상이 되지 않는다. 정당한 쟁의행위의 민·형사 면책을 규정한 노동조합법 제3조, 제4조 및 정당한 단체행동에 참가한 근로자에 대한 불이익취급을 금지하는 동법 제81조 제5호는 각각 단체행동권 보장과 효과를 확인적으로 밝힌 것이라 할 것이다. 노동조합법은 이에 더 나아가 정당한 쟁의행위에 대하여 보호규정을 두고 있다.

그러나 쟁의행위로 인한 피해는 사용자 뿐 아니라 지역사회, 나아가 국민 경제 전반에도 상당한 영향을 미치게 되므로 일정한 제한이 요구된다. 현행 헌법에서는 공무원인 근로자에 대한 근로3권의 개별적 법률유보를 두고 있고, 주요 방위산업체에 종사하는 근로자에 대한 단체행동권의 개별적 헌법유보를 규정하고 있으며, 노동조합법은 주체, 방법, 절차 등에 있어 쟁의행위의 제한·금지를 규정하고 있다.

Ⅱ. 쟁의행위의 기본원칙

1. 쟁의행위의 정당·적법성

노동조합법은 "쟁의행위는 그 목적·방법 및 절차에 있어서 법령 기타 사회질서에 위반되어서는 아니 된다(제37조 제1항)."라고 규정하고 있다. 쟁의행위는 이를 제한하는 법령의 규정을 준수하여야 함은 물론, 적법하게 수행되어야 한다는 것이다. 여기서 "사회질서에 위반되어서는 아니 된다."라는 것은 쟁의행위가 정당하여야 한다는 것을 의미한다.

2. 노동조합의 지도·관리·통제

노동조합법은 "노동조합은 쟁의행위가 적법하게 수행될 수 있도록 지도·관리·통제할 책임이 있다(제38조 제3항)."라고 규정하고 있다. 쟁의행위의 주체인 노동조합은 당연히 이에 참가하는 다수조합원을 지도·관리·통제할 책임이 있고, 이 경우 적법수행의 원칙(제37조 제1항)에 따라야 한다는 것이다.

Ⅲ. 쟁의행위 보호법규

1. 민·형사 면책

(1) 민사면책

시민법에 의하면 쟁의행위는 근로계약상의 의무위반으로 채무불이행 또는 사용자의 영업활동에 대한 침해로서 불법행위에 해당되어 그로 인한 손해배상책임이 발생한다. 그러나 헌법상 단체행동권이 기본권으로 보장된 이상 단체행동권 행사로서의 쟁의행위는 채무불이행 또는 불법행위가 아닌 권리의 행사로 인정되어야 하며, 그 한도에서 시민법상의 손해배상책임도 제한되는 것이다. 노동조합법에서는 "사용자는 이 법에 의한 단체교섭 또는 쟁의행위로 인하여 손해를 입은 경우에 노동조합 또는 근로자에 대하여 그 배상을 청구할 수 없다(제3조)."라고 규정하여 이를 확인하고 있다.

(2) 형사면책

쟁의행위가 단체행동권의 행사로 승인되기 전까지 대부분의 국가에서는 쟁의행위가 외관상 시민법상의 구성요건에 해당하는 경우 그 형사 책임을 인정하였다. 그러나 정당한 쟁의행위에 대해 형사책임을 추궁한다는 것은 쟁의행위 자체가 업무저해의 개념을 내포하고 있으므로 실질적으로는 쟁의행위를 부정하는 결과로 되고, 이것은 집단적 노사관계에서의 국가 중립주의에 반하는 결과를 야기한다.

따라서 쟁의행위가 정당성을 상실하지 않는 한 형사책임으로부터 자유로워야 한다는 것은 단체행동권의 당연한 효과로 인정되어야 하며, 노동조합법 제4조는 이러한 취지를 확인적으로 규정하고 있다.

(3) 민·형사 면책의 법률구성

1) 문제의 소재

정당한 쟁의행위에 대한 민사상·형사상의 면책이 어떠한 구조를 가지고 있느냐가 문제된다.

2) 학설

① 위법성 조각설

위법성 조각설은 민법이나 형법의 입장에서는 민사상·형사상의 책임이 발생하는 쟁의행위는 노동법의 입장에서 정당하다고 판단된다면 예외적으로 그 위법성이 조각되어 민사상·형사상의 책임이 면제된다는 견해이다. 즉, 쟁의행위는 민법·형법상으로는 위법행위의 구성요건에 해당하지만, 헌법상의 기본권 행사로써 사회적으로 상당한 행위이므로 그 위법성이 조각된다는 것이다.

② 구성요건해당성 조각설

구성요건해당성 조각설은 정당한 쟁의행위는 처음부터 민법의 채무불이행 내지 불법행위의 구성요건에 해당되지 않으며, 또한 형법상의 범죄구성요건에 해당되지 않는다는 견해이다. 이 견해는 위법성 조각설은 쟁의행위의 독자적인 성격이 왜곡되어 쟁의행위의 정당성이 극히 한정될 위험성이 있으며, 헌법 제33조의 쟁의권보장하에서는 쟁의행위는 이미 시민법에 접목되어 있으면서 예외적으로 승인된 합법적인 사회현상이 아니고 노동법에 있어서 독자적인 성격과 고유한 가치가 승인된 원칙적으로 합법적인 행위유형이라고 본다.

3) 판례

판례는 쟁의행위가 정당성을 갖춘 경우 그 위법성이 조각된다고 판시하여 위법성 조각설의 입장이다.

> **📖 참조판례 대법원 1992.9.22. 선고 92도1855 판결**
>
> 쟁의행위는 근로자가 소극적으로 노무제공을 거부하거나 정지하는 행위만이 아니라 적극적으로 그 주장을 관철하기 위하여 업무의 정상적인 운영을 저해하는 행위까지 포함하므로, 쟁의행위의 본질상 사용자의 정상업무가 저해되는 경우가 있음은 부득이한 것으로서 사용자는 이를 수인할 의무가 있으나, 이러한 근로자의 쟁의행위가 정당성의 한계를 벗어날 때에는 근로자는 업무방해죄 등 형사상 책임을 면할 수 없다.

> **📖 참조판례 대법원 1990.7.10. 선고 90도755 판결**
>
> [1] 업무방해죄에 있어서의 위력이란 의사의 자유를 제압, 혼란케 할 정도의 세력을 가리키는 것인 바, 이 사건 업무방해의 주체가 피고인들을 포함하여 9 내지 10명 정도였다고 하더라도 그들이 철제옷장으로 광업소 출입구를 봉쇄하고 바리케이트를 설치한 후 출근한 근로자 300여 명 또는 600여 명이 탈의실에 들어가지 못하도록 하고 근로자들에게 입갱을 하지 말도록 선동하면서 탈의실을 점거농성하여 광업소의 조업을 방해하였다면 이는 위력으로 사람의 업무를 방해한 경우로서 업무방해죄에 해당한다.
>
> [2] 피고인들이 한 통근버스 운행방해, 탈의실 농성점거, 농성행위 등의 행위가 적법한 절차를 거치지 않고 이루어진 것이어서 업무방해죄, 일반교통방해죄의 구성요건에 해당하는 것이라면 정당한 노동조합 활동이라고 볼 수 없어 법령에 의한 행위 또는 업무로 인한 행위라고 할 수 없고, 설사 피고인들이 노동조건의 개선이나 임금인상 등의 목적을 관철하기 위하여 그와 같은 행위를 하였다고 하여도 이와 같이 그 절차가 위법이고, 또 그 방법이 위와 같은 것이어서 사회상규상 허용될 수 없는 것인 이상은 마찬가지이므로 위법성이 조각되지 아니한다.

4) 검토

정당한 쟁의행위에 대한 효과로써 민사·형사책임의 면책은 정당한 기본권 행사를 보호하고자 하는 규정이나, 특히 쟁의행위는 사용자의 재산권과의 조화 등을 고려하여 해석되어야 한다는 점에서 원칙적으로 구성요건에 해당하지만 예외적으로 위법성이 조각되는 것으로 해석하는 것이 타당하다고 본다. 또한 형법 제20조는 위법성조각사유로써 정당행위를 규정하고 있다.

2. 불이익취급 금지의 보호

사용자는 근로자가 '정당한 단체행동에 참가한 것을 이유로' 해고하거나 불이익을 주는 행위를 할 수 없다(노동조합법 제81조 제5호). 근로자가 노동조합이 결정·지시한 정당한 쟁의행위에 참가하였다고 하여 해고 기타 불이익을 주는 행위가 위법무효로 되는 것은 헌법상 쟁의권보장의 효과로서 인정되는 것이다.

3. 구속제한

근로자는 쟁의행위 기간 중에는 현행범 외에는 노동조합법 위반을 이유로 구속하지 아니한다(노동조합법 제39조). 노동조합법 위반행위를 이유로 쟁의행위 참가자를 구속하면 쟁의조직이 약화·와해되어 노·사 간 교섭력의 불균형이 초래될 우려가 있어 이러한 위험으로부터 일시적으로 쟁의행위를 보호하기 위한 것이다. 구속제한의 규정은 정당한 쟁의행위에 한하여 적용되는 규정이라고 하겠다.

4. 대체근로의 제한

(1) 의의

노동조합법 제43조 제1항은 "사용자는 쟁의행위기간 중 그 쟁의행위로 중단된 업무의 수행을 위하여 당해 사업과 관계없는 자를 채용 또는 대체할 수 없다."라고 규정하고 있다. 파업을 행하는 근로자가 대체근로자를 투입할 경우 쟁의행위의 효과를 저하시키고 그 쟁의행위가 사실상 무의미하게 된다. 이에 따라 헌법상 보장된 근로자의 단체행동권을 보호하려는 배려에서 특별히 설정된 규정이다. 다만, 사용자의 파업손실이 크다는 점에서 규정을 완화하고자 필수공익사업에 대해서는 파업참가자의 50%까지 대체근로가 허용되도록 하였다.

(2) 대체근로제한의 범위

1) 채용금지

'채용'이란 근로자를 새로 고용하는 것을 말하며, 그 고용의 형태나 기간은 불문하므로 신규채용은 물론 임시채용, 하청회사·용역회사 근로자에게 업무를 담당하게 하는 것도 포함된다. 다만, 쟁의행위로 중단된 업무를 수행하도록 하기 위해서가 아니라 사업의 확장으로 근로자를 신규채용하거나 자연감소 인원을 보충하기 위한 채용은 허용된다.

2) 대체근로

'대체'는 이미 고용되어 있는 근로자 또는 임직원으로 하여금 쟁의 참가자의 업무를 대신 수행하도록 하는 것이다. 당해 사업과 관계없는 자의 대체를 금지하고 있으므로 당해 사업에 이미 고용되어 있는 자가 쟁의행위로 중단된 업무를 대체하는 것은 허용된다.

쟁의기간 중에는 당해 사업에 속한 자라면 사업장이 다르더라도 대체근로에 해당되지 않는다. 그러나 쟁의기간 중 대체근로의 가능범위를 더욱 확대시켜 근로자의 근로3권 보장활동의 중대한 침해가 될 수 있으므로 이를 무한정 확대하는 것은 타당하지 않다.

3) 도급 · 하도급의 금지

노동조합법은 쟁의행위로 중단된 업무를 도급 또는 하도급을 줄 수 없도록 함으로써 대체근로를 제한하고 있다. 이는 쟁의행위로 중단된 업무를 당해 사업 외부에 도급 또는 하도급을 주는 것은 다른 사업의 근로자를 대체근로에 투입하는 것과 동일한 효과를 가져 올 수 있으므로 이를 금지하는 것이다.

4) 파견근로자 보호 등에 관한 법률(이하 '파견법'이라 한다)

파견사업주는 쟁의행위 중인 사업장에 그 쟁의행위로 중단된 업무의 수행을 위하여 근로자를 파견할 수 없다(파견법 제16조).

이것은 파업을 당한 사용자가 대체근로를 위하여 파견근로자를 사용하는 것을 금지하기 위하여 파견사업주에게 특별한 의무를 부담하게 한 것이다. 또한 파업에서 대체근로로 파견근로자를 파견하는 것은 파견근로자의 지위를 불안정하게 하기 때문에 일정한 제한을 두게 된 것이다.

(3) 위반의 효과

사용자가 대체근로제한에 위반하여 쟁의행위기간 중에 신규채용 또는 대체근로를 할 경우에는 1년 이하의 징역 또는 1천만 원 이하의 벌금에 처한다. 또한 신규채용의 경우에 당해 채용은 무효사유가 될 수 있다.

(4) 대체근로제한이 적용되는 쟁의행위의 범위

대체근로제한이 적용되는 쟁의행위의 범위에 대하여 파업은 그 시점에서 불법인지, 합법인지 일률적으로 판단하기 어렵고 특히, 불법파업을 이유로 한 사용자의 대체근로에 대해 노동조합이 이를 저지하기 위한 행동을 업무방해죄로 형사처벌하는 경우도 발생하여 노사관계에 어려움이 있으므로 모든 쟁의행위에 대하여 적용되어야 한다는 견해도 있으나, 대체근로제한은 적법파업을 전제하는 것이므로, 불법파업에 대해 사용자가 업무유지를 위해서 신규채용 등 대체근로를 할 수 있다고 보는 견해가 타당하다.

(5) 필수공익사업의 대체근로 제한 예외

필수공익사업의 사용자는 쟁의행위 기간 동안 그 사업 또는 사업장 파업참가자의 100분의 50을 초과하지 않는 범위 내에서 채용 또는 대체하거나 도급 또는 하도급을 줄 수 있다(제43조 제3항 · 제4항).

Ⅳ. 쟁의행위의 제한과 금지법규

1. 주체상의 제한

(1) 공무원 등의 쟁의 금지

공무원은 '사실상 노무에 종사하는 공무원'의 경우를 제외하고는 '노동운동 기타 공무 이외의 일을 위한 집단적 행위'를 할 수 없다. 이것은 헌법 제33조 제2항에서 공무원인 근로자는 법률에 의하여 허용되는 자에 한하여 단결권 · 단체교섭권 · 단체행동권을 허용한다는 것에 근거한 것이다.

현재 6급 이하 일반직 및 이에 상당하는 공무원에게 단결권 및 단체교섭권을 인정하는 공무원의 노동조합 설립 및 운영 등에 관한 법률이 제정되어 공무원의 근로3권이 일정한 범위 안에서 보장되고 있다.

(2) 살쾡이파업의 금지

1) 의의

노동조합법 제37조 제2항은 "조합원은 노동조합에 의하여 주도되지 아니한 쟁의행위를 하여서는 안 된다."라고 규정하고 있다. 복수노동조합의 허용과 관련하여 교섭창구가 단일화된 경우에는 교섭대표노동조합에 의해 주도되지 아니한 쟁의행위를 하여서는 안 된다(노동조합법 제29조의5). 조합원이 노동조합의 의사에 반하여 독자적으로 하는 쟁의행위가 비공인 파업(살쾡이 파업)이다. 비공인 파업은 노동조합의 통제책임을 수행할 수 없기 때문에 인정되지 않는 것이다.

2) 내용

노동조합의 '주도'란 노동조합의 사전기획 · 결정 · 지시뿐만 아니라 사후승인도 포함된다. 다만, '조합원'이 '노동조합'의 의사에 반하여 하는 쟁의행위를 금지하므로 단위노동조합이 그 상부단체인 연합노동조합의 의사에 반하여 하는 쟁의행위를 한 경우는 본조 위반은 아니다.

3) 위반의 효과

이러한 비공인파업에 대하여는 노동조합법 제89조에 따라 일정한 형벌(3년 이하의 징역 또는 3천만 원 이하의 벌금)이 부과된다.

(3) 방위 산업체의 쟁의 제한

1) 의의

노동조합법은 "방위사업법"에 의하여 지정된 주요방위산업체에 종사하는 근로자중 전력, 용수 및 주로 방산물자를 생산하는 업무에 종사하는 자는 쟁의행위를 할 수 없으며 주로 방산물자를 생산하는 업무에 종사하는 자의 범위는 대통령령으로 정한다(제41조 제2항)고 규정하고 있다. '주로 방산물자를 생산하는 업무에 종사하는 자'란 방산물자의 완성에 필요한 제조 · 가공 · 조합 · 정비 · 재생 · 개량 · 성능검사 · 열처리 · 도장 · 가스취급 등의 업무에 종사하는 자를 말한다. 이 규정은 헌법 제33조 제3항에 근거한 것으로서 우리나라 국방의 특수성을 고려하여 우리 군대에 대한 방산물자의 원활한 조달이 쟁의행위 때문에 방해받지 않도록 하자는 취지에서 둔 규정이다.

> **참조판례 대법원 1993.4.23. 선고 93도493 판결**
>
> "방위산업에관한특별조치법에 의하여 지정된 방위산업체에 종사하는 근로자는 쟁의행위를 할 수 없다."라고 규정한 노동쟁의조정법 제12조 제2항은 헌법 제33조 제3항에서 "법률이 정하는 주요 방위산업체에 종사하는 근로자의 단체행동권은 법률이 정하는 바에 의하여 이를 제한하거나 인정하지 아니할 수 있다."라고 규정한 유보조항에 근거를 둔 것이고, 또 방위산업체에 종사하는 근로자에 한하여 특별히 쟁의행위를 금지한다 하여 평등원칙에 위배되는 것이라고 볼 수 없다.

2) 예외

형식상 주요방위산업체로 지정되어 있더라도 방산물자의 생산을 완전히 중단한 경우에는 노동조합법상의 쟁의제한규정이 적용되지 않는다. 또 순수한 민수물자의 생산에만 종사하거나 수출목적의 방산물자 생산에 종사하는 자에게도 적용이 되지 않는다고 보아야 할 것이다.

(4) 선원의 쟁의행위 제한

선원법 제27조는 "선원은 다음 각호의 어느 하나에 해당하는 경우에는 선원근로관계에 관한 쟁의행위를 하여서는 아니 된다."라고 규정하여 선원의 쟁의행위를 제한하고 있다. 즉, 선원은 ① 선박이 외국의 항구에 있는 경우, ② 여객선이 승객을 태우고 항행 중인 경우, ③ 위험물운송을 전용으로 하는 선박이 항행 중인 경우로서 위험물의 종류별로 국토해양부령이 정하는 경우, ④ 제9조의 규정에 의하여 선장이 선박의 조종을 직접 지휘하여 항행 중인 경우, ⑤ 어선이 어장에서 어구를 내릴 때부터 이를 들어 올리고 냉동처리 등을 완료할 때까지의 일련의 어획작업 중인 경우, ⑥ 그 밖에 선원근로관계에 관한 쟁의행위로 인하여 인명이나 선박의 안전에 현저한 위해를 줄 우려가 있는 경우에는 쟁의행위를 하여서는 아니 된다.

2. 목적상의 제한 – 파업기간 임금 목적의 쟁의행위 금지

노동조합법 제44조 제2항과 제29조의2에서는 쟁의행위의 목적상 제한으로 노동조합이 쟁의행위 기간에 대한 임금지급 요구를 관철하기 위한 쟁의행위를 금지하고 있다. 이러한 목적의 쟁의행위를 허용하는 경우에는 당초 쟁의행위를 통하여 관철하려는 주장과 관계없이 쟁의행위가 장기화하고 그 피해가 지나치게 커질 우려가 있고, 이는 쟁의권 보장의 취지에 반하는 결과가 된다는 점을 고려한 것이다.

그러나 이 규정이 쟁의행위 기간에 대한 임금의 지급을 요구하는 단체교섭까지 금지하는 것은 아니며, 이는 임의적 교섭사항에 해당한다고 할 것이다.

3. 방법상의 제한

(1) 폭력 파괴의 금지

노동조합법 제42조 제1항 전단에서는 "쟁의행위는 폭력이나 파괴행위로 이를 행할 수 없다."라고 명시하고 있다. 폭력과 파괴행위는 어떤 경우에도 정당화될 수 없다는 것으로, 이 규정은 협의의 쟁의행위뿐만 아니라 직장폐쇄에 대하여도 적용된다.

(2) 안전보호시설의 가동

1) 의의

노동조합법 제42조 제2항은 "사업장의 안전보호시설에 대하여 정상적인 유지·운영을 정지·폐지 또는 방해하는 행위는 쟁의행위로서 이를 행할 수 없다."라고 규정하고 있다. 파업이나 태업을 하는 중이라도 안전보호시설을 정상적으로 가동함으로써 사람의 생명·신체는 안전하게 보호되어야 한다는 당연한 이치를 확인하려는 규정이다.

2) 안전보호시설

'안전보호시설'이란 가동을 중단하면 사람의 생명·안전을 위태롭게 하는 시설을 말한다. 그런데 생산수단의 안전을 보호하는 시설도 이에 포함된다는 견해가 있으나, '안전'이란 원래 사람을 대상으로 하는 개념이라는 점, 사람의 생명·신체는 최우선의 보호법익이라는 점 등을 고려할 때에 사람의 안전을 보호하는 시설로 한정된다고 볼 것이다. 판례 역시 동 규정의 안전보호시설에 대하여 사람의 생명·신체의 위험을 예방하기 위해서나 위생상 필요한 시설을 말한다고 판시하였다.

안전보호시설에 해당하는지 여부는 사업장의 성질, 시설의 기능, 시설의 정상적인 유지ㆍ운영이 되지 않을 경우에 일어날 수 있는 위험 등 제반 사정을 구체적ㆍ종합적으로 고려하여 판단해야 한다.

> 📖 **참조판례** 대법원 2005.9.30. 선고 2002두7425 판결
>
> [1] 노동조합 및 노동관계조정법 제42조 제2항은 "사업장의 안전보호시설에 대하여 정상적인 유지ㆍ운영을 정지ㆍ폐지 또는 방해하는 행위는 쟁의행위로서 이를 행할 수 없다." 규정하고 있는바, 여기서 '안전보호시설'이라 함은 사람의 생명이나 신체의 안전을 보호하는 시설을 말하는 것으로, 이에 해당하는지 여부는 당해 사업장의 성질, 당해 시설의 기능 등의 제반 사정을 구체적ㆍ종합적으로 고려하여 판단하여야 한다.
>
> [2] 가연성ㆍ폭발성ㆍ유독성이 강한 석유화학제품을 생산 및 유지하기 위하여 전기, 증기 등의 동력을 생산하여 공급하는 동력부문이 정상적으로 가동되지 못하였을 경우에는 위 화학물질에서 발생하는 가연성 가스 등이 누출되거나 전량 소각되지 못하여 대규모 폭발사고를 야기할 수 있고, 소방수의 공급 및 재해 진압 설비의 작동이 곤란하여 대형화재를 초래할 수도 있어, 사람의 생명과 신체의 안전이 구체적으로 위협받는다고 할 것이므로, 위 동력부문은 노동조합 및 노동관계조정법 제42조 제2항에서 정한 '안전보호시설'에 해당한다.

3) 행정관청의 중지통보

관할 행정관청은 쟁의행위가 사업장의 안전보호시설에 대하여 정상적인 유지ㆍ운영을 정지ㆍ폐지ㆍ방해하는 행위에 해당한다고 인정하는 경우에는 노동위원회의 의결을 얻어 그 행위의 중지할 것을 통보할 수 있다. 다만, 사태가 급박하여 노동위원회의 의결을 얻을 시간적 여유가 없을 때에는 그 의결을 얻지 아니하고 즉시 그 행위의 중지를 중지할 것을 통보할 수 있다(노동조합법 제42조 제3항). 이 경우 관할 행정관청은 노동위원회의 사후승인을 얻어야 하며 그 승인을 얻지 못한 때에는 그 명령은 그때부터 효력을 상실한다(노동조합법 제42조 제4항).

행정관청의 중지통보는 파업이나 태업 자체를 중지하라는 통보가 아니라 안전보호시설의 정상적인 유지ㆍ운영을 정지ㆍ폐지ㆍ방해하는 특정의 행위를 중지하라는 통보이어야 한다.

4) 위반의 효과

안전보호시설 정지ㆍ폐지ㆍ방해 금지 위반에 대한 해당 벌칙이 적용된다(제91조).

(3) 파업감시(피케팅)의 제한

1) 의의

노동조합법 제38조 제1항은 "쟁의행위는 그 쟁의행위와 관계없는 자 또는 근로를 제공하고자 하는 자의 출입ㆍ조업 기타 정상적인 업무를 방해하는 방법으로 행해져서는 안 되며 쟁의행위의 참가를 호소하거나 설득하는 행위로서 폭행ㆍ협박을 사용하여서는 안 된다."라고 규정하고 있다.

파업감시(피케팅)는 파업을 하면서 그 효과를 유지ㆍ제고하기 위하여 근로희망자, 사용자나 비조합원, 고객 등을 상대로 감시ㆍ호소ㆍ설득 등의 방법으로 그 파업에의 직ㆍ간접적인 협력을 구하는 행위이다.

2) 제한의 내용

쟁의행위와 관계없는 자 또는 근로를 제공하고자 하는 자의 '출입·조업 기타 정상적인 업무를 방해'할 수 없으므로 이들이 사업장에 출입이나 사용자의 지시에 따른 근로의 제공 등의 업무의 수행을 폭행·협박으로 저지하거나 출입을 저지하기 위하여 위력을 행사하는 것도 허용되지 않는다.

당해 노동조합의 조합원인 근로희망자에 대한 '쟁의행위의 참가를 호소하거나 설득하는' 경우에도 '폭행·협박을 사용'할 수는 없다. 물론 출입·조업·업무수행을 하는 조합원 기타의 자에 대하여 단결력을 시위하거나 언어적·평화적 설득을 하는 것은 허용된다. 그러나 사용자의 시설관리권을 침해하는 장소에서 행하거나 대화에 협박을 포함하거나 상대방의 의사에 반하여 장시간에 걸쳐 대화를 강요하거나 하는 것은 허용되지 않는다.

(4) 직장점거의 제한

1) 직장점거의 의의

직장점거란 파업참가자가 단결을 유지하거나 파업 중의 조업을 저지하기 위하여 사용자의 의사에 반하여 직장 또는 그 시설을 점유하는 파업에 대한 보조적·부수적 쟁의행위다.

2) 직장점거의 제한

노동조합법 제42조 제1항에서는 "쟁의행위는 생산 기타 주요업무에 관련되는 시설과 이에 준하는 시설로서 대통령령이 정하는 시설을 점거하는 형태로 이를 행할 수 없다."라고 규정하고 있다. 직장점거를 하는 경우에 사용자의 시설관리권이 현저히 침해되는 것을 방지하고, 간접적으로 파업 중에도 생산이나 그 밖의 주요업무를 계속할 수 있는 가능성을 확보하려는 것이다.

'이에 준하는 시설'이란 ① 전기·전산 또는 통신시설, ② 철도(도시철도를 포함한다)의 차량 또는 선로, ③ 건조·수리 또는 정박 중인 선박. 다만, 선원법에 의한 선원이 당해 선박에 승선하는 경우를 제외한다. ④ 항공기·항행안전시설 또는 항공기의 이·착륙이나 여객·화물의 운송을 위한 시설, ⑤ 화약·폭약 등 폭발위험이 있는 물질 또는 화학물질관리법에 따른 유독물을 보관·저장하는 장소, ⑥ 기타 점거될 경우 생산 기타 주요업무의 정지 또는 폐지를 가져오거나 공익상 중대한 위해를 초래할 우려가 있는 시설로서 고용노동부장관이 관계중앙행정기관의 장과 협의하여 정하는 시설을 말한다.

'생산 기타 주요업무시설과 이에 준하는 시설'을 점거하는 것은 대체근로만 방해하는 것이든 사용자측의 정상조업까지 방해하는 것이든 불문하고 금지된다. 반면에 사업장 내 구내운동장·종업원 식당·조합사무소 등 생산 기타 주요 업무와 무관한 시설의 점거는 허용된다.

> **참조판례 대법원 1991.6.11. 선고 91도383 판결**
>
> 직장 또는 사업장시설의 점거는 적극적인 쟁의행위의 한 형태로서 그 점거의 범위가 직장 또는 사업장시설의 일부분이고 사용자측의 출입이나 관리지배를 배제하지 않는 병존적인 점거에 지나지 않을 때에는 정당한 쟁의행위로 볼 수 있으나, 이와 달리 직장 또는 사업장시설을 전면적, 배타적으로 점거하여 조합원 이외의 자의 출입을 저지하거나 사용자측의 관리지배를 배제하여 업무의 중단 또는 혼란을 야기케 하는 것과 같은 행위는 이미 정당성의 한계를 벗어난 것이라고 볼 수밖에 없다.

(5) 긴급작업의 수행

노동조합법 제38조 제2항은 "작업시설의 손상이나 원료·제품의 변질 또는 부패를 방지하기 위한 작업은 쟁의행위 기간 중에도 정상적으로 수행되어야 한다."라고 규정하고 있다. 쟁의행위로 긴급작업까지 중단하거나 게을리 하면 사용자의 재산에 직접적인 손해를 주고, 나아가 쟁의종료 후 즉각적인 조업재개가 불가능하게 되어 근로자에게도 손해를 주게 되는 것을 방지하기 위한 취지의 규정이다.

작업시설의 손상이나 원료·제품의 변질 또는 부패를 방지하기 위한 작업을 '긴급작업'이라고 부른다. 모든 작업시설이나 원료·제품은 시간의 경과에 따라 자연히 손상·변질·부패하게 되므로 쟁의행위 기간에 긴급작업을 중단하거나 게을리 한 경우에 비로소 동 규정의 위반이 된다.

이 규정은 노동조합의 쟁의행위 외에도 사용자의 쟁의행위인 직장폐쇄에도 적용된다.

(6) 필수유지업무 정지 등의 금지

1) 의의 및 취지

필수유지업무에 대하여 정당한 유지·운영을 정지·폐지 또는 방해하는 행위는 쟁의행위로서 할 수 없다(노동조합법 제42조의2 제2항). 2007년 개정법이 필수공익사업에 대한 직권중재제도를 폐지하면서 필수공익사업에서도 쟁의행위를 할 수 있게 되었지만, 쟁의행위를 하는 경우에도 필수공익사업을 이용하는 공중의 이익은 지키기 위하여 필수유지업무의 수행은 정지·폐지·방해하지 않도록 한 것이다.

2) 필수유지업무의 범위

필수유지업무란 필수공익사업의 업무 중 그 업무가 정지되거나 폐지되는 경우 공중의 생명·보건 또는 신체의 안전이나 공중의 일상생활을 현저히 위태롭게 하는 업무로써 대통령령으로 정하는 업무를 말한다(노동조합법 제42조의2 제1항). 이에 따라 노동조합법 시행령 제22조의2는 필수공익사업의 종류별로 필수유지업무의 범위를 규정하고 있다.

3) 금지행위

필수유지업무의 정당한 유지·운영을 정지·폐지·방해하는 쟁의행위는 금지된다. 필수유지업무의 유지·운영을 정지·폐지 또는 방해하는 행위가 금지되므로, 노동조합이 그 유지·운영의 임무를 수행하는 조합원을 쟁의행위에 참가하게 함으로써 그 유지·운영을 정지·폐지하는 행위도 할 수 없고, 조합원 또는 비조합원이 그러한 임무를 수행하는 것을 방해할 수도 없다.

필수유지업무의 정당한 유지·운영을 정지·폐지·방해하는 행위를 쟁의행위로서 하면 벌칙이 적용되고, 공중의 생명·보건·신체안전이나 일상생활에 대한 위해가 발생할 것을 요하지는 않는다.

4) 필수유지업무협정

노동관계당사자는 쟁의행위 기간 동안 필수유지업무의 정당한 유지·운영을 위하여 필수유지업무의 필요최소한의 유지·운영수준, 대상 직무 및 필요인원 등을 정한 협정을 서면으로 체결해야 하며, 이 협정에는 노동관계당사자 쌍방이 서명 또는 날인해야 한다(노동조합법 제42조의3).

협정의 체결은 협정의 이행에 관한 규정의 취지에 비추어 보면 쟁의행위를 하기 이전에 해야 한다고 보아야 할 것이다.

5) 노동위원회의 협정관련 중재

당사자 쌍방 또는 일방은 필수유지업무협정이 체결되지 않는 때에는 노동위원회에 필수유지업무의 필요최소한의 유지·운영 수준 등의 결정을 신청해야 하며(노동조합법 제42조의4 제1항), 신청을 받은 노동위원회는 특별조정위원회에 사건을 맡겨 사업 또는 사업장의 필수유지업무의 특성 및 내용 등을 고려하여 필수유지업부의 필요최소한의 유지·운영수준, 대상직무 및 필요인원 등을 결정할 수 있다(노동조합법 제42조의4 제2항·제3항).

노동위원회의 결정에 대한 해석 또는 이행방법에 관하여 당사자 사이에 의견이 일치하지 않는 경우에는 특별조정위원회의 해석에 따르며, 그 해석은 노동위원회의 필수유지업무 결정과 같은 효력이 있다(노동조합법 제42조의4 제4항).

필수유지업무에 관한 노동위원회의 결정이 있는 경우, 그 결정에 따라 쟁의행위를 한 때에는 필수유지업무를 정당하게 유지·운영하면서 쟁의행위를 한 것으로 본다(노동조합법 제42조의5).

6) 필수유지업무협정 등의 이행

노동조합은 필수유지업무협정이 체결되거나 노동위원회의 필수유지업무결정이 있는 때에는 사용자에게 필수유지업무에 근무하는 조합원 중 쟁의행위 기간 동안 근무해야 할 조합원을 통보해야 하며, 사용자는 이에 따라 근로자를 지명하고 이를 노동조합과 그 근로자에게 통보해야 한다(노동조합법 제42조의6 본문). 다만, 노동조합이 쟁의행위 시작 전까지 이를 통보하지 않는 경우에는 사용자가 필수유지업무에 근무해야 할 근로자를 지명하고, 이를 노동조합과 그 근로자에게 통보해야 한다(노동조합법 제42조의6 단서).

4. 절차상의 제한

(1) 조정의 전치

노동조합법은 "쟁의행위는 노동조합법에 의한 조정절차를 거치지 않으면 이를 행할 수 없다. 다만, 조정기간 내에 조정이 종료되지 않거나 중재 시의 쟁의금지기간 내에 중재재정이 이루어지지 않는 경우에는 그렇지 않다(제45조 제2항)."라고 규정하고 있다.

쟁의행위에 들어가기 전에 노동위원회 등 제삼자의 조정에 의한 분쟁해결을 모색하도록 노동조합법이 특별히 설정한 규정이다.

(2) 중재 시의 쟁의금지

노동조합법은 "노동쟁의가 중재에 회부된 때에는 그 날부터 15일간은 쟁의행위를 할 수 없다(제63조)."라고 규정하고 있다. 이는 적법하게 중재가 개시된 이상 일정한 기간 동안 중재재정을 기다리고 쟁의행위를 보류하도록 하려는 정책적 고려에서 설정된 것이다.

(3) 긴급조정 시의 쟁의중지

이미 쟁의행위를 개시하였더라도 소정의 요건이 갖추어져 노동부장관의 긴급조정 결정이 공표되면 이를 즉시 중지하여야 하며 공표일부터 30일이 경과하지 않으면 쟁의행위를 재개할 수 없다(제77조). 쟁의행위로 인한 국민경제 또는 국민의 일상생활에 대한 피해를 줄이기 위하여 쟁의행위를 일시중지시키고 그 동안에 중앙노동위원회의 조정·중재에 의하여 쟁의행위의 원인으로 된 분쟁을 해결하려는 정책적 고려에서 설정된 규정이다.

(4) 조정서 해석기간 중의 쟁의금지

당사자가 노동쟁의 조정서의 해석·이행방법에 관하여 당해 조정위원회에 명확한 견해의 제시를 요청한 경우에는 당사자는 그 견해가 제시될 때까지는 당해 조정안의 해석 또는 이행에 관하여 쟁의행위를 할 수 없다(노동조합법 제60조 제5항). 당해 조정위원회는 7일 이내에 견해를 제시하여야 하므로 7일의 견해제시 기간이 경과하였음에도 불구하고 견해가 제시되지 않은 경우에는 쟁의행위를 할 수 있게 된다.

(5) 쟁의행위 찬반투표

노동조합법은 "쟁의행위는 그 조합원의 직접·비밀·무기명투표에 의한 조합원 과반수의 찬성으로 결정하지 아니하면 이를 행할 수 없다(제41조 제1항)."라고 규정하고 있다. 쟁의행위가 쟁의참가자의 임금삭감을 초래하고 직장폐쇄를 야기하는 등 조합원 전체에게 중요한 영향을 미치므로 그 결정을 민주적인 절차로 하도록 하자는 정책적 고려에서 노동조합법에 설정된 규정이다. '조합원의 직접·비밀·무기명 투표'를 요하므로 대의원회의 의결이나 비밀이 보장되지 않는 투표는 본조 위반으로 된다. 한편, 투표의 시기에는 제한이 없으나, 쟁의행위 개시 전에 하여야 한다.

(6) 쟁의행위의 신고

노동조합은 쟁의행위를 하고자 할 경우에는 노동부령이 정하는 바에 따라 행정관청과 관할노동위원회에 쟁의행위의 일시·장소·참가인원 및 그 방법을 미리 서면으로 신고하여야 한다(노동조합법 시행령 제17조).

제3절 쟁의행위의 정당성

Ⅰ. 서

1. 단체행동권과 쟁의행위

헌법 제33조 제1항에서는 근로자는 근로조건향상을 위하여 자주적인 단결권·단체교섭권·단체행동권을 가진다고 규정하고 있다. 또한 쟁의행위는 헌법상 보장되는 근로3권의 하나인 단체행동권을 구체화한 것으로 노동조합 및 노동관계조정법은 제2조 제6호에서 쟁의행위를 "파업·태업, 직장폐쇄 기타 노동관계 당사자가 그 주장을 관철할 목적으로 행하는 행위와 이에 대항하는 행위로서 업무의 정상적인 운영을 저해하는 행위를 말한다."라고 정의하고 있다.

2. 정당성 판단의 중요성

쟁의행위는 헌법상 근로3권 보장의 효과로 그것이 정당한 범위 내에서 행사되는 한 민·형사책임을 면하게 된다. 노동조합법은 제3조에서 민사면책을, 제4조에서 형사면책을 그리고 제81조 제1호·제5호에서 불이익 취급의 금지를 규정함으로써 이를 확인하고 있다. 반면에 쟁의행위가 정당한 범위를 넘어서 행해진 경우에는 이러한 법적 보호를 받을 수 없다는 점에서 쟁의행위의 정당성 판단은 중요한 의의를 지닌다.

3. 적법성과의 구분

쟁의행위의 정당성을 판단함에 있어 노동법상의 일정한 제한규정을 위반하였다고 해서 반드시 쟁의행위 전체가 정당성을 상실하는 것은 아니다. 여기서 쟁의행위의 정당성과 적법성을 구별하여야 할 것이다. 이와 관련하여 노동조합법은 '쟁의행위의 기본원칙'이라는 표제하에 제37조에서는 쟁의행위의 정당성 기준으로 주체, 목적, 방법 및 절차를 제시하고 있으며 판례도 같은 기준을 제시하고 있다.

> **참조판례 대법원 2008.1.18. 선고 2007도1557 판결**
>
> 근로자의 쟁의행위가 형법상 정당행위가 되기 위해서는, 첫째 그 주체가 단체교섭의 주체로 될 수 있는 자이어야 하고, 둘째 그 목적이 근로조건의 향상을 위한 노사간의 자치적 교섭을 조성하는 데에 있어야 하며, 셋째 사용자가 근로자의 근로조건 개선에 관한 구체적인 요구에 대하여 단체교섭을 거부하였을 때 개시하되 특별한 사정이 없는 한 조합원의 찬성결정 등 법령이 규정한 절차를 거쳐야 하고, 넷째 그 수단과 방법이 사용자의 재산권과 조화를 이루어야 함은 물론 폭력의 행사에 해당되지 아니하여야 한다는 여러 조건을 모두 구비하여야 할 것 ….

Ⅱ. 쟁의행위의 주체와 정당성

1. 일반적 기준

단체교섭능력과 단체협약체결능력을 갖추고 있는 법내노동조합은 쟁의행위의 정당한 주체가 된다.

2. 비노동조합파업(헌법상 단결체, 쟁의단)

(1) 헌법상 단결체

판례는 쟁의행위의 주체를 노동법상 단체교섭이나 단체협약 체결능력이 있는 노동조합이라고 판시하고 있다. 판례에 의하면 헌법상 단결체는 쟁의행위의 주체성이 부인된다. 그러나 헌법상 단결체도 헌법상 보장된 근로3권의 보호에 적합한 단결체로서 쟁의행위의 주체성이 인정될 수 있다고 봄이 타당하다.

(2) 쟁의단

① 쟁의단은 일시적인 존속을 전제로 한다는 점에서 헌법상 단결체에 비하여 단결체로서의 실질을 구비하지 못하고 있다는 점, 쟁의행위는 단체교섭 내지 단체협약의 주체가 될 수 있는 노동조합만 주도할 수 있다는 점에서 단체교섭의 주체와 쟁의행위의 주체가 동일하여 단체교섭권한이 없는 쟁의단은 쟁의행위의 주체성이 부인된다는 견해가 있지만, ② 쟁의단도 단체협약의 주체는 될 수 없지만 단체교섭의 주체는 될 수 있다고 보아야 하므로 쟁의단이 주도하는 파업도 정당성을 가질 수 있다고 보아야 한다.

3. 비공인파업

(1) 살쾡이 파업(Wild-Cat Strike)

1) 의의

노동조합법 제37조 제2항에서는 조합원은 노동조합에 의하여 주도되지 아니한 쟁의행위를 하여서는 아니 된다고 규정하여 비공인파업을 금지하고 이에 위반한 경우 벌칙을 적용한다.

2) 학설 및 판례

① 살쾡이 파업은 단순히 노동조합 내부의 통제에 위반하는 것으로서 쟁의행위의 정당성에는 영향을 미치지 않는다고 보는 견해도 있으나, ② 살쾡이 파업은 미조직 근로자의 쟁의단이 하는 파업과 성격을 달리하고 노동조합의 의사 내지 통제에 반하는 파업이라는 점에서 정당성이 없다는 견해가 타당하다고 본다. 판례도 철도노동조합의 조합원인 기관사들이 노동조합과 별도로 조직한 기관차협의회는 쟁의행위의 정당한 주체가 될 수 없다고 판시하였다.

> **참조판례 대법원 1991.5.24. 선고 91도324 판결**
>
> 쟁의행위의 주체가 단체교섭권이 없는 이른바 '특별단체교섭추진위원회'이고 위 나항의 노동쟁의 발생신고 등의 절차를 거치지 아니하였음에도 불구하고 만연히 부적법한 쟁의행위를 했다거나 직무를 유기했다고 인정할 만한 증거가 없다고 한 원심판결에는 심리미진, 사실오인의 위법이 있다고 하여 이를 파기한 사례.

> **참조판례 대법원 1997.4.22. 선고 95도748 판결**
>
> 일부 조합원의 집단이 노동조합의 승인 없이 또는 지시에 반하여 쟁의행위를 하는 경우에는 이를 비조직 근로자들의 쟁의단과 같이 볼 수 없다.

(2) 노동조합의 통제위반

노동조합의 통제위반문제와 쟁의행위의 정당성 문제는 구별하여야 한다는 것을 전제로 비공인파업의 경우 쟁의행위에 이른 조합원들의 요구사항, 참가인원수, 통제관계 등을 고려하여 예외적으로 인정해야 한다는 견해가 있으나, 이는 비공인파업의 정당성문제가 아닌 책임인정에 있어서의 고려사정 내지는 책임경감사유로 보아야 할 것이다.

(3) 지부, 분회의 경우

① 비공인파업 중에서도 독립된 규약과 활동체계를 갖고 있는 지부·분회의 쟁의행위의 경우에는 엄밀한 의미에서 비공인파업의 정당성 문제는 발생하지 않는다는 견해가 있고, ② 산하조직은 그 자체로서 독립된 노동조합이 아니고 독자적으로 단체교섭권을 가지는 것도 아니라고 보아야 하므로, 단위노동조합의 지시·승인 없이 독자적으로 행한 쟁의행위는 정당성이 없다는 견해가 있다. 생각건대, 지부·분회는 독자적인 노동조합으로 근로3권의 주체가 된다는 점에서 쟁의행위의 정당한 주체가 될 수 있다고 보는 것이 타당하다.

III. 쟁의행위의 목적과 정당성

1. 일반적 기준

쟁의행위는 근로자의 근로조건과 경제적·사회적 지위의 향상을 위해 노·사 간의 자치적인 교섭을 조성하는 것으로 목적으로 해야 한다.

2. 정치파업

(1) 문제의 소재

정치파업은 국가나 기타 공공단체의 기관을 상대방으로 하거나, 특정한 정치적 주장의 시위나 관철을 목적으로 하는 쟁의행위로 그 상대방이 사용자 아닌 국가 기관이고, 그 요구사항의 내용이 사실상, 법률상 사용자의 처분권한 밖에 존재한다는 점이 문제된다.

(2) 학설

① 사용자의 처분권한을 벗어나고 추구하는 목적이 정당성을 가지지 않는다는 정치파업 위법설과, ② 단체행동권 보장 취지에 근로자들의 집단적 참여를 통한 사회 전반에 대한 민주주의의 확대도 포함되므로 정치파업도 헌법상 보장된다는 정치파업 적법설, ③ 경제적 정치파업은 쟁의행위의 목적이 될 수 있는 반면, 순수정치 파업은 쟁의행위에 목적이 될 수 없다는 정치파업 이분설이 제시되고 있다.

(3) 판례

판례는 특정법령의 제정에 반대하는 등 근로조건에 관한 주장을 관철하기 위한 것도 아니고 그 요구의 상대방도 사용자가 아닌 국가이므로 정당성이 인정되지 않는다고 하여 정치파업의 정당성을 부정하고 있다.

> **참조판례 대법원 2014.8.20. 선고 2011두25746 판결**
>
> 이 사건 전면파업은 근로조건의 향상이 아니라 정원감축 내용이 포함된 공기업 선진화 반대, 해고자 복직, 고소·고발 및 손해배상소송 철회 등의 요구사항 관철을 주된 목적으로 행하여진 것이어서 적법한 쟁의행위라고 볼 수 없다.

(4) 검토

쟁의행위의 목적은 근로조건의 향상에 있다고 보아야 하기 때문에 정치파업 이분론이 이론적으로 타당하다고 할 것이다. 그러나 경제적 정치파업의 경우에도 사용자가 그 파업의 목적에 관하여 아무런 권한이 없는 제3자라는 점을 고려되어야 하므로 사용자에게 주는 손해를 최소화하는 방법이어야 전체적으로 정당성을 가지게 된다고 보아야 할 것이다.

3. 동정파업

(1) 문제의 소재

동정파업은 파업 노동조합이 자신의 노사관계에서의 요구 또는 시위를 목적으로 하는 것이 아니라 다른 기업 또는 산업에서의 쟁의에 영향을 미칠 것을 목적으로 하는 쟁의행위로 그 정당성 여부에 관해 견해대립이 있다.

(2) 학설 및 판례

1) ① 사용자에게 처분권한이 없는 사항을 목적으로 하고 사용자와의 단체교섭을 유리하게 타결하기 위한 것이 아니므로 목적상의 정당성이 부정된다고 동정파업 위법설과, ② 동정파업은 그 주체가 지원하려는 근로자와 근로조건에 관하여 실질적으로 이해관계를 같이하거나 조직적 결합관계에 있는 경우에는 향후 단체교섭을 유리하게 하려는 목적이 포함되어 있지만, 그러한 관련 없이 단순히 근로자로서의 연대의식에 근거한 순수동정파업은 목적의 정당성을 부정한다는 동정파업 이분설이 대립되고 있다.

2) 동정파업의 정당성은 정치파업의 경우와 마찬가지로 유형별로 판단을 달리하는 것이 타당하다. 동정파업과 그 원쟁의(타 기업의 쟁의행위) 간의 노사관계의 관련성이 전혀 없는 순수동정파업은 정당성이 부인되며, 노사관계의 관련성을 인정할 수 있다면 동정파업의 정당성은 인정되어야 할 것이다.

4. 교섭대상과 정당한 쟁의행위 목적의 관계

(1) 의의

근로자측의 요구가 쟁의행위의 목적으로 인정되는지 여부는 단체교섭의 대상에 해당하는지 여부와 불가분의 관계를 가진다. 쟁의권은 단체교섭을 유리하게 타결하기 위하여 보장된 것이다. 단체교섭의 대상이 아닌 요구사항을 관철할 목적의 쟁의 행위는 단체교섭을 유리하게 타결하기 위한 것이 아니다.

(2) 집단적 노동관계에 관한 사항

집단적 노동관계에 관한 사항은, 강행법규나 공서양속에 반하지 않는 이상, 단체교섭의 대상이 되므로 이에 관한 주장을 관철하려는 쟁의행위는 목적에 있어서 정당성이 인정된다고 보아야 할 것이다.

(3) 권리분쟁사항

1) ① 권리분쟁사항은 쟁의행위가 아니라 민사소송이나 부당노동행위 구제절차에 의하여 해결할 성질이라는 이유를 들어 쟁의행위의 정당한 목적이 될 수 없다는 견해와, ② 민사소송 등 다른 구제절차가 있다 하여 반드시 그것에 호소하도록 강제되는 것은 아니고 당사자 간의 자주적인 해결이 배제되는 것은 아니기 때문에 권리분쟁사항에 관한 쟁의행위도 정당성을 가진다는 견해가 있다.

2) 권리분쟁 사항은 근로조건에 관한 것이든 집단적 노동관계에 관한 것이든 원칙적으로 쟁의행위의 정당한 목적으로 인정될 수 없다. 또 권리분쟁사항은 원래 협상에 의하여 양보할 성질이 아니므로 쟁의행위에 의하여 상대방의 양보를 구하는 것은 쟁의권의 남용이라고 볼 여지도 있다. 그러나 사용자가 명백히 노동관계법령·단체협약·취업규칙 등을 위반하여 노사관계 전반에 중대한 영향을 미치고 그 시정이 시급한 경우에 그 위반에 항의하고 그 준수를 촉구하기 위한 쟁의행위는 예외적으로 정당성이 인정된다.

(4) 경영사항

경영사항도 그것이 단체교섭의 대상이 되느냐 여부에 따라 목적의 정당성이 인정되느냐 여부가 결정된다. 판례는 경영진의 퇴진을 요구하는 쟁의행위라도 그 진의가 조합원의 근로조건 개선요구에 있다고 인정되는 경우에는 목적의 정당성을 인정한 바 있다. 그러나 대표이사의 연임을 방해하기 위한 파업 또는 기구의 통폐합과 이에 따른 업무부담 증가를 저지하려는 쟁의행위 등은 목적의 정당성이 부정된다.

참조판례 대법원 1992.5.12. 선고 91다34523 판결

근로자들이 쟁의행위를 함에 있어 연구소장의 퇴진을 요구하였다 하더라도 이는 부차적인 것이고 주된 목적은 일부 근로자들에 대한 파면처분이 노동조합의 핵심적 관심사항인 연구자율수호운동을 주동한 것에 대한 보복조치라고 하여 이의 철회를 구하는 것이고 그 뜻은 조합원의 근로조건의 개선요구에 있다고도 볼 수 있다면 이는 단체교섭사항이 될 수 있는 것이므로 위 쟁의행위는 그 목적에 있어 정당하다.

참조판례 대법원 2002.1.11. 선고 2001도 1687 판결

[1] 근로자의 행위가 정당한 쟁의행위라고 하기 위해서는 우선 그 주체가 단체교섭의 주체로 될 수 있는 자이어야 하고, 단체교섭과 관련하여 근로조건의 유지, 개선 등을 목적으로 하는 것으로서 그 목적이 정당하여야 하며, 그 시기와 절차가 법령의 규정에 따른 것으로서 정당하여야 할 뿐 아니라, 그 방법과 태양에 있어서 폭력이나 파괴행위를 수반하는 등 그 밖에 반사회성을 띤 행위가 아닌 정당한 범위 내의 것이어야 한다.

[2] 사용자의 재량적 판단이 존중되어야 할 기구 통·폐합에 따른 조직변경 및 업무분장 등에 관한 결정권은 사용자의 경영권에 속하는 사항으로서 단체교섭사항이 될 수 없고, 단체교섭사항이 될 수 없는 사항을 달성하려는 쟁의행위는 그 목적의 정당성을 인정할 수 없다.

---

(5) 인사사항

근로자의 해고나 징계 등 인사의 기준은 그 자체로서 근로조건이고 단체교섭의 대상이므로 이에 관한 주장을 관철하려는 쟁의행위는 목적에 있어서 정당성을 가진다고 보아야 할 것이다. 그러나 정리해고가 불가피한 사정 아래서 노동조합이 정리해고의 기준안을 제시하지 않은 채 정리해고 자체만을 반대하는 주장을 하는 경우는 단체교섭을 유리하게 전개하기 위한 것도 아니고 경영권을 제한하는 요소도 있으므로 쟁의행위의 목적의 정당성이 인정되지 않는다.

> 📖 **참조판례 대법원 2001.4.24. 선고 99도4893 판결**
>
> 긴박한 경영상의 필요에 의하여 하는 이른바 정리해고의 실시는 사용자의 경영상의 조치라고 할 것이므로, 정리해고에 관한 노동조합의 요구내용이 사용자는 정리해고를 하여서는 아니 된다는 취지라면 이는 사용자의 경영권을 근본적으로 제약하는 것이 되어 원칙적으로 단체교섭의 대상이 될 수 없고, 단체교섭사항이 될 수 없는 사항을 달성하려는 쟁의행위는 그 목적의 정당성을 인정할 수 없다.

5. 기타문제

(1) 단체교섭의 절차

단체교섭의 방식이나 방법에 관한 예비교섭도 단체교섭의 일종이므로 이에 관한 노동조합의 주장을 사용자가 받아들이지 않는 경우에 그 주장의 관철을 위한 쟁의행위를 하더라도 단체교섭을 실질화하기 위한 것이므로 목적의 정당성이 인정될 수 있다.

(2) 과도한 주장

사용자가 수용할 수 없는 과다한 요구를 하더라도 이는 단체교섭의 단계에서 조정할 문제로서 그것만으로 그 쟁의행위의 목적이 정당성을 상실한다고 볼 수는 없다.

> 📖 **참조판례 대법원 1992.1.21. 선고 91누5204 판결**
>
> 노동조합이 회사로서는 수용할 수 없는 요구를 하고 있었다고 하더라도 이는 단체교섭의 단계에서 조정할 문제이지 노동조합측으로부터 과다한 요구가 있었다고 하여 막바로 그 쟁의행위의 목적이 부당한 것이라고 해석할 수는 없다.

(3) 복수의 목적

하나의 쟁의행위를 통해 복수의 목적을 관철하려는 경우에는 그 쟁의행위의 주된 목적, 즉 객관적으로 그 목적이 없었더라면 그 쟁의행위를 하지 않았을 것이라고 인정되는 목적을 대상으로 정당한 쟁의목적이 되는지 여부를 판단하여야 한다.

> 📖 **참조판례 대법원 2001.6.26. 선고 2000도2871 판결**
>
> 쟁의행위가 형법상 정당행위로 되기 위하여는 그 목적이 근로조건의 유지·개선을 위한 노사간의 자치적 교섭을 조성하는 데에 있어야 하고 그 절차에 있어 특별한 사정이 없는 한 노동위원회의 조정절차를 거쳐야 하는바, 쟁의행위에서 추구되는 목적이 여러 가지이고 그 중 일부가 정당하지 못한 경우에는 주된 목적 내지 진정한 목적의 당부에 의하여 그 쟁의행위 목적의 당부를 판단하여야 하므로 부당한 요구사항을 뺐더라면 쟁의행위를 하지 않았을 것이라고 인정되는 경우에만 그 쟁의행위 전체가 정당성을 가지지 못한다.

Ⅳ. 쟁의행위 시기 · 절차와 정당성

1. 쟁의행위 시기와 정당성

(1) 단체교섭과의 관계

사용자에 대한 쟁의행위는 단체교섭에서의 구체적인 절충을 진전시키기 위하여 인정된 것이므로, 사용자가 노동조합의 구체적 요구에 대하여 단체교섭 자체를 거부하거나 단체교섭의 자리에서 그러한 요구를 거부한다는 회답을 한 뒤에 시작해야 정당성을 가진다.

> **참조판례 대법원 1990.5.15. 선고 90도357 판결**
>
> 쟁의행위의 정당성은, … 사용자가 근로자의 근로조건의 개선에 관한 구체적 요구에 대하여 단체교섭을 거부하거나 단체교섭의 자리에서 그러한 요구를 거부하는 회답을 했을 때에 개시하여야 한다.

(2) 쟁의행위 최후수단성과 정당성

① 쟁의행위는 단체교섭을 충분히 하였음에도 불구하고 타결되지 않은 경우에 허용되는 최후의 투쟁수단이라고 전제하면서 단체교섭을 충분히 거치지 않은 단계에서 쟁의행위에 들어가는 것은 최후 수단성이 결여되어 정당성을 인정할 수 없다는 견해가 있으며, ② 이에 대해 형식적으로 일정기간 또는 일정회수의 단체교섭을 거쳐야 한다거나 단체교섭에서의 일련의 대화가 종료된 후에만 쟁의행위를 할 수 있는 것은 아니라는 견해가 제시되고 있다.

생각건대, 쟁의행위는 단체교섭의 원활한 수행을 위한 수단적 권리의 성격을 가지며 단체교섭에서 절충이 일단 시작된 이상 어느 단계에서 쟁의행위를 시작할 것인가는 노동조합이 전술적으로 결정할 수 있다고 보아야 할 것이므로 후자의 견해가 타당하다.

(3) 조정전치주의

1) 의의

노동조합법은 노동조합과 사용자간에 단체교섭을 하였음에도 임금 · 근로시간 등의 근로조건의 결정에 관한 주장의 불일치로 인해 더 이상 자주적 교섭에 의한 합의의 여지가 없을 때를 '노동쟁의'라 정의하고(노동조합법 제2조 제5호), 노동쟁의가 발생한 때에는 노동관계 당사자는 노동위원회에 조정절차를 신청하여 조정을 받을 수 있는데, 이러한 조정절차를 거치지 아니하면 쟁의행위를 할 수 없다(노동조합법 제45조)고 규정하고 있다. 위 규정에 근거하여 쟁의행위 이전에 노동위원회 등에 의해 조정 절차를 거쳐야만 하는 것을 조정전치주의라고 한다. 조정전치주의는 일정한 기간 동안 당사자로 하여금 쟁의행위를 자제하게 함으로써 원만한 분쟁해결노력을 촉구하고, 조정절차의 실효성을 확보하기 위한 것이다.

2) 조정전치에 위반한 쟁의행위

① 벌칙

조정절차를 거치지 아니한 쟁의행위에는 1년 이하의 징역 또는 1천만 원 이하의 벌금에 처한다.

② 정당성 여부

쟁의행위가 조정전치를 거치지 아니한 경우 정당성 여부가 문제된다. ㉠ 학설은 일반적으로 조정전치주의는 쟁의행위에 대한 제한을 목적으로 하는 것이 아니므로 쟁의행위의 정당성 판단과 직접 관련이 없다는 것이 일반적이다. ㉡ 이에 대해 판례는 "노동조정법 제45조의 조정전치에 관한 규정의 취지는 분쟁을 사전 조정하여 쟁의행위 발생을 회피하는 기회를 주려는 데에 있는 것이지 쟁의행위 자체를 금지하려는 데에 있는 것이 아니므로, 쟁의행위가 조정전치의 규정에 따른 절차를 거치지 아니하였다고 하여 무조건 정당성이 결여된 쟁의행위라고 볼 것이 아니고, 그 위반행위로 말미암아 사회·경제적 안정이나 사용자의 사업운영에 예기치 않은 혼란이나 손해를 끼치는 등 부당한 결과를 초래할 우려가 있는지의 여부 등 구체적 사정을 살펴서 그 정당성 유무를 가려 형사상 죄책을 판단하여야 한다."라고 판시하고 있다.

📖 **참조판례** 대법원 2003.12.26. 선고 2001도1863 판결

노동쟁의는 특별한 사정이 없는 한 그 절차에 있어 조정절차를 거쳐야 하는 것이지만, 이는 반드시 노동위원회가 조정결정을 한 뒤에 쟁의행위를 하여야만 그 절차가 정당한 것은 아니라고 할 것이고, 노동조합이 노동위원회에 노동쟁의 조정신청을 하여 조정절차가 마쳐지거나 조정이 종료되지 아니한 채 조정기간이 끝나면 조정절차를 거친 것으로서 쟁의행위를 할 수 있다.

③ 행정지도가 있는 경우

조정신청을 하였으나 조정신청의 내용이 조정의 대상이 아니라고 인정하는 경우에는 그 사유와 다른 해결방법을 알려 주어야 한다. 이러한 행정지도의 대상이 된 경우에는 원칙적으로 조정을 거치지 않은 것으로 취급된다. 다만, 교섭미진을 이유로 한 행정지도를 받은 경우에는 조정을 거친 것으로 보아야 할 것이다. 판례 역시 교섭미진을 이유로 행정지도를 하면서 실질적인 조정을 하지 않은 상태에서 행한 쟁의행위는 조정을 거친 것으로 인정된다고 판시하고 있다.

📖 **참조판례** 대법원 2001.6.26. 선고 2000도2871 판결

조정은 당사자 사이의 자주적인 해결에 노동위원회가 조력하는 제도인 점, 이 사건과 같이 사용자측의 교섭거절로 실질적인 교섭이 이루어지지 아니한 경우 중노위가 이를 노동쟁의가 아니라는 이유로 조정결정을 하지 아니한다면 오히려 조정전치주의 때문에 노동조합의 쟁의권이 부당하게 침해된다는 점, 헌법상 단체행동권을 보장하는 규정 취지와 노조법 제45조, 제54조의 해석상 조정종결원인과 관계없이 조정이 종료되었다면 노조법 제5장 제2절의 조정절차를 거친 것으로 보는 것이 타당한 점 등에 비추어 보면 중노위의 행정지도 이후에 이루어진 이 사건 쟁의행위는 노조법 제45조의 규정에 따라 일응 조정절차를 거친 이후에 이루어진 쟁의행위로 보는 것이 옳고, 이렇게 본다면 이 사건 쟁의행위의 절차적 정당성도 인정된다 할 것이다.

(4) 평화의무

단체협약 체결의 효과로 노사관계당사자는 단체협약의 유효기간 중 그 내용을 변경하는 것을 목적으로 하는 쟁의행위가 금지된다. 대법원은 평화의무를 위반한 쟁의행위는 정당성을 갖지 못한다는 입장이다.

단체협약에서 이미 정한 근로조건이나 기타 사항의 변경·개폐를 요구하는 쟁의행위를 단체협약의 유효기간 중에 하여서는 아니 된다는 이른바 평화의무를 위반하여 이루어진 쟁의행위는 노사관계를 평화적·자주적으로 규율하기 위한 단체협약의 본질적 기능을 해치는 것일 뿐 아니라 노사관계에서 요구되는 신의성실의 원칙에도 반하는 것이므로 정당성이 없다.

2. 쟁의행위 절차와 정당성

(1) 조합규약상 절차의 준수

조합규약상 절차위반의 쟁의행위는 조합원의 민주적 의사반영이라는 점과 관련된다. 따라서 규약상의 절차는 조합 내부적 제한으로 보아야 하고, 이를 위반하면 내부적인 책임을 지는 것은 당연하지만 쟁의행위의 정당성이 곧바로 상실한다고 보기는 어렵다. 조합규약상 쟁의행위의 의결기관이 아닌 다른 기관에서 쟁의행위를 의결한 경우 등 의결절차상의 하자의 경우 궁극적으로 조합원의 민주적 의사형성이 보장되었는가의 여부에 따라 정당성을 판단하여야 한다.

(2) 단체협약상의 평화의무위반 및 쟁의조항위반

쟁의행위는 노사의 자주적인 단체협약에 의하여 제한할 수 있다. 다만, 단체협약상의 평화의무 등을 위반한 쟁의행위의 정당성 여부에 관하여 견해대립이 있다.

1) 평화의무 위반의 쟁의행위 정당성

① 평화의무를 단체협약에 내재하는 의무라고 보는 입장에서는 평화의무 위반의 쟁의행위에 대해 정당성을 부정하나, ② 단체협약은 당사자 간 계약의 일종이고 평화의무는 단체협약의 이행의무에서 파생되는 신의칙상 의무로 보는 입장에서는 정당성이 부정되는 것은 아니라는 입장이 있고, ③ 평화의무는 당사자 사이의 묵시적 합의에 의해서 발생한다는 합의설에서는 평화의무 위반의 쟁의행위는 계약위반에 불과해서 채무불이행으로 되긴 하지만 그 정당성을 상실하는 것은 아니라는 입장이 있다. ④ 판례는 평화의무가 단체협약에 본질적으로 내재하고 있으므로 평화의무위반의 쟁의행위는 협약질서의 침해로 정당성이 부정된다는 견해이다. ⑤ 평화의무는 단체협약의 채무적 효력의 일종으로 채무적 효력의 위반은 채무불이행의 문제는 있으나 당해 행위의 정당성의 요건은 될 수 없다고 보는 것이 타당하다.

2) 평화조항, 쟁의조항 위반의 쟁의행위

평화조항 또는 쟁의조항을 위반한 쟁의행위는 협약위반에 대한 책임이 면제될 수는 없겠지만 위 조항은 단체협약의 채무적 부분에 관한 것으로 쟁의행위의 정당성에 영향을 미치지 않는다고 할 것이다.

(3) 법령상 쟁의행위의 절차

1) 쟁의행위의 법령상 절차위반과 정당성

노동조합법은 조정전치주의(노동조합법 제45조 제1항), 중재시의 쟁의행위의 금지(노동조합법 제63조), 긴급조정시의 쟁의행위 중지(노동조합법 제77조) 등 쟁의행위 개시 및 절차와 관련하여 규정하고 있다.

이러한 법령상 절차규정은 단체행동권의 한계를 규정한 것으로 보면 정당성이 부정되겠지만, 다른 정책목적을 달성하기 위한 제한인 경우에는 법위반의 벌칙 적용과 별도로 정당성 여부를 판단하여야 한다.

2) 조합원 찬반투표

① 의의

노동조합법 제41조 제1항은 노동조합의 쟁의행위는 그 조합원의 직접·비밀·무기명투표에 의한 조합원 과반수의 찬성으로 결정하지 아니하면 이를 행할 수 없다. 노동조합법 제29조의2에 따라 교섭대표노동조합이 결정된 경우에는 그 절차에 참여한 노동조합의 전체 조합원(해당 사업 또는 사업장 소속 조합원으로 한정한다)의 직접·비밀·무기명투표에 의한 과반수의 찬성으로 결정하지 아니하면 쟁의행위를 할 수 없다고 규정하고 있다. 즉, 쟁의행위는 조합원의 일정 수 이상의 찬성이 있어야 쟁의행위에 돌입할 수 있다.

② 취지

쟁의행위가 그 참가자의 임금삭감을 초래하고 직장폐쇄를 야기하는 등 조합원 전체에게 중요한 영향을 미치므로 그 결정을 민주적인 절차로 하도록 하자는 정책적 고려에서 노동조합법이 특별히 설정한 규정이다.

③ 찬반투표의 방법

㉠ 문제점

노동조합법은 쟁의행위의 찬반투표 방식에 대하여 조합원의 직접·비밀·무기명투표에 의하도록 규정하고 있으나, 이를 반드시 준수하여야만 쟁의행위가 정당한 것인지가 문제된다.

㉡ 학설

@ 민주적 의사결정방식으로 족하다는 견해

노동조합법의 취지가 쟁의행위에 대한 노동조합의 의사결정이 민주적인 방법을 유지하도록 하고자 하는 취지이므로 반드시 엄격한 투표절차에 의해야 하는 것은 아니고 조합원의 의사를 존중하는 민주적 의사결정방식을 거친 경우에는 위의 규정을 준수한 것으로 보아야 한다는 견해이다.

ⓑ 엄격한 투표절차를 준수하여야 한다는 견해

노동조합법은 쟁의행위의 찬반투표절차를 직접·비밀·무기명의 투표방식에 의하도록 명문으로 규정하고 있으며, 이는 민주적 운영의 도모와 조합의사의 결정에 보다 신중을 기하기 위한 것으로 반드시 준수되어야 한다는 견해이다.

ⓒ 판례

대법원 전원합의체 판결은 "쟁의행위를 함에 있어 조합원의 직접·비밀·무기명투표에 의한 찬성결정이라는 절차를 거쳐야 한다는 규정은 노동조합의 자주적이고 민주적인 운영을 도모함과 아울러 쟁의행위에 참가한 근로자들이 사후에 그 쟁의행위 정당성 유무와 관련하여 어떠한 불이익을 당하지 않도록 그 개시에 관한 조합의사의 결정에 보다 신중을 기하기 위하여 마련된 규정이므로 위의 절차를 위반한 쟁의행위는 그 절차를 따를 수 없는 객관적인 사정이 인정되지 아니하는 한 정당성이 상실된다."라고 판시하여 엄격한 투표절차에 의한 경우에 한해 정당성을 인정하고 있다.

> **참조판례 대법원 2001.10.25. 선고 99도4837 전원합의체 판결**
>
> 절차에 관하여 쟁의행위를 함에 있어 조합원의 직접·비밀·무기명투표에 의한 찬성결정이라는 절차를 거쳐야 한다는 노동조합및노동관계조정법 제41조 제1항의 규정은 노동조합의 자주적이고 민주적인 운영을 도모함과 아울러 쟁의행위에 참가한 근로자들이 사후에 그 쟁의행위의 정당성 유무와 관련하여 어떠한 불이익을 당하지 않도록 그 개시에 관한 조합의사의 결정에 보다 신중을 기하기 위하여 마련된 규정이므로 위의 절차를 위반한 쟁의행위는 그 절차를 따를 수 없는 객관적인 사정이 인정되지 아니하는 한 정당성이 상실된다.

ⓓ 검토

노동조합은 민주적으로 운영되어야 하며, 노동조합법이 특히 쟁의행위에 대해 직접·비밀·무기명투표의 방식에 의하도록 하는 것은 조합의사결정에 최대한의 신중을 기하기 위한 규정이라고 할 것이며, 민주적 의사결정을 허용하는 경우 대리투표, 간접투표 등을 허용하는 결과가 될 것이므로 투표절차를 준수하는 것이 타당하다고 본다.

④ 의결정족수

쟁의행위는 조합원과반수의 찬성을 얻어야 한다. 조합원의 과반수란 투표참가조합원 과반수 또는 유효투표의 과반수가 아니라 재적조합원 과반수를 말한다. 조합원의 투표로써 족하고 반드시 총회의 개최·의결을 거쳐야 하는 것은 아니다. 조합원수의 산정기준은 종사근로자인 조합원을 기준으로 한다.

⑤ 투표의 시기

투표의 시기에는 제한이 없으나, 쟁의행위 시작 전에 해야 할 것이다.

⑥ 기타

노동조합은 찬반투표 결과를 공개하고 투표자 명부 및 투표용지 등을 보존하고 조합원이 열람할 수 있도록 하여야 하며, 미리 정한 규약도 준수해야 한다.

⑦ 위반의 효과

㉠ 벌칙의 적용

노동조합법 제91조 제1항은 쟁의행위찬반투표에 위반한 경우 형사처벌(1년 이하의 징역 또는 1천만 원 이하의 벌금)하도록 규정하고 있다.

ⓛ 쟁의행위의 정당성

쟁의행위 찬반투표를 거치지 않은 쟁의행위가 정당성을 상실하는지 여부가 문제되는데, ⓐ 쟁의행위 찬반투표 규정은 쟁의행위를 할 것인지 여부를 민주적으로 또 신중하게 결정하게 하려는 정책적 고려에서 노동조합법이 특별히 설정한 것이므로 이 절차를 거치지 않았다는 것만으로 정당성을 부인해서는 안 된다는 견해와, ⓑ 쟁의행위 찬반투표를 거치지 않은 쟁의행위는 조합의사결정이 민주적이지 못하므로 정당성을 인정할 수 없다는 견해의 대립이 있다. ⓒ 판례는 쟁의행위 찬반투표를 거치지 않은 쟁의행위는 그 절차를 따를 수 없는 객관적인 사정이 없는 이상 정당성을 인정할 수 없다고 한다. 생각건대, 쟁의행위 찬반투표는 조합의사의 민주적 결정을 위한 절차이고 이를 위반한 경우 조합의사가 민주적 방식으로 확인되었다고 보기 어려운 점에서 쟁의행위 정당성을 상실한다고 보는 견해가 타당하다.

쟁의행위를 함에 있어 조합원의 직접·비밀·무기명 투표에 의한 찬성결정이라는 절차를 거쳐야 한다는 노동조합법 제41조 제1항은 노동조합이 자주적이고 민주적인 운영을 도모하기 위한 것이다. 아울러 쟁의행위에 참가한 근로자들이 사후에 그 쟁의행위의 정당성 유무와 관련하여 어떠한 불이익을 당하지 않도록 그 개시에 관한 조합의사의 결정에 보다 신중을 기하기 위하여 마련된 규정이므로 위의 절차를 위반한 쟁의행위는 그 절차를 따를 수 없는 객관적 사정이 인정되지 아니하는 한 정당성을 인정받을 수 없다는 것이 판례의 입장이다.

Ⅴ. 쟁의행위의 수단·태양과 정당성

1. 일반적 기준

쟁의행위가 그 방법에 있어서 정당성을 가지기 위해서는 ① 소극적인 방법으로 근로제공을 전면적 또는 부분적으로 정지함으로써 사용자의 업무를 저해하는 것이고, ② 노사관계의 신의성실의 원칙에 비추어 공정성의 원칙에 따라야 하며, ③ 사용자의 기업시설에 대한 소유권 기타의 재산권과 조화를 기하고, 인신의 자유·안전을 해치는 폭력을 사용하지 않아야 한다.

2. 소극적 수단

(1) 파업

파업은 근로계약상의 근로제공을 전면적으로 정지하는 소극적 투쟁수단이므로 원칙적으로 정당성이 인정된다. 다만, 적극적으로 사용자에게 재산의 지배·관리를 배제하는 행위 또는 안전, 보안작업 등과 같은 업무의 성질상 정폐가 근로자 또는 해당관계자들에게 위험을 발생케 하는 작업 등을 거부하는 때에는 정당성을 상실한다(노동조합법 제42조 제2항).

(2) 태업

태업은 사용자의 지휘명령에 따르되 이를 부분적으로 배제하고 불완전한 노무를 제공함으로써 업무의 능률을 저하시키는 쟁의수단으로 그 구체적인 태양이 노무의 불완전제공이라는 부작위에 그치는 한 파업과 마찬가지로 정당성을 가진다고 할 것이다. 그러나 통상적인 태업과는 달리 의식적으로 생산 또는 사무를 방해하고 생산설비 등을 파괴하는 이른바, 사보타지(적극적 태업, Sabotage)는 적극적인 경영간섭과 생산수단의 손괴를 수반한다는 점에서 쟁의행위 태양으로서의 정당성이 부정된다.

3. 공정한 투쟁

쟁의행위는 노사관계의 신의칙에서 생기는 공정한 투쟁의 원칙에 따라야 정당성이 인정된다. 따라서 쟁의행위를 개시할 때에는 그 관철하려는 주장의 내용, 개시의 시기 및 참가범위를 상대방에게 통고하여야 하고, 이를 종료할 때에도 그 종료의 시기를 명확히 통고하여야 한다.

그리고 파업기간 중의 임금지급을 목적으로 하는 쟁의행위는 이 원칙에 비추어 정당성이 부정된다. 또 파업이나 태업 기간 중의 보안작업을 정상적으로 수행할 의무를 하지 않는 것은 사용자의 재산권을 침해하는 측면과 함께 파업 종료 후의 작업복귀를 불가능하게 또는 곤란하게 만들기 때문에 정당성이 부정된다.

4. 재산권과의 균형

쟁의행위는 사용자의 기업시설에 대한 소유권 기타 재산권과의 균형·조화가 이루어져야 정당성이 인정된다. 헌법은 쟁의권과 함께 재산권도 보장하고 있기 때문이다.

(1) 파괴행위 등의 경우

파괴행위는 재산권과의 불균형으로 인하여 정당하지 않은 쟁의수단이고, 보안작업 수행의무 위반도 재산권과의 불균형으로 인하여 정당성이 부정되며, 생산시설 등의 점거도 정당성이 인정되지 않는다.

(2) 보이콧(불매동맹)

보이콧이란 특정 기업의 제품을 팔거나 사지 말자고 거래선이나 공중에게 호소하여 그 기업을 상품시장에서 고립시키는 쟁의수단이다. 단체교섭의 상대방인 사용자의 제품을 대상으로 하는 1차 보이콧과 거래선의 제품을 대상으로 하는 2차 보이콧으로 구분된다. 1차 보이콧은 쟁의행위를 유지·강화하기 위한 보조수단으로 사용되는 이상 정당성을 가진다고 해석되나 2차 보이콧은 사용자가 아닌 제2차 사용자에 대하여 상품거래의 자유를 제약한다는 점에서 원칙적으로 정당성이 인정되지 않는다.

(3) 직장점거

직장점거란 파업·태업을 하면서 단결을 유지·강화하거나 파업중의 조업을 저지하기 위하여 쟁의참가자들이 사용자의 의사에 반하여 사업장 시설을 점거하는 보조적 쟁의행위이다. 직장점거는 사용자의 시설관리권을 침해하는 요소가 있지만 기업별 노동조합이 지배적인 상태에서 노동조합의 평상시 제반활동이 사업장 안에서 이루어진다는 점으로 고려하여 부분적·병존적 점거는 정당하지만, 전면적·배타적 점거는 정당성이 인정되지 않는다. 또한 쟁의행위는 생산 기타 주요 업무에 관련되는 시설과 이에 준하는 시설을 점거하는 형태로 할 수 없다(노동조합법 제42조 제1항).

(4) 준법투쟁의 경우

준법투쟁의 경우 ① 사용자에 대한 주장을 관철할 목적으로 한다는 점과 업무의 정상적인 운영은 반드시 법령, 단체협약 등에 의한 적법한 운영만을 의미하는 것이 아니라 평상시의 운영을 의미한다고 보아 쟁의행위로 인정하는 견해(사실정상설, 현실평가설)와, ② 업무의 정당성은 법령ㆍ단체협약 등에 합치되어 있는 상태를 말하는 것이고 아무리 관행화되어 있다 하더라도 법률상 정상적인 상태가 되는 것은 아니라고 보아, 쟁의행위에 해당되지 않는다고 입장(법률정상설)이 있다. ③ 준법투쟁의 정당성은 당해 사업장의 관행의 보호가치와 헌법상 근로자에게 보장하고 있는 근로3권의 보장활동의 취지 등을 구체적으로 고려하여 판단하여야 할 것이다.

5. 인신의 자유ㆍ안전의 보호

(1) 폭력ㆍ파괴의 금지

노동조합법은 '쟁의행위는 폭력이나 파괴행위'로 행할 수 없다고 규정(노동조합법 제42조 제1항)하고 있다. 이는 노동조합법상 쟁의수단으로서 폭력을 금지하고, 형사책임과 관련하여 폭력을 정당한 행위로 인정될 수 없다.

(2) 피케팅

노동조합법 제38조 제1항에 피케팅에 제한을 규정하고 있는바, 이는 사용자의 조업의 자유를 확보하고 인신의 자유ㆍ안전을 보호하기 위한 것이다. 따라서 피케팅의 제한에 위반하여 폭행ㆍ협박의 수단을 사용한 경우에도 정당성이 없다고 할 것이다. 판례는 구체적 사안에 대하여 평화적 설득에 대해서는 정당성을 인정하지만 실력저지, 물리적 강제수반의 경우 정당성 부정의 입장이다.

VI. 쟁의행위 제한, 금지법규와 정당성 판단

쟁의행위가 노동조합법상 제한ㆍ금지법규에 저촉된다하여 반드시 그 정당성을 상실하는 것은 아니다. 즉, 제한ㆍ금지의 목적이 쟁의행위의 정당성 요건을 확인적으로 규정하는 경우 당해 법규위반은 쟁의행위의 정당성을 상실하는 것이고, 다음으로 제한ㆍ금지의 목적이 쟁의행위에 필요한 일정한 절차를 설정함으로써 불필요한 쟁의행위를 억제하여 노동쟁의의 신속한 해결을 도모하기 위한 정책적 고려에 있는 경우 당해 법규위반이라도 쟁의행위가 정당성을 반드시 상실하는 것은 아니다.

제4절 위법한 쟁의행위와 책임귀속

Ⅰ. 쟁의행위와 책임

1. 서

단체행동권이 헌법상 기본권의 하나로서 보장되고 있으므로 정당한 쟁의행위는 민사책임이나 형사책임이 면제되고 징계처분의 대상이 되지 않는다. 정당한 쟁의행위의 민·형사 면책을 규정한 노동조합법 제3조, 제4조 및 정당한 단체행동에 참가한 근로자에 대한 불이익취급을 금지하는 동법 제81조 제5호는 각각 단체행동권 보장과 효과를 확인적으로 밝힌 것이다.

그러나 쟁의행위가 정당성이 없는 경우 이상의 면책효과는 없어지는바, 이 경우 문제가 되는 것은 책임의 귀속주체와 그 정도이다. 한편, 쟁의행위는 그 정당성의 여부와 상관없이 직·간접으로 제3자에게 손해를 미치는 경우가 많다. 따라서 손해의 발생 시 제3자는 그 손해를 수인하여야 할 것인가, 아니면 누구에게 귀속시킬 것인가의 문제가 발생하게 된다.

2. 정당성 없는 쟁의행위와 책임

(1) 민사책임

1) 손해배상의 범위

쟁의행위의 민사책임으로서의 손해배상의 범위는 쟁의기간 중 사용자에게 발생한 전 손해가 아니라 당해 쟁의행위와 상당인과관계가 있는 손해에 국한되며, 손해배상범위를 결정하는데 있어서는 쟁의행위의 특수성을 고려하여야 한다.

손해배상의 범위는 영업이익의 상실, 감소, 고정비용의 지출, 물품훼손의 정도 등을 쟁의행위와 상당인과관계에 있는 모든 손해이다.

> **📖 참조판례 대법원 2018.11.29. 선고 2016다11226 판결**
>
> 제조업체가 위법한 쟁의행위로 인한 조업중단으로 입는 손해로는, 조업중단으로 제품을 생산하지 못함으로써 생산할 수 있었던 제품을 판매하여 얻을 수 있는 매출이익을 얻지 못한 손해와 조업중단 여부와 관계없이 고정적으로 지출되는 비용(차임, 제세공과금, 감가상각비, 보험료 등)을 회수하지 못한 손해가 있을 수 있다. 이러한 손해배상을 구하는 측에서는 조업중단으로 인하여 일정량의 제품을 생산하지 못하였다는 점과 생산되었을 제품이 판매될 수 있다는 점을 증명하여야 한다. 다만, 판매가격이 생산원가에 미달하는 이른바 적자제품이라거나 조업중단 당시 불황 등과 같은 특별한 사정이 있어서 장기간에 걸쳐 제품이 판매될 가능성이 없다거나, 제품에 결함이나 하자가 있어서 판매가 제대로 이루어지지 않는다는 등의 특별한 사정의 간접반증이 없는 한, 당해 제품이 생산되었다면 그 후 판매되어 제조업체가 이로 인한 매출이익을 얻고 또 그 생산에 지출된 고정비용도 매출원가의 일부로 회수할 수 있다고 추정함이 상당하다.

이 경우 쟁의행위에 있어 사용자의 대응방식, 쟁의행위의 유발 등을 감안하여 과실상계를 할 수 있다.

2) 조합원 개인의 손해배상책임

① 학설

㉠ 개인책임 부정설

쟁의행위가 정당하지 못한 경우에도 노동조합의 조직적·통일적 행동임과 동시에 다수 근로자의 공동행위로서 실현되는 양면집단성을 가지고 있고 조합원 개개인은 다수결의 원리에 의하여 형성된 단체의 의사에 완전히 구속되므로 조합원 개인의 책임은 부인된다는 견해이다.

㉡ 개인책임 긍정설

쟁의행위가 정당성을 상실하면 쟁의행위에 참가한 조합원의 개별적인 행위도 민사책임이 발생하며, 조합간부는 부당한 쟁의행위를 적극적으로 기획·지도한 책임이 있다는 견해이다.

② 판례

판례는 "일반조합원이 불법쟁의행위 시 노동조합 등의 지시에 따라 단순히 노무를 정지한 것만으로는 노동조합 또는 조합 간부들과 함께 공동불법행위책임을 진다고 할 수 없다."라고 하면서 "다만, 근로자의 근로내용 및 공정의 특수성과 관련하여 그 노무를 정지할 때에 발생할 수 있는 위험 또는 손해 등을 예방하기 위하여 그가 노무를 정지할 때에 준수해야 할 사항 등이 정해져 있고, 근로자가 이를 준수함이 없이 노무를 정지함으로써 그로 인하여 손해가 발생하였거나 확대되었다면, 그 근로자가 일반조합원이라 할지라도 그와 상당인과관계에 있는 손해를 배상할 책임이 있다."라고 판시하여 조합간부가 아닌 개별조합원의 책임기준을 제시하였다.

한편, 노동조합 간부에 대하여는 "불법쟁의행위에 대한 귀책사유가 있는 노동조합 간부 개인의 손해배상책임과 노동조합 자체의 손해배상책임은 부진정 연대채무관계에 있는 것이므로 노동조합의 간부도 불법쟁의행위로 인하여 발생한 손해 전부를 배상할 책임이 있다."라고 하였다.

3) 노동조합의 손해배상책임

위법한 쟁의행위가 노동조합 의결기관의 결의와 집행기관의 기획·지시·지도를 받아 행해진 노동조합의 행위로 파악되는 경우에는 노동조합이 손해를 배상할 책임을 진다. 또한 쟁의행위를 현실적으로 수행한 자가 조직 내에서 중요한 지위나 역할을 담당하고 있거나 노동조합의 진행기관이 당해 쟁의행위에 대하여 지원·승인하는 태도를 취한 때에는 그 쟁의행위로 인한 손해에 대해 노동조합에 책임이 귀속된다.

(2) 형사책임

1) 쟁의행위와 형사책임

쟁의행위는 쟁의의사가 집단적으로 형성되고 그 구체적인 실현과정에 다수조합원의 집단적 참여가 필요하다는 이면집단성을 갖기 때문에 일반적인 단체범죄의 형사책임의 귀속과는 다른 특별취급이 필요하다.

일반적인 단체범죄의 경우 행위의 위법성에 대한 평가는 원칙적으로 개인의 행위에 대한 평가이어야 한다. 반면 쟁의행위에 대한 위법성의 평가는 쟁의행위전체에 대한 것이어야 할 것이다. 또한 일반적인 단체범죄의 경우에는 범죄행위의 기획·지도 자체는 별도로 처벌되지 않음이 원칙이지만 쟁의행위의 경우 노동조합의 쟁의행위에 대한 통제와 관련, 개별조합원의 일탈행위에 대한 책임 외에 별도로 조합간부의 기획·지도행위에 대한 형사책임이 인정될 수 있는가의 문제가 발생한다.

2) 노동조합의 책임

형사책임의 영역에서는 단체책임은 특별한 규정이 없는 한 인정되지 않는 것이 원칙이다. 따라서 노동조합법 등 개별법규에서 노동조합자체의 형사책임이 명시되어 있지 않는 한 정당성을 상실한 쟁의행위의 형사책임을 노동조합에게 귀속시킬 수 없다. 다만, 노동조합법 제94조(양벌규정)는 노동조합의 대표자, 대리인, 사용인 기타의 종업원이 노동조합의 업무에 관하여 위법행위(제88조 내지 제93조 위반)를 한 경우, 노동조합에도 벌금형을 부과함으로써 형사책임을 인정하고 있다.

3) 조합간부의 책임

판례는 쟁의행위가 정당성을 상실한 경우 조합간부의 쟁의결의, 지시 자체가 업무방해죄의 공동정법 또는 위계에 의한 업무방해죄에 해당된다는 입장이다.

그러나 조합간부의 형사책임은 조합간부의 구체적인 행위가 쟁의행위와 실질적 관련성을 갖는 경우에 한해 인정되어야 할 것이다. 따라서 위법결의를 단순히 집행하는 경우에는 실질적 관련성은 부정되지만, 조합간부가 정당하지 않은 쟁의행위를 주도한 경우에는 그 실질적 관련성의 정도에 따라 책임이 인정되어야 할 것이다. 조합간부는 쟁의행위가 집단적으로 실현되는 과정에서 나타나는 위법행위를 사전에 방지할 작위의무를 인정하고 그 부작위에 대해 형사책임을 인정할 것인지가 문제된다. ① 위법행위를 방지할 작위의무를 인정하고 이에 위반하는 경우에는 부작위범이 성립된다는 견해와 ② 조합 간부는 개별조합원의 위법한 행위에 대한 형사책임을 지지 않는다는 견해가 대립하고 있다.

4) 조합원의 개인책임

쟁의행위 자체가 정당성이 없는 경우 전체로서의 쟁의행위는 조합원 개인의 행위가 집단적으로 행사된 결과이므로 전체로서의 쟁의행위의 형사책임은 조합원 개인의 행위로 귀속된다.

또한 쟁의행위 자체는 정당하지만 구체적인 실행과정에서 개별조합원이 노동조합원의 승인을 받지 않거나 지시에 반하여 위법행위로 나아간 경우 그 실행행위를 한 조합원은 자신의 행위에 대한 형사책임을 지게 된다.

(3) 징계책임

1) 쟁의행위와 징계처분

쟁의행위가 정당하다면 이를 이유로 한 징계는 부당노동행위의 하나인 불이익 취급에 해당되나, 반면 쟁의행위가 정당성을 상실한 경우에는 사용자의 징계처분의 대상이 된다.

그러나 징계는 근로자의 경영질서의 위반에 대한 제재이므로 징계처분에 대한 노동조합 자체의 책임이 문제될 여지가 없고, 개별조합원의 실행행위와 조합간부의 쟁의행위의 기획·지도행위에 대해 인정된다. 다만, 징계책임은 문제가 된 행위가 기업질서를 침해하는 정도, 태양 등을 고려하여 각 행위자마다 개별적으로 결정하는 것이 원칙이다.

2) 조합원 개인 및 조합간부의 징계책임

쟁의행위에 의한 노무부제공은 쟁의행위로서의 정당성이 인정되지 않는 한, 근로계약상의 의무위반 또는 경영질서의 침해에 해당되고 징계처분의 대상이 될 수 있다. 따라서 쟁의행위가 적극적인 작위에 의해 수행되는 경우 그 구체적인 태양이 정당성을 상실한 경우에는 실행행위를 한 개인은 징계처분의 대상이 된다. 한편, 조합간부가 쟁의행위에서 중요한 역할을 수행하거나 처음부터 폭력이나 파괴행위를 도모하는 등 기획·지도 자체에 위법성이 있는 경우 징계처분의 대상이 되겠지만, 이 경우에도 조합간부라는 이유만으로 징계책임을 부담하는 것은 아니다.

3) 위법한 쟁의행위의 방지의무에 대한 징계책임

판례는 조합간부에게 개별조합원의 행위에 대해 그 위법행위까지 방지할 의무를 인정하고 그 방지의무위반자체를 징계처분의 대상으로서 긍정하고 있다. 이에 대해 방지의무위반에 대한 징계책임을 인정하는 것은 실질적으로 타인의 행위에 대한 책임을 인정하는 결과가 되므로 개인책임의 원리에도 반한다는 비판이 있다.

Ⅱ. 쟁의행위와 제3자의 손해

1. 의의

쟁의행위는 통상적으로 당해 기업과 거래관계가 있는 다른 기업이나 소비자 또는 일반인의 생활에까지도 영향을 미치게 된다. 이 경우 쟁의행위로 손해를 입은 제3자가 사용자 및 노동조합이나 쟁의행위 참가근로자를 대상으로 손해의 배상을 청구할 수 있는가 여부가 문제된다.

2. 사용자의 손해배상책임

(1) 거래선에 대한 채무불이행 책임

1) 인정 여부

사용자와 현실적으로 거래관계에 있는 다른 기업이나 잠재적 거래관계에 있는 소비자가 조업중단으로 인한 손해의 배상을 사용자에 대해서 청구할 수 있는지가 문제된다.

① 쟁의행위는 기본적으로 기업 내부의 현상이며 이를 이유로 대외적으로 책임을 면할 수 없다는 점 등을 이유로 사용자는 손해배상책임을 진다는 긍정설이 있다. 이에 대해 ② 쟁의행위로 인한 조업중단은 헌법상 단체행동권의 행사이므로 단순한 계약위반 또는 불법행위로 볼 수는 없다는 점 등을 근거로 부정하는 견해가 있다. 다만, 부정설의 입장에서도 사용자가 위법한 직장폐쇄를 한 경우 등에는 예외적으로 책임을 인정하고 있다.

생각건대, 단체행동권이 권리로 보장되어 있는 이상 쟁의행위로 인한 조업중단은 불가피하게 수인해야 할 손해로 봄이 타당하다.

2) 근로자에 대한 구상권

사용자가 예외적으로 제3자에게 손해배상을 한 경우 근로자에게 이행보조자로서의 책임을 근거로 구상권을 인정하는 견해가 있다. 그러나 쟁의행위에 참가한 근로자가 사용자의 이행보조자도 아니고 사용자의 사무집행에 대한 관련성도 없으므로 근로자에 대한 구상권은 부정해야 할 것이다.

(2) 일반공중에 대한 불법행위 책임

근로자측의 쟁의행위로 사용자와 계속적 계약관계에 있지 않지만 사용자의 제품이나 서비스를 공급받을 일반 공중이 손해를 입은 경우에 사용자가 공중에 대하여 불법행위에 기한 손해배상책임을 지는지 문제되나 사용자는 일반공중이 손해를 입더라도 불법행위는 성립되지 않는다고 할 것이다.

3. 근로자측의 손해배상책임

(1) 사용자에 대한 쟁의행위

쟁의행위가 위법한 경우에는 쟁의행위에 의해 사용자와 계속적 계약관계에 있는 제3자의 채권을 침해한다면 제3자 채권침해의 불법행위가 성립될 가능성이 있다. 그러나 쟁의행위가 위법하더라도 제3자 채권침해의 고의를 수반하는 예외적인 경우를 제외하고는 채권침해의 불법행위는 성립하지 않는다고 할 것이다.

(2) 보호법규 위반과 제3자에 대한 책임

노동조합법상 제3자, 특히 일반공중의 이용·소비의 편익을 보호하기 위한 취지의 쟁의행위 제한법규에 위반한 경우에는 근로자측이 제3자에 대하여 손해배상책임을 진다는 견해가 있다. 그러나 제3자 보호법규의 범위를 확대해서 쟁의행위를 제한해서는 안 될 것이다.

(3) 제3자에 대한 쟁의행위

직접 제3자를 향한 쟁의행위로 제3자가 손해를 입은 경우에 근로자측이 제3자에 대하여 불법행위책임을 지는지 여부는 그 쟁의행위가 정당성을 가지는지 여부에 달려있다. 예를 들어, 2차 보이콧의 경우 원칙적으로 정당성이 없으므로 이로 인해 거래선이 손해를 입은 경우에는 근로자측이 불법행위책임을 지게 될 것이다. 또한 사용자에 대한 파업을 하면서 거래선에 대하여는 출입·반출입을 저지하는 파업 감시(피케팅)에 있어서는 그 파업감시가 정당성을 가지지 않는 방법으로 행해진 경우에는 근로자측이 불법행위에 기한 손해배상책임을 지게 된다.

제5절 쟁의행위와 근로계약관계

Ⅰ. 서

쟁의행위로 인해 근로자는 집단적으로 노무제공의무를 면하고 사용자는 직장폐쇄를 통하여 노무수령을 거절할 수도 있다. 또한 노동조합법에서는 쟁의행위기간 중에는 사용자의 임금지급의무가 없다는 것을 명시하고 있다(제44조). 이와 같이 쟁의행위기간 중에는 다른 기간과 달리 근로관계에 대한 제반문제를 논의할 필요가 있다.

Ⅱ. 쟁의행위와 근로계약

1. 학설

(1) 근로계약파기설

쟁의행위기간 중에 근로자와 사용자가 근로제공의무와 임금지급의무를 면하는 것은 근로관계가 파기된 결과라는 견해이다. 이에 따르면 쟁의행위로 근로계약은 파기되어 쟁의행위 종료 후에도 다시 근로계약을 체결해야 한다는 것이다.

(2) 근로계약정지설

파업권의 행사는 원칙적으로 근로계약을 파기시키는 것이 아니라 일시적으로 정지시키는 것이라는 입장이다. 파업기간 중 파업참가자의 근로제공의무와 사용자의 임금지급의무는 정지하여 파업이 종료하면 근로계약관계는 다시 원상으로 회복된다는 것이다.

2. 판례

대법원은 쟁의행위로 근로자와 사용자의 주된 권리의무가 정지되는 것으로 보는 근로계약정지설의 입장이다.

3. 검토

근로계약파기설은 쟁의권의 제도적 보장과 쟁의권의 본래적 성격에 어긋난다고 할 것이므로 정당한 쟁의행위에 의해 근로관계는 아무런 침해를 받지 않는다는 근로계약정지설이 타당하다고 할 것이다.

여기서 근로계약상 정지되는 것은 주된 의무인 근로자의 근로제공의무와 사용자의 임금지급의무이고 안전배려의무, 성실의무 등의 부수적인 권리와 의무는 여전히 존속된다.

Ⅲ. 쟁의행위와 임금청구권

1. 문제의 소재

쟁의행위기간 동안의 근로관계에서 가장 논란이 많은 문제가 바로 쟁의행위 기간 중 임금지급 문제이다. 이러한 논란은 쟁의행위 참가 근로자의 임금청구권뿐만 아니라 쟁의행위 불참가자의 임금문제 등도 포함되는 문제이다.

2. 쟁의행위 참가자의 임금

(1) 파업삭감의 원칙(무노동 무임금 원칙)

1) 의의

노동조합법은 "사용자는 쟁의행위에 참가하여 근로를 제공하지 않은 근로자에 대하여는 그 기간 중의 임금을 지급할 의무가 없다."라고 규정하여 파업삭감의 원칙을 확인하고 있다(제44조).

2) 인적 범위

쟁의행위에 참가하여 근로를 제공하지 않은 근로자는 근로제공의무를 가지는 자로서 파업에 참가함으로써 근로를 제공하지 않은 자이다.

여기서 노동조합의 전임자도 파업 참가자로서 임금삭감의 대상이 되는지 문제된다.

종전의 판례는 전임자는 근로제공의무를 일시 면제받은 자라는 이유로 임금삭감의 대상에서 제외된다고 보았다. 그러나 최근 판례는 전임자에 대하여 급여를 지급한다는 단체협약의 취지는 일반조합원에 비하여 불이익처우를 하지 않는다는 데 있으므로 파업기간 중 일반조합원의 임금을 삭감하는 경우에는 전임자의 급여도 삭감할 수 있다고 판시하고 있다.

3) 사용자의 임의지급

사용자가 임의로 임금의 일부 또는 전부를 지급하는 것은 금지되지는 않지만 파업기간에 대한 임금지급 요구를 관철하기 위한 쟁의행위는 금지된다(노동조합법 제44조).

4) 임금삭감의 범위

① 문제점

파업기간에 대하여 삭감할 수 있는 임금의 범위가 어디까지인가가 문제된다.

② 학설

㉠ 일부삭감설(임금이분설)

임금은 현실적 근로제공에 대한 대가로 지급되는 교환적 부분과 근로제공과는 무관하게 종업원으로서의 지위에 대한 대가로 지급되는 보장적 부분으로 나누어진다고 전제하면서 파업참가자에 대하여는 교환적 부분의 임금만 삭감할 수 있다는 견해이다.

㉡ 전면삭감설(임금일체설, 노동대가설, 노동력대가설)

현행법상 임금은 모두 근로의 대가라는 점을 강조하면서 파업참가기간에 대하여, 반대의 특약 또는 관행이 없는 이상, 어떤 명목의 임금이든 모두 삭감할 수 있다는 견해이다.

㉢ 계약해석설

파업참가자에 대한 특정의 임금을 삭감할 수 있는지 여부는 당사자의 근로계약 내용에 맡겨지는데, 파업과 성질이 비슷한 평상시의 결근 등에 대하여 취업규칙 등의 규정이나 관행상 그 임금을 삭감의 대상으로 하고 있는지 여부에 따라 개별적으로 결정할 수밖에 없다는 견해이다.

③ 판례

대법원은 임금은 근로의 대가로서의 임금만을 의미하고 따라서 쟁의행위기간 중에서 임금전액이 삭감대상이라고 판사하여 전액삭감설을 취하고 있다.

참조판례 대법원 1995.12.21. 선고 94다26721 전원합의체 판결

쟁의행위시의 임금 지급에 관하여 단체협약이나 취업규칙 등에서 이를 규정하거나 그 지급에 관한 당사자 사이의 약정이나 관행이 있다고 인정되지 아니하는 한, 근로자의 근로 제공 의무 등의 주된 권리·의무가 정지되어 근로자가 근로 제공을 하지 아니한 쟁의행위 기간 동안에는 근로 제공 의무와 대가관계에 있는 근로자의 주된 권리로서의 임금청구권은 발생하지 않는다고 하여야 하고, 그 지급청구권이 발생하지 아니하는 임금의 범위가 임금 중 이른바 교환적 부분에 국한된다고 할 수 없으며, 사용자가 근로자의 노무 제공에 대한 노무지휘권을 행사할 수 있는 평상적인 근로관계를 전제로 하여 단체협약이나 취업규칙 등에서 결근자 등에 관하여 어떤 임금을 지급하도록 규정하고 있거나 임금 삭감 등을 규정하고 있지 않고 있거나 혹은 어떤 임금을 지급하여 온 관행이 있다고 하여, 근로자의 근로 제공 의무가 정지됨으로써 사용자가 근로자의 노무 제공과 관련하여 아무런 노무지휘권을 행사할 수 없는 쟁의행위의 경우에 이를 유추하여 당사자 사이에 쟁의행위 기간 중 쟁의행위에 참가하여 근로를 제공하지 아니한 근로자에게 그 임금을 지급할 의사가 있다거나 임금을 지급하기로 하는 내용의 근로계약을 체결한 것이라고는 할 수 없다.

④ 검토

임금은 근로에 대한 대가로 지급되는 것이고 근로를 제공하지 않는 경우 무노동 무임금 원칙에 의해 근로에 대한 대가 전부가 삭감대상이 된다고 보는 것이 타당하다.

(2) 태업과 임금삭감

태업의 경우 만일 노무의 불완전제공 부분이 객관적으로 확정될 수 있는 경우에는 그 비율에 따라 임금청구권은 소멸된다. 그러나 태업으로 인한 제품의 불량률을 확정하기는 지극히 곤란한 경우가 많기 때문에 일반적으로는 임금삭감은 실현되기 어렵다.

참조판례 대법원 2013.11.28. 선고 2011다39946 판결

쟁의행위 시의 임금 지급에 관하여 단체협약이나 취업규칙 등에서 이를 규정하거나 그 지급에 관한 당사자 사이의 약정이나 관행이 있다고 인정되지 아니하는 한, 근로자의 근로제공의무 등의 주된 권리·의무가 정지되어 근로자가 근로를 제공하지 아니한 쟁의행위 기간 동안에는 근로제공의무와 대가관계에 있는 근로자의 주된 권리로서의 임금청구권은 발생하지 아니한다. 근로를 불완전하게 제공하는 형태의 쟁의행위인 태업도 근로제공이 일부 정지되는 것이라고 할 수 있으므로, 여기에도 이러한 무노동 무임금 원칙이 적용된다고 봄이 타당하다.

3. 쟁의행위 불참가자의 임금과 휴업수당

(1) 임금

1) 조업이 가능한 경우

쟁의행위 불참가자는 수행할 일거리가 존속하여 근로의 수령이 가능함에도 사용자가 그 수령을 거부한 경우에는 채권자의 책임 있는 사유로 채무를 이행할 수 없게 된 때에 해당하므로 근로희망자는 임금청구권을 가지게 된다.

2) 조업이 불가능한 경우

쟁의행위 불참가자가 수행할 일거리가 없어 근로의 수령을 거부한 경우 또는 사용자는 근로를 수령하려 하였으나 노동조합이 파업감시(피케팅)에 의하여 출입·조업이 저지되어 근로제공을 할 수 없는 경우에는 쌍방 당사자의 책임 없는 사유로 근로제공을 할 수 없게 된 때에 해당하므로 채무자 위험부담주의에 의하여 임금청구권이 부정된다고 보아야 할 것이다. 다만, 이렇게 조업이 불가능한 경우 등에 근로희망자에게 휴업수당이 지급되는지가 문제된다.

(2) 휴업수당

1) 문제의 소재

근로자가 정당한 쟁의행위에 참가한 경우나 사용자의 정당한 직장 폐쇄를 한 경우에는 근로자의 근로제공의무와 사용자의 임금지급의무가 정지되기 때문에, 사용자는 당해 근로자에게 휴업수당을 지급하지 않아도 된다. 또한 쟁의행위시에 조업이 가능한 경우에는 사용자는 근로제공을 희망하는 근로자에게 임금지급책임을 부담한다. 그러나 부분파업 등으로 인하여 근로희망자에게 맡길 일거리가 없어 사용자가 근로의 수령을 거부한 경우에 휴업수당의 지급이 문제된다.

이 문제는 ① 조합원의 일부만 파업에 참가하는 '부분파업'과, ② 종업원 일부만 가입한 노동조합이 주도한 '일부파업' 그리고 조합원과 비조합원의 경우를 구분하여 보아야 할 것이다.

2) 부분파업의 경우(조합원 일부의 파업의 경우)

① '부분파업'으로 조업이 불가능한 경우에는 조업계속불능이 근기법 제45조의 휴업수당 지급요건인 '사용자의 귀책사유'에 해당하는 지의 여부에 대하여 쟁의행위로 인한 조업중단은 단체교섭과정에서 사용자가 내린 결단에서 기인된 것이므로 이는 사용자의 귀책사유에 해당되어 휴업수당을 지급해야 한다는 견해와, ② 투쟁평등의 원칙 및 근로자 전체의 연대적 관점에 비추어 보아 쟁의행위로 인한 조업중단을 사용자의 귀책사유로 보지 않아 휴업수당 지급의무가 없다는 견해가 주장되고 있다. ③ 부분파업으로 인하여 근로제공을 거절당한 파업조합의 조합원은 파업참가자와의 일체성·연대성을 고려하여, 사용자측에 파업 야기의 위법행위가 있는 등 특별한 경우를 제외하고 휴업수당청구권을 가지지 않는다고 보아야 할 것이다.

3) 소수노동조합 파업의 경우(일부파업의 경우)

종업원 일부만 가입한 노동조합이 주도한 '일부파업'에 있어서는 근로제공을 거절당한 비조합원은 임금생활을 보호하려는 휴업수당제도의 취지에 비추어 휴업수당청구권을 가진다고 보아야 할 것이다.

Ⅳ. 쟁의행위 종료 후의 근로관계

1. 직장복귀

정당한 쟁의행위에 참가한 근로자는 쟁의행위가 종료된 후 직장에 복귀할 권리가 있고 사용자는 이를 거부하는 등 불이익을 줄 수 없지만, 사용자는 위법한 쟁의 행위에 참가한 근로자에 대하여는 그 직장복귀를 거부하는 등 불이익을 줄 수 있다고 할 것이다(노동조합법 제81조 제5호).

사용자가 파업 기간 중에 대체근로자를 채용한 경우 이를 이유로 정당한 파업에 참가한 자의 직장복귀를 거부할 수 없다고 보아야 할 것이다. 이 경우 사용자는 정당한 파업이 종료 된 후 파업참가자의 복귀를 위하여 채용된 대체근로자를 해고하거나 배치전환 등의 조치를 취할 수밖에 없을 것이다.

2. 근로제공의무와 임금지급의무

쟁의행위가 종료되면 근로계약관계는 다시 정상화되므로 파업에 참가했던 근로자들의 근로제공의무와 사용자의 임금지급의무는 원래대로 회복된다. 따라서 근로자가 근로제공을 거부하면 채무불이행의 책임을 져야 하고, 사용자가 근로의 수령을 거부하면 수령지체의 책임을 져야 할 것이다.

Ⅰ. 서

1. 직장폐쇄의 개념

직장폐쇄라 함은 사용자가 노동조합의 쟁의행위에 대항하여 직장을 폐쇄함으로써 근로자들의 근로수령을 일시적으로 거부하고 임금을 지급하지 아니하는 사용자의 대항행위를 말한다.

① 직장폐쇄는 노무수령을 거부하거나 작업장의 입장을 금지한다는 의사표시만으로 성립한다는 견해와,
② 공장문의 폐쇄나 체류자의 퇴거요구 등의 사실행위가 있어야 성립한다는 견해가 있다.

2. 직장폐쇄의 근거

(1) 문제의 소재

직장폐쇄는 노동조합법상 쟁의행위의 일종으로 규정하고 있는바, 직장폐쇄의 근거가 무엇인지 견해가 대립한다.

(2) 학설

1) 소유권설

사용자는 기업시설에 대하여 소유권을 가지고 있으므로 자기 소유권을 보호하기 위해 인정된 권리가 직장폐쇄라고 한다.

2) 노사형평설

노사형평설은 형식적 평등을 전제로 노동조합에 주장을 관철할 목적의 업무의 정상적 운영을 저해할 권리를 부여하였다면 이에 대해 사용자에게도 대응할 권리로 직장폐쇄가 인정된 것이라고 한다.

3) 대항행위설

대항행위설은 실질적 평등을 전제로 노동조합에 실질적 평등을 확보하기 위해 헌법상 기본권으로 인정된 것이 단체행동권이고 사용자는 노동조합의 기본권행사에 대항하는 행위로서 직장폐쇄가 인정된다는 견해이다.

(3) 검토

직장폐쇄는 노동조합법상 쟁의행위의 일종으로 규정하고 있으나, 이는 노동조합의 기본권행사를 위축시키는 방향으로 행사되어서는 안 되며, 다만 사용자의 재산권과 조화를 위해 사용자에게 대항행위로써 인정된 권리로 보는 대항행위설의 입장이 타당하다.

Ⅱ. 직장폐쇄의 정당성

1. 대항성

직장폐쇄는 파업이나 태업 등 근로자측의 쟁의행위에 대응하는 수단으로 허용되며 근로자측의 쟁의행위 이전에 개시하는 선제적 직장폐쇄는 위법이다.

2. 방어성

(1) 의의

직장폐쇄는 근로자측의 쟁의행위로 인한 경제적인 손실을 최소화하기 위한 방어목적을 위한 것이어야 한다. 따라서 노동조합의 조직력약화나 근로조건의 인하 등 적극적인 목적을 위해 사용하는 경우에는 방어목적을 벗어난 것으로 본다.

(2) 판단기준

당해 직장폐쇄가 방어적인지 공격적인지는 노사 간의 교섭태도·경과, 쟁의행위의 구체적 태양, 이 때문에 사용자가 받는 압력 내지 손해의 정도, 그 직장폐쇄의 태양 등 제반 사정에 비추어 형평의 견지에서 판단한다.

> **📖 참조판례** 대법원 2007.3.29. 선고 2006도9307 판결
>
> 사용자의 직장폐쇄는 노사 간의 교섭태도, 경과, 근로자측 쟁의행위의 태양, 그로 인하여 사용자측이 받는 타격의 정도 등에 관한 구체적 사정에 비추어 형평의 견지에서 근로자측의 쟁의행위에 대한 대항·방위 수단으로서 상당성이 인정되는 경우에 한하여 정당한 쟁의행위로 평가받을 수 있는 것 ….

(3) 과잉방어금지

과잉방어는 위법한 직장폐쇄가 될 수 있다. 쟁의행위의 양태가 부분파업이나 태업이어서 쟁의행위가 노사의 세력균형을 깨트릴 정도에 이르지 않은 상태에서의 직장폐쇄는 과잉방어가 될 수 있다.

> **📖 참조판례** 대법원 2000.5.26. 선고 98다34331 판결
>
> 평균임금이 도내 택시회사 중 가장 높은 수준임에도 노동조합이 최고 수준의 임금인상을 요구하여 임금협상이 결렬되었으나 노동조합이 준법투쟁에 돌입한 지 3일 만에 전격적으로 단행한 사용자의 직장폐쇄는 정당성을 결여하였다고 본 사례이다.

(4) 쟁의행위종료와 직장폐쇄

직장폐쇄는 노동조합의 쟁의행위를 전제로 성립한다. 노동조합이 쟁의행위를 중단하고 업무복귀의사를 명백히 하면 사용자는 직장폐쇄를 해제해야 한다. 대법원 역시 "근로자의 쟁의행위 등 구체적인 사정에 비추어 직장폐쇄의 개시 자체는 정당하더라도 어느 시점 이후에 근로자가 쟁의행위를 중단하고 진정으로 업무에 복귀할 의사를 표시하였음에도 사용자가 직장폐쇄를 계속 유지함으로써 근로자의 쟁의행위에 대한 방어적인 목적에서 벗어나 공격적 직장폐쇄로 성격이 변질되었다고 볼 수 있는 경우에는 그 이후의 직장폐쇄는 정당성을 상실한다"고 판시하였다.

참조판례 대법원 2017.4.7. 선고 2013다101425 판결

근로자의 쟁의행위 등 구체적인 사정에 비추어 직장폐쇄의 개시 자체는 정당하더라도 어느 시점 이후에 근로자가 쟁의행위를 중단하고 진정으로 업무에 복귀할 의사를 표시하였음에도 사용자가 직장폐쇄를 계속 유지함으로써 근로자의 쟁의행위에 대한 방어적인 목적에서 벗어나 공격적 직장폐쇄로 성격이 변질되었다고 볼 수 있는 경우에는 그 이후의 직장폐쇄는 정당성을 상실하게 되므로, 사용자는 그 기간 동안의 임금에 대해서는 지불의무를 면할 수 없다. 그리고 노동조합이 쟁의행위를 하기 위해서는 투표를 거쳐 조합원 과반수의 찬성을 얻어야 하고(노동조합 및 노동관계조정법 제41조 제1항) 사용자의 직장폐쇄는 노동조합의 쟁의행위에 대한 방어수단으로 인정되는 것이므로, 근로자가 업무에 복귀하겠다는 의사 역시 일부 근로자들이 개별적·부분적으로 밝히는 것만으로는 부족하다. 복귀 의사는 반드시 조합원들의 찬반투표를 거쳐 결정되어야 하는 것은 아니지만 사용자가 경영의 예측가능성과 안정을 이룰 수 있는 정도로 집단적·객관적으로 표시되어야 한다.

3. 폭력행위 등의 금지

직장폐쇄는 폭력이나 파괴행위로서 이를 행해서는 아니되며 안전보호시설의 정상적 유지 운영을 정지 폐지 또는 방해해서는 아니 된다.

4. 직장폐쇄의 대상

(1) 인적 범위

조합원이 아닌 근로자에 대해서 직장폐쇄를 할 수 없다는 견해가 있지만, 조합원뿐만 아니라 비조합원에 대해서도 직장폐쇄가 가능하다고 보아야 한다.

(2) 물적 범위

사업장 전체가 쟁의행위의 대상이 되어 정상적인 조업이 불가능할 경우에는 사용자는 이에 대응하여 사업장 전체를 대상으로 전면적 직장폐쇄를 할 수 있을 것이지만, 이 경우에도 생산시설 내지는 업무시설에 한정되기 때문에 조합원의 사생활이나 조합활동에 필요한 조합사무소, 기숙사, 식당, 매점 등의 복리 후생시설에 대한 직장폐쇄가 불가하다.

> **참조판례** 대법원 2010.6.10. 선고 2009도12180 판결

사용자의 직장폐쇄가 정당한 쟁의행위로 평가받는 경우에도 사업장 내의 노조사무실 등 정상적인 노조활동에 필요한 시설, 기숙사 등 기본적인 생활근거지에 대한 출입은 허용되어야 하고, 다만 쟁의 및 직장폐쇄와 그 후의 상황전개에 비추어 노조가 노조사무실 자체를 쟁의장소로 활용하는 등 노조사무실을 쟁의행위와 무관한 정상적인 노조활동의 장소로 활용할 의사나 필요성이 없음이 객관적으로 인정되거나, 노조사무실과 생산시설이 장소적·구조적으로 분리될 수 없는 관계에 있어 일방의 출입 혹은 이용이 타방의 출입 혹은 이용을 직접적으로 수반하게 되는 경우로서 생산시설에 대한 노조의 접근 및 점거가능성이 합리적으로 예상되고, 사용자가 노조의 생산시설에 대한 접근, 점거 등의 우려에서 노조사무실 대체장소를 제공하고 그것이 원래 장소에서의 정상적인 노조활동과 견주어 합리적 대안으로 인정된다면, 합리적인 범위 내에서 노조사무실의 출입을 제한할 수 있다.

(3) 정당성 없는 쟁의행위에 대한 직장폐쇄

① 위법한 쟁의행위는 단체교섭으로 해결될 수 없고 이익분쟁으로서 조정의 대상도 아니므로 사법적 구제수단(가처분, 징계, 해고)으로 대응할 수 있을 뿐, 이에 대항하는 직장폐쇄는 정당성이 없다는 견해가 있다. ② 이에 대해 위법한 쟁의행위에 대항하는 직장폐쇄가 허용되지 않는다면, 정당한 쟁의행위는 직장폐쇄로부터 위협당하고 위법한 쟁의행위는 직장폐쇄로부터 보호받는다는 모순이 초래되므로 명백히 위법한 파업에 대한 직장폐쇄가 인정된다는 견해가 있다.

III. 효과

1. 정당한 직장폐쇄의 효과

(1) 임금지급의무 면제

직장폐쇄의 실질적 성립요건을 충족시키는 경우 사용자는 임금지급의무가 면제된다. 다만, 쟁의행위 중에도 안전보호시설의 정상적인 유지·운영은 이를 정지·폐지 또는 방해할 수 없으므로 전면적 직장 폐쇄 중에도 이에 종사하는 근로자에게는 당연히 임금을 지급할 의무가 있다.

> **📖 참조판례 대법원 2017.4.7. 선고 2013다101425 판결**
>
> 노동조합 및 노동관계조정법 제46조에서 규정하는 사용자의 직장폐쇄가 사용자와 근로자의 교섭태도와 교섭과정, 근로자의 쟁의행위의 목적과 방법 및 그로 인하여 사용자가 받는 타격의 정도 등 구체적인 사정에 비추어 근로자의 쟁의행위에 대한 방어수단으로서 상당성이 있으면 사용자의 정당한 쟁의행위로 인정될 수 있고, 그 경우 사용자는 직장폐쇄 기간 동안 대상 근로자에 대한 임금지불의무를 면한다.

(2) 점거의 배제

정당한 직장폐쇄는 노동조합이 정당하게 직장점거를 하는 것에 대하여 퇴거를 요구할 수 있다. 직장폐쇄의 본질은 임금지급의무를 면하는 것으로 사용자가 퇴거를 요구할 수 있는 것은 시설관리권에 기한 방해배제권 행사의 결과이지 정당한 직장폐쇄의 효과가 아니라는 견해가 있지만, 직장점거가 정당한 경우에도 직장폐쇄에 의하지 않고 방해배제권을 행사할 수 있는 불합리한 결과가 되므로 직장폐쇄에 의해 점거를 배제할 수 있다고 보아야 한다.

> **📖 참조판례 대법원 2005.6.9. 선고 2004도7218 판결**
>
> 사용자가 적법하게 직장폐쇄를 하게 되면, 사용자의 사업장에 대한 물권적 지배권이 전면적으로 회복되는 결과 사용자는 사업장을 점거중인 근로자들에 대하여 정당하게 사업장으로부터의 퇴거를 요구할 수 있고 퇴거를 요구받은 이후의 직장점거는 위법하게 되므로, 적법하게 직장폐쇄를 단행한 사용자로부터 퇴거요구를 받고도 불응한 채 직장점거를 계속한 행위는 퇴거불응죄를 구성한다.

2. 위법한 직장폐쇄의 사용자 책임

(1) 사용자의 책임

직장폐쇄가 전체적으로 정당성을 상실한 결과 민사책임, 즉 임금지급의무를 면하지 못하며, 단체협약을 위반한 직장폐쇄는 그 채무적 효력에 따라 손해배상 책임을 지게 된다.

직장폐쇄의 형식적 성립요건을 위반하는 경우에도 사용자는 임금지급의무를 면제되지만, 법령, 단체협약 등의 위반에 따른 일정한 제재가 있다. 직장폐쇄의 요건을 위반하는 경우 종래에는 직장폐쇄의 신고를 하지 않거나 허위의 신고를 한 경우에만 처벌할 수 있었으나 현행법은 조항을 분리하여 쟁의행위 이전의 직장폐쇄는 제91조의 벌칙이 적용되고 신고위반은 제96조의 과태료가 부과된다.

(2) 임금지급의무

사용자의 직장폐쇄는 근기법 제45조의 휴업과 그 성질을 달리 하므로 휴업 수당이 아니라 민법상 채권자 책임으로 이행불능이 되는 바 임금전액을 지불하여야한다.

(3) 취업청구권의 인정

위법한 직장폐쇄 시 파업불참가자는 사용자에 대해 임금청구권과 더불어 취업청구권을 갖게 된다. 판례는 이에 대하여 근로자의 취로 청구에 있어서 사용자는 근로자가 근로제공을 통하여 참다운 인격의 발전을 도모함으로써 자신의 인격을 실현시킬 수 있도록 배려해야 할 신의칙상의 배려의무를 부담한다고 함으로써 사용자의 정당한 이유 없는 노무수령거부에 대해 근로자의 인격적 법익의 침해를 이유로 한 정신상의 손해배상청구권을 근로자에게 인정하고 있다.

(4) 부당노동행위의 성립

사용자의 직장폐쇄가 근로자들의 단결력을 저해할 목적으로 행해진 경우에는 사용자의 노동조합에 대한 지배, 개입, 불이익취급, 단체교섭의 거부 등 부당노동행위가 성립될 수 있다.

(5) 거래상대방에 대한 채무불이행책임

위법한 직장폐쇄로 인해 거래상대방에 대하여 이행지체 또는 수령지체가 발생한 경우에 사용자는 거래 상대방에 대하여 채무불이행에 따른 책임을 부담한다.

제7장 부당노동행위제도

제1절 부당노동행위제도의 의의 및 성립요건

Ⅰ. 서

1. 부당노동행위의 의의

노동조합 및 노동관계조정법은 근로자 또는 노동조합의 근로3권 실현활동에 대한 사용자의 침해 내지 간섭행위를 금지하고 있는데, 이렇게 금지되는 사용자의 제반행위를 부당노동행위라고 한다. 노동조합법은 나아가 부당노동행위로 인하여 피해를 입은 근로자 또는 노동조합이 노동위원회를 통하여 구제를 받을 수 있는 절차, 즉 부당노동행위의 구제절차와 그러한 행위를 한 사용자에 대한 벌칙을 함께 규정하고 있다.

2. 법적 성질

(1) 문제의 소재

부당노동행위제도가 노동조합법상 인정되는 제도인지, 헌법상 기본권에서 유래한 것인지가 문제된다.

(2) 학설

1) 기본권구체화설(단결권침해설)

부당노동행위는 사용자가 근로3권을 침해하는 행위의 유형을 확인적으로 규정한 것이고, 부당노동행위제도는 헌법상 단결활동권의 보장을 구체화하려는 데 목적이 있다는 견해이다. 즉, 부당노동행위제도를 헌법상 단결활동권 보장의 직접적인 효과에 포함되어 있는 제도라고 이해하는 것이다.

2) 공정질서확보설(단결권보장질서위반설)

부당노동행위제도는 헌법상의 단결활동권의 보장을 실효성 있게 하기 위한 제도이긴 하지만, 단결활동권의 보장 그 자체를 목적으로 하는 것이 아니라 공정한 노사관계질서의 확보 내지 원활한 단체교섭관계의 실현을 목적으로 하는 것이며, 부당노동행위는 그러한 공정한 노사관계질서에 위반하는 행위의 유형이라는 견해이다.

(3) 판례

대법원은 "노동조합법의 부당노동행위금지규정은 헌법이 규정하는 근로3권을 구체적으로 확보하기 위한 것으로 이에 위반하는 행위에 대하여 처벌규정을 두고 있는 한편 부당 노동행위에 대하여 신속한 권리구제를 받을 수 있도록 행정상의 구제절차까지 규정하고 있는 점에 비추어 이는 효력규정인 강행법규라고 풀이되므로 위 규정에 위반된 법률행위는 사법상으로도 그 효력이 없다고 할 것이다."라고 판시하여 기본권구체화설의 입장이다.

> **참조판례 대법원 1993.12.21. 선고 93다11463 판결**
>
> 노동조합법 제39조의 부당노동행위금지규정은 헌법이 규정하는 근로3권을 구체적으로 확보하기 위한 것으로 이에 위반하는 행위에 대하여 처벌규정을 두고 있는 한편 부당노동행위에 대하여 신속한 권리구제를 받을 수 있도록 같은 법 제42조, 제43조에서 행정상의 구제절차까지 규정하고 있는 점에 비추어 이는 효력규정인 강행법규라고 풀이되므로 위 규정에 위반된 법률행위는 사법상으로도 그 효력이 없고, 근로자에 대한 불이익취급행위로서의 법률행위가 부당노동행위로서 무효인 이상 그것이 근로기준법 제27조 소정의 정당한 이유가 있는지 여부는 더 나아가 판단할 필요가 없다.

(4) 검토

노동조합법상 부당노동행위제도는 사용자의 부당노동행위만을 규정하고 있는 점에서 근로3권의 침해를 방지하고 이를 구제하기 위한 제도로써 기본권을 구체화한 것으로 해석된다.

Ⅱ. 부당노동행위의 주체와 객체

1. 부당노동행위의 주체

(1) 부당노동행위금지의 수규자로서의 사용자

노동조합법에는 부당노동행위의 주체를 사용자로 규정(노동조합법 제81조)하고 있다. 여기서 사용자란 '사업의 경영담당자'와 '근로자에 관한 사항에 대하여 사업주를 위하여 행동하는 자'를 포함하는 광의의 사용자를 말한다.

(2) 구제명령의 수규자로서의 사용자

구제명령의 수규자는 원칙적으로 사업주이다(노동조합법 제84조). 부당노동행위에 대한 구제는 현실적으로 사업주에게 명령하는 것으로써 충분하다. 그러나 법인 또는 단체의 대표자 또는 법인·단체나 개인의 대리인·사용인 기타의 종업원이 그 법인·단체 또는 개인의 업무에 관하여 구제명령에 대한 위반행위를 한때에는 행위자는 처벌(노동조합법 제94조)되므로, 이러한 한도 내에서 구제명령의 수규자의 범위는 사업주 이외의 자에까지 확대된다.

(3) 사용자개념의 확장

1) 인정여부

집단적 노동관계는 개별 근로자의 근로조건에 관한 단체교섭을 중심으로 전개되므로 사용자의 개념을 엄격하게 해석하여 근로자와 근로계약관계에 있는 사용자만을 의미하는 것으로 해석할 수도 있으나, 부당노동행위는 단체교섭 등 근로자의 단결활동에 대응하는 일정 유형의 행위이므로 그 주체로서의 사용자란 집단적 노동관계의 일방당사자를 말하고, 반드시 근로계약상의 사용자와 같은 의미를 가지는 것은 아니라고 할 것이다. 따라서 해당 근로자의 근로조건에 대하여 실질적 지배력을 가지는 자는 노동조합법상의 사용자의 지위에 있다고 할 것이다.

판례도 고용주는 아니면서 해당 근로자에 대한 기본적인 노동조건 등을 실질적·구체적으로 지배·결정할 수 있는 자는 부당노동행위의 주체가 된다고 인정하고 있다.

> **참조판례 대법원 2010.3.25. 선고 2007두8881 판결**
>
> [1] 근로자의 기본적인 노동조건 등에 관하여 그 근로자를 고용한 사업주로서의 권한과 책임을 일정 부분 담당하고 있다고 볼 정도로 실질적이고 구체적으로 지배·결정할 수 있는 지위에 있는 자가, 노동조합을 조직 또는 운영하는 것을 지배하거나 이에 개입하는 등으로 노동조합 및 노동관계조정법 제81조 제4호에서 정한 행위를 하였다면, 그 시정을 명하는 구제명령을 이행하여야 할 사용자에 해당한다.
>
> [2] 원청회사가 개별도급계약을 통하여 사내 하청업체 근로자들의 기본적인 노동조건 등에 관하여 고용사업주인 사내 하청업체의 권한과 책임을 일정 부분 담당하고 있다고 볼 정도로 실질적이면서 구체적으로 지배·결정할 수 있는 지위에 있고 사내 하청업체의 사업폐지를 유도하는 행위와 그로 인하여 사내 하청업체 노동조합의 활동을 위축시키거나 침해하는 지배·개입 행위를 하였다면, 원청회사는 노동조합 및 노동관계조정법 제81조 제4호에서 정한 부당노동행위의 시정을 명하는 구제명령을 이행할 주체로서의 사용자에 해당한다.

2) 인정범위

① 가까운 과거에 근로계약관계가 있었거나 가까운 장래에 근로계약을 맺을 가능성이 있는 경우에는 집단적 노사관계상의 사용자로서 부당노동행위의 주체로 인정될 수 있다.

② 모자회사의 경우 모회사가 자회사의 경영을 지배하면서 자회사 근로자의 임금·인사 등 근로조건을 실질적·구체적으로 지배·결정해온 경우에는 모회사도 고용주인 자회사와 함께 부당노동행위의 주체로서 사용자의 지위가 인정될 수 있다.

③ 업무도급계약을 맺은 사용기업이 제공기업 근로자의 근로조건에 대하여 고용주인 제공기업의 권한과 책임을 일정부분 담당하고 있다고 볼 정도로 실질적·구체적으로 지배·결정할 수 있는 지위를 가지는 경우에는 사용기업도 제공기업의 권한과 책임을 일정 부분 담당하고 있다고 볼 정도로 실질적·구체적으로 지배·결정할 수 있는 지위를 가지는 경우에는 사용자도 제공기업의 근로자에 대하여 부당노동행위의 주체로서 사용자로 인정될 수 있다.

(4) 사용자단체

사용자단체도 부당노동행위의 주체가 될 수 있는지 문제되는데 사용자단체도 노동조합법상 성실교섭 의무를 가진다고 규정하고 있고 노동조합법이 부당노동행위의 주체를 사용자로 규정한 것은 예시적 의미를 갖는 데 불과하다고 볼 것이므로 사용자단체도 부당노동행위의 주체가 된다고 할 것이다. 다만, 죄형법정주의 원칙상 벌칙은 적용은 할 수 없을 것이다.

2. 부당노동행위의 객체

(1) 부당노동행위의 객체

부당노동행위의 객체는 원칙적으로 노동조합과 근로자 개인이다.

(2) 법외조합이 부당노동행위의 객체가 될 수 있는지 여부

법외조합이 부당노동행위의 객체가 되는지 여부와 관련하여 노동조합법 제7조 제1항이 법내조합에 한해 부당노동행위구제신청을 할 수 있도록 규정한 점에서 법외조합은 부당노동행위의 객체가 될 수 없다고 보는 견해도 있으나, 법외조합은 노동위원회에 부당노동행위 구제신청을 할 수 없다는 규정(노동조합법 제7조 제1항)은 법외조합에 대한 사용자의 행위도 부당노동행위에는 해당될 수 있지만, 법외조합에 구제신청의 자격은 인정하지 않는다는 의미라고 보아야 할 것이다. 따라서 부당노동행위 규정(노동조합법 제81조)에 정하여진 '노동조합'은 반드시 법내조합으로 한정되는 것은 아니고 법외조합도 포함될 수 있는 것이다.

Ⅲ. 부당노동행위의 유형

1. 의의

노동조합법은 사용자의 부당노동행위를 ① 근로자의 노동조합 조직·가입 기타 정당한 조합활동을 이유로 하는 불이익취급(제1호), ② 비열계약(제2호), ③ 단체교섭거부(제3호), ④ 지배·개입 및 운영비원조(제4호), ⑤ 근로자의 정당한 쟁의행위 참가 또는 노동위원회에 대한 부당노동행위의 신고·증언 등을 이유로 하는 불이익취급(제5호)의 다섯 가지로 나누어 규정하고 있다. 일반적으로 ①, ⑤는 사용자의 불이익 취급으로 파악하여 네 가지 유형으로 구분하고 있다.

2. 대상자에 따른 구분

단체교섭거부 및 지배·개입은 노동조합이라는 단체에 대한 부당노동행위이고, 불이익취급 및 비열계약은 근로자 개인에 대한 부당노동행위이다. 다만, 불이익취급 및 비열계약은 이로 인하여 노동조합도 직접 피해를 입을 수 있다는 점에서 단체에 대한 부당노동행위의 성격도 가진다.

3. 유형간의 상호관계

(1) 예시설과 제한열거설

1) 예시설

부당노동행위제도의 취지에 맞추어 근로3권 침해행위를 부당노동행위로 보고, 그 대표적인 사례를 예시한 것으로 보는 견해. 원상회복주의에서는 타당한 견해로 받아들여졌으나, 처벌주의가 도입되면서 죄형법정주의에 반한다는 비판이 제기된다.

2) 제한열거설

노동조합법 제81조에서 규정한 다섯 가지 유형의 행위만이 부당노동행위에 해당되며, 이 밖의 사용자에 대한 근로3권 침해행위는 부당노동행위가 될 수 없다는 견해이다. 죄형법정주의에 입각하여 부당노동행위제도의 취지를 반감시킨다는 의견이 제기된다.

(2) 포괄규정설과 병렬규정설

1) 포괄규정성

노동조합법이 미국의 부당노동행위의 법제와는 달리 통칙규정을 두고 있지 않기 때문에 제4호의 지배·개입을 다른 유형에 대한 통칙적 지위를 부여하는 견해이다.

2) 병렬규정설

노동조합법 제81조 제4호의 지배·개입에 관한 규정에 통칙적 지위를 부여하지 않고 단순히 동조 각호의 모든 규정을 병렬적 규정이라고 보는 견해이다.

제2절 부당노동행위의 유형별 성립요건

I. 불이익 취급

1. 의의

노동조합법은 '근로자가 노동조합에 가입 또는 가입하려고 하였거나 노동조합을 조직하려고 하였거나 기타 노동조합의 업무를 위한 정당한 행위를 한 것' 또는 '근로자가 정당한 단체행위에 참가한 것을 이유로 하거나 또는 노동위원회에 대하여 사용자가 이 조의 규정에 위반한 것을 신고하거나 그에 관한 증언을 하거나 기타 행정관청에 증거를 제출한 것'을 이유로 그 근로자를 해고하거나 그 근로자에게 불이익을 주는 사용자의 행위를 금지하고 있다. 불이익 취급은 근로자 개인에게 현저한 경제적·심리적 압박을 가할 뿐만 아니라 노동조합의 활동까지 위축시켜 근로3권 자체에 중대한 위협이 되기 때문에 부당노동행위로서 규정하고 있는 것이다. 실제로 부당노동행위 구제신청사건 중 가장 많은 부분을 차지한다.

2. 불이익 취급의 대상과 성립요건

(1) 대상

1) 근로자

불이익 취급의 대상이 되는 근로자는 노동조합을 조직·운영할 수 있는 근로자로서 노동조합법 제2조 제1호의 근로자를 말한다. 따라서 사용자와 근로계약을 맺고 있는 근로자는 물론이고 실업자도 포함되므로 채용이전의 조합활동을 이유로 채용을 거부하는 행위도 불이익취급에 해당된다고 보아야 할 것이다.

2) 노동조합

불이익취급금지의 대상이 되는 노동조합은 원칙적으로 노동조합법 제2조 제4호의 요건에 합치되어야 할 것이다. 그래서 무자격조합을 노동조합법상의 조합 내지 법내조합으로 전환하기 위하여 가입한 경우에 불이익취급의 보호를 부여할 수 없다는 견해가 있으나, 이 경우에는 '노동조합을 조직하려고 한 것'에 해당된다고 볼 수 있으므로 불이익취급의 보호범위에 들어간다고 보아야 할 것이다.

(2) 근로자의 정당한 조합활동 등

1) 노동조합에의 가입 또는 조직

노동조합에의 가입 또는 조직에는 이미 성립하고 있는 노동조합을 위한 행위뿐만 아니라 그에 가입하는 행위나 가입하려고 한 행위도 포함되며, 새로운 노동조합을 결성하기 위한 행위로서 그 준비행위나 원조행위까지도 포함한다.

2) 기타 노동조합의 업무를 위한 정당한 행위

'기타 노동조합의 업무를 위한 정당한 행위'는 정당한 조합활동의 범위에 관한 포괄적 문언으로 이에 해당하는가의 여부는 근로자의 행위가 조합활동에 해당하는가(조합활동성)의 문제와 그것이 정당한가(정당성)의 문제로 검토된다.

① 조합활동성

노동조합의 업무를 위한 행위란 노동조합의 목적을 달성하기 위해 필요한 모든 활동을 의미한다. 여기서 조합활동성이 문제되는 것은 근로자 등의 정치·사회·문화 활동 등의 경우. 정치활동의 경우에는 조합원의 권리나 이익을 향상시키기 위한 행위는 조합활동에 포함된다고 할 것이다. 사회·문화 활동에 있어서도 조합원의 내적 연대감과 단결력 강화에 필요한 것으로 인정되는 한 그 활동의 명칭에 상관없이 널리 인정된다고 할 것이다.

다음으로 근로자의 자발적 활동이 노동조합의 명시적인 결의나 지시에 반하는 경우가 문제되는데, 조합활동성 여부는 당해 행위가 단결권 보장의 취지에 비추어 객관적으로 용인될 수 있는 것인가에 따라 판단되어야 할 것이다.

② 조합활동의 정당성

정당성은 조합활동의 구체적인 태양에 따라 개별적으로 판단해야 하지만 일반적으로 취업시간 중의 조합활동은 이를 허용하는 단체협약이나 관행 또는 사용자의 승낙이 있어야 정당성이 인정된다. 사업장 내의 조합활동에 대하여는 사용자의 시설관리권에 바탕을 둔 합리적인 규율이나 제약에 따라야 정당성이 인정된다. 조합활동이 취업시간 외에 사업장 밖에서 이루어졌을 때에도 근로자의 근로계약상의 성실의무에 위반하지 않아야 정당성이 인정된다.

3) 정당한 쟁의행위 참가

쟁의행위란 노동조합법상의 쟁의행위를 의미하고, 부당노동행위가 성립하기 위해서는 당해 쟁의행위가 정당한 쟁의행위이어야 한다.

4) 부당노동행위 구제신청 등(신고 · 증언 · 증거의 제출)

근로자가 정당한 단체행위에 참가하는 것도 불이익취급으로부터 보호받고 있다. 그리고 노동위원회에 사용자의 부당노동행위를 신고하거나 증언 · 증거를 제출하는 것도 사용자에 의하여 침해된 근로3권을 노동위원회나 행정관청을 통해 다시 회복하려는 행위이기 때문에 넓은 의미의 조합활동으로서 사용자가 이를 이유로 불이익을 주는 행위는 일종의 보복적 차별대우로서 불이익취급에 해당된다.

(3) 근로자를 해고하거나 그 근로에게 불이익을 주는 행위

1) 불이익의 내용

불이익취급이 성립하려면 사용자가 노동조합의 조직 · 가입 등의 행위를 한 '근로자를 해고하거나 그 근로자에게 불이익을 주는 행위'를 해야 한다. 불이익취급의 개념은 부당노동행위제도에서 보호하고자 하는 근로3권을 방해하는 수단으로 인정되는 경우 그 내용과 관계없이 불이익취급에 해당된다. 불이익 처분은 당해 근로자에게 직접적인 불이익의 경우뿐만 아니라 다른 근로자에게는 부여하는 이익을 주지 않는 소극적인 불이익도 포함된다.

2) 근로관계의 지위에 관한 불이익

해고가 대표적인 것으로 일반해고이든 징계해고이든 불문한다. 해고 이외에 근로관계의 지위와 관련하여 계절근로자나 정년 퇴직자의 재채용 거부, 위장폐업으로 인한 사직 등도 여기에 포함된다.

3) 인사상 불이익

근로자에게 불이익한 교육훈련, 전직, 전출, 전적, 휴직, 인사평정 강등 또는 승진의 탈락, 징계처분 등이 이에 해당한다. 불이익인지 여부는 지위, 직종, 임금 기타의 대우, 통근사정, 가정의 사정 등에 비추어 판단되어야 할 것이다.

4) 경제적 불이익

각종의 임금, 퇴직금, 복리후생적 급부 등에 있어서 불이익한 처리가 여기에 속하는데, 임금산정 또는 임금삭감 기준의 차별적 적용이 임금에 관한 불이익처분의 전형이다. 연장 · 야간 · 휴일근로를 본인의 의사에 반하여 시키지 않거나 연차휴가 신청에 대하여 정당한 사유 없이 시기변경권을 행사하는 것도 같은 종류의 불이익처분에 포함된다.

5) 정신 · 생활상 불이익

사용자의 처분이 당해 근로자에게 경제적인 불이익은 없더라도 정신적인 피해를 주거나 특별히 생활상의 곤란을 초래하는 경우에는 정신 · 생활상의 불이익처분이 성립한다. 예컨대, 시말서제출의 징계처분을 한 경우, 기존업무에 비하여 부적당한 업무로 배치 전환한 경우, 근로자의 생활근거지에서 멀리 떨어진 곳으로 전직시키는 경우 등이다.

6) 조합활동상 불이익

사용자의 처분으로 인해 당해 근로자가 조합활동을 할 수 없거나 곤란하게 된 경우에는 조합활동상 불이익이 인정되며, 조합활동상의 불이익도 처분의 불이익 여부의 판단에 중요한 기준이다. 예컨대, 조합활동에 적극적으로 관여한 근로자를 조합원 자격이 없는 과장대리로 승진시켜 더 이상 조합활동을 할 수 없게 하는 경우, 활동적인 조합활동이 곤란한 지역으로 전근시키는 경우, 노동조합전임자를 사용자가 일방적으로 해제하는 경우 등에는 조합활동상의 불이익이 인정된다.

> **📖 참조판례 대법원 1992.10.27. 선고 92누9418 판결**
>
> 사용자가 근로자의 노동조합활동을 혐오하거나 노동조합활동을 방해하려는 의사로 노동조합의 간부이거나 노동조합활동에 적극적으로 관여하는 근로자를 승진시켜 조합원 자격을 잃게 한 경우에는 노동조합활동을 하는 근로자에게 불이익을 주는 행위로서 부당노동행위가 성립될 수 있을 것인바, 이 경우에 근로자의 승진이 사용자의 부당노동행위 의사에 의하여 이루어진 것인지의 여부는 승진의 시기와 조합활동과의 관련성, 업무상 필요성, 능력의 적격성과 인선의 합리성 등의 유무와 당해 근로자의 승진이 조합활동에 미치는 영향 등 제반 사정을 고려하여 판단하여야 할 것이다.

(4) 인과관계(이유로 하는 것)

1) 인과관계의 의미

부당노동행위로서의 불이익취급이 성립하기 위해서는 근로자의 정당한 근로3권 행사와 사용자의 불이익취급 사이에 인과관계가 있어야 한다. 노동조합법 제81조 제1호 및 제5호에서도 사용자의 불이익처분이 근로자의 정당한 조합활동 등을 '이유로' 한다고 규정하고 있다. 그런데 인과관계('이유로' 한다는 것)의 의미에 관하여 견해의 대립이 있다.

2) 학설

① 주관적 인과관계설

'이유로' 한다는 것은 '부당노동행위 의사를 가지고' 한다는 것을 의미하고 부당노동행위 의사는 반조합적 의욕 내지 동기라고 설명하는 견해이다. 이 견해는 불이익취급이 성립하기 위해서는 반조합적인 의도 내지 동기가 필요하지만 주관적 요소는 제반사정에서 인정되는 추정적 의사로 충분하다고 한다.

② 객관적 인과관계설

불이익취급의 성립에 부당노동행위 의사를 요하지 않고 근로자의 단결활동 등의 행위와 사용자의 불이익처분 사이에 객관적으로 인과관계가 인정되면 족하다는 견해로, 사용자의 내심의 의도를 무시해야 한다는 것은 아니고 사용자의 반조합적 의사가 확인되는 경우에는 이를 고려하여 인과관계의 존부를 판단하고 그 반조합적 의사는 제반사정에서 인정되는 추정적 의사로 족하다고 본다.

3) 판례

판례는 기본적으로 부당노동행위의사의 존재를 필요로 하면서 제반사정에 의하여 주관적 요소가 추정될 수 있다는 입장이다.

> **📖 참조판례 대법원 1992.12.8. 선고 91누11025 판결**
>
> 근로자에 대한 전근이나 징계해고가 노동조합업무를 위한 정당한 행위를 이유로 한 불이익처분인지 여부를 판단함에 있어서는 처분시기, 사용자와 노동조합과의 관계, 동종의 사례에 있어서 조합원과 비조합원에 대한 제재의 불균형 여부, 사유의 정당성 유무, 종래의 관행에 부합 여부, 기타 부당노동행위의사의 존재를 추정할 수 있는 제반 사정 등 외에 처분 후에 있어서의 노동조합활동의 쇠퇴 여부도 비교 검토하여 판단하여야 할 것이다.

4) 검토

사용자의 주관적 의사를 떠나서 근로자의 단결활동 등의 행위와 사용자의 불이익처분 사이에 객관적으로 인과관계가 존재하는지를 판단하기 어렵기 때문에 불이익취급의 성립을 위해서는 부당노동행위 의사의 존재가 필요하다고 할 것이다.

다만, 부당노동행위 의사를 반조합적 의도 내지 동기라고 설명하는 것은 너무 막연하기 때문에 근로자가 정당한 단결활동 등의 행위를 했다는 '사실'의 인식과 그 때문에 그 근로자에게 불이익을 주려는 의욕이 부당노동행위 의사라고 보아야 할 것이고 이러한 부당노동행위의사는 객관적 사정에 의해서 추정될 수 있다고 할 것이다.

5) 인과관계의 경합

① 의의 및 문제점

인과관계의 경합이란 사용자가 불이익 처분을 할 만한 정당한 사유가 존재하면서도 다른 한편으로는 그 처분에 부당노동행위의사를 추정할 만한 사유가 동시에 존재하는 경우를 말한다. 사용자가 정당한 해고사유를 주장하는 한편 부당노동행위의사가 추정되는 경우에 부당노동행위의 성립을 인정할 수 있는지가 문제된다.

② 학설

㉠ 부정설

이 견해는 사용자의 불이익취급행위가 법령·단체협약이나 취업규칙 등에 의한 정당한 이유가 있는 해고 및 징계 등에 해당하는 경우에는 부당노동행위의사가 인정되는 경우에도 부당노동행위가 성립하지 않는다고 한다.

㉡ 긍정설

이 견해는 사용자가 근로자의 정당한 조합활동 등을 이유로 불이익취급을 한 것으로 인정되는 이상 정당한 해고 및 징계 등의 사유가 존재하더라도 부당노동행위가 성립한다고 본다.

㉢ 결정적 원인설

이 견해는 사용자의 불이익취급행위가 정당한 노동3권의 행사와 정당한 해고 등의 사유 중 어느 것이 불이익취급의 결정적 원인인가에 따라 판단하여야 한다고 본다.

㉣ 상당인과관계설

이 견해는 근로자가 정당한 노동3권을 행사하지 아니하였더라면 불이익취급이 없었을 것으로 판단되는 경우에 부당노동행위의 성립을 인정해야 한다고 본다.

③ 판례

대법원은 "정당한 해고사유가 있어 근로자를 해고한 경우에 있어서는 비록 사용자가 근로자의 노동조합활동을 못마땅하게 여긴 흔적이 있다거나 사용자에게 반노동조합의사가 추정된다고 하더라도 당해 해고사유가 단순히 표면상의 구실에 불과하다고 할 수는 없을 것이므로, 부당노동행위에 해당한다고 할 수 없다."라고 판시하여 부정설의 입장이다. 다만, 대법원도 정당한 해고사유가 존재하는 경우에 한해 부당노동행위의 성립을 부정할 뿐 사용자가 내세우는 해고사유가 표면적인 사유에 불과한 경우에는 부당노동행위의 성립을 인정한다.

> **참조판례 대법원 1991.2.22. 선고 90누6132 판결**
>
> 사용자가 근로자를 해고함에 있어서 근로자의 노동조합업무를 위한 정당한 행위를 그 결정적인 이유로 삼았으면서도 표면적으로는 다른 해고사유를 들어 해고한 것으로 인정되는 경우에는 노동조합법 제39조 제1호에 정한 부당노동행위라고 보아야 할 것이고, 근로자의 노동조합업무를 위한 정당한 행위를 실질적인 해고이유로 한 것인지의 여부는 사용자측이 내세우는 해고사유와 근로자가 한 노동조합업무를 위한 정당한 행위의 내용, 징계해고를 한 시기, 회사와 노동조합과의 관계, 동종의 사례에 있어서 조합원과 비조합원에 대한 제재의 불균형 여부, 처분 후에 있어서 다른 노동조합원의 탈퇴 등 노동조합활동의 쇠퇴 내지 약화 여부, 기타 부당노동행위의사의 존재를 추정할 수 있는 제반사정을 비교 검토하여 종합적으로 판단하여야 할 것이다.

> **참조판례 대법원 2000.6.23. 선고 98다54960 판결**
>
> 사용자가 근로자를 해고함에 있어서 표면적으로 내세우는 해고사유와는 달리 실질적으로는 근로자의 정당한 노동조합활동을 이유로 해고한 것으로 인정되는 경우에 있어서는 그 해고는 부당노동행위라고 보아야 할 것이지만, 정당한 해고사유가 있어 근로자를 해고한 경우에 있어서는 비록 사용자가 근로자의 노동조합활동을 못마땅하게 여긴 흔적이 있다거나 사용자에게 반노동조합의사가 추정된다고 하더라도 당해 해고사유가 단순히 표면상의 구실에 불과하다고 할 수는 없을 것이므로, 부당노동행위에 해당한다고 할 수 없다.

④ 검토

사용자의 불이익취급행위가 부당노동행위에 해당하는지는 인과관계의 인정여부를 기준으로 판단하여야 한다. 인과관계는 모든 원인에 대해 인정되는 아니고 객관적으로 그 행위의 직접적인 원인을 파악하는 것이라는 점에서 상당인과관계설이 타당하다. 한편 대법원이 취하는 부정설의 입장은 부당노동행위의 성립을 지나치게 좁히는 문제점이 있다.

3. 불이익 취급의 효과와 구제

(1) 효과

사용자의 불이익취급이 부당노동행위로서 성립하는 경우에는 벌칙이 부과된다(노동조합법 제90조).

(2) 구제

1) 노동위원회에 의한 구제

불이익취급을 받은 근로자 또는 노동조합은 사용자의 불이익취급에 대해 노동위원회에 구제를 신청할 수 있다. 노동위원회는 사용자의 불이익취급이 성립한다고 판단되면 원직복귀명령·소급임금지급명령·처분취소명령·공고문게시명령 등 신청인의 청구내용에 한정되지 않고 그 구제명령을 내릴 수 있다.

2) 법원에 의한 구제

근로자 또는 노동조합은 행정구제와 별도로 법원에 대해서도 해고무효확인소송·종업원지위가처분 신청·손해배상청구 등을 할 수 있다.

II. 비열계약

1. 의의

노동조합에의 불가입이나 그로부터의 탈퇴 또는 특정한 노동조합에의 가입 등 향후의 조합활동 여부를 고용조건으로 하는 행위를 비열계약이라고 한다. 노동조합법은 근로자가 '어느 노동조합에 가입하지 아니할 것 또는 탈퇴 할 것을 고용조건을 하거나 특정한 노동조합의 조합원이 될 것을 고용조건으로 하는' 사용자의 행위를 부당노동행위로서 금지하고 있다. 다만, '노동조합이 당해 사업에 종사하는 근로자의 3분의 2 이상을 대표하고 있을 때에는 근로자가 그 노동조합의 조합원이 될 것을 고용조건으로 하는 단체협약의 체결'은 예외로 한다.

이것은 부당노동행위의 유형을 규정한 것이기도 하며 조직강제와 단결선택권의 관계, 조직강제로서 유니언 숍 조항과 부당노동행위의 관계에 대해서 규정한 것이다.

2. 비열계약의 성립요건

(1) 진정비열계약

1) 개념

진정비열계약이란 사용자가 근로자에 대하여 어느 노동조합에 가입하지 않을 것 또는 탈퇴할 것을 고용조건으로 하는 경우를 말한다.

2) 범위

비열계약은 실직 등의 위험으로부터 근로자를 보호하기 위하여 인정된 규정이다. 노동조합에 가입하지 않을 것 또는 탈퇴할 것을 고용조건으로 한다는 것은 노동조합 불가입이나 탈퇴를 고용이나 계속고용의 조건으로 약정하는 것을 말한다. 따라서 노동조합으로부터의 탈퇴는 고용조건뿐 아니라 종업으로 고용된 자에 대한 고용계속을 조건으로 하는 것도 해당된다.

3) 승급·승진 등 일정한 대우의 조건도 포함되는지 여부

'고용조건으로'라는 규정은 단순한 예시에 불과하고 승진·승급 등에도 노동조합에의 탈퇴 등을 조건으로 하는 경우에는 고용조건으로 하는 경우에 준하여 비열계약의 부당노동행위로 보아야 한다는 견해와 부당노동행위는 벌칙의 제재를 규정하고 있으므로 죄형법정주의 원칙상 고용조건으로 하는 경우에 한정된다는 견해의 대립이 있다. 생각건대, 부당노동행위는 기본권의 침해로부터 근로자를 보호하고자 하는 규정이고 벌칙의 적용 여부와 관계없이 기본권의 침해가 있었는지를 기준으로 하여야 할 것이므로 전자의 견해가 타당하다고 본다.

(2) 부진정비열계약

부진정비열계약이란 사용자가 근로자에 대하여 특정한 노동조합의 조합원이 될 것을 고용조건으로 하는 경우를 말한다.

노동조합의 조합원이 될 것을 고용조건으로 하는 것을 금지하는 것이 모순되지 않도록 하려면 진정비열계약의 노동조합과 부진정비열계약의 노동조합은 달리보아야 한다는 점에서 어용노동조합이라고 해석하는 견해도 있다. 그러나 여기서의 특정한 노동조합은 사용자가 혐오하지 않거나 선호하는 노동조합을 말하고 법률상으로는 특별한 의미를 가지지 않는다고 보아야 할 것이다.

(3) 조합활동의 금지 또는 제한

'노동조합을 결성하지 않는 것'이나 '적극적으로 조합활동을 하지 않는 것' 등을 고용조건으로 하는 행위도 비열계약에 포함된다. 이에 대해 법규정을 유추·확대해석하는 것은 죄형법정주의에 반한다는 견해가 있다.

3. 비열계약과 유니언 숍 조항

(1) 의의

근로자가 조합원이 될 것을 고용조건으로 하는 단체협약상의 규정을 유니언 숍 조항이라 한다. 노동조합법은 '노동조합이 당해 사업장에 종사하는 근로자 3분의 2 이상을 대표하고 있을 때에는 근로자가 그 노동조합의 조합원이 될 것을 고용조건으로 하는 단체협약의 체결'을 비열계약의 예외로서 허용하고 있다.

(2) 허용여부

① 노동조합에 가입하지 않거나 탈퇴할 자유를 인정하는 소극적 단결권을 단결권의 내용으로 보아 유니언 숍 조항은 소극적 단결권을 침해하기 때문에 언제나 무효라는 견해와, ② 소극적 단결권을 부인하면서 노동조합을 선택할 자유인 단결선택권을 침해하느냐 여부에 달려 있다는 견해가 있다. ③ 헌법이 보장한 근로자의 단결권은 노동조합을 결성하거나 이에 가입할 자유를 말하고 소극적 단결권까지 포함하는 것은 아니며, 단결선택권이 일부 제한된다고 하더라도 노동조합의 적극적 단결권과 개인 근로자의 단결선택권의 권리조정에 따른 것이라면 위법한 침해에 해당되지는 않는다고 할 것이다. 그렇다면 유니언 숍 조항은 노동조합법이 정한 허용조건을 충족하고 또 근로자의 소극적단결권 내지 조합선택권을 침해하지 않는 범위에서 유효라고 해석된다.

(3) 유니언 숍 조항의 허용조건

1) 노동조합이 당해 사업장에 종사하는 근로자의 3분의 2 이상을 대표하고 있을 것

이는 소수가 다수를 강제해서는 안 되고 압도적인 다수가 압도적 소수를 강제하는 것만 허용하겠다고 취지이다.

'당해 사업장'이란 노동조합의 조직범위에 드는 사업 또는 사업장을 말한다. 따라서 여러 사업장을 가진 하나의 사업에 조직된 노동조합의 경우에는 사업 전체를 단위로 요건의 구비 여부를 결정한다. '종사하는 근로자'는 당해 사업 또는 사업장에 종사하는 전체 근로자를 말하는 것이 아니라 그 중에서 당해 노동조합의 조합원이 될 수 있는 자격을 가지는 근로자만을 말한다.

근로자의 3분의 2 이상을 대표한다는 것은 근로자의 3분의 2 이상이 노동조합에 가입되어 있음을 의미한다.

이 요건을 상실한 경우에 대해 학설은 ① 유니언 숍 조항을 체결할 당시에 3분의 2 이상을 대표하고 있으면 족하고 그 후 조합원자격 규정의 변경 또는 종업원이 증가나 조합원 탈퇴로 인하여 이 요건에 미달하더라도 무방하다는 견해와, ② 유니언 숍 조항은 체결 이후에 종업원 증감 등의 이유로 숍 조항의 효력은 실효 된다는 견해가 있다. ③ 유니언 숍 조항은 조합가입의 자유를 제약하는 측면이 있고, 특정 노동조합에 대한 가입을 고용조건으로 하는 것은 부당노동행위로 금지되는 것이 원칙인 점을 고려하면 요건은 효력발생요건이며 동시에 효력유지요건으로 보는 것이 타당하다.

2) 단체협약의 체결

특정 노동조합의 조합원이 될 것을 고용조건으로 하는 유니언 숍 조합은 일정한 조건 아래에서 '단체협약'을 통하여 하는 경우에만 허용된다. 단체협약에서 유니언 숍 조항을 둔 경우에 한정되기 때문에 취업규칙 등에서 이와 동일한 결과를 발생시키는 규정을 두는 것은 비열계약으로서 허용되지 않는다.

3) 제명을 이유로 불이익 금지

유니언 숍 조항을 체결하더라도 사용자는 근로자가 당해 노동조합에서 제명된 것을 이유로 신분상 불이익한 행위를 할 수 없어야 허용된다. 이것은 소수파가 제명되어 그 고용안정까지 위협하는 것을 방지하고 일정한 범위의 조합선택권을 인정하는 것으로 보아야 할 것이다.

4) 근로자가 그 노동조합을 탈퇴하여 새로 노동조합을 조직하거나 다른 노동조합에 가입한 것을 이유로 신분상 불리한 행위의 금지

복수노동조합의 허용과 함께 근로자가 적극적으로 근로3권을 행사하는 경우에는 유니온 숍 조항이 있다고 하더라도 이를 금지할 경우 당해 근로자의 근로3권과 충돌이 발생하므로 이를 조정하기 위하여 근로자가 그 노동조합을 탈퇴하여 새로 노동조합을 조직하거나 다른 노동조합에 가입한 것을 이유로 신분상 불리한 행위를 할 수 없도록 규정하였다.

(4) 노동조합의 가입

유니온 숍 협정이 체결되어도 근로자가 입사와 동시에 노동조합에 자동적으로 가입되는 것은 아니며 노동조합가입절차를 거쳐야 한다.

> **📖 참조판례** 대법원 2019.11.28. 선고 2019두47377 판결
>
> 근로자의 노동조합 선택의 자유 및 지배적 노동조합이 아닌 노동조합의 단결권이 침해되는 경우에까지 지배적 노동조합이 사용자와 체결한 유니온 숍 협정의 효력을 그대로 인정할 수는 없고, 유니온 숍 협정의 효력은 근로자의 노동조합 선택의 자유 및 지배적 노동조합이 아닌 노동조합의 단결권이 영향을 받지 아니하는 근로자, 즉 어느 노동조합에도 가입하지 아니한 근로자에게만 미친다. 따라서 신규로 입사한 근로자가 노동조합 선택의 자유를 행사하여 지배적 노동조합이 아닌 노동조합에 이미 가입한 경우에는 유니온 숍 협정의 효력이 해당 근로자에게까지 미친다고 볼 수 없고, 비록 지배적 노동조합에 대한 가입 및 탈퇴 절차를 별도로 경유하지 아니하였더라도 사용자가 유니온 숍 협정을 들어 신규 입사 근로자를 해고하는 것은 정당한 이유가 없는 해고로서 무효로 보아야 한다.

(5) 유니언 숍과 해고

1) 사용자의 해고의무

① 문제의 소재

유니온 숍에 위반하는 근로자에 대하여는 원칙적으로 사용자는 해고의무를 부담한다고 할 것이다. 문제는 단체협약에서 "종업원은 노동조합의 조합원이 되어야 한다."는 선언적 규정만 둘 뿐 위 규정에 위반한 근로자에 대해 사용자의 해고의무를 명시하지 않은 경우에도 사용자는 해고의무를 부담하는가이다.

② 학설

㉠ 해고의무를 명시하지 않은 합의는 가입하지 않거나 탈퇴한 자에게 어떤 불이익을 줄 것인가에 대하여 협약당사자 사이에 아직 아무런 합의가 이루어지지 않은 것이라고 보아야 하고, 따라서 근로자에게 심리적 강제의 효과를 가질 뿐 사용자에게 해고의무가 발생하지 않는다고 보는 견해와, ㉡ 조직강제 조항은 근로3권 중 단결권 강화를 위해 인정되는 것으로 조직강제 조항의 실효성을 확보하기 위해서는 해고의무가 당연히 인정되어야 한다는 견해가 대립한다.

③ 판례

대법원은 "단체협약에 유니언 숍 협정에 따라 근로자는 노동조합의 조합원이어야만 된다는 규정이 있는 경우에는 다른 명문의 규정이 없더라도 사용자는 노동조합에서 탈퇴한 근로자를 해고할 의무가 있다."라고 판시함으로써 해고의무에 관한 명문규정이 없다고 하더라도 사용자는 당연히 해고의무를 부담한다고 판시하고 있다.

> **📖 참조판례** 대법원 1998.3.24. 선고 96누16070 판결
>
> 구 노동조합법(1996.12.31. 법률 제5244호로 폐지되기 이전의 것) 제39조 제2호 단서 소정의 조항, 이른바 유니언 숍(Union Shop) 협정은 노동조합의 단결력을 강화하기 위한 강제의 한 수단으로서 근로자가 대표성을 갖춘 노동조합의 조합원이 될 것을 '고용조건'으로 하고 있는 것이므로 단체협약에 유니언 숍 협정에 따라 근로자는 노동조합의 조합원이어야만 된다는 규정이 있는 경우에는 다른 명문의 규정이 없더라도 사용자는 노동조합에서 탈퇴한 근로자를 해고할 의무가 있다.

④ 검토

단체협약상 조직강제조항을 두는 취지는 노동조합의 단결력을 강화하기 위한 수단으로 인정되는 것이고 이는 적극적으로 노동조합이 근로3권을 행사하는 효과로서의 성질도 가지며, 근로3권행사의 실효성을 위해서도 당연히 해고의무를 가진다고 보는 것이 타당하다.

2) 사용자의 부당노동행위 인정여부

유니언 숍 협정에도 불구하고 자의로 노동조합을 탈퇴한 근로자를 사용자가 해고하지 아니하는 경우에 이것이 곧바로 부당노동행위로 되는 것은 아니다. 왜냐하면 단체협약상의 유니언 숍 협정에 의하여 사용자가 노동조합을 탈퇴한 근로자를 해고할 의무는 단체협약상의 채무일 뿐이고, 이러한 채무의 불이행 자체가 바로 노동조합에 대한 지배·개입의 부당노동행위에 해당한다고 단정할 수는 없기 때문이다. 부당노동행위가 성립하려면 사용자에게 근로자가 노동조합을 조직 또는 운영하는 것을 지배하거나 개입할 의사가 있어야 하는 것이므로 이 같은 경우에 부당노동행위가 성립할 것인지는 부당노동행위제도의 성립요건에 따라 판단해야 한다.

3) 제명된 경우 해고의 가능여부

유니언 숍 조항에도 불구하고 사용자는 근로자가 당해 노동조합에서 제명된 것을 이유로 신분상 불이익한 행위를 할 수 없다. 제명은 근로자의 의사에 기한 것이 아니므로 근로자에게 책임 있는 사유라고 보기 어렵고, 유니언 숍하에서 제명의 권한을 가진 노동조합에 의해 사실상 해고처분이 행해지는 것을 막기 위한 것이다. 이처럼 노동조합에서 제명되었음을 이유로 불이익한 조치를 할 수 없음에도 해고한 경우에는 부당노동행위가 될 수 있다.

4. 비열계약의 효과와 구제

(1) 효과

사용자가 근로자와 비열계약을 체결하여 부당노동행위로 인정되면 사용자에게는 벌칙(노동조합법 제90조)이 부과된다. 그리고 비열계약은 헌법 제33조 제1항과 노동조합법 제81조에 위배되는 것으로서 사법상 당연히 무효이다. 그러나 이는 비열계약의 약정만 무효로 하는 것이지 근로계약 자체를 무효로 하는 것은 아니다.

(2) 구제

1) 노동위원회에 의한 구제

노동조합의 구제신청에 대해 노동위원회는 노동조합에의 불가입, 탈퇴 또는 가입 등을 고용조건으로 한 부분을 파기하라는 명령이나 계약서의 당해 부분을 파기하라는 명령 등이 가능하다. 아울러 필요한 경우에는 공고문게시명령도 가능하다.

2) 법원에 의한 구제

노동조합은 비열계약 부분의 무효확인소송이 가능하다. 비열계약에 의해 해고된 경우에는 해고무효확인소송 등이 가능하다.

Ⅲ. 단체교섭의 거부

1. 의의

노동조합법은 사용자가 '노동조합의 대표자 또는 노동조합으로부터 위임을 받은 자와의 단체협약체결 기타의 단체교섭을 정당한 이유 없이 거부하거나 이를 해태하는 행위(노동조합법 제81조 제3호)'를 부당노동행위로서 금지하고 있다. 단체교섭은 근로자들이 단결체를 통해 사용자와 실질적으로 대등한 지위를 확보한 상태에서 근로조건을 결정할 수 있도록 하는 제도이다. 그래서 단체교섭의 거부행위는 근로자뿐만 아니라 단체교섭의 주체인 노동조합의 존립을 위태롭게 하는 행위이다. 이러한 사용자의 단체교섭거부를 부당노동행위로 금지하는 것은 헌법에 보장된 단체교섭권을 실효적으로 보장하여 근로자와 노동조합의 노동3권을 실현하기 위한 것이다.

2. 성립요건

(1) 사용자의 행위일 것

부당노동행위 금지규정상의 사용자는 근로계약상의 사용자와 구별되며, 근로계약관계 내지 그것에 근접·유사한 관계를 기반으로 하여 성립되는 집단적 노사관계상의 일방당사자를 의미한다. 즉, 부당노동행위에 있어서는 사용자개념이 확장되어 문제된 근로자의 고용주가 아니라도 그와 근접·유사한 지위에 있는 자도 사용자로 인정된다.

(2) 노동조합의 대표자 또는 그 수임자의 단체교섭요구를 거부할 것

노동조합의 대표자나 그 위임을 받은 자와의 단체교섭을 거부할 때 부당노동행위가 성립된다.

(3) 단체협약체결 기타 단체교섭을 거부하거나 해태할 것

1) 단체협약체결의 거부·해태

사용자는 단체협약을 체결할 의무는 없으나, 교섭을 통해 합의한 사항에 대해서는 단체협약을 체결해야 하므로 정당한 사유없이 합의 사실을 번복하는 행위, 서면작성을 거부하는 행위, 서면날인을 거부하는 행위 등은 부당노동행위에 해당된다.

2) 단체교섭의 거부·해태

교섭요구에 불응하는 행위, 고의적으로 중단하거나 지연시키는 행위, 부당한 조건을 부과하는 행위, 처분권한 없는 자를 담당자로 내세우는 행위 그리고 노동조합이 요구하는 자료의 제출이나 설명을 거부하는 행위 등은 부당노동행위에 해당된다.

(4) 정당한 이유가 없을 것

노동조합의 단체교섭요구는 주체·대상·방법 및 절차에 비추어 정당해야 한다. 노동조합의 단체교섭요구에 흠이 있음을 이유로 한 사용자의 단체교섭거부는 정당한 이유에 해당한다.
사용자의 단체교섭거부는 부당노동행위로 추정되므로, 정당한 이유의 존재는 사용자가 입증해야 한다. 이 경우 그 정당성 여부는 단체교섭과 부당노동행위제도의 목적을 고려하여 구체적 상황에 따라 합리적으로 판단해야 할 것이다.

3. 단체교섭 거부의 효과와 구제

(1) 효과

사용자의 단체교섭거부가 부당노동행위로서 이루어진 때에는 사용자에게는 벌칙(노동조합법 제90조)이 부과된다. 그러나 노동조합에서 성실교섭의무를 위반한 경우에는 사용자의 단체교섭거부는 부당노동행위가 성립하지 않는다.

(2) 구제

1) 노동위원회에 의한 구제

노동조합의 구제신청에 대하여 노동위원회는 사용자의 단체교섭거부에 대하여 단체교섭에 응하라는 명령이 가능하다. 단체교섭거부가 교섭사항, 교섭당사자, 교섭시기 등에 관련하여 문제된 경우에는 그 사항을 구체적으로 특정하여 교섭명령을 하는 것이 적절하다. 단체교섭명령이외에도 공고문게시명령도 가능하다.

2) 법원에 의한 구제

법원에 대하여는 단체교섭거부에 대해 당해 노동조합의 단체교섭권의 확인 또는 단체교섭을 할 수 있는 지위의 확인을 구하는 소송이 가능하다. 이러한 확인소송뿐 아니라, 단체교섭의무의 확인 및 그 가처분인 단체교섭응낙가처분신청도 가능할 것이다.

Ⅳ. 지배 · 개입

1. 의의

노동조합법 제81조 제4호는 근로자가 노동조합을 조직 또는 운영하는 것을 지배하거나 이에 개입하는 행위와 근로시간 면제한도를 초과하여 급여를 지급하거나 노동조합의 운영비를 원조하는 행위를 사용자의 부당노동행위로 규정하고 있다. 이를 지배 · 개입의 부당노동행위라 한다.

2. 성립요건

(1) 지배 · 개입의 주체

지배는 노동조합의 의사결정을 좌우할 정도를 말하며, 개입은 그 정도에 미치지 못하는 영향력을 의미한다.

부당노동행위 금지규정상의 사용자는 근로계약상의 사용자와 구별되며, 근로계약관계 내지 그것에 근접 · 유사한 관계를 기반으로 하여 성립되는 집단적 노사관계상의 일방당사자를 의미한다. 즉, 부당노동행위에 있어서는 사용자개념이 확장되어 문제된 근로자의 고용주가 아니라도 그와 근접 · 유사한 지위에 있는 자도 사용자로 인정된다.

노동조합의 조직 · 운영에 지배 · 개입하는 행위는 관리자의 발의에 의하여 행해 질 수 있고 이 경우 사업주 또는 경영담당자와 명확한 의사연락이 없더라도 사업주의 행위로 된다. 계장 · 주임 · 반장 등 하위의 감독직 근로자의 지배 · 개입행위는 사용자의 지시를 받거나 그 의향에 따라 또는 그 묵시적 승인 아래 행해진 경우에 사용자의 행위로 인정하여야 할 것이다.

(2) 지배 · 개입의 대상

지배 · 개입의 부당노동행위는 사용자가 '근로자가 노동조합을 조직하거나 운영하는 것을 지배하거나 이에 개입하는 행위'를 함으로써 성립된다. 노동조합의 조직에는 그 준비행위도 포함되며, 운영이란 노동조합의 회의나 선거 등 내부적 관리만이 아니라 단체교섭이나 쟁의행위 등 대외적 활동도 포함된다.

(3) 지배 · 개입의 행위

지배는 노동조합의 의사결정을 좌우할 정도를 말하며, 개입은 그 정도에 미치지 못하는 영향력을 의미한다.

(4) 지배 · 개입의 의사

지배개입의 부당노동행위가 성립하기 위해 사용자의 지배개입의사가 필요한지에 대해 지배 · 개입으로서 부당노동행위가 성립하려면 사용자의 구체적인 반조합의사가 있어야 한다는 의사필요설과, 지배 · 개입 행위가 존재하면 부당노동행위가 성립하기 때문에 지배 · 개입 의사가 있어야 하는 것은 아니라는 의사불요설이 대립한다.

판례는 지배개입의 부당노동행위가 성립하려면 사용자의 지배개입의사가 있어야 한다는 입장이다.

> **참조판례 대법원 1998.3.24. 선고 96누16070 판결**
>
> 부당 노동행위가 성립하려면 사용자에게 근로자가 노동조합을 조직 또는 운영하는 것을 지배하거나 개입할 의사가 있어야 하는 것인바, 위 조합을 탈퇴한 4명의 근로자에 대한 해고조치를 취하지 아니한 사용자에게 그러한 의사가 있었던 것으로 볼 수가 없다고 한 사례

지배 · 개입은 노동조합의 자주성을 확보하기 위한 것이므로 사용자의 노동조합의 조직 · 운영을 저지 · 방해하거나 간섭하는 등의 행위만으로 성립한다고 봄이 타당하다.

(5) 결과발생 여부

지배 · 개입의 성립은 조합활동에 대한 사용자의 개입 내지 간섭행위가 존재하면 인정되는 것이고, 그러한 사용자의 행위로 인하여 일정한 조합활동의 좌절이나 실패 또는 노동조합의 약화 등의 현실적인 결과 내지 손해가 발생해야 하는 것은 아니다.

> **참조판례 대법원 2006.9.8. 선고 2006도388 판결**
>
> 노동조합의 조직이나 운영 및 활동을 지배하거나 이에 개입하는 의사가 인정되는 경우에는 '근로자가 노동조합을 조직 또는 운영하는 것을 지배하거나 이에 개입하는 행위'로서 부당노동행위가 성립하고, 또 그 지배 · 개입으로서의 부당노동행위의 성립에 반드시 근로자의 단결권의 침해라는 결과의 발생까지 요하는 것은 아니다.

(6) 지배·개입의 판단

지배·개입은 갈등관계의 존재, 해당노동조합의 활동위축사실, 사용자가 취한 행위 등을 종합적으로 고려하여 판단한다.

> **📖 참조판례 대법원 2007.11.15. 선고 2005두4120 판결**
>
> 사용자의 행위가 노동조합 및 노동관계조정법에 정한 부당노동행위에 해당하는지 여부는 사용자의 부당노동행위 의사의 존재 여부를 추정할 수 있는 모든 사정을 전체적으로 심리 검토하여 종합적으로 판단하여야 하고, 부당노동행위에 대한 증명책임은 이를 주장하는 근로자 또는 노동조합에게 있으므로, 필요한 심리를 다하였어도 사용자에게 부당노동행위 의사가 존재하였는지 여부가 분명하지 아니하여 그 존재 여부를 확정할 수 없는 경우에는 그로 인한 위험이나 불이익은 그것을 주장한 근로자 또는 노동조합이 부담할 수밖에 없다. 이와 관련하여 사용자가 근로자에게 징계나 해고 등 기타 불이익한 처분을 하였지만 그에 관하여 심리한 결과 그 처분을 할 만한 정당한 사유가 있는 것으로 밝혀졌다면 사용자의 그와 같은 불이익한 처분이 부당노동행위 의사에 기인하여 이루어진 것이라고 섣불리 단정할 수 없다.

3. 지배·개입의 태양

(1) 노동조합의 가입 및 탈퇴

노동조합의 결성·가입을 방해하거나 탈퇴를 종용하는 행위는 대표적인 지배·개입행위이다. 조합활동방해를 목적으로 행한 배치전환, 노동조합에 가입할 수 없는 직위 내지 직급으로의 승진 등은 지배·개입에 해당한다.

(2) 노동조합의 운영

임원선거에서 특정후보를 지지하거나 노동조합 내부의 분쟁에 개입하는 것은 부당노동행위에 해당한다.

(3) 조합활동 및 편의제공

조합활동을 방해하거나 제공하던 편의를 불합리하게 철회 또는 취소하는 것은 지배·개입에 해당한다. 복수노조에 대해 합리적인 이유 없이 편의제공 등을 차별하는 행위는 부당노동행위가 될 수 있다.

(4) 단체교섭 및 쟁의행위

단체교섭 및 쟁의행위의 원활한 수행을 합리적 이유 없이 방해하는 것은 지배·개입에 해당한다. 노동조합의 위임을 받은 사람이 교섭준비를 하려고 노조사무실에 방문하려는 것을 제지하거나, 단체교섭 관련자의 교섭준비에 지장을 주는 행위는 지배·개입에 해당한다. 조합원을 개별적으로 설득하여 쟁의행위를 포기토록 하거나, 쟁의행위찬반투표에 영향을 미치고자 이메일을 발송하는 것 등은 지배·개입에 해당될 수 있다.

(5) 운영비 원조

1) 원칙적 금지

노동조합법은 대내적인 민주성과 함께 대외적인 자주성을 보장하기 위해 근로시간면제한도를 초과하여 급여를 지급하거나 노동조합의 운영비를 원조하는 행위를 금지하고 있다.

2) 예외적 허용

근로자가 근로시간 중에 제24조 제2항에 따른 활동을 하는 것을 사용자가 허용함은 무방하며, 또한 근로자의 후생자금 또는 경제상의 불행 그 밖에 재해의 방지와 구제 등을 위한 기금의 기부와 최소한의 규모의 노동조합사무소의 제공 및 그 밖에 이에 준하여 노동조합의 자주적인 운영 또는 활동을 침해할 위험이 없는 범위에서의 운영비 원조는 허용된다.

노동조합의 자주적 운영 또는 활동을 침해할 위험 여부를 판단할 때에는 운영비 원조의 목적과 경위, 원조된 운영비 횟수와 기간, 원조된 운영비 금액과 원조방법, 원조된 운영비가 노동조합의 총수입에서 차지하는 비율, 원조된 운영비의 관리방법 및 사용처 등을 고려하여야 한다.

(6) 사용자의 언론활동

1) 서

사용자도 국민으로서 헌법상 보장되는 언론의 자유를 가지므로, 노사관계에 관한 자신의 의견을 자유로이 표방할 수 있다. 그러나 노사관계의 특성상 사용자의 지나친 언론활동은 근로자의 노동기본권을 침해할 수 있으므로 일정한 제한은 불가피하다.

2) 사용자의 언론의 자유와 지배개입판단기준

① 일반적 기준

부당노동행위제도의 목적, 지배개입을 부당노동행위의 유형 중 한 가지로서 설정한 취지, 노동조합이 기업별 노동조합중심이라는 현실적 상황 및 사용자의 언론의 자유와 근로자의 단결권 양자는 헌법상 보장된 기본권이라는 점을 고려하여 판단하여야 한다.

② 학설

ㄱ 적극설

일반적으로 노사관계의 방식에 관한 것이든 조합의 구체적인 방침을 비판하는 것이든 원칙적으로 지배개입에 해당되지 않고 단지 보복이나 폭력의 위협 또는 이익의 제공을 시사하는 경우에만 지배개입이 된다고 본다.

ㄴ 소극설

사용자의 반조합적 발언은 일반적인 것이든 구체적인 것이든 간에 지배개입에 해당한다고 본다.

ㄷ 의도설

부당노동행위제도의 취지로 보아 사용자라고 하는 우세한 지위로부터 수반되는 위압적인 언론이 규제의 대상이 되는 것으로서 사용자의 발언 또는 의견표시가 그것이 사용자라는 우월적 지위를 바탕으로 지배개입의 의도를 가지고 행해진 경우 부당노동행위가 된다. 따라서 사용자가 조합운영의 경향이나 노동조합의 강령 또는 운동방침에 대하여 어떤 비판적인 견해를 발표하는 것은 그것이 노동운동에 대하여 약간의 영향을 끼쳤다고 하여 당연 부당노동행위가 되는 것은 아니라고 본다.

ㄹ 절충설

언론의 내용, 방법, 그것이 행해진 장소, 상황과 조합의 운영이나 활동에 미친 영향, 추정되는 사용자의 의도 등을 종합하여 구체적으로 판정하여야 한다고 본다.

③ 판례

판례는 사용자는 연설, 사내방송, 게시문, 서한 등을 통하여 의견을 표명할 수 있는 언론의 자유를 가지고 있음은 당연하나, 언론활동의 내용, 방법, 행해진 장소 및 노동조합활동 및 운영에 미친 영향 등을 종합하여 노동조합의 조직이나 운영을 지배하거나, 이에 개입하는 의사가 인정되는 경우에 부당노동행위가 인정된다고 한다.

> **📖 참조판례 대법원 1998.5.22. 선고 97누8076 판결**
>
> 사용자가 연설, 사내방송, 게시문, 서한 등을 통하여 의견을 표명할 수 있는 언론의 자유를 가지고 있음은 당연하나, 그것이 행하여진 상황, 장소, 그 내용, 방법, 노동조합의 운영이나 활동에 미친 영향 등을 종합하여 노동조합의 조직이나 운영을 지배하거나 이에 개입하는 의사가 인정되는 경우에는 구 노동조합법(1996.12.31. 법률 제5244호 부칙 제3조로 폐지되기 전의 것) 제39조 제4호에 정한 부당노동행위가 성립한다.

④ 검토

언론의 자유는 타인의 권리를 침해해서는 안 된다. 그렇다고 사용자의 언론의 자유를 지나치게 제한해서도 안 된다. 사용자의 언론활동을 객관적 관점에서 파악하는 절충설이 타당하다.

3) 사용자의 언론의 자유와 지배개입에 대한 구체적 판단

① 언론의 대상

㉠ 노동조합자체에 대한 언론표명

노동조합은 근로3권의 향유주체로서 노동조합에 대한 언론표명이 노동조합의 자주적 운영에 있어 지배개입에 해당된다면 부당노동행위가 성립한다. 그러나 사용자도 언론의 자유를 향유한다는 점에서 노동조합의 이념, 활동방향에 대한 의견표시자체가 부당노동행위로 인정될 수는 없을 것이다. 따라서 사용자의 언론이 악의에 의한 것이거나 허위사실에 기초하거나, 보복·폭력의 행사 또는 이익제공의 의미가 있는 경우 등 제반사정을 고려하여 판단해야 하며 의사표명 자체가 부당노동행위로서 일률적으로 판단할 수는 없다고 본다.

㉡ 종업원에 대한 언론표명

전체 종업원에 대한 경우는 상기 기술한 맥락에서 파악하면 될 것이다. 다만, 현실적으로 문제가 되는 것은 일부 종업원을 대상으로 하는 경우이다. 개별 종업원에 대한 구체적 이익향수의 제공의사표시 및 불이익 취급의사표시 등의 경우가 발생하는 경우 이는 노동조합의 단결력을 훼손, 저해하는 명백한 지배개입으로서 그 내용을 불문하고 부당노동행위를 구성한다.

② 언론의 방법

구두 또는 문서 어느 것이든 불문한다. 또한 조합원 개개인에 대한 경우 문서이건 언론이건 그것이 단결권을 훼손하려는 목적에 의한 경우 부당노동행위를 구성한다.

③ 언론의 내용

㉠ 조합인사에 관한 언론

조합원의 범위, 임원선출 및 대표자선정 등 조합 내부의 인사기준, 절차는 조합이 주체가 되어 결정하는 것으로서 이에 대한 사용자의 의사표시는 부당노동행위를 구성한다.

ⓒ 조합의 조직, 운영방침에 관한 언론

노동조합의 조직, 운영에 관한 방침은 조합내부에서 자치적으로 결정하는 것으로서 그 성질 상 부당노동행위가 된다.

④ 언론의 시기

시기에 따라 부당노동행위를 구성할 수 있다. 특히 노사관계가 안정적인 경우보다는 단체교섭 및 쟁의행위기간 중의 언론표명은 그에 대한 즉각적인 반응을 가져오므로 부당노동행위성립의 가능성이 높다.

(7) 시설관리권의 행사와 지배·개입

노동조합이 단체협약이나 노사합의 등에 따라 정당하게 기업의 시설을 이용하는 경우에 이를 방해하거나 저지하는 사용자의 행위가 지배·개입이 됨은 물론이지만, 정당한 시설권리권의 행사라고 보이는 사용자의 행위라고 하더라도 경우에 따라서는 지배·개입이 성립할 수 있다. 예를 들어, 노동조합이 사용자와 합의 없이 유인물을 기업시설에 부착하거나 노동조합의 회의 등을 위해 기업시설의 이용을 청구한 경우에 사용자가 상당한 절차와 방법을 통하지 않는 한 지배·개입이 성립할 수 있다고 보아야 한다.

(8) 특수형태의 지배·개입

1) 파업기간에 대한 임금 삭감

적법한 삭감은 부당노동행위가 성립되지 않는 반면, 위법한 삭감은 부당노동행위가 인정될 수 있을 것이다. 그러나 삭감의 적법성보다 사용자에게 조합원에 대한 보복이나 노동조합 약체화의 의도가 인정된다면 부당노동행위가 성립할 수 있을 것이다.

2) 직장폐쇄

대항적·방어적 성격의 직장폐쇄는 부당노동행위로 인정되지 않지만, 선제적·공격적 직장폐쇄는 부당노동행위로 인정될 가능성이 높다.

3) 폐업

사용자가 진정으로 폐업할 경우에는 부당노동행위의 성립을 인정할 수 없지만, 위장폐업의 경우에는 그 폐업·회사해산 및 조합원 전원의 해고는 지배·개입 행위이다.

4) 노동관행의 파기

사용자가 합리적인 이유의 제시나 노동조합과 합의노력도 없이 관행을 파기하거나 당해 사항에 관하여 반하는 처리를 하는 것은 정당한 조합활동에 대한 방해행위로서 지배·개입의 부당노동행위가 성립될 수 있다.

4. 지배·개입의 효과와 구제

(1) 효과

사용자의 지배·개입행위가 부당노동행위로서 성립하는 경우에는 벌칙(노동조합법 제90조)이 부과된다.

(2) 구제

1) 노동위원회에 의한 구제

노동조합은 노동위원회에 그 구제를 신청할 수 있다. 대부분의 지배개입이 반조합적인 발언과 같이 사실행위로 이루어지므로, 그 행위 자체를 제거 내지 취소하여 원상회복한다는 것은 사실상 곤란하다. 그러므로 이러한 경우에는 공고문게시명령이나 부작위명령 등이 적절한 구제수단이 될 것이다.

2) 법원에 의한 구제

사용자의 행위가 노동조합에 대한 지배·개입을 구성하는 경우에는 당해 노동조합은 불법행위에 의한 손해배상청구를 할 수 있다.

제3절 부당노동행위의 구제

Ⅰ. 의의

노동조합법은 부당노동행위로 인하여 피해를 입은 근로자 또는 노동조합이 노동위원회를 통하여 구제를 받을 수 있는 절차, 즉 부당노동행위의 구제절차와 그러한 행위를 한 사용자에 대한 벌칙을 함께 규정하고 있다. 부당노동행위구제제도는 사용자의 근로3권 침해행위의 금지와 그 구제절차 및 벌칙을 정하고 있는 제도이다.

Ⅱ. 부당노동행위 구제제도의 특징

부당노동행위의 구제제도로는 노동위원회에 의한 행정적 구제와 법원에 의한 사법적 구제가 있다. 그러나 일반적으로 법원에 의한 사법적 구제방법으로는 신속하고 실질적인 효과를 기대하기 어렵기 때문에 노동조합법은 노동위원회에 의한 행정적 구제의 방식을 채용함으로서 사법적 구제의 결함을 보완하여 신속하고 탄력적인 구제를 도모하고 있다. 또한 현행법은 부당노동행위의 구제를 위한 원상회복주의와 부당노동행위를 예방하기 위한 처벌주의를 병행하고 있다.

Ⅲ. 초심절차

1. 구제신청

(1) 신청인

부당노동행위의 구제절차는 관할 노동위원회에 그 구제를 신청함으로써 게시되는데, 사용자의 부당노동행위로 인하여 그 권리를 침해당한 근로자 또는 노동조합은 노동위원회에 그 구제를 신청할 수 있다(노동조합법 제82조 제1항).

이 때 노동조합이라 함은 원칙적으로 법내노동조합을 의미한다. 다만, 노동조합법 노동조합이 아닌 근로자 단결체의 조합원은 불이익취급이나 반조합계약 사건과 관련해서 근로자 개인의 명의로 구제신청을 할 수 있다(노동조합법 제7조 제1항). 법외조합은 신청권을 갖지 않으며, 지부·분회는 설립신고증을 교부받으면 독자적으로 신청인 될 수 있다.

(2) 피신청인

피신청인은 원칙적으로는 부당노동행위의 주체로서 사용자이다. 다만, 부당노동행위의 주체가 아니라도 구제명령의 내용을 실현하는 사실상의 권한과 능력을 가지는 한 피신청인이 될 수 있다.

(3) 관할

부당노동행위의 초심은 부당노동행위가 발생한 사업장의 소재지를 관할하는 지방노동위원회가 관할한다. 둘 이상의 관할구역에 걸친 사건은 주된 사업장의 소재지를 관할하는 지방노동위원회에서 관장한다.

(4) 신청기간

구제의 신청은 부당노동행위가 있는 날(계속하는 행위는 그 종료일)부터 3월 이내에 이를 행하여야 한다(노동조합법 제82조 제2항). 부당노동행위가 있은 날은 근로자가 부당노동행위라고 주장하는 구체적인 사실이 발생한 나라나, 사용자의 불이익취급 등이 있은 날이다.

계속하는 부당노동행위는 그 종료일이 기산일이 된다. 계속하는 행위란 동일한 부당노동행위의사에 근거하여 계속적으로 반복되는 행위를 말하며 사용자가 한 행위의 효과가 계속된다는 의미는 아니다. 수 개의 행위라도 각 행위 사이에 부당노동행위의사의 단일성, 행위의 동일성·동종성, 시간적 연속성이 인정될 경우 1개의 행위로 인정된다.

> **📖 참조판례 대법원 2014.5.29. 선고 2011두24040 판결**
> '계속하는 행위'란 1개의 행위가 바로 완결되지 않고 일정 기간 계속되는 경우뿐만 아니라 수 개의 행위라도 각 행위 사이에 부당노동행위 의사의 단일성, 행위의 동일성·동종성, 시간적 연속성이 인정될 경우도 포함한다.

(5) 신청형식

신청인은 구제신청서에 신청인·피신청인의 성명 및 주소, 신청취지 등을 기재하여 서면으로 관할 노동위원회에 구제를 신청해야 한다.

(6) 신청의 취하, 각하

신청인은 부당노동행위 구제에 관한 명령서 또는 결정서 등이 교부될 때까지 언제든지 신청의 전부 또는 일부를 취하할 수 있다.

노동위원회는 구제신청이 그 당부를 판단하기 위한 전제요건을 결하고 있다고 판단되는 경우에는 심판위원회의 결정에 의해 구제신청을 각하할 수 있다.

2. 심사

노동위원회가 구제신청을 받은 때에는 지체 없이 필요한 조사와 관계 당사자의 심문을 하여야 한다(노동조합법 제83조 제1항). 심사는 조사와 심문의 두 절차를 말한다.

조사는 사실인정을 위해 당사자의 주장과 증거를 수집하는 절차이다. 심문은 노동위원회에 출석하여 구술로 진술하는 것으로 사실과 증거를 확정하는 절차이다.

노동위원회는 구제신청서가 접수되면 지체 없이 조사관을 지정하여 조사하고, 사건처리를 담당할 심판위원회를 구성해야 한다. 심판위원회는 부득이한 사유가 없으면 노동위원회 위원장이나 상임위원 1명을 포함하여 심판담당공익위원 3명으로 구성한다.

노동위원회는 심문을 할 때에는 관계 당사자의 신청에 의하거나 그 직권으로 증인을 출석하게 하여 필요한 사항을 질문할 수 있다(노동조합법 제83조 제2항). 노동위원회는 심문을 함에 있어서는 관계 당사자에 대하여 증거의 제출과 증인에 대한 반대심문을 할 수 있는 충분한 기회를 주어야 한다(노동조합법 제83조 제3항).

부당노동행위의 성립은 반드시 심문을 거쳐서 판정해야 하며 조사를 끝낸 것만으로는 구제명령을 내릴 수 없기 때문에 조사만을 행하고 심문 없이 명령을 발하는 것은 당사자 간에 이의가 없더라도 위법이다. 노동위원회의 조사와 심문에 관한 절차는 중앙노동위원회가 따로 정하는 바에 따른다(노동조합법 제83조 제4항).

3. 화해의 권고

노동위원회는 조사 및 심문 과정에서 언제든지 당사자에게 화해안을 제시하고 화해를 권고할 수 있다. 화해가 성립한 경우 당해 사건은 종결되며 노동위원회는 화해조서를 작성(노동위원회 규칙 제28조 제1항). 그 화해조서는 노동위원회의 확정판정과 동일한 효력이 있으며, 당사자가 이에 불복할 수 없다.

4. 판정

(1) 판정절차

노동위원회는 심문을 종료하고 부당노동행위가 성립한다고 판정한 때에는 사용자에게 구제명령을 발하여야 하며, 부당노동행위가 성립되지 아니한다고 판정한 때에는 그 구제신청을 기각하고 결정을 하여야 한다(노동조합법 제84조 제1항). 구제명령, 기각결정은 서면으로 하되, 이를 당해 사용자와 신청인에게 각각 교부하여야 한다(노동조합법 제84조 제2항).

(2) 판정의 효력

판정은 행정위원회인 노동위원회가 발하는 행정처분의 일종이며, 관계당사자는 명령이 있을 때에는 이에 따라야 한다. 법정기간 내에 재심을 신청하지 아니한 때에는 그 구제명령 기각결정은 확정(노동조합법 제85조 제3항)되며 관계당사자는 이에 따라야 한다(노동조합법 제85조 제4항).

(3) 확정된 구제명령 위반에 대한 벌칙

관계당사자가 확정된 명령·결정을 따르지 않는 경우에는 벌칙의 적용을 받는다(노동조합법 제89조 제2호).

5. 구제명령의 내용

(1) 원상회복조치와 노동위원회의 재량권

부당노동행위구제절차가 침해된 근로3권을 구제하기 위한 것이므로 그 구제명령도 근로3권에 대한 사용자의 침해를 배제하고 부당노동행위가 없었던 상태로 회복한다는 원상회복조치가 원칙적인 내용이다. 노동조합법에서는 노동위원회가 전문적·합목적적인 판단에 따라 개개 사건에 적절한 조치를 고안하도록 광범한 재량권을 인정하고 있다.

(2) 불이익 취급의 경우

불이익 취급으로서 해고의 경우 노동위원회는 해고된 근로자를 원직 또는 원직에 상당하는 지위에 복직시킴은 물론, 해고에 의하여 상실된 임금의 소급지불을 명하는 것이 원칙이다.
당해 근로자가 원직복귀를 바라지 않는 경우에는 강제로 원직에 복귀시키는 명령은 불가능하다. 그러나 이러한 경우에도 노동조합에게는 공고문게시명령·부작위명령·손해배상명령 등이 적절한 구제수단이 될 수 있다.

(3) 비열계약의 경우

노동조합에의 불가입·탈퇴 또는 가입 등을 고용조건으로 한 계약서의 당해 부분을 파기하라는 명령 등이 가능하다. 아울러 필요한 경우에는 공고문게시명령도 가능하다.

(4) 단체교섭의 거부의 경우

단체교섭의 거부의 경우에는 단체교섭에 응하라는 명령이 가능하다. 단체교섭거부가 교섭사항, 교섭당사자, 교섭시기 등에 관련하여 문제된 경우에는 그 사항을 구체적으로 특정하여 교섭명령을 하는 것이 적절하다. 아울러 필요한 경우에는 공고문게시명령을 할 수 있다.

(5) 지배·개입의 경우

지배·개입은 행위 자체를 제거 내지 취소하여 원상회복한다는 것은 사실상 곤란하므로 공고문게시명령이나 부작위명령 등이 적절하다고 할 것이다.

Ⅳ. 재심절차

1. 재심신청 및 그 범위

(1) 재심신청

지방노동위원회 또는 특별노동위원회의 구제명령 또는 기각결정에 불복이 있는 관계 당사자는 그 명령서 또는 결정서의 송달을 받은 날부터 10일 이내에 중앙 노동위원회에 그 재심을 신청할 수 있다(노동조합법 제85조 제1항). 법정기간 내에 재심을 신청하지 않으면 초심의 구제명령 또는 기각결정은 확정된다.

(2) 재심신청의 범위

중앙노동위원회는 당사자의 신청이 있는 경우 지방노동위원회 또는 특별노동위원회의 처분을 재심하여 이를 인정 · 취소 또는 변경할 수 있다. 따라서 재심을 신청할 수 있는 범위는 초심명령 · 결정의 대상이었던 구체적 사실이 해당된다.

2. 재심사 및 재심명령 · 결정

중앙노동위원회의 재심사는 초심명령 · 결정에 불복하여 재심을 신청한 범위 내의 사실에 대하여만 이루어진다. 이러한 재심사의 결과 재심신청이 이유 없다고 인정하는 경우에는 이를 기각하며, 이유 있다고 인정하는 경우에는 초심명령 · 결정을 취소 또는 변경할 수 있다.

Ⅴ. 행정소송

1. 행정소송의 제기

(1) 당사자

재심판정의 행정소송은 당해 재심판정의 관계당사자가 제기할 수 있다. 원고는 재심판정의 취소를 구할 법률상의 이익이 있고, 이에 불복하는 사용자나 피해 근로자 또는 노동조합이 될 것이며, 피고는 재심판정을 한 중앙노동위원회의 위원장이 된다.

(2) 관할 · 제소기간

행정소송의 관할법원은 피고의 소재지를 행정법원이나 중앙행정기관 또는 그 장이 피고인 경우에는 대법원소재지의 행정법원이다. 그리고 중앙노동위원회의 구제명령서, 기각결정서 또는 재심판정서를 송달받은 날로부터 15일 이내에 행정소송을 제기하여야 한다.

이 기간 내에 행정소송을 제기하지 아니한 때에는 그 구제명령 · 기각결정 또는 재심판정은 확정되고 관계당사자는 이에 따라야 한다.

(3) 제소(소송제기)와 구제명령의 효력

중앙노동위원회의 재심판정은 행정소송의 제기에 의하여 그 효력이 정지되지 아니한다. 재심판정의 효력은 당사자의 신청 또는 직권에 의한 법원의 집행정지결정에 의해 그 효력이 정지될 수 있고, 행정 소송의 결과인 판결에 의하여 취소될 수 있다.

(4) 긴급이행명령

1) 의의

긴급이행명령이란 중앙노동위원회가 내린 구제명령의 이행을 지연하기 위한 수단으로 사용자가 행정소송을 제기한 경우에 관할법원은 중앙노동위원회의 신청에 의하여 결정으로써, 판결이 확정 될 때까지 중앙노동위원회의 구제명령의 전부 또는 일부를 이행하도록 명하는 제도이다. 긴급이행 명령제도는 중앙노동위원회의 구제명령의 실효성 확보차원에서 사용자로 하여금 이행을 담보하기 위하여 도입되었다.

2) 성립요건

① 중앙노동위원회의 구제명령

중앙노동위원회는 사용자의 재심신청에 대하여 부당노동행위를 인정하고 사용자에게 구제명령 을 하여야 한다.

② 사용자의 행정소송제기

사용자는 그 재심판정에 불복하여 행정소송을 제기하여야 한다.

③ 중앙노동위원회의 신청

피고인 중앙노동위원회는 관할법원에 대하여 결정으로써 중앙노동위원회의 구제명령의 전부 또는 일부를 이행하도록 명해 줄 것을 신청하여야 한다.

④ 즉시구제의 필요성 존재

즉시구제를 하지 아니하면 근로3권의 보장을 통한 집단적 노사관계의 정상적인 운영이 어렵게 될 중대한 사정이 존재하여야 한다.

3) 법원에 의한 구제명령의 위법성 심사가능여부

① 문제의 소재

문제는 이와 같은 즉시구제의 필요성 외에 법원이 심사의 대상이 되는 구제명령의 위법성을 심 사할 수 있는가 하는 점이다. 이 점과 관련하여 구제명령의 적법성 심사의 방법과 판단기준을 둘러싸고 견해가 대립한다.

② 학설

㉠ 법원은 노동위원회의 구제명령서를 심사하고 거기에 중대하고 명백한 하자가 있는 등의 특 단의 사정이 없으면 구제명령은 일단 적법한 것으로 추정된다고 보는 형식적 심사설과, ㉡ 다른 하나의 견해는 노동위원회의 심사기록을 실질적으로 검토하여 구제명령에 중대한 의심, 즉 본 안소송에 있어서 구제명령의 유지가능성에 의심이 있는 경우에는 긴급명령의 결정은 타당하지 않다고 보는 실질적 심사설이 있다.

③ 검토

긴급이행명령제도는 본안소송과는 별개의 절차로서 인정되는 것이므로 원고의 본안소송에서의 승소가능성은 긴급명령의 인정요건에 영향을 미칠 수 없고 긴급이행명령의 취지가 노동위원회의 실체적 판단을 존중하여 구제명령의 실효성을 확보하는 데 있으며 노동조합법 제85조 제5항 후단에서는 긴급명령결정이 내려진 뒤에 구제명령의 위법성 혐의가 발견될 경우에는 본안소송에서의 긴급명령의 유지 가능성과 관련하여 당사자의 신청이나 직권에 의해 결정을 취소할 수 있도록 별도의 절차를 두고 있기 때문에 전자의 견해가 타당하다.

4) 긴급이행명령의 취소

관할법원은 이전에 내린 긴급이행명령이 유지되기에 적절하지 않을 경우 당사자의 신청에 의하거나 직권으로 취소할 수 있다. 직권에 의한 취소의 경우 중앙노동위원회의 결정이 위법한 경우에 한하여 인정되어야 하고, 사용자의 신청에 의한 경우에도 중앙노동위원회의 결정이 명백히 위법한 것이라고 판명되지 않는 이상 취소할 수 없다고 본다.

5) 효과

① 사용자의 이행의무발생

사용자는 법원이 결정한 긴급이행명령에 따라야 한다.

② 위반의 효과

사용자가 법원의 긴급이행명령에 따르지 않으면 500만 원 이하의 금액 이내에서 일정한 비율로 산정한 과태료를 부과한다. 이때 당해 명령이 작위를 명하는 것일 때에는 그 명령의 불이행일 수 1일에 50만 원 이하의 비율로 산정한 금액의 과태료에 처한다.

2. 심리의 범위

(1) 심리대상

행정소송은 중앙노동위원회의 위법한 행정처분 등을 취소하는 것이므로 법원은 재심판정이 위법한지 여부를 판단한다. 즉, 부당노동행위 인정에 대한 사실의 타당성 여부, 구제조치내용의 적법 여부, 재심절차의 적법 여부 등이 심리대상이 될 수 있다.

(2) 중앙노동위원회 판단의 인정여부

법원은 직권으로 증거조사를 하여 새로이 증거를 수입할 수 있으므로 새로운 증거를 근거로 중노위와 다른 사실을 독자적으로 인정할 수 있다. 그러나 사실인정에 대한 준사법적 기관인 중앙노동위원회의 독자적인 판단을 존중해 줄 필요가 있다.

3. 확정판결

(1) 판결의 효력

중노위의 재심판정에 대한 법원의 판결로 구제명령, 기각결정 또는 각하결정이 확정된다. 그 확정된 판결은 중노위를 기속한다. 따라서 중노위의 구제명령이 취소된 경우에는 취소판결의 확정에 의해 구제명령의 효력은 상실한다.

(2) 화해

확정판결 전에 소송당사자는 노사의 일방(원고)과 중앙노동위원회(피고)로서 노동위원회에서 대립하던 노사쌍방은 참가인에 불과한 것으로 원고와 참가인과의 화해에 의한 소의 취하가 이루어질 수 있다.

VI. 민사법원에 의한 구제절차

부당노동행위에 대한 구제는 신속하고 간편한 노동위원회에 의한 구제절차를 활용하는 것이 일반적이지만 법원을 통해 보다 실효성 있는 구제를 받을 수 있다.

헌법상의 근로3권 보장은 대사인적 효력이 인정되기 때문에 근로3권을 침해하는 부당노동행위에 대해서도 사법적 구제가 보장된다.

부당노동행위에 대한 노동위원회의 구제명령절차는 공법상 권리구제절차로서 사용자와 근로자사이의 사법상 법률관계에 직접 영향을 미치는 것이 아니므로 근로자는 노동위원회를 통한 구제절차와 별도로 민사소송으로 그 사법상의 효력을 다툼으로서 권리구제를 구할 수 있다.

민사적 구제에는 본소에 의한 구제와 가처분 신청에 의한 구제가 있다. 예컨대, 단체교섭응낙가처분신청, 손해배상청구소송 등이 있다.

제8장 · 공무원 · 교원의 단결활동

제1절 공무원

Ⅰ. 공무원의 근로3권제한

1. 근로3권의 제한

(1) 원칙

헌법은 공무원인 근로자는 법률에 의하여 허용되는 자에 한하여 단결권·단체교섭권·단체행동권을 가진다고 규정하고 있다(헌법 제33조 제2항). 한편, 노동조합법 제5조 단서는 공무원과 교원에 대하여는 따로 법률로 정한다고 규정하고 있다. 국가공무원법 제66조 제1항은 공무원은 노동운동이나 그 밖에 공무 외의 일을 위한 집단행위를 하여서는 아니 되며, 사실상 노무에 종사하는 공무원에 한해 예외를 인정하고 있고, 제2항은 사실상 노무에 종사하는 공무원의 범위는 국회규칙, 대법원규칙, 헌법재판소규칙, 중앙선거관리위원회규칙 또는 대통령령으로 정하도록 규정하고 있다. 지방공무원법 제58조 제1항 역시 공무원은 노동운동이나 그 밖에 공무 외의 일을 위한 집단행위를 하여서는 아니되며, 사실상 노무에 종사하는 공무원은 예외로 한다고 규정하고 있다.

(2) 사실상 노무에 종사하는 자

사실상 노무에 종사하는 공무원은 과학기술정보통신부 소속 현업기관의 작업현장에서 노무에 종사하는 우정직 공무원으로서 ① 서무·인사 및 기밀업무에 종사하는 공무원, ② 경리 및 물품납부사무에 종사하는 공무원, ③ 노무자 감독사무에 종사하는 공무원, ④ 국가보안시설의 경비 업무에 종사하는 공무원, ④ 승용자동차 및 구급차의 운전에 공무원을 제외한 자를 말한다. 이들에게는 근로3권 행사에 제한이 없다.

2. 제한 근거

공무원의 근로3권이 제한되는 이론적 근거에 관해서는 ① 공무원은 국가 또는 지방자치단체와 특별권력관계를 맺고 포괄적 지배를 받는 지위에 있으므로 이에 따라 근로3권이 제한된다는 특별권력관계설, ② 공무원은 국민 전체에 대한 봉사자이기 때문에 근로3권의 향유에 있어 제한을 받는다는 국민전체봉사자설, ③ 공무원의 직무는 공공성이 강하고 그 수행이 중단될 경우 국익을 해할 수 있으므로 그 근로3권이 제한된다는 직무성질설 등의 대립이 있다. 헌법재판소는 국가공무원은 그 임용주체가 궁극에는 주권자인 국민이기 때문에 국민전체에 대하여 봉사하고 책임을 져야 하는 특별한 지위에 있고, 그가 담당한 업무가 국가 또는 공공단체의 공공적인 일이어서 특히 그 직무를 수행함에 있어서 공공성·공정성·성실성 및 중립성 등이 요구되기 때문에 근로3권 행사가 제한된다고 판시하였다.

공무원인 근로자는 그 직무의 성질이 공적일 뿐만 아니라 헌법상 공무원은 국민전체의 봉사자로서의 지위를 부여하고 있다는 점에서 근로3권의 제한이 가능하다고 할 것이다.

참조판례 헌법재판소 2007.8.30. 2003헌바51

일반적으로 말하여 공무원이란 직접 또는 간접적으로 국민에 의하여 선출 또는 임용되어 국가나 공공단체와 공법상의 근무관계를 맺고 공적인 업무를 담당하고 있는 사람들을 가리킨다고 할 수 있고, 공무원도 각종 노무의 대가로 얻는 수입에 의존하여 생활하는 사람이라는 점에서는 통상적인 의미의 근로자적인 성격을 지니고 있으므로(근로기준법 제14조, 제16조, 노동조합법 제2조 제1호 등 참조) 헌법 제33조 제2항 역시 공무원의 근로자적 성격을 인정하는 것을 전제로 규정하고 있다. 그러나 국가공무원은 그 임용주체가 궁극에는 주권자인 국민이기 때문에 국민전체에 대하여 봉사하고 책임을 져야 하는 특별한 지위에 있고, 그가 담당한 업무가 국가 또는 공공단체의 공공적인 일이어서 특히 그 직무를 수행함에 있어서 공공성·공정성·성실성 및 중립성 등이 요구되기 때문에 일반 근로자와는 달리 특별한 근무관계에 있는 사람이다. 이러한 요인으로 인하여 공무원에게 인정되는 단결권의 성질이나 형태 그리고 근무조건의 향상을 위한 활동에 대한 제한 등에서 일반 근로자와 차이가 있게 된다.

---

3. ILO규정

ILO의 협약(결사의 자유 및 단결권보장에 관한 협약)에서 군인과 경찰을 제외한 모든 근로자에게 결사권이 보장된다고 규정하였다. ILO의 협약, 권고에서도 공무원의 단결권을 보장하고 있다.

4. 현행법의 태도

국가와의 관계에서 특별한 신분적 제한이 따르기는 하지만 공무원도 근로자성이 인정되는 이상 근로3권을 인정함이 타당하다. 현재 공무원의 노동조합 설립 및 운영 등에 관한 법률이 제정되어 공무원에게도 일정한 범위 내에서 단결권과 단체교섭권이 인정된다.

Ⅱ. 공무원직장협의회

1. 도입배경

ILO와 노동단체는 공무원에 대한 근로3권의 인정을 계속적으로 요구하였는바, 이에 '공무원직장협의회의 설립·운영에 관한 법률'을 제정하여 6급 이하의 공무원에 대하여 '공무원직장협의회'를 설립할 수 있도록 하였다.

2. 직장협의회의 결성

(1) 가입범위

6급 이하 공무원 중 사실상 노무에 종사하는 자와 지휘·감독·인사·예산·경리 등의 업무에 종사하는 공무원은 협의회에 가입할 수 없다.

(2) 협의회의 설립

하나의 기관에는 하나의 협의회만을 인정하고 있다.

3. 협의

근무환경개선, 업무능률향상, 공무와 관련된 고충처리, 기타 조직의 발전에 관한 사항에 한하여 협의하도록 하고 있다. 협의회의 협의요구에 대하여 소속기관장은 성실히 임하도록만 규정하고 있다. 성실준수노력의무만 규정하고 있을 뿐 미이행에 대한 어떠한 처벌규정이 없다.

4. 검토

공무원의 근로3권의 행사의 길을 열었다는 것에는 의미를 둘 수 있으나 이를 노동조합으로 볼 수 없으며, 또한 처벌규정을 두고 있지 않아 협의회를 유명무실하게 할 우려가 있다.

Ⅲ. 공무원의 노동조합 설립 및 운영 등에 관한 법률

1. 근거

공무원의 노동조합 설립 및 운영 등에 관한 법률(이하 '공무원노조법'이라 한다)은 헌법 제33조 제2항의 규정의 의한 공무원의 근로3권을 보장하기 위하여 노동조합법 제5조 단서의 규정에 따라 공무원의 노동조합 설립 및 운영 등에 사항을 정하기 위하여 제정되었다.

2. 단결권의 행사

(1) 노동조합의 설립

1) 설립단위

공무원이 노동조합을 설립하려는 경우에는 국회·법원·헌법재판소·선거관리위원회·행정부·특별시·광역시·특별자치시·도·특별자치도·시·군·구(자치구를 말한다) 및 특별시·광역시·특별자치시·도·특별자치도의 교육청을 최소 단위로 한다.

2) 설립요건

공무원노조법은 노동조합의 실질적 요건을 규정하고 있지 않으나 노동조합법상 노동조합으로서의 실질적 요건을 구비하여야 한다.

공무원 노동조합을 설립하려는 사람은 고용노동부장관에게 설립신고서를 제출해야 한다.

3) 지부·분회

공무원의 노동조합이 지부·분회 등 산하조직을 설치한 경우 노동조합의 대표자는 연합단체인 노동조합, 국회·법원·헌법재판소·선거관리위원회 및 행정부의 노동조합, 그 밖의 전국 규모의 단위노동조합의 경우 고용노동부장관에게, 그 밖의 노동조합의 경우 지방고용노동관서의 장에게 그 사실을 통보하여야 한다.

(2) 노동조합의 운영

1) 원칙

공무원 노동조합의 운영과 관련하여 공무원노조법에 규정된 내용 외에는 노동조합법의 규정에 따른다.

2) 가입범위

일반직 공무원, 특정직공무원 중 외무영사직렬·외교정보기술직렬 외무공무원, 소방공무원 및 교원을 제외한 교육공무원, 별정직 공무원, 일반직·특정직·별정직공무원이었던 사람으로서 노동조합 규약으로 정하는 사람은 노동조합에 가입할 수 있다. 다만, 업무의 주된 내용이 다른 공무원에 대하여 지휘·감독권을 행사하거나 다른 공무원의 업무를 총괄하는 업무에 종사하는 공무원, 업무의 주된 내용이 인사·보수 또는 노동관계의 조정·감독 등 노동조합의 조합원 지위를 가지고 수행하기에 적절하지 아니한 업무에 종사하는 공무원, 교정·수사 등 공공의 안녕과 국가안전보장에 관한 업무에 종사하는 공무원은 노동조합에 가입할 수 없다.

3) 노동조합의 재정

공무원 노동조합도 재정에 관하여 조합재정자치원칙과 노동조합법의 적용을 받는다.

(3) 노동조합 활동보장

1) 원칙

노동조합의 활동요건 및 정당성, 편의제고 등 노동조합 활동보장에 대해서는 원칙적으로 노동조합법에 따른다.

2) 노동조합전임자

공무원은 임용권자의 동의를 받아 노동조합의 업무에만 종사할 수 있으며, 전임자에게는 휴직명령을 하여야 한다.

3) 근로시간면제자

공무원은 단체협약으로 정하거나 제8조 제1항의 정부교섭대표가 동의하는 경우 제2항 및 제3항에 따라 결정된 근무시간 면제 한도를 초과하지 아니하는 범위에서 보수의 손실 없이 정부교섭대표와의 협의·교섭, 고충처리, 안전·보건활동 등 이 법 또는 다른 법률에서 정하는 업무와 건전한 노사관계 발전을 위한 노동조합의 유지·관리업무를 할 수 있다. 근무시간 면제시간 및 사용인원의 한도를 정하기 위하여 공무원근무시간면제심의위원회를 경제사회노동위원회에 둔다. 심의위원회는 노동조합 설립 최소 단위를 기준으로 조합원의 수를 고려하되 노동조합의 조직형태, 교섭구조·범위 등 공무원 노사관계의 특성을 반영하여 근무시간 면제 한도를 심의·의결하고, 3년마다 그 적정성 여부를 재심의하여 의결할 수 있다. 근무시간 면제 한도를 초과하는 내용을 정한 단체협약 또는 정부교섭대표의 동의는 그 부분에 한정하여 무효로 한다.

근무시간 면제 한도를 초과하는 내용을 정한 단체협약 또는 정부교섭대표의 동의는 그 부분에 한정하여 무효로 한다.

4) 정치활동금지

노동조합과 그 조합원은 정치활동을 하여서는 안 된다.

(4) 노동조합의 변동

공무원 노동조합의 합병·분할·해산과 조직변경은 일반노동조합의 법리에 따른다.

3. 단체교섭 및 단체협약

(1) 교섭권한

노동조합의 대표자는 그 노동조합에 관한 사항 또는 조합원의 보수·복지, 그 밖의 근무조건에 관하여 국회사무총장·법원행정처장·헌법재판소사무처장·중앙선거관리위원회사무총장·행정부를 대표하는 인사혁신처장·특별시장·광역시장·특별자치시장·도지사·특별자치도지사·시장·군수·구청장 또는 특별시·광역시·특별자치시·도·특별자치도의 교육감(정부교섭대표) 중 어느 하나에 해당하는 사람과 각각 교섭하고 단체협약을 체결할 권한을 가진다.

(2) 교섭권한의 위임

정부교섭대표는 효율적인 교섭을 위하여 필요한 경우 다른 정부교섭대표와 공동으로 교섭하거나, 다른 정부교섭대표에게 교섭 및 단체협약 체결 권한을 위임할 수 있으며, 정부교섭대표는 효율적인 교섭을 위하여 필요한 경우 정부교섭대표가 아닌 관계 기관의 장으로 하여금 교섭에 참여하게 할 수 있고, 다른 기관의 장이 관리하거나 결정할 권한을 가진 사항에 대하여는 해당 기관의 장에게 교섭 및 단체협약 체결 권한을 위임할 수 있다(공무원노조법 제8조 제3항·제4항).

(3) 교섭의 절차

노동조합은 노동조합의 대표자와 조합원으로 교섭위원을 구성하여야 하고, 노동조합의 대표자는 교섭하려는 사항에 대하여 권한을 가진 정부교섭대표에게 서면으로 교섭을 요구하여야 하며, 정부교섭대표는 교섭을 요구받았을 때에는 교섭을 요구받은 사실을 공고하여 관련된 노동조합이 교섭에 참여할 수 있도록 하여야 한다. 정부교섭대표는 교섭을 요구하는 노동조합이 둘 이상인 경우에는 해당 노동조합에 교섭창구를 단일화하도록 요청할 수 있고 교섭창구가 단일화될 때까지 교섭을 거부할 수 있으며, 교섭대표노동조합과 단체협약을 체결한 경우 그 유효기간 중에는 그 단체협약의 체결에 참여하지 아니한 노동조합이 교섭을 요구하더라도 이를 거부할 수 있다.

(4) 교섭사항

노동조합에 관한 사항 또는 조합원의 보수 · 복지, 그 밖의 근무조건에 관한 사항은 교섭대상이 된다고 할 것이다. 그러나 법령 등에 따라 국가나 지방자치단체가 그 권한으로 행하는 정책결정에 관한 사항, 임용권의 행사 등 그 기관의 관리 · 운영에 관한 사항으로서 근무조건과 직접 관련되지 아니하는 사항은 교섭의 대상이 될 수 없다.

(5) 단체협약

법령 · 조례 또는 예산에 의하여 규정되는 내용과 법령 또는 조례에 의하여 위임을 받아 규정되는 내용은 단체협약으로서의 효력을 가지지 아니하며, 정부교섭대표는 단체협약으로서의 효력을 가지지 아니하는 내용에 대하여는 그 내용이 이행될 수 있도록 성실하게 노력하여야 한다(공무원노조법 제10조).

4. 단체행동권의 행사

노동조합과 그 조합원은 파업, 태업 또는 그 밖에 업무의 정상적인 운영을 방해하는 일체의 행위를 하여서는 아니 된다(공무원노조법 제11조).

5. 노동쟁의의 조정

(1) 조정

단체교섭이 결렬된 경우 당사자 일방 또는 쌍방은 중앙노동위원회 '공무원노동관계조정위원회'에 조정을 신청할 수 있으며, 조정은 신청이 있는 날부터 30일 이내에 종료하여야 한다. 다만, 당사자 간의 합의가 있는 때에는 30일 이내의 범위에서 연장할 수 있다.

(2) 중재

중앙노동위원회는 관계당사자 쌍방이 함께 중재를 신청한 경우 또는 공무원노동관계조정위원회 전원회의에서 중재회부의 결정을 한 경우 지체 없이 중재를 행한다.

Ⅰ. 교원의 근로3권 제한

교원은 고도의 자율성과 사회적 책임성을 부담한다는 점, 교직단체인 교육회를 통한 경제적 사회적 지위 향상을 도모할 수 있다는 점, 학생들의 학습권을 보장하여야 한다는 점 등을 이유로 교원의 근로3권이 제한되어 왔다.

📖 참조판례 헌법재판소 1991.7.22. 89헌가106

[1] 헌법 제31조 제6항은 국민의 교육을 받을 기본적 권리를 보다 효과적으로 보장하기 위하여 교원의 보수 및 근무조건 등을 포함하는 개념인 "교원의 지위"에 관한 기본적인 사항을 법률로써 정하도록 한 것이므로 교원의 지위에 관련된 사항에 관한 한 위 헌법조항이 근로기본권에 관한 헌법 제33조 제1항에 우선하여 적용된다.

[2] 사립학교 교원에게 헌법 제33조 제1항에 정한 근로3권의 행사를 제한 또는 금지하고 있다고 하더라도 이로써 사립학교교원이 가지는 근로기본권의 본질적 내용을 침해한 것으로 볼 수 없고, 그 제한은 입법자가 교원지위의 특수성과 우리의 역사적 현실을 종합하여 공공의 이익인 교육제도의 본질을 지키기 위하여 결정한 것으로 필요하고 적정한 범위 내의 것이다.

[3] 사립학교법 제55조 및 제58조 제1항 제4호는 헌법이 교원의 지위에 관한 사항을 국민적 합의를 배경으로 한 입법기관의 권한에 위임하고 있는 헌법조항에 따라 규정한 것으로서 사립학교 교원을 근로3권의 행사에 있어서 일반 근로자의 경우와 달리 취급하여야 할 합리적인 이유가 있다 할 것이고, 또한 공립학교 교원에게 적용되는 교육공무원법 및 국가공무원법의 관계규정보다 반드시 불리한 것으로도 볼 수 없으므로 헌법 제11조 제1항에 정한 평등원칙에 위반되는 것이 아니다.

[4] 교육에 관한 국제법상의 선언, 규약 및 권고문 등은 우리의 현실에 적합한 교육제도의 실시를 제약하면서까지 교원에게 근로권이 제한없이 보장되어야 한다든가 교원단체를 전문직으로서의 특수성을 살리는 교직단체로서 구성하는 것을 배제하고 반드시 일반근로조합으로서만 구성하여야 한다는 주장의 근거로 삼을 수 없다.

Ⅱ. 교원의 노동조합 설립 및 운영 등에 관한 법률

1. 근거

교원의 노동조합 설립 및 운영에 관한 법률(이하 '교원노조법'이라고도 한다)은 국가공무원법 제66조 제1항 및 사립학교법 제55조에 의해 근로3권이 제한되는 교원에 대하여 노동조합법 제5조 단서에 따라 교원의 노동조합 설립에 관한 사항을 정하고 교원에 적용할 노동조합법에 대한 특례를 규정함을 목적으로 제정되었다.

2. 단결권의 행사

(1) 노동조합의 설립과 가입

1) 설립단위

유아교육법과 초·중등교육법에 따른 교원은 특별시·광역시·특별자치시·도·특별자치도 단위 또는 전국 단위로만 노동조합을 설립할 수 있고, 고등교육법에 따른 교원은 개별학교 단위, 시·도 단위 또는 전국 단위로 노동조합을 설립할 수 있다.

2) 가입자격

교원과 교원을 임용되어 근무하였던 사람으로서 노동조합 규약으로 정하는 사람은 노동조합에 가입할 수 있다. 교원은 유아교육법, 초·중등교육법, 고등교육법에 따른 교원을 말한다.

3) 설립절차

노동조합을 설립하려는 사람은 고용노동부장관에게 설립신고서를 제출하여야 한다(교원노조법 제4조).

(2) 노동조합의 운영

1) 노동조합 활동보장

노동조합 활동의 요건 및 정당성, 편의제공 등 노동조합 활동보장에 대해서는 원칙적으로 노동조합법에 따른다.

2) 노동조합 전임자

교원은 임용권자의 동의를 받아 노동조합으로부터 급여를 지급받으면서 노동조합의 업무에만 종사할 수 있으며, 전임자는 휴직명령을 받은 것으로 본다.

3) 근로시간면제자

교원은 단체협약으로 정하거나 임용권자가 동의하는 경우 근무시간 면제 한도를 초과하지 아니하는 범위에서 보수의 손실 없이 교육부장관 등과 협의·교섭, 고충처리, 안전·보건활동 등 이 법 또는 다른 법률에서 정하는 업무와 건전한 노사관계 발전을 위한 노동조합의 유지·관리업무를 할 수 있다. 근무시간 면제 시간 및 사용인원의 한도를 정하기 위하여 교원근무시간면제심의위원회를 경제사회노동위원회에 둔다.

4) 정치활동금지

교원의 노동조합은 일체의 정치활동을 하여서는 아니 된다(교원노조법 제3조).

3. 단체교섭권의 행사

(1) 교섭권한

유아교육법과 초·중등교육법에 따른 교원으로 조직된 노동조합의 대표자는 그 노동조합 또는 조합원의 임금, 근무 조건, 후생복지 등 경제적·사회적 지위 향상에 관하여 교육부장관, 시·도 교육감 또는 사립학교 설립·경영자와 교섭하고 단체협약을 체결할 권한을 가진다. 이 경우 사립학교 설립·경영자는 전국 또는 시·도 단위로 연합하여 교섭에 응하여야 한다(교원노조법 제6조 제1항).

고등교육법에 따른 교원으로 조직된 노동조합의 대표자는 교육부장관, 특별시장·광역시장·특별자치시장·도지사·특별자치도지사, 국·공립학교의 장 또는 사립학교 설립·경영자와 교섭하고 단체협약을 체결할 권한을 가진다.

노동조합의 교섭위원은 해당 노동조합의 대표자와 그 조합원으로 구성하여야 한다(교원노조법 제6조 제2항). 조직 대상을 같이하는 둘 이상의 노동조합이 설립되어 있는 경우에 노동조합은 교섭창구를 단일화하여 단체교섭을 요구하여야 한다(교원노조법 제6조 제3항).

단체교섭을 하거나 단체협약을 체결하는 경우에 관계 당사자는 국민여론과 학부모의 의견을 수렴하여 성실하게 교섭하고 단체협약을 체결하여야 하며, 그 권한을 남용하여서는 안 된다(교원노조법 제6조 제4항).

(2) 교섭사항

노동조합의 대표자는 그 노동조합 또는 조합원의 임금, 근무 조건, 후생복지 등 경제적·사회적 지위 향상에 관하여 교섭할 수 있다(교원노조법 제6조 제1항).

(3) 단체협약

단체협약의 내용 중 법령·조례 및 예산에 의하여 규정되는 내용과 법령 또는 조례에 의하여 위임을 받아 규정되는 내용은 단체협약으로서의 효력을 가지지 아니한다(교원노조법 제7조 제1항).

교육부장관, 시·도 교육감, 국·공립학교의 장 및 사립학교 설립·경영자는 단체협약으로서의 효력을 가지지 아니하는 내용에 대하여는 그 내용이 이행될 수 있도록 성실하게 노력하여야 한다(교원노조법 제7조 제2항).

4. 단체행동권의 행사

노동조합과 그 조합원은 파업, 태업 또는 그 밖에 업무의 정상적인 운영을 방해하는 일체의 쟁의행위를 하여서는 아니 된다(교원노조법 제8조).

5. 노동쟁의의 조정

(1) 조정

단체교섭이 결렬된 경우에는 당사자 일방 또는 쌍방은 중앙노동위원회 '교원노동관계조정위원회'에 조정을 신청할 수 있으며, 조정은 신청이 있는 날부터 30일 이내에 종료하여야 한다.

(2) 중재

중앙노동위원회는 당사자 쌍방이 함께 중재를 신청한 경우, 중앙노동위원회가 제시한 조정안을 당사자 일방 또는 쌍방이 거부한 경우, 중앙노동위원회위원장이 직권 또는 노동부장관의 요청에 의하여 중재를 회부한다는 결정을 한 경우에 중재를 행한다.

📖 참조판례 대법원 2024.4.16. 선고 2022두57138 판결

[1] 행정처분의 무효확인 또는 취소를 구하는 소가 제소 당시에는 소의 이익이 있어 적법했는데, 소송계속 중 해당 행정처분이 기간의 경과 등으로 그 효과가 소멸한 때에 처분이 취소되어도 원상회복이 불가능하다고 보이는 경우라도, 무효확인 또는 취소로써 회복할 수 있는 다른 권리나 이익이 남아 있거나 또는 그 행정처분과 동일한 사유로 위법한 처분이 반복될 위험성이 있어 행정처분의 위법성 확인 내지 불분명한 법률문제에 대한 해명이 필요한 경우에는 행정의 적법성 확보와 그에 대한 사법통제, 국민의 권리구제 확대 등의 측면에서 예외적으로 그 처분의 취소를 구할 소의 이익을 인정할 수 있다. 여기에서 '그 행정처분과 동일한 사유로 위법한 처분이 반복될 위험성이 있는 경우'란 불분명한 법률문제에 대한 해명이 필요한 상황에 관한 대표적인 예시일 뿐이며, 반드시 '해당 사건의 동일한 소송 당사자 사이에서' 반복될 위험이 있는 경우만을 의미하는 것은 아니다. 이러한 법리는 행정처분의 일종인 중재재정에 대한 무효확인 또는 취소를 구하는 소의 경우에도 마찬가지로 적용된다.

[2] 교원의 노동조합 설립 및 운영 등에 관한 법률(이하 '교원노조법'이라 한다)은 교원노동조합과 사용자가 단체교섭을 통해 합의를 위한 노력을 계속하여도 자주적 교섭에 의한 합의의 여지가 없는 경우 이를 해결하기 위한 절차로서 중앙노동위원회에 의한 노동쟁의의 조정과 중재 제도를 마련하면서(제9 내지 11조) 관계 당사자는 중앙노동위원회의 중재재정이 위법하거나 월권에 의한 것이라고 인정하는 경우에 행정소송을 제기할 수 있다고 규정하고 있다(제12조 제1항). 여기에서 '위법' 또는 '월권'이란 중재재정의 절차가 위법하거나 그 내용이 교원노조법, 근로기준법 위반 등으로 위법한 경우 또는 당사자 사이에 분쟁의 대상이 되어 있지 않는 사항이나 정당한 이유 없이 당사자 간의 분쟁범위를 벗어나는 부분에 대하여 월권으로 중재재정을 한 경우를 말하고, 중재재정이 단순히 어느 노사 일방에 불리하거나 불합리한 내용이라는 사유만으로는 불복이 허용되지 않는다.

[3] 교원의 노동조합 설립 및 운영 등에 관한 법률(이하 '교원노조법'이라 한다) 제7조 제1항은 '단체협약의 내용 중 법령·조례 및 예산에 의하여 규정되는 내용과 법령 또는 조례에 의하여 위임을 받아 규정되는 내용'(이하 '비효력 사항'이라 한다)은 단체협약으로서의 효력을 가지지 않는다고 규정하면서도 같은 조 제2항은 비효력 사항에 대하여도 사용자 측에 그 내용이 이행될 수 있도록 성실하게 노력할 의무를 부과하고 있고, 교원의 노동조합 설립 및 운영 등에 관한 법률 시행령 제5조는 사용자가 비효력 사항에 대한 이행 결과를 다음 교섭 시까지 교섭노동조합에 서면으로 알리도록 규정하고 있다. 이처럼 교원노조법령이 비효력 사항에 대하여도 사용자에게 노력의무 등 일정한 의무를 부과하고 있고, 중재재정이 단체협약과 동일한 효력을 가지는 점(교원노조법 제12조 제5항) 등에 비추어 보면, 비효력 사항도 중재재정의 대상이 될 수 있고, 다만 그 중재재정 조항의 효력이 위와 같이 제한될 뿐이라고 보아야 한다. 따라서 중재재정이 비효력 사항에 관하여 정하였다는 이유만으로 위법하다고 볼 수 없다.

[4] 교원의 노동조합 설립 및 운영 등에 관한 법률(이하 '교원노조법'이라 한다)은 공무원의 노동조합 설립 및 운영 등에 관한 법률 제8조 제1항 단서("다만 법령 등에 따라 국가나 지방자치단체가 그 권한으로 행하는 정책결정에 관한 사항, 임용권의 행사 등 그 기관의 관리·운영에 관한 사항으로서 근무조건과 직접 관련되지 아니하는 사항은 교섭의 대상이 될 수 없다.")와 같은 비교섭 사항을 규정하고 있지 않으므로, 교원노동조합의 단체교섭에는 위 비교섭 사항에 관한 규정이 적용되지 않는다. 그러나 헌법과 법률이 교원의 지위를 보장하면서 노동3권을 일정 부분 제한하고 있는 취지에 비추어 보면, 근로조건에 관한 사항이라도 교육과정 등 정책결정에 관한 사항이나 교육기관 및 교육행정기관의 관리·운영에 관한 사항으로서 국민의 교육받을 권리 보장을 위한 교육기관 및 교육행정기관의 본질적·근본적 권한을 침해·제한하는 내용을 정한 중재재정은 위법하다고 보아야 한다. 어떠한 사항이 교육기관 및 교육행정기관의 본질적·근본적 권한을 침해하거나 제한하는지는 해당 근로조건의 내용과 성격, 국민의 교육을 받을 권리에 미치는 영향, 사용자 측에게 부과하는 부담의 정도 등을 종합하여 판단하되, 교원노조법이 교원노동조합과 그 조합원의 쟁의행위를 전면적으로 금지함으로 인하여(제8조) 노동조합이 자신의 요구를 관철할 수단이 없기 때문에 중앙노동위원회가 교원의 근로조건의 실태와 단체교섭의 경과 등을 참작하여 적정한 근로조건을 설정해 줄 필요가 크다는 점을 충분히 고려해야 한다.

류순건 |

약력

노무법인 이인 대표노무사
단국대학교 사회법(노동법) 법학박사
제16회 공인노무사시험 합격

현 ㅣ 해커스노무사 노동법 강의
현 ㅣ 단국대학교 행정법무대학원 노동법학과 강의
전 ㅣ 삼성인력개발원, 상공회의소 등 기업강의
전 ㅣ 한림법학원 노동법 강의
전 ㅣ 베리타스법학원 노동법 강의
전 ㅣ 세종법학원 노동법 강의

저서

해커스노무사 류순건 노동법 기본서
해커스노무사 류순건 노동법 Ⅰ·Ⅱ 기본서

2025 대비 최신개정판

해커스노무사

류순건 노동법 기본서

개정 2판 1쇄 발행 2024년 9월 20일

지은이	류순건 편저
펴낸곳	해커스패스
펴낸이	해커스노무사 출판팀

주소	서울특별시 강남구 강남대로 428 해커스노무사
고객센터	1588-4055
교재 관련 문의	publishing@hackers.com
	해커스 법아카데미 사이트(law.Hackers.com) 1:1 고객센터
학원 강의 및 동영상강의	law.Hackers.com

ISBN	979-11-7244-354-2 (13360)
Serial Number	02-01-01